金牌汇编

2025

民事诉讼法及司法解释汇编

Civil Procedure Law and Relevant Judicial Interpretations

第三版

（含指导案例）

中国法治出版社
CHINA LEGAL PUBLISHING HOUSE

编辑说明

2023年9月1日,第十四届全国人民代表大会常务委员会第五次会议表决通过《关于修改〈中华人民共和国民事诉讼法〉的决定》,自2024年1月1日起施行。此次《民事诉讼法》的修改,着重对涉外民事诉讼程序制度进行完善,有利于进一步提升涉外民事案件审判质效,更好保障当事人的诉讼权利和合法权益,更好维护我国主权、安全和发展利益。

为了方便读者学习掌握《民事诉讼法》及相关法律、法规、司法解释与指导性案例,我们编辑出版了《民事诉讼法及司法解释汇编(含指导案例)》一书。本书有如下特点:

1. 收录《民事诉讼法》标准文本,附"条文主旨",方便读者根据需要迅速找到相关条文;并在2023年修正的法条前面标注"★",方便读者重点学习。

2. 收录与《民事诉讼法》密切相关的法律、法规、司法解释等文件,内容全面。

3. 全面汇编司法实践中可参照适用的最高人民法院民事诉讼指导性案例的关键词、裁判要点与案号。通过扫描"编辑说明"页二维码,可获取以上指导性案例全文电子版文件。

4. 提供《民事诉讼法》新旧条文序号对照表和"动态增补"服务,扫描"编辑说明"页二维码即可获取相关文件。

希望本书能够为广大读者的工作与学习带来帮助!对于本书的不足之处,还望读者不吝批评指正!

2028年3月前	2028年3月前	2028年3月前
扫描二维码下载	扫描二维码下载	下载更新文件
本书案例全文	民事诉讼法新旧对照表	动态增补内容

目 录[*]

中华人民共和国民事诉讼法 …………………………………………… 1
　　（2023年9月1日）

一、综　合

最高人民法院关于适用《中华人民共和国民事诉讼法》的解释 ………… 43
　　（2022年4月1日）
中华人民共和国人民法院法庭规则 …………………………………… 106
　　（2016年4月13日）
最高人民法院关于人民法庭若干问题的规定 ………………………… 109
　　（1999年7月15日）
最高人民法院关于严格执行公开审判制度的若干规定 ……………… 111
　　（1999年3月8日）
最高人民法院关于人民法院通过互联网公开审判流程信息的规定 ……… 113
　　（2018年3月4日）
最高人民法院关于人民法院庭审录音录像的若干规定 ……………… 115
　　（2017年2月22日）
最高人民法院关于审判人员在诉讼活动中执行回避制度若干问
　　题的规定 ……………………………………………………………… 117
　　（2011年6月10日）
最高人民法院关于印发修改后的《民事案件案由规定》的通知 ……… 119
　　（2020年12月29日）
最高人民法院关于裁判文书引用法律、法规等规范性法律文件的
　　规定 …………………………………………………………………… 150
　　（2009年10月26日）
最高人民法院关于人民法院在互联网公布裁判文书的规定 ………… 151
　　（2016年8月29日）

---

[*]　本目录中的时间为法律文件的公布时间或最后一次修正、修订的通过时间或公布时间。

最高人民法院关于审理涉及公证活动相关民事案件的若干规定 ………… 154
　　（2020 年 12 月 29 日）
最高人民法院关于互联网法院审理案件若干问题的规定 …………… 155
　　（2018 年 9 月 6 日）
人民法院在线运行规则 ……………………………………………… 159
　　（2022 年 1 月 26 日）
人民法院在线诉讼规则 ……………………………………………… 166
　　（2021 年 6 月 16 日）
最高人民法院案件审限管理规定 …………………………………… 174
　　（2001 年 11 月 5 日）
最高人民法院关于严格执行案件审理期限制度的若干规定 ………… 176
　　（2000 年 9 月 22 日）
最高人民法院关于严格规范民商事案件延长审限和延期开庭问
　　题的规定 ……………………………………………………… 180
　　（2019 年 3 月 27 日）
最高人民法院关于审理使用人脸识别技术处理个人信息相关民
　　事案件适用法律若干问题的规定 …………………………… 182
　　（2021 年 7 月 27 日）
最高人民法院关于审理涉彩礼纠纷案件适用法律若干问题的规定 ……… 185
　　（2024 年 1 月 17 日）
最高人民法院关于审理垄断民事纠纷案件适用法律若干问题的解释 ……… 186
　　（2024 年 6 月 24 日）
全国法院民商事审判工作会议纪要 ………………………………… 198
　　（2019 年 11 月 8 日）

二、管辖与立案

全国各省、自治区、直辖市高级人民法院和中级人民法院管辖第
　　一审民商事案件标准 ………………………………………… 238
　　（2008 年 3 月 31 日）
最高人民法院关于调整高级人民法院和中级人民法院管辖第一
　　审民商事案件标准的通知 …………………………………… 252
　　（2008 年 2 月 3 日）
最高人民法院关于调整高级人民法院和中级人民法院管辖第一
　　审民商事案件标准的通知 …………………………………… 254
　　（2015 年 4 月 30 日）

最高人民法院关于调整部分高级人民法院和中级人民法院管辖
第一审民商事案件标准的通知 ·············· 255
（2018 年 7 月 17 日）
最高人民法院关于调整中级人民法院管辖第一审民事案件标准
的通知 ··· 256
（2021 年 9 月 17 日）
最高人民法院关于调整河北省、河南省、湖南省高级人民法院所
辖中级人民法院管辖第一审民商事案件标准的通知 ·············· 257
（2020 年 9 月 7 日）
最高人民法院关于审理民事级别管辖异议案件若干问题的规定 ·········· 257
（2020 年 12 月 29 日）
最高人民法院关于军事法院管辖民事案件若干问题的规定 ·········· 258
（2020 年 12 月 29 日）
最高人民法院关于铁路运输法院案件管辖范围的若干规定 ·········· 260
（2012 年 7 月 17 日）
最高人民法院关于第一审知识产权民事、行政案件管辖的若干规定 ········ 262
（2022 年 4 月 20 日）
最高人民法院关于印发基层人民法院管辖第一审知识产权民事、
行政案件标准的通知 ······························· 263
（2022 年 4 月 20 日）
最高人民法院关于涉及发明专利等知识产权合同纠纷案件上诉
管辖问题的通知 ···································· 289
（2022 年 4 月 27 日）
最高人民法院关于审理商标案件有关管辖和法律适用范围问题
的解释 ·· 290
（2020 年 12 月 29 日）
最高人民法院关于北京、上海、广州知识产权法院案件管辖的规定 ········ 292
（2020 年 12 月 29 日）
最高人民法院关于北京金融法院案件管辖的规定 ·············· 293
（2021 年 3 月 16 日）
最高人民法院关于上海金融法院案件管辖的规定 ·············· 295
（2021 年 4 月 21 日）
最高人民法院关于成渝金融法院案件管辖的规定 ·············· 296
（2022 年 12 月 20 日）
最高人民法院关于涉外民商事案件诉讼管辖若干问题的规定 ············ 298
（2020 年 12 月 29 日）

最高人民法院关于涉外民商事案件管辖若干问题的规定 …………… 299
　　（2022 年 11 月 14 日）
最高人民法院关于人民法院登记立案若干问题的规定 …………… 300
　　（2015 年 4 月 15 日）
最高人民法院关于为跨境诉讼当事人提供网上立案服务的若干
　　规定 …………………………………………………………… 303
　　（2021 年 1 月 22 日）

三、证据与司法鉴定

最高人民法院关于民事诉讼证据的若干规定 ……………………… 306
　　（2019 年 12 月 25 日）
最高人民法院关于知识产权民事诉讼证据的若干规定 …………… 320
　　（2020 年 11 月 16 日）
最高人民法院关于生态环境侵权民事诉讼证据的若干规定 ……… 324
　　（2023 年 8 月 14 日）
最高人民法院关于诉讼代理人查阅民事案件材料的规定 ………… 328
　　（2020 年 12 月 29 日）
人民法院司法鉴定工作暂行规定 …………………………………… 330
　　（2001 年 11 月 16 日）
人民法院对外委托司法鉴定管理规定 ……………………………… 333
　　（2002 年 3 月 27 日）
最高人民法院关于人民法院民事诉讼中委托鉴定审查工作若干
　　问题的规定 …………………………………………………… 334
　　（2020 年 7 月 31 日）

四、诉讼时效、期间与送达

中华人民共和国民法典（节录） …………………………………… 338
　　（2020 年 5 月 28 日）
最高人民法院关于适用《中华人民共和国民法典》时间效力的若
　　干规定 ………………………………………………………… 340
　　（2020 年 12 月 29 日）
最高人民法院关于审理民事案件适用诉讼时效制度若干问题的
　　规定 …………………………………………………………… 343
　　（2020 年 12 月 29 日）

最高人民法院关于以法院专递方式邮寄送达民事诉讼文书的若
干规定 ·· 346
　　（2004年9月17日）
最高人民法院关于进一步加强民事送达工作的若干意见 ············ 348
　　（2017年7月19日）

五、调　解

中华人民共和国人民调解法 ·· 351
　　（2010年8月28日）
人民法院在线调解规则 ··· 354
　　（2021年12月30日）
最高人民法院关于人民法院民事调解工作若干问题的规定 ········· 359
　　（2020年12月29日）
最高人民法院关于人民法院特邀调解的规定 ····························· 362
　　（2016年6月28日）
最高人民法院关于民商事案件繁简分流和调解速裁操作规程
　　（试行） ··· 366
　　（2017年5月8日）
最高人民法院关于建立健全诉讼与非诉讼相衔接的矛盾纠纷解
　　决机制的若干意见 ·· 369
　　（2009年7月24日）
最高人民法院关于诉前调解中委托鉴定工作规程(试行) ············ 374
　　（2023年7月26日）

六、保全与先予执行

最高人民法院关于规范和加强办理诉前保全案件工作的意见 ······ 377
　　（2024年2月7日）
最高人民法院关于生态环境侵权案件适用禁止令保全措施的若
　　干规定 ·· 382
　　（2021年12月27日）
最高人民法院关于人民法院办理财产保全案件若干问题的规定 ··· 388
　　（2020年12月29日）
最高人民法院关于人民法院对注册商标权进行财产保全的解释 ··· 393
　　（2020年12月29日）

最高人民法院关于审查知识产权纠纷行为保全案件适用法律若干问题的规定 ……………………………………………………… 394
　　（2018年12月12日）
最高人民法院关于因申请诉中财产保全损害责任纠纷管辖问题的批复 ……………………………………………………………… 397
　　（2017年8月1日）
最高人民法院关于诉前财产保全几个问题的批复 …………… 397
　　（1998年11月27日）

七、诉讼费用

诉讼费用交纳办法 ……………………………………………… 399
　　（2006年12月19日）
最高人民法院关于适用《诉讼费用交纳办法》的通知 ……… 407
　　（2007年4月20日）
最高人民法院关于对经济确有困难的当事人提供司法救助的规定 ……… 408
　　（2005年4月5日）

八、审判组织与简易程序

中华人民共和国人民陪审员法 ………………………………… 411
　　（2018年4月27日）
最高人民法院关于适用《中华人民共和国人民陪审员法》若干问题的解释 …………………………………………………… 414
　　（2019年4月24日）
最高人民法院关于人民法院合议庭工作的若干规定 ………… 416
　　（2002年8月12日）
最高人民法院关于进一步加强合议庭职责的若干规定 ……… 419
　　（2010年1月11日）
最高人民法院关于巡回法庭审理案件若干问题的规定 ……… 421
　　（2016年12月27日）
最高人民法院关于技术调查官参与知识产权案件诉讼活动的若干规定 ……………………………………………………… 423
　　（2019年3月18日）
最高人民法院关于适用简易程序审理民事案件的若干规定 …… 424
　　（2020年12月29日）

九、特别程序

最高人民法院关于人民调解协议司法确认程序的若干规定 ………… 430
（2011年3月23日）
最高人民法院关于办理人身安全保护令案件适用法律若干问题
的规定 ……………………………………………………………… 432
（2022年7月14日）
最高人民法院关于人身安全保护令案件相关程序问题的批复 ……… 434
（2016年7月11日）

十、审判监督程序

最高人民法院关于适用《中华人民共和国民事诉讼法》审判监督
程序若干问题的解释 ……………………………………………… 435
（2020年12月29日）
最高人民法院关于民事审判监督程序严格依法适用指令再审和
发回重审若干问题的规定 ………………………………………… 438
（2015年2月16日）
最高人民法院关于受理审查民事申请再审案件的若干意见 ………… 440
（2009年4月27日）
最高人民法院关于规范人民法院再审立案的若干意见（试行）……… 444
（2002年9月10日）
最高人民法院关于办理不服本院生效裁判案件的若干规定 ………… 447
（2001年10月29日）
最高人民法院、最高人民检察院关于对民事审判活动与行政诉讼
实行法律监督的若干意见（试行）………………………………… 448
（2011年3月10日）
人民检察院民事诉讼监督规则 ………………………………………… 450
（2021年6月26日）
最高人民法院关于加强和规范案件提级管辖和再审提审工作的
指导意见 …………………………………………………………… 469
（2023年7月28日）
最高人民法院、最高人民检察院关于规范办理民事再审检察建议
案件若干问题的意见 ……………………………………………… 474
（2023年11月24日）

十一、公益诉讼程序

最高人民法院、最高人民检察院关于检察公益诉讼案件适用法律
　若干问题的解释(节录) ……………………………………… 477
　　(2020年12月29日)
最高人民法院关于审理消费民事公益诉讼案件适用法律若干问
　题的解释 ……………………………………………………… 479
　　(2020年12月29日)
最高人民法院关于审理环境民事公益诉讼案件适用法律若干问
　题的解释 ……………………………………………………… 482
　　(2020年12月29日)
最高人民法院、最高人民检察院关于办理海洋自然资源与生态环
　境公益诉讼案件若干问题的规定 …………………………… 486
　　(2022年5月10日)

十二、执行程序

最高人民法院关于适用《中华人民共和国民事诉讼法》执行程序
　若干问题的解释 ……………………………………………… 488
　　(2020年12月29日)
最高人民法院关于人民法院执行工作若干问题的规定(试行) …… 491
　　(2020年12月29日)
最高人民法院关于交叉执行工作的指导意见 …………………… 500
　　(2024年6月17日)
最高人民法院关于执行担保若干问题的规定 …………………… 506
　　(2020年12月29日)
最高人民法院关于执行和解若干问题的规定 …………………… 507
　　(2020年12月29日)
最高人民法院关于民事执行中变更、追加当事人若干问题的规定 ……… 510
　　(2020年12月29日)
最高人民法院关于人民法院办理执行异议和复议案件若干问题
　的规定 ………………………………………………………… 514
　　(2020年12月29日)
最高人民法院关于委托执行若干问题的规定 …………………… 520
　　(2020年12月29日)

最高人民法院关于民事执行中财产调查若干问题的规定 …………… 523
　（2020 年 12 月 29 日）
最高人民法院关于人民法院确定财产处置参考价若干问题的规定 ……… 527
　（2018 年 8 月 28 日）
最高人民法院关于人民法院民事执行中拍卖、变卖财产的规定 …………… 533
　（2020 年 12 月 29 日）
最高人民法院关于人民法院委托评估、拍卖工作的若干规定 ……………… 537
　（2011 年 9 月 7 日）
最高人民法院关于人民法院委托评估、拍卖和变卖工作的若干规定 ……… 538
　（2009 年 11 月 12 日）
最高人民法院关于人民法院网络司法拍卖若干问题的规定 …………… 540
　（2016 年 8 月 2 日）
最高人民法院关于人民法院民事执行中查封、扣押、冻结财产的规定 ……… 546
　（2020 年 12 月 29 日）
最高人民法院关于人民法院强制执行股权若干问题的规定 …………… 550
　（2021 年 12 月 20 日）
最高人民法院关于网络查询、冻结被执行人存款的规定 …………… 554
　（2013 年 8 月 29 日）
最高人民法院关于公证债权文书执行若干问题的规定 …………… 556
　（2018 年 9 月 30 日）
最高人民法院关于人民法院办理仲裁裁决执行案件若干问题的规定 ……… 559
　（2018 年 2 月 22 日）
最高人民法院关于首先查封法院与优先债权执行法院处分查封
　财产有关问题的批复 …………… 564
　（2016 年 4 月 12 日）
最高人民法院关于对人民法院终结执行行为提出执行异议期限
　问题的批复 …………… 566
　（2016 年 2 月 14 日）
最高人民法院关于限制被执行人高消费及有关消费的若干规定 …………… 567
　（2015 年 7 月 20 日）
最高人民法院关于执行程序中计算迟延履行期间的债务利息适
　用法律若干问题的解释 …………… 568
　（2014 年 7 月 7 日）
最高人民法院关于在执行工作中如何计算迟延履行期间的债务
　利息等问题的批复 …………… 570
　（2009 年 5 月 11 日）

最高人民法院关于执行款物管理工作的规定 …………… 570
　（2017年2月27日）
最高人民法院、最高人民检察院关于民事执行活动法律监督若干
　问题的规定 ……………………………………………… 574
　（2016年11月2日）
最高人民法院关于执行案件立案、结案若干问题的意见 …… 577
　（2014年12月17日）
最高人民法院关于人民法院执行公开的若干规定 …………… 584
　（2006年12月23日）
最高人民法院关于人民法院办理执行案件若干期限的规定 … 586
　（2006年12月23日）
最高人民法院关于正确适用暂缓执行措施若干问题的规定 … 587
　（2002年9月28日）
最高人民法院关于公布失信被执行人名单信息的若干规定 … 589
　（2017年2月28日）

十三、涉外民事诉讼程序

中华人民共和国涉外民事关系法律适用法 …………………… 593
　（2010年10月28日）
最高人民法院关于适用《中华人民共和国涉外民事关系法律适用
　法》若干问题的解释（一） …………………………… 597
　（2020年12月29日）
最高人民法院关于适用《中华人民共和国涉外民事关系法律适用
　法》若干问题的解释（二） …………………………… 599
　（2023年11月30日）
最高人民法院关于涉外民事或商事案件司法文书送达问题若干规定 …… 601
　（2020年12月29日）
最高人民法院关于内地与香港特别行政区法院相互认可和执行
　民商事案件判决的安排 ………………………………… 603
　（2024年1月25日）
最高人民法院关于认可和执行台湾地区法院民事判决的规定 … 608
　（2024年12月17日）
最高人民法院关于内地与香港特别行政区法院就民商事案件相
　互委托提取证据的安排 ………………………………… 612
　（2017年2月27日）

最高人民法院关于内地与澳门特别行政区法院就民商事案件相互委托送达司法文书和调取证据的安排 ………………………… 615
(2020年1月14日)

十四、最高人民法院民事诉讼指导性案例

【指导案例2号】吴梅诉四川省眉山西城纸业有限公司买卖合同纠纷案 …………………………………………………… 619

【指导案例7号】牡丹江市宏阁建筑安装有限责任公司诉牡丹江市华隆房地产开发有限责任公司、张继增建设工程施工合同纠纷案 …………………………………………………… 619

【指导案例25号】华泰财产保险有限公司北京分公司诉李志贵、天安财产保险股份有限公司河北省分公司张家口支公司保险人代位求偿权纠纷案 ………………………………… 619

【指导案例34号】李晓玲、李鹏裕申请执行厦门海洋实业(集团)股份有限公司、厦门海洋实业总公司执行复议案 ……… 619

【指导案例35号】广东龙正投资发展有限公司与广东景茂拍卖行有限公司委托拍卖执行复议案 ……………………… 620

【指导案例36号】中投信用担保有限公司与海通证券股份有限公司等证券权益纠纷执行复议案 ……………………… 620

【指导案例37号】上海金纬机械制造有限公司与瑞士瑞泰克公司仲裁裁决执行复议案 ……………………………… 620

【指导案例56号】韩凤彬诉内蒙古九郡药业有限责任公司等产品责任纠纷管辖权异议案 ……………………………… 620

【指导案例68号】上海欧宝生物科技有限公司诉辽宁特莱维置业发展有限公司企业借贷纠纷案 ……………………… 621

【指导案例75号】中国生物多样性保护与绿色发展基金会诉宁夏瑞泰科技股份有限公司环境污染公益诉讼案 ………… 621

【指导案例84号】礼来公司诉常州华生制药有限公司侵害发明专利权纠纷案 ……………………………………… 621

【指导案例115号】瓦莱奥清洗系统公司诉厦门卢卡斯汽车配件有限公司等侵害发明专利权纠纷案 ………………… 622

【指导案例117号】中建三局第一建设工程有限责任公司与澳中财富(合肥)投资置业有限公司、安徽文峰置业有限公司执行复议案 …………………………………………………… 622

【指导案例118号】东北电气发展股份有限公司与国家开发银行股份有限公司、沈阳高压开关有限责任公司等执行复议案 …… 622

【指导案例119号】安徽省滁州市建筑安装工程有限公司与湖北追日电气股份有限公司执行复议案 …… 622

【指导案例120号】青海金泰融资担保有限公司与上海金桥工程建设发展有限公司、青海三工置业有限公司执行复议案 …… 623

【指导案例121号】株洲海川实业有限责任公司与中国银行股份有限公司长沙市蔡锷支行、湖南省德奕鸿金属材料有限公司财产保全执行复议案 …… 623

【指导案例122号】河南神泉之源实业发展有限公司与赵五军、汝州博易观光医疗主题园区开发有限公司等执行监督案 …… 623

【指导案例123号】于红岩与锡林郭勒盟隆兴矿业有限责任公司执行监督案 …… 623

【指导案例124号】中国防卫科技学院与联合资源教育发展(燕郊)有限公司执行监督案 …… 624

【指导案例125号】陈载果与刘荣坤、广东省汕头渔业用品进出口公司等申请撤销拍卖执行监督案 …… 624

【指导案例126号】江苏天宇建设集团有限公司与无锡时代盛业房地产开发有限公司执行监督案 …… 624

【指导案例130号】重庆市人民政府、重庆两江志愿服务发展中心诉重庆藏金阁物业管理有限公司、重庆首旭环保科技有限公司生态环境损害赔偿、环境民事公益诉讼案 …… 624

【指导案例131号】中华环保联合会诉德州晶华集团振华有限公司大气污染责任民事公益诉讼案 …… 625

【指导案例132号】中国生物多样性保护与绿色发展基金会诉秦皇岛方圆包装玻璃有限公司大气污染责任民事公益诉讼案 …… 625

【指导案例133号】山东省烟台市人民检察院诉王振殿、马群凯环境民事公益诉讼案 …… 625

【指导案例134号】重庆市绿色志愿者联合会诉恩施自治州建始磺厂坪矿业有限责任公司水污染责任民事公益诉讼案 …… 625

【指导案例135号】江苏省徐州市人民检察院诉苏州其安工艺品有限公司等环境民事公益诉讼案 …… 626

【指导案例136号】吉林省白山市人民检察院诉白山市江源区卫生和计划生育局、白山市江源区中医院环境公益诉讼案 …… 626

【指导案例148号】高光诉三亚天通国际酒店有限公司、海南博超房地产开发有限公司等第三人撤销之诉案 …… 626

【指导案例 149 号】长沙广大建筑装饰有限公司诉中国工商银行股份有限公司广州粤秀支行、林传武、长沙广大建筑装饰有限公司广州分公司等第三人撤销之诉案 ………………………… 626

【指导案例 150 号】中国民生银行股份有限公司温州分行诉浙江山口建筑工程有限公司、青田依利高鞋业有限公司第三人撤销之诉案 …………………………………………………… 626

【指导案例 151 号】台州德力奥汽车部件制造有限公司诉浙江建环机械有限公司管理人浙江安天律师事务所、中国光大银行股份有限公司台州温岭支行第三人撤销之诉案 ……………… 627

【指导案例 152 号】鞍山市中小企业信用担保中心诉汪薇、鲁金英第三人撤销之诉案 ………………………………………… 627

【指导案例 153 号】永安市燕诚房地产开发有限公司诉郑耀南、远东(厦门)房地产发展有限公司等第三人撤销之诉案 …………… 627

【指导案例 154 号】王四光诉中天建设集团有限公司、白山和丰置业有限公司案外人执行异议之诉案 ……………………………… 627

【指导案例 155 号】中国建设银行股份有限公司怀化市分行诉中国华融资产管理股份有限公司湖南省分公司等案外人执行异议之诉案 …………………………………………………… 628

【指导案例 156 号】王岩岩诉徐意君、北京市金陛房地产发展有限责任公司案外人执行异议之诉案 ……………………………… 628

【指导案例 167 号】北京大唐燃料有限公司诉山东百富物流有限公司买卖合同纠纷案 ……………………………………………… 628

【指导案例 172 号】秦家学滥伐林木刑事附带民事公益诉讼案 ………… 628

【指导案例 173 号】北京市朝阳区自然之友环境研究所诉中国水电顾问集团新平开发有限公司、中国电建集团昆明勘测设计研究院有限公司生态环境保护民事公益诉讼案 ………… 629

【指导案例 174 号】中国生物多样性保护与绿色发展基金会诉雅砻江流域水电开发有限公司生态环境保护民事公益诉讼案 ……… 629

【指导案例 175 号】江苏省泰州市人民检察院诉王小朋等 59 人生态破坏民事公益诉讼案 ………………………………………… 629

【指导案例 176 号】湖南省益阳市人民检察院诉夏顺安等 15 人生态破坏民事公益诉讼案 ………………………………………… 630

【指导性案例 204 号】重庆市人民检察院第五分院诉重庆瑜煌电力设备制造有限公司等环境污染民事公益诉讼案 …………… 630

【指导性案例 205 号】上海市人民检察院第三分院诉郎溪华远固
　　体废物处置有限公司、宁波高新区米泰贸易有限公司、黄德
　　庭、薛强环境污染民事公益诉讼案 ………………………… 630
【指导性案例 206 号】北京市人民检察院第四分院诉朱清良、朱清
　　涛环境污染民事公益诉讼案 …………………………………… 631
【指导性案例 207 号】江苏省南京市人民检察院诉王玉林生态破
　　坏民事公益诉讼案 ……………………………………………… 631
【指导性案例 208 号】江西省上饶市人民检察院诉张永明、张鹭、
　　毛伟明生态破坏民事公益诉讼案 ……………………………… 631
【指导性案例 209 号】浙江省遂昌县人民检察院诉叶继成生态破
　　坏民事公益诉讼案 ……………………………………………… 632
【指导性案例 210 号】九江市人民政府诉江西正鹏环保科技有限
　　公司、杭州连新建材有限公司、李德等生态环境损害赔偿诉
　　讼案 ……………………………………………………………… 632
【指导性案例 212 号】刘某桂非法采矿刑事附带民事公益诉讼案 …… 632
【指导性案例 215 号】昆明闽某纸业有限责任公司等污染环境刑
　　事附带民事公益诉讼案 ………………………………………… 633
【指导性案例 217 号】慈溪市博某塑料制品有限公司诉永康市联
　　某工贸有限公司、浙江天某网络有限公司等侵害实用新型专
　　利权纠纷案 ……………………………………………………… 633
【指导性案例 222 号】广州德某水产设备科技有限公司诉广州宇
　　某水产科技有限公司、南某水产研究所财产损害赔偿纠纷案 …… 633
【指导性案例 223 号】张某龙诉北京某蝶文化传播有限公司、程
　　某、马某侵害作品信息网络传播权纠纷案 …………………… 634
【指导性案例 224 号】某美(天津)图像技术有限公司诉河南某庐
　　蜂业有限公司侵害作品信息网络传播权纠纷案 ……………… 634
【指导性案例 239 号】王某诉北京某文化传媒有限公司劳动争议案 …… 634
【指导性案例 240 号】秦某丹诉北京某汽车技术开发服务有限公
　　司劳动争议案 …………………………………………………… 634

中华人民共和国民事诉讼法

（1991年4月9日第七届全国人民代表大会第四次会议通过 根据2007年10月28日第十届全国人民代表大会常务委员会第三十次会议《关于修改〈中华人民共和国民事诉讼法〉的决定》第一次修正 根据2012年8月31日第十一届全国人民代表大会常务委员会第二十八次会议《关于修改〈中华人民共和国民事诉讼法〉的决定》第二次修正 根据2017年6月27日第十二届全国人民代表大会常务委员会第二十八次会议《关于修改〈中华人民共和国民事诉讼法〉和〈中华人民共和国行政诉讼法〉的决定》第三次修正 根据2021年12月24日第十三届全国人民代表大会常务委员会第三十二次会议《关于修改〈中华人民共和国民事诉讼法〉的决定》第四次修正 根据2023年9月1日第十四届全国人民代表大会常务委员会第五次会议《关于修改〈中华人民共和国民事诉讼法〉的决定》第五次修正)

第一编 总　　则

第一章　任务、适用范围和基本原则

第一条 【立法依据】*中华人民共和国民事诉讼法以宪法为根据,结合我国民事审判工作的经验和实际情况制定。

第二条 【立法目的】中华人民共和国民事诉讼法的任务,是保护当事人行使诉讼权利,保证人民法院查明事实,分清是非,正确适用法律,及时审理民事案件,确认民事权利义务关系,制裁民事违法行为,保护当事人的合法权益,教育公民自觉遵守法律,维护社会秩序、经济秩序,保障社会主义建设事业顺利进行。

第三条 【适用范围】人民法院受理公民之间、法人之间、其他组织之间以及他们相互之间因财产关系和人身关系提起的民事诉讼,适用本法的规定。

第四条 【空间效力】凡在中华人民共和国领域内进行民事诉讼,必须遵守本法。

第五条 【同等原则和对等原则】外国人、无国籍人、外国企业和组织在人民法院起诉、应诉,同中华人民共和国公民、法人和其他组织有同等的诉讼权利义务。

＊ 条文主旨为编者所加,仅供读者参考检索,下同。为方便检索,2023年修正的法条前用★标注。

外国法院对中华人民共和国公民、法人和其他组织的民事诉讼权利加以限制的,中华人民共和国人民法院对该国公民、企业和组织的民事诉讼权利,实行对等原则。

第六条 【独立审判原则】民事案件的审判权由人民法院行使。

人民法院依照法律规定对民事案件独立进行审判,不受行政机关、社会团体和个人的干涉。

第七条 【以事实为根据,以法律为准绳原则】人民法院审理民事案件,必须以事实为根据,以法律为准绳。

第八条 【诉讼权利平等原则】民事诉讼当事人有平等的诉讼权利。人民法院审理民事案件,应当保障和便利当事人行使诉讼权利,对当事人在适用法律上一律平等。

第九条 【法院调解原则】人民法院审理民事案件,应当根据自愿和合法的原则进行调解;调解不成的,应当及时判决。

第十条 【合议、回避、公开审判、两审终审制度】人民法院审理民事案件,依照法律规定实行合议、回避、公开审判和两审终审制度。

第十一条 【使用本民族语言文字原则】各民族公民都有用本民族语言、文字进行民事诉讼的权利。

在少数民族聚居或者多民族共同居住的地区,人民法院应当用当地民族通用的语言、文字进行审理和发布法律文书。

人民法院应当对不通晓当地民族通用的语言、文字的诉讼参与人提供翻译。

第十二条 【辩论原则】人民法院审理民事案件时,当事人有权进行辩论。

第十三条 【诚信原则和处分原则】民事诉讼应当遵循诚信原则。

当事人有权在法律规定的范围内处分自己的民事权利和诉讼权利。

第十四条 【检察监督原则】人民检察院有权对民事诉讼实行法律监督。

第十五条 【支持起诉原则】机关、社会团体、企业事业单位对损害国家、集体或者个人民事权益的行为,可以支持受损害的单位或者个人向人民法院起诉。

第十六条 【在线诉讼法律效力】经当事人同意,民事诉讼活动可以通过信息网络平台在线进行。

民事诉讼活动通过信息网络平台在线进行的,与线下诉讼活动具有同等法律效力。

第十七条 【民族自治地方的变通或者补充规定】民族自治地方的人民代表大会根据宪法和本法的原则,结合当地民族的具体情况,可以制定变通或者补充的规定。自治区的规定,报全国人民代表大会常务委员会批准。自治州、自治县的规定,报省或者自治区的人民代表大会常务委员会批准,并报全国人民代表大会常务委员会备案。

第二章 管　　辖

第一节　级别管辖

第十八条　【基层法院管辖】基层人民法院管辖第一审民事案件，但本法另有规定的除外。

第十九条　【中级法院管辖】中级人民法院管辖下列第一审民事案件：
（一）重大涉外案件；
（二）在本辖区有重大影响的案件；
（三）最高人民法院确定由中级人民法院管辖的案件。

第二十条　【高级法院管辖】高级人民法院管辖在本辖区有重大影响的第一审民事案件。

第二十一条　【最高法院管辖】最高人民法院管辖下列第一审民事案件：
（一）在全国有重大影响的案件；
（二）认为应当由本院审理的案件。

第二节　地域管辖

第二十二条　【被告住所地、经常居住地法院管辖】对公民提起的民事诉讼，由被告住所地人民法院管辖；被告住所地与经常居住地不一致的，由经常居住地人民法院管辖。

对法人或者其他组织提起的民事诉讼，由被告住所地人民法院管辖。

同一诉讼的几个被告住所地、经常居住地在两个以上人民法院辖区的，各该人民法院都有管辖权。

第二十三条　【原告住所地、经常居住地法院管辖】下列民事诉讼，由原告住所地人民法院管辖；原告住所地与经常居住地不一致的，由原告经常居住地人民法院管辖：
（一）对不在中华人民共和国领域内居住的人提起的有关身份关系的诉讼；
（二）对下落不明或者宣告失踪的人提起的有关身份关系的诉讼；
（三）对被采取强制性教育措施的人提起的诉讼；
（四）对被监禁的人提起的诉讼。

第二十四条　【合同纠纷的地域管辖】因合同纠纷提起的诉讼，由被告住所地或者合同履行地人民法院管辖。

第二十五条　【保险合同纠纷的地域管辖】因保险合同纠纷提起的诉讼，由被告住所地或者保险标的物所在地人民法院管辖。

第二十六条　【票据纠纷的地域管辖】因票据纠纷提起的诉讼，由票据支付地或者被告住所地人民法院管辖。

第二十七条 【公司纠纷的地域管辖】因公司设立、确认股东资格、分配利润、解散等纠纷提起的诉讼,由公司住所地人民法院管辖。

第二十八条 【运输合同纠纷的地域管辖】因铁路、公路、水上、航空运输和联合运输合同纠纷提起的诉讼,由运输始发地、目的地或者被告住所地人民法院管辖。

第二十九条 【侵权纠纷的地域管辖】因侵权行为提起的诉讼,由侵权行为地或者被告住所地人民法院管辖。

第三十条 【交通事故损害赔偿纠纷的地域管辖】因铁路、公路、水上和航空事故请求损害赔偿提起的诉讼,由事故发生地或者车辆、船舶最先到达地、航空器最先降落地或者被告住所地人民法院管辖。

第三十一条 【海事损害事故赔偿纠纷的地域管辖】因船舶碰撞或者其他海事损害事故请求损害赔偿提起的诉讼,由碰撞发生地、碰撞船舶最先到达地、加害船舶被扣留地或者被告住所地人民法院管辖。

第三十二条 【海难救助费用纠纷的地域管辖】因海难救助费用提起的诉讼,由救助地或者被救助船舶最先到达地人民法院管辖。

第三十三条 【共同海损纠纷的地域管辖】因共同海损提起的诉讼,由船舶最先到达地、共同海损理算地或者航程终止地的人民法院管辖。

第三十四条 【专属管辖】下列案件,由本条规定的人民法院专属管辖:
(一)因不动产纠纷提起的诉讼,由不动产所在地人民法院管辖;
(二)因港口作业中发生纠纷提起的诉讼,由港口所在地人民法院管辖;
(三)因继承遗产纠纷提起的诉讼,由被继承人死亡时住所地或者主要遗产所在地人民法院管辖。

第三十五条 【协议管辖】合同或者其他财产权益纠纷的当事人可以书面协议选择被告住所地、合同履行地、合同签订地、原告住所地、标的物所在地等与争议有实际联系的地点的人民法院管辖,但不得违反本法对级别管辖和专属管辖的规定。

第三十六条 【选择管辖】两个以上人民法院都有管辖权的诉讼,原告可以向其中一个人民法院起诉;原告向两个以上有管辖权的人民法院起诉的,由最先立案的人民法院管辖。

第三节 移送管辖和指定管辖

第三十七条 【移送管辖】人民法院发现受理的案件不属于本院管辖的,应当移送有管辖权的人民法院,受移送的人民法院应当受理。受移送的人民法院认为受移送的案件依照规定不属于本院管辖的,应当报请上级人民法院指定管辖,不得再自行移送。

第三十八条 【指定管辖】有管辖权的人民法院由于特殊原因,不能行使管辖权的,由上级人民法院指定管辖。

人民法院之间因管辖权发生争议,由争议双方协商解决;协商解决不了的,报请它们的共同上级人民法院指定管辖。

第三十九条 【管辖权的转移】上级人民法院有权审理下级人民法院管辖的第一审民事案件;确有必要将本院管辖的第一审民事案件交下级人民法院审理的,应当报请其上级人民法院批准。

下级人民法院对它所管辖的第一审民事案件,认为需要由上级人民法院审理的,可以报请上级人民法院审理。

第三章 审 判 组 织

★ **第四十条** 【一审审判组织、独任制普通程序】人民法院审理第一审民事案件,由审判员、人民陪审员共同组成合议庭或者由审判员组成合议庭。合议庭的成员人数,必须是单数。

适用简易程序审理的民事案件,由审判员一人独任审理。基层人民法院审理的基本事实清楚、权利义务关系明确的第一审民事案件,可以由审判员一人适用普通程序独任审理。

人民陪审员在参加审判活动时,除法律另有规定外,与审判员有同等的权利义务。

第四十一条 【二审审判组织、二审独任制和再审审判组织】人民法院审理第二审民事案件,由审判员组成合议庭。合议庭的成员人数,必须是单数。

中级人民法院对第一审适用简易程序审结或者不服裁定提起上诉的第二审民事案件,事实清楚、权利义务关系明确的,经双方当事人同意,可以由审判员一人独任审理。

发回重审的案件,原审人民法院应当按照第一审程序另行组成合议庭。

审理再审案件,原来是第一审的,按照第一审程序另行组成合议庭;原来是第二审的或者是上级人民法院提审的,按照第二审程序另行组成合议庭。

第四十二条 【不适用独任制的案件】人民法院审理下列民事案件,不得由审判员一人独任审理:

(一)涉及国家利益、社会公共利益的案件;
(二)涉及群体性纠纷,可能影响社会稳定的案件;
(三)人民群众广泛关注或者其他社会影响较大的案件;
(四)属于新类型或者疑难复杂的案件;
(五)法律规定应当组成合议庭审理的案件;
(六)其他不宜由审判员一人独任审理的案件。

第四十三条 【独任制转为合议制、当事人异议权】人民法院在审理过程中,发现案件不宜由审判员一人独任审理的,应当裁定转由合议庭审理。

当事人认为案件由审判员一人独任审理违反法律规定的,可以向人民法院提出异议。人民法院对当事人提出的异议应当审查,异议成立的,裁定转由合议庭审理;异议不成立的,裁定驳回。

第四十四条 【合议庭审判长的产生】合议庭的审判长由院长或者庭长指定审判员一人担任;院长或者庭长参加审判的,由院长或者庭长担任。

第四十五条 【合议庭的评议规则】合议庭评议案件,实行少数服从多数的原则。评议应当制作笔录,由合议庭成员签名。评议中的不同意见,必须如实记入笔录。

第四十六条 【审判人员工作纪律】审判人员应当依法秉公办案。

审判人员不得接受当事人及其诉讼代理人请客送礼。

审判人员有贪污受贿,徇私舞弊,枉法裁判行为的,应当追究法律责任;构成犯罪的,依法追究刑事责任。

第四章 回 避

★ **第四十七条** 【回避的对象、条件和方式】审判人员有下列情形之一的,应当自行回避,当事人有权用口头或者书面方式申请他们回避:

(一)是本案当事人或者当事人、诉讼代理人近亲属的;

(二)与本案有利害关系的;

(三)与本案当事人、诉讼代理人有其他关系,可能影响对案件公正审理的。

审判人员接受当事人、诉讼代理人请客送礼,或者违反规定会见当事人、诉讼代理人的,当事人有权要求他们回避。

审判人员有前款规定的行为的,应当依法追究法律责任。

前三款规定,适用于法官助理、书记员、司法技术人员、翻译人员、鉴定人、勘验人。

第四十八条 【回避申请】当事人提出回避申请,应当说明理由,在案件开始审理时提出;回避事由在案件开始审理后知道的,也可以在法庭辩论终结前提出。

被申请回避的人员在人民法院作出是否回避的决定前,应当暂停参与本案的工作,但案件需要采取紧急措施的除外。

第四十九条 【回避决定的程序】院长担任审判长或者独任审判员时的回避,由审判委员会决定;审判人员的回避,由院长决定;其他人员的回避,由审判长或者独任审判员决定。

第五十条 【回避决定的时限及效力】人民法院对当事人提出的回避申请,应当在申请提出的三日内,以口头或者书面形式作出决定。申请人对决定不服的,可以在接到决定时申请复议一次。复议期间,被申请回避的人员,不停止参与本案的工作。人民法院对复议申请,应当在三日内作出复议决定,并通知复议申请人。

第五章 诉讼参加人

第一节 当事人

第五十一条 【当事人范围】公民、法人和其他组织可以作为民事诉讼的当事人。

法人由其法定代表人进行诉讼。其他组织由其主要负责人进行诉讼。

第五十二条 【诉讼权利义务】当事人有权委托代理人,提出回避申请,收集、提供证据,进行辩论,请求调解,提起上诉,申请执行。

当事人可以查阅本案有关材料,并可以复制本案有关材料和法律文书。查阅、复制本案有关材料的范围和办法由最高人民法院规定。

当事人必须依法行使诉讼权利,遵守诉讼秩序,履行发生法律效力的判决书、裁定书和调解书。

第五十三条 【自行和解】双方当事人可以自行和解。

第五十四条 【诉讼请求的放弃、变更、承认、反驳及反诉】原告可以放弃或者变更诉讼请求。被告可以承认或者反驳诉讼请求,有权提起反诉。

第五十五条 【共同诉讼】当事人一方或者双方为二人以上,其诉讼标的是共同的,或者诉讼标的是同一种类、人民法院认为可以合并审理并经当事人同意的,为共同诉讼。

共同诉讼的一方当事人对诉讼标的有共同权利义务的,其中一人的诉讼行为经其他共同诉讼人承认,对其他共同诉讼人发生效力;对诉讼标的没有共同权利义务的,其中一人的诉讼行为对其他共同诉讼人不发生效力。

第五十六条 【当事人人数确定的代表人诉讼】当事人一方人数众多的共同诉讼,可以由当事人推选代表人进行诉讼。代表人的诉讼行为对其所代表的当事人发生效力,但代表人变更、放弃诉讼请求或者承认对方当事人的诉讼请求,进行和解,必须经被代表的当事人同意。

第五十七条 【当事人人数不确定的代表人诉讼】诉讼标的是同一种类、当事人一方人数众多在起诉时人数尚未确定的,人民法院可以发出公告,说明案件情况和诉讼请求,通知权利人在一定期间向人民法院登记。

向人民法院登记的权利人可以推选代表人进行诉讼;推选不出代表人的,人民法院可以与参加登记的权利人商定代表人。

代表人的诉讼行为对其所代表的当事人发生效力,但代表人变更、放弃诉讼请求或者承认对方当事人的诉讼请求,进行和解,必须经被代表的当事人同意。

人民法院作出的判决、裁定,对参加登记的全体权利人发生效力。未参加登记的权利人在诉讼时效期间提起诉讼的,适用该判决、裁定。

第五十八条 【公益诉讼】对污染环境、侵害众多消费者合法权益等损害社会公共利益的行为,法律规定的机关和有关组织可以向人民法院提起诉讼。

人民检察院在履行职责中发现破坏生态环境和资源保护、食品药品安全领域侵害众多消费者合法权益等损害社会公共利益的行为,在没有前款规定的机关和组织或者前款规定的机关和组织不提起诉讼的情况下,可以向人民法院提起诉讼。前款规定的机关或者组织提起诉讼的,人民检察院可以支持起诉。

第五十九条 【第三人】对当事人双方的诉讼标的,第三人认为有独立请求权的,有权提起诉讼。

对当事人双方的诉讼标的,第三人虽然没有独立请求权,但案件处理结果同他有法律上的利害关系的,可以申请参加诉讼,或者由人民法院通知他参加诉讼。人民法院判决承担民事责任的第三人,有当事人的诉讼权利义务。

前两款规定的第三人,因不能归责于本人的事由未参加诉讼,但有证据证明发生法律效力的判决、裁定、调解书的部分或者全部内容错误,损害其民事权益的,可以自知道或者应当知道其民事权益受到损害之日起六个月内,向作出该判决、裁定、调解书的人民法院提起诉讼。人民法院经审理,诉讼请求成立的,应当改变或者撤销原判决、裁定、调解书;诉讼请求不成立的,驳回诉讼请求。

第二节 诉讼代理人

第六十条 【法定诉讼代理人】无诉讼行为能力人由他的监护人作为法定代理人代为诉讼。法定代理人之间互相推诿代理责任的,由人民法院指定其中一人代为诉讼。

第六十一条 【委托诉讼代理人】当事人、法定代理人可以委托一至二人作为诉讼代理人。

下列人员可以被委托为诉讼代理人:
(一)律师、基层法律服务工作者;
(二)当事人的近亲属或者工作人员;
(三)当事人所在社区、单位以及有关社会团体推荐的公民。

第六十二条 【委托诉讼代理权的取得和权限】委托他人代为诉讼,必须向人民法院提交由委托人签名或者盖章的授权委托书。

授权委托书必须记明委托事项和权限。诉讼代理人代为承认、放弃、变更诉讼请求,进行和解,提起反诉或者上诉,必须有委托人的特别授权。

侨居在国外的中华人民共和国公民从国外寄交或者托交的授权委托书,必须经中华人民共和国驻该国的使领馆证明;没有使领馆的,由与中华人民共和国有外交关系的第三国驻该国的使领馆证明,再转由中华人民共和国驻该第三国使领馆证明,或者由当地的爱国华侨团体证明。

第六十三条 【诉讼代理权的变更和解除】诉讼代理人的权限如果变更或

者解除,当事人应当书面告知人民法院,并由人民法院通知对方当事人。

第六十四条 【诉讼代理人调查收集证据和查阅有关资料的权利】代理诉讼的律师和其他诉讼代理人有权调查收集证据,可以查阅本案有关材料。查阅本案有关材料的范围和办法由最高人民法院规定。

第六十五条 【离婚诉讼代理的特别规定】离婚案件有诉讼代理人的,本人除不能表达意思的以外,仍应出庭;确因特殊情况无法出庭的,必须向人民法院提交书面意见。

第六章 证 据

第六十六条 【证据的种类】证据包括:
(一)当事人的陈述;
(二)书证;
(三)物证;
(四)视听资料;
(五)电子数据;
(六)证人证言;
(七)鉴定意见;
(八)勘验笔录。
证据必须查证属实,才能作为认定事实的根据。

第六十七条 【举证责任与查证】当事人对自己提出的主张,有责任提供证据。
当事人及其诉讼代理人因客观原因不能自行收集的证据,或者人民法院认为审理案件需要的证据,人民法院应当调查收集。
人民法院应当按照法定程序,全面地、客观地审查核实证据。

第六十八条 【举证期限及逾期后果】当事人对自己提出的主张应当及时提供证据。
人民法院根据当事人的主张和案件审理情况,确定当事人应当提供的证据及其期限。当事人在该期限内提供证据确有困难的,可以向人民法院申请延长期限,人民法院根据当事人的申请适当延长。当事人逾期提供证据的,人民法院应当责令其说明理由;拒不说明理由或者理由不成立的,人民法院根据不同情形可以不予采纳该证据,或者采纳该证据但予以训诫、罚款。

第六十九条 【人民法院签收证据】人民法院收到当事人提交的证据材料,应当出具收据,写明证据名称、页数、份数、原件或者复印件以及收到时间等,并由经办人员签名或者盖章。

第七十条 【人民法院调查取证】人民法院有权向有关单位和个人调查取证,有关单位和个人不得拒绝。
人民法院对有关单位和个人提出的证明文书,应当辨别真伪,审查确定其效力。

第七十一条 【证据的公开与质证】证据应当在法庭上出示,并由当事人互相质证。对涉及国家秘密、商业秘密和个人隐私的证据应当保密,需要在法庭出示的,不得在公开开庭时出示。

第七十二条 【公证证据】经过法定程序公证证明的法律事实和文书,人民法院应当作为认定事实的根据,但有相反证据足以推翻公证证明的除外。

第七十三条 【书证和物证】书证应当提交原件。物证应当提交原物。提交原件或者原物确有困难的,可以提交复制品、照片、副本、节录本。

提交外文书证,必须附有中文译本。

第七十四条 【视听资料】人民法院对视听资料,应当辨别真伪,并结合本案的其他证据,审查确定能否作为认定事实的根据。

第七十五条 【证人的义务】凡是知道案件情况的单位和个人,都有义务出庭作证。有关单位的负责人应当支持证人作证。

不能正确表达意思的人,不能作证。

第七十六条 【证人不出庭作证的情形】经人民法院通知,证人应当出庭作证。有下列情形之一的,经人民法院许可,可以通过书面证言、视听传输技术或者视听资料等方式作证:

(一)因健康原因不能出庭的;

(二)因路途遥远,交通不便不能出庭的;

(三)因自然灾害等不可抗力不能出庭的;

(四)其他有正当理由不能出庭的。

第七十七条 【证人出庭作证费用的承担】证人因履行出庭作证义务而支出的交通、住宿、就餐等必要费用以及误工损失,由败诉一方当事人负担。当事人申请证人作证的,由该当事人先行垫付;当事人没有申请,人民法院通知证人作证的,由人民法院先行垫付。

第七十八条 【当事人陈述】人民法院对当事人的陈述,应当结合本案的其他证据,审查确定能否作为认定事实的根据。

当事人拒绝陈述的,不影响人民法院根据证据认定案件事实。

第七十九条 【申请鉴定】当事人可以就查明事实的专门性问题向人民法院申请鉴定。当事人申请鉴定的,由双方当事人协商确定具备资格的鉴定人;协商不成的,由人民法院指定。

当事人未申请鉴定,人民法院对专门性问题认为需要鉴定的,应当委托具备资格的鉴定人进行鉴定。

第八十条 【鉴定人的职责】鉴定人有权了解进行鉴定所需要的案件材料,必要时可以询问当事人、证人。

鉴定人应当提出书面鉴定意见,在鉴定书上签名或者盖章。

第八十一条 【鉴定人出庭作证的义务】当事人对鉴定意见有异议或者人民法院认为鉴定人有必要出庭的,鉴定人应当出庭作证。经人民法院通知,鉴定人拒不出庭作证的,鉴定意见不得作为认定事实的根据;支付鉴定费用的当事人可以要求返还鉴定费用。

第八十二条 【对鉴定意见的查证】当事人可以申请人民法院通知有专门知识的人出庭,就鉴定人作出的鉴定意见或者专业问题提出意见。

第八十三条 【勘验笔录】勘验物证或者现场,勘验人必须出示人民法院的证件,并邀请当地基层组织或者当事人所在单位派人参加。当事人或者当事人的成年家属应当到场,拒不到场的,不影响勘验的进行。

有关单位和个人根据人民法院的通知,有义务保护现场,协助勘验工作。

勘验人应当将勘验情况和结果制作笔录,由勘验人、当事人和被邀参加人签名或者盖章。

第八十四条 【证据保全】在证据可能灭失或者以后难以取得的情况下,当事人可以在诉讼过程中向人民法院申请保全证据,人民法院也可以主动采取保全措施。

因情况紧急,在证据可能灭失或者以后难以取得的情况下,利害关系人可以在提起诉讼或者申请仲裁前向证据所在地、被申请人住所地或者对案件有管辖权的人民法院申请保全证据。

证据保全的其他程序,参照适用本法第九章保全的有关规定。

第七章 期间、送达

第一节 期 间

第八十五条 【期间的种类和计算】期间包括法定期间和人民法院指定的期间。

期间以时、日、月、年计算。期间开始的时和日,不计算在期间内。

期间届满的最后一日是法定休假日的,以法定休假日后的第一日为期间届满的日期。

期间不包括在途时间,诉讼文书在期满前交邮的,不算过期。

第八十六条 【期间的耽误和顺延】当事人因不可抗拒的事由或者其他正当理由耽误期限的,在障碍消除后的十日内,可以申请顺延期限,是否准许,由人民法院决定。

第二节 送 达

第八十七条 【送达回证】送达诉讼文书必须有送达回证,由受送达人在送达回证上记明收到日期,签名或者盖章。

受送达人在送达回证上的签收日期为送达日期。

第八十八条 【直接送达】送达诉讼文书,应当直接送交受送达人。受送达人是公民的,本人不在交他的同住成年家属签收;受送达人是法人或者其他组织的,应当由法人的法定代表人、其他组织的主要负责人或者该法人、组织负责收件的人签收;受送达人有诉讼代理人的,可以送交其代理人签收;受送达人已向人民法院指定代收人的,送交代收人签收。

受送达人的同住成年家属,法人或者其他组织的负责收件的人,诉讼代理人或者代收人在送达回证上签收的日期为送达日期。

第八十九条 【留置送达】受送达人或者他的同住成年家属拒绝接收诉讼文书的,送达人可以邀请有关基层组织或者所在单位的代表到场,说明情况,在送达回证上记明拒收事由和日期,由送达人、见证人签名或者盖章,把诉讼文书留在受送达人的住所;也可以把诉讼文书留在受送达人的住所,并采用拍照、录像等方式记录送达过程,即视为送达。

第九十条 【电子送达】经受送达人同意,人民法院可以采用能够确认其收悉的电子方式送达诉讼文书。通过电子方式送达的判决书、裁定书、调解书,受送达人提出需要纸质文书的,人民法院应当提供。

采用前款方式送达的,以送达信息到达受送达人特定系统的日期为送达日期。

第九十一条 【委托送达与邮寄送达】直接送达诉讼文书有困难的,可以委托其他人民法院代为送达,或者邮寄送达。邮寄送达的,以回执上注明的收件日期为送达日期。

第九十二条 【军人的转交送达】受送达人是军人的,通过其所在部队团以上单位的政治机关转交。

第九十三条 【被监禁人或被采取强制性教育措施人的转交送达】受送达人被监禁的,通过其所在监所转交。

受送达人被采取强制性教育措施的,通过其所在强制性教育机构转交。

第九十四条 【转交送达的送达日期】代为转交的机关、单位收到诉讼文书后,必须立即交受送达人签收,以在送达回证上的签收日期,为送达日期。

第九十五条 【公告送达】受送达人下落不明,或者用本节规定的其他方式无法送达的,公告送达。自发出公告之日起,经过三十日,即视为送达。

公告送达,应当在案卷中记明原因和经过。

第八章 调 解

第九十六条 【法院调解原则】人民法院审理民事案件,根据当事人自愿的原则,在事实清楚的基础上,分清是非,进行调解。

第九十七条 【法院调解的程序】人民法院进行调解,可以由审判员一人主持,也可以由合议庭主持,并尽可能就地进行。

人民法院进行调解,可以用简便方式通知当事人、证人到庭。

第九十八条 【对法院调解的协助】人民法院进行调解,可以邀请有关单位和个人协助。被邀请的单位和个人,应当协助人民法院进行调解。

第九十九条 【调解协议的达成】调解达成协议,必须双方自愿,不得强迫。调解协议的内容不得违反法律规定。

第一百条 【调解书的制作、送达和效力】调解达成协议,人民法院应当制作调解书。调解书应当写明诉讼请求、案件的事实和调解结果。

调解书由审判人员、书记员署名,加盖人民法院印章,送达双方当事人。

调解书经双方当事人签收后,即具有法律效力。

第一百零一条 【不需要制作调解书的案件】下列案件调解达成协议,人民法院可以不制作调解书:

(一)调解和好的离婚案件;

(二)调解维持收养关系的案件;

(三)能够即时履行的案件;

(四)其他不需要制作调解书的案件。

对不需要制作调解书的协议,应当记入笔录,由双方当事人、审判人员、书记员签名或者盖章后,即具有法律效力。

第一百零二条 【调解不成或调解后反悔的处理】调解未达成协议或者调解书送达前一方反悔的,人民法院应当及时判决。

第九章 保全和先予执行

第一百零三条 【诉讼保全】人民法院对于可能因当事人一方的行为或者其他原因,使判决难以执行或者造成当事人其他损害的案件,根据对方当事人的申请,可以裁定对其财产进行保全、责令其作出一定行为或者禁止其作出一定行为;当事人没有提出申请的,人民法院在必要时也可以裁定采取保全措施。

人民法院采取保全措施,可以责令申请人提供担保,申请人不提供担保的,裁定驳回申请。

人民法院接受申请后,对情况紧急的,必须在四十八小时内作出裁定;裁定采取保全措施的,应当立即开始执行。

第一百零四条 【诉前保全】利害关系人因情况紧急,不立即申请保全将会使其合法权益受到难以弥补的损害的,可以在提起诉讼或者申请仲裁前向被保全财产所在地、被申请人住所地或者对案件有管辖权的人民法院申请采取保全措施。申请人应当提供担保,不提供担保的,裁定驳回申请。

人民法院接受申请后,必须在四十八小时内作出裁定;裁定采取保全措施的,应当立即开始执行。

申请人在人民法院采取保全措施后三十日内不依法提起诉讼或者申请仲裁的,人民法院应当解除保全。

第一百零五条 【保全的范围】保全限于请求的范围,或者与本案有关的财物。

第一百零六条 【财产保全的措施】财产保全采取查封、扣押、冻结或者法律规定的其他方法。人民法院保全财产后,应当立即通知被保全财产的人。

财产已被查封、冻结的,不得重复查封、冻结。

第一百零七条 【保全的解除】财产纠纷案件,被申请人提供担保的,人民法院应当裁定解除保全。

第一百零八条 【保全申请错误的处理】申请有错误的,申请人应当赔偿被申请人因保全所遭受的损失。

第一百零九条 【先予执行的适用范围】人民法院对下列案件,根据当事人的申请,可以裁定先予执行:

(一)追索赡养费、扶养费、抚养费、抚恤金、医疗费用的;

(二)追索劳动报酬的;

(三)因情况紧急需要先予执行的。

第一百一十条 【先予执行的条件】人民法院裁定先予执行的,应当符合下列条件:

(一)当事人之间权利义务关系明确,不先予执行将严重影响申请人的生活或者生产经营的;

(二)被申请人有履行能力。

人民法院可以责令申请人提供担保,申请人不提供担保的,驳回申请。申请人败诉的,应当赔偿被申请人因先予执行遭受的财产损失。

第一百一十一条 【对保全或先予执行不服的救济程序】当事人对保全或者先予执行的裁定不服的,可以申请复议一次。复议期间不停止裁定的执行。

第十章 对妨害民事诉讼的强制措施

第一百一十二条 【拘传的适用】人民法院对必须到庭的被告,经两次传票传唤,无正当理由拒不到庭的,可以拘传。

第一百一十三条 【对违反法庭规则、扰乱法庭秩序行为的强制措施】诉讼参与人和其他人应当遵守法庭规则。

人民法院对违反法庭规则的人,可以予以训诫,责令退出法庭或者予以罚款、拘留。

人民法院对哄闹、冲击法庭,侮辱、诽谤、威胁、殴打审判人员,严重扰乱法庭秩序的人,依法追究刑事责任;情节较轻的,予以罚款、拘留。

第一百一十四条 【对妨害诉讼证据的收集、调查和阻拦、干扰诉讼进行的强制措施】诉讼参与人或者其他人有下列行为之一的,人民法院可以根据情节轻重予以罚款、拘留;构成犯罪的,依法追究刑事责任:

(一)伪造、毁灭重要证据,妨碍人民法院审理案件的;

(二)以暴力、威胁、贿买方法阻止证人作证或者指使、贿买、胁迫他人作伪证的;

（三）隐藏、转移、变卖、毁损已被查封、扣押的财产，或者已被清点并责令其保管的财产，转移已被冻结的财产的；

（四）对司法工作人员、诉讼参加人、证人、翻译人员、鉴定人、勘验人、协助执行的人，进行侮辱、诽谤、诬陷、殴打或者打击报复的；

（五）以暴力、威胁或者其他方法阻碍司法工作人员执行职务的；

（六）拒不履行人民法院已经发生法律效力的判决、裁定的。

人民法院对有前款规定的行为之一的单位，可以对其主要负责人或者直接责任人员予以罚款、拘留；构成犯罪的，依法追究刑事责任。

★ 第一百一十五条 【对恶意串通、捏造事实，通过诉讼、调解等方式侵害他人合法权益的强制措施】当事人之间恶意串通，企图通过诉讼、调解等方式侵害国家利益、社会公共利益或者他人合法权益的，人民法院应当驳回其请求，并根据情节轻重予以罚款、拘留；构成犯罪的，依法追究刑事责任。

当事人单方捏造民事案件基本事实，向人民法院提起诉讼，企图侵害国家利益、社会公共利益或者他人合法权益的，适用前款规定。

第一百一十六条 【对恶意串通，通过诉讼、仲裁、调解等方式逃避履行法律文书确定的义务的强制措施】被执行人与他人恶意串通，通过诉讼、仲裁、调解等方式逃避履行法律文书确定的义务的，人民法院应当根据情节轻重予以罚款、拘留；构成犯罪的，依法追究刑事责任。

第一百一十七条 【对拒不履行协助义务的单位的强制措施】有义务协助调查、执行的单位有下列行为之一的，人民法院除责令其履行协助义务外，并可以予以罚款：

（一）有关单位拒绝或者妨碍人民法院调查取证的；

（二）有关单位接到人民法院协助执行通知书后，拒不协助查询、扣押、冻结、划拨、变价财产的；

（三）有关单位接到人民法院协助执行通知书后，拒不协助扣留被执行人的收入、办理有关财产权证照转移手续、转交有关票证、证照或者其他财产的；

（四）其他拒绝协助执行的。

人民法院对有前款规定的行为之一的单位，可以对其主要负责人或者直接责任人员予以罚款；对仍不履行协助义务的，可以予以拘留；并可以向监察机关或者有关机关提出予以纪律处分的司法建议。

第一百一十八条 【罚款金额和拘留期限】对个人的罚款金额，为人民币十万元以下。对单位的罚款金额，为人民币五万元以上一百万元以下。

拘留的期限，为十五日以下。

被拘留的人，由人民法院交公安机关看管。在拘留期间，被拘留人承认并改正错误的，人民法院可以决定提前解除拘留。

第一百一十九条 【拘传、罚款、拘留的批准】拘传、罚款、拘留必须经院长批准。

拘传应当发拘传票。

罚款、拘留应当用决定书。对决定不服的,可以向上一级人民法院申请复议一次。复议期间不停止执行。

第一百二十条　【强制措施由法院决定】采取对妨害民事诉讼的强制措施必须由人民法院决定。任何单位和个人采取非法拘禁他人或者非法私自扣押他人财产追索债务的,应当依法追究刑事责任,或者予以拘留、罚款。

第十一章　诉讼费用

第一百二十一条　【诉讼费用】当事人进行民事诉讼,应当按照规定交纳案件受理费。财产案件除交纳案件受理费外,并按照规定交纳其他诉讼费用。

当事人交纳诉讼费用确有困难的,可以按照规定向人民法院申请缓交、减交或者免交。

收取诉讼费用的办法另行制定。

第二编　审判程序

第十二章　第一审普通程序

第一节　起诉和受理

第一百二十二条　【起诉的实质要件】起诉必须符合下列条件:
(一)原告是与本案有直接利害关系的公民、法人和其他组织;
(二)有明确的被告;
(三)有具体的诉讼请求和事实、理由;
(四)属于人民法院受理民事诉讼的范围和受诉人民法院管辖。

第一百二十三条　【起诉的形式要件】起诉应当向人民法院递交起诉状,并按照被告人数提出副本。

书写起诉状确有困难的,可以口头起诉,由人民法院记入笔录,并告知对方当事人。

第一百二十四条　【起诉状的内容】起诉状应当记明下列事项:
(一)原告的姓名、性别、年龄、民族、职业、工作单位、住所、联系方式,法人或者其他组织的名称、住所和法定代表人或者主要负责人的姓名、职务、联系方式;
(二)被告的姓名、性别、工作单位、住所等信息,法人或者其他组织的名称、住所等信息;
(三)诉讼请求和所根据的事实与理由;
(四)证据和证据来源,证人姓名和住所。

第一百二十五条　【先行调解】当事人起诉到人民法院的民事纠纷,适宜调解的,先行调解,但当事人拒绝调解的除外。

第一百二十六条 【起诉权和受理程序】人民法院应当保障当事人依照法律规定享有的起诉权利。对符合本法第一百二十二条的起诉,必须受理。符合起诉条件的,应当在七日内立案,并通知当事人;不符合起诉条件的,应当在七日内作出裁定书,不予受理;原告对裁定不服的,可以提起上诉。

第一百二十七条 【对特殊情形的处理】人民法院对下列起诉,分别情形,予以处理:

(一)依照行政诉讼法的规定,属于行政诉讼受案范围的,告知原告提起行政诉讼;

(二)依照法律规定,双方当事人达成书面仲裁协议申请仲裁、不得向人民法院起诉的,告知原告向仲裁机构申请仲裁;

(三)依照法律规定,应当由其他机关处理的争议,告知原告向有关机关申请解决;

(四)对不属于本院管辖的案件,告知原告向有管辖权的人民法院起诉;

(五)对判决、裁定、调解书已经发生法律效力的案件,当事人又起诉的,告知原告申请再审,但人民法院准许撤诉的裁定除外;

(六)依照法律规定,在一定期限内不得起诉的案件,在不得起诉的期限内起诉的,不予受理;

(七)判决不准离婚和调解和好的离婚案件,判决、调解维持收养关系的案件,没有新情况、新理由,原告在六个月内又起诉的,不予受理。

第二节 审理前的准备

第一百二十八条 【送达起诉状和答辩状】人民法院应当在立案之日起五日内将起诉状副本发送被告,被告应当在收到之日起十五日内提出答辩状。答辩状应当记明被告的姓名、性别、年龄、民族、职业、工作单位、住所、联系方式;法人或者其他组织的名称、住所和法定代表人或者主要负责人的姓名、职务、联系方式。人民法院应当在收到答辩状之日起五日内将答辩状副本发送原告。

被告不提出答辩状的,不影响人民法院审理。

第一百二十九条 【诉讼权利义务的告知】人民法院对决定受理的案件,应当在受理案件通知书和应诉通知书中向当事人告知有关的诉讼权利义务,或者口头告知。

★ **第一百三十条** 【对管辖权异议的审查和处理】人民法院受理案件后,当事人对管辖权有异议的,应当在提交答辩状期间提出。人民法院对当事人提出的异议,应当审查。异议成立的,裁定将案件移送有管辖权的人民法院;异议不成立的,裁定驳回。

当事人未提出管辖异议,并应诉答辩或者提出反诉的,视为受诉人民法院有管辖权,但违反级别管辖和专属管辖规定的除外。

第一百三十一条 【审判人员的告知】审判人员确定后,应当在三日内告知当事人。

第一百三十二条 【审核取证】审判人员必须认真审核诉讼材料,调查收集必要的证据。

第一百三十三条 【调查取证的程序】人民法院派出人员进行调查时,应当向被调查人出示证件。

调查笔录经被调查人校阅后,由被调查人、调查人签名或者盖章。

第一百三十四条 【委托调查】人民法院在必要时可以委托外地人民法院调查。

委托调查,必须提出明确的项目和要求。受委托人民法院可以主动补充调查。

受委托人民法院收到委托书后,应当在三十日内完成调查。因故不能完成的,应当在上述期限内函告委托人民法院。

第一百三十五条 【当事人的追加】必须共同进行诉讼的当事人没有参加诉讼的,人民法院应当通知其参加诉讼。

第一百三十六条 【案件受理后的处理】人民法院对受理的案件,分别情形,予以处理:

(一)当事人没有争议,符合督促程序规定条件的,可以转入督促程序;

(二)开庭前可以调解的,采取调解方式及时解决纠纷;

(三)根据案件情况,确定适用简易程序或者普通程序;

(四)需要开庭审理的,通过要求当事人交换证据等方式,明确争议焦点。

第三节 开庭审理

第一百三十七条 【公开审理及例外】人民法院审理民事案件,除涉及国家秘密、个人隐私或者法律另有规定的以外,应当公开进行。

离婚案件,涉及商业秘密的案件,当事人申请不公开审理的,可以不公开审理。

第一百三十八条 【巡回审理】人民法院审理民事案件,根据需要进行巡回审理,就地办案。

第一百三十九条 【开庭通知与公告】人民法院审理民事案件,应当在开庭三日前通知当事人和其他诉讼参与人。公开审理的,应当公告当事人姓名、案由和开庭的时间、地点。

★ 第一百四十条 【宣布开庭】开庭审理前,书记员应当查明当事人和其他诉讼参与人是否到庭,宣布法庭纪律。

开庭审理时,由审判长或者独任审判员核对当事人,宣布案由,宣布审判人员、法官助理、书记员等的名单,告知当事人有关的诉讼权利义务,询问当事人是否提出回避申请。

第一百四十一条 【法庭调查顺序】法庭调查按照下列顺序进行：
(一)当事人陈述；
(二)告知证人的权利义务,证人作证,宣读未到庭的证人证言；
(三)出示书证、物证、视听资料和电子数据；
(四)宣读鉴定意见；
(五)宣读勘验笔录。

第一百四十二条 【当事人庭审诉讼权利】当事人在法庭上可以提出新的证据。
当事人经法庭许可,可以向证人、鉴定人、勘验人发问。
当事人要求重新进行调查、鉴定或者勘验的,是否准许,由人民法院决定。

第一百四十三条 【合并审理】原告增加诉讼请求,被告提出反诉,第三人提出与本案有关的诉讼请求,可以合并审理。

第一百四十四条 【法庭辩论】法庭辩论按照下列顺序进行：
(一)原告及其诉讼代理人发言；
(二)被告及其诉讼代理人答辩；
(三)第三人及其诉讼代理人发言或者答辩；
(四)互相辩论。
法庭辩论终结,由审判长或者独任审判员按照原告、被告、第三人的先后顺序征询各方最后意见。

第一百四十五条 【法庭调解】法庭辩论终结,应当依法作出判决。判决前能够调解的,还可以进行调解,调解不成的,应当及时判决。

第一百四十六条 【原告拒不到庭和中途退庭的处理】原告经传票传唤,无正当理由拒不到庭的,或者未经法庭许可中途退庭的,可以按撤诉处理；被告反诉的,可以缺席判决。

第一百四十七条 【被告拒不到庭和中途退庭的处理】被告经传票传唤,无正当理由拒不到庭的,或者未经法庭许可中途退庭的,可以缺席判决。

第一百四十八条 【原告申请撤诉的处理】宣判前,原告申请撤诉的,是否准许,由人民法院裁定。
人民法院裁定不准许撤诉的,原告经传票传唤,无正当理由拒不到庭的,可以缺席判决。

第一百四十九条 【延期审理】有下列情形之一的,可以延期开庭审理：
(一) 必须到庭的当事人和其他诉讼参与人有正当理由没有到庭的；
(二) 当事人临时提出回避申请的；
(三) 需要通知新的证人到庭,调取新的证据,重新鉴定、勘验,或者需要补充调查的；
(四) 其他应当延期的情形。

第一百五十条 【法庭笔录】书记员应当将法庭审理的全部活动记入笔录,

由审判人员和书记员签名。

法庭笔录应当当庭宣读,也可以告知当事人和其他诉讼参与人当庭或者在五日内阅读。当事人和其他诉讼参与人认为对自己的陈述记录有遗漏或者差错的,有权申请补正。如果不予补正,应当将申请记录在案。

法庭笔录由当事人和其他诉讼参与人签名或者盖章。拒绝签名盖章的,记明情况附卷。

第一百五十一条 【宣告判决】人民法院对公开审理或者不公开审理的案件,一律公开宣告判决。

当庭宣判的,应当在十日内发送判决书;定期宣判的,宣判后立即发给判决书。

宣告判决时,必须告知当事人上诉权利、上诉期限和上诉的法院。

宣告离婚判决,必须告知当事人在判决发生法律效力前不得另行结婚。

第一百五十二条 【一审审限】人民法院适用普通程序审理的案件,应当在立案之日起六个月内审结。有特殊情况需要延长的,经本院院长批准,可以延长六个月;还需要延长的,报请上级人民法院批准。

第四节 诉讼中止和终结

第一百五十三条 【诉讼中止】有下列情形之一的,中止诉讼:

(一)一方当事人死亡,需要等待继承人表明是否参加诉讼的;

(二)一方当事人丧失诉讼行为能力,尚未确定法定代理人的;

(三)作为一方当事人的法人或者其他组织终止,尚未确定权利义务承受人的;

(四)一方当事人因不可抗拒的事由,不能参加诉讼的;

(五)本案必须以另一案的审理结果为依据,而另一案尚未审结的;

(六)其他应当中止诉讼的情形。

中止诉讼的原因消除后,恢复诉讼。

第一百五十四条 【诉讼终结】有下列情形之一的,终结诉讼:

(一)原告死亡,没有继承人,或者继承人放弃诉讼权利的;

(二)被告死亡,没有遗产,也没有应当承担义务的人的;

(三)离婚案件一方当事人死亡的;

(四)追索赡养费、扶养费、抚养费以及解除收养关系案件的一方当事人死亡的。

第五节 判决和裁定

第一百五十五条 【判决书的内容】判决书应当写明判决结果和作出该判决的理由。判决书内容包括:

（一）案由、诉讼请求、争议的事实和理由；
（二）判决认定的事实和理由、适用的法律和理由；
（三）判决结果和诉讼费用的负担；
（四）上诉期间和上诉的法院。
判决书由审判人员、书记员署名，加盖人民法院印章。

第一百五十六条　【先行判决】人民法院审理案件，其中一部分事实已经清楚，可以就该部分先行判决。

第一百五十七条　【裁定】裁定适用于下列范围：
（一）不予受理；
（二）对管辖权有异议的；
（三）驳回起诉；
（四）保全和先予执行；
（五）准许或者不准许撤诉；
（六）中止或者终结诉讼；
（七）补正判决书中的笔误；
（八）中止或者终结执行；
（九）撤销或者不予执行仲裁裁决；
（十）不予执行公证机关赋予强制执行效力的债权文书；
（十一）其他需要裁定解决的事项。
对前款第一项至第三项裁定，可以上诉。
裁定书应当写明裁定结果和作出该裁定的理由。裁定书由审判人员、书记员署名，加盖人民法院印章。口头裁定的，记入笔录。

第一百五十八条　【一审裁判的生效】最高人民法院的判决、裁定，以及依法不准上诉或者超过上诉期没有上诉的判决、裁定，是发生法律效力的判决、裁定。

第一百五十九条　【判决、裁定的公开】公众可以查阅发生法律效力的判决书、裁定书，但涉及国家秘密、商业秘密和个人隐私的内容除外。

第十三章　简易程序

第一百六十条　【简易程序的适用范围】基层人民法院和它派出的法庭审理事实清楚、权利义务关系明确、争议不大的简单的民事案件，适用本章规定。
基层人民法院和它派出的法庭审理前款规定以外的民事案件，当事人双方也可以约定适用简易程序。

第一百六十一条　【简易程序的起诉方式和受理程序】对简单的民事案件，原告可以口头起诉。
当事人双方可以同时到基层人民法院或者它派出的法庭，请求解决纠纷。基层人民法院或者它派出的法庭可以当即审理，也可以另定日期审理。

第一百六十二条　【简易程序的传唤方式】基层人民法院和它派出的法庭审理简单的民事案件,可以用简便方式传唤当事人和证人、送达诉讼文书、审理案件,但应当保障当事人陈述意见的权利。

第一百六十三条　【简易程序的独任审理】简单的民事案件由审判员一人独任审理,并不受本法第一百三十九条、第一百四十一条、第一百四十四条规定的限制。

第一百六十四条　【简易程序的审限】人民法院适用简易程序审理案件,应当在立案之日起三个月内审结。有特殊情况需要延长的,经本院院长批准,可以延长一个月。

第一百六十五条　【小额诉讼程序的适用条件】基层人民法院和它派出的法庭审理事实清楚、权利义务关系明确、争议不大的简单金钱给付民事案件,标的额为各省、自治区、直辖市上年度就业人员年平均工资百分之五十以下的,适用小额诉讼的程序审理,实行一审终审。

基层人民法院和它派出的法庭审理前款规定的民事案件,标的额超过各省、自治区、直辖市上年度就业人员年平均工资百分之五十但在二倍以下的,当事人双方也可以约定适用小额诉讼的程序。

第一百六十六条　【不适用小额诉讼程序的案件】人民法院审理下列民事案件,不适用小额诉讼的程序:

(一)人身关系、财产确权案件;

(二)涉外案件;

(三)需要评估、鉴定或者对诉前评估、鉴定结果有异议的案件;

(四)一方当事人下落不明的案件;

(五)当事人提出反诉的案件;

(六)其他不宜适用小额诉讼的程序审理的案件。

第一百六十七条　【小额诉讼当庭宣判】人民法院适用小额诉讼的程序审理案件,可以一次开庭审结并且当庭宣判。

第一百六十八条　【小额诉讼的审限】人民法院适用小额诉讼的程序审理案件,应当在立案之日起两个月内审结。有特殊情况需要延长的,经本院院长批准,可以延长一个月。

第一百六十九条　【小额诉讼程序转为普通程序、当事人异议权】人民法院在审理过程中,发现案件不宜适用小额诉讼的程序的,应当适用简易程序的其他规定审理或者裁定转为普通程序。

当事人认为案件适用小额诉讼的程序审理违反法律规定的,可以向人民法院提出异议。人民法院对当事人提出的异议应当审查,异议成立的,应当适用简易程序的其他规定审理或者裁定转为普通程序;异议不成立的,裁定驳回。

第一百七十条　【简易程序转为普通程序】人民法院在审理过程中,发现案件不宜适用简易程序的,裁定转为普通程序。

第十四章　第二审程序

第一百七十一条 【上诉权】当事人不服地方人民法院第一审判决的,有权在判决书送达之日起十五日内向上一级人民法院提起上诉。

当事人不服地方人民法院第一审裁定的,有权在裁定书送达之日起十日内向上一级人民法院提起上诉。

第一百七十二条 【上诉状的内容】上诉应当递交上诉状。上诉状的内容,应当包括当事人的姓名,法人的名称及其法定代表人的姓名或者其他组织的名称及其主要负责人的姓名;原审人民法院名称、案件的编号和案由;上诉的请求和理由。

第一百七十三条 【上诉的提起】上诉状应当通过原审人民法院提出,并按照对方当事人或者代表人的人数提出副本。

当事人直接向第二审人民法院上诉的,第二审人民法院应当在五日内将上诉状移交原审人民法院。

第一百七十四条 【上诉的受理】原审人民法院收到上诉状,应当在五日内将上诉状副本送达对方当事人,对方当事人在收到之日起十五日内提出答辩状。人民法院应当在收到答辩状之日起五日内将副本送达上诉人。对方当事人不提出答辩状的,不影响人民法院审理。

原审人民法院收到上诉状、答辩状,应当在五日内连同全部案卷和证据,报送第二审人民法院。

第一百七十五条 【二审的审理范围】第二审人民法院应当对上诉请求的有关事实和适用法律进行审查。

第一百七十六条 【二审的审理方式和地点】第二审人民法院对上诉案件应当开庭审理。经过阅卷、调查和询问当事人,对没有提出新的事实、证据或者理由,人民法院认为不需要开庭审理的,可以不开庭审理。

第二审人民法院审理上诉案件,可以在本院进行,也可以到案件发生地或者原审人民法院所在地进行。

第一百七十七条 【二审裁判】第二审人民法院对上诉案件,经过审理,按照下列情形,分别处理:

(一)原判决、裁定认定事实清楚,适用法律正确的,以判决、裁定方式驳回上诉,维持原判决、裁定;

(二)原判决、裁定认定事实错误或者适用法律错误的,以判决、裁定方式依法改判、撤销或者变更;

(三)原判决认定基本事实不清的,裁定撤销原判决,发回原审人民法院重审,或者查清事实后改判;

(四)原判决遗漏当事人或者违法缺席判决等严重违反法定程序的,裁定撤销原判决,发回原审人民法院重审。

原审人民法院对发回重审的案件作出判决后,当事人提起上诉的,第二审人民法院不得再次发回重审。

第一百七十八条　【对一审适用裁定的上诉案件的处理】第二审人民法院对不服第一审人民法院裁定的上诉案件的处理,一律使用裁定。

第一百七十九条　【上诉案件的调解】第二审人民法院审理上诉案件,可以进行调解。调解达成协议,应当制作调解书,由审判人员、书记员署名,加盖人民法院印章。调解书送达后,原审人民法院的判决即视为撤销。

第一百八十条　【上诉的撤回】第二审人民法院判决宣告前,上诉人申请撤回上诉的,是否准许,由第二审人民法院裁定。

第一百八十一条　【二审适用的程序】第二审人民法院审理上诉案件,除依照本章规定外,适用第一审普通程序。

第一百八十二条　【二审裁判的效力】第二审人民法院的判决、裁定,是终审的判决、裁定。

第一百八十三条　【二审审限】人民法院审理对判决的上诉案件,应当在第二审立案之日起三个月内审结。有特殊情况需要延长的,由本院院长批准。

人民法院审理对裁定的上诉案件,应当在第二审立案之日起三十日内作出终审裁定。

第十五章　特别程序

第一节　一般规定

★ **第一百八十四条　【特别程序的适用范围】**人民法院审理选民资格案件、宣告失踪或者宣告死亡案件、指定遗产管理人案件、认定公民无民事行为能力或者限制民事行为能力案件、认定财产无主案件、确认调解协议案件和实现担保物权案件,适用本章规定。本章没有规定的,适用本法和其他法律的有关规定。

第一百八十五条　【一审终审与独任审理】依照本章程序审理的案件,实行一审终审。选民资格案件或者重大、疑难的案件,由审判员组成合议庭审理;其他案件由审判员一人独任审理。

第一百八十六条　【特别程序的转换】人民法院在依照本章程序审理案件的过程中,发现本案属于民事权益争议的,应当裁定终结特别程序,并告知利害关系人可以另行起诉。

第一百八十七条　【特别程序的审限】人民法院适用特别程序审理的案件,应当在立案之日起三十日内或者公告期满后三十日内审结。有特殊情况需要延长的,由本院院长批准。但审理选民资格的案件除外。

第二节 选民资格案件

第一百八十八条 【起诉与管辖】公民不服选举委员会对选民资格的申诉所作的处理决定,可以在选举日的五日以前向选区所在地基层人民法院起诉。

第一百八十九条 【审理、审限及判决】人民法院受理选民资格案件后,必须在选举日前审结。

审理时,起诉人、选举委员会的代表和有关公民必须参加。

人民法院的判决书,应当在选举日前送达选举委员会和起诉人,并通知有关公民。

第三节 宣告失踪、宣告死亡案件

第一百九十条 【宣告失踪案件的提起】公民下落不明满二年,利害关系人申请宣告其失踪的,向下落不明人住所地基层人民法院提出。

申请书应当写明失踪的事实、时间和请求,并附有公安机关或者其他有关机关关于该公民下落不明的书面证明。

第一百九十一条 【宣告死亡案件的提起】公民下落不明满四年,或者因意外事件下落不明满二年,或者因意外事件下落不明,经有关机关证明该公民不可能生存,利害关系人申请宣告其死亡的,向下落不明人住所地基层人民法院提出。

申请书应当写明下落不明的事实、时间和请求,并附有公安机关或者其他有关机关关于该公民下落不明的书面证明。

第一百九十二条 【公告与判决】人民法院受理宣告失踪、宣告死亡案件后,应当发出寻找下落不明人的公告。宣告失踪的公告期间为三个月,宣告死亡的公告期间为一年。因意外事件下落不明,经有关机关证明该公民不可能生存的,宣告死亡的公告期间为三个月。

公告期间届满,人民法院应当根据被宣告失踪、宣告死亡的事实是否得到确认,作出宣告失踪、宣告死亡的判决或者驳回申请的判决。

第一百九十三条 【判决的撤销】被宣告失踪、宣告死亡的公民重新出现,经本人或者利害关系人申请,人民法院应当作出新判决,撤销原判决。

第四节 指定遗产管理人案件

★ **第一百九十四条 【指定遗产管理人案件的提起】**对遗产管理人的确定有争议,利害关系人申请指定遗产管理人的,向被继承人死亡时住所地或者主要遗产所在地基层人民法院提出。

申请书应当写明被继承人死亡的时间、申请事由和具体请求,并附有被继承人死亡的相关证据。

★ **第一百九十五条** 【法院受理后审查及指定】人民法院受理申请后,应当审查核实,并按照有利于遗产管理的原则,判决指定遗产管理人。

★ **第一百九十六条** 【另行指定遗产管理人的情形】被指定的遗产管理人死亡、终止、丧失民事行为能力或者存在其他无法继续履行遗产管理职责情形的,人民法院可以根据利害关系人或者本人的申请另行指定遗产管理人。

★ **第一百九十七条** 【撤销遗产管理人资格的情形】遗产管理人违反遗产管理职责,严重侵害继承人、受遗赠人或者债权人合法权益的,人民法院可以根据利害关系人的申请,撤销其遗产管理人资格,并依法指定新的遗产管理人。

第五节 认定公民无民事行为能力、限制民事行为能力案件

第一百九十八条 【认定公民无民事行为能力、限制民事行为能力案件的提起】申请认定公民无民事行为能力或者限制民事行为能力,由利害关系人或者有关组织向该公民住所地基层人民法院提出。

申请书应当写明该公民无民事行为能力或者限制民事行为能力的事实和根据。

第一百九十九条 【民事行为能力鉴定】人民法院受理申请后,必要时应当对被请求认定为无民事行为能力或者限制民事行为能力的公民进行鉴定。申请人已提供鉴定意见的,应当对鉴定意见进行审查。

第二百条 【审理及判决】人民法院审理认定公民无民事行为能力或者限制民事行为能力的案件,应当由该公民的近亲属为代理人,但申请人除外。近亲属互相推诿的,由人民法院指定其中一人为代理人。该公民健康情况许可的,还应当询问本人的意见。

人民法院经审理认定申请有事实根据的,判决该公民为无民事行为能力或者限制民事行为能力人;认定申请没有事实根据的,应当判决予以驳回。

第二百零一条 【判决的撤销】人民法院根据被认定为无民事行为能力人、限制民事行为能力人本人、利害关系人或者有关组织的申请,证实该公民无民事行为能力或者限制民事行为能力的原因已经消除的,应当作出新判决,撤销原判决。

第六节 认定财产无主案件

第二百零二条 【财产无主案件的提起】申请认定财产无主,由公民、法人或者其他组织向财产所在地基层人民法院提出。

申请书应当写明财产的种类、数量以及要求认定财产无主的根据。

第二百零三条 【公告及判决】人民法院受理申请后,经审查核实,应当发出财产认领公告。公告满一年无人认领的,判决认定财产无主,收归国家或者集体所有。

第二百零四条　【判决的撤销】判决认定财产无主后,原财产所有人或者继承人出现,在民法典规定的诉讼时效期间可以对财产提出请求,人民法院审查属实后,应当作出新判决,撤销原判决。

第七节　确认调解协议案件

第二百零五条　【确认调解协议案件的提起】经依法设立的调解组织调解达成调解协议,申请司法确认的,由双方当事人自调解协议生效之日起三十日内,共同向下列人民法院提出:

(一)人民法院邀请调解组织开展先行调解的,向作出邀请的人民法院提出;

(二)调解组织自行开展调解的,向当事人住所地、标的物所在地、调解组织所在地的基层人民法院提出;调解协议所涉纠纷应当由中级人民法院管辖的,向相应的中级人民法院提出。

第二百零六条　【审查及裁定】人民法院受理申请后,经审查,符合法律规定的,裁定调解协议有效,一方当事人拒绝履行或者未全部履行的,对方当事人可以向人民法院申请执行;不符合法律规定的,裁定驳回申请,当事人可以通过调解方式变更原调解协议或者达成新的调解协议,也可以向人民法院提起诉讼。

第八节　实现担保物权案件

第二百零七条　【实现担保物权案件的提起】申请实现担保物权,由担保物权人以及其他有权请求实现担保物权的人依照民法典等法律,向担保财产所在地或者担保物权登记地基层人民法院提出。

第二百零八条　【审查及裁定】人民法院受理申请后,经审查,符合法律规定的,裁定拍卖、变卖担保财产,当事人依据该裁定可以向人民法院申请执行;不符合法律规定的,裁定驳回申请,当事人可以向人民法院提起诉讼。

第十六章　审判监督程序

第二百零九条　【人民法院决定再审】各级人民法院院长对本院已经发生法律效力的判决、裁定、调解书,发现确有错误,认为需要再审的,应当提交审判委员会讨论决定。

最高人民法院对地方各级人民法院已经发生法律效力的判决、裁定、调解书,上级人民法院对下级人民法院已经发生法律效力的判决、裁定、调解书,发现确有错误的,有权提审或者指令下级人民法院再审。

第二百一十条　【当事人申请再审】当事人对已经发生法律效力的判决、裁定,认为有错误的,可以向上一级人民法院申请再审;当事人一方人数众多或者当事人双方为公民的案件,也可以向原审人民法院申请再审。当事人申请再审的,不停止判决、裁定的执行。

第二百一十一条 【再审事由】当事人的申请符合下列情形之一的,人民法院应当再审:
（一）有新的证据,足以推翻原判决、裁定的;
（二）原判决、裁定认定的基本事实缺乏证据证明的;
（三）原判决、裁定认定事实的主要证据是伪造的;
（四）原判决、裁定认定事实的主要证据未经质证的;
（五）对审理案件需要的主要证据,当事人因客观原因不能自行收集,书面申请人民法院调查收集,人民法院未调查收集的;
（六）原判决、裁定适用法律确有错误的;
（七）审判组织的组成不合法或者依法应当回避的审判人员没有回避的;
（八）无诉讼行为能力人未经法定代理人代为诉讼或者应当参加诉讼的当事人,因不能归责于本人或者其诉讼代理人的事由,未参加诉讼的;
（九）违反法律规定,剥夺当事人辩论权利的;
（十）未经传票传唤,缺席判决的;
（十一）原判决、裁定遗漏或者超出诉讼请求的;
（十二）据以作出原判决、裁定的法律文书被撤销或者变更的;
（十三）审判人员审理该案件时有贪污受贿,徇私舞弊,枉法裁判行为的。

第二百一十二条 【调解书的再审】当事人对已经发生法律效力的调解书,提出证据证明调解违反自愿原则或者调解协议的内容违反法律的,可以申请再审。经人民法院审查属实的,应当再审。

第二百一十三条 【不得申请再审的案件】当事人对已经发生法律效力的解除婚姻关系的判决、调解书,不得申请再审。

第二百一十四条 【再审申请以及审查】当事人申请再审的,应当提交再审申请书等材料。人民法院应当自收到再审申请书之日起五日内将再审申请书副本发送对方当事人。对方当事人应当自收到再审申请书副本之日起十五日内提交书面意见;不提交书面意见的,不影响人民法院审查。人民法院可以要求申请人和对方当事人补充有关材料,询问有关事项。

★ **第二百一十五条** 【再审申请的审查期限以及再审案件管辖法院】人民法院应当自收到再审申请书之日起三个月内审查,符合本法规定的,裁定再审;不符合本法规定的,裁定驳回申请。有特殊情况需要延长的,由本院院长批准。

因当事人申请裁定再审的案件由中级人民法院以上的人民法院审理,但当事人依照本法第二百一十条的规定选择向基层人民法院申请再审的除外。最高人民法院、高级人民法院裁定再审的案件,由本院再审或者交其他人民法院再审,也可以交原审人民法院再审。

★ **第二百一十六条** 【当事人申请再审的期限】当事人申请再审,应当在判决、裁定发生法律效力后六个月内提出;有本法第二百一十一条第一项、第三项、第十二项、第十三项规定情形的,自知道或者应当知道之日起六个月内提出。

第二百一十七条 【中止原判决的执行及例外】按照审判监督程序决定再审的案件,裁定中止原判决、裁定、调解书的执行,但追索赡养费、扶养费、抚养费、抚恤金、医疗费用、劳动报酬等案件,可以不中止执行。

第二百一十八条 【再审案件的审理程序】人民法院按照审判监督程序再审的案件,发生法律效力的判决、裁定是由第一审法院作出的,按照第一审程序审理,所作的判决、裁定,当事人可以上诉;发生法律效力的判决、裁定是由第二审法院作出的,按照第二审程序审理,所作的判决、裁定,是发生法律效力的判决、裁定;上级人民法院按照审判监督程序提审的,按照第二审程序审理,所作的判决、裁定是发生法律效力的判决、裁定。

人民法院审理再审案件,应当另行组成合议庭。

★ 第二百一十九条 【人民检察院提起抗诉】最高人民检察院对各级人民法院已经发生法律效力的判决、裁定,上级人民检察院对下级人民法院已经发生法律效力的判决、裁定,发现有本法第二百一十一条规定情形之一的,或者发现调解书损害国家利益、社会公共利益的,应当提出抗诉。

地方各级人民检察院对同级人民法院已经发生法律效力的判决、裁定,发现有本法第二百一十一条规定情形之一的,或者发现调解书损害国家利益、社会公共利益的,可以向同级人民法院提出检察建议,并报上级人民检察院备案;也可以提请上级人民检察院向同级人民法院提出抗诉。

各级人民检察院对审判监督程序以外的其他审判程序中审判人员的违法行为,有权向同级人民法院提出检察建议。

第二百二十条 【当事人申请再审检察建议及抗诉的条件】有下列情形之一的,当事人可以向人民检察院申请检察建议或者抗诉:

(一)人民法院驳回再审申请的;

(二)人民法院逾期未对再审申请作出裁定的;

(三)再审判决、裁定有明显错误的。

人民检察院对当事人的申请应当在三个月内进行审查,作出提出或者不予提出检察建议或者抗诉的决定。当事人不得再次向人民检察院申请检察建议或者抗诉。

第二百二十一条 【抗诉案件的调查】人民检察院因履行法律监督职责提出检察建议或者抗诉的需要,可以向当事人或者案外人调查核实有关情况。

★ 第二百二十二条 【抗诉案件裁定再审的期限及审理法院】人民检察院提出抗诉的案件,接受抗诉的人民法院应当自收到抗诉书之日起三十日内作出再审的裁定;有本法第二百一十一条第一项至第五项规定情形之一的,可以交下一级人民法院再审,但经该下一级人民法院再审的除外。

第二百二十三条 【抗诉书】人民检察院决定对人民法院的判决、裁定、调解书提出抗诉的,应当制作抗诉书。

第二百二十四条 【人民检察院派员出庭】人民检察院提出抗诉的案件,人民法院再审时,应当通知人民检察院派员出席法庭。

第十七章 督促程序

第二百二十五条 【支付令的申请】债权人请求债务人给付金钱、有价证券,符合下列条件的,可以向有管辖权的基层人民法院申请支付令:

(一)债权人与债务人没有其他债务纠纷的;

(二)支付令能够送达债务人的。

申请书应当写明请求给付金钱或者有价证券的数量和所根据的事实、证据。

第二百二十六条 【支付令申请的受理】债权人提出申请后,人民法院应当在五日内通知债权人是否受理。

第二百二十七条 【审理】人民法院受理申请后,经审查债权人提供的事实、证据,对债权债务关系明确、合法的,应当在受理之日起十五日内向债务人发出支付令;申请不成立的,裁定予以驳回。

债务人应当自收到支付令之日起十五日内清偿债务,或者向人民法院提出书面异议。

债务人在前款规定的期间不提出异议又不履行支付令的,债权人可以向人民法院申请执行。

第二百二十八条 【支付令的异议及失效的处理】人民法院收到债务人提出的书面异议后,经审查,异议成立的,应当裁定终结督促程序,支付令自行失效。

支付令失效的,转入诉讼程序,但申请支付令的一方当事人不同意提起诉讼的除外。

第十八章 公示催告程序

第二百二十九条 【公示催告程序的提起】按照规定可以背书转让的票据持有人,因票据被盗、遗失或者灭失,可以向票据支付地的基层人民法院申请公示催告。依照法律规定可以申请公示催告的其他事项,适用本章规定。

申请人应当向人民法院递交申请书,写明票面金额、发票人、持票人、背书人等票据主要内容和申请的理由、事实。

第二百三十条 【受理、止付通知与公告】人民法院决定受理申请,应当同时通知支付人停止支付,并在三日内发出公告,催促利害关系人申报权利。公示催告的期间,由人民法院根据情况决定,但不得少于六十日。

第二百三十一条 【止付通知和公告的效力】支付人收到人民法院停止支付的通知,应当停止支付,至公示催告程序终结。

公示催告期间,转让票据权利的行为无效。

第二百三十二条 【利害关系人申报权利】利害关系人应当在公示催告期间向人民法院申报。

人民法院收到利害关系人的申报后,应当裁定终结公示催告程序,并通知申请人和支付人。

申请人或者申报人可以向人民法院起诉。

第二百三十三条 【除权判决】没有人申报的,人民法院应当根据申请人的申请,作出判决,宣告票据无效。判决应当公告,并通知支付人。自判决公告之日起,申请人有权向支付人请求支付。

第二百三十四条 【除权判决的撤销】利害关系人因正当理由不能在判决前向人民法院申报的,自知道或者应当知道判决公告之日起一年内,可以向作出判决的人民法院起诉。

第三编 执行程序

第十九章 一般规定

第二百三十五条 【执行依据及管辖】发生法律效力的民事判决、裁定,以及刑事判决、裁定中的财产部分,由第一审人民法院或者与第一审人民法院同级的被执行的财产所在地人民法院执行。

法律规定由人民法院执行的其他法律文书,由被执行人住所地或者被执行的财产所在地人民法院执行。

第二百三十六条 【对违法的执行行为的异议】当事人、利害关系人认为执行行为违反法律规定的,可以向负责执行的人民法院提出书面异议。当事人、利害关系人提出书面异议的,人民法院应当自收到书面异议之日起十五日内审查,理由成立的,裁定撤销或者改正;理由不成立的,裁定驳回。当事人、利害关系人对裁定不服的,可以自裁定送达之日起十日内向上一级人民法院申请复议。

第二百三十七条 【变更执行法院】人民法院自收到申请执行书之日起超过六个月未执行的,申请执行人可以向上一级人民法院申请执行。上一级人民法院经审查,可以责令原人民法院在一定期限内执行,也可以决定由本院执行或者指令其他人民法院执行。

第二百三十八条 【案外人异议】执行过程中,案外人对执行标的提出书面异议的,人民法院应当自收到书面异议之日起十五日内审查,理由成立的,裁定中止对该标的的执行;理由不成立的,裁定驳回。案外人、当事人对裁定不服,认为原判决、裁定错误的,依照审判监督程序办理;与原判决、裁定无关的,可以自裁定送达之日起十五日内向人民法院提起诉讼。

第二百三十九条 【执行员与执行机构】执行工作由执行员进行。

采取强制执行措施时,执行员应当出示证件。执行完毕后,应当将执行情况制作笔录,由在场的有关人员签名或者盖章。

人民法院根据需要可以设立执行机构。

第二百四十条 【委托执行】被执行人或者被执行的财产在外地的,可以委托当地人民法院代为执行。受委托人民法院收到委托函件后,必须在十五日内开始执行,不得拒绝。执行完毕后,应当将执行结果及时函复委托人民法院;在三十日内如果还未执行完毕,也应当将执行情况函告委托人民法院。

受委托人民法院自收到委托函件之日起十五日内不执行的,委托人民法院可以请求受委托人民法院的上级人民法院指令受委托人民法院执行。

第二百四十一条 【执行和解】在执行中,双方当事人自行和解达成协议的,执行员应当将协议内容记入笔录,由双方当事人签名或者盖章。

申请执行人因受欺诈、胁迫与被执行人达成和解协议,或者当事人不履行和解协议的,人民法院可以根据当事人的申请,恢复对原生效法律文书的执行。

第二百四十二条 【执行担保】在执行中,被执行人向人民法院提供担保,并经申请执行人同意的,人民法院可以决定暂缓执行及暂缓执行的期限。被执行人逾期仍不履行的,人民法院有权执行被执行人的担保财产或者担保人的财产。

第二百四十三条 【被执行主体的变更】作为被执行人的公民死亡的,以其遗产偿还债务。作为被执行人的法人或者其他组织终止的,由其权利义务承受人履行义务。

第二百四十四条 【执行回转】执行完毕后,据以执行的判决、裁定和其他法律文书确有错误,被人民法院撤销的,对已被执行的财产,人民法院应当作出裁定,责令取得财产的人返还;拒不返还的,强制执行。

第二百四十五条 【法院调解书的执行】人民法院制作的调解书的执行,适用本编的规定。

第二百四十六条 【对执行的法律监督】人民检察院有权对民事执行活动实行法律监督。

第二十章 执行的申请和移送

第二百四十七条 【申请执行与移送执行】发生法律效力的民事判决、裁定,当事人必须履行。一方拒绝履行的,对方当事人可以向人民法院申请执行,也可以由审判员移送执行员执行。

调解书和其他应当由人民法院执行的法律文书,当事人必须履行。一方拒绝履行的,对方当事人可以向人民法院申请执行。

第二百四十八条 【仲裁裁决的申请执行】对依法设立的仲裁机构的裁决,

一方当事人不履行的,对方当事人可以向有管辖权的人民法院申请执行。受申请的人民法院应当执行。

被申请人提出证据证明仲裁裁决有下列情形之一的,经人民法院组成合议庭审查核实,裁定不予执行:

(一)当事人在合同中没有订有仲裁条款或者事后没有达成书面仲裁协议的;

(二)裁决的事项不属于仲裁协议的范围或者仲裁机构无权仲裁的;

(三)仲裁庭的组成或者仲裁的程序违反法定程序的;

(四)裁决所根据的证据是伪造的;

(五)对方当事人向仲裁机构隐瞒了足以影响公正裁决的证据的;

(六)仲裁员在仲裁该案时有贪污受贿,徇私舞弊,枉法裁决行为的。

人民法院认定执行该裁决违背社会公共利益的,裁定不予执行。

裁定书应当送达双方当事人和仲裁机构。

仲裁裁决被人民法院裁定不予执行的,当事人可以根据双方达成的书面仲裁协议重新申请仲裁,也可以向人民法院起诉。

第二百四十九条 【公证债权文书的申请执行】对公证机关依法赋予强制执行效力的债权文书,一方当事人不履行的,对方当事人可以向有管辖权的人民法院申请执行,受申请的人民法院应当执行。

公证债权文书确有错误的,人民法院裁定不予执行,并将裁定书送达双方当事人和公证机关。

第二百五十条 【申请执行期间】申请执行的期间为二年。申请执行时效的中止、中断,适用法律有关诉讼时效中止、中断的规定。

前款规定的期间,从法律文书规定履行期间的最后一日起计算;法律文书规定分期履行的,从最后一期履行期限届满之日起计算;法律文书未规定履行期间的,从法律文书生效之日起计算。

第二百五十一条 【执行通知】执行员接到申请执行书或者移交执行书,应当向被执行人发出执行通知,并可以立即采取强制执行措施。

第二十一章 执行措施

第二百五十二条 【被执行人报告财产情况】被执行人未按执行通知履行法律文书确定的义务,应当报告当前以及收到执行通知之日前一年的财产情况。被执行人拒绝报告或者虚假报告的,人民法院可以根据情节轻重对被执行人或者其法定代理人、有关单位的主要负责人或者直接责任人员予以罚款、拘留。

第二百五十三条 【被执行人存款等财产的执行】被执行人未按执行通知履行法律文书确定的义务,人民法院有权向有关单位查询被执行人的存款、债券、股票、基金份额等财产情况。人民法院有权根据不同情形扣押、冻结、划拨、变价被执行人的财产。人民法院查询、扣押、冻结、划拨、变价的财产不得超出被执行人应当履行义务的范围。

人民法院决定扣押、冻结、划拨、变价财产,应当作出裁定,并发出协助执行通知书,有关单位必须办理。

第二百五十四条 【被执行人收入的执行】被执行人未按执行通知履行法律文书确定的义务,人民法院有权扣留、提取被执行人应当履行义务部分的收入。但应当保留被执行人及其所扶养家属的生活必需费用。

人民法院扣留、提取收入时,应当作出裁定,并发出协助执行通知书,被执行人所在单位、银行、信用合作社和其他有储蓄业务的单位必须办理。

第二百五十五条 【被执行人其他财产的执行】被执行人未按执行通知履行法律文书确定的义务,人民法院有权查封、扣押、冻结、拍卖、变卖被执行人应当履行义务部分的财产。但应当保留被执行人及其所扶养家属的生活必需品。

采取前款措施,人民法院应当作出裁定。

第二百五十六条 【查封、扣押】人民法院查封、扣押财产时,被执行人是公民的,应当通知被执行人或者他的成年家属到场;被执行人是法人或者其他组织的,应当通知其法定代表人或者主要负责人到场。拒不到场的,不影响执行。被执行人是公民的,其工作单位或者财产所在地的基层组织应当派人参加。

对被查封、扣押的财产,执行员必须造具清单,由在场人签名或者盖章后,交被执行人一份。被执行人是公民的,也可以交他的成年家属一份。

第二百五十七条 【被查封财产的保管】被查封的财产,执行员可以指定被执行人负责保管。因被执行人的过错造成的损失,由被执行人承担。

第二百五十八条 【拍卖、变卖】财产被查封、扣押后,执行员应当责令被执行人在指定期间履行法律文书确定的义务。被执行人逾期不履行的,人民法院应当拍卖被查封、扣押的财产;不适于拍卖或者当事人双方同意不进行拍卖的,人民法院可以委托有关单位变卖或者自行变卖。国家禁止自由买卖的物品,交有关单位按照国家规定的价格收购。

第二百五十九条 【搜查】被执行人不履行法律文书确定的义务,并隐匿财产的,人民法院有权发出搜查令,对被执行人及其住所或者财产隐匿地进行搜查。

采取前款措施,由院长签发搜查令。

第二百六十条 【指定交付】法律文书指定交付的财物或者票证,由执行员传唤双方当事人当面交付,或者由执行员转交,并由被交付人签收。

有关单位持有该项财物或者票证的,应当根据人民法院的协助执行通知书转交,并由被交付人签收。

有关公民持有该项财物或者票证的,人民法院通知其交出。拒不交出的,强制执行。

第二百六十一条 【强制迁出】强制迁出房屋或者强制退出土地,由院长签发公告,责令被执行人在指定期间履行。被执行人逾期不履行的,由执行员强制执行。

强制执行时,被执行人是公民的,应当通知被执行人或者他的成年家属到场;被执行人是法人或者其他组织的,应当通知其法定代表人或者主要负责人到场。拒不到场的,不影响执行。被执行人是公民的,其工作单位或者房屋、土地所在地的基层组织应当派人参加。执行员应当将强制执行情况记入笔录,由在场人签名或者盖章。

强制迁出房屋被搬出的财物,由人民法院派人运至指定处所,交给被执行人。被执行人是公民的,也可以交给他的成年家属。因拒绝接收而造成的损失,由被执行人承担。

第二百六十二条 【财产权证照转移】在执行中,需要办理有关财产权证照转移手续的,人民法院可以向有关单位发出协助执行通知书,有关单位必须办理。

第二百六十三条 【行为的执行】对判决、裁定和其他法律文书指定的行为,被执行人未按执行通知履行的,人民法院可以强制执行或者委托有关单位或者其他人完成,费用由被执行人承担。

第二百六十四条 【迟延履行的责任】被执行人未按判决、裁定和其他法律文书指定的期间履行给付金钱义务的,应当加倍支付迟延履行期间的债务利息。被执行人未按判决、裁定和其他法律文书指定的期间履行其他义务的,应当支付迟延履行金。

★ 第二百六十五条 【继续执行】人民法院采取本法第二百五十三条、第二百五十四条、第二百五十五条规定的执行措施后,被执行人仍不能偿还债务的,应当继续履行义务。债权人发现被执行人有其他财产的,可以随时请求人民法院执行。

第二百六十六条 【对被执行人限制出境及公布信息】被执行人不履行法律文书确定的义务的,人民法院可以对其采取或者通知有关单位协助采取限制出境,在征信系统记录、通过媒体公布不履行义务信息以及法律规定的其他措施。

第二十二章 执行中止和终结

第二百六十七条 【中止执行】有下列情形之一的,人民法院应当裁定中止执行:
(一)申请人表示可以延期执行的;
(二)案外人对执行标的提出确有理由的异议的;
(三)作为一方当事人的公民死亡,需要等待继承人继承权利或者承担义务的;
(四)作为一方当事人的法人或者其他组织终止,尚未确定权利义务承受

人的;
(五)人民法院认为应当中止执行的其他情形。
中止的情形消失后,恢复执行。
第二百六十八条 【终结执行】有下列情形之一的,人民法院裁定终结执行:
(一)申请人撤销申请的;
(二)据以执行的法律文书被撤销的;
(三)作为被执行人的公民死亡,无遗产可供执行,又无义务承担人的;
(四)追索赡养费、扶养费、抚养费案件的权利人死亡的;
(五)作为被执行人的公民因生活困难无力偿还借款,无收入来源,又丧失劳动能力的;
(六)人民法院认为应当终结执行的其他情形。
第二百六十九条 【执行中止、终结裁定的生效】中止和终结执行的裁定,送达当事人后立即生效。

第四编 涉外民事诉讼程序的特别规定

第二十三章 一般原则

第二百七十条 【适用本法原则】在中华人民共和国领域内进行涉外民事诉讼,适用本编规定。本编没有规定的,适用本法其他有关规定。
第二百七十一条 【信守国际条约原则】中华人民共和国缔结或者参加的国际条约同本法有不同规定的,适用该国际条约的规定,但中华人民共和国声明保留的条款除外。
第二百七十二条 【司法豁免原则】对享有外交特权与豁免的外国人、外国组织或者国际组织提起的民事诉讼,应当依照中华人民共和国有关法律和中华人民共和国缔结或者参加的国际条约的规定办理。
第二百七十三条 【使用我国通用语言、文字原则】人民法院审理涉外民事案件,应当使用中华人民共和国通用的语言、文字。当事人要求提供翻译的,可以提供,费用由当事人承担。
第二百七十四条 【委托中国律师代理诉讼原则】外国人、无国籍人、外国企业和组织在人民法院起诉、应诉,需要委托律师代理诉讼的,必须委托中华人民共和国的律师。
第二百七十五条 【委托授权书的公证与认证】在中华人民共和国领域内没有住所的外国人、无国籍人、外国企业和组织委托中华人民共和国律师或者其他人代理诉讼,从中华人民共和国领域外寄交或者托交的授权委托书,应当经所在国公证机关证明,并经中华人民共和国驻该国使领馆认证,或者履行中华人民共和国与该所在国订立的有关条约中规定的证明手续后,才具有效力。

第二十四章 管 辖

★ **第二百七十六条** 【特殊地域管辖】因涉外民事纠纷,对在中华人民共和国领域内没有住所的被告提起除身份关系以外的诉讼,如果合同签订地、合同履行地、诉讼标的物所在地、可供扣押财产所在地、侵权行为地、代表机构住所地位于中华人民共和国领域内的,可以由合同签订地、合同履行地、诉讼标的物所在地、可供扣押财产所在地、侵权行为地、代表机构住所地人民法院管辖。

除前款规定外,涉外民事纠纷与中华人民共和国存在其他适当联系的,可以由人民法院管辖。

★ **第二百七十七条** 【协议管辖】涉外民事纠纷的当事人书面协议选择人民法院管辖的,可以由人民法院管辖。

★ **第二百七十八条** 【应诉管辖】当事人未提出管辖异议,并应诉答辩或者提出反诉的,视为人民法院有管辖权。

★ **第二百七十九条** 【专属管辖】下列民事案件,由人民法院专属管辖:

(一)因在中华人民共和国领域内设立的法人或者其他组织的设立、解散、清算,以及该法人或者其他组织作出的决议的效力等纠纷提起的诉讼;

(二)因与在中华人民共和国领域内审查授予的知识产权的有效性有关的纠纷提起的诉讼;

(三)因在中华人民共和国领域内履行中外合资经营企业合同、中外合作经营企业合同、中外合作勘探开发自然资源合同发生纠纷提起的诉讼。

★ **第二百八十条** 【对管辖权争议的审查和处理】当事人之间的同一纠纷,一方当事人向外国法院起诉,另一方当事人向人民法院起诉,或者一方当事人既向外国法院起诉,又向人民法院起诉,人民法院依照本法有管辖权的,可以受理。当事人订立排他性管辖协议选择外国法院管辖且不违反本法对专属管辖的规定,不涉及中华人民共和国主权、安全或者社会公共利益的,人民法院可以裁定不予受理;已经受理的,裁定驳回起诉。

★ **第二百八十一条** 【裁定中止诉讼的情形及例外】人民法院依据前条规定受理案件后,当事人以外国法院已经先于人民法院受理为由,书面申请人民法院中止诉讼的,人民法院可以裁定中止诉讼,但是存在下列情形之一的除外:

(一)当事人协议选择人民法院管辖,或者纠纷属于人民法院专属管辖;

(二)由人民法院审理明显更为方便。

外国法院未采取必要措施审理案件,或者未在合理期限内审结的,依当事人的书面申请,人民法院应当恢复诉讼。

外国法院作出的发生法律效力的判决、裁定,已经被人民法院全部或者部分承认,当事人对已经获得承认的部分又向人民法院起诉的,裁定不予受理;已经受理的,裁定驳回起诉。

★ **第二百八十二条** 【裁定驳回起诉的情形】人民法院受理的涉外民事案件,

被告提出管辖异议,且同时有下列情形的,可以裁定驳回起诉,告知原告向更为方便的外国法院提起诉讼:

(一)案件争议的基本事实不是发生在中华人民共和国领域内,人民法院审理案件和当事人参加诉讼均明显不方便;

(二)当事人之间不存在选择人民法院管辖的协议;

(三)案件不属于人民法院专属管辖;

(四)案件不涉及中华人民共和国主权、安全或者社会公共利益;

(五)外国法院审理案件更为方便。

裁定驳回起诉后,外国法院对纠纷拒绝行使管辖权,或者未采取必要措施审理案件,或者未在合理期限内审结,当事人又向人民法院起诉的,人民法院应当受理。

第二十五章　送达、调查取证、期间

★ **第二百八十三条**　【送达方式】人民法院对在中华人民共和国领域内没有住所的当事人送达诉讼文书,可以采用下列方式:

(一)依照受送达人所在国与中华人民共和国缔结或者共同参加的国际条约中规定的方式送达;

(二)通过外交途径送达;

(三)对具有中华人民共和国国籍的受送达人,可以委托中华人民共和国驻受送达人所在国的使领馆代为送达;

(四)向受送达人在本案中委托的诉讼代理人送达;

(五)向受送达人在中华人民共和国领域内设立的独资企业、代表机构、分支机构或者有权接受送达的业务代办人送达;

(六)受送达人为外国人、无国籍人,其在中华人民共和国领域内设立的法人或者其他组织担任法定代表人或者主要负责人,且与该法人或者其他组织为共同被告的,向该法人或者其他组织送达;

(七)受送达人为外国法人或者其他组织,其法定代表人或者主要负责人在中华人民共和国领域内的,向其法定代表人或者主要负责人送达;

(八)受送达人所在国的法律允许邮寄送达的,可以邮寄送达,自邮寄之日起满三个月,送达回证没有退回,但根据各种情况足以认定已经送达的,期间届满之日视为送达;

(九)采用能够确认受送达人收悉的电子方式送达,但是受送达人所在国法律禁止的除外;

(十)以受送达人同意的其他方式送达,但是受送达人所在国法律禁止的除外。

不能用上述方式送达的,公告送达,自发出公告之日起,经过六十日,即视为送达。

★ 第二百八十四条 【域外取证】当事人申请人民法院调查收集的证据位于中华人民共和国领域外,人民法院可以依照证据所在国与中华人民共和国缔结或者共同参加的国际条约中规定的方式,或者通过外交途径调查收集。

在所在国法律不禁止的情况下,人民法院可以采用下列方式调查收集:

(一)对具有中华人民共和国国籍的当事人、证人,可以委托中华人民共和国驻当事人、证人所在国的使领馆代为取证;

(二)经双方当事人同意,通过即时通讯工具取证;

(三)以双方当事人同意的其他方式取证。

第二百八十五条 【答辩期间】被告在中华人民共和国领域内没有住所的,人民法院应当将起诉状副本送达被告,并通知被告在收到起诉状副本后三十日内提出答辩状。被告申请延期的,是否准许,由人民法院决定。

第二百八十六条 【上诉期间】在中华人民共和国领域内没有住所的当事人,不服第一审人民法院判决、裁定的,有权在判决书、裁定书送达之日起三十日内提起上诉。被上诉人在收到上诉状副本后,应当在三十日内提出答辩状。当事人不能在法定期间提起上诉或者提出答辩状,申请延期的,是否准许,由人民法院决定。

第二百八十七条 【审理期间】人民法院审理涉外民事案件的期间,不受本法第一百五十二条、第一百八十三条规定的限制。

第二十六章 仲 裁

第二百八十八条 【或裁或审原则】涉外经济贸易、运输和海事中发生的纠纷,当事人在合同中订有仲裁条款或者事后达成书面仲裁协议,提交中华人民共和国涉外仲裁机构或者其他仲裁机构仲裁的,当事人不得向人民法院起诉。

当事人在合同中没有订有仲裁条款或者事后没有达成书面仲裁协议的,可以向人民法院起诉。

第二百八十九条 【仲裁程序中的保全】当事人申请采取保全的,中华人民共和国的涉外仲裁机构应当将当事人的申请,提交被申请人住所地或者财产所在地的中级人民法院裁定。

第二百九十条 【仲裁裁决的执行】经中华人民共和国涉外仲裁机构裁决的,当事人不得向人民法院起诉。一方当事人不履行仲裁裁决的,对方当事人可以向被申请人住所地或者财产所在地的中级人民法院申请执行。

第二百九十一条 【仲裁裁决不予执行的情形】对中华人民共和国涉外仲裁机构作出的裁决,被申请人提出证据证明仲裁裁决有下列情形之一的,经人民法院组成合议庭审查核实,裁定不予执行:

(一)当事人在合同中没有订有仲裁条款或者事后没有达成书面仲裁协议的;

(二)被申请人没有得到指定仲裁员或者进行仲裁程序的通知,或者由于其

他不属于被申请人负责的原因未能陈述意见的;

(三)仲裁庭的组成或者仲裁的程序与仲裁规则不符的;

(四)裁决的事项不属于仲裁协议的范围或者仲裁机构无权仲裁的。

人民法院认定执行该裁决违背社会公共利益的,裁定不予执行。

第二百九十二条 【仲裁裁决不予执行的法律后果】仲裁裁决被人民法院裁定不予执行的,当事人可以根据双方达成的书面仲裁协议重新申请仲裁,也可以向人民法院起诉。

第二十七章 司法协助

第二百九十三条 【司法协助的原则】根据中华人民共和国缔结或者参加的国际条约,或者按照互惠原则,人民法院和外国法院可以相互请求,代为送达文书、调查取证以及进行其他诉讼行为。

外国法院请求协助的事项有损于中华人民共和国的主权、安全或者社会公共利益的,人民法院不予执行。

第二百九十四条 【司法协助的途径】请求和提供司法协助,应当依照中华人民共和国缔结或者参加的国际条约所规定的途径进行;没有条约关系的,通过外交途径进行。

外国驻中华人民共和国的使领馆可以向该国公民送达文书和调查取证,但不得违反中华人民共和国的法律,并不得采取强制措施。

除前款规定的情况外,未经中华人民共和国主管机关准许,任何外国机关或者个人不得在中华人民共和国领域内送达文书、调查取证。

第二百九十五条 【司法协助请求使用的文字】外国法院请求人民法院提供司法协助的请求书及其所附文件,应当附有中文译本或者国际条约规定的其他文字文本。

人民法院请求外国法院提供司法协助的请求书及其所附文件,应当附有该国文字译本或者国际条约规定的其他文字文本。

第二百九十六条 【司法协助程序】人民法院提供司法协助,依照中华人民共和国法律规定的程序进行。外国法院请求采用特殊方式的,也可以按照其请求的特殊方式进行,但请求采用的特殊方式不得违反中华人民共和国法律。

★ **第二百九十七条** 【申请外国承认和执行】人民法院作出的发生法律效力的判决、裁定,如果被执行人或者其财产不在中华人民共和国领域内,当事人请求执行的,可以由当事人直接向有管辖权的外国法院申请承认和执行,也可以由人民法院依照中华人民共和国缔结或者参加的国际条约的规定,或者按照互惠原则,请求外国法院承认和执行。

在中华人民共和国领域内依法作出的发生法律效力的仲裁裁决,当事人请求执行的,如果被执行人或者其财产不在中华人民共和国领域内,当事人可以直接向有管辖权的外国法院申请承认和执行。

★ **第二百九十八条　【外国申请承认和执行】**外国法院作出的发生法律效力的判决、裁定,需要人民法院承认和执行的,可以由当事人直接向有管辖权的中级人民法院申请承认和执行,也可以由外国法院依照该国与中华人民共和国缔结或者参加的国际条约的规定,或者按照互惠原则,请求人民法院承认和执行。

★ **第二百九十九条　【外国法院裁判的承认和执行】**人民法院对申请或者请求承认和执行的外国法院作出的发生法律效力的判决、裁定,依照中华人民共和国缔结或者参加的国际条约,或者按照互惠原则进行审查后,认为不违反中华人民共和国法律的基本原则且不损害国家主权、安全、社会公共利益的,裁定承认其效力;需要执行的,发出执行令,依照本法的有关规定执行。

★ **第三百条　【不予承认和执行外国法院裁判的情形】**对申请或者请求承认和执行的外国法院作出的发生法律效力的判决、裁定,人民法院经审查,有下列情形之一的,裁定不予承认和执行:

（一）依据本法第三百零一条的规定,外国法院对案件无管辖权;

（二）被申请人未得到合法传唤或者虽经合法传唤但未获得合理的陈述、辩论机会,或者无诉讼行为能力的当事人未得到适当代理;

（三）判决、裁定是通过欺诈方式取得;

（四）人民法院已对同一纠纷作出判决、裁定,或者已经承认第三国法院对同一纠纷作出的判决、裁定;

（五）违反中华人民共和国法律的基本原则或者损害国家主权、安全、社会公共利益。

★ **第三百零一条　【认定外国法院无管辖权的情形】**有下列情形之一的,人民法院应当认定该外国法院对案件无管辖权:

（一）外国法院依照其法律对案件没有管辖权,或者虽然依照其法律有管辖权但与案件所涉纠纷无适当联系;

（二）违反本法对专属管辖的规定;

（三）违反当事人排他性选择法院管辖的协议。

★ **第三百零二条　【诉讼的中止与恢复】**当事人向人民法院申请承认和执行外国法院作出的发生法律效力的判决、裁定,该判决、裁定涉及的纠纷与人民法院正在审理的纠纷属于同一纠纷的,人民法院可以裁定中止诉讼。

外国法院作出的发生法律效力的判决、裁定不符合本法规定的承认条件的,人民法院裁定不予承认和执行,并恢复已经中止的诉讼;符合本法规定的承认条件的,人民法院裁定承认其效力;需要执行的,发出执行令,依照本法的有关规定执行;对已经中止的诉讼,裁定驳回起诉。

★ **第三百零三条　【对裁定不服的救济途径】**当事人对承认和执行或者不予承认和执行的裁定不服的,可以自裁定送达之日起十日内向上一级人民法院申请复议。

★ **第三百零四条　【外国仲裁裁决的承认和执行】**在中华人民共和国领域外

作出的发生法律效力的仲裁裁决,需要人民法院承认和执行的,当事人可以直接向被执行人住所地或者其财产所在地的中级人民法院申请。被执行人住所地或者其财产不在中华人民共和国领域内的,当事人可以向申请人住所地或者与裁决的纠纷有适当联系的地点的中级人民法院申请。人民法院应当依照中华人民共和国缔结或者参加的国际条约,或者按照互惠原则办理。

★ 第三百零五条 【外国国家豁免】涉及外国国家的民事诉讼,适用中华人民共和国有关外国国家豁免的法律规定;有关法律没有规定的,适用本法。

第三百零六条 【施行时间】本法自公布之日起施行,《中华人民共和国民事诉讼法(试行)》同时废止。

一、综　合

最高人民法院关于
适用《中华人民共和国民事诉讼法》的解释

（2014年12月18日最高人民法院审判委员会第1636次会议通过　根据2020年12月23日最高人民法院审判委员会第1823次会议通过的《最高人民法院关于修改〈最高人民法院关于人民法院民事调解工作若干问题的规定〉等十九件民事诉讼类司法解释的决定》第一次修正　根据2022年3月22日最高人民法院审判委员会第1866次会议通过的《最高人民法院关于修改〈最高人民法院关于适用《中华人民共和国民事诉讼法》的解释〉的决定》第二次修正　2022年4月1日最高人民法院公告公布　该修正自2022年4月10日起施行　法释〔2022〕11号）

2012年8月31日，第十一届全国人民代表大会常务委员会第二十八次会议审议通过了《关于修改〈中华人民共和国民事诉讼法〉的决定》。根据修改后的民事诉讼法，结合人民法院民事审判和执行工作实际，制定本解释。

一、管　辖

第一条　民事诉讼法第十九条第一项规定的重大涉外案件，包括争议标的额大的案件、案情复杂的案件，或者一方当事人人数众多等具有重大影响的案件。

第二条　专利纠纷案件由知识产权法院、最高人民法院确定的中级人民法院和基层人民法院管辖。

海事、海商案件由海事法院管辖。

第三条　公民的住所地是指公民的户籍所在地，法人或者其他组织的住所地是指法人或者其他组织的主要办事机构所在地。

法人或者其他组织的主要办事机构所在地不能确定的，法人或者其他组织的注册地或者登记地为住所地。

第四条　公民的经常居住地是指公民离开住所地至起诉时已连续居住一年以上的地方，但公民住院就医的地方除外。

第五条 对没有办事机构的个人合伙、合伙型联营体提起的诉讼,由被告注册登记地人民法院管辖。没有注册登记,几个被告又不在同一辖区的,被告住所地的人民法院都有管辖权。

第六条 被告被注销户籍的,依照民事诉讼法第二十三条规定确定管辖;原告、被告均被注销户籍的,由被告居住地人民法院管辖。

第七条 当事人的户籍迁出后尚未落户,有经常居住地的,由该地人民法院管辖;没有经常居住地的,由其原户籍所在地人民法院管辖。

第八条 双方当事人都被监禁或者被采取强制性教育措施的,由被告原住所地人民法院管辖。被告被监禁或者被采取强制性教育措施一年以上的,由被告被监禁地或者被采取强制性教育措施地人民法院管辖。

第九条 追索赡养费、扶养费、抚养费案件的几个被告住所地不在同一辖区的,可以由原告住所地人民法院管辖。

第十条 不服指定监护或者变更监护关系的案件,可以由被监护人住所地人民法院管辖。

第十一条 双方当事人均为军人或者军队单位的民事案件由军事法院管辖。

第十二条 夫妻一方离开住所地超过一年,另一方起诉离婚的案件,可以由原告住所地人民法院管辖。

夫妻双方离开住所地超过一年,一方起诉离婚的案件,由被告经常居住地人民法院管辖;没有经常居住地的,由原告起诉时被告居住地人民法院管辖。

第十三条 在国内结婚并定居国外的华侨,如定居国法院以离婚诉讼须由婚姻缔结地法院管辖为由不予受理,当事人向人民法院提出离婚诉讼的,由婚姻缔结地或者一方在国内的最后居住地人民法院管辖。

第十四条 在国外结婚并定居国外的华侨,如定居国法院以离婚诉讼须由国籍所属国法院管辖为由不予受理,当事人向人民法院提出离婚诉讼的,由一方原住所地或者在国内的最后居住地人民法院管辖。

第十五条 中国公民一方居住在国外,一方居住在国内,不论哪一方向人民法院提起离婚诉讼,国内一方住所地人民法院都有权管辖。国外一方在居住国法院起诉,国内一方向人民法院起诉的,受诉人民法院有权管辖。

第十六条 中国公民双方在国外但未定居,一方向人民法院起诉离婚的,应由原告或者被告原住所地人民法院管辖。

第十七条 已经离婚的中国公民,双方均定居国外,仅就国内财产分割提起诉讼的,由主要财产所在地人民法院管辖。

第十八条 合同约定履行地点的,以约定的履行地点为合同履行地。

合同对履行地点没有约定或者约定不明确,争议标的为给付货币的,接收货币一方所在地为合同履行地;交付不动产的,不动产所在地为合同履行地;其他标的,履行义务一方所在地为合同履行地。即时结清的合同,交易行为地为合同履行地。

合同没有实际履行,当事人双方住所地都不在合同约定的履行地的,由被告住所地人民法院管辖。

第十九条 财产租赁合同、融资租赁合同以租赁物使用地为合同履行地。合同对履行地有约定的,从其约定。

第二十条 以信息网络方式订立的买卖合同,通过信息网络交付标的的,以买受人住所地为合同履行地;通过其他方式交付标的的,收货地为合同履行地。合同对履行地有约定的,从其约定。

第二十一条 因财产保险合同纠纷提起的诉讼,如果保险标的物是运输工具或者运输中的货物,可以由运输工具登记注册地、运输目的地、保险事故发生地人民法院管辖。

因人身保险合同纠纷提起的诉讼,可以由被保险人住所地人民法院管辖。

第二十二条 因股东名册记载、请求变更公司登记、股东知情权、公司决议、公司合并、公司分立、公司减资、公司增资等纠纷提起的诉讼,依照民事诉讼法第二十七条规定确定管辖。

第二十三条 债权人申请支付令,适用民事诉讼法第二十二条规定,由债务人住所地基层人民法院管辖。

第二十四条 民事诉讼法第二十九条规定的侵权行为地,包括侵权行为实施地、侵权结果发生地。

第二十五条 信息网络侵权行为实施地包括实施被诉侵权行为的计算机等信息设备所在地,侵权结果发生地包括被侵权人住所地。

第二十六条 因产品、服务质量不合格造成他人财产、人身损害提起的诉讼,产品制造地、产品销售地、服务提供地、侵权行为地和被告住所地人民法院都有管辖权。

第二十七条 当事人申请诉前保全后没有在法定期间起诉或者申请仲裁,给被申请人、利害关系人造成损失引起的诉讼,由采取保全措施的人民法院管辖。

当事人申请诉前保全后在法定期间内起诉或者申请仲裁,被申请人、利害关系人因保全受到损失提起的诉讼,由受理起诉的人民法院或者采取保全措施的人民法院管辖。

第二十八条 民事诉讼法第三十四条第一项规定的不动产纠纷是指因不动产的权利确认、分割、相邻关系等引起的物权纠纷。

农村土地承包经营合同纠纷、房屋租赁合同纠纷、建设工程施工合同纠纷、政策性房屋买卖合同纠纷,按照不动产纠纷确定管辖。

不动产已登记的,以不动产登记簿记载的所在地为不动产所在地;不动产未登记的,以不动产实际所在地为不动产所在地。

第二十九条 民事诉讼法第三十五条规定的书面协议,包括书面合同中的协议管辖条款或者诉讼前以书面形式达成的选择管辖的协议。

第三十条 根据管辖协议,起诉时能够确定管辖法院的,从其约定;不能确定的,依照民事诉讼法的相关规定确定管辖。

管辖协议约定两个以上与争议有实际联系的地点的人民法院管辖,原告可以向其中一个人民法院起诉。

第三十一条 经营者使用格式条款与消费者订立管辖协议,未采取合理方式提请消费者注意,消费者主张管辖协议无效的,人民法院应予支持。

第三十二条 管辖协议约定由一方当事人住所地人民法院管辖,协议签订后当事人住所地变更的,由签订管辖协议时的住所地人民法院管辖,但当事人另有约定的除外。

第三十三条 合同转让的,合同的管辖协议对合同受让人有效,但转让时受让人不知道有管辖协议,或者转让协议另有约定且原合同相对人同意的除外。

第三十四条 当事人因同居或者在解除婚姻、收养关系后发生财产争议,约定管辖的,可以适用民事诉讼法第三十五条规定确定管辖。

第三十五条 当事人在答辩期间届满后未应诉答辩,人民法院在一审开庭前,发现案件不属于本院管辖的,应当裁定移送有管辖权的人民法院。

第三十六条 两个以上人民法院都有管辖权的诉讼,先立案的人民法院不得将案件移送给另一个有管辖权的人民法院。人民法院在立案前发现其他有管辖权的人民法院已先立案的,不得重复立案;立案后发现其他有管辖权的人民法院已先立案的,裁定将案件移送给先立案的人民法院。

第三十七条 案件受理后,受诉人民法院的管辖权不受当事人住所地、经常居住地变更的影响。

第三十八条 有管辖权的人民法院受理案件后,不得以行政区域变更为由,将案件移送给变更后有管辖权的人民法院。判决后的上诉案件和依审判监督程序提审的案件,由原审人民法院的上级人民法院进行审判;上级人民法院指令再审、发回重审的案件,由原审人民法院再审或者重审。

第三十九条 人民法院对管辖异议审查后确定有管辖权的,不因当事人提起反诉、增加或者变更诉讼请求等改变管辖,但违反级别管辖、专属管辖规定的除外。

人民法院发回重审或者按第一审程序再审的案件,当事人提出管辖异议的,人民法院不予审查。

第四十条 依照民事诉讼法第三十八条第二款规定,发生管辖权争议的两个人民法院因协商不成报请它们的共同上级人民法院指定管辖时,双方为同属一个地、市辖区的基层人民法院的,由该地、市的中级人民法院及时指定管辖;同属一个省、自治区、直辖市的两个人民法院的,由该省、自治区、直辖市的高级人民法院及时指定管辖;双方为跨省、自治区、直辖市的人民法院,高级人民法院协商不成的,由最高人民法院及时指定管辖。

依照前款规定报请上级人民法院指定管辖时,应当逐级进行。

第四十一条 人民法院依照民事诉讼法第三十八条第二款规定指定管辖的,应当作出裁定。

对报请上级人民法院指定管辖的案件,下级人民法院应当中止审理。指定管辖裁定作出前,下级人民法院对案件作出判决、裁定的,上级人民法院应当在裁定指定管辖的同时,一并撤销下级人民法院的判决、裁定。

第四十二条 下列第一审民事案件,人民法院依照民事诉讼法第三十九条第一款规定,可以在开庭前交下级人民法院审理:

(一)破产程序中有关债务人的诉讼案件;
(二)当事人人数众多且不方便诉讼的案件;
(三)最高人民法院确定的其他类型案件。

人民法院交下级人民法院审理前,应当报请其上级人民法院批准。上级人民法院批准后,人民法院应当裁定将案件交下级人民法院审理。

二、回　避

第四十三条 审判人员有下列情形之一的,应当自行回避,当事人有权申请其回避:

(一)是本案当事人或者当事人近亲属的;
(二)本人或者其近亲属与本案有利害关系的;
(三)担任过本案的证人、鉴定人、辩护人、诉讼代理人、翻译人员的;
(四)是本案诉讼代理人近亲属的;
(五)本人或者其近亲属持有本案非上市公司当事人的股份或者股权的;
(六)与本案当事人或者诉讼代理人有其他利害关系,可能影响公正审理的。

第四十四条 审判人员有下列情形之一的,当事人有权申请其回避:

(一)接受本案当事人及其受托人宴请,或者参加由其支付费用的活动的;
(二)索取、接受本案当事人及其受托人财物或者其他利益的;
(三)违反规定会见本案当事人、诉讼代理人的;
(四)为本案当事人推荐、介绍诉讼代理人,或者为律师、其他人员介绍代理本案的;
(五)向本案当事人及其受托人借用款物的;
(六)有其他不正当行为,可能影响公正审理的。

第四十五条 在一个审判程序中参与过本案审判工作的审判人员,不得再参与该案其他程序的审判。

发回重审的案件,在一审法院作出裁判后又进入第二审程序的,原第二审程序中审判人员不受前款规定的限制。

第四十六条　审判人员有应当回避的情形,没有自行回避,当事人也没有申请其回避的,由院长或者审判委员会决定其回避。

第四十七条　人民法院应当依法告知当事人对合议庭组成人员、独任审判员和书记员等人员有申请回避的权利。

第四十八条　民事诉讼法第四十七条所称的审判人员,包括参与本案审理的人民法院院长、副院长、审判委员会委员、庭长、副庭长、审判员和人民陪审员。

第四十九条　书记员和执行员适用审判人员回避的有关规定。

三、诉讼参加人

第五十条　法人的法定代表人以依法登记的为准,但法律另有规定的除外。依法不需要办理登记的法人,以其正职负责人为法定代表人;没有正职负责人的,以其主持工作的副职负责人为法定代表人。

法定代表人已经变更,但未完成登记,变更后的法定代表人要求代表法人参加诉讼的,人民法院可以准许。

其他组织,以其主要负责人为代表人。

第五十一条　在诉讼中,法人的法定代表人变更的,由新的法定代表人继续进行诉讼,并应向人民法院提交新的法定代表人身份证明书。原法定代表人进行的诉讼行为有效。

前款规定,适用于其他组织参加的诉讼。

第五十二条　民事诉讼法第五十一条规定的其他组织是指合法成立、有一定的组织机构和财产,但又不具备法人资格的组织,包括:

(一)依法登记领取营业执照的个人独资企业;

(二)依法登记领取营业执照的合伙企业;

(三)依法登记领取我国营业执照的中外合作经营企业、外资企业;

(四)依法成立的社会团体的分支机构、代表机构;

(五)依法设立并领取营业执照的法人的分支机构;

(六)依法设立并领取营业执照的商业银行、政策性银行和非银行金融机构的分支机构;

(七)经依法登记领取营业执照的乡镇企业、街道企业;

(八)其他符合本条规定条件的组织。

第五十三条　法人非依法设立的分支机构,或者虽依法设立,但没有领取营业执照的分支机构,以设立该分支机构的法人为当事人。

第五十四条　以挂靠形式从事民事活动,当事人请求由挂靠人和被挂靠人依法承担民事责任的,该挂靠人和被挂靠人为共同诉讼人。

第五十五条　在诉讼中,一方当事人死亡,需要等待继承人表明是否参加诉讼的,裁定中止诉讼。人民法院应当及时通知继承人作为当事人承担诉讼,被继承人已经进行的诉讼行为对承担诉讼的继承人有效。

第五十六条 法人或者其他组织的工作人员执行工作任务造成他人损害的,该法人或者其他组织为当事人。

第五十七条 提供劳务一方因劳务造成他人损害,受害人提起诉讼的,以接受劳务一方为被告。

第五十八条 在劳务派遣期间,被派遣的工作人员因执行工作任务造成他人损害的,以接受劳务派遣的用工单位为当事人。当事人主张劳务派遣单位承担责任的,该劳务派遣单位为共同被告。

第五十九条 在诉讼中,个体工商户以营业执照上登记的经营者为当事人。有字号的,以营业执照上登记的字号为当事人,但应同时注明该字号经营者的基本信息。

营业执照上登记的经营者与实际经营者不一致的,以登记的经营者和实际经营者为共同诉讼人。

第六十条 在诉讼中,未依法登记领取营业执照的个人合伙的全体合伙人为共同诉讼人。个人合伙有依法核准登记的字号的,应在法律文书中注明登记的字号。全体合伙人可以推选代表人;被推选的代表人,应由全体合伙人出具推选书。

第六十一条 当事人之间的纠纷经人民调解委员会或者其他依法设立的调解组织调解达成协议后,一方当事人不履行调解协议,另一方当事人向人民法院提起诉讼的,应以对方当事人为被告。

第六十二条 下列情形,以行为人为当事人:

(一)法人或者其他组织应登记而未登记,行为人即以该法人或者其他组织名义进行民事活动的;

(二)行为人没有代理权、超越代理权或者代理权终止后以被代理人名义进行民事活动的,但相对人有理由相信行为人有代理权的除外;

(三)法人或者其他组织依法终止后,行为人仍以其名义进行民事活动的。

第六十三条 企业法人合并的,因合并前的民事活动发生的纠纷,以合并后的企业为当事人;企业法人分立的,因分立前的民事活动发生的纠纷,以分立后的企业为共同诉讼人。

第六十四条 企业法人解散的,依法清算并注销前,以该企业法人为当事人;未依法清算即被注销的,以该企业法人的股东、发起人或者出资人为当事人。

第六十五条 借用业务介绍信、合同专用章、盖章的空白合同书或者银行账户的,出借单位和借用人为共同诉讼人。

第六十六条 因保证合同纠纷提起的诉讼,债权人向保证人和被保证人一并主张权利的,人民法院应当将保证人和被保证人列为共同被告。保证合同约定为一般保证,债权人仅起诉保证人的,人民法院应当通知被保证人作为共同被告参加诉讼;债权人仅起诉被保证人的,可以只列被保证人为被告。

第六十七条 无民事行为能力人、限制民事行为能力人造成他人损害的,无民事行为能力人、限制民事行为能力人和其监护人为共同被告。

第六十八条 居民委员会、村民委员会或者村民小组与他人发生民事纠纷的,居民委员会、村民委员会或者有独立财产的村民小组为当事人。

第六十九条 对侵害死者遗体、遗骨以及姓名、肖像、名誉、荣誉、隐私等行为提起诉讼的,死者的近亲属为当事人。

第七十条 在继承遗产的诉讼中,部分继承人起诉的,人民法院应通知其他继承人作为共同原告参加诉讼;被通知的继承人不愿意参加诉讼又未明确表示放弃实体权利的,人民法院仍应将其列为共同原告。

第七十一条 原告起诉被代理人和代理人,要求承担连带责任的,被代理人和代理人为共同被告。

原告起诉代理人和相对人,要求承担连带责任的,代理人和相对人为共同被告。

第七十二条 共有财产权受到他人侵害,部分共有权人起诉的,其他共有权人为共同诉讼人。

第七十三条 必须共同进行诉讼的当事人没有参加诉讼的,人民法院应当依照民事诉讼法第一百三十五条的规定,通知其参加;当事人也可以向人民法院申请追加。人民法院对当事人提出的申请,应当进行审查,申请理由不成立的,裁定驳回;申请理由成立的,书面通知被追加的当事人参加诉讼。

第七十四条 人民法院追加共同诉讼的当事人时,应当通知其他当事人。应当追加的原告,已明确表示放弃实体权利的,可不予追加;既不愿意参加诉讼,又不放弃实体权利的,仍应追加为共同原告,其不参加诉讼,不影响人民法院对案件的审理和依法作出判决。

第七十五条 民事诉讼法第五十六条、第五十七条和第二百零六条规定的人数众多,一般指十人以上。

第七十六条 依照民事诉讼法第五十六条规定,当事人一方人数众多在起诉时确定的,可以由全体当事人推选共同的代表人,也可以由部分当事人推选自己的代表人;推选不出代表人的当事人,在必要的共同诉讼中可以自己参加诉讼,在普通的共同诉讼中可以另行起诉。

第七十七条 根据民事诉讼法第五十七条规定,当事人一方人数众多在起诉时不确定的,由当事人推选代表人。当事人推选不出的,可以由人民法院提出人选与当事人协商;协商不成的,也可以由人民法院在起诉的当事人中指定代表人。

第七十八条 民事诉讼法第五十六条和第五十七条规定的代表人为二至五人,每位代表人可以委托一至二人作为诉讼代理人。

第七十九条 依照民事诉讼法第五十七条规定受理的案件,人民法院可以发出公告,通知权利人向人民法院登记。公告期间根据案件的具体情况确定,但不得少于三十日。

第八十条　根据民事诉讼法第五十七条规定向人民法院登记的权利人,应当证明其与对方当事人的法律关系和所受到的损害。证明不了的,不予登记,权利人可以另行起诉。人民法院的裁判在登记的范围内执行。未参加登记的权利人提起诉讼,人民法院认定其请求成立的,裁定适用人民法院已作出的判决、裁定。

第八十一条　根据民事诉讼法第五十九条的规定,有独立请求权的第三人有权向人民法院提出诉讼请求和事实、理由,成为当事人;无独立请求权的第三人,可以申请或者由人民法院通知参加诉讼。

第一审程序中未参加诉讼的第三人,申请参加第二审程序的,人民法院可以准许。

第八十二条　在一审诉讼中,无独立请求权的第三人无权提出管辖异议,无权放弃、变更诉讼请求或者申请撤诉,被判决承担民事责任的,有权提起上诉。

第八十三条　在诉讼中,无民事行为能力人、限制民事行为能力人的监护人是他的法定代理人。事先没有确定监护人的,可以由有监护资格的人协商确定;协商不成的,由人民法院在他们之中指定诉讼中的法定代理人。当事人没有民法典第二十七条、第二十八条规定的监护人的,可以指定民法典第三十二条规定的有关组织担任诉讼中的法定代理人。

第八十四条　无民事行为能力人、限制民事行为能力人以及其他依法不能作为诉讼代理人的,当事人不得委托其作为诉讼代理人。

第八十五条　根据民事诉讼法第六十一条第二款第二项规定,与当事人有夫妻、直系血亲、三代以内旁系血亲、近姻亲关系以及其他有抚养、赡养关系的亲属,可以当事人近亲属的名义作为诉讼代理人。

第八十六条　根据民事诉讼法第六十一条第二款第二项规定,与当事人有合法劳动人事关系的职工,可以当事人工作人员的名义作为诉讼代理人。

第八十七条　根据民事诉讼法第六十一条第二款第三项规定,有关社会团体推荐公民担任诉讼代理人的,应当符合下列条件:

(一)社会团体属于依法登记设立或者依法免予登记设立的非营利性法人组织;

(二)被代理人属于该社会团体的成员,或者当事人一方住所地位于该社会团体的活动地域;

(三)代理事务属于该社会团体章程载明的业务范围;

(四)被推荐的公民是该社会团体的负责人或者与该社会团体有合法劳动人事关系的工作人员。

专利代理人经中华全国专利代理人协会推荐,可以在专利纠纷案件中担任诉讼代理人。

第八十八条　诉讼代理人除根据民事诉讼法第六十二条规定提交授权委托书外,还应当按照下列规定向人民法院提交相关材料:

(一)律师应当提交律师执业证、律师事务所证明材料;

(二)基层法律服务工作者应当提交法律服务工作者执业证、基层法律服务所出具的介绍信以及当事人一方位于本辖区内的证明材料;

(三)当事人的近亲属应当提交身份证件和与委托人有近亲属关系的证明材料;

(四)当事人的工作人员应当提交身份证件和与当事人有合法劳动人事关系的证明材料;

(五)当事人所在社区、单位推荐的公民应当提交身份证件、推荐材料和当事人属于该社区、单位的证明材料;

(六)有关社会团体推荐的公民应当提交身份证件和符合本解释第八十七条规定条件的证明材料。

第八十九条　当事人向人民法院提交的授权委托书,应当在开庭审理前送交人民法院。授权委托书仅写"全权代理"而无具体授权的,诉讼代理人无权代为承认、放弃、变更诉讼请求,进行和解,提出反诉或者提起上诉。

适用简易程序审理的案件,双方当事人同时到庭并径行开庭审理的,可以当场口头委托诉讼代理人,由人民法院记入笔录。

四、证　据

第九十条　当事人对自己提出的诉讼请求所依据的事实或者反驳对方诉讼请求所依据的事实,应当提供证据加以证明,但法律另有规定的除外。

在作出判决前,当事人未能提供证据或者证据不足以证明其事实主张的,由负有举证证明责任的当事人承担不利的后果。

第九十一条　人民法院应当依照下列原则确定举证证明责任的承担,但法律另有规定的除外:

(一)主张法律关系存在的当事人,应当对产生该法律关系的基本事实承担举证证明责任;

(二)主张法律关系变更、消灭或者权利受到妨害的当事人,应当对该法律关系变更、消灭或者权利受到妨害的基本事实承担举证证明责任。

第九十二条　一方当事人在法庭审理中,或者在起诉状、答辩状、代理词等书面材料中,对于己不利的事实明确表示承认的,另一方当事人无需举证证明。

对于涉及身份关系、国家利益、社会公共利益等应当由人民法院依职权调查的事实,不适用前款自认的规定。

自认的事实与查明的事实不符的,人民法院不予确认。

第九十三条　下列事实,当事人无须举证证明:

(一)自然规律以及定理、定律;
(二)众所周知的事实;
(三)根据法律规定推定的事实;
(四)根据已知的事实和日常生活经验法则推定出的另一事实;
(五)已为人民法院发生法律效力的裁判所确认的事实;
(六)已为仲裁机构生效裁决所确认的事实;
(七)已为有效公证文书所证明的事实。

前款第二项至第四项规定的事实,当事人有相反证据足以反驳的除外;第五项至第七项规定的事实,当事人有相反证据足以推翻的除外。

第九十四条 民事诉讼法第六十七条第二款规定的当事人及其诉讼代理人因客观原因不能自行收集的证据包括:
(一)证据由国家有关部门保存,当事人及其诉讼代理人无权查阅调取的;
(二)涉及国家秘密、商业秘密或者个人隐私的;
(三)当事人及其诉讼代理人因客观原因不能自行收集的其他证据。

当事人及其诉讼代理人因客观原因不能自行收集的证据,可以在举证期限届满前书面申请人民法院调查收集。

第九十五条 当事人申请调查收集的证据,与待证事实无关联、对证明待证事实无意义或者其他无调查收集必要的,人民法院不予准许。

第九十六条 民事诉讼法第六十七条第二款规定的人民法院认为审理案件需要的证据包括:
(一)涉及可能损害国家利益、社会公共利益的;
(二)涉及身份关系的;
(三)涉及民事诉讼法第五十八条规定诉讼的;
(四)当事人有恶意串通损害他人合法权益可能的;
(五)涉及依职权追加当事人、中止诉讼、终结诉讼、回避等程序性事项的。

除前款规定外,人民法院调查收集证据,应当依照当事人的申请进行。

第九十七条 人民法院调查收集证据,应当由两人以上共同进行。调查材料要由调查人、被调查人、记录人签名,捺印或者盖章。

第九十八条 当事人根据民事诉讼法第八十四条第一款规定申请证据保全的,可以在举证期限届满前书面提出。

证据保全可能对他人造成损失的,人民法院应当责令申请人提供相应的担保。

第九十九条 人民法院应当在审理前的准备阶段确定当事人的举证期限。举证期限可以由当事人协商,并经人民法院准许。

人民法院确定举证期限,第一审普通程序案件不得少于十五日,当事人提供新的证据的第二审案件不得少于十日。

举证期限届满后,当事人对已经提供的证据,申请提供反驳证据或者对证据来源、形式等方面的瑕疵进行补正的,人民法院可以酌情再次确定举证期限,该期限不受前款规定的限制。

第一百条 当事人申请延长举证期限的,应当在举证期限届满前向人民法院提出书面申请。

申请理由成立的,人民法院应当准许,适当延长举证期限,并通知其他当事人。延长的举证期限适用于其他当事人。

申请理由不成立的,人民法院不予准许,并通知申请人。

第一百零一条 当事人逾期提供证据的,人民法院应当责令其说明理由,必要时可以要求其提供相应的证据。

当事人因客观原因逾期提供证据,或者对方当事人对逾期提供证据未提出异议的,视为未逾期。

第一百零二条 当事人因故意或者重大过失逾期提供的证据,人民法院不予采纳。但该证据与案件基本事实有关的,人民法院应当采纳,并依照民事诉讼法第六十八条、第一百一十八条第一款的规定予以训诫、罚款。

当事人非因故意或者重大过失逾期提供的证据,人民法院应当采纳,并对当事人予以训诫。

当事人一方要求另一方赔偿因逾期提供证据致使其增加的交通、住宿、就餐、误工、证人出庭作证等必要费用的,人民法院可予支持。

第一百零三条 证据应当在法庭上出示,由当事人互相质证。未经当事人质证的证据,不得作为认定案件事实的根据。

当事人在审理前的准备阶段认可的证据,经审判人员在庭审中说明后,视为质证过的证据。

涉及国家秘密、商业秘密、个人隐私或者法律规定应当保密的证据,不得公开质证。

第一百零四条 人民法院应当组织当事人围绕证据的真实性、合法性以及与待证事实的关联性进行质证,并针对证据有无证明力和证明力大小进行说明和辩论。

能够反映案件真实情况、与待证事实相关联、来源和形式符合法律规定的证据,应当作为认定案件事实的根据。

第一百零五条 人民法院应当按照法定程序,全面、客观地审核证据,依照法律规定,运用逻辑推理和日常生活经验法则,对证据有无证明力和证明力大小进行判断,并公开判断的理由和结果。

第一百零六条 对以严重侵害他人合法权益、违反法律禁止性规定或者严重违背公序良俗的方法形成或者获取的证据,不得作为认定案件事实的根据。

第一百零七条 在诉讼中,当事人为达成调解协议或者和解协议作出妥协而认可的事实,不得在后续的诉讼中作为对其不利的根据,但法律另有规定或者当事人均同意的除外。

第一百零八条 对负有举证证明责任的当事人提供的证据,人民法院经审查并结合相关事实,确信待证事实的存在具有高度可能性的,应当认定该事实存在。

对一方当事人为反驳负有举证证明责任的当事人所主张事实而提供的证据,人民法院经审查并结合相关事实,认为待证事实真伪不明的,应当认定该事实不存在。

法律对于待证事实所应达到的证明标准另有规定的,从其规定。

第一百零九条 当事人对欺诈、胁迫、恶意串通事实的证明,以及对口头遗嘱或者赠与事实的证明,人民法院确信该待证事实存在的可能性能够排除合理怀疑的,应当认定该事实存在。

第一百一十条 人民法院认为有必要的,可以要求当事人本人到庭,就案件有关事实接受询问。在询问当事人之前,可以要求其签署保证书。

保证书应当载明据实陈述、如有虚假陈述愿意接受处罚等内容。当事人应当在保证书上签名或者捺印。

负有举证证明责任的当事人拒绝到庭、拒绝接受询问或者拒绝签署保证书,待证事实又欠缺其他证据证明的,人民法院对其主张的事实不予认定。

第一百一十一条 民事诉讼法第七十三条规定的提交书证原件确有困难,包括下列情形:

(一)书证原件遗失、灭失或者毁损的;
(二)原件在对方当事人控制之下,经合法通知提交而拒不提交的;
(三)原件在他人控制之下,而其有权不提交的;
(四)原件因篇幅或者体积过大而不便提交的;
(五)承担举证证明责任的当事人通过申请人民法院调查收集或者其他方式无法获得书证原件的。

前款规定情形,人民法院应当结合其他证据和案件具体情况,审查判断书证复制品等能否作为认定案件事实的根据。

第一百一十二条 书证在对方当事人控制之下的,承担举证证明责任的当事人可以在举证期限届满前书面申请人民法院责令对方当事人提交。

申请理由成立的,人民法院应当责令对方当事人提交,因提交书证所产生的费用,由申请人负担。对方当事人无正当理由拒不提交的,人民法院可以认定申请人所主张的书证内容为真实。

第一百一十三条 持有书证的当事人以妨碍对方当事人使用为目的,毁灭有关书证或者实施其他致使书证不能使用行为的,人民法院可以依照民事诉讼法第一百一十四条规定,对其处以罚款、拘留。

第一百一十四条 国家机关或者其他依法具有社会管理职能的组织,在其职权范围内制作的文书所记载的事项推定为真实,但有相反证据足以推翻的除外。必要时,人民法院可以要求制作文书的机关或者组织对文书的真实性予以说明。

第一百一十五条　单位向人民法院提出的证明材料,应当由单位负责人及制作证明材料的人员签名或者盖章,并加盖单位印章。人民法院就单位出具的证明材料,可以向单位及制作证明材料的人员进行调查核实。必要时,可以要求制作证明材料的人员出庭作证。

单位及制作证明材料的人员拒绝人民法院调查核实,或者制作证明材料的人员无正当理由拒绝出庭作证的,该证明材料不得作为认定案件事实的根据。

第一百一十六条　视听资料包括录音资料和影像资料。

电子数据是指通过电子邮件、电子数据交换、网上聊天记录、博客、微博客、手机短信、电子签名、域名等形成或者存储在电子介质中的信息。

存储在电子介质中的录音资料和影像资料,适用电子数据的规定。

第一百一十七条　当事人申请证人出庭作证的,应当在举证期限届满前提出。

符合本解释第九十六条第一款规定情形的,人民法院可以依职权通知证人出庭作证。

未经人民法院通知,证人不得出庭作证,但双方当事人同意并经人民法院准许的除外。

第一百一十八条　民事诉讼法第七十七条规定的证人因履行出庭作证义务而支出的交通、住宿、就餐等必要费用,按照机关事业单位工作人员差旅费用和补贴标准计算;误工损失按照国家上年度职工日平均工资标准计算。

人民法院准许证人出庭作证申请的,应当通知申请人预缴证人出庭作证费用。

第一百一十九条　人民法院在证人出庭作证前应当告知其如实作证的义务以及作伪证的法律后果,并责令其签署保证书,但无民事行为能力人和限制民事行为能力人除外。

证人签署保证书适用本解释关于当事人签署保证书的规定。

第一百二十条　证人拒绝签署保证书的,不得作证,并自行承担相关费用。

第一百二十一条　当事人申请鉴定,可以在举证期限届满前提出。申请鉴定的事项与待证事实无关联,或者对证明待证事实无意义的,人民法院不予准许。

人民法院准许当事人鉴定申请的,应当组织双方当事人协商确定具备相应资格的鉴定人。当事人协商不成的,由人民法院指定。

符合依职权调查收集证据条件的,人民法院应当依职权委托鉴定,在询问当事人的意见后,指定具备相应资格的鉴定人。

第一百二十二条　当事人可以依照民事诉讼法第八十二条的规定,在举证期限届满前申请一至二名具有专门知识的人出庭,代表当事人对鉴定意见进行质证,或者对案件事实所涉及的专业问题提出意见。

具有专门知识的人在法庭上就专业问题提出的意见,视为当事人的陈述。人民法院准许当事人申请的,相关费用由提出申请的当事人负担。

第一百二十三条　人民法院可以对出庭的具有专门知识的人进行询问。经法庭准许,当事人可以对出庭的具有专门知识的人进行询问,当事人各自申请的具有专门知识的人可以就案件中的有关问题进行对质。

具有专门知识的人不得参与专业问题之外的法庭审理活动。

第一百二十四条　人民法院认为有必要的,可以根据当事人的申请或者依职权对物证或者现场进行勘验。勘验时应当保护他人的隐私和尊严。

人民法院可以要求鉴定人参与勘验。必要时,可以要求鉴定人在勘验中进行鉴定。

五、期间和送达

第一百二十五条　依照民事诉讼法第八十五条第二款规定,民事诉讼中以时起算的期间从次时起算;以日、月、年计算的期间从次日起算。

第一百二十六条　民事诉讼法第一百二十六条规定的立案期限,因起诉状内容欠缺通知原告补正的,从补正后交人民法院的次日起算。由上级人民法院转交下级人民法院立案的案件,从受诉人民法院收到起诉状的次日起算。

第一百二十七条　民事诉讼法第五十九条第三款、第二百一十二条以及本解释第三百七十二条、第三百八十二条、第三百九十九条、第四百二十条、第四百二十一条规定的六个月,民事诉讼法第二百三十条规定的一年,为不变期间,不适用诉讼时效中止、中断、延长的规定。

第一百二十八条　再审案件按照第一审程序或者第二审程序审理的,适用民事诉讼法第一百五十二条、第一百八十三条规定的审限。审限自再审立案的次日起算。

第一百二十九条　对申请再审案件,人民法院应当自受理之日起三个月内审查完毕,但公告期间、当事人和解期间等不计入审查期限。有特殊情况需要延长的,由本院院长批准。

第一百三十条　向法人或者其他组织送达诉讼文书,应当由法人的法定代表人、该组织的主要负责人或者办公室、收发室、值班室等负责收件的人签收或者盖章,拒绝签收或者盖章的,适用留置送达。

民事诉讼法第八十九条规定的有关基层组织和所在单位的代表,可以是受送达人住所地的居民委员会、村民委员会的工作人员以及受送达人所在单位的工作人员。

第一百三十一条　人民法院直接送达诉讼文书的,可以通知当事人到人民法院领取。当事人到达人民法院,拒绝签署送达回证的,视为送达。审判人员、书记员应当在送达回证上注明送达情况并签名。

人民法院可以在当事人住所地以外向当事人直接送达诉讼文书。当事人拒绝签署送达回证的,采用拍照、录像等方式记录送达过程即视为送达。审判人员、书记员应当在送达回证上注明送达情况并签名。

第一百三十二条 受送达人有诉讼代理人的,人民法院既可以向受送达人送达,也可以向其诉讼代理人送达。受送达人指定诉讼代理人为代收人的,向诉讼代理人送达时,适用留置送达。

第一百三十三条 调解书应当直接送达当事人本人,不适用留置送达。当事人本人因故不能签收的,可由其指定的代收人签收。

第一百三十四条 依照民事诉讼法第九十一条规定,委托其他人民法院代为送达的,委托法院应当出具委托函,并附需要送达的诉讼文书和送达回证,以受送达人在送达回证上签收的日期为送达日期。

委托送达的,受委托人民法院应当自收到委托函及相关诉讼文书之日起十日内代为送达。

第一百三十五条 电子送达可以采用传真、电子邮件、移动通信等即时收悉的特定系统作为送达媒介。

民事诉讼法第九十条第二款规定的到达受送达人特定系统的日期,为人民法院对应系统显示发送成功的日期,但受送达人证明到达其特定系统的日期与人民法院对应系统显示发送成功的日期不一致的,以受送达人证明到达其特定系统的日期为准。

第一百三十六条 受送达人同意采用电子方式送达的,应当在送达地址确认书中予以确认。

第一百三十七条 当事人在提起上诉、申请再审、申请执行时未书面变更送达地址的,其在第一审程序中确认的送达地址可以作为第二审程序、审判监督程序、执行程序的送达地址。

第一百三十八条 公告送达可以在法院的公告栏和受送达人住所地张贴公告,也可以在报纸、信息网络等媒体上刊登公告,发出公告日期以最后张贴或者刊登的日期为准。对公告送达方式有特殊要求的,应当按要求的方式进行。公告期满,即视为送达。

人民法院在受送达人住所地张贴公告的,应当采取拍照、录像等方式记录张贴过程。

第一百三十九条 公告送达应当说明公告送达的原因;公告送达起诉状或者上诉状副本的,应当说明起诉或者上诉要点、受送达人答辩期限及逾期不答辩的法律后果;公告送达传票,应当说明出庭的时间和地点及逾期不出庭的法律后果;公告送达判决书、裁定书的,应当说明裁判主要内容,当事人有权上诉的,还应当说明上诉权利、上诉期限和上诉的人民法院。

第一百四十条 适用简易程序的案件,不适用公告送达。

第一百四十一条 人民法院在定期宣判时,当事人拒不签收判决书、裁定书的,应视为送达,并在宣判笔录中记明。

六、调　解

第一百四十二条　人民法院受理案件后,经审查,认为法律关系明确、事实清楚,在征得当事人双方同意后,可以径行调解。

第一百四十三条　适用特别程序、督促程序、公示催告程序的案件,婚姻等身份关系确认案件以及其他根据案件性质不能进行调解的案件,不得调解。

第一百四十四条　人民法院审理民事案件,发现当事人之间恶意串通,企图通过和解、调解方式侵害他人合法权益的,应当依照民事诉讼法第一百一十五条的规定处理。

第一百四十五条　人民法院审理民事案件,应当根据自愿、合法的原则进行调解。当事人一方或者双方坚持不愿调解的,应当及时裁判。

人民法院审理离婚案件,应当进行调解,但不应久调不决。

第一百四十六条　人民法院审理民事案件,调解过程不公开,但当事人同意公开的除外。

调解协议内容不公开,但为保护国家利益、社会公共利益、他人合法权益,人民法院认为确有必要公开的除外。

主持调解以及参与调解的人员,对调解过程以及调解过程中获悉的国家秘密、商业秘密、个人隐私和其他不宜公开的信息,应当保守秘密,但为保护国家利益、社会公共利益、他人合法权益的除外。

第一百四十七条　人民法院调解案件时,当事人不能出庭的,经其特别授权,可由其委托代理人参加调解,达成的调解协议,可由委托代理人签名。

离婚案件当事人确因特殊情况无法出庭参加调解的,除本人不能表达意志的以外,应当出具书面意见。

第一百四十八条　当事人自行和解或者调解达成协议后,请求人民法院按照和解协议或者调解协议的内容制作判决书的,人民法院不予准许。

无民事行为能力人的离婚案件,由其法定代理人进行诉讼。法定代理人与对方达成协议要求发给判决书的,可根据协议内容制作判决书。

第一百四十九条　调解书需经当事人签收后才发生法律效力的,应当以最后收到调解书的当事人签收的日期为调解书生效日期。

第一百五十条　人民法院调解民事案件,需由无独立请求权的第三人承担责任的,应当经其同意。该第三人在调解书送达前反悔的,人民法院应当及时裁判。

第一百五十一条　根据民事诉讼法第一百零一条第一款第四项规定,当事人各方同意在调解协议上签名或者盖章后即发生法律效力的,经人民法院审查确认后,应当记入笔录或者将调解协议附卷,并由当事人、审判人员、书记员签名或者盖章后即具有法律效力。

前款规定情形,当事人请求制作调解书的,人民法院审查确认后可以制作调解书送交当事人。当事人拒收调解书的,不影响调解协议的效力。

七、保全和先予执行

第一百五十二条 人民法院依照民事诉讼法第一百零三条、第一百零四条规定,在采取诉前保全、诉讼保全措施时,责令利害关系人或者当事人提供担保的,应当书面通知。

利害关系人申请诉前保全的,应当提供担保。申请诉前财产保全的,应当提供相当于请求保全数额的担保;情况特殊的,人民法院可以酌情处理。申请诉前行为保全的,担保的数额由人民法院根据案件的具体情况决定。

在诉讼中,人民法院依申请或者依职权采取保全措施的,应当根据案件的具体情况,决定当事人是否应当提供担保以及担保的数额。

第一百五十三条 人民法院对季节性商品、鲜活、易腐烂变质以及其他不宜长期保存的物品采取保全措施时,可以责令当事人及时处理,由人民法院保存价款;必要时,人民法院可予以变卖,保存价款。

第一百五十四条 人民法院在财产保全中采取查封、扣押、冻结财产措施时,应当妥善保管被查封、扣押、冻结的财产。不宜由人民法院保管的,人民法院可以指定被保全人负责保管;不宜由被保全人保管的,可以委托他人或者申请保全人保管。

查封、扣押、冻结担保物权人占有的担保财产,一般由担保物权人保管;由人民法院保管的,质权、留置权不因采取保全措施而消灭。

第一百五十五条 由人民法院指定被保全人保管的财产,如果继续使用对该财产的价值无重大影响,可以允许被保全人继续使用;由人民法院保管或者委托他人、申请保全人保管的财产,人民法院和其他保管人不得使用。

第一百五十六条 人民法院采取财产保全的方法和措施,依照执行程序相关规定办理。

第一百五十七条 人民法院对抵押物、质押物、留置物可以采取财产保全措施,但不影响抵押权人、质权人、留置权人的优先受偿权。

第一百五十八条 人民法院对债务人到期应得的收益,可以采取财产保全措施,限制其支取,通知有关单位协助执行。

第一百五十九条 债务人的财产不能满足保全请求,但对他人有到期债权的,人民法院可以依债权人的申请裁定该他人不得对本案债务人清偿。该他人要求偿付的,由人民法院提存财物或者价款。

第一百六十条 当事人向采取诉前保全措施以外的其他有管辖权的人民法院起诉的,采取诉前保全措施的人民法院应当将保全手续移送受理案件的人民法院。诉前保全的裁定视为受移送人民法院作出的裁定。

第一百六十一条 对当事人不服一审判决提起上诉的案件,在第二审人民法院接到报送的案件之前,当事人有转移、隐匿、出卖或者毁损财产等行为的,必须采取保全措施的,由第一审人民法院依当事人申请或者依职权采取。第一审人民法院的保全裁定,应当及时报送第二审人民法院。

第一百六十二条 第二审人民法院裁定对第一审人民法院采取的保全措施予以续保或者采取新的保全措施的,可以自行实施,也可以委托第一审人民法院实施。

再审人民法院裁定对原保全措施予以续保或者采取新的保全措施的,可以自行实施,也可以委托原审人民法院或者执行法院实施。

第一百六十三条 法律文书生效后,进入执行程序前,债权人因对方当事人转移财产等紧急情况,不申请保全将可能导致生效法律文书不能执行或者难以执行的,可以向执行法院申请采取保全措施。债权人在法律文书指定的履行期间届满后五日内不申请执行的,人民法院应当解除保全。

第一百六十四条 对申请保全人或者他人提供的担保财产,人民法院应当依法办理查封、扣押、冻结等手续。

第一百六十五条 人民法院裁定采取保全措施后,除作出保全裁定的人民法院自行解除或者其上级人民法院决定解除外,在保全期限内,任何单位不得解除保全措施。

第一百六十六条 裁定采取保全措施后,有下列情形之一的,人民法院应当作出解除保全裁定:

(一)保全错误的;

(二)申请人撤回保全申请的;

(三)申请人的起诉或者诉讼请求被生效裁判驳回的;

(四)人民法院认为应当解除保全的其他情形。

解除以登记方式实施的保全措施的,应当向登记机关发出协助执行通知书。

第一百六十七条 财产保全的被保全人提供其他等值担保财产且有利于执行的,人民法院可以裁定变更保全标的物为被保全人提供的担保财产。

第一百六十八条 保全裁定未经人民法院依法撤销或者解除,进入执行程序后,自动转为执行中的查封、扣押、冻结措施,期限连续计算,执行法院无需重新制作裁定书,但查封、扣押、冻结期限届满的除外。

第一百六十九条 民事诉讼法规定的先予执行,人民法院应当在受理案件后终审判决作出前采取。先予执行应当限于当事人诉讼请求的范围,并以当事人的生活、生产经营的急需为限。

第一百七十条 民事诉讼法第一百零九条第三项规定的情况紧急,包括:

(一)需要立即停止侵害、排除妨碍的;

(二)需要立即制止某项行为的;

(三)追索恢复生产、经营急需的保险理赔费的;

(四)需要立即返还社会保险金、社会救助资金的;

(五)不立即返还款项,将严重影响权利人生活和生产经营的。

第一百七十一条　当事人对保全或者先予执行裁定不服的,可以自收到裁定书之日起五日内向作出裁定的人民法院申请复议。人民法院应当在收到复议申请后十日内审查。裁定正确的,驳回当事人的申请;裁定不当的,变更或者撤销原裁定。

第一百七十二条　利害关系人对保全或者先予执行的裁定不服申请复议的,由作出裁定的人民法院依照民事诉讼法第一百一十一条规定处理。

第一百七十三条　人民法院先予执行后,根据发生法律效力的判决,申请人应当返还因先予执行所取得的利益的,适用民事诉讼法第二百四十条的规定。

八、对妨害民事诉讼的强制措施

第一百七十四条　民事诉讼法第一百一十二条规定的必须到庭的被告,是指负有赡养、抚育、扶养义务和不到庭就无法查清案情的被告。

人民法院对必须到庭才能查清案件基本事实的原告,经两次传票传唤,无正当理由拒不到庭的,可以拘传。

第一百七十五条　拘传必须用拘传票,并直接送达被拘传人;在拘传前,应当向被拘传人说明拒不到庭的后果,经批评教育仍拒不到庭的,可以拘传其到庭。

第一百七十六条　诉讼参与人或者其他人有下列行为之一的,人民法院可以适用民事诉讼法第一百一十三条规定处理:

(一)未经准许进行录音、录像、摄影的;

(二)未经准许以移动通信等方式现场传播审判活动的;

(三)其他扰乱法庭秩序,妨害审判活动进行的。

有前款规定情形的,人民法院可以暂扣诉讼参与人或者其他人进行录音、录像、摄影、传播审判活动的器材,并责令其删除有关内容;拒不删除的,人民法院可以采取必要手段强制删除。

第一百七十七条　训诫、责令退出法庭由合议庭或者独任审判员决定。训诫的内容、被责令退出法庭者的违法事实应当记入庭审笔录。

第一百七十八条　人民法院依照民事诉讼法第一百一十三条至第一百一十七条的规定采取拘留措施的,应经院长批准,作出拘留决定书,由司法警察将被拘留人送交当地公安机关看管。

第一百七十九条　被拘留人不在本辖区的,作出拘留决定的人民法院应当派员到被拘留人所在地的人民法院,请该院协助执行,受委托的人民法院应当及时派员协助执行。被拘留人申请复议或者在拘留期间承认并改正错误,需要提前解除拘留的,受委托人民法院应当向委托人民法院转达或者提出建议,由委托人民法院审查决定。

第一百八十条　人民法院对被拘留人采取拘留措施后,应当在二十四小时内通知其家属;确实无法按时通知或者通知不到的,应当记录在案。

第一百八十一条 因哄闹、冲击法庭,用暴力、威胁等方法抗拒执行公务等紧急情况,必须立即采取拘留措施的,可在拘留后,立即报告院长补办批准手续。院长认为拘留不当的,应当解除拘留。

第一百八十二条 被拘留人在拘留期间认错悔改的,可以责令其具结悔过,提前解除拘留。提前解除拘留,应报经院长批准,并作出提前解除拘留决定书,交负责看管的公安机关执行。

第一百八十三条 民事诉讼法第一百一十三条至第一百一十六条规定的罚款、拘留可以单独适用,也可以合并适用。

第一百八十四条 对同一妨害民事诉讼行为的罚款、拘留不得连续适用。发生新的妨害民事诉讼行为的,人民法院可以重新予以罚款、拘留。

第一百八十五条 被罚款、拘留的人不服罚款、拘留决定申请复议的,应当自收到决定书之日起三日内提出。上级人民法院应当在收到复议申请后五日内作出决定,并将复议结果通知下级人民法院和当事人。

第一百八十六条 上级人民法院复议时认为强制措施不当的,应当制作决定书,撤销或者变更下级人民法院作出的拘留、罚款决定。情况紧急的,可以在口头通知后三日内发出决定书。

第一百八十七条 民事诉讼法第一百一十四条第一款第五项规定的以暴力、威胁或者其他方法阻碍司法工作人员执行职务的行为,包括:

(一)在人民法院哄闹、滞留,不听从司法工作人员劝阻的;

(二)故意毁损、抢夺人民法院法律文书、查封标志的;

(三)哄闹、冲击执行公务现场,围困、扣押执行或者协助执行公务人员的;

(四)毁损、抢夺、扣留案件材料、执行公务车辆、其他执行公务器械、执行公务人员服装和执行公务证件的;

(五)以暴力、威胁或者其他方法阻碍司法工作人员查询、查封、扣押、冻结、划拨、拍卖、变卖财产的;

(六)以暴力、威胁或者其他方法阻碍司法工作人员执行职务的其他行为。

第一百八十八条 民事诉讼法第一百一十四条第一款第六项规定的拒不履行人民法院已经发生法律效力的判决、裁定的行为,包括:

(一)在法律文书发生法律效力后隐藏、转移、变卖、毁损财产或者无偿转让财产,以明显不合理的价格交易财产,放弃到期债权、无偿为他人提供担保等,致使人民法院无法执行的;

(二)隐藏、转移、毁损或者未经人民法院允许处分已向人民法院提供担保的财产的;

(三)违反人民法院限制高消费令进行消费的;

(四)有履行能力而拒不按照人民法院执行通知履行生效法律文书确定的义务的;

(五)有义务协助执行的个人接到人民法院协助执行通知书后,拒不协助执行的。

第一百八十九条 诉讼参与人或者其他人有下列行为之一的,人民法院可以适用民事诉讼法第一百一十四条的规定处理:

(一)冒充他人提起诉讼或者参加诉讼的;
(二)证人签署保证书后作虚假证言,妨碍人民法院审理案件的;
(三)伪造、隐藏、毁灭或者拒绝交出有关被执行人履行能力的重要证据,妨碍人民法院查明被执行人财产状况的;
(四)擅自解冻已被人民法院冻结的财产的;
(五)接到人民法院协助执行通知书后,给当事人通风报信,协助其转移、隐匿财产的。

第一百九十条 民事诉讼法第一百一十五条规定的他人合法权益,包括案外人的合法权益、国家利益、社会公共利益。

第三人根据民事诉讼法第五十九条第三款规定提起撤销之诉,经审查,原案当事人之间恶意串通进行虚假诉讼的,适用民事诉讼法第一百一十五条规定处理。

第一百九十一条 单位有民事诉讼法第一百一十五条或者第一百一十六条规定行为的,人民法院应当对该单位进行罚款,并可以对其主要负责人或者直接责任人员予以罚款、拘留;构成犯罪的,依法追究刑事责任。

第一百九十二条 有关单位接到人民法院协助执行通知书后,有下列行为之一的,人民法院可以适用民事诉讼法第一百一十七条规定处理:

(一)允许被执行人高消费的;
(二)允许被执行人出境的;
(三)拒不停止办理有关财产权证照转移手续、权属变更登记、规划审批等手续的;
(四)以需要内部请示、内部审批,有内部规定等为由拖延办理的。

第一百九十三条 人民法院对个人或者单位采取罚款措施时,应当根据其实施妨害民事诉讼行为的性质、情节、后果,当地的经济发展水平,以及诉讼标的额等因素,在民事诉讼法第一百一十八条第一款规定的限额内确定相应的罚款金额。

九、诉讼费用

第一百九十四条 依照民事诉讼法第五十七条审理的案件不预交案件受理费,结案后按照诉讼标的额由败诉方交纳。

第一百九十五条 支付令失效后转入诉讼程序的,债权人应当按照《诉讼费用交纳办法》补交案件受理费。

支付令被撤销后,债权人另行起诉的,按照《诉讼费用交纳办法》交纳诉讼费用。

第一百九十六条 人民法院改变原判决、裁定、调解结果的,应当在裁判文书中对原审诉讼费用的负担一并作出处理。

第一百九十七条 诉讼标的物是证券的,按照证券交易规则并根据当事人起诉之日前最后一个交易日的收盘价、当日的市场价或者其载明的金额计算诉讼标的金额。

第一百九十八条 诉讼标的物是房屋、土地、林木、车辆、船舶、文物等特定物或者知识产权,起诉时价值难以确定的,人民法院应当向原告释明主张过高或者过低的诉讼风险,以原告主张的价值确定诉讼标的金额。

第一百九十九条 适用简易程序审理的案件转为普通程序的,原告自接到人民法院交纳诉讼费用通知之日起七日内补交案件受理费。

原告无正当理由未按期足额补交的,按撤诉处理,已经收取的诉讼费用退还一半。

第二百条 破产程序中有关债务人的民事诉讼案件,按照财产案件标准交纳诉讼费,但劳动争议案件除外。

第二百零一条 既有财产性诉讼请求,又有非财产性诉讼请求的,按照财产性诉讼请求的标准交纳诉讼费。

有多个财产性诉讼请求的,合并计算交纳诉讼费;诉讼请求中有多个非财产性诉讼请求的,按一件交纳诉讼费。

第二百零二条 原告、被告、第三人分别上诉的,按照上诉请求分别预交二审案件受理费。

同一方多人共同上诉的,只预交一份二审案件受理费;分别上诉的,按照上诉请求分别预交二审案件受理费。

第二百零三条 承担连带责任的当事人败诉的,应当共同负担诉讼费用。

第二百零四条 实现担保物权案件,人民法院裁定拍卖、变卖担保财产的,申请费由债务人、担保人负担;人民法院裁定驳回申请的,申请费由申请人负担。

申请人另行起诉的,其已经交纳的申请费可以从案件受理费中扣除。

第二百零五条 拍卖、变卖担保财产的裁定作出后,人民法院强制执行的,按照执行金额收取执行申请费。

第二百零六条 人民法院决定减半收取案件受理费的,只能减半一次。

第二百零七条 判决生效后,胜诉方预交但不应负担的诉讼费用,人民法院应当退还,由败诉方向人民法院交纳,但胜诉方自愿承担或者同意败诉方直接向其支付的除外。

当事人拒不交纳诉讼费用的,人民法院可以强制执行。

十、第一审普通程序

第二百零八条 人民法院接到当事人提交的民事起诉状时,对符合民事诉讼法第一百二十二条的规定,且不属于第一百二十七条规定情形的,应当登记立案;对当场不能判定是否符合起诉条件的,应当接收起诉材料,并出具注明收到日期的书面凭证。

需要补充必要相关材料的,人民法院应当及时告知当事人。在补齐相关材料后,应当在七日内决定是否立案。

立案后发现不符合起诉条件或者属于民事诉讼法第一百二十七条规定情形的,裁定驳回起诉。

第二百零九条 原告提供被告的姓名或者名称、住所等信息具体明确,足以使被告与他人相区别的,可以认定为有明确的被告。

起诉状列写被告信息不足以认定明确的被告的,人民法院可以告知原告补正。原告补正后仍不能确定明确的被告的,人民法院裁定不予受理。

第二百一十条 原告在起诉状中有谩骂和人身攻击之辞的,人民法院应当告知其修改后提起诉讼。

第二百一十一条 对本院没有管辖权的案件,告知原告向有管辖权的人民法院起诉;原告坚持起诉的,裁定不予受理;立案后发现本院没有管辖权的,应当将案件移送有管辖权的人民法院。

第二百一十二条 裁定不予受理、驳回起诉的案件,原告再次起诉,符合起诉条件且不属于民事诉讼法第一百二十七条规定情形的,人民法院应予受理。

第二百一十三条 原告应当预交而未预交案件受理费,人民法院应当通知其预交,通知后仍不预交或者申请减、缓、免未获批准而仍不预交的,裁定按撤诉处理。

第二百一十四条 原告撤诉或者人民法院按撤诉处理后,原告以同一诉讼请求再次起诉的,人民法院应予受理。

原告撤诉或者按撤诉处理的离婚案件,没有新情况、新理由,六个月内又起诉的,比照民事诉讼法第一百二十七条第七项的规定不予受理。

第二百一十五条 依照民事诉讼法第一百二十七条第二项的规定,当事人在书面合同中订有仲裁条款,或者在发生纠纷后达成书面仲裁协议,一方向人民法院起诉的,人民法院应当告知原告向仲裁机构申请仲裁,其坚持起诉的,裁定不予受理,但仲裁条款或者仲裁协议不成立、无效、失效、内容不明确无法执行的除外。

第二百一十六条 在人民法院首次开庭前,被告以有书面仲裁协议为由对受理民事案件提出异议的,人民法院应当进行审查。

经审查符合下列情形之一的,人民法院应当裁定驳回起诉:

(一)仲裁机构或者人民法院已经确认仲裁协议有效的;

(二)当事人没有在仲裁庭首次开庭前对仲裁协议的效力提出异议的;

(三)仲裁协议符合仲裁法第十六条规定且不具有仲裁法第十七条规定情形的。

第二百一十七条 夫妻一方下落不明,另一方诉至人民法院,只要求离婚,不申请宣告下落不明人失踪或者死亡的案件,人民法院应当受理,对下落不明人公告送达诉讼文书。

第二百一十八条 赡养费、扶养费、抚养费案件,裁判发生法律效力后,因新情况、新理由,一方当事人再行起诉要求增加或者减少费用的,人民法院应作为新案受理。

第二百一十九条 当事人超过诉讼时效期间起诉的,人民法院应予受理。受理后对方当事人提出诉讼时效抗辩,人民法院经审理认为抗辩事由成立的,判决驳回原告的诉讼请求。

第二百二十条 民事诉讼法第七十一条、第一百三十七条、第一百五十九条规定的商业秘密,是指生产工艺、配方、贸易联系、购销渠道等当事人不愿公开的技术秘密、商业情报及信息。

第二百二十一条 基于同一事实发生的纠纷,当事人分别向同一人民法院起诉的,人民法院可以合并审理。

第二百二十二条 原告在起诉状中直接列写第三人的,视为其申请人民法院追加该第三人参加诉讼。是否通知第三人参加诉讼,由人民法院审查决定。

第二百二十三条 当事人在提交答辩状期间提出管辖异议,又针对起诉状的内容进行答辩的,人民法院应当依照民事诉讼法第一百三十条第一款的规定,对管辖异议进行审查。

当事人未提出管辖异议,就案件实体内容进行答辩、陈述或者反诉的,可以认定为民事诉讼法第一百三十条第二款规定的应诉答辩。

第二百二十四条 依照民事诉讼法第一百三十六条第四项规定,人民法院可以在答辩期届满后,通过组织证据交换、召集庭前会议等方式,作好审理前的准备。

第二百二十五条 根据案件具体情况,庭前会议可以包括下列内容:

(一)明确原告的诉讼请求和被告的答辩意见;

(二)审查处理当事人增加、变更诉讼请求的申请和提出的反诉,以及第三人提出的与本案有关的诉讼请求;

(三)根据当事人的申请决定调查收集证据,委托鉴定,要求当事人提供证据,进行勘验,进行证据保全;

(四)组织交换证据;

(五)归纳争议焦点;

(六)进行调解。

第二百二十六条 人民法院应当根据当事人的诉讼请求、答辩意见以及证据交换的情况,归纳争议焦点,并就归纳的争议焦点征求当事人的意见。

第二百二十七条 人民法院适用普通程序审理案件,应当在开庭三日前用传票传唤当事人。对诉讼代理人、证人、鉴定人、勘验人、翻译人员应当用通知书通知其到庭。当事人或者其他诉讼参与人在外地的,应当留有必要的在途时间。

第二百二十八条 法庭审理应当围绕当事人争议的事实、证据和法律适用等焦点问题进行。

第二百二十九条 当事人在庭审中对其在审理前的准备阶段认可的事实和证据提出不同意见的,人民法院应当责令其说明理由。必要时,可以责令其提供相应证据。人民法院应当结合当事人的诉讼能力、证据和案件的具体情况进行审查。理由成立的,可以列入争议焦点进行审理。

第二百三十条 人民法院根据案件具体情况并征得当事人同意,可以将法庭调查和法庭辩论合并进行。

第二百三十一条 当事人在法庭上提出新的证据的,人民法院应当依照民事诉讼法第六十八条第二款规定和本解释相关规定处理。

第二百三十二条 在案件受理后,法庭辩论结束前,原告增加诉讼请求,被告提出反诉,第三人提出与本案有关的诉讼请求,可以合并审理的,人民法院应当合并审理。

第二百三十三条 反诉的当事人应当限于本诉的当事人的范围。

反诉与本诉的诉讼请求基于相同法律关系、诉讼请求之间具有因果关系,或者反诉与本诉的诉讼请求基于相同事实的,人民法院应当合并审理。

反诉应由其他人民法院专属管辖,或者与本诉的诉讼标的及诉讼请求所依据的事实、理由无关联的,裁定不予受理,告知另行起诉。

第二百三十四条 无民事行为能力人的离婚诉讼,当事人的法定代理人应当到庭;法定代理人不能到庭的,人民法院应当在查清事实的基础上,依法作出判决。

第二百三十五条 无民事行为能力的当事人的法定代理人,经传票传唤无正当理由拒不到庭,属于原告方的,比照民事诉讼法第一百四十六条的规定,按撤诉处理;属于被告方的,比照民事诉讼法第一百四十七条的规定,缺席判决。必要时,人民法院可以拘传其到庭。

第二百三十六条 有独立请求权的第三人经人民法院传票传唤,无正当理由拒不到庭的,或者未经法庭许可中途退庭的,比照民事诉讼法第一百四十六条的规定,按撤诉处理。

第二百三十七条 有独立请求权的第三人参加诉讼后,原告申请撤诉,人民法院在准许原告撤诉后,有独立请求权的第三人作为另案原告,原案原告、被告作为另案被告,诉讼继续进行。

第二百三十八条 当事人申请撤诉或者依法可以按撤诉处理的案件,如果当事人有违反法律的行为需要依法处理的,人民法院可以不准许撤诉或者不按撤诉处理。

法庭辩论终结后原告申请撤诉,被告不同意的,人民法院可以不予准许。

第二百三十九条 人民法院准许本诉原告撤诉的,应当对反诉继续审理;

被告申请撤回反诉的,人民法院应予准许。

第二百四十条 无独立请求权的第三人经人民法院传票传唤,无正当理由拒不到庭,或者未经法庭许可中途退庭的,不影响案件的审理。

第二百四十一条 被告经传票传唤无正当理由拒不到庭,或者未经法庭许可中途退庭的,人民法院应当按期开庭或者继续开庭审理,对到庭的当事人诉讼请求、双方的诉辩理由以及已经提交的证据及其他诉讼材料进行审理后,可以依法缺席判决。

第二百四十二条 一审宣判后,原审人民法院发现判决有错误,当事人在上诉期内提出上诉的,原审人民法院可以提出原判决有错误的意见,报送第二审人民法院,由第二审人民法院按照第二审程序进行审理;当事人不上诉的,按照审判监督程序处理。

第二百四十三条 民事诉讼法第一百五十二条规定的审限,是指从立案之日起至裁判宣告、调解书送达之日止的期间,但公告期间、鉴定期间、双方当事人和解期间、审理当事人提出的管辖异议以及处理人民法院之间的管辖争议期间不应计算在内。

第二百四十四条 可以上诉的判决书、裁定书不能同时送达双方当事人的,上诉期从各自收到判决书、裁定书之日计算。

第二百四十五条 民事诉讼法第一百五十七条第一款第七项规定的笔误是指法律文书误写、误算,诉讼费用漏写、误算和其他笔误。

第二百四十六条 裁定中止诉讼的原因消除,恢复诉讼程序时,不必撤销原裁定,从人民法院通知或者准许当事人双方继续进行诉讼时起,中止诉讼的裁定即失去效力。

第二百四十七条 当事人就已经提起诉讼的事项在诉讼过程中或者裁判生效后再次起诉,同时符合下列条件的,构成重复起诉:

(一)后诉与前诉的当事人相同;

(二)后诉与前诉的诉讼标的相同;

(三)后诉与前诉的诉讼请求相同,或者后诉的诉讼请求实质上否定前诉裁判结果。

当事人重复起诉的,裁定不予受理;已经受理的,裁定驳回起诉,但法律、司法解释另有规定的除外。

第二百四十八条 裁判发生法律效力后,发生新的事实,当事人再次提起诉讼的,人民法院应当依法受理。

第二百四十九条 在诉讼中,争议的民事权利义务转移的,不影响当事人的诉讼主体资格和诉讼地位。人民法院作出的发生法律效力的判决、裁定对受让人具有拘束力。

受让人申请以无独立请求权的第三人身份参加诉讼的,人民法院可予准许。受让人申请替代当事人承担诉讼的,人民法院可以根据案件的具体情况决定是否准许;不予准许的,可以追加其为无独立请求权的第三人。

第二百五十条 依照本解释第二百四十九条规定,人民法院准许受让人替代当事人承担诉讼的,裁定变更当事人。

变更当事人后,诉讼程序以受让人为当事人继续进行,原当事人应当退出诉讼。原当事人已经完成的诉讼行为对受让人具有拘束力。

第二百五十一条 二审裁定撤销一审判决发回重审的案件,当事人申请变更、增加诉讼请求或者提出反诉,第三人提出与本案有关的诉讼请求的,依照民事诉讼法第一百四十三条规定处理。

第二百五十二条 再审裁定撤销原判决、裁定发回重审的案件,当事人申请变更、增加诉讼请求或者提出反诉,符合下列情形之一的,人民法院应当准许:

(一)原审未合法传唤缺席判决,影响当事人行使诉讼权利的;

(二)追加新的诉讼当事人的;

(三)诉讼标的物灭失或者发生变化致使原诉讼请求无法实现的;

(四)当事人申请变更、增加的诉讼请求或者提出的反诉,无法通过另诉解决的。

第二百五十三条 当庭宣判的案件,除当事人当庭要求邮寄发送裁判文书的外,人民法院应当告知当事人或者诉讼代理人领取裁判文书的时间和地点以及逾期不领取的法律后果。上述情况,应当记入笔录。

第二百五十四条 公民、法人或者其他组织申请查阅发生法律效力的判决书、裁定书的,应当向作出该生效裁判的人民法院提出。申请应当以书面形式提出,并提供具体的案号或者当事人姓名、名称。

第二百五十五条 对于查阅判决书、裁定书的申请,人民法院根据下列情形分别处理:

(一)判决书、裁定书已经通过信息网络向社会公开的,应当引导申请人自行查阅;

(二)判决书、裁定书未通过信息网络向社会公开,且申请符合要求的,应当及时提供便捷的查阅服务;

(三)判决书、裁定书尚未发生法律效力,或者已失去法律效力的,不提供查阅并告知申请人;

(四)发生法律效力的判决书、裁定书不是本院作出的,应当告知申请人向作出生效裁判的人民法院申请查阅;

(五)申请查阅的内容涉及国家秘密、商业秘密、个人隐私的,不予准许并告知申请人。

十一、简易程序

第二百五十六条 民事诉讼法第一百六十条规定的简单民事案件中的事实清楚,是指当事人对争议的事实陈述基本一致,并能提供相应的证据,无须人民法院调查收集证据即可查明事实;权利义务关系明确是指能明确区分谁是责任的承担者,谁是权利的享有者;争议不大是指当事人对案件的是非、责任承担以及诉讼标的争执无原则分歧。

第二百五十七条 下列案件,不适用简易程序:
(一)起诉时被告下落不明的;
(二)发回重审的;
(三)当事人一方人数众多的;
(四)适用审判监督程序的;
(五)涉及国家利益、社会公共利益的;
(六)第三人起诉请求改变或者撤销生效判决、裁定、调解书的;
(七)其他不宜适用简易程序的案件。

第二百五十八条 适用简易程序审理的案件,审理期限到期后,有特殊情况需要延长的,经本院院长批准,可以延长审理期限。延长后的审理期限累计不得超过四个月。

人民法院发现案件不宜适用简易程序,需要转为普通程序审理的,应当在审理期限届满前作出裁定并将审判人员及相关事项书面通知双方当事人。

案件转为普通程序审理的,审理期限自人民法院立案之日计算。

第二百五十九条 当事人双方可就开庭方式向人民法院提出申请,由人民法院决定是否准许。经当事人双方同意,可以采用视听传输技术等方式开庭。

第二百六十条 已经按照普通程序审理的案件,在开庭后不得转为简易程序审理。

第二百六十一条 适用简易程序审理案件,人民法院可以依照民事诉讼法第九十条、第一百六十二条的规定采取捎口信、电话、短信、传真、电子邮件等简便方式传唤双方当事人、通知证人和送达诉讼文书。

以简便方式送达的开庭通知,未经当事人确认或者没有其他证据证明当事人已经收到的,人民法院不得缺席判决。

适用简易程序审理案件,由审判员独任审判,书记员担任记录。

第二百六十二条 人民法庭制作的判决书、裁定书、调解书,必须加盖基层人民法院印章,不得用人民法庭的印章代替基层人民法院的印章。

第二百六十三条 适用简易程序审理案件,卷宗中应当具备以下材料:
(一)起诉状或者口头起诉笔录;
(二)答辩状或者口头答辩笔录;
(三)当事人身份证明材料;
(四)委托他人代理诉讼的授权委托书或者口头委托笔录;
(五)证据;
(六)询问当事人笔录;
(七)审理(包括调解)笔录;

(八)判决书、裁定书、调解书或者调解协议;
(九)送达和宣判笔录;
(十)执行情况;
(十一)诉讼费收据;
(十二)适用民事诉讼法第一百六十五条规定审理的,有关程序适用的书面告知。

第二百六十四条 当事人双方根据民事诉讼法第一百六十条第二款规定约定适用简易程序的,应当在开庭前提出。口头提出的,记入笔录,由双方当事人签名或者捺印确认。

本解释第二百五十七条规定的案件,当事人约定适用简易程序的,人民法院不予准许。

第二百六十五条 原告口头起诉的,人民法院应当将当事人的姓名、性别、工作单位、住所、联系方式等基本信息,诉讼请求,事实及理由等准确记入笔录,由原告核对无误后签名或者捺印。对当事人提交的证据材料,应当出具收据。

第二百六十六条 适用简易程序案件的举证期限由人民法院确定,也可以由当事人协商一致并经人民法院准许,但不得超过十五日。被告要求书面答辩的,人民法院可在征得其同意的基础上,合理确定答辩期间。

人民法院应当将举证期限和开庭日期告知双方当事人,并向当事人说明逾期举证以及拒不到庭的法律后果,由双方当事人在笔录和开庭传票的送达回证上签名或者捺印。

当事人双方均表示不需要举证期限、答辩期间的,人民法院可以立即开庭审理或者确定开庭日期。

第二百六十七条 适用简易程序审理案件,可以简便方式进行审理前的准备。

第二百六十八条 对没有委托律师、基层法律服务工作者代理诉讼的当事人,人民法院在庭审过程中可以对回避、自认、举证证明责任等相关内容向其作必要的解释或者说明,并在庭审过程中适当提示当事人正确行使诉讼权利、履行诉讼义务。

第二百六十九条 当事人就案件适用简易程序提出异议,人民法院经审查,异议成立的,裁定转为普通程序;异议不成立的,裁定驳回。裁定以口头方式作出的,应当记入笔录。

转为普通程序的,人民法院应当将审判人员及相关事项以书面形式通知双方当事人。

转为普通程序前,双方当事人已确认的事实,可以不再进行举证、质证。

第二百七十条 适用简易程序审理的案件,有下列情形之一的,人民法院在制作判决书、裁定书、调解书时,对认定事实或者裁判理由部分可以适当简化:

(一)当事人达成调解协议并需要制作民事调解书的;
(二)一方当事人明确表示承认对方全部或者部分诉讼请求的;
(三)涉及商业秘密、个人隐私的案件,当事人一方要求简化裁判文书中的相关内容,人民法院认为理由正当的;
(四)当事人双方同意简化的。

十二、简易程序中的小额诉讼

第二百七十一条 人民法院审理小额诉讼案件,适用民事诉讼法第一百六十五条的规定,实行一审终审。

第二百七十二条 民事诉讼法第一百六十五条规定的各省、自治区、直辖市上年度就业人员年平均工资,是指已经公布的各省、自治区、直辖市上一年度就业人员年平均工资。在上一年度就业人员年平均工资公布前,以已经公布的最近年度就业人员年平均工资为准。

第二百七十三条 海事法院可以适用小额诉讼的程序审理海事、海商案件。案件标的额应当以实际受理案件的海事法院或者其派出法庭所在的省、自治区、直辖市上年度就业人员年平均工资为基数计算。

第二百七十四条 人民法院受理小额诉讼案件,应当向当事人告知该类案件的审判组织、一审终审、审理期限、诉讼费用交纳标准等相关事项。

第二百七十五条 小额诉讼案件的举证期限由人民法院确定,也可以由当事人协商一致并经人民法院准许,但一般不超过七日。

被告要求书面答辩的,人民法院可以在征得其同意的基础上合理确定答辩期间,但最长不得超过十五日。

当事人到庭后表示不需要举证期限和答辩期间的,人民法院可立即开庭审理。

第二百七十六条 当事人对小额诉讼案件提出管辖异议的,人民法院应当作出裁定。裁定一经作出即生效。

第二百七十七条 人民法院受理小额诉讼案件后,发现起诉不符合民事诉讼法第一百二十二条规定的起诉条件的,裁定驳回起诉。裁定一经作出即生效。

第二百七十八条 因当事人申请增加或者变更诉讼请求、提出反诉、追加当事人等,致使案件不符合小额诉讼案件条件的,应当适用简易程序的其他规定审理。

前款规定案件,应当适用普通程序审理的,裁定转为普通程序。

适用简易程序的其他规定或者普通程序审理前,双方当事人已确认的事实,可以不再进行举证、质证。

第二百七十九条 当事人对按照小额诉讼案件审理有异议的,应当在开庭前提出。人民法院经审查,异议成立的,适用简易程序的其他规定审理或者裁定转为普通程序;异议不成立的,裁定驳回。裁定以口头方式作出的,应当记入笔录。

第二百八十条 小额诉讼案件的裁判文书可以简化,主要记载当事人基本信息、诉讼请求、裁判主文等内容。

第二百八十一条 人民法院审理小额诉讼案件,本解释没有规定的,适用简易程序的其他规定。

十三、公益诉讼

第二百八十二条 环境保护法、消费者权益保护法等法律规定的机关和有关组织对污染环境、侵害众多消费者合法权益等损害社会公共利益的行为,根据民事诉讼法第五十八条规定提起公益诉讼,符合下列条件的,人民法院应当受理:

(一)有明确的被告;
(二)有具体的诉讼请求;
(三)有社会公共利益受到损害的初步证据;
(四)属于人民法院受理民事诉讼的范围和受诉人民法院管辖。

第二百八十三条 公益诉讼案件由侵权行为地或者被告住所地中级人民法院管辖,但法律、司法解释另有规定的除外。

因污染海洋环境提起的公益诉讼,由污染发生地、损害结果地或者采取预防污染措施地海事法院管辖。

对同一侵权行为分别向两个以上人民法院提起公益诉讼的,由最先立案的人民法院管辖,必要时由它们的共同上级人民法院指定管辖。

第二百八十四条 人民法院受理公益诉讼案件后,应当在十日内书面告知相关行政主管部门。

第二百八十五条 人民法院受理公益诉讼案件后,依法可以提起诉讼的其他机关和有关组织,可以在开庭前向人民法院申请参加诉讼。人民法院准许参加诉讼的,列为共同原告。

第二百八十六条 人民法院受理公益诉讼案件,不影响同一侵权行为的受害人根据民事诉讼法第一百二十二条规定提起诉讼。

第二百八十七条 对公益诉讼案件,当事人可以和解,人民法院可以调解。

当事人达成和解或者调解协议后,人民法院应当将和解或者调解协议进行公告。公告期间不得少于三十日。

公告期满后,人民法院经审查,和解或者调解协议不违反社会公共利益的,应当出具调解书;和解或者调解协议违反社会公共利益的,不予出具调解书,继续对案件进行审理并依法作出裁判。

第二百八十八条 公益诉讼案件的原告在法庭辩论终结后申请撤诉的,人民法院不予准许。

第二百八十九条 公益诉讼案件的裁判发生法律效力后,其他依法具有原告资格的机关和有关组织就同一侵权行为另行提起公益诉讼的,人民法院裁定不予受理,但法律、司法解释另有规定的除外。

十四、第三人撤销之诉

第二百九十条 第三人对已经发生法律效力的判决、裁定、调解书提起撤销之诉的,应当自知道或者应当知道其民事权益受到损害之日起六个月内,向作出生效判决、裁定、调解书的人民法院提出,并应当提供存在下列情形的证据材料:

(一)因不能归责于本人的事由未参加诉讼;

(二)发生法律效力的判决、裁定、调解书的全部或者部分内容错误;

(三)发生法律效力的判决、裁定、调解书内容错误损害其民事权益。

第二百九十一条 人民法院应当在收到起诉状和证据材料之日起五日内送交对方当事人,对方当事人可以自收到起诉状之日起十日内提出书面意见。

人民法院应当对第三人提交的起诉状、证据材料以及对方当事人的书面意见进行审查。必要时,可以询问双方当事人。

经审查,符合起诉条件的,人民法院应当在收到起诉状之日起三十日内立案。不符合起诉条件的,应当在收到起诉状之日起三十日内裁定不予受理。

第二百九十二条 人民法院对第三人撤销之诉案件,应当组成合议庭开庭审理。

第二百九十三条 民事诉讼法第五十九条第三款规定的因不能归责于本人的事由未参加诉讼,是指没有被列为生效判决、裁定、调解书当事人,且无过错或者无明显过错的情形。包括:

(一)不知道诉讼而未参加的;

(二)申请参加未获准许的;

(三)知道诉讼,但因客观原因无法参加的;

(四)因其他不能归责于本人的事由未参加诉讼的。

第二百九十四条 民事诉讼法第五十九条第三款规定的判决、裁定、调解书的部分或者全部内容,是指判决、裁定的主文,调解书中处理当事人民事权利义务的结果。

第二百九十五条 对下列情形提起第三人撤销之诉的,人民法院不予受理:

(一)适用特别程序、督促程序、公示催告程序、破产程序等非讼程序处理的案件;

(二)婚姻无效、撤销或者解除婚姻关系等判决、裁定、调解书中涉及身份关系的内容;

(三)民事诉讼法第五十七条规定的未参加登记的权利人对代表人诉讼案件的生效裁判;

(四)民事诉讼法第五十八条规定的损害社会公共利益行为的受害人对公

益诉讼案件的生效裁判。

第二百九十六条 第三人提起撤销之诉,人民法院应当将该第三人列为原告,生效判决、裁定、调解书的当事人列为被告,但生效判决、裁定、调解书中没有承担责任的无独立请求权的第三人列为第三人。

第二百九十七条 受理第三人撤销之诉案件后,原告提供相应担保,请求中止执行的,人民法院可以准许。

第二百九十八条 对第三人撤销或者部分撤销发生法律效力的判决、裁定、调解书内容的请求,人民法院经审理,按下列情形分别处理:

(一)请求成立且确认其民事权利的主张全部或部分成立的,改变原判决、裁定、调解书内容的错误部分;

(二)请求成立,但确认其全部或部分民事权利的主张不成立,或者未提出确认其民事权利请求的,撤销原判决、裁定、调解书内容的错误部分;

(三)请求不成立的,驳回诉讼请求。

对前款规定裁判不服的,当事人可以上诉。

原判决、裁定、调解书的内容未改变或者未撤销的部分继续有效。

第二百九十九条 第三人撤销之诉案件审理期间,人民法院对生效判决、裁定、调解书裁定再审的,受理第三人撤销之诉的人民法院应当裁定将第三人的诉讼请求并入再审程序。但有证据证明原审当事人之间恶意串通损害第三人合法权益的,人民法院应当先行审理第三人撤销之诉案件,裁定中止再审诉讼。

第三百条 第三人诉讼请求并入再审程序审理的,按照下列情形分别处理:

(一)按照第一审程序审理的,人民法院应当对第三人的诉讼请求一并审理,所作的判决可以上诉;

(二)按照第二审程序审理的,人民法院可以调解,调解达不成协议的,应当裁定撤销原判决、裁定、调解书,发回一审法院重审,重审时应当列明第三人。

第三百零一条 第三人提起撤销之诉后,未中止生效判决、裁定、调解书执行的,执行法院对第三人依照民事诉讼法第二百三十四条规定提出的执行异议,应予审查。第三人不服驳回执行异议裁定,申请对原判决、裁定、调解书再审的,人民法院不予受理。

案外人对人民法院驳回其执行异议裁定不服,认为原判决、裁定、调解书内容错误损害其合法权益的,应当根据民事诉讼法第二百三十四条规定申请再审,提起第三人撤销之诉的,人民法院不予受理。

十五、执行异议之诉

第三百零二条 根据民事诉讼法第二百三十四条规定,案外人、当事人对执行异议裁定不服,自裁定送达之日起十五日内向人民法院提起执行异议之诉的,由执行法院管辖。

第三百零三条 案外人提起执行异议之诉,除符合民事诉讼法第一百二十

二条规定外,还应当具备下列条件:

(一)案外人的执行异议申请已经被人民法院裁定驳回;

(二)有明确的排除对执行标的执行的诉讼请求,且诉讼请求与原判决、裁定无关;

(三)自执行异议裁定送达之日起十五日内提起。

人民法院应当在收到起诉状之日起十五日内决定是否立案。

第三百零四条 申请执行人提起执行异议之诉,除符合民事诉讼法第一百二十二条规定外,还应当具备下列条件:

(一)依案外人执行异议申请,人民法院裁定中止执行;

(二)有明确的对执行标的继续执行的诉讼请求,且诉讼请求与原判决、裁定无关;

(三)自执行异议裁定送达之日起十五日内提起。

人民法院应当在收到起诉状之日起十五日内决定是否立案。

第三百零五条 案外人提起执行异议之诉的,以申请执行人为被告。被执行人反对案外人异议的,被执行人为共同被告;被执行人不反对案外人异议的,可以列被执行人为第三人。

第三百零六条 申请执行人提起执行异议之诉的,以案外人为被告。被执行人反对申请执行人主张的,以案外人和被执行人为共同被告;被执行人不反对申请执行人主张的,可以列被执行人为第三人。

第三百零七条 申请执行人对中止执行裁定未提起执行异议之诉,被执行人提起执行异议之诉的,人民法院告知其另行起诉。

第三百零八条 人民法院审理执行异议之诉案件,适用普通程序。

第三百零九条 案外人或者申请执行人提起执行异议之诉的,案外人应当就其对执行标的享有足以排除强制执行的民事权益承担举证证明责任。

第三百一十条 对案外人提起的执行异议之诉,人民法院经审理,按照下列情形分别处理:

(一)案外人就执行标的享有足以排除强制执行的民事权益的,判决不得执行该执行标的;

(二)案外人就执行标的不享有足以排除强制执行的民事权益的,判决驳回诉讼请求。

案外人同时提出确认其权利的诉讼请求的,人民法院可以在判决中一并作出裁判。

第三百一十一条 对申请执行人提起的执行异议之诉,人民法院经审理,按照下列情形分别处理:

(一)案外人就执行标的不享有足以排除强制执行的民事权益的,判决准许执行该执行标的;

(二)案外人就执行标的享有足以排除强制执行的民事权益的,判决驳回诉讼请求。

第三百一十二条　对案外人执行异议之诉,人民法院判决不得对执行标的执行的,执行异议裁定失效。

对申请执行人执行异议之诉,人民法院判决准许对该执行标的执行的,执行异议裁定失效,执行法院可以根据申请执行人的申请或者依职权恢复执行。

第三百一十三条　案外人执行异议之诉审理期间,人民法院不得对执行标的进行处分。申请执行人请求人民法院继续执行并提供相应担保的,人民法院可以准许。

被执行人与案外人恶意串通,通过执行异议、执行异议之诉妨害执行的,人民法院应当依照民事诉讼法第一百一十六条规定处理。申请执行人因此受到损害的,可以提起诉讼要求被执行人、案外人赔偿。

第三百一十四条　人民法院对执行标的裁定中止执行后,申请执行人在法律规定的期间内未提起执行异议之诉的,人民法院应当自起诉期限届满之日起七日内解除对该执行标的采取的执行措施。

十六、第二审程序

第三百一十五条　双方当事人和第三人都提起上诉的,均列为上诉人。人民法院可以依职权确定第二审程序中当事人的诉讼地位。

第三百一十六条　民事诉讼法第一百七十三条、第一百七十四条规定的对方当事人包括被上诉人和原审其他当事人。

第三百一十七条　必要共同诉讼人的一人或者部分人提起上诉的,按下列情形分别处理:

(一)上诉仅对与对方当事人之间权利义务分担有意见,不涉及其他共同诉讼人利益的,对方当事人为被上诉人,未上诉的同一方当事人依原审诉讼地位列明;

(二)上诉仅对共同诉讼人之间权利义务分担有意见,不涉及对方当事人利益的,未上诉的同一方当事人为被上诉人,对方当事人依原审诉讼地位列明;

(三)上诉对双方当事人之间以及共同诉讼人之间权利义务承担有意见的,未提起上诉的其他当事人均为被上诉人。

第三百一十八条　一审宣判时或者判决书、裁定书送达时,当事人口头表示上诉的,人民法院应告知其必须在法定上诉期间内递交上诉状。未在法定上诉期间内递交上诉状的,视为未提起上诉。虽递交上诉状,但未在指定的期限内交纳上诉费的,按自动撤回上诉处理。

第三百一十九条　无民事行为能力人、限制民事行为能力人的法定代理人,可以代理当事人提起上诉。

第三百二十条　上诉案件的当事人死亡或者终止的,人民法院依法通知其权利义务承继者参加诉讼。

需要终结诉讼的,适用民事诉讼法第一百五十四条规定。

第三百二十一条 第二审人民法院应当围绕当事人的上诉请求进行审理。

当事人没有提出请求的,不予审理,但一审判决违反法律禁止性规定,或者损害国家利益、社会公共利益、他人合法权益的除外。

第三百二十二条 开庭审理的上诉案件,第二审人民法院可以依照民事诉讼法第一百三十六条第四项规定进行审理前的准备。

第三百二十三条 下列情形,可以认定为民事诉讼法第一百七十七条第一款第四项规定的严重违反法定程序:

(一)审判组织的组成不合法的;

(二)应当回避的审判人员未回避的;

(三)无诉讼行为能力人未经法定代理人代为诉讼的;

(四)违法剥夺当事人辩论权利的。

第三百二十四条 对当事人在第一审程序中已经提出的诉讼请求,原审人民法院未作审理、判决的,第二审人民法院可以根据当事人自愿的原则进行调解;调解不成的,发回重审。

第三百二十五条 必须参加诉讼的当事人或者有独立请求权的第三人,在第一审程序中未参加诉讼,第二审人民法院可以根据当事人自愿的原则予以调解;调解不成的,发回重审。

第三百二十六条 在第二审程序中,原审原告增加独立的诉讼请求或者原审被告提出反诉的,第二审人民法院可以根据当事人自愿的原则就新增加的诉讼请求或者反诉进行调解;调解不成的,告知当事人另行起诉。

双方当事人同意由第二审人民法院一并审理的,第二审人民法院可以一并裁判。

第三百二十七条 一审判决不准离婚的案件,上诉后,第二审人民法院认为应当判决离婚的,可以根据当事人自愿的原则,与子女抚养、财产问题一并调解;调解不成的,发回重审。

双方当事人同意由第二审人民法院一并审理的,第二审人民法院可以一并裁判。

第三百二十八条 人民法院依照第二审程序审理案件,认为依法不应由人民法院受理的,可以由第二审人民法院直接裁定撤销原裁判,驳回起诉。

第三百二十九条 人民法院依照第二审程序审理案件,认为第一审人民法院受理案件违反专属管辖规定的,应当裁定撤销原裁判并移送有管辖权的人民法院。

第三百三十条 第二审人民法院查明第一审人民法院作出的不予受理裁定有错误的,应当在撤销原裁定的同时,指令第一审人民法院立案受理;查明第一审人民法院作出的驳回起诉裁定有错误的,应当在撤销原裁定的同时,指令第一审人民法院审理。

第三百三十一条 第二审人民法院对下列上诉案件,依照民事诉讼法第一百七十六条规定可以不开庭审理:
(一)不服不予受理、管辖权异议和驳回起诉裁定的;
(二)当事人提出的上诉请求明显不能成立的;
(三)原判决、裁定认定事实清楚,但适用法律错误的;
(四)原判决严重违反法定程序,需要发回重审的。

第三百三十二条 原判决、裁定认定事实或者适用法律虽有瑕疵,但裁判结果正确的,第二审人民法院可以在判决、裁定中纠正瑕疵后,依照民事诉讼法第一百七十七条第一款第一项规定予以维持。

第三百三十三条 民事诉讼法第一百七十七条第一款第三项规定的基本事实,是指用以确定当事人主体资格、案件性质、民事权利义务等对原判决、裁定的结果有实质性影响的事实。

第三百三十四条 在第二审程序中,作为当事人的法人或者其他组织分立的,人民法院可以直接将分立后的法人或者其他组织列为共同诉讼人;合并的,将合并后的法人或者其他组织列为当事人。

第三百三十五条 在第二审程序中,当事人申请撤回上诉,人民法院经审查认为一审判决确有错误,或者当事人之间恶意串通损害国家利益、社会公共利益、他人合法权益的,不应准许。

第三百三十六条 在第二审程序中,原审原告申请撤回起诉,经其他当事人同意,且不损害国家利益、社会公共利益、他人合法权益的,人民法院可以准许。准许撤诉的,应当一并裁定撤销一审裁判。

原审原告在第二审程序中撤回起诉后重复起诉的,人民法院不予受理。

第三百三十七条 当事人在第二审程序中达成和解协议的,人民法院可以根据当事人的请求,对双方达成的和解协议进行审查并制作调解书送达当事人;因和解而申请撤诉,经审查符合撤诉条件的,人民法院应予准许。

第三百三十八条 第二审人民法院宣告判决可以自行宣判,也可以委托原审人民法院或者当事人所在地人民法院代行宣判。

第三百三十九条 人民法院审理对裁定的上诉案件,应当在第二审立案之日起三十日内作出终审裁定。有特殊情况需要延长审限的,由本院院长批准。

第三百四十条 当事人在第一审程序中实施的诉讼行为,在第二审程序中对该当事人仍具有拘束力。

当事人推翻其在第一审程序中实施的诉讼行为时,人民法院应当责令其说明理由。理由不成立的,不予支持。

十七、特别程序

第三百四十一条 宣告失踪或者宣告死亡案件,人民法院可以根据申请人的请求,清理下落不明人的财产,并指定案件审理期间的财产管理人。公告期满后,人民法院判决宣告失踪的,应当同时依照民法典第四十二条的规定指定失踪人的财产代管人。

第三百四十二条 失踪人的财产代管人经人民法院指定后,代管人申请变更代管的,比照民事诉讼法特别程序的有关规定进行审理。申请理由成立的,裁定撤销申请人的代管人身份,同时另行指定财产代管人;申请理由不成立的,裁定驳回申请。

失踪人的其他利害关系人申请变更代管的,人民法院应当告知其以原指定的代管人为被告起诉,并按普通程序进行审理。

第三百四十三条 人民法院判决宣告公民失踪后,利害关系人向人民法院申请宣告失踪人死亡,自失踪之日起满四年的,人民法院应当受理,宣告失踪的判决即是该公民失踪的证明,审理中仍应依照民事诉讼法第一百九十二条规定进行公告。

第三百四十四条 符合法律规定的多个利害关系人提出宣告失踪、宣告死亡申请的,列为共同申请人。

第三百四十五条 寻找下落不明人的公告应当记载下列内容:

(一)被申请人应当在规定期间内向受理法院申报其具体地址及其联系方式。否则,被申请人将被宣告失踪、宣告死亡;

(二)凡知悉被申请人生存现状的人,应当在公告期间内将其所知道情况向受理法院报告。

第三百四十六条 人民法院受理宣告失踪、宣告死亡案件后,作出判决前,申请人撤回申请的,人民法院应当裁定终结案件,但其他符合法律规定的利害关系人加入程序要求继续审理的除外。

第三百四十七条 在诉讼中,当事人的利害关系人或者有关组织提出该当事人不能辨认或者不能完全辨认自己的行为,要求宣告该当事人无民事行为能力或者限制民事行为能力,应由利害关系人或者有关组织向人民法院提出申请,由受诉人民法院按照特别程序立案审理,原诉讼中止。

第三百四十八条 认定财产无主案件,公告期间有人对财产提出请求的,人民法院应当裁定终结特别程序,告知申请人另行起诉,适用普通程序审理。

第三百四十九条 被指定的监护人不服居民委员会、村民委员会或者民政部门指定,应当自接到通知之日起三十日内向人民法院提出异议。经审理,认为指定并无不当的,裁定驳回异议;指定不当的,判决撤销指定,同时另行指定监护人。判决书应当送达异议人、原指定单位及判决指定的监护人。

有关当事人依照民法典第三十一条第一款规定直接向人民法院申请指定监护人的,适用特别程序审理,判决指定监护人。判决书应当送达申请人、判决指定的监护人。

第三百五十条 申请认定公民无民事行为能力或者限制民事行为能力的案件,被申请人没有近亲属的,人民法院可以指定经被申请人住所地的居民委员会、村民委员会或者民政部门同意,且愿意担任代理人的个人或者组织为代理人。

没有前款规定的代理人的,由被申请人住所地的居民委员会、村民委员会或者民政部门担任代理人。

代理人可以是一人,也可以是同一顺序中的两人。

第三百五十一条 申请司法确认调解协议的,双方当事人应当本人或者由符合民事诉讼法第六十一条规定的代理人依照民事诉讼法第二百零一条的规定提出申请。

第三百五十二条 调解组织自行开展的调解,有两个以上调解组织参与的,符合民事诉讼法第二百零一条规定的各调解组织所在地人民法院均有管辖权。

双方当事人可以共同向符合民事诉讼法第二百零一条规定的其中一个有管辖权的人民法院提出申请;双方当事人共同向两个以上有管辖权的人民法院提出申请的,由最先立案的人民法院管辖。

第三百五十三条 当事人申请司法确认调解协议,可以采用书面形式或者口头形式。当事人口头申请的,人民法院应当记入笔录,并由当事人签名、捺印或者盖章。

第三百五十四条 当事人申请司法确认调解协议,应当向人民法院提交调解协议、调解组织主持调解的证明,以及与调解协议相关的财产权利证明等材料,并提供双方当事人的身份、住所、联系方式等基本信息。

当事人未提交上述材料的,人民法院应当要求当事人限期补交。

第三百五十五条 当事人申请司法确认调解协议,有下列情形之一的,人民法院裁定不予受理:

(一)不属于人民法院受理范围的;
(二)不属于收到申请的人民法院管辖的;
(三)申请确认婚姻关系、亲子关系、收养关系等身份关系无效、有效或者解除的;
(四)涉及适用其他特别程序、公示催告程序、破产程序审理的;
(五)调解协议内容涉及物权、知识产权确权的。

人民法院受理申请后,发现有上述不予受理情形的,应当裁定驳回当事人的申请。

第三百五十六条 人民法院审查相关情况时,应当通知双方当事人共同到场对案件进行核实。

人民法院经审查,认为当事人的陈述或者提供的证明材料不充分、不完备或者有疑义的,可以要求当事人限期补充陈述或者补充证明材料。必要时,人民法院可以向调解组织核实有关情况。

第三百五十七条 确认调解协议的裁定作出前,当事人撤回申请的,人民法院可以裁定准许。

当事人无正当理由未在限期内补充陈述、补充证明材料或者拒不接受询问的,人民法院可以按撤回申请处理。

第三百五十八条 经审查,调解协议有下列情形之一的,人民法院应当裁定驳回申请:

(一)违反法律强制性规定的;

(二)损害国家利益、社会公共利益、他人合法权益的;

(三)违背公序良俗的;

(四)违反自愿原则的;

(五)内容不明确的;

(六)其他不能进行司法确认的情形。

第三百五十九条 民事诉讼法第二百零三条规定的担保物权人,包括抵押权人、质权人、留置权人;其他有权请求实现担保物权的人,包括抵押人、出质人、财产被留置的债务人或者所有权人等。

第三百六十条 实现票据、仓单、提单等有权利凭证的权利质权案件,可以由权利凭证持有人住所地人民法院管辖;无权利凭证的权利质权,由出质登记地人民法院管辖。

第三百六十一条 实现担保物权案件属于海事法院等专门人民法院管辖的,由专门人民法院管辖。

第三百六十二条 同一债权的担保物有多个且所在地不同,申请人分别向有管辖权的人民法院申请实现担保物权的,人民法院应当依法受理。

第三百六十三条 依照民法典第三百九十二条的规定,被担保的债权既有物的担保又有人的担保,当事人对实现担保物权的顺序有约定,实现担保物权的申请违反该约定的,人民法院裁定不予受理;没有约定或者约定不明的,人民法院应当受理。

第三百六十四条 同一财产上设立多个担保物权,登记在先的担保物权尚未实现的,不影响后顺位的担保物权人向人民法院申请实现担保物权。

第三百六十五条 申请实现担保物权,应当提交下列材料:

(一)申请书。申请书应当记明申请人、被申请人的姓名或者名称、联系方式等基本信息,具体的请求和事实、理由;

(二)证明担保物权存在的材料,包括主合同、担保合同、抵押登记证明或者他项权利证书,权利质权的权利凭证或者质权出质登记证明等;

(三)证明实现担保物权条件成就的材料;

(四)担保财产现状的说明;

(五)人民法院认为需要提交的其他材料。

第三百六十六条 人民法院受理申请后,应当在五日内向被申请人送达申请书副本、异议权利告知书等文书。

被申请人有异议的,应当在收到人民法院通知后的五日内向人民法院提出,同时说明理由并提供相应的证据材料。

第三百六十七条 实现担保物权案件可以由审判员一人独任审查。担保财产标的额超过基层人民法院管辖范围的,应当组成合议庭进行审查。

第三百六十八条 人民法院审查实现担保物权案件,可以询问申请人、被申请人、利害关系人,必要时可以依职权调查相关事实。

第三百六十九条 人民法院应当就主合同的效力、期限、履行情况,担保物权是否有效设立、担保财产的范围、被担保的债权范围、被担保的债权是否已届清偿期等担保物权实现的条件,以及是否损害他人合法权益等内容进行审查。

被申请人或者利害关系人提出异议的,人民法院应当一并审查。

第三百七十条 人民法院审查后,按下列情形分别处理:

(一)当事人对实现担保物权无实质性争议且实现担保物权条件成就的,裁定准许拍卖、变卖担保财产;

(二)当事人对实现担保物权有部分实质性争议的,可以就无争议部分裁定准许拍卖、变卖担保财产;

(三)当事人对实现担保物权有实质性争议的,裁定驳回申请,并告知申请人向人民法院提起诉讼。

第三百七十一条 人民法院受理申请后,申请人对担保财产提出保全申请的,可以按照民事诉讼法关于诉讼保全的规定办理。

第三百七十二条 适用特别程序作出的判决、裁定,当事人、利害关系人认为有错误的,可以向作出该判决、裁定的人民法院提出异议。人民法院经审查,异议成立或者部分成立的,作出新的判决、裁定撤销或者改变原判决、裁定;异议不成立的,裁定驳回。

对人民法院作出的确认调解协议、准许实现担保物权的裁定,当事人有异议的,应当自收到裁定之日起十五日内提出;利害关系人有异议的,自知道或者应当知道其民事权益受到侵害之日起六个月内提出。

十八、审判监督程序

第三百七十三条 当事人死亡或者终止的,其权利义务承继者可以根据民事诉讼法第二百零六条、第二百零八条的规定申请再审。

判决、调解书生效后,当事人将判决、调解书确认的债权转让,债权受让人对该判决、调解书不服申请再审的,人民法院不予受理。

第三百七十四条 民事诉讼法第二百零六条规定的人数众多的一方当事人,包括公民、法人和其他组织。

民事诉讼法第二百零六条规定的当事人双方为公民的案件,是指原告和被告均为公民的案件。

第三百七十五条 当事人申请再审,应当提交下列材料:

（一）再审申请书,并按照被申请人和原审其他当事人的人数提交副本；
（二）再审申请人是自然人的,应当提交身份证明；再审申请人是法人或者其他组织的,应当提交营业执照、组织机构代码证书、法定代表人或者主要负责人身份证明书。委托他人代为申请的,应当提交授权委托书和代理人身份证明；
（三）原审判决书、裁定书、调解书；
（四）反映案件基本事实的主要证据及其他材料。
前款第二项、第三项、第四项规定的材料可以是与原件核对无异的复印件。

第三百七十六条 再审申请书应当记明下列事项：
（一）再审申请人与被申请人及原审其他当事人的基本信息；
（二）原审人民法院的名称,原审裁判文书案号；
（三）具体的再审请求；
（四）申请再审的法定情形及具体事实、理由。
再审申请书应当明确申请再审的人民法院,并由再审申请人签名、捺印或者盖章。

第三百七十七条 当事人一方人数众多或者当事人双方为公民的案件,当事人分别向原审人民法院和上一级人民法院申请再审且不能协商一致的,由原审人民法院受理。

第三百七十八条 适用特别程序、督促程序、公示催告程序、破产程序等非讼程序审理的案件,当事人不得申请再审。

第三百七十九条 当事人认为发生法律效力的不予受理、驳回起诉的裁定错误的,可以申请再审。

第三百八十条 当事人就离婚案件中的财产分割问题申请再审,如涉及判决中已分割的财产,人民法院应当依照民事诉讼法第二百零七条的规定进行审查,符合再审条件的,应当裁定再审；如涉及判决中未作处理的夫妻共同财产,应当告知当事人另行起诉。

第三百八十一条 当事人申请再审,有下列情形之一的,人民法院不予受理：
（一）再审申请被驳回后再次提出申请的；
（二）对再审判决、裁定提出申请的；
（三）在人民检察院对当事人的申请作出不予提出再审检察建议或者抗诉决定后又提出申请的。
前款第一项、第二项规定情形,人民法院应当告知当事人可以向人民检察院申请再审检察建议或者抗诉,但因人民检察院提出再审检察建议或者抗诉而再审作出的判决、裁定除外。

第三百八十二条 当事人对已经发生法律效力的调解书申请再审,应当在调解书发生法律效力后六个月内提出。

第三百八十三条 人民法院应当自收到符合条件的再审申请书等材料之日起五日内向再审申请人发送受理通知书,并向被申请人及原审其他当事人发送应诉通知书、再审申请书副本等材料。

第三百八十四条 人民法院受理申请再审案件后,应当依照民事诉讼法第二百零七条、第二百零八条、第二百一十一条等规定,对当事人主张的再审事由进行审查。

第三百八十五条 再审申请人提供的新的证据,能够证明原判决、裁定认定基本事实或者裁判结果错误的,应当认定为民事诉讼法第二百零七条第一项规定的情形。

对于符合前款规定的证据,人民法院应当责令再审申请人说明其逾期提供该证据的理由;拒不说明理由或者理由不成立的,依照民事诉讼法第六十八条第二款和本解释第一百零二条的规定处理。

第三百八十六条 再审申请人证明其提交的新的证据符合下列情形之一的,可以认定逾期提供证据的理由成立:

(一)在原审庭审结束前已经存在,因客观原因于庭审结束后才发现的;

(二)在原审庭审结束前已经发现,但因客观原因无法取得或者在规定的期限内不能提供的;

(三)在原审庭审结束后形成,无法据此另行提起诉讼的。

再审申请人提交的证据在原审中已经提供,原审人民法院未组织质证且未作为裁判根据的,视为逾期提供证据的理由成立,但原审人民法院依照民事诉讼法第六十八条规定不予采纳的除外。

第三百八十七条 当事人对原判决、裁定认定事实的主要证据在原审中拒绝发表质证意见或者质证中未对证据发表质证意见的,不属于民事诉讼法第二百零七条第四项规定的未经质证的情形。

第三百八十八条 有下列情形之一,导致判决、裁定结果错误的,应当认定为民事诉讼法第二百零七条第六项规定的原判决、裁定适用法律确有错误:

(一)适用的法律与案件性质明显不符的;

(二)确定民事责任明显违背当事人约定或者法律规定的;

(三)适用已经失效或者尚未施行的法律的;

(四)违反法律溯及力规定的;

(五)违反法律适用规则的;

(六)明显违背立法原意的。

第三百八十九条 原审开庭过程中有下列情形之一的,应当认定为民事诉讼法第二百零七条第九项规定的剥夺当事人辩论权利:

(一)不允许当事人发表辩论意见的;

(二)应当开庭审理而未开庭审理的;

(三)违反法律规定送达起诉状副本或者上诉状副本,致使当事人无法行使

辩论权利的;

(四)违法剥夺当事人辩论权利的其他情形。

第三百九十条 民事诉讼法第二百零七条第十一项规定的诉讼请求,包括一审诉讼请求、二审上诉请求,但当事人未对一审判决、裁定遗漏或者超出诉讼请求提起上诉的除外。

第三百九十一条 民事诉讼法第二百零七条第十二项规定的法律文书包括:

(一)发生法律效力的判决书、裁定书、调解书;

(二)发生法律效力的仲裁裁决书;

(三)具有强制执行效力的公证债权文书。

第三百九十二条 民事诉讼法第二百零七条第十三项规定的审判人员审理该案件时有贪污受贿、徇私舞弊、枉法裁判行为,是指已经由生效刑事法律文书或者纪律处分决定所确认的行为。

第三百九十三条 当事人主张的再审事由成立,且符合民事诉讼法和本解释规定的申请再审条件的,人民法院应当裁定再审。

当事人主张的再审事由不成立,或者当事人申请再审超过法定申请再审期限、超出法定再审事由范围等不符合民事诉讼法和本解释规定的申请再审条件的,人民法院应当裁定驳回再审申请。

第三百九十四条 人民法院对已经发生法律效力的判决、裁定、调解书依法决定再审,依照民事诉讼法第二百一十三条规定,需要中止执行的,应当在再审裁定中同时写明中止原判决、裁定、调解书的执行;情况紧急的,可以将中止执行裁定口头通知负责执行的人民法院,并在通知后十日内发出裁定书。

第三百九十五条 人民法院根据审查案件的需要决定是否询问当事人。新的证据可能推翻原判决、裁定的,人民法院应当询问当事人。

第三百九十六条 审查再审申请期间,被申请人及原审其他当事人依法提出再审申请的,人民法院应当将其列为再审申请人,对其再审事由一并审查,审查期限重新计算。经审查,其中一方再审申请人主张的再审事由成立的,应当裁定再审。各方再审申请人主张的再审事由均不成立的,一并裁定驳回再审申请。

第三百九十七条 审查再审申请期间,再审申请人申请人民法院委托鉴定、勘验的,人民法院不予准许。

第三百九十八条 审查再审申请期间,再审申请人撤回再审申请的,是否准许,由人民法院裁定。

再审申请人经传票传唤,无正当理由拒不接受询问的,可以按撤回再审申请处理。

第三百九十九条 人民法院准许撤回再审申请或者按撤回再审申请处理后,再审申请人再次申请再审的,不予受理,但有民事诉讼法第二百零七条第一项、第三项、第十二项、第十三项规定情形,自知道或者应当知道之日起六个月内提出的除外。

第四百条 再审申请审查期间,有下列情形之一的,裁定终结审查:

(一)再审申请人死亡或者终止,无权利义务承继者或者权利义务承继者声明放弃再审申请的;

(二)在给付之诉中,负有给付义务的被申请人死亡或者终止,无可供执行的财产,也没有应当承担义务的人的;

(三)当事人达成和解协议且已履行完毕的,但当事人在和解协议中声明不放弃申请再审权利的除外;

(四)他人未经授权以当事人名义申请再审的;

(五)原审或者上一级人民法院已经裁定再审的;

(六)有本解释第三百八十一条第一款规定情形的。

第四百零一条 人民法院审理再审案件应当组成合议庭开庭审理,但按照第二审程序审理,有特殊情况或者双方当事人已经通过其他方式充分表达意见,且书面同意不开庭审理的除外。

符合缺席判决条件的,可以缺席判决。

第四百零二条 人民法院开庭审理再审案件,应当按照下列情形分别进行:

(一)因当事人申请再审的,先由再审申请人陈述再审请求及理由,后由被申请人答辩,其他原审当事人发表意见;

(二)因抗诉再审的,先由抗诉机关宣读抗诉书,再由申请抗诉的当事人陈述,后由被申请人答辩,其他原审当事人发表意见;

(三)人民法院依职权再审,有申诉人的,先由申诉人陈述再审请求及理由,后由被申请人答辩,其他原审当事人发表意见;

(四)人民法院依职权再审,没有申诉人的,先由原审原告或者原审上诉人陈述,后由原审其他当事人发表意见。

对前款第一项至第三项规定的情形,人民法院应当要求当事人明确其再审请求。

第四百零三条 人民法院审理再审案件应当围绕再审请求进行。当事人的再审请求超出原审诉讼请求的,不予审理;符合另案诉讼条件的,告知当事人可以另行起诉。

被申请人及原审其他当事人在庭审辩论结束前提出的再审请求,符合民事诉讼法第二百一十二条规定的,人民法院应当一并审理。

人民法院经再审,发现已经发生法律效力的判决、裁定损害国家利益、社会公共利益、他人合法权益的,应当一并审理。

第四百零四条 再审审理期间,有下列情形之一的,可以裁定终结再审程序:

（一）再审申请人在再审期间撤回再审请求，人民法院准许的；

（二）再审申请人经传票传唤，无正当理由拒不到庭的，或者未经法庭许可中途退庭，按撤回再审请求处理的；

（三）人民检察院撤回抗诉的；

（四）有本解释第四百条第一项至第四项规定情形的。

因人民检察院提出抗诉裁定再审的案件，申请抗诉的当事人有前款规定的情形，且不损害国家利益、社会公共利益或者他人合法权益的，人民法院应当裁定终结再审程序。

再审程序终结后，人民法院裁定中止执行的原生效判决自动恢复执行。

第四百零五条 人民法院经再审审理认为，原判决、裁定认定事实清楚、适用法律正确的，应予维持；原判决、裁定认定事实、适用法律虽有瑕疵，但裁判结果正确的，应当在再审判决、裁定中纠正瑕疵后予以维持。

原判决、裁定认定事实、适用法律错误，导致裁判结果错误的，应当依法改判、撤销或者变更。

第四百零六条 按照第二审程序再审的案件，人民法院经审理认为不符合民事诉讼法规定的起诉条件或者符合民事诉讼法第一百二十七条规定不予受理情形的，应当裁定撤销一、二审判决，驳回起诉。

第四百零七条 人民法院对调解书裁定再审后，按照下列情形分别处理：

（一）当事人提出的调解违反自愿原则的事由不成立，且调解书的内容不违反法律强制性规定的，裁定驳回再审申请；

（二）人民检察院抗诉或者再审检察建议所主张的损害国家利益、社会公共利益的理由不成立的，裁定终结再审程序。

前款规定情形，人民法院裁定中止执行的调解书需要继续执行的，自动恢复执行。

第四百零八条 一审原告在再审审理程序中申请撤回起诉，经其他当事人同意，且不损害国家利益、社会公共利益、他人合法权益的，人民法院可以准许。裁定准许撤诉的，应当一并撤销原判决。

一审原告在再审审理程序中撤回起诉后重复起诉的，人民法院不予受理。

第四百零九条 当事人提交新的证据致使再审改判，因再审申请人或者申请检察监督当事人的过错未能在原审程序中及时举证，被申请人等当事人请求补偿其增加的交通、住宿、就餐、误工等必要费用的，人民法院应予支持。

第四百一十条 部分当事人到庭并达成调解协议，其他当事人未作出书面表示的，人民法院应当在判决中对该事实作出表述；调解协议内容不违反法律规定，且不损害其他当事人合法权益的，可以在判决主文中予以确认。

第四百一十一条 人民检察院依法对损害国家利益、社会公共利益的发生法律效力的判决、裁定、调解书提出抗诉，或者经人民检察院检察委员会讨论决定提出再审检察建议的，人民法院应予受理。

第四百一十二条 人民检察院对已经发生法律效力的判决以及不予受理、驳回起诉的裁定依法提出抗诉的,人民法院应予受理,但适用特别程序、督促程序、公示催告程序、破产程序以及解除婚姻关系的判决、裁定等不适用审判监督程序的判决、裁定除外。

第四百一十三条 人民检察院依照民事诉讼法第二百一十六条第一款第三项规定对有明显错误的再审判决、裁定提出抗诉或者再审检察建议的,人民法院应予受理。

第四百一十四条 地方各级人民检察院依当事人的申请对生效判决、裁定向同级人民法院提出再审检察建议,符合下列条件的,应予受理:

(一)再审检察建议书和原审当事人申请书及相关证据材料已经提交;

(二)建议再审的对象为依照民事诉讼法和本解释规定可以进行再审的判决、裁定;

(三)再审检察建议书列明该判决、裁定有民事诉讼法第二百一十五条第二款规定情形;

(四)符合民事诉讼法第二百一十六条第一款第一项、第二项规定情形;

(五)再审检察建议经过人民检察院检察委员会讨论决定。

不符合前款规定的,人民法院可以建议人民检察院予以补正或者撤回;不予补正或者撤回的,应当函告人民检察院不予受理。

第四百一十五条 人民检察院依当事人的申请对生效判决、裁定提出抗诉,符合下列条件的,人民法院应当在三十日内裁定再审:

(一)抗诉书和原审当事人申请书及相关证据材料已经提交;

(二)抗诉对象为依照民事诉讼法和本解释规定可以进行再审的判决、裁定;

(三)抗诉书列明该判决、裁定有民事诉讼法第二百一十五条第一款规定情形;

(四)符合民事诉讼法第二百一十六条第一款第一项、第二项规定情形。

不符合前款规定的,人民法院可以建议人民检察院予以补正或者撤回;不予补正或者撤回的,人民法院可以裁定不予受理。

第四百一十六条 当事人的再审申请被上级人民法院裁定驳回后,人民检察院对原判决、裁定、调解书提出抗诉,抗诉事由符合民事诉讼法第二百零七条第一项至第五项规定情形之一的,受理抗诉的人民法院可以交由下一级人民法院再审。

第四百一十七条 人民法院收到再审检察建议后,应当组成合议庭,在三个月内进行审查,发现原判决、裁定、调解书确有错误,需要再审的,依照民事诉讼法第二百零五条规定裁定再审,并通知当事人;经审查,决定不予再审的,应当书面回复人民检察院。

第四百一十八条 人民法院审理因人民检察院抗诉或者检察建议裁定再

审的案件,不受此前已经作出的驳回当事人再审申请裁定的影响。

第四百一十九条 人民法院开庭审理抗诉案件,应当在开庭三日前通知人民检察院、当事人和其他诉讼参与人。同级人民检察院或者提出抗诉的人民检察院应当派员出庭。

人民检察院因履行法律监督职责向当事人或者案外人调查核实的情况,应当向法庭提交并予以说明,由双方当事人进行质证。

第四百二十条 必须共同进行诉讼的当事人因不能归责于本人或者其诉讼代理人的事由未参加诉讼的,可以根据民事诉讼法第二百零七条第八项规定,自知道或者应当知道之日起六个月内申请再审,但符合本解释第四百二十一条规定情形的除外。

人民法院因前款规定的当事人申请而裁定再审,按照第一审程序再审的,应当追加其为当事人,作出新的判决、裁定;按照第二审程序再审,经调解不能达成协议的,应当撤销原判决、裁定,发回重审,重审时应追加其为当事人。

第四百二十一条 根据民事诉讼法第二百三十四条规定,案外人对驳回其执行异议的裁定不服,认为原判决、裁定、调解书内容错误损害其民事权益的,可以自执行异议裁定送达之日起六个月内,向作出原判决、裁定、调解书的人民法院申请再审。

第四百二十二条 根据民事诉讼法第二百三十四条规定,人民法院裁定再审后,案外人属于必要的共同诉讼当事人的,依照本解释第四百二十条第二款规定处理。

案外人不是必要的共同诉讼当事人的,人民法院仅审理原判决、裁定、调解书对其民事权益造成损害的内容。经审理,再审请求成立的,撤销或者改变原判决、裁定、调解书;再审请求不成立的,维持原判决、裁定、调解书。

第四百二十三条 本解释第三百三十八条规定适用于审判监督程序。

第四百二十四条 对小额诉讼案件的判决、裁定,当事人以民事诉讼法第二百零七条规定的事由向原审人民法院申请再审的,人民法院应当受理。申请再审事由成立的,应当裁定再审,组成合议庭进行审理。作出的再审判决、裁定,当事人不得上诉。

当事人以不应按小额诉讼案件审理为由向原审人民法院申请再审的,人民法院应当受理。理由成立的,应当裁定再审,组成合议庭审理。作出的再审判决、裁定,当事人可以上诉。

十九、督促程序

第四百二十五条 两个以上人民法院都有管辖权的,债权人可以向其中一个基层人民法院申请支付令。

债权人向两个以上有管辖权的基层人民法院申请支付令的,由最先立案的人民法院管辖。

第四百二十六条 人民法院收到债权人的支付令申请书后,认为申请书不符合要求的,可以通知债权人限期补正。人民法院应当自收到补正材料之日起五日内通知债权人是否受理。

第四百二十七条 债权人申请支付令,符合下列条件的,基层人民法院应当受理,并在收到支付令申请书后五日内通知债权人:

(一)请求给付金钱或者汇票、本票、支票、股票、债券、国库券、可转让的存款单等有价证券;

(二)请求给付的金钱或者有价证券已到期且数额确定,并写明了请求所根据的事实、证据;

(三)债权人没有对待给付义务;

(四)债务人在我国境内且未下落不明;

(五)支付令能够送达债务人;

(六)收到申请书的人民法院有管辖权;

(七)债权人未向人民法院申请诉前保全。

不符合前款规定的,人民法院应当在收到支付令申请书后五日内通知债权人不予受理。

基层人民法院受理申请支付令案件,不受债权金额的限制。

第四百二十八条 人民法院受理申请后,由审判员一人进行审查。经审查,有下列情形之一的,裁定驳回申请:

(一)申请人不具备当事人资格的;

(二)给付金钱或者有价证券的证明文件没有约定逾期给付利息或者违约金、赔偿金,债权人坚持要求给付利息或者违约金、赔偿金的;

(三)要求给付的金钱或者有价证券属于违法所得的;

(四)要求给付的金钱或者有价证券尚未到期或者数额不确定的。

人民法院受理支付令申请后,发现不符合本解释规定的受理条件的,应当在受理之日起十五日内裁定驳回申请。

第四百二十九条 向债务人本人送达支付令,债务人拒绝接收的,人民法院可以留置送达。

第四百三十条 有下列情形之一的,人民法院应当裁定终结督促程序,已发出支付令的,支付令自行失效:

(一)人民法院受理支付令申请后,债权人就同一债权债务关系又提起诉讼的;

(二)人民法院发出支付令之日起三十日内无法送达债务人的;

(三)债务人收到支付令前,债权人撤回申请的。

第四百三十一条 债务人在收到支付令后,未在法定期间提出书面异议,而向其他人民法院起诉的,不影响支付令的效力。

债务人超过法定期间提出异议的,视为未提出异议。

第四百三十二条 债权人基于同一债权债务关系,在同一支付令申请中向债务人提出多项支付请求,债务人仅就其中一项或者几项请求提出异议的,不影响其他各项请求的效力。

第四百三十三条 债权人基于同一债权债务关系,就可分之债向多个债务人提出支付请求,多个债务人中的一人或者几人提出异议的,不影响其他请求的效力。

第四百三十四条 对设有担保的债务的主债务人发出的支付令,对担保人没有拘束力。

债权人就担保关系单独提起诉讼的,支付令自人民法院受理案件之日起失效。

第四百三十五条 经形式审查,债务人提出的书面异议有下列情形之一的,应当认定异议成立,裁定终结督促程序,支付令自行失效:

(一)本解释规定的不予受理申请情形的;

(二)本解释规定的裁定驳回申请情形的;

(三)本解释规定的应当裁定终结督促程序情形的;

(四)人民法院对是否符合发出支付令条件产生合理怀疑的。

第四百三十六条 债务人对债务本身没有异议,只是提出缺乏清偿能力、延缓债务清偿期限、变更债务清偿方式等异议的,不影响支付令的效力。

人民法院经审查认为异议不成立的,裁定驳回。

债务人的口头异议无效。

第四百三十七条 人民法院作出终结督促程序或者驳回异议裁定前,债务人请求撤回异议的,应当裁定准许。

债务人对撤回异议反悔的,人民法院不予支持。

第四百三十八条 支付令失效后,申请支付令的一方当事人不同意提起诉讼的,应当自收到终结督促程序裁定之日起七日内向受理申请的人民法院提出。

申请支付令的一方当事人不同意提起诉讼的,不影响其向其他有管辖权的人民法院提起诉讼。

第四百三十九条 支付令失效后,申请支付令的一方当事人自收到终结督促程序裁定之日起七日内未向受理申请的人民法院表明不同意提起诉讼的,视为向受理申请的人民法院起诉。

债权人提出支付令申请的时间,即为向人民法院起诉的时间。

第四百四十条 债权人向人民法院申请执行支付令的期间,适用民事诉讼法第二百四十六条的规定。

第四百四十一条 人民法院院长发现本院已经发生法律效力的支付令确有错误,认为需要撤销的,应当提交本院审判委员会讨论决定后,裁定撤销支付令,驳回债权人的申请。

二十、公示催告程序

第四百四十二条 民事诉讼法第二百二十五条规定的票据持有人,是指票据被盗、遗失或者灭失前的最后持有人。

第四百四十三条 人民法院收到公示催告的申请后,应当立即审查,并决定是否受理。经审查认为符合受理条件的,通知予以受理,并同时通知支付人停止支付;认为不符合受理条件的,七日内裁定驳回申请。

第四百四十四条 因票据丧失,申请公示催告的,人民法院应结合票据存根、丧失票据的复印件、出票人关于签发票据的证明、申请人合法取得票据的证明、银行挂失止付通知书、报案证明等证据,决定是否受理。

第四百四十五条 人民法院依照民事诉讼法第二百二十六条规定发出的受理申请的公告,应当写明下列内容:

(一)公示催告申请人的姓名或者名称;

(二)票据的种类、号码、票面金额、出票人、背书人、持票人、付款期限等事项以及其他可以申请公示催告的权利凭证的种类、号码、权利范围、权利人、义务人、行权日期等事项;

(三)申报权利的期间;

(四)在公示催告期间转让票据等权利凭证,利害关系人不申报的法律后果。

第四百四十六条 公告应当在有关报纸或者其他媒体上刊登,并于同日公布于人民法院公告栏内。人民法院所在地有证券交易所的,还应当同日在该交易所公布。

第四百四十七条 公告期间不得少于六十日,且公示催告期间届满日不得早于票据付款日后十五日。

第四百四十八条 在申报期届满后、判决作出之前,利害关系人申报权利的,应当适用民事诉讼法第二百二十八条第二款、第三款规定处理。

第四百四十九条 利害关系人申报权利,人民法院应当通知其向法院出示票据,并通知公示催告申请人在指定的期间查看该票据。公示催告申请人申请公示催告的票据与利害关系人出示的票据不一致的,应当裁定驳回利害关系人的申报。

第四百五十条 在申报权利的期间无人申报权利,或者申报被驳回的,申请人应当自公示催告期间届满之日起一个月内申请作出判决。逾期不申请判决的,终结公示催告程序。

裁定终结公示催告程序的,应当通知申请人和支付人。

第四百五十一条 判决公告之日起,公示催告申请人有权依据判决向付款人请求付款。

付款人拒绝付款,申请人向人民法院起诉,符合民事诉讼法第一百二十二条规定的起诉条件的,人民法院应予受理。

第四百五十二条 适用公示催告程序审理案件,可由审判员一人独任审理;判决宣告票据无效的,应当组成合议庭审理。

第四百五十三条 公示催告申请人撤回申请,应在公示催告前提出;公示催告期间申请撤回的,人民法院可以径行裁定终结公示催告程序。

第四百五十四条 人民法院依照民事诉讼法第二百二十七条规定通知支付人停止支付,应当符合有关财产保全的规定。支付人收到停止支付通知后拒不止付的,除可依照民事诉讼法第一百一十四条、第一百一十七条规定采取强制措施外,在判决后,支付人仍应承担付款义务。

第四百五十五条 人民法院依照民事诉讼法第二百二十八条规定终结公示催告程序后,公示催告申请人或者申报人向人民法院提起诉讼,因票据权利纠纷提起的,由票据支付地或者被告住所地人民法院管辖;因非票据权利纠纷提起的,由被告住所地人民法院管辖。

第四百五十六条 依照民事诉讼法第二百二十八条规定制作的终结公示催告程序的裁定书,由审判员、书记员署名,加盖人民法院印章。

第四百五十七条 依照民事诉讼法第二百三十条的规定,利害关系人向人民法院起诉的,人民法院可按票据纠纷适用普通程序审理。

第四百五十八条 民事诉讼法第二百三十条规定的正当理由,包括:

(一)因发生意外事件或者不可抗力致使利害关系人无法知道公告事实的;

(二)利害关系人因被限制人身自由而无法知道公告事实,或者虽然知道公告事实,但无法自己或者委托他人代为申报权利的;

(三)不属于法定申请公示催告情形的;

(四)未予公告或者未按法定方式公告的;

(五)其他导致利害关系人在判决作出前未能向人民法院申报权利的客观事由。

第四百五十九条 根据民事诉讼法第二百三十条的规定,利害关系人请求人民法院撤销除权判决的,应当将申请人列为被告。

利害关系人仅诉请确认其为合法持票人的,人民法院应当在裁判文书中写明,确认利害关系人为票据权利人的判决作出后,除权判决即被撤销。

二十一、执行程序

第四百六十条 发生法律效力的实现担保物权裁定、确认调解协议裁定、支付令,由作出裁定、支付令的人民法院或者与其同级的被执行财产所在地的人民法院执行。

认定财产无主的判决,由作出判决的人民法院将无主财产收归国家或者集体所有。

第四百六十一条 当事人申请人民法院执行的生效法律文书应当具备下

列条件:

(一)权利义务主体明确;

(二)给付内容明确。

法律文书确定继续履行合同的,应当明确继续履行的具体内容。

第四百六十二条 根据民事诉讼法第二百三十四条规定,案外人对执行标的提出异议的,应当在该执行标的执行程序终结前提出。

第四百六十三条 案外人对执行标的提出的异议,经审查,按照下列情形分别处理:

(一)案外人对执行标的不享有足以排除强制执行的权益的,裁定驳回其异议;

(二)案外人对执行标的享有足以排除强制执行的权益的,裁定中止执行。

驳回案外人执行异议裁定送达案外人之日起十五日内,人民法院不得对执行标的进行处分。

第四百六十四条 申请执行人与被执行人达成和解协议后请求中止执行或者撤回执行申请的,人民法院可以裁定中止执行或者终结执行。

第四百六十五条 一方当事人不履行或者不完全履行在执行中双方自愿达成的和解协议,对方当事人申请执行原生效法律文书的,人民法院应当恢复执行,但和解协议已履行的部分应当扣除。和解协议已经履行完毕的,人民法院不予恢复执行。

第四百六十六条 申请恢复执行原生效法律文书,适用民事诉讼法第二百四十六条申请执行期间的规定。申请执行期间因达成执行中的和解协议而中断,其期间自和解协议约定履行期限的最后一日起重新计算。

第四百六十七条 人民法院依照民事诉讼法第二百三十八条规定决定暂缓执行的,如果担保是有期限的,暂缓执行的期限应当与担保期限一致,但最长不得超过一年。被执行人或者担保人对担保的财产在暂缓执行期间有转移、隐藏、变卖、毁损等行为的,人民法院可以恢复强制执行。

第四百六十八条 根据民事诉讼法第二百三十八条规定向人民法院提供执行担保的,可以由被执行人或者他人提供财产担保,也可以由他人提供保证。担保人应当具有代为履行或者代为承担赔偿责任的能力。

他人提供执行保证的,应当向执行法院出具保证书,并将保证书副本送交申请执行人。被执行人或者他人提供财产担保的,应当参照民法典的有关规定办理相应手续。

第四百六十九条 被执行人在人民法院决定暂缓执行的期限届满后仍不履行义务的,人民法院可以直接执行担保财产,或者裁定执行担保人的财产,但执行担保人的财产以担保人应当履行义务部分的财产为限。

第四百七十条 依照民事诉讼法第二百三十九条规定,执行中作为被执行人的法人或者其他组织分立、合并的,人民法院可以裁定变更后的法人或者其他组织为被执行人;被注销的,如果依照有关实体法的规定有权利义务承受人的,可以裁定该权利义务承受人为被执行人。

第四百七十一条 其他组织在执行中不能履行法律文书确定的义务的,人民法院可以裁定执行对该其他组织依法承担义务的法人或者公民个人的财产。

第四百七十二条 在执行中,作为被执行人的法人或者其他组织名称变更的,人民法院可以裁定变更后的法人或者其他组织为被执行人。

第四百七十三条 作为被执行人的公民死亡,其遗产继承人没有放弃继承的,人民法院可以裁定变更被执行人,由该继承人在遗产的范围内偿还债务。继承人放弃继承的,人民法院可以直接执行被执行人的遗产。

第四百七十四条 法律规定由人民法院执行的其他法律文书执行完毕后,该法律文书被有关机关或者组织依法撤销的,经当事人申请,适用民事诉讼法第二百四十条规定。

第四百七十五条 仲裁机构裁决的事项,部分有民事诉讼法第二百四十四条第二款、第三款规定情形的,人民法院应当裁定对该部分不予执行。

应当不予执行部分与其他部分不可分的,人民法院应当裁定不予执行仲裁裁决。

第四百七十六条 依照民事诉讼法第二百四十四条第二款、第三款规定,人民法院裁定不予执行仲裁裁决后,当事人对该裁定提出执行异议或者复议的,人民法院不予受理。当事人可以就该民事纠纷重新达成书面仲裁协议申请仲裁,也可以向人民法院起诉。

第四百七十七条 在执行中,被执行人通过仲裁程序将人民法院查封、扣押、冻结的财产确权或者分割给案外人的,不影响人民法院执行程序的进行。

案外人不服的,可以根据民事诉讼法第二百三十条规定提出异议。

第四百七十八条 有下列情形之一的,可以认定为民事诉讼法第二百四十五条第二款规定的公证债权文书确有错误:

(一)公证债权文书属于不得赋予强制执行效力的债权文书的;

(二)被执行人一方未亲自或者未委托代理人到场公证等严重违反法律规定的公证程序的;

(三)公证债权文书的内容与事实不符或者违反法律强制性规定的;

(四)公证债权文书未载明被执行人不履行义务或者不完全履行义务时同意接受强制执行的。

人民法院认定执行该公证债权文书违背社会公共利益的,裁定不予执行。

公证债权文书被裁定不予执行后,当事人、公证事项的利害关系人可以就债权争议提起诉讼。

第四百七十九条 当事人请求不予执行仲裁裁决或者公证债权文书的,应当在执行终结前向执行法院提出。

第四百八十条 人民法院应当在收到申请执行书或者移交执行书后十日

内发出执行通知。

执行通知中除应责令被执行人履行法律文书确定的义务外,还应通知其承担民事诉讼法第二百六十条规定的迟延履行利息或者迟延履行金。

第四百八十一条 申请执行人超过申请执行时效期间向人民法院申请强制执行的,人民法院应予受理。被执行人对申请执行时效期间提出异议,人民法院经审查异议成立的,裁定不予执行。

被执行人履行全部或者部分义务后,又以不知道申请执行时效期间届满为由请求执行回转的,人民法院不予支持。

第四百八十二条 对必须接受调查询问的被执行人、被执行人的法定代表人、负责人或者实际控制人,经依法传唤无正当理由拒不到场的,人民法院可以拘传其到场。

人民法院应当及时对被拘传人进行调查询问,调查询问的时间不得超过八小时;情况复杂,依法可能采取拘留措施的,调查询问的时间不得超过二十四小时。

人民法院在本辖区以外采取拘传措施时,可以将被拘传人拘传到当地人民法院,当地人民法院应予协助。

第四百八十三条 人民法院有权查询被执行人的身份信息与财产信息,掌握相关信息的单位和个人必须按照协助执行通知书办理。

第四百八十四条 对被执行的财产,人民法院非经查封、扣押、冻结不得处分。对银行存款等各类可以直接扣划的财产,人民法院的扣划裁定同时具有冻结的法律效力。

第四百八十五条 人民法院冻结被执行人的银行存款的期限不得超过一年,查封、扣押动产的期限不得超过两年,查封不动产、冻结其他财产权的期限不得超过三年。

申请执行人申请延长期限的,人民法院应当在查封、扣押、冻结期限届满前办理续行查封、扣押、冻结手续,续行期限不得超过前款规定的期限。

人民法院也可以依职权办理续行查封、扣押、冻结手续。

第四百八十六条 依照民事诉讼法第二百五十四条规定,人民法院在执行中需要拍卖被执行人财产的,可以由人民法院自行组织拍卖,也可以交由具备相应资质的拍卖机构拍卖。

交拍卖机构拍卖的,人民法院应当对拍卖活动进行监督。

第四百八十七条 拍卖评估需要对现场进行检查、勘验的,人民法院应当责令被执行人、协助义务人予以配合。被执行人、协助义务人不予配合的,人民法院可以强制进行。

第四百八十八条 人民法院在执行中需要变卖被执行人财产的,可以交有关单位变卖,也可以由人民法院直接变卖。

对变卖的财产,人民法院或者其工作人员不得买受。

第四百八十九条 经申请执行人和被执行人同意,且不损害其他债权人合法权益和社会公共利益的,人民法院可以不经拍卖、变卖,直接将被执行人的财产作价交申请执行人抵偿债务。对剩余债务,被执行人应当继续清偿。

第四百九十条 被执行人的财产无法拍卖或者变卖的,经申请执行人同意,且不损害其他债权人合法权益和社会公共利益的,人民法院可以将该项财产作价后交付申请执行人抵偿债务,或者交付申请执行人管理;申请执行人拒绝接收或者管理的,退回被执行人。

第四百九十一条 拍卖成交或者依法定程序裁定以物抵债的,标的物所有权自拍卖成交裁定或者抵债裁定送达买受人或者接受抵债物的债权人时转移。

第四百九十二条 执行标的物为特定物的,应当执行原物。原物确已毁损或者灭失的,经双方当事人同意,可以折价赔偿。

双方当事人对折价赔偿不能协商一致的,人民法院应当终结执行程序。申请执行人可以另行起诉。

第四百九十三条 他人持有法律文书指定交付的财物或者票证,人民法院依照民事诉讼法第二百五十六条第二款、第三款规定发出协助执行通知后,拒不转交的,可以强制执行,并可依照民事诉讼法第一百一十七条、第一百一十八条规定处理。

他人持有期间财物或者票证毁损、灭失的,参照本解释第四百九十二条规定处理。

他人主张合法持有财物或者票证的,可以根据民事诉讼法第二百三十四条规定提出执行异议。

第四百九十四条 在执行中,被执行人隐匿财产、会计账簿等资料的,人民法院除可依照民事诉讼法第一百一十四条第一款第六项规定对其处理外,还应责令被执行人交出隐匿的财产、会计账簿等资料。被执行人拒不交出的,人民法院可以采取搜查措施。

第四百九十五条 搜查人员应当按规定着装并出示搜查令和工作证件。

第四百九十六条 人民法院搜查时禁止无关人员进入搜查现场;搜查对象是公民的,应当通知被执行人或者他的成年家属以及基层组织派员到场;搜查对象是法人或者其他组织的,应当通知法定代表人或者主要负责人到场。拒不到场的,不影响搜查。

搜查妇女身体,应当由女执行人员进行。

第四百九十七条 搜查中发现应当依法采取查封、扣押措施的财产,依照民事诉讼法第二百五十二条第二款和第二百五十四条规定办理。

第四百九十八条 搜查应当制作搜查笔录,由搜查人员、被搜查人及其他在场人签名、捺印或者盖章。拒绝签名、捺印或者盖章的,应当记入搜查笔录。

第四百九十九条 人民法院执行被执行人对他人的到期债权,可以作出冻结债权的裁定,并通知该他人向申请执行人履行。

该他人对到期债权有异议,申请执行人请求对异议部分强制执行的,人民法院不予支持。利害关系人对到期债权有异议的,人民法院应当按照民事诉讼法第二百三十四条规定处理。

对生效法律文书确定的到期债权,该他人予以否认的,人民法院不予支持。

第五百条 人民法院在执行中需要办理房产证、土地证、林权证、专利证书、商标证书、车船执照等有关财产权证照转移手续的,可以依照民事诉讼法第二百五十八条规定办理。

第五百零一条 被执行人不履行生效法律文书确定的行为义务,该义务可由他人完成的,人民法院可以选定代履行人;法律、行政法规对履行该行为义务有资格限制的,应当从有资格的人中选定。必要时,可以通过招标的方式确定代履行人。

申请执行人可以在符合条件的人中推荐代履行人,也可以申请自己代为履行,是否准许,由人民法院决定。

第五百零二条 代履行费用的数额由人民法院根据案件具体情况确定,并由被执行人在指定期限内预先支付。被执行人未预付的,人民法院可以对该费用强制执行。

代履行结束后,被执行人可以查阅、复制费用清单以及主要凭证。

第五百零三条 被执行人不履行法律文书指定的行为,且该项行为只能由被执行人完成的,人民法院可以依照民事诉讼法第一百一十四条第一款第六项规定处理。

被执行人在人民法院确定的履行期间内仍不履行的,人民法院可以依照民事诉讼法第一百一十四条第一款第六项规定再次处理。

第五百零四条 被执行人迟延履行的,迟延履行期间的利息或者迟延履行金自判决、裁定和其他法律文书指定的履行期间届满之日起计算。

第五百零五条 被执行人未按判决、裁定和其他法律文书指定的期间履行非金钱给付义务的,无论是否已给申请执行人造成损失,都应当支付迟延履行金。已经造成损失的,双倍补偿申请执行人已经受到的损失;没有造成损失的,迟延履行金可以由人民法院根据具体案件情况决定。

第五百零六条 被执行人为公民或者其他组织,在执行程序开始后,被执行人的其他已经取得执行依据的债权人发现被执行人的财产不能清偿所有债权的,可以向人民法院申请参与分配。

对人民法院查封、扣押、冻结的财产有优先权、担保物权的债权人,可以直接申请参与分配,主张优先受偿权。

第五百零七条 申请参与分配,申请人应当提交申请书。申请书应当写明参与分配和被执行人不能清偿所有债权的事实、理由,并附有执行依据。

参与分配申请应当在执行程序开始后,被执行人的财产执行终结前提出。

第五百零八条 参与分配执行中,执行所得价款扣除执行费用,并清偿应当优先受偿的债权后,对于普通债权,原则上按照其占全部申请参与分配债权数额的比例受偿。清偿后的剩余债务,被执行人应当继续清偿。债权人发现被执行人有其他财产的,可以随时请求人民法院执行。

第五百零九条 多个债权人对执行财产申请参与分配的,执行法院应当制作财产分配方案,并送达各债权人和被执行人。债权人或者被执行人对分配方案有异议的,应当自收到分配方案之日起十五日内向执行法院提出书面异议。

第五百一十条 债权人或者被执行人对分配方案提出书面异议的,执行法院应当通知未提出异议的债权人、被执行人。

未提出异议的债权人、被执行人自收到通知之日起十五日内未提出反对意见的,执行法院依异议人的意见对分配方案审查修正后进行分配;提出反对意见的,应当通知异议人。异议人可以自收到通知之日起十五日内,以提出反对意见的债权人、被执行人为被告,向执行法院提起诉讼;异议人逾期未提起诉讼的,执行法院按照原分配方案进行分配。

诉讼期间进行分配的,执行法院应当提存与争议债权数额相应的款项。

第五百一十一条 在执行中,作为被执行人的企业法人符合企业破产法第二条第一款规定情形的,执行法院经申请执行人之一或者被执行人同意,应当裁定中止对该被执行人的执行,将执行案件相关材料移送被执行人住所地人民法院。

第五百一十二条 被执行人住所地人民法院应当自收到执行案件相关材料之日起三十日内,将是否受理破产案件的裁定告知执行法院。不予受理的,应当将相关案件材料退回执行法院。

第五百一十三条 被执行人住所地人民法院裁定受理破产案件的,执行法院应当解除对被执行人财产的保全措施。被执行人住所地人民法院裁定宣告被执行人破产的,执行法院应当裁定终结对该被执行人的执行。

被执行人住所地人民法院不受理破产案件的,执行法院应当恢复执行。

第五百一十四条 当事人不同意移送破产或者被执行人住所地人民法院不受理破产案件的,执行法院就执行变价所得财产,在扣除执行费用及清偿优先受偿的债权后,对于普通债权,按照财产保全和执行中查封、扣押、冻结财产的先后顺序清偿。

第五百一十五条 债权人根据民事诉讼法第二百六十一条规定请求人民法院继续执行的,不受民事诉讼法第二百四十六条规定申请执行时效期间的限制。

第五百一十六条 被执行人不履行法律文书确定的义务的,人民法院除对被执行人予以处罚外,还可以根据情节将其纳入失信被执行人名单,将被执行人不履行或者不完全履行义务的信息向其所在单位、征信机构以及其他相关机构通报。

第五百一十七条 经过财产调查未发现可供执行的财产,在申请执行人签字确认或者执行法院组成合议庭审查核实并经院长批准后,可以裁定终结本次执行程序。

依照前款规定终结执行后,申请执行人发现被执行人有可供执行财产的,可以再次申请执行。再次申请不受申请执行时效期间的限制。

第五百一十八条 因撤销申请而终结执行后,当事人在民事诉讼法第二百四十六条规定的申请执行时效期间内再次申请执行的,人民法院应当受理。

第五百一十九条 在执行终结六个月内,被执行人或者其他人对已执行的标的有妨害行为的,人民法院可以依申请排除妨害,并可以依照民事诉讼法第一百一十四条规定进行处罚。因妨害行为给执行债权人或者其他人造成损失的,受害人可以另行起诉。

二十二、涉外民事诉讼程序的特别规定

第五百二十条 有下列情形之一,人民法院可以认定为涉外民事案件:

(一)当事人一方或者双方是外国人、无国籍人、外国企业或者组织的;

(二)当事人一方或者双方的经常居所地在中华人民共和国领域外的;

(三)标的物在中华人民共和国领域外的;

(四)产生、变更或者消灭民事关系的法律事实发生在中华人民共和国领域外的;

(五)可以认定为涉外民事案件的其他情形。

第五百二十一条 外国人参加诉讼,应当向人民法院提交护照等用以证明自己身份的证件。

外国企业或者组织参加诉讼,向人民法院提交的身份证明文件,应当经所在国公证机关公证,并经中华人民共和国驻该国使领馆认证,或者履行中华人民共和国与该所在国订立的有关条约中规定的证明手续。

代表外国企业或者组织参加诉讼的人,应当向人民法院提交其有权作为代表人参加诉讼的证明,该证明应当经所在国公证机关公证,并经中华人民共和国驻该国使领馆认证,或者履行中华人民共和国与该所在国订立的有关条约中规定的证明手续。

本条所称的"所在国",是指外国企业或者组织的设立登记地国,也可以是办理了营业登记手续的第三国。

第五百二十二条 依照民事诉讼法第二百七十一条以及本解释第五百二十一条规定,需要办理公证、认证手续,而外国当事人所在国与中华人民共和国没有建立外交关系的,可以经该国公证机关公证,经与中华人民共和国有外交关系的第三国驻该国使领馆认证,再转由中华人民共和国驻该第三国使领馆认证。

第五百二十三条 外国人、外国企业或者组织的代表人在人民法院法官的见证下签署授权委托书,委托代理人进行民事诉讼的,人民法院应予认可。

第五百二十四条 外国人、外国企业或者组织的代表人在中华人民共和国境内签署授权委托书,委托代理人进行民事诉讼,经中华人民共和国公证机构公证的,人民法院应予认可。

第五百二十五条 当事人向人民法院提交的书面材料是外文的,应当同时向人民法院提交中文翻译件。

当事人对中文翻译件有异议的,应当共同委托翻译机构提供翻译文本;当事人对翻译机构的选择不能达成一致的,由人民法院确定。

第五百二十六条 涉外民事诉讼中的外籍当事人,可以委托本国人为诉讼代理人,也可以委托本国律师以非律师身份担任诉讼代理人;外国驻华使领馆官员,受本国公民的委托,可以以个人名义担任诉讼代理人,但在诉讼中不享有外交或者领事特权和豁免。

第五百二十七条 涉外民事诉讼中,外国驻华使领馆授权其本馆官员,在作为当事人的本国国民不在中华人民共和国领域内的情况下,可以以外交代表身份为其本国国民在中华人民共和国聘请中华人民共和国律师或者中华人民共和国公民代理民事诉讼。

第五百二十八条 涉外民事诉讼中,经调解双方达成协议,应当制发调解书。当事人要求发给判决书的,可以依协议的内容制作判决书送达当事人。

第五百二十九条 涉外合同或者其他财产权益纠纷的当事人,可以书面协议选择被告住所地、合同履行地、合同签订地、原告住所地、标的物所在地、侵权行为地等与争议有实际联系地点的外国法院管辖。

根据民事诉讼法第三十四条和第二百七十三条规定,属于中华人民共和国法院专属管辖的案件,当事人不得协议选择外国法院管辖,但协议选择仲裁的除外。

第五百三十条 涉外民事案件同时符合下列情形的,人民法院可以裁定驳回原告的起诉,告知其向更方便的外国法院提起诉讼:

(一)被告提出案件应由更方便外国法院管辖的请求,或者提出管辖异议;

(二)当事人之间不存在选择中华人民共和国法院管辖的协议;

(三)案件不属于中华人民共和国法院专属管辖;

(四)案件不涉及中华人民共和国国家、公民、法人或者其他组织的利益;

(五)案件争议的主要事实不是发生在中华人民共和国境内,且案件不适用中华人民共和国法律,人民法院审理案件在认定事实和适用法律方面存在重大困难;

(六)外国法院对案件享有管辖权,且审理该案件更加方便。

第五百三十一条 中华人民共和国法院和外国法院都有管辖权的案件,一方当事人向外国法院起诉,而另一方当事人向中华人民共和国法院起诉的,人民法院可予受理。判决后,外国法院申请或者当事人请求人民法院承认和执行外国法院对本案作出的判决、裁定的,不予准许;但双方共同缔结或者参加的国际条约另有规定的除外。

外国法院判决、裁定已经被人民法院承认,当事人就同一争议向人民法院起诉的,人民法院不予受理。

第五百三十二条 对在中华人民共和国领域内没有住所的当事人,经用公告方式送达诉讼文书,公告期满不应诉,人民法院缺席判决后,仍应当将裁判文书依照民事诉讼法第二百七十四条第八项规定公告送达。自公告送达裁判文书满三个月之日起,经过三十日的上诉期当事人没有上诉的,一审判决即发生法律效力。

第五百三十三条 外国人或者外国企业、组织的代表人、主要负责人在中华人民共和国领域内的,人民法院可以向该自然人或者外国企业、组织的代表人、主要负责人送达。

外国企业、组织的主要负责人包括该企业、组织的董事、监事、高级管理人员等。

第五百三十四条 受送达人所在国允许邮寄送达的,人民法院可以邮寄送达。

邮寄送达时应当附有送达回证。受送达人未在送达回证上签收但在邮件回执上签收的,视为送达,签收日期为送达日期。

自邮寄之日起满三个月,如果未收到送达的证明文件,且根据各种情况不足以认定已经送达的,视为不能用邮寄方式送达。

第五百三十五条 人民法院一审时采取公告方式向当事人送达诉讼文书的,二审时可径行采取公告方式向其送达诉讼文书,但人民法院能够采取公告方式之外的其他方式送达的除外。

第五百三十六条 不服第一审人民法院判决、裁定的上诉期,对在中华人民共和国领域内有住所的当事人,适用民事诉讼法第一百七十一条规定的期限;对在中华人民共和国领域内没有住所的当事人,适用民事诉讼法第二百七十六条规定的期限。当事人的上诉期均已届满没有上诉的,第一审人民法院的判决、裁定即发生法律效力。

第五百三十七条 人民法院对涉外民事案件的当事人申请再审进行审查的期间,不受民事诉讼法第二百一十一条规定的限制。

第五百三十八条 申请人向人民法院申请执行中华人民共和国涉外仲裁机构的裁决,应当提出书面申请,并附裁决书正本。如申请人为外国当事人,其申请书应当用中文文本提出。

第五百三十九条 人民法院强制执行涉外仲裁机构的仲裁裁决时,被执行人以有民事诉讼法第二百八十一条第一款规定的情形为由提出抗辩的,人民法院应当对被执行人的抗辩进行审查,并根据审查结果裁定执行或者不予执行。

第五百四十条 依照民事诉讼法第二百七十九条规定,中华人民共和国涉外仲裁机构将当事人的保全申请提交人民法院裁定的,人民法院可以进行审查,裁定是否进行保全。裁定保全的,应当责令申请人提供担保,申请人不提供担保的,裁定驳回申请。

当事人申请证据保全,人民法院经审查认为无需提供担保的,申请人可以不提供担保。

第五百四十一条 申请人向人民法院申请承认和执行外国法院作出的发生法律效力的判决、裁定,应当提交申请书,并附外国法院作出的发生法律效力的判决、裁定正本或者经证明无误的副本以及中文译本。外国法院判决、裁定为缺席判决、裁定的,申请人应当同时提交该外国法院已经合法传唤的证明文件,但判决、裁定已经对此予以明确说明的除外。

中华人民共和国缔结或者参加的国际条约对提交文件有规定的,按照规定办理。

第五百四十二条 当事人向中华人民共和国有管辖权的中级人民法院申请承认和执行外国法院作出的发生法律效力的判决、裁定的,如果该法院所在国与中华人民共和国没有缔结或者共同参加国际条约,也没有互惠关系的,裁定驳回申请,但当事人向人民法院申请承认外国法院作出的发生法律效力的离婚判决的除外。

承认和执行申请被裁定驳回的,当事人可以向人民法院起诉。

第五百四十三条 对临时仲裁庭在中华人民共和国领域外作出的仲裁裁决,一方当事人向人民法院申请承认和执行的,人民法院应当依照民事诉讼法第二百九十条规定处理。

第五百四十四条 对外国法院作出的发生法律效力的判决、裁定或者外国仲裁裁决,需要中华人民共和国法院执行的,当事人应当先向人民法院申请承认。人民法院经审查,裁定承认后,再根据民事诉讼法第三编的规定予以执行。

当事人仅申请承认而未同时申请执行的,人民法院仅对应否承认进行审查并作出裁定。

第五百四十五条 当事人申请承认和执行外国法院作出的发生法律效力的判决、裁定或者外国仲裁裁决的期间,适用民事诉讼法第二百四十六条的规定。

当事人仅申请承认而未同时申请执行的,申请执行的期间自人民法院对承认申请作出的裁定生效之日起重新计算。

第五百四十六条 承认和执行外国法院作出的发生法律效力的判决、裁定或者外国仲裁裁决的案件,人民法院应当组成合议庭进行审查。

人民法院应当将申请书送达被申请人。被申请人可以陈述意见。

人民法院经审查作出的裁定,一经送达即发生法律效力。

第五百四十七条 与中华人民共和国没有司法协助条约又无互惠关系的国家的法院,未通过外交途径,直接请求人民法院提供司法协助的,人民法院应予退回,并说明理由。

第五百四十八条　当事人在中华人民共和国领域外使用中华人民共和国法院的判决书、裁定书，要求中华人民共和国法院证明其法律效力的，或者外国法院要求中华人民共和国法院证明判决书、裁定书的法律效力的，作出判决、裁定的中华人民共和国法院，可以本法院的名义出具证明。

第五百四十九条　人民法院审理涉及香港、澳门特别行政区和台湾地区的民事诉讼案件，可以参照适用涉外民事诉讼程序的特别规定。

二十三、附　则

第五百五十条　本解释公布施行后，最高人民法院于 1992 年 7 月 14 日发布的《关于适用〈中华人民共和国民事诉讼法〉若干问题的意见》同时废止；最高人民法院以前发布的司法解释与本解释不一致的，不再适用。

中华人民共和国人民法院法庭规则

（1993 年 11 月 26 日最高人民法院审判委员会第 617 次会议通过　根据 2015 年 12 月 21 日最高人民法院审判委员会第 1673 次会议通过的《最高人民法院关于修改〈中华人民共和国人民法院法庭规则〉的决定》修正　2016 年 4 月 13 日最高人民法院公告公布　该修正自 2016 年 5 月 1 日起施行　法释〔2016〕7 号）

第一条　为了维护法庭安全和秩序，保障庭审活动正常进行，保障诉讼参与人依法行使诉讼权利，方便公众旁听，促进司法公正，彰显司法权威，根据《中华人民共和国人民法院组织法》《中华人民共和国刑事诉讼法》《中华人民共和国民事诉讼法》《中华人民共和国行政诉讼法》等有关法律规定，制定本规则。

第二条　法庭是人民法院代表国家依法审判各类案件的专门场所。

法庭正面上方应当悬挂国徽。

第三条　法庭分设审判活动区和旁听区，两区以栏杆等进行隔离。

审理未成年人案件的法庭应当根据未成年人身心发展特点设置区域和席位。

有新闻媒体旁听或报道庭审活动时，旁听区可以设置专门的媒体记者席。

第四条　刑事法庭可以配置同步视频作证室，供依法应当保护或其他确有保护必要的证人、鉴定人、被害人在庭审作证时使用。

第五条　法庭应当设置残疾人无障碍设施；根据需要配备合议庭合议室，检察人员、律师及其他诉讼参与人休息室，被告人羁押室等附属场所。

第六条　进入法庭的人员应当出示有效身份证件，并接受人身及携带物品的安全检查。

持有效工作证件和出庭通知履行职务的检察人员、律师可以通过专门通道进入法庭。需要安全检查的,人民法院对检察人员和律师平等对待。

第七条 除经人民法院许可,需要在法庭上出示的证据外,下列物品不得携带进入法庭:

(一)枪支、弹药、管制刀具以及其他具有杀伤力的器具;

(二)易燃易爆物、疑似爆炸物;

(三)放射性、毒害性、腐蚀性、强气味性物质以及传染病病原体;

(四)液体及胶状、粉末状物品;

(五)标语、条幅、传单;

(六)其他可能危害法庭安全或妨害法庭秩序的物品。

第八条 人民法院应当通过官方网站、电子显示屏、公告栏等向公众公开各法庭的编号、具体位置以及旁听席位数量等信息。

第九条 公开的庭审活动,公民可以旁听。

旁听席位不能满足需要时,人民法院可以根据申请的先后顺序或者通过抽签、摇号等方式发放旁听证,但应当优先安排当事人的近亲属或其他与案件有利害关系的人旁听。

下列人员不得旁听:

(一)证人、鉴定人以及准备出庭提出意见的有专门知识的人;

(二)未获得人民法院批准的未成年人;

(三)拒绝接受安全检查的人;

(四)醉酒的人、精神病人或其他精神状态异常的人;

(五)其他有可能危害法庭安全或妨害法庭秩序的人。

依法有可能封存犯罪记录的公开庭审活动,任何单位或个人不得组织人员旁听。

依法不公开的庭审活动,除法律另有规定外,任何人不得旁听。

第十条 人民法院应当对庭审活动进行全程录像或录音。

第十一条 依法公开进行的庭审活动,具有下列情形之一的,人民法院可以通过电视、互联网或其他公共媒体进行图文、音频、视频直播或录播:

(一)公众关注度较高;

(二)社会影响较大;

(三)法治宣传教育意义较强。

第十二条 出庭履行职务的人员,按照职业着装规定着装。但是,具有下列情形之一的,着正装:

(一)没有职业着装规定;

(二)侦查人员出庭作证;

(三)所在单位系案件当事人。

非履行职务的出庭人员及旁听人员,应当文明着装。

第十三条 刑事在押被告人或上诉人出庭受审时,着正装或便装,不着监管机构的识别服。

人民法院在庭审活动中不得对被告人或上诉人使用戒具,但认为其人身危险性大,可能危害法庭安全的除外。

第十四条 庭审活动开始前,书记员应当宣布本规则第十七条规定的法庭纪律。

第十五条 审判人员进入法庭以及审判长或独任审判员宣告判决、裁定、决定时,全体人员应当起立。

第十六条 人民法院开庭审判案件应当严格按照法律规定的诉讼程序进行。

审判人员在庭审活动中应当平等对待诉讼各方。

第十七条 全体人员在庭审活动中应当服从审判长或独任审判员的指挥,尊重司法礼仪,遵守法庭纪律,不得实施下列行为:

(一)鼓掌、喧哗;

(二)吸烟、进食;

(三)拨打或接听电话;

(四)对庭审活动进行录音、录像、拍照或使用移动通信工具等传播庭审活动;

(五)其他危害法庭安全或妨害法庭秩序的行为。

检察人员、诉讼参与人发言或提问,应当经审判长或独任审判员许可。

旁听人员不得进入审判活动区,不得随意站立、走动,不得发言和提问。

媒体记者经许可实施第一款第四项规定的行为,应当在指定的时间及区域进行,不得影响或干扰庭审活动。

第十八条 审判长或独任审判员主持庭审活动时,依照规定使用法槌。

第十九条 审判长或独任审判员对违反法庭纪律的人员应当予以警告;对不听警告的,予以训诫;对训诫无效的,责令其退出法庭;对拒不退出法庭的,指令司法警察将其强行带出法庭。

行为人违反本规则第十七条第一款第四项规定的,人民法院可以暂扣其使用的设备及存储介质,删除相关内容。

第二十条 行为人实施下列行为之一,危及法庭安全或扰乱法庭秩序的,根据相关法律规定,予以罚款、拘留;构成犯罪的,依法追究其刑事责任:

(一)非法携带枪支、弹药、管制刀具或者爆炸性、易燃性、放射性、毒害性、腐蚀性物品以及传染病病原体进入法庭;

(二)哄闹、冲击法庭;

(三)侮辱、诽谤、威胁、殴打司法工作人员或诉讼参与人;

(四)毁坏法庭设施,抢夺、损毁诉讼文书、证据;

(五)其他危害法庭安全或扰乱法庭秩序的行为。

第二十一条 司法警察依照审判长或独任审判员的指令维持法庭秩序。

出现危及法庭内人员人身安全或者严重扰乱法庭秩序等紧急情况时,司法警察可以直接采取必要的处置措施。

人民法院依法对违反法庭纪律的人采取的扣押物品、强行带出法庭以及罚款、拘留等强制措施,由司法警察执行。

第二十二条 人民检察院认为审判人员违反本规则的,可以在庭审活动结束后向人民法院提出处理建议。

诉讼参与人、旁听人员认为审判人员、书记员、司法警察违反本规则的,可以在庭审活动结束后向人民法院反映。

第二十三条 检察人员违反本规则的,人民法院可以向人民检察院通报情况并提出处理建议。

第二十四条 律师违反本规则的,人民法院可以向司法行政机关及律师协会通报情况并提出处理建议。

第二十五条 人民法院进行案件听证、国家赔偿案件质证、网络视频远程审理以及在法院以外的场所巡回审判等,参照适用本规则。

第二十六条 外国人、无国籍人旁听庭审活动,外国媒体记者报道庭审活动,应当遵守本规则。

第二十七条 本规则自 2016 年 5 月 1 日起施行;最高人民法院此前发布的司法解释及规范性文件与本规则不一致的,以本规则为准。

最高人民法院关于人民法庭若干问题的规定

(1999 年 7 月 15 日 法发〔1999〕20 号)

第一条 为加强人民法庭建设,发挥人民法庭的职能作用,根据《中华人民共和国人民法院组织法》和其他有关法律的规定,结合人民法庭工作经验和实际情况,制定本规定。

第二条 为便利当事人进行诉讼和人民法院审判案件,基层人民法院根据需要,可设立人民法庭。

第三条 人民法庭根据地区大小、人口多少、案件数量和经济发展状况等情况设置,不受行政区划的限制。

第四条 人民法庭是基层人民法院的派出机构和组成部分,在基层人民法院的领导下进行工作。人民法庭作出的裁判,就是基层人民法院的裁判。

第五条 上级人民法院对人民法庭的工作进行指导和监督。

第六条 人民法庭的任务:

(一)审理民事案件和刑事自诉案件,有条件的地方,可以审理经济案件;

(二)办理本庭审理案件的执行事项;

(三) 指导人民调解委员会的工作;
(四) 办理基层人民法院交办的其他事项。
第七条 人民法庭依法审判案件,不受行政机关、团体和个人的干涉。
第八条 人民法庭审理案件,除依法不公开审理的外,一律公开进行;依法不公开审理的,也应当公开宣告判决。
第九条 设立人民法庭应当具备下列条件:
(一) 至少有3名以上法官、1名以上书记员,有条件的地方,可配备司法警察;
(二) 有审判法庭和必要的附属设施;
(三) 有办公用房、办公设施、通信设备和交通工具;
(四) 其他应当具备的条件。
第十条 人民法庭的设置和撤销,由基层人民法院逐级报经高级人民法院批准。
第十一条 人民法庭的名称,以其所在地地名而定,并冠以所属基层人民法院的名称。
第十二条 人民法庭的法官必须具备《中华人民共和国法官法》规定的条件,并依照法律规定的程序任免。
人民法庭法官不得兼任其他国家机关和企业、事业单位的职务。
第十三条 人民法庭设庭长,根据需要可设副庭长。
人民法庭庭长、副庭长应当具有3年以上审判工作经验。
人民法庭庭长、副庭长与本院审判庭庭长、副庭长职级相同。
人民法庭庭长应当定期交流。
第十四条 庭长除审理案件外,有下列职责:
(一) 主持人民法庭的日常工作;
(二) 召集庭务会议;
(三) 决定受理案件,确定适用审判程序,指定合议庭组成人员和独任审判员;
(四) 负责对本庭人员的行政管理、考勤考绩和提请奖惩等工作。
副庭长协助庭长工作。庭长因故不能履行职务时,由副庭长代行庭长职务。
第十五条 人民法庭审理案件,必须有书记员记录,不得由审理案件的法官自行记录。
第十六条 人民法庭审理案件,因法官回避或者其他情况无法组成合议庭时,由院长指定本院其他法官审理。
第十七条 人民法庭审理案件,可以由法官和人民陪审员组成合议庭,人民陪审员在执行职务时,与法官有同等的权利和义务。
第十八条 人民法庭根据需要可以进行巡回审理,就地办案。
第十九条 人民法庭对于妨害诉讼的诉讼参与人或者其他人,依法采取拘传、罚款、拘留措施的,须报经院长批准。

第二十条 人民法庭审理案件,合议庭意见不一致或者庭长认为有必要的,可以报经院长提交审判委员会讨论决定。

第二十一条 人民法庭制作的判决书、裁定书、调解书、决定书、拘传票等诉讼文书,须加盖本院印章。

第二十二条 人民法庭应当指导调解人员调解纠纷,帮助总结调解民间纠纷的经验。

第二十三条 人民法庭发现人民调解委员会调解民间纠纷达成的协议有违背法律的,应当予以纠正。

第二十四条 人民法庭可以通过审判案件、开展法制宣传教育、提出司法建议等方式,参与社会治安综合治理。

第二十五条 人民法庭不得参与行政执法活动。

第二十六条 人民法庭应当建立健全案件登记、统计、档案保管、诉讼费管理,人员考勤考绩等项工作制度和管理制度。

第二十七条 人民法庭的法官应当全心全意为人民服务,坚持实事求是、群众路线的工作作风,听取群众意见,接受群众监督。

第二十八条 人民法庭的法官应当依法秉公办案,遵守审判纪律。不得接受当事人及其代理人的请客送礼,不得贪污受贿、徇私舞弊、枉法裁判。

第二十九条 各省、自治区、直辖市高级人民法院可以根据本规定,结合本地实际情况,制定贯彻实施办法,报最高人民法院备案。

第三十条 本规定自公布之日起施行。

最高人民法院关于严格执行公开审判制度的若干规定

(1999年3月8日 法发〔1999〕3号)

各省、自治区、直辖市高级人民法院,解放军军事法院,新疆维吾尔自治区高级人民法院生产建设兵团分院:

为了严格执行公开审判制度,根据我国宪法和有关法律,特作如下规定:

一、人民法院进行审判活动,必须坚持依法公开审判制度,做到公开开庭,公开举证、质证,公开宣判。

二、人民法院对于第一审案件,除下列案件外,应当依法一律公开审理:

(一)涉及国家秘密的案件;

(二)涉及个人隐私的案件;

(三)14岁以上不满16岁未成年人犯罪的案件;经人民法院决定不公开审理的16岁以上不满18岁未成年人犯罪的案件;

(四) 经当事人申请,人民法院决定不公开审理的涉及商业秘密的案件;
(五) 经当事人申请,人民法院决定不公开审理的离婚案件;
(六) 法律另有规定的其他不公开审理的案件。
对于不公开审理的案件,应当当庭宣布不公开审理的理由。
三、下列第二审案件应当公开审理:
(一) 当事人对不服公开审理的第一审案件的判决、裁定提起上诉的,但因违反法定程序发回重审的和事实清楚依法迳行判决、裁定的除外。
(二) 人民检察院对公开审理的案件的判决、裁定提起抗诉的,但需发回重审的除外。
四、依法公开审理案件应当在开庭3日以前公告。公告应当包括案由、当事人姓名或者名称、开庭时间和地点。
五、依法公开审理案件,案件事实未经法庭公开调查不能认定。
证明案件事实的证据未在法庭公开举证、质证,不能进行认证,但无需举证的事实除外。缺席审理的案件,法庭可以结合其他事实和证据进行认证。
法庭能够当庭认证的,应当当庭认证。
六、人民法院审理的所有案件应当一律公开宣告判决。
宣告判决,应当对案件事实和证据进行认定,并在此基础上正确适用法律。
七、凡应当依法公开审理的案件没有公开审理的,应当按下列规定处理:
(一) 当事人提起上诉或者人民检察院对刑事案件的判决、裁定提起抗诉的,第二审人民法院应当裁定撤销原判决,发回重审;
(二) 当事人申请再审的,人民法院可以决定再审;人民检察院按照审判监督程序提起抗诉的,人民法院应当决定再审。
上述发回重审或者决定再审的案件应当依法公开审理。
八、人民法院公开审理案件,庭审活动应当在审判法庭进行。需要巡回依法公开审理的,应当选择适当的场所进行。
九、审判法庭和其他公开进行案件审理活动的场所,应当按照最高人民法院关于法庭布置的要求悬挂国徽,设置审判席和其他相应的席位。
十、依法公开审理案件,公民可以旁听,但精神病人、醉酒的人和未经人民法院批准的未成年人除外。
根据法庭场所和参加旁听人数等情况,旁听人需要持旁听证进入法庭的,旁听证由人民法院制发。
外国人和无国籍人持有效证件要求旁听的,参照中国公民旁听的规定办理。
旁听人员必须遵守《中华人民共和国人民法院法庭规则》的规定,并应当接受安全检查。
十一、依法公开审理案件,经人民法院许可,新闻记者可以记录、录音、录像、摄影、转播庭审实况。
外国记者的旁听按照我国有关外事管理规定办理。

最高人民法院关于
人民法院通过互联网公开审判流程信息的规定

（2018年2月12日最高人民法院审判委员会第1733次会议通过　2018年3月4日最高人民法院公告公布　自2018年9月1日起施行　法释〔2018〕7号）

为贯彻落实审判公开原则，保障当事人对审判活动的知情权，规范人民法院通过互联网公开审判流程信息工作，促进司法公正，提升司法公信，根据《中华人民共和国刑事诉讼法》《中华人民共和国民事诉讼法》《中华人民共和国行政诉讼法》《中华人民共和国国家赔偿法》等法律规定，结合人民法院工作实际，制定本规定。

第一条　人民法院审判刑事、民事、行政、国家赔偿案件的流程信息，应当通过互联网向参加诉讼的当事人及其法定代理人、诉讼代理人、辩护人公开。

人民法院审判具有重大社会影响案件的流程信息，可以通过互联网或者其他方式向公众公开。

第二条　人民法院通过互联网公开审判流程信息，应当依法、规范、及时、便民。

第三条　中国审判流程信息公开网是人民法院公开审判流程信息的统一平台。各级人民法院在本院门户网站以及司法公开平台设置中国审判流程信息公开网的链接。

有条件的人民法院可以通过手机、诉讼服务平台、电话语音系统、电子邮箱等辅助媒介，向当事人及其法定代理人、诉讼代理人、辩护人主动推送案件的审判流程信息，或者提供查询服务。

第四条　人民法院应当在受理案件通知书、应诉通知书、参加诉讼通知书、出庭通知书中，告知当事人及其法定代理人、诉讼代理人、辩护人通过互联网获取审判流程信息的方法和注意事项。

第五条　当事人、法定代理人、诉讼代理人、辩护人的身份证件号码、律师执业证号、组织机构代码、统一社会信用代码，是其获取审判流程信息的身份验证依据。

当事人及其法定代理人、诉讼代理人、辩护人应当配合受理案件的人民法院采集、核对身份信息，并预留有效的手机号码。

第六条　人民法院通知当事人应诉、参加诉讼，准许当事人参加诉讼，或者采用公告方式送达当事人的，自完成其身份信息采集、核对后，依照本规定公开审判流程信息。

当事人中途退出诉讼的,经人民法院依法确认后,不再向该当事人及其法定代理人、诉讼代理人、辩护人公开审判流程信息。

法定代理人、诉讼代理人、辩护人参加诉讼或者发生变更的,参照前两款规定处理。

第七条 下列程序性信息应当通过互联网向当事人及其法定代理人、诉讼代理人、辩护人公开:

(一)收案、立案信息,结案信息;

(二)检察机关、刑罚执行机关信息,当事人信息;

(三)审判组织信息;

(四)审判程序、审理期限、送达、上诉、抗诉、移送等信息;

(五)庭审、质证、证据交换、庭前会议、询问、宣判等诉讼活动的时间和地点;

(六)裁判文书在中国裁判文书网的公布情况;

(七)法律、司法解释规定应当公开,或者人民法院认为可以公开的其他程序性信息。

第八条 回避、管辖争议、保全、先予执行、评估、鉴定等流程信息,应当通过互联网向当事人及其法定代理人、诉讼代理人、辩护人公开。

公开保全、先予执行等流程信息可能影响事项处理的,可以在事项处理完毕后公开。

第九条 下列诉讼文书应当于送达后通过互联网向当事人及其法定代理人、诉讼代理人、辩护人公开:

(一)起诉状、上诉状、再审申请书、申诉书、国家赔偿申请书、答辩状等诉讼文书;

(二)受理案件通知书、应诉通知书、参加诉讼通知书、出庭通知书、合议庭组成人员通知书、传票等诉讼文书;

(三)判决书、裁定书、决定书、调解书,以及其他有中止、终结诉讼程序作用,或者对当事人实体权利有影响、对当事人程序权利有重大影响的裁判文书;

(四)法律、司法解释规定应当公开,或者人民法院认为可以公开的其他诉讼文书。

第十条 庭审、质证、证据交换、庭前会议、调查取证、勘验、询问、宣判等诉讼活动的笔录,应当通过互联网向当事人及其法定代理人、诉讼代理人、辩护人公开。

第十一条 当事人及其法定代理人、诉讼代理人、辩护人申请查阅庭审录音录像、电子卷宗的,人民法院可以通过中国审判流程信息公开网或者其他诉讼服务平台提供查阅,并设置必要的安全保护措施。

第十二条 涉及国家秘密,以及法律、司法解释规定应当保密或者限制获取的审判流程信息,不得通过互联网向当事人及其法定代理人、诉讼代理人、辩护人公开。

第十三条 已经公开的审判流程信息与实际情况不一致的,以实际情况为准,受理案件的人民法院应当及时更正。

已经公开的审判流程信息存在本规定第十二条列明情形的,受理案件的人民法院应当及时撤回。

第十四条 经受送达人书面同意,人民法院可以通过中国审判流程信息公开网向民事、行政案件的当事人及其法定代理人、诉讼代理人电子送达除判决书、裁定书、调解书以外的诉讼文书。

采用前款方式送达的,人民法院应当按照本规定第五条采集、核对受送达人的身份信息,并为其开设个人专用的即时收悉系统。诉讼文书到达该系统的日期为送达日期,由系统自动记录并生成送达回证归入电子卷宗。

已经送达的诉讼文书需要更正的,应当重新送达。

第十五条 最高人民法院监督指导全国法院审判流程信息公开工作。高级、中级人民法院监督指导辖区法院审判流程信息公开工作。

各级人民法院审判管理办公室或者承担审判管理职能的其他机构负责本院审判流程信息公开工作,履行以下职责:

(一)组织、监督审判流程信息公开工作;

(二)处理当事人及其法定代理人、诉讼代理人、辩护人对审判流程信息公开工作的投诉和意见建议;

(三)指导技术部门做好技术支持和服务保障;

(四)其他管理工作。

第十六条 公开审判流程信息的业务规范和技术标准,由最高人民法院另行制定。

第十七条 本规定自 2018 年 9 月 1 日起施行。最高人民法院以前发布的司法解释和规范性文件与本规定不一致的,以本规定为准。

最高人民法院关于人民法院庭审录音录像的若干规定

(2017 年 1 月 25 日最高人民法院审判委员会第 1708 次会议通过 2017 年 2 月 22 日最高人民法院公告公布 自 2017 年 3 月 1 日起施行 法释〔2017〕5 号)

为保障诉讼参与人诉讼权利,规范庭审活动,提高庭审效率,深化司法公开,促进司法公正,根据《中华人民共和国刑事诉讼法》《中华人民共和国民事诉讼法》《中华人民共和国行政诉讼法》等法律规定,结合审判工作实际,制定本规定。

第一条 人民法院开庭审判案件,应当对庭审活动进行全程录音录像。

第二条 人民法院应当在法庭内配备固定或者移动的录音录像设备。

有条件的人民法院可以在法庭安装使用智能语音识别同步转换文字系统。

第三条　庭审录音录像应当自宣布开庭时开始,至闭庭时结束。除下列情形外,庭审录音录像不得人为中断:

(一)休庭;

(二)公开庭审中的不公开举证、质证活动;

(三)不宜录制的调解活动。

负责录音录像的人员应当对录音录像的起止时间、有无中断等情况进行记录并附卷。

第四条　人民法院应当采取叠加同步录制时间或者其他措施保证庭审录音录像的真实和完整。

因设备故障或技术原因导致录音录像不真实、不完整的,负责录音录像的人员应当作出书面说明,经审判长或独任审判员审核签字后附卷。

第五条　人民法院应当使用专门设备在线或离线存储、备份庭审录音录像。因设备故障等原因导致不符合技术标准的录音录像,应当一并存储。

庭审录音录像的归档,按照人民法院电子诉讼档案管理规定执行。

第六条　人民法院通过使用智能语音识别系统同步转换生成的庭审文字记录,经审判人员、书记员、诉讼参与人核对签字后,作为法庭笔录管理和使用。

第七条　诉讼参与人对法庭笔录有异议并申请补正的,书记员可以播放庭审录音录像进行核对、补正;不予补正的,应当将申请记录在案。

第八条　适用简易程序审理民事案件的庭审录音录像,经当事人同意的,可以替代法庭笔录。

第九条　人民法院应当将替代法庭笔录的庭审录音录像同步保存在服务器或者刻录成光盘,并由当事人和其他诉讼参与人对其完整性校验值签字或者采取其他方法进行确认。

第十条　人民法院应当通过审判流程信息公开平台、诉讼服务平台以及其他便民诉讼服务平台,为当事人、辩护律师、诉讼代理人等依法查阅庭审录音录像提供便利。

对提供查阅的录音录像,人民法院应当设置必要的安全防范措施。

第十一条　当事人、辩护律师、诉讼代理人等可以依照规定复制录音或者誊录庭审录音录像,必要时人民法院应当配备相应设施。

第十二条　人民法院可以播放依法公开审理案件的庭审录音录像。

第十三条　诉讼参与人、旁听人员违反法庭纪律或者有关法律规定,危害法庭安全、扰乱法庭秩序的,人民法院可以通过庭审录音录像进行调查核实,并将其作为追究法律责任的证据。

第十四条　人民检察院、诉讼参与人认为庭审活动不规范或者违反法律规定的,人民法院应当结合庭审录音录像进行调查核实。

第十五条　未经人民法院许可,任何人不得对庭审活动进行录音录像,不得对庭审录音录像进行拍录、复制、删除和迁移。

行为人实施前款行为的,依照规定追究其相应责任。

第十六条 涉及国家秘密、商业秘密、个人隐私等庭审活动的录制,以及对庭审录音录像的存储、查阅、复制、誊录等,应当符合保密管理等相关规定。

第十七条 庭审录音录像涉及的相关技术保障、技术标准和技术规范,由最高人民法院另行制定。

第十八条 人民法院从事其他审判活动或者进行执行、听证、接访等活动需要进行录音录像的,参照本规定执行。

第十九条 本规定自2017年3月1日起施行。最高人民法院此前发布的司法解释及规范性文件与本规定不一致的,以本规定为准。

最高人民法院关于审判人员在诉讼活动中执行回避制度若干问题的规定

(2011年4月11日最高人民法院审判委员会第1517次会议通过 2011年6月10日最高人民法院公告公布 自2011年6月13日起施行 法释〔2011〕12号)

为进一步规范审判人员的诉讼回避行为,维护司法公正,根据《中华人民共和国人民法院组织法》、《中华人民共和国法官法》、《中华人民共和国民事诉讼法》、《中华人民共和国刑事诉讼法》、《中华人民共和国行政诉讼法》等法律规定,结合人民法院审判工作实际,制定本规定。

第一条 审判人员具有下列情形之一的,应当自行回避,当事人及其法定代理人有权以口头或者书面形式申请其回避:

(一)是本案的当事人或者与当事人有近亲属关系的;

(二)本人或者其近亲属与本案有利害关系的;

(三)担任过本案的证人、翻译人员、鉴定人、勘验人、诉讼代理人、辩护人的;

(四)与本案的诉讼代理人、辩护人有夫妻、父母、子女或者兄弟姐妹关系的;

(五)与本案当事人之间存在其他利害关系,可能影响案件公正审理的。

本规定所称近亲属,包括与审判人员有夫妻、直系血亲、三代以内旁系血亲及近姻亲关系的亲属。

第二条 当事人及其法定代理人发现审判人员违反规定,具有下列情形之一的,有权申请其回避:

(一)私下会见本案一方当事人及其诉讼代理人、辩护人的;

(二)为本案当事人推荐、介绍诉讼代理人、辩护人,或者为律师、其他人员介绍办理该案件的;

(三)索取、接受本案当事人及其受托人的财物、其他利益,或者要求当事人及其受托人报销费用的;

(四)接受本案当事人及其受托人的宴请,或者参加由其支付费用的各项活动的;

(五)向本案当事人及其受托人借款,借用交通工具、通讯工具或者其他物品,或者索取、接受当事人及其受托人在购买商品、装修住房以及其他方面给予的好处的;

(六)有其他不正当行为,可能影响案件公正审理的。

第三条 凡在一个审判程序中参与过本案审判工作的审判人员,不得再参与该案其他程序的审判。但是,经过第二审程序发回重审的案件,在一审法院作出裁判后又进入第二审程序的,原第二审程序中合议庭组成人员不受本条规定的限制。

第四条 审判人员应当回避,本人没有自行回避,当事人及其法定代理人也没有申请其回避的,院长或者审判委员会应当决定其回避。

第五条 人民法院应当依法告知当事人及其法定代理人有申请回避的权利,以及合议庭组成人员、书记员的姓名、职务等相关信息。

第六条 人民法院依法调解案件,应当告知当事人及其法定代理人有申请回避的权利,以及主持调解工作的审判人员及其他参与调解工作的人员的姓名、职务等相关信息。

第七条 第二审人民法院认为第一审人民法院的审理有违反本规定第一条至第三条规定的,应当裁定撤销原判,发回原审人民法院重新审判。

第八条 审判人员及法院其他工作人员从人民法院离任后二年内,不得以律师身份担任诉讼代理人或者辩护人。

审判人员及法院其他工作人员从人民法院离任后,不得担任原任职法院所审理案件的诉讼代理人或者辩护人,但是作为当事人的监护人或者近亲属代理诉讼或者进行辩护的除外。

本条所规定的离任,包括退休、调离、解聘、辞职、辞退、开除等离开法院工作岗位的情形。

本条所规定的原任职法院,包括审判人员及法院其他工作人员曾任职的所有法院。

第九条 审判人员及法院其他工作人员的配偶、子女或者父母不得担任其所任职法院审理案件的诉讼代理人或者辩护人。

第十条 人民法院发现诉讼代理人或者辩护人违反本规定第八条、第九条的规定的,应当责令其停止相关诉讼代理或者辩护行为。

第十一条 当事人及其法定代理人、诉讼代理人、辩护人认为审判人员有违反本规定行为的,可以向法院纪检、监察部门或者其他有关部门举报。受理举报的人民法院应当及时处理,并将相关意见反馈给举报人。

第十二条 对明知具有本规定第一条至第三条规定情形不依法自行回避的审判人员,依照《人民法院工作人员处分条例》的规定予以处分。

对明知诉讼代理人、辩护人具有本规定第八条、第九条规定情形之一,未责令其停止相关诉讼代理或者辩护行为的审判人员,依照《人民法院工作人员处分条例》的规定予以处分。

第十三条 本规定所称审判人员,包括各级人民法院院长、副院长、审判委员会委员、庭长、副庭长、审判员和助理审判员。

本规定所称法院其他工作人员,是指审判人员以外的在编工作人员。

第十四条 人民陪审员、书记员和执行员适用审判人员回避的有关规定,但不属于本规定第十三条所规定人员的,不适用本规定第八条、第九条的规定。

第十五条 自本规定施行之日起,《最高人民法院关于审判人员严格执行回避制度的若干规定》(法发〔2000〕5号)即行废止;本规定施行前本院发布的司法解释与本规定不一致的,以本规定为准。

最高人民法院关于印发修改后的《民事案件案由规定》的通知

(2020年12月29日　法〔2020〕347号)

各省、自治区、直辖市高级人民法院,解放军军事法院,新疆维吾尔自治区高级人民法院生产建设兵团分院:

为切实贯彻实施民法典,最高人民法院对2011年2月18日第一次修正的《民事案件案由规定》(以下简称2011年《案由规定》)进行了修改,自2021年1月1日起施行。现将修改后的《民事案件案由规定》(以下简称修改后的《案由规定》)印发给你们,请认真贯彻执行。

2011年《案由规定》施行以来,在方便当事人进行民事诉讼,规范人民法院民事立案、审判和司法统计工作等方面,发挥了重要作用。近年来,随着民事诉讼法、邮政法、消费者权益保护法、环境保护法、反不正当竞争法、农村土地承包法、英雄烈士保护法等法律的制定或者修订,审判实践中出现了许多新类型民事案件,需要对2011年《案由规定》进行补充和完善。特别是民法典将于2021年1月1日起施行,迫切需要增补新的案由。经深入调查研究,广泛征求意见,最高人民法院对2011年《案由规定》进行了修改。现就各级人民法院适用修改后的《案由规定》的有关问题通知如下:

一、高度重视民事案件案由在民事审判规范化建设中的重要作用,认真学习掌握修改后的《案由规定》

民事案件案由是民事案件名称的重要组成部分,反映案件所涉及的民事法律关系的性质,是对当事人诉争的法律关系性质进行的概括,是人民法院进行民事案件管理的重要手段。建立科学、完善的民事案件案由体系,有利于方便当事人进行民事诉讼,有利于统一民事案件的法律适用标准,有利于对受理案件进行分类管理,有利于确定各民事审判业务庭的管辖分工,有利于提高民事案件司法统计的准确性和科学性,从而更好地为创新和加强民事审判管理、为人民法院司法决策服务。

各级人民法院要认真学习修改后的《案由规定》,理解案由编排体系和具体案由制定的背景、法律依据、确定标准、具体含义、适用顺序以及变更方法等问题,准确选择适用具体案由,依法维护当事人诉讼权利,创新和加强民事审判管理,不断推进民事审判工作规范化建设。

二、关于《案由规定》修改所遵循的原则

一是严格依法原则。本次修改的具体案由均具有实体法和程序法依据,符合民事诉讼法关于民事案件受案范围的有关规定。

二是必要性原则。本次修改是以保持案由运行体系稳定为前提,对于必须增加、调整的案由作相应修改,尤其是对照民法典的新增制度和重大修改内容,增加、变更部分具体案由,并根据现行立法和司法实践需要完善部分具体案由,对案由编排体系不作大的调整。民法典施行后,最高人民法院将根据工作需要,结合司法实践,继续细化完善民法典新增制度案由,特别是第四级案由。对本次未作修改的部分原案由,届时一并修改。

三是实用性原则。案由体系是在现行有效的法律规定基础上,充分考虑人民法院民事立案、审判实践以及司法统计的需要而编排的,本次修改更加注重案由的简洁明了、方便实用,既便于当事人进行民事诉讼,也便于人民法院进行民事立案、审判和司法统计工作。

三、关于案由的确定标准

民事案件案由应当依据当事人诉争的民事法律关系的性质来确定。鉴于具体案件中当事人的诉讼请求、争议的焦点可能有多个,争议的标的也可能是多个,为保证案由的高度概括和简洁明了,修改后的《案由规定》仍沿用2011年《案由规定》关于案由的确定标准,即对民事案件案由的表述方式原则上确定为"法律关系性质"加"纠纷",一般不包含争议焦点、标的物、侵权方式等要素。但是,实践中当事人诉争的民事法律关系的性质具有复杂多变性,单纯按照法律关系标准去划分案由体系的做法难以更好地满足民事审判实践的需要,难以更好地满足司法统计的需要。为此,修改后的《案由规定》在坚持以法律关系性质作为确定案由的主要标准的同时,对少部分案由也依据请求权、形成权或者确认之诉、形成之诉等其他标准进行确定,对少部分案由的表述也包含了争议焦点、标的物、侵权方式等要素。另外,为了与行政案件案由进行明显区分,本次修改还对个别案由的表述进行了特殊处理。

对民事诉讼法规定的适用特别程序、督促程序、公示催告程序、公司清算、破产程序等非讼程序审理的案件案由,根据当事人的诉讼请求予以直接表述;

对公益诉讼、第三人撤销之诉、执行程序中的异议之诉等特殊诉讼程序案件的案由,根据修改后民事诉讼法规定的诉讼制度予以直接表述。

四、关于案由体系的总体编排

1. 关于案由纵向和横向体系的编排设置。修改后的《案由规定》以民法学理论对民事法律关系的分类为基础,以法律关系的内容即民事权利类型来编排案由的纵向体系。在纵向体系上,结合民法典、民事诉讼法等民事立法及审判实践,将案由的编排体系划分为人格权纠纷,婚姻家庭、继承纠纷,物权纠纷,合同、准合同纠纷,劳动争议与人事争议,知识产权与竞争纠纷,海事海商纠纷,与公司、证券、保险、票据等有关的民事纠纷,侵权责任纠纷,非讼程序案件案由,特殊诉讼程序案件案由,共计十一大部分,作为第一级案由。

在横向体系上,通过总分式四级结构的设计,实现案由从高级(概括)到低级(具体)的演进。如物权纠纷(第一级案由)→所有权纠纷(第二级案由)→建筑物区分所有权纠纷(第三级案由)→业主专有权纠纷(第四级案由)。在第一级案由项下,细分为五十四类案由,作为第二级案由(以大写数字表示);在第二级案由项下列出了473个案由,作为第三级案由(以阿拉伯数字表示)。第三级案由是司法实践中最常见和广泛使用的案由。基于审判工作指导、调研和司法统计的需要,在部分第三级案由项下又列出了391个第四级案由(以阿拉伯数字加()表示)。基于民事法律关系的复杂性,不可能穷尽所有第四级案由,目前所列的第四级案由只是一些典型的、常见的或者为了司法统计需要而设立的案由。

修改后的《案由规定》采用纵向十一个部分、横向四级结构的编排设置,形成了网状结构体系,基本涵盖了民法典所涉及的民事纠纷案件类型以及人民法院当前受理的民事纠纷案件类型,有利于贯彻落实民法典等民事法律关于民事权益保护的相关规定。

2. 关于物权纠纷案由与合同纠纷案由的编排设置。修改后的《案由规定》仍然沿用2011年《案由规定》关于物权纠纷案由与合同纠纷案由的编排体系。按照物权变动原因与结果相区分的原则,对于涉及物权变动的原因,即债权性质的合同关系引发的纠纷案件的案由,修改后的《案由规定》将其放在合同纠纷项下;对于涉及物权变动的结果,即物权设立、权属、效力、使用、收益等物权关系产生的纠纷案件的案由,修改后的《案由规定》将其放在物权纠纷项下。前者如第三级案由"居住权合同纠纷"列在第二级案由"合同纠纷"项下;后者如第三级案由"居住权纠纷"列在第二级案由"物权纠纷"项下。

具体适用时,人民法院应根据当事人诉争的法律关系的性质,查明该法律关系涉及的是物权变动的原因关系还是物权变动的结果关系,以正确确定案由。当事人诉争的法律关系性质涉及物权变动原因的,即因债权性质的合同关系引发的纠纷案件,应当选择适用第二级案由"合同纠纷"项下的案由,如"居住权合同纠纷"案由;当事人诉争的法律关系性质涉及物权变动结果的,即因物权设立、权属、效力、使用、收益等物权关系引发的纠纷案件,应当选择第二级案由

"物权纠纷"项下的案由,如"居住权纠纷"案由。

3. 关于第三部分"物权纠纷"项下"物权保护纠纷"案由与"所有权纠纷""用益物权纠纷""担保物权纠纷"案由的编排设置。修改后的《案由规定》仍然沿用2011年《案由规定》关于物权纠纷案由的编排设置。"所有权纠纷""用益物权纠纷""担保物权纠纷"案由既包括以上三种类型的物权确认纠纷案由,也包括以上三种类型的侵害物权纠纷案由。民法典物权编第三章"物权的保护"所规定的物权请求权或者债权请求权保护方法,即"物权保护纠纷",在修改后的《案由规定》列举的每个物权类型(第三级案由)项下都可能部分或者全部适用,多数都可以作为第四级案由列举,但为避免使整个案由体系冗长繁杂,在各第三级案由下并未一一列出。实践中需要确定具体个案案由时,如果当事人的诉讼请求只涉及"物权保护纠纷"项下的一种物权请求权或者债权请求权,则可以选择适用"物权保护纠纷"项下的六种第三级案由;如果当事人的诉讼请求涉及"物权保护纠纷"项下的两种或者两种以上物权请求权或者债权请求权,则应按照所保护的权利种类,选择适用"所有权纠纷""用益物权纠纷""担保物权纠纷"项下的第三级案由(各种物权类型纠纷)。

4. 关于侵权责任纠纷案由的编排设置。修改后的《案由规定》仍然沿用2011年《案由规定》关于侵权责任纠纷案由与其他第一级案由的编排设置。根据民法典侵权责任编的相关规定,该编的保护对象为民事权益,具体范围是民法典总则编第五章所规定的人身、财产权益。这些民事权益,又分别在人格权编、物权编、婚姻家庭编、继承编等予以了细化规定,而这些民事权益纠纷往往既包括权属确认纠纷也包括侵权责任纠纷,这就为科学合理编排民事案件案由体系增加了难度。为了保持整个案由体系的完整性和稳定性,尽可能避免重复交叉,修改后的《案由规定》将这些侵害民事权益侵权责任纠纷案由仍旧分别保留在"人格权纠纷""婚姻家庭、继承纠纷""物权纠纷""知识产权与竞争纠纷"等第一级案由体系项下,对照侵权责任编新规定调整第一级案由"侵权责任纠纷"项下案由;同时,将一些实践中常见的、其他第一级案由不便列出的侵权责任纠纷案由也列在第一级案由"侵权责任纠纷"项下,如"非机动车交通事故责任纠纷"。从"兜底"考虑,修改后的《案由规定》将第一级案由"侵权责任纠纷"列在其他八个民事权益纠纷类型之后,作为第九部分。

具体适用时,涉及侵权责任纠纷的,为明确和统一法律适用问题,应当先适用第九部分"侵权责任纠纷"项下根据侵权责任相关规定列出的具体案由;没有相应案由的,再适用"人格权纠纷""物权纠纷""知识产权与竞争纠纷"等其他部分项下的具体案由。如环境污染、高度危险行为均可能造成人身损害和财产损害,确定案由时,应当适用第九部分"侵权责任纠纷"项下"环境污染责任纠纷""高度危险责任纠纷"案由,而不应适用第一部分"人格权纠纷"项下的"生命权、身体权、健康权纠纷"案由,也不应适用第三部分"物权纠纷"项下的"财产损害赔偿纠纷"案由。

五、适用修改后的《案由规定》应当注意的问题

1. 在案由横向体系上应当按照由低到高的顺序选择适用个案案由。确定个案案由时,应当优先适用第四级案由,没有对应的第四级案由的,适用相应的第三级案由;第三级案由中没有规定的,适用相应的第二级案由;第二级案由没有规定的,适用相应的第一级案由。这样处理,有利于更准确地反映当事人诉争的法律关系的性质,有利于促进分类管理科学化和提高司法统计准确性。

2. 关于个案案由的变更。人民法院在民事立案审查阶段,可以根据原告诉讼请求涉及的法律关系性质,确定相应的个案案由;人民法院受理民事案件后,经审理发现当事人起诉的法律关系与实际诉争的法律关系不一致的,人民法院结案时应当根据法庭查明的当事人之间实际存在的法律关系的性质,相应变更个案案由。当事人在诉讼过程中增加或者变更诉讼请求导致当事人诉争的法律关系发生变更的,人民法院应当相应变更个案案由。

3. 存在多个法律关系时个案案由的确定。同一诉讼中涉及两个以上的法律关系的,应当根据当事人诉争的法律关系的性质确定个案案由;均为诉争的法律关系的,则按诉争的两个以上法律关系并列确定相应的案由。

4. 请求权竞合时个案案由的确定。在请求权竞合的情形下,人民法院应当按照当事人自主选择行使的请求权所涉及的诉争的法律关系的性质,确定相应的案由。

5. 正确认识民事案件案由的性质与功能。案由体系的编排制定是人民法院进行民事审判管理的手段。各级人民法院应当依法保障当事人依照法律规定享有的起诉权利,不得将修改后的《案由规定》等同于民事诉讼法第一百一十九条规定的起诉条件,不得以当事人的诉请在修改后的《案由规定》中没有相应案由可以适用为由,裁定不予受理或者驳回起诉,损害当事人的诉讼权利。

6. 案由体系中的选择性案由(即含有顿号的部分案由)的使用方法。对这些案由,应当根据具体案情,确定相应的个案案由,不应直接将该案由全部引用。如"生命权、身体权、健康权纠纷"案由,应当根据具体侵害对象来确定相应的案由。

本次民事案件案由修改工作主要基于人民法院当前司法实践经验,对照民法典等民事立法修改完善相关具体案由。2021年1月1日民法典施行后,修改后的《案由规定》可能需要对标民法典具体施行情况作进一步调整。地方各级人民法院要密切关注民法典施行后立案审判中遇到的新情况、新问题,重点梳理汇总民法典新增制度项下可以细化规定为第四级案由的新类型案件,及时层报最高人民法院。

民事案件案由规定

(2007年10月29日最高人民法院审判委员会第1438次会议通过 自2008年4月1日起施行 根据2011年2月18日最高人民法院《关于修改〈民事案件案由规定〉的决定》(法〔2011〕41号)第一次修正 根据2020年12月14日最高人民法院审判委员会第1821次会议通过的《最高人民法院关于修改〈民事案件案由规定〉的决定》(法〔2020〕346号)第二次修正)

为了正确适用法律,统一确定案由,根据《中华人民共和国民法典》《中华人民共和国民事诉讼法》等法律规定,结合人民法院民事审判工作实际情况,对民事案件案由规定如下:

第一部分 人格权纠纷

一、人格权纠纷
1. 生命权、身体权、健康权纠纷
2. 姓名权纠纷
3. 名称权纠纷
4. 肖像权纠纷
5. 声音保护纠纷
6. 名誉权纠纷
7. 荣誉权纠纷
8. 隐私权、个人信息保护纠纷
(1)隐私权纠纷
(2)个人信息保护纠纷
9. 婚姻自主权纠纷
10. 人身自由权纠纷
11. 一般人格权纠纷
(1)平等就业权纠纷

第二部分 婚姻家庭、继承纠纷

二、婚姻家庭纠纷
12. 婚约财产纠纷
13. 婚内夫妻财产分割纠纷
14. 离婚纠纷
15. 离婚后财产纠纷

16. 离婚后损害责任纠纷
17. 婚姻无效纠纷
18. 撤销婚姻纠纷
19. 夫妻财产约定纠纷
20. 同居关系纠纷
(1)同居关系析产纠纷
(2)同居关系子女抚养纠纷
21. 亲子关系纠纷
(1)确认亲子关系纠纷
(2)否认亲子关系纠纷
22. 抚养纠纷
(1)抚养费纠纷
(2)变更抚养关系纠纷
23. 扶养纠纷
(1)扶养费纠纷
(2)变更扶养关系纠纷
24. 赡养纠纷
(1)赡养费纠纷
(2)变更赡养关系纠纷
25. 收养关系纠纷
(1)确认收养关系纠纷
(2)解除收养关系纠纷
26. 监护权纠纷
27. 探望权纠纷
28. 分家析产纠纷

三、继承纠纷

29. 法定继承纠纷
(1)转继承纠纷
(2)代位继承纠纷
30. 遗嘱继承纠纷
31. 被继承人债务清偿纠纷
32. 遗赠纠纷
33. 遗赠扶养协议纠纷
34. 遗产管理纠纷

第三部分　物权纠纷

四、不动产登记纠纷
35. 异议登记不当损害责任纠纷
36. 虚假登记损害责任纠纷

五、物权保护纠纷
37. 物权确认纠纷
(1)所有权确认纠纷
(2)用益物权确认纠纷
(3)担保物权确认纠纷
38. 返还原物纠纷
39. 排除妨害纠纷
40. 消除危险纠纷
41. 修理、重作、更换纠纷
42. 恢复原状纠纷
43. 财产损害赔偿纠纷

六、所有权纠纷
44. 侵害集体经济组织成员权益纠纷
45. 建筑物区分所有权纠纷
(1)业主专有权纠纷
(2)业主共有权纠纷
(3)车位纠纷
(4)车库纠纷
46. 业主撤销权纠纷
47. 业主知情权纠纷
48. 遗失物返还纠纷
49. 漂流物返还纠纷
50. 埋藏物返还纠纷
51. 隐藏物返还纠纷
52. 添附物归属纠纷
53. 相邻关系纠纷
(1)相邻用水、排水纠纷
(2)相邻通行纠纷
(3)相邻土地、建筑物利用关系纠纷
(4)相邻通风纠纷
(5)相邻采光、日照纠纷
(6)相邻污染侵害纠纷

(7)相邻损害防免关系纠纷
54. 共有纠纷
(1)共有权确认纠纷
(2)共有物分割纠纷
(3)共有人优先购买权纠纷
(4)债权人代位析产纠纷

七、用益物权纠纷

55. 海域使用权纠纷
56. 探矿权纠纷
57. 采矿权纠纷
58. 取水权纠纷
59. 养殖权纠纷
60. 捕捞权纠纷
61. 土地承包经营权纠纷
(1)土地承包经营权确认纠纷
(2)承包地征收补偿费用分配纠纷
(3)土地承包经营权继承纠纷
62. 土地经营权纠纷
63. 建设用地使用权纠纷
64. 宅基地使用权纠纷
65. 居住权纠纷
66. 地役权纠纷

八、担保物权纠纷

67. 抵押权纠纷
(1)建筑物和其他土地附着物抵押权纠纷
(2)在建建筑物抵押权纠纷
(3)建设用地使用权抵押权纠纷
(4)土地经营权抵押权纠纷
(5)探矿权抵押权纠纷
(6)采矿权抵押权纠纷
(7)海域使用权抵押权纠纷
(8)动产抵押权纠纷
(9)在建船舶、航空器抵押权纠纷
(10)动产浮动抵押权纠纷
(11)最高额抵押权纠纷
68. 质权纠纷
(1)动产质权纠纷

(2) 转质权纠纷
(3) 最高额质权纠纷
(4) 票据质权纠纷
(5) 债券质权纠纷
(6) 存单质权纠纷
(7) 仓单质权纠纷
(8) 提单质权纠纷
(9) 股权质权纠纷
(10) 基金份额质权纠纷
(11) 知识产权质权纠纷
(12) 应收账款质权纠纷

69. 留置权纠纷

九、占有保护纠纷

70. 占有物返还纠纷
71. 占有排除妨害纠纷
72. 占有消除危险纠纷
73. 占有物损害赔偿纠纷

第四部分　合同、准合同纠纷

十、合同纠纷

74. 缔约过失责任纠纷
75. 预约合同纠纷
76. 确认合同效力纠纷
(1) 确认合同有效纠纷
(2) 确认合同无效纠纷
77. 债权人代位权纠纷
78. 债权人撤销权纠纷
79. 债权转让合同纠纷
80. 债务转移合同纠纷
81. 债权债务概括转移合同纠纷
82. 债务加入纠纷
83. 悬赏广告纠纷
84. 买卖合同纠纷
(1) 分期付款买卖合同纠纷
(2) 凭样品买卖合同纠纷
(3) 试用买卖合同纠纷
(4) 所有权保留买卖合同纠纷

(5)招标投标买卖合同纠纷
(6)互易纠纷
(7)国际货物买卖合同纠纷
(8)信息网络买卖合同纠纷
85. 拍卖合同纠纷
86. 建设用地使用权合同纠纷
(1)建设用地使用权出让合同纠纷
(2)建设用地使用权转让合同纠纷
87. 临时用地合同纠纷
88. 探矿权转让合同纠纷
89. 采矿权转让合同纠纷
90. 房地产开发经营合同纠纷
(1)委托代建合同纠纷
(2)合资、合作开发房地产合同纠纷
(3)项目转让合同纠纷
91. 房屋买卖合同纠纷
(1)商品房预约合同纠纷
(2)商品房预售合同纠纷
(3)商品房销售合同纠纷
(4)商品房委托代理销售合同纠纷
(5)经济适用房转让合同纠纷
(6)农村房屋买卖合同纠纷
92. 民事主体间房屋拆迁补偿合同纠纷
93. 供用电合同纠纷
94. 供用水合同纠纷
95. 供用气合同纠纷
96. 供用热力合同纠纷
97. 排污权交易纠纷
98. 用能权交易纠纷
99. 用水权交易纠纷
100. 碳排放权交易纠纷
101. 碳汇交易纠纷
102. 赠与合同纠纷
(1)公益事业捐赠合同纠纷
(2)附义务赠与合同纠纷
103. 借款合同纠纷
(1)金融借款合同纠纷

(2)同业拆借纠纷
(3)民间借贷纠纷
(4)小额借款合同纠纷
(5)金融不良债权转让合同纠纷
(6)金融不良债权追偿纠纷
104. 保证合同纠纷
105. 抵押合同纠纷
106. 质押合同纠纷
107. 定金合同纠纷
108. 进出口押汇纠纷
109. 储蓄存款合同纠纷
110. 银行卡纠纷
(1)借记卡纠纷
(2)信用卡纠纷
111. 租赁合同纠纷
(1)土地租赁合同纠纷
(2)房屋租赁合同纠纷
(3)车辆租赁合同纠纷
(4)建筑设备租赁合同纠纷
112. 融资租赁合同纠纷
113. 保理合同纠纷
114. 承揽合同纠纷
(1)加工合同纠纷
(2)定作合同纠纷
(3)修理合同纠纷
(4)复制合同纠纷
(5)测试合同纠纷
(6)检验合同纠纷
(7)铁路机车、车辆建造合同纠纷
115. 建设工程合同纠纷
(1)建设工程勘察合同纠纷
(2)建设工程设计合同纠纷
(3)建设工程施工合同纠纷
(4)建设工程价款优先受偿权纠纷
(5)建设工程分包合同纠纷
(6)建设工程监理合同纠纷
(7)装饰装修合同纠纷

（8）铁路修建合同纠纷
（9）农村建房施工合同纠纷
116. 运输合同纠纷
（1）公路旅客运输合同纠纷
（2）公路货物运输合同纠纷
（3）水路旅客运输合同纠纷
（4）水路货物运输合同纠纷
（5）航空旅客运输合同纠纷
（6）航空货物运输合同纠纷
（7）出租汽车运输合同纠纷
（8）管道运输合同纠纷
（9）城市公交运输合同纠纷
（10）联合运输合同纠纷
（11）多式联运合同纠纷
（12）铁路货物运输合同纠纷
（13）铁路旅客运输合同纠纷
（14）铁路行李运输合同纠纷
（15）铁路包裹运输合同纠纷
（16）国际铁路联运合同纠纷
117. 保管合同纠纷
118. 仓储合同纠纷
119. 委托合同纠纷
（1）进出口代理合同纠纷
（2）货运代理合同纠纷
（3）民用航空运输销售代理合同纠纷
（4）诉讼、仲裁、人民调解代理合同纠纷
（5）销售代理合同纠纷
120. 委托理财合同纠纷
（1）金融委托理财合同纠纷
（2）民间委托理财合同纠纷
121. 物业服务合同纠纷
122. 行纪合同纠纷
123. 中介合同纠纷
124. 补偿贸易纠纷
125. 借用合同纠纷
126. 典当纠纷
127. 合伙合同纠纷

128. 种植、养殖回收合同纠纷
129. 彩票、奖券纠纷
130. 中外合作勘探开发自然资源合同纠纷
131. 农业承包合同纠纷
132. 林业承包合同纠纷
133. 渔业承包合同纠纷
134. 牧业承包合同纠纷
135. 土地承包经营权合同纠纷
(1) 土地承包经营权转让合同纠纷
(2) 土地承包经营权互换合同纠纷
(3) 土地经营权入股合同纠纷
(4) 土地经营权抵押合同纠纷
(5) 土地经营权出租合同纠纷
136. 居住权合同纠纷
137. 服务合同纠纷
(1) 电信服务合同纠纷
(2) 邮政服务合同纠纷
(3) 快递服务合同纠纷
(4) 医疗服务合同纠纷
(5) 法律服务合同纠纷
(6) 旅游合同纠纷
(7) 房地产咨询合同纠纷
(8) 房地产价格评估合同纠纷
(9) 旅店服务合同纠纷
(10) 财会服务合同纠纷
(11) 餐饮服务合同纠纷
(12) 娱乐服务合同纠纷
(13) 有线电视服务合同纠纷
(14) 网络服务合同纠纷
(15) 教育培训合同纠纷
(16) 家政服务合同纠纷
(17) 庆典服务合同纠纷
(18) 殡葬服务合同纠纷
(19) 农业技术服务合同纠纷
(20) 农机作业服务合同纠纷
(21) 保安服务合同纠纷
(22) 银行结算合同纠纷

138. 演出合同纠纷
139. 劳务合同纠纷
140. 离退休人员返聘合同纠纷
141. 广告合同纠纷
142. 展览合同纠纷
143. 追偿权纠纷

十一、不当得利纠纷
144. 不当得利纠纷

十二、无因管理纠纷
145. 无因管理纠纷

第五部分 知识产权与竞争纠纷

十三、知识产权合同纠纷
146. 著作权合同纠纷
(1) 委托创作合同纠纷
(2) 合作创作合同纠纷
(3) 著作权转让合同纠纷
(4) 著作权许可使用合同纠纷
(5) 出版合同纠纷
(6) 表演合同纠纷
(7) 音像制品制作合同纠纷
(8) 广播电视播放合同纠纷
(9) 邻接权转让合同纠纷
(10) 邻接权许可使用合同纠纷
(11) 计算机软件开发合同纠纷
(12) 计算机软件著作权转让合同纠纷
(13) 计算机软件著作权许可使用合同纠纷
147. 商标合同纠纷
(1) 商标权转让合同纠纷
(2) 商标使用许可合同纠纷
(3) 商标代理合同纠纷
148. 专利合同纠纷
(1) 专利申请权转让合同纠纷
(2) 专利权转让合同纠纷
(3) 发明专利实施许可合同纠纷
(4) 实用新型专利实施许可合同纠纷
(5) 外观设计专利实施许可合同纠纷

(6)专利代理合同纠纷
149. 植物新品种合同纠纷
(1)植物新品种育种合同纠纷
(2)植物新品种申请权转让合同纠纷
(3)植物新品种权转让合同纠纷
(4)植物新品种实施许可合同纠纷
150. 集成电路布图设计合同纠纷
(1)集成电路布图设计创作合同纠纷
(2)集成电路布图设计专有权转让合同纠纷
(3)集成电路布图设计许可使用合同纠纷
151. 商业秘密合同纠纷
(1)技术秘密让与合同纠纷
(2)技术秘密许可使用合同纠纷
(3)经营秘密让与合同纠纷
(4)经营秘密许可使用合同纠纷
152. 技术合同纠纷
(1)技术委托开发合同纠纷
(2)技术合作开发合同纠纷
(3)技术转化合同纠纷
(4)技术转让合同纠纷
(5)技术许可合同纠纷
(6)技术咨询合同纠纷
(7)技术服务合同纠纷
(8)技术培训合同纠纷
(9)技术中介合同纠纷
(10)技术进口合同纠纷
(11)技术出口合同纠纷
(12)职务技术成果完成人奖励、报酬纠纷
(13)技术成果完成人署名权、荣誉权、奖励权纠纷
153. 特许经营合同纠纷
154. 企业名称(商号)合同纠纷
(1)企业名称(商号)转让合同纠纷
(2)企业名称(商号)使用合同纠纷
155. 特殊标志合同纠纷
156. 网络域名合同纠纷
(1)网络域名注册合同纠纷
(2)网络域名转让合同纠纷

(3)网络域名许可使用合同纠纷
157.知识产权质押合同纠纷
十四、知识产权权属、侵权纠纷
158.著作权权属、侵权纠纷
(1)著作权权属纠纷
(2)侵害作品发表权纠纷
(3)侵害作品署名权纠纷
(4)侵害作品修改权纠纷
(5)侵害保护作品完整权纠纷
(6)侵害作品复制权纠纷
(7)侵害作品发行权纠纷
(8)侵害作品出租权纠纷
(9)侵害作品展览权纠纷
(10)侵害作品表演权纠纷
(11)侵害作品放映权纠纷
(12)侵害作品广播权纠纷
(13)侵害作品信息网络传播权纠纷
(14)侵害作品摄制权纠纷
(15)侵害作品改编权纠纷
(16)侵害作品翻译权纠纷
(17)侵害作品汇编权纠纷
(18)侵害其他著作财产权纠纷
(19)出版者权权属纠纷
(20)表演者权权属纠纷
(21)录音录像制作者权权属纠纷
(22)广播组织权权属纠纷
(23)侵害出版者权纠纷
(24)侵害表演者权纠纷
(25)侵害录音录像制作者权纠纷
(26)侵害广播组织权纠纷
(27)计算机软件著作权权属纠纷
(28)侵害计算机软件著作权纠纷
159.商标权权属、侵权纠纷
(1)商标权权属纠纷
(2)侵害商标权纠纷
160.专利权权属、侵权纠纷
(1)专利申请权权属纠纷

(2)专利权权属纠纷
(3)侵害发明专利权纠纷
(4)侵害实用新型专利权纠纷
(5)侵害外观设计专利权纠纷
(6)假冒他人专利纠纷
(7)发明专利临时保护期使用费纠纷
(8)职务发明创造发明人、设计人奖励、报酬纠纷
(9)发明创造发明人、设计人署名权纠纷
(10)标准必要专利使用费纠纷
161. 植物新品种权权属、侵权纠纷
(1)植物新品种申请权权属纠纷
(2)植物新品种权权属纠纷
(3)侵害植物新品种权纠纷
(4)植物新品种临时保护期使用费纠纷
162. 集成电路布图设计专有权权属、侵权纠纷
(1)集成电路布图设计专有权权属纠纷
(2)侵害集成电路布图设计专有权纠纷
163. 侵害企业名称(商号)权纠纷
164. 侵害特殊标志专有权纠纷
165. 网络域名权权属、侵权纠纷
(1)网络域名权属纠纷
(2)侵害网络域名纠纷
166. 发现权纠纷
167. 发明权纠纷
168. 其他科技成果权纠纷
169. 确认不侵害知识产权纠纷
(1)确认不侵害专利权纠纷
(2)确认不侵害商标权纠纷
(3)确认不侵害著作权纠纷
(4)确认不侵害植物新品种权纠纷
(5)确认不侵害集成电路布图设计专用权纠纷
(6)确认不侵害计算机软件著作权纠纷
170. 因申请知识产权临时措施损害责任纠纷
(1)因申请诉前停止侵害专利权损害责任纠纷
(2)因申请诉前停止侵害注册商标专用权损害责任纠纷
(3)因申请诉前停止侵害著作权损害责任纠纷
(4)因申请诉前停止侵害植物新品种权损害责任纠纷

(5)因申请海关知识产权保护措施损害责任纠纷
(6)因申请诉前停止侵害计算机软件著作权损害责任纠纷
(7)因申请诉前停止侵害集成电路布图设计专用权损害责任纠纷
171. 因恶意提起知识产权诉讼损害责任纠纷
172. 专利权宣告无效后返还费用纠纷

十五、不正当竞争纠纷

173. 仿冒纠纷
(1)擅自使用与他人有一定影响的商品名称、包装、装潢等相同或者近似的标识纠纷
(2)擅自使用他人有一定影响的企业名称、社会组织名称、姓名纠纷
(3)擅自使用他人有一定影响的域名主体部分、网站名称、网页纠纷
174. 商业贿赂不正当竞争纠纷
175. 虚假宣传纠纷
176. 侵害商业秘密纠纷
(1)侵害技术秘密纠纷
(2)侵害经营秘密纠纷
177. 低价倾销不正当竞争纠纷
178. 捆绑销售不正当竞争纠纷
179. 有奖销售纠纷
180. 商业诋毁纠纷
181. 串通投标不正当竞争纠纷
182. 网络不正当竞争纠纷

十六、垄断纠纷

183. 垄断协议纠纷
(1)横向垄断协议纠纷
(2)纵向垄断协议纠纷
184. 滥用市场支配地位纠纷
(1)垄断定价纠纷
(2)掠夺定价纠纷
(3)拒绝交易纠纷
(4)限定交易纠纷
(5)捆绑交易纠纷
(6)差别待遇纠纷
185. 经营者集中纠纷

第六部分　劳动争议、人事争议

十七、劳动争议

186. 劳动合同纠纷
　(1)确认劳动关系纠纷
　(2)集体合同纠纷
　(3)劳务派遣合同纠纷
　(4)非全日制用工纠纷
　(5)追索劳动报酬纠纷
　(6)经济补偿金纠纷
　(7)竞业限制纠纷
187. 社会保险纠纷
　(1)养老保险待遇纠纷
　(2)工伤保险待遇纠纷
　(3)医疗保险待遇纠纷
　(4)生育保险待遇纠纷
　(5)失业保险待遇纠纷
188. 福利待遇纠纷

十八、人事争议

189. 聘用合同纠纷
190. 聘任合同纠纷
191. 辞职纠纷
192. 辞退纠纷

第七部分　海事海商纠纷

十九、海事海商纠纷

193. 船舶碰撞损害责任纠纷
194. 船舶触碰损害责任纠纷
195. 船舶损坏空中设施、水下设施损害责任纠纷
196. 船舶污染损害责任纠纷
197. 海上、通海水域污染损害责任纠纷
198. 海上、通海水域养殖损害责任纠纷
199. 海上、通海水域财产损害责任纠纷
200. 海上、通海水域人身损害责任纠纷
201. 非法留置船舶、船载货物、船用燃油、船用物料损害责任纠纷
202. 海上、通海水域货物运输合同纠纷

203. 海上、通海水域旅客运输合同纠纷
204. 海上、通海水域行李运输合同纠纷
205. 船舶经营管理合同纠纷
206. 船舶买卖合同纠纷
207. 船舶建造合同纠纷
208. 船舶修理合同纠纷
209. 船舶改建合同纠纷
210. 船舶拆解合同纠纷
211. 船舶抵押合同纠纷
212. 航次租船合同纠纷
213. 船舶租用合同纠纷
（1）定期租船合同纠纷
（2）光船租赁合同纠纷
214. 船舶融资租赁合同纠纷
215. 海上、通海水域运输船舶承包合同纠纷
216. 渔船承包合同纠纷
217. 船舶属具租赁合同纠纷
218. 船舶属具保管合同纠纷
219. 海运集装箱租赁合同纠纷
220. 海运集装箱保管合同纠纷
221. 港口货物保管合同纠纷
222. 船舶代理合同纠纷
223. 海上、通海水域货运代理合同纠纷
224. 理货合同纠纷
225. 船舶物料和备品供应合同纠纷
226. 船员劳务合同纠纷
227. 海难救助合同纠纷
228. 海上、通海水域打捞合同纠纷
229. 海上、通海水域拖航合同纠纷
230. 海上、通海水域保险合同纠纷
231. 海上、通海水域保赔合同纠纷
232. 海上、通海水域运输联营合同纠纷
233. 船舶营运借款合同纠纷
234. 海事担保合同纠纷
235. 航道、港口疏浚合同纠纷
236. 船坞、码头建造合同纠纷
237. 船舶检验合同纠纷

238. 海事请求担保纠纷
239. 海上、通海水域运输重大责任事故责任纠纷
240. 港口作业重大责任事故责任纠纷
241. 港口作业纠纷
242. 共同海损纠纷
243. 海洋开发利用纠纷
244. 船舶共有纠纷
245. 船舶权属纠纷
246. 海运欺诈纠纷
247. 海事债权确权纠纷

第八部分　与公司、证券、保险、票据等有关的民事纠纷

二十、与企业有关的纠纷
248. 企业出资人权益确认纠纷
249. 侵害企业出资人权益纠纷
250. 企业公司制改造合同纠纷
251. 企业股份合作制改造合同纠纷
252. 企业债权转股权合同纠纷
253. 企业分立合同纠纷
254. 企业租赁经营合同纠纷
255. 企业出售合同纠纷
256. 挂靠经营合同纠纷
257. 企业兼并合同纠纷
258. 联营合同纠纷
259. 企业承包经营合同纠纷
　(1)中外合资经营企业承包经营合同纠纷
　(2)中外合作经营企业承包经营合同纠纷
　(3)外商独资企业承包经营合同纠纷
　(4)乡镇企业承包经营合同纠纷
260. 中外合资经营企业合同纠纷
261. 中外合作经营企业合同纠纷

二十一、与公司有关的纠纷
262. 股东资格确认纠纷
263. 股东名册记载纠纷
264. 请求变更公司登记纠纷
265. 股东出资纠纷
266. 新增资本认购纠纷

267. 股东知情权纠纷

268. 请求公司收购股份纠纷

269. 股权转让纠纷

270. 公司决议纠纷

（1）公司决议效力确认纠纷

（2）公司决议撤销纠纷

271. 公司设立纠纷

272. 公司证照返还纠纷

273. 发起人责任纠纷

274. 公司盈余分配纠纷

275. 损害股东利益责任纠纷

276. 损害公司利益责任纠纷

277. 损害公司债权人利益责任纠纷

（1）股东损害公司债权人利益责任纠纷

（2）实际控制人损害公司债权人利益责任纠纷

278. 公司关联交易损害责任纠纷

279. 公司合并纠纷

280. 公司分立纠纷

281. 公司减资纠纷

282. 公司增资纠纷

283. 公司解散纠纷

284. 清算责任纠纷

285. 上市公司收购纠纷

二十二、合伙企业纠纷

286. 入伙纠纷

287. 退伙纠纷

288. 合伙企业财产份额转让纠纷

二十三、与破产有关的纠纷

289. 请求撤销个别清偿行为纠纷

290. 请求确认债务人行为无效纠纷

291. 对外追收债权纠纷

292. 追收未缴出资纠纷

293. 追收抽逃出资纠纷

294. 追收非正常收入纠纷

295. 破产债权确认纠纷

（1）职工破产债权确认纠纷

（2）普通破产债权确认纠纷

296. 取回权纠纷
(1) 一般取回权纠纷
(2) 出卖人取回权纠纷
297. 破产抵销权纠纷
298. 别除权纠纷
299. 破产撤销权纠纷
300. 损害债务人利益赔偿纠纷
301. 管理人责任纠纷

二十四、证券纠纷
302. 证券权利确认纠纷
(1) 股票权利确认纠纷
(2) 公司债券权利确认纠纷
(3) 国债权利确认纠纷
(4) 证券投资基金权利确认纠纷
303. 证券交易合同纠纷
(1) 股票交易纠纷
(2) 公司债券交易纠纷
(3) 国债交易纠纷
(4) 证券投资基金交易纠纷
304. 金融衍生品种交易纠纷
305. 证券承销合同纠纷
(1) 证券代销合同纠纷
(2) 证券包销合同纠纷
306. 证券投资咨询纠纷
307. 证券资信评级服务合同纠纷
308. 证券回购合同纠纷
(1) 股票回购合同纠纷
(2) 国债回购合同纠纷
(3) 公司债券回购合同纠纷
(4) 证券投资基金回购合同纠纷
(5) 质押式证券回购纠纷
309. 证券上市合同纠纷
310. 证券交易代理合同纠纷
311. 证券上市保荐合同纠纷
312. 证券发行纠纷
(1) 证券认购纠纷
(2) 证券发行失败纠纷

313. 证券返还纠纷
314. 证券欺诈责任纠纷
(1)证券内幕交易责任纠纷
(2)操纵证券交易市场责任纠纷
(3)证券虚假陈述责任纠纷
(4)欺诈客户责任纠纷
315. 证券托管纠纷
316. 证券登记、存管、结算纠纷
317. 融资融券交易纠纷
318. 客户交易结算资金纠纷

二十五、期货交易纠纷
319. 期货经纪合同纠纷
320. 期货透支交易纠纷
321. 期货强行平仓纠纷
322. 期货实物交割纠纷
323. 期货保证合约纠纷
324. 期货交易代理合同纠纷
325. 侵占期货交易保证金纠纷
326. 期货欺诈责任纠纷
327. 操纵期货交易市场责任纠纷
328. 期货内幕交易责任纠纷
329. 期货虚假信息责任纠纷

二十六、信托纠纷
330. 民事信托纠纷
331. 营业信托纠纷
332. 公益信托纠纷

二十七、保险纠纷
333. 财产保险合同纠纷
(1)财产损失保险合同纠纷
(2)责任保险合同纠纷
(3)信用保险合同纠纷
(4)保证保险合同纠纷
(5)保险人代位求偿权纠纷
334. 人身保险合同纠纷
(1)人寿保险合同纠纷
(2)意外伤害保险合同纠纷
(3)健康保险合同纠纷

335. 再保险合同纠纷
336. 保险经纪合同纠纷
337. 保险代理合同纠纷
338. 进出口信用保险合同纠纷
339. 保险费纠纷

二十八、票据纠纷
340. 票据付款请求权纠纷
341. 票据追索权纠纷
342. 票据交付请求权纠纷
343. 票据返还请求权纠纷
344. 票据损害责任纠纷
345. 票据利益返还请求权纠纷
346. 汇票回单签发请求权纠纷
347. 票据保证纠纷
348. 确认票据无效纠纷
349. 票据代理纠纷
350. 票据回购纠纷

二十九、信用证纠纷
351. 委托开立信用证纠纷
352. 信用证开证纠纷
353. 信用证议付纠纷
354. 信用证欺诈纠纷
355. 信用证融资纠纷
356. 信用证转让纠纷

三十、独立保函纠纷
357. 独立保函开立纠纷
358. 独立保函付款纠纷
359. 独立保函追偿纠纷
360. 独立保函欺诈纠纷
361. 独立保函转让纠纷
362. 独立保函通知纠纷
363. 独立保函撤销纠纷

第九部分 侵权责任纠纷

三十一、侵权责任纠纷
364. 监护人责任纠纷
365. 用人单位责任纠纷

366. 劳务派遣工作人员侵权责任纠纷
367. 提供劳务者致害责任纠纷
368. 提供劳务者受害责任纠纷
369. 网络侵权责任纠纷
(1)网络侵害虚拟财产纠纷
370. 违反安全保障义务责任纠纷
(1)经营场所、公共场所的经营者、管理者责任纠纷
(2)群众性活动组织者责任纠纷
371. 教育机构责任纠纷
372. 性骚扰损害责任纠纷
373. 产品责任纠纷
(1)产品生产者责任纠纷
(2)产品销售者责任纠纷
(3)产品运输者责任纠纷
(4)产品仓储者责任纠纷
374. 机动车交通事故责任纠纷
375. 非机动车交通事故责任纠纷
376. 医疗损害责任纠纷
(1)侵害患者知情同意权责任纠纷
(2)医疗产品责任纠纷
377. 环境污染责任纠纷
(1)大气污染责任纠纷
(2)水污染责任纠纷
(3)土壤污染责任纠纷
(4)电子废物污染责任纠纷
(5)固体废物污染责任纠纷
(6)噪声污染责任纠纷
(7)光污染责任纠纷
(8)放射性污染责任纠纷
378. 生态破坏责任纠纷
379. 高度危险责任纠纷
(1)民用核设施、核材料损害责任纠纷
(2)民用航空器损害责任纠纷
(3)占有、使用高度危险物损害责任纠纷
(4)高度危险活动损害责任纠纷
(5)遗失、抛弃高度危险物损害责任纠纷
(6)非法占有高度危险物损害责任纠纷

380. 饲养动物损害责任纠纷
381. 建筑物和物件损害责任纠纷
(1) 物件脱落、坠落损害责任纠纷
(2) 建筑物、构筑物倒塌、塌陷损害责任纠纷
(3) 高空抛物、坠物损害责任纠纷
(4) 堆放物倒塌、滚落、滑落损害责任纠纷
(5) 公共道路妨碍通行损害责任纠纷
(6) 林木折断、倾倒、果实坠落损害责任纠纷
(7) 地面施工、地下设施损害责任纠纷
382. 触电人身损害责任纠纷
383. 义务帮工人受害责任纠纷
384. 见义勇为人受害责任纠纷
385. 公证损害责任纠纷
386. 防卫过当损害责任纠纷
387. 紧急避险损害责任纠纷
388. 驻香港、澳门特别行政区军人执行职务侵权责任纠纷
389. 铁路运输损害责任纠纷
(1) 铁路运输人身损害责任纠纷
(2) 铁路运输财产损害责任纠纷
390. 水上运输损害责任纠纷
(1) 水上运输人身损害责任纠纷
(2) 水上运输财产损害责任纠纷
391. 航空运输损害责任纠纷
(1) 航空运输人身损害责任纠纷
(2) 航空运输财产损害责任纠纷
392. 因申请财产保全损害责任纠纷
393. 因申请行为保全损害责任纠纷
394. 因申请证据保全损害责任纠纷
395. 因申请先予执行损害责任纠纷

第十部分　非讼程序案件案由

三十二、选民资格案件
396. 申请确定选民资格
三十三、宣告失踪、宣告死亡案件
397. 申请宣告自然人失踪
398. 申请撤销宣告失踪判决
399. 申请为失踪人财产指定、变更代管人

400. 申请宣告自然人死亡
401. 申请撤销宣告自然人死亡判决
三十四、认定自然人无民事行为能力、限制民事行为能力案件
402. 申请宣告自然人无民事行为能力
403. 申请宣告自然人限制民事行为能力
404. 申请宣告自然人恢复限制民事行为能力
405. 申请宣告自然人恢复完全民事行为能力
三十五、指定遗产管理人案件
406. 申请指定遗产管理人
三十六、认定财产无主案件
407. 申请认定财产无主
408. 申请撤销认定财产无主判决
三十七、确认调解协议案件
409. 申请司法确认调解协议
410. 申请撤销确认调解协议裁定
三十八、实现担保物权案件
411. 申请实现担保物权
412. 申请撤销准许实现担保物权裁定
三十九、监护权特别程序案件
413. 申请确定监护人
414. 申请指定监护人
415. 申请变更监护人
416. 申请撤销监护人资格
417. 申请恢复监护人资格
四十、督促程序案件
418. 申请支付令
四十一、公示催告程序案件
419. 申请公示催告
四十二、公司清算案件
420. 申请公司清算
四十三、破产程序案件
421. 申请破产清算
422. 申请破产重整
423. 申请破产和解
424. 申请对破产财产追加分配
四十四、申请诉前停止侵害知识产权案件
425. 申请诉前停止侵害专利权

426. 申请诉前停止侵害注册商标专用权
427. 申请诉前停止侵害著作权
428. 申请诉前停止侵害植物新品种权
429. 申请诉前停止侵害计算机软件著作权
430. 申请诉前停止侵害集成电路布图设计专用权

四十五、申请保全案件
431. 申请诉前财产保全
432. 申请诉前行为保全
433. 申请诉前证据保全
434. 申请仲裁前财产保全
435. 申请仲裁前行为保全
436. 申请仲裁前证据保全
437. 仲裁程序中的财产保全
438. 仲裁程序中的证据保全
439. 申请执行前财产保全
440. 申请中止支付信用证项下款项
441. 申请中止支付保函项下款项

四十六、申请人身安全保护令案件
442. 申请人身安全保护令

四十七、申请人格权侵害禁令案件
443. 申请人格权侵害禁令

四十八、仲裁程序案件
444. 申请确认仲裁协议效力
445. 申请撤销仲裁裁决

四十九、海事诉讼特别程序案件
446. 申请海事请求保全
 (1) 申请扣押船舶
 (2) 申请拍卖扣押船舶
 (3) 申请扣押船载货物
 (4) 申请拍卖扣押船载货物
 (5) 申请扣押船用燃油及船用物料
 (6) 申请拍卖扣押船用燃油及船用物料
447. 申请海事支付令
448. 申请海事强制令
449. 申请海事证据保全
450. 申请设立海事赔偿责任限制基金
451. 申请船舶优先权催告

452. 申请海事债权登记与受偿
五十、申请承认与执行法院判决、仲裁裁决案件
453. 申请执行海事仲裁裁决
454. 申请执行知识产权仲裁裁决
455. 申请执行涉外仲裁裁决
456. 申请认可和执行香港特别行政区法院民事判决
457. 申请认可和执行香港特别行政区仲裁裁决
458. 申请认可和执行澳门特别行政区法院民事判决
459. 申请认可和执行澳门特别行政区仲裁裁决
460. 申请认可和执行台湾地区法院民事判决
461. 申请认可和执行台湾地区仲裁裁决
462. 申请承认和执行外国法院民事判决、裁定
463. 申请承认和执行外国仲裁裁决

第十一部分 特殊诉讼程序案件案由

五十一、与宣告失踪、宣告死亡案件有关的纠纷
464. 失踪人债务支付纠纷
465. 被撤销死亡宣告人请求返还财产纠纷
五十二、公益诉讼
466. 生态环境保护民事公益诉讼
（1）环境污染民事公益诉讼
（2）生态破坏民事公益诉讼
（3）生态环境损害赔偿诉讼
467. 英雄烈士保护民事公益诉讼
468. 未成年人保护民事公益诉讼
469. 消费者权益保护民事公益诉讼
五十三、第三人撤销之诉
470. 第三人撤销之诉
五十四、执行程序中的异议之诉
471. 执行异议之诉
（1）案外人执行异议之诉
（2）申请执行人执行异议之诉
472. 追加、变更被执行人异议之诉
473. 执行分配方案异议之诉

最高人民法院关于裁判文书引用法律、法规等规范性法律文件的规定

(2009年7月13日最高人民法院审判委员会第1470次会议通过 2009年10月26日最高人民法院公告公布 自2009年11月4日起施行 法释〔2009〕14号)

为进一步规范裁判文书引用法律、法规等规范性法律文件的工作,提高裁判质量,确保司法统一,维护法律权威,根据《中华人民共和国立法法》等法律规定,制定本规定。

第一条 人民法院的裁判文书应当依法引用相关法律、法规等规范性法律文件作为裁判依据。引用时应当准确完整写明规范性法律文件的名称、条款序号,需要引用具体条文的,应当整条引用。

第二条 并列引用多个规范性法律文件的,引用顺序如下:法律及法律解释、行政法规、地方性法规、自治条例或者单行条例、司法解释。同时引用两部以上法律的,应当先引用基本法律,后引用其他法律。引用包括实体法和程序法的,先引用实体法,后引用程序法。

第三条 刑事裁判文书应当引用法律、法律解释或者司法解释。刑事附带民事诉讼裁判文书引用规范性法律文件,同时适用本规定第四条规定。

第四条 民事裁判文书应当引用法律、法律解释或者司法解释。对于应当适用的行政法规、地方性法规或者自治条例和单行条例,可以直接引用。

第五条 行政裁判文书应当引用法律、法律解释、行政法规或者司法解释。对于应当适用的地方性法规、自治条例和单行条例、国务院或者国务院授权的部门公布的行政法规解释或者行政规章,可以直接引用。

第六条 对于本规定第三条、第四条、第五条规定之外的规范性文件,根据审理案件的需要,经审查认定为合法有效的,可以作为裁判说理的依据。

第七条 人民法院制作裁判文书确需引用的规范性法律文件之间存在冲突,根据立法法等有关法律规定无法选择适用的,应当依法提请有决定权的机关做出裁决,不得自行在裁判文书中认定相关规范性法律文件的效力。

第八条 本院以前发布的司法解释与本规定不一致的,以本规定为准。

最高人民法院关于
人民法院在互联网公布裁判文书的规定

(2016年7月25日最高人民法院审判委员会第1689次会议通过 2016年8月29日最高人民法院公告公布 自2016年10月1日起施行 法释〔2016〕19号)

为贯彻落实审判公开原则,规范人民法院在互联网公布裁判文书工作,促进司法公正,提升司法公信力,根据《中华人民共和国刑事诉讼法》《中华人民共和国民事诉讼法》《中华人民共和国行政诉讼法》等相关规定,结合人民法院工作实际,制定本规定。

第一条 人民法院在互联网公布裁判文书,应当依法、全面、及时、规范。

第二条 中国裁判文书网是全国法院公布裁判文书的统一平台。各级人民法院在本院政务网站及司法公开平台设置中国裁判文书网的链接。

第三条 人民法院作出的下列裁判文书应当在互联网公布:
(一)刑事、民事、行政判决书;
(二)刑事、民事、行政、执行裁定书;
(三)支付令;
(四)刑事、民事、行政、执行驳回申诉通知书;
(五)国家赔偿决定书;
(六)强制医疗决定书或者驳回强制医疗申请的决定书;
(七)刑罚执行与变更决定书;
(八)对妨害诉讼行为、执行行为作出的拘留、罚款决定书,提前解除拘留决定书,因对不服拘留、罚款等裁决决定申请复议而作出的复议决定书;
(九)行政调解书、民事公益诉讼调解书;
(十)其他有中止、终结诉讼程序作用或者对当事人实体权益有影响、对当事人程序权益有重大影响的裁判文书。

第四条 人民法院作出的裁判文书有下列情形之一的,不在互联网公布:
(一)涉及国家秘密的;
(二)未成年人犯罪的;
(三)以调解方式结案或者确认人民调解协议效力的,但为保护国家利益、社会公共利益、他人合法权益确有必要公开的除外;
(四)离婚诉讼或者涉及未成年子女抚养、监护的;
(五)人民法院认为不宜在互联网公布的其他情形。

第五条 人民法院应当在受理案件通知书、应诉通知书中告知当事人在互联网公布裁判文书的范围,并通过政务网站、电子触摸屏、诉讼指南等多种方式,向公众告知人民法院在互联网公布裁判文书的相关规定。

第六条 不在互联网公布的裁判文书,应当公布案号、审理法院、裁判日期及不公开理由,但公布上述信息可能泄露国家秘密的除外。

第七条 发生法律效力的裁判文书,应当在裁判文书生效之日起七个工作日内在互联网公布。依法提起抗诉或者上诉的一审判决书、裁定书,应当在二审裁判生效后七个工作日内在互联网公布。

第八条 人民法院在互联网公布裁判文书时,应当对下列人员的姓名进行隐名处理:

(一)婚姻家庭、继承纠纷案件中的当事人及其法定代理人;

(二)刑事案件被害人及其法定代理人、附带民事诉讼原告人及其法定代理人、证人、鉴定人;

(三)未成年人及其法定代理人。

第九条 根据本规定第八条进行隐名处理时,应当按以下情形处理:

(一)保留姓氏,名字以"某"替代;

(二)对于少数民族姓名,保留第一个字,其余内容以"某"替代;

(三)对于外国人、无国籍人姓名的中文译文,保留第一个字,其余内容以"某"替代;对于外国人、无国籍人的英文姓名,保留第一个英文字母,删除其他内容。

对不同姓名隐名处理后发生重复的,通过在姓名后增加阿拉伯数字进行区分。

第十条 人民法院在互联网公布裁判文书时,应当删除下列信息:

(一)自然人的家庭住址、通讯方式、身份证号码、银行账号、健康状况、车牌号码、动产或不动产权属证书编号等个人信息;

(二)法人以及其他组织的银行账号、车牌号码、动产或不动产权属证书编号等信息;

(三)涉及商业秘密的信息;

(四)家事、人格权益等纠纷中涉及个人隐私的信息;

(五)涉及技术侦查措施的信息;

(六)人民法院认为不宜公开的其他信息。

按照本条第一款删除信息影响对裁判文书正确理解的,用符号"×"作部分替代。

第十一条 人民法院在互联网公布裁判文书,应当保留当事人、法定代理人、委托代理人、辩护人的下列信息:

(一)除根据本规定第八条进行隐名处理的以外,当事人及其法定代理人是自然人的,保留姓名、出生日期、性别、住所地所属县、区;当事人及其法定代理人是法人或其他组织的,保留名称、住所地、组织机构代码,以及法定代表人或

主要负责人的姓名、职务;

(二)委托代理人、辩护人是律师或者基层法律服务工作者的,保留姓名、执业证号和律师事务所、基层法律服务机构名称;委托代理人、辩护人是其他人员的,保留姓名、出生日期、性别、住所地所属县、区,以及与当事人的关系。

第十二条 办案法官认为裁判文书具有本规定第四条第五项不宜在互联网公布情形的,应当提出书面意见及理由,由部门负责人审查后报主管副院长审定。

第十三条 最高人民法院监督指导全国法院在互联网公布裁判文书的工作。高级、中级人民法院监督指导辖区法院在互联网公布裁判文书的工作。

各级人民法院审判管理办公室或者承担审判管理职能的其他机构负责本院在互联网公布裁判文书的管理工作,履行以下职责:

(一)组织、指导在互联网公布裁判文书;
(二)监督、考核在互联网公布裁判文书的工作;
(三)协调处理社会公众对裁判文书公开的投诉和意见;
(四)协调技术部门做好技术支持和保障;
(五)其他相关管理工作。

第十四条 各级人民法院应当依托信息技术将裁判文书公开纳入审判流程管理,减轻裁判文书公开的工作量,实现裁判文书及时、全面、便捷公布。

第十五条 在互联网公布的裁判文书,除依照本规定要求进行技术处理的以外,应当与裁判文书的原本一致。

人民法院对裁判文书中的笔误进行补正的,应当及时在互联网公布补正笔误的裁定书。

办案法官对在互联网公布的裁判文书与裁判文书原本的一致性,以及技术处理的规范性负责。

第十六条 在互联网公布的裁判文书与裁判文书原本不一致或者技术处理不当的,应当及时撤回并在纠正后重新公布。

在互联网公布的裁判文书,经审查存在本规定第四条列明情形的,应当及时撤回,并按照本规定第六条处理。

第十七条 人民法院信息技术服务中心负责中国裁判文书网的运行维护和升级完善,为社会各界合法利用在该网站公开的裁判文书提供便利。

中国裁判文书网根据案件适用不同审判程序的案号,实现裁判文书的相互关联。

第十八条 本规定自 2016 年 10 月 1 日起施行。最高人民法院以前发布的司法解释和规范性文件与本规定不一致的,以本规定为准。

最高人民法院关于
审理涉及公证活动相关民事案件的若干规定

(2014年4月28日最高人民法院审判委员会第1614次会议通过 根据2020年12月23日最高人民法院审判委员会第1823次会议通过的《最高人民法院关于修改〈最高人民法院关于人民法院民事调解工作若干问题的规定〉等十九件民事诉讼类司法解释的决定》修正 2020年12月29日最高人民法院公告公布 该修正自2021年1月1日起施行 法释〔2020〕20号)

为正确审理涉及公证活动相关民事案件,维护当事人的合法权益,根据《中华人民共和国民法典》《中华人民共和国公证法》《中华人民共和国民事诉讼法》等法律的规定,结合审判实践,制定本规定。

第一条 当事人、公证事项的利害关系人依照公证法第四十三条规定向人民法院起诉请求民事赔偿的,应当以公证机构为被告,人民法院应作为侵权责任纠纷案件受理。

第二条 当事人、公证事项的利害关系人起诉请求变更、撤销公证书或者确认公证书无效的,人民法院不予受理,告知其依照公证法第三十九条规定可以向出具公证书的公证机构提出复查。

第三条 当事人、公证事项的利害关系人对公证书所公证的民事权利义务有争议的,可以依照公证法第四十条规定就该争议向人民法院提起民事诉讼。

当事人、公证事项的利害关系人对具有强制执行效力的公证债权文书的民事权利义务有争议直接向人民法院提起民事诉讼的,人民法院依法不予受理。但是,公证债权文书被人民法院裁定不予执行的除外。

第四条 当事人、公证事项的利害关系人提供证据证明公证机构及其公证员在公证活动中具有下列情形之一的,人民法院应当认定公证机构有过错:

(一)为不真实、不合法的事项出具公证书的;

(二)毁损、篡改公证书或者公证档案的;

(三)泄露在执业活动中知悉的商业秘密或者个人隐私的;

(四)违反公证程序、办证规则以及国务院司法行政部门制定的行业规范出具公证书的;

(五)公证机构在公证过程中未尽到充分的审查、核实义务,致使公证书错误或者不真实的;

(六)对存在错误的公证书,经当事人、公证事项的利害关系人申请仍不予纠正或者补正的;

（七）其他违反法律、法规、国务院司法行政部门强制性规定的情形。

第五条 当事人提供虚假证明材料申请公证致使公证书错误造成他人损失的,当事人应当承担赔偿责任。公证机构依法尽到审查、核实义务的,不承担赔偿责任;未依法尽到审查、核实义务的,应当承担与其过错相应的补充赔偿责任;明知公证证明的材料虚假或者与当事人恶意串通的,承担连带赔偿责任。

第六条 当事人、公证事项的利害关系人明知公证机构所出具的公证书不真实、不合法而仍然使用造成自己损失,请求公证机构承担赔偿责任的,人民法院不予支持。

第七条 本规定施行后,涉及公证活动的民事案件尚未终审的,适用本规定;本规定施行前已经终审,当事人申请再审或者按照审判监督程序决定再审的,不适用本规定。

最高人民法院关于
互联网法院审理案件若干问题的规定

(2018年9月3日最高人民法院审判委员会第1747次会议通过 2018年9月6日最高人民法院公告公布 自2018年9月7日起施行 法释〔2018〕16号)

为规范互联网法院诉讼活动,保护当事人及其他诉讼参与人合法权益,确保公正高效审理案件,根据《中华人民共和国民事诉讼法》《中华人民共和国行政诉讼法》等法律,结合人民法院审判工作实际,就互联网法院审理案件相关问题规定如下。

第一条 互联网法院采取在线方式审理案件,案件的受理、送达、调解、证据交换、庭前准备、庭审、宣判等诉讼环节一般应当在线上完成。

根据当事人申请或者案件审理需要,互联网法院可以决定在线下完成部分诉讼环节。

第二条 北京、广州、杭州互联网法院集中管辖所在市的辖区内应当由基层人民法院受理的下列第一审案件:

(一)通过电子商务平台签订或者履行网络购物合同而产生的纠纷;

(二)签订、履行行为均在互联网上完成的网络服务合同纠纷;

(三)签订、履行行为均在互联网上完成的金融借款合同纠纷、小额借款合同纠纷;

(四)在互联网上首次发表作品的著作权或者邻接权权属纠纷;

(五)在互联网上侵害在线发表或者传播作品的著作权或者邻接权而产生的纠纷;

(六)互联网域名权属、侵权及合同纠纷;

(七)在互联网上侵害他人人身权、财产权等民事权益而产生的纠纷;

(八)通过电子商务平台购买的产品,因存在产品缺陷,侵害他人人身、财产权益而产生的产品责任纠纷;

(九)检察机关提起的互联网公益诉讼案件;

(十)因行政机关作出互联网信息服务管理、互联网商品交易及有关服务管理等行政行为而产生的行政纠纷;

(十一)上级人民法院指定管辖的其他互联网民事、行政案件。

第三条 当事人可以在本规定第二条确定的合同及其他财产权益纠纷范围内,依法协议约定与争议有实际联系地点的互联网法院管辖。

电子商务经营者、网络服务提供商等采取格式条款形式与用户订立管辖协议的,应当符合法律及司法解释关于格式条款的规定。

第四条 当事人对北京互联网法院作出的判决、裁定提起上诉的案件,由北京市第四中级人民法院审理,但互联网著作权权属纠纷和侵权纠纷、互联网域名纠纷的上诉案件,由北京知识产权法院审理。

当事人对广州互联网法院作出的判决、裁定提起上诉的案件,由广州市中级人民法院审理,但互联网著作权权属纠纷和侵权纠纷、互联网域名纠纷的上诉案件,由广州知识产权法院审理。

当事人对杭州互联网法院作出的判决、裁定提起上诉的案件,由杭州市中级人民法院审理。

第五条 互联网法院应当建设互联网诉讼平台(以下简称诉讼平台),作为法院办理案件和当事人及其他诉讼参与人实施诉讼行为的专用平台。通过诉讼平台作出的诉讼行为,具有法律效力。

互联网法院审理案件所需涉案数据,电子商务平台经营者、网络服务提供商、相关国家机关应当提供,并有序接入诉讼平台,由互联网法院在线核实、实时固定、安全管理。诉讼平台对涉案数据的存储和使用,应当符合《中华人民共和国网络安全法》等法律法规的规定。

第六条 当事人及其他诉讼参与人使用诉讼平台实施诉讼行为的,应当通过证件证照比对、生物特征识别或者国家统一身份认证平台认证等在线方式完成身份认证,并取得登录诉讼平台的专用账号。

使用专用账号登录诉讼平台所作出的行为,视为被认证人本人行为,但因诉讼平台技术原因导致系统错误,或者被认证人能够证明诉讼平台账号被盗用的除外。

第七条 互联网法院在线接收原告提交的起诉材料,并于收到材料后七日内,在线作出以下处理:

(一)符合起诉条件的,登记立案并送达案件受理通知书、诉讼费交纳通知书、举证通知书等诉讼文书。

（二）提交材料不符合要求的，及时发出补正通知，并于收到补正材料后次日重新起算受理时间；原告未在指定期限内按要求补正的，起诉材料作退回处理。

（三）不符合起诉条件的，经释明后，原告无异议的，起诉材料作退回处理；原告坚持继续起诉的，依法作出不予受理裁定。

第八条　互联网法院受理案件后，可以通过原告提供的手机号码、传真、电子邮箱、即时通讯账号等，通知被告、第三人通过诉讼平台进行案件关联和身份验证。

被告、第三人应当通过诉讼平台了解案件信息，接收和提交诉讼材料，实施诉讼行为。

第九条　互联网法院组织在线证据交换的，当事人应当将在线电子数据上传、导入诉讼平台，或者将线下证据通过扫描、翻拍、转录等方式进行电子化处理后上传至诉讼平台进行举证，也可以运用已经导入诉讼平台的电子数据证明自己的主张。

第十条　当事人及其他诉讼参与人通过技术手段将身份证明、营业执照副本、授权委托书、法定代表人身份证明等诉讼材料，以及书证、鉴定意见、勘验笔录等证据材料进行电子化处理后提交的，经互联网法院审核通过后，视为符合原件形式要求。对方当事人对上述材料真实性提出异议且有合理理由的，互联网法院应当要求当事人提供原件。

第十一条　当事人对电子数据真实性提出异议的，互联网法院应当结合质证情况，审查判断电子数据生成、收集、存储、传输过程的真实性，并着重审查以下内容：

（一）电子数据生成、收集、存储、传输所依赖的计算机系统等硬件、软件环境是否安全、可靠；

（二）电子数据的生成主体和时间是否明确，表现内容是否清晰、客观、准确；

（三）电子数据的存储、保管介质是否明确，保管方式和手段是否妥当；

（四）电子数据提取和固定的主体、工具和方式是否可靠，提取过程是否可以重现；

（五）电子数据的内容是否存在增加、删除、修改及不完整等情形；

（六）电子数据是否可以通过特定形式得到验证。

当事人提交的电子数据，通过电子签名、可信时间戳、哈希值校验、区块链等证据收集、固定和防篡改的技术手段或者通过电子取证存证平台认证，能够证明其真实性的，互联网法院应当确认。

当事人可以申请具有专门知识的人就电子数据技术问题提出意见。互联网法院可以根据当事人申请或者依职权，委托鉴定电子数据的真实性或者调取其他相关证据进行核对。

第十二条 互联网法院采取在线视频方式开庭。存在确需当庭查明身份、核对原件、查验实物等特殊情形的,互联网法院可以决定在线下开庭,但其他诉讼环节仍应当在线完成。

第十三条 互联网法院可以视情决定采取下列方式简化庭审程序:

(一)开庭前已经在线完成当事人身份核实、权利义务告知、庭审纪律宣示的,开庭时可以不再重复进行;

(二)当事人已经在线完成证据交换的,对于无争议的证据,法官在庭审中说明后,可以不再举证、质证;

(三)经征得当事人同意,可以将当事人陈述、法庭调查、法庭辩论等庭审环节合并进行。对于简单民事案件,庭审可以直接围绕诉讼请求或者案件要素进行。

第十四条 互联网法院根据在线庭审特点,适用《中华人民共和国人民法院法庭规则》的有关规定。除经查明确属网络故障、设备损坏、电力中断或者不可抗力等原因外,当事人不按时参加在线庭审的,视为"拒不到庭",庭审中擅自退出的,视为"中途退庭",分别按照《中华人民共和国民事诉讼法》《中华人民共和国行政诉讼法》及相关司法解释的规定处理。

第十五条 经当事人同意,互联网法院应当通过中国审判流程信息公开网、诉讼平台、手机短信、传真、电子邮件、即时通讯账号等电子方式送达诉讼文书及当事人提交的证据材料等。

当事人未明确表示同意,但已经约定发生纠纷时在诉讼中适用电子送达的,或者通过回复收悉、作出相应诉讼行为等方式接受已经完成的电子送达,并且未明确表示不同意电子送达的,可以视为同意电子送达。

经告知当事人权利义务,并征得其同意,互联网法院可以电子送达裁判文书。当事人提出需要纸质版裁判文书的,互联网法院应当提供。

第十六条 互联网法院进行电子送达,应当向当事人确认电子送达的具体方式和地址,并告知电子送达的适用范围、效力、送达地址变更方式以及其他需告知的送达事项。

受送达人未提供有效电子送达地址的,互联网法院可以将能够确认为受送达人本人的近三个月内处于日常活跃状态的手机号码、电子邮箱、即时通讯账号等常用电子地址作为优先送达地址。

第十七条 互联网法院向受送达人主动提供或者确认的电子地址进行送达的,送达信息到达受送达人特定系统时,即为送达。

互联网法院向受送达人常用电子地址或者能够获取的其他电子地址进行送达的,根据下列情形确定是否完成送达:

(一)受送达人回复已收到送达材料,或者根据送达内容作出相应诉讼行为的,视为完成有效送达。

(二)受送达人的媒介系统反馈受送达人已阅知,或者有其他证据可以证明受送达人已经收悉的,推定完成有效送达,但受送达人能够证明存在媒介系统错误、送达地址非本人所有或者使用、非本人阅知等未收悉送达内容的情形除外。

完成有效送达的,互联网法院应当制作电子送达凭证。电子送达凭证具有送达回证效力。

第十八条 对需要进行公告送达的事实清楚、权利义务关系明确的简单民事案件,互联网法院可以适用简易程序审理。

第十九条 互联网法院在线审理的案件,审判人员、法官助理、书记员、当事人及其他诉讼参与人等通过在线确认、电子签章等在线方式对调解协议、笔录、电子送达凭证及其他诉讼材料予以确认的,视为符合《中华人民共和国民事诉讼法》有关"签名"的要求。

第二十条 互联网法院在线审理的案件,可以在调解、证据交换、庭审、合议等诉讼环节运用语音识别技术同步生成电子笔录。电子笔录以在线方式核对确认后,与书面笔录具有同等法律效力。

第二十一条 互联网法院应当利用诉讼平台随案同步生成电子卷宗,形成电子档案。案件纸质档案已经全部转化为电子档案的,可以以电子档案代替纸质档案进行上诉移送和案卷归档。

第二十二条 当事人对互联网法院审理的案件提起上诉的,第二审法院原则上采取在线方式审理。第二审法院在线审理规则参照适用本规定。

第二十三条 本规定自2018年9月7日起施行。最高人民法院之前发布的司法解释与本规定不一致的,以本规定为准。

人民法院在线运行规则

(2022年1月26日　法发〔2022〕8号)

为支持和推进在线诉讼、在线调解等司法活动,完善人民法院在线运行机制,方便当事人及其他参与人在线参与诉讼、调解等活动,提升审判执行工作质效,根据相关法律规定,结合智慧法院建设实际,制定本规则。

一、总　则

第一条 人民法院运用互联网、大数据、云计算、移动互联、人工智能和区块链等信息技术,完善智慧法院信息系统,规范应用方式,强化运行管理,以在线方式满足人民群众多元化司法需求,高效支持审判执行活动。

第二条 人民法院在线运行遵循以下原则:

(一)高效便民。坚持以人民为中心,提供一网通办、一站通办、一号通办等多元解纷和诉讼服务,减轻当事人诉累。

(二)注重实效。坚持司法规律、体制改革与技术变革相融合,完善信息系统,规范应用方式,强化运行管理,全方位支持人民法院开展在线审判执行活动,保障司法工作,提高司法效率。

(三)统筹共享。加强顶层统筹规划,优先建设和使用全国法院统一信息系统,持续推进信息基础设施、应用系统和数据资源兼容共享。

(四)创新驱动。贯彻实施网络强国战略,加大先进技术研究应用力度,推动业务流程、诉讼规则、审判模式与时俱进。

(五)安全可靠。依法采集、存储、处理和使用数据,保护国家秘密、商业秘密、个人隐私和个人信息,保障人民法院在线运行信息安全。

第三条 各级人民法院用以支持在线司法活动的信息系统建设、应用、运行和管理,适用本规则。

二、系统建设

第四条 人民法院应当建设智慧服务、智慧审判、智慧执行、智慧管理、司法公开、司法数据中台和智慧法院大脑、信息基础设施、安全保障、运维保障等智慧法院信息系统,保障人民法院在线运行。

智慧法院信息系统以司法数据中台和智慧法院大脑为核心,实现数据互联互通,支持业务协同办理。

第五条 智慧服务系统在互联网运行,与法院专网安全联通,为人民群众提供诉讼、调解、咨询和普法等在线服务,支撑构建一站式多元解纷和诉讼服务体系。

智慧服务系统包括人民法院在线服务、电子诉讼平台、人民法院调解平台、诉讼服务网、12368诉讼服务热线、电子送达平台、在线保全系统、在线鉴定系统等。

智慧服务系统应当具备诉讼指引、在线调解及名册管理、在线立案、在线交费、在线证据交换、在线委托鉴定、在线保全、在线庭审、在线执行、在线阅卷、在线查档、在线送达、在线公告、跨域诉讼服务等功能。

人民法院在线服务与智慧服务系统其他平台对接,作为人民法院通过互联网向人民群众提供在线服务的统一入口。

第六条 智慧审判系统在法院专网或电子政务网运行,为审判人员提供阅卷、查档、听证、庭审、合议、裁判辅助等在线服务,支撑构建现代化审判体系。

智慧审判系统包括审判流程管理系统、电子卷宗流转应用系统、智能裁判辅助系统、量刑规范化系统、庭审语音识别系统等。

智慧审判系统应当具备案件信息管理、审限管理、电子卷宗随案同步生成和深度应用、类案智推、文书辅助生成、量刑辅助等功能。

第七条 智慧执行系统在法院专网或电子政务网运行,为执行人员提供执行协同、执行信息管理、查人找物、财产处置、失信惩戒等在线服务,支撑构建现代化执行工作体系。

智慧执行系统包括执行指挥平台、执行案件流程信息管理系统、执行查控系统、失信惩戒系统、司法拍卖系统、一案一账户案款管理系统、移动执行系统等。

智慧执行系统应当具备执行案件全流程网上办理、执行线索分析、执行财产网络查控、司法拍卖信息发布、网络询价、失信被执行人管理等功能。

第八条 智慧管理系统在法院专网或电子政务网运行,为法院干警提供行政办公、人事管理、审务督察和档案管理等在线服务,支撑构建现代化司法管理体系。

智慧管理系统主要包括办公平台、人事管理系统、审务督察系统、电子档案系统等。

智慧管理系统应当具备公文在线办理、人事信息管理、审务督察、电子档案管理等功能。

第九条 司法公开平台在互联网运行,为当事人及其他诉讼参与人、社会公众提供依法公开的审判流程信息、庭审活动信息、裁判文书信息、执行工作信息等在线公开服务,支撑构建开放、动态、透明、便民的阳光司法机制。

司法公开平台主要包括中国审判流程信息公开网、中国庭审公开网、中国裁判文书网、中国执行信息公开网、全国企业破产重整案件信息网、全国法院减刑、假释、暂予监外执行信息网等。

司法公开平台应当具备信息公开、信息检索、可视化展现等功能。

第十条 司法数据中台和智慧法院大脑运行在法院专网或电子政务网,为智慧服务、智慧审判、智慧执行、智慧管理和司法公开等智慧法院信息系统提供数据和智能服务。

司法数据中台和智慧法院大脑包括司法数据库、数据管理平台、数据交换平台、数据服务平台、人工智能引擎、司法知识库、知识服务平台和司法区块链平台等。

司法数据中台和智慧法院大脑应当具备数据汇聚治理、共享交换、关联融合、可视化展现、知识生成、智能计算、辅助决策、证据核验、可信操作、智能合约等功能。

第十一条 各级人民法院应当建设信息基础设施,为人民法院在线运行提供必要的基础条件支撑。

信息基础设施包括通信网络、计算存储、通用终端设备以及信息管理中心、执行指挥中心、诉讼服务大厅、科技法庭等重要场所专用设施。

信息基础设施应当为各类应用系统、数据资源和运维保障提供计算运行、数据存储、通信传输、显示控制等服务。

第十二条 各级人民法院应当建设安全保障系统,为人民法院在线运行提供网络和信息安全保障。

安全保障系统包括身份认证平台、边界防护系统、安全隔离交换系统、权限管理系统、安全管控系统和安全运维系统等。

安全保障系统应当为各类信息基础设施、应用系统和数据资源提供主机安全、身份认证、访问控制、分类分级、密码加密、防火墙、安全审计和安全管理等安全服务。

第十三条　各级人民法院应当建设运维保障系统,为人民法院在线运行提供运行维护保障。

运维保障系统包括质效型运维服务、可视化管理平台、运行质效报告和应急管理平台等。

运维保障系统应当为信息基础设施、应用系统、数据资源和安全保障系统提供运行、维护和运行质效分析等运维保障服务。

三、应用方式

第十四条　当事人及其他参与人应用智慧服务系统进行在线调解、在线诉讼,应当先行注册并完成身份认证,取得登录智慧服务系统的专用账号。

同一用户注册智慧服务系统应当以个人身份认证和实名注册为主,尽量使用相同的注册和身份认证信息。

智慧服务系统应当对接公安机关户籍管理系统支持核对用户身份认证信息,并支持用户信息的统一管理和共享应用。

第十五条　当事人及其他参与人在智慧服务系统相应平台完成注册后,可以在线登录并通过身份认证,关联相关案件参与在线调解、在线诉讼。

第十六条　当事人及其他参与人可以应用人民法院调解平台等开展在线调解,进行在线申请、接受、拒绝或者终止调解,获得在线调解引导等服务。

人民法院通过人民法院调解平台等,支持人民法院、当事人、在线调解组织和调解员通过电脑和移动终端设备进行在线调解,支持在线开展调解前协商和解、调解组织和调解员选定、音视频调解、制作调解协议、申请司法确认或者出具调解书等,支持在线诉非对接、诉调对接程序,保存调解过程中的所有音视频和文字材料。

人民法院、调解组织和调解员可以通过人民法院调解平台等在线管理相关组织和人员信息。

第十七条　当事人及其代理人可以通过人民法院在线服务、电子诉讼、诉讼服务网等平台在线提交立案申请。

人民法院通过智慧审判系统对接智慧服务系统在线处理立案申请,反馈立案结果。

第十八条　当事人及其代理人可以通过人民法院在线服务、电子诉讼平台、人民法院调解平台、诉讼服务网等平台在线查看案件相关诉讼费用信息并通过网上支付通道在线交费。

人民法院通过智慧审判、智慧执行系统对接智慧服务系统在线发起交费通知、查看交费状态。

第十九条　当事人及其代理人通过人民法院在线服务、电子诉讼、人民法院调解平台、诉讼服务网等平台在线填写或提交各类案件相关电子材料,应符合平台告知的相应文件的格式、体例、规范性和清晰度等要求。

第二十条 智慧服务系统中在线提交、符合要求的电子文件自动纳入案件电子卷宗,并传送智慧审判系统、智慧执行系统、智慧管理系统流转应用。

对于线下提交的案件材料,人民法院应当及时通过扫描、翻拍、转录等方式随案同步生成符合要求的电子文件,形成案件电子卷宗。

人民法院通过智慧审判、智慧执行系统支持电子卷宗随案流转应用,包括阅卷、合议、庭审、审委会讨论、跨院调卷等。

人民法院利用电子卷宗实现文件数据化、回填案件信息、文书辅助生成、卷宗自动归档等智能化应用。

第二十一条 人民法院通过智慧服务系统相应平台和司法区块链核验当事人通过区块链平台提交的相关电子文件和数据等证据材料。

第二十二条 当事人及其代理人可以通过人民法院在线服务、电子诉讼平台、诉讼服务网等平台获知相应的平台门户、通信带宽和显示分辨率等技术条件要求,开展在线证据交换、在线举证质证。

第二十三条 人民法院通过智慧服务、智慧审判、智慧执行、司法区块链等平台,支持对经当事人及其代理人在线举证质证后的证据材料的真实性、合法性和关联性的认定和重审。

第二十四条 当事人及其代理人可以通过智慧服务系统提交在线阅卷、在线查档申请。

人民法院按照相关规定从智慧审判、智慧执行和智慧管理系统中调取相应卷宗或档案流转至智慧服务系统,支持当事人及其代理人在线阅卷、在线查档。

第二十五条 人民法院、当事人及其代理人、证人、鉴定人等可以通过人民法院在线服务、电子诉讼平台、诉讼服务网等平台,按照相关技术条件要求,通过科技法庭、电脑和移动终端设备开展在线视频庭审,开展在线庭前准备、法庭调查、法庭辩论、语音转写、笔录签名等庭审活动,人民法院应当按照相关规定保存庭审过程中的音视频和文字材料。

第二十六条 受送达人可以通过人民法院在线服务、人民法院送达平台、诉讼服务网和中国审判流程信息公开网等平台在线查阅、接收、下载和签收相关送达材料。

人民法院通过智慧审判、智慧执行系统,对接人民法院送达平台,记录各方参与主体的电子邮箱、即时通讯账号、诉讼平台专用账号等电子地址,按照有关规定进行在线送达、接受送达回执,实现在线送达所有环节信息全程留痕,记录并保存送达凭证。

第二十七条 当事人及其代理人可以通过人民法院在线服务、在线保全等平台向有管辖权的法院申请保全、提交或补充申请信息和材料,交纳保全费,也可以在线提起解除保全、续行保全、保全复议等。

当事人及其代理人可以通过人民法院在线服务、在线保全等平台在线向第三方担保机构申请担保,申请通过后在线交纳担保费,也可以在线取消、变更担保等。

第三方担保机构在当事人交纳担保费用后,可以在线出具电子担保书,支持当事人及其代理人在线查看、下载电子担保书。

人民法院通过智慧审判和智慧执行系统对接智慧服务系统在线进行保全审核和后续业务办理。

第二十八条 人民法院通过智慧审判系统、智慧执行系统对接智慧服务系统,依职权或当事人申请,在线发起委托鉴定、选择鉴定机构、移送鉴定材料。

鉴定机构可以通过人民法院在线服务、在线鉴定等平台在线受理委托任务、审阅鉴定相关检材、出具鉴定意见书或报告书;鉴定申请人可以在线查阅鉴定意见书或报告书,在线提出异议或者申请出庭;人民法院可以在线对异议或出庭申请进行审核及答复。

第二十九条 当事人及其代理人可通过人民法院在线服务、12368诉讼服务热线、诉讼服务网、人民法院调解平台等平台联系人民法院,进行案件调解、审判、执行、阅卷、查档、信访、送达以及预约事项办理信息的在线咨询查询。

第三十条 人民法院通过智慧审判系统实现案件电子卷宗的随案同步生成和深度应用,支持电子卷宗智能编目、信息自动回填、在线阅批、一键归档、上诉审移送与查阅,支持案件收案、分案、庭审、合议、裁判、结案、归档全流程网上办理;对接司法数据中台和智慧法院大脑,提供案件数据服务、案情智能分析、类案精准推送、文书辅助生成等智能辅助应用;依法按需实现法院内部、不同法院之间、法院与协同部门之间的卷宗信息共享和业务协同。

第三十一条 人民法院通过智慧执行系统实现执行案件全程在线办理、执行活动全程留痕、全方位多层次监控,支持在线采取财产查控、询价评估、拍卖变卖、案款发放、信用惩戒等执行措施。

第三十二条 人民法院通过电子档案管理信息系统,按照档案相关法律法规,在线完成电子档案的收集、保存和提供利用。

第三十三条 当事人及其代理人按照依法、自愿、合理的原则,可将诉讼、调解等环节由线上转为线下,或由线下转为线上进行;人民法院在线运行方式支持部分参与者采用线上、其他参与者采用线下的方式参与诉讼、调解等活动。

诉讼、调解活动采用线下办理的,人民法院应当及时将相关案件材料制作形成电子卷宗,并上传至智慧法院相关信息系统纳入管理。

四、运行管理

第三十四条 各级人民法院应当按照信息安全等级保护要求,确定智慧法院信息系统的安全保护等级,制定安全管理制度和操作规程,确定网络安全责任人,落实网络安全保护责任。

各级人民法院应当通过安全保障系统防范计算机病毒和网络攻击、网络侵入等危害网络安全的行为,通过安全隔离交换平台支持跨网系信息互通的同时防范网间恶意入侵、非法登录和数据窃取等行为,监测、记录并留存相关信息系统运行状态和网络安全事件,强化关键信息基础设施运行安全,建立健全用户信息保护机制,加强网络安全监测预警与应急处置能力。

各级人民法院应当开展与等级保护标准相符合的信息系统安全保障建设和测评以及密码应用安全评估。

第三十五条 各级人民法院应当确保智慧法院信息系统相关数据全生命周期安全,制定数据分类分级保护、数据安全应急处理和数据安全审查等制度。

各级人民法院应当通过安全保障系统建立相关信息系统数据权限管理和数据安全风险信息获取、分析、研判和预警机制,遵循"安全、必要、最小范围"原则实现数据共享和安全管控,保证在线诉讼、在线调解等司法活动中的个人隐私、个人信息、商业秘密、保密商务信息、审判执行工作秘密等数据依法予以保密,不被随意泄露或非法向他人提供。

第三十六条 各级人民法院应当指导、监督智慧法院信息系统建设、运行和管理中的个人信息保护工作,接受、处理在线诉讼、在线调解活动中个人信息保护有关的投诉和举报,定期组织对各类信息系统个人信息保护情况进行测评并公布结果,调查、处理在线诉讼、调解等司法活动中的违法处理个人信息行为。

各级人民法院应当加强司法公开工作中的个人信息保护,严格执行法律规定的公开范围,依法公开相关信息,运用信息化手段支持个人敏感信息屏蔽、司法公开质量管控。

第三十七条 各级人民法院应当通过运维保障系统,按照一线运维、二线运维和运行质效分析等方式支持智慧法院信息系统的运行维护保障,一线运维主要负责用户管理、权限分配、系统故障修复和应急响应处理等,二线运维主要负责信息系统运行状态和质效的监控分析,最高人民法院及各高级人民法院应当定期组织进行智慧法院信息系统的运行质效分析,提出改进建议。

第三十八条 各级人民法院应当建立健全信息系统规划、立项、采购、建设、测试、验收、应用和评价等全生命周期管理体系,实现对智慧法院信息系统主机、软件、存储资源、通信网络、机房和专用设施场所等系统和设施的全面管理,支撑人民法院在线稳定运行。

第三十九条 各级人民法院应当建立健全人民法院在线运行相关数据生产、汇聚、存储、治理、加工、传输、使用、提供、公开等过程管理机制,明确数据管理责任,全面提升数据质量,提高数据应用能力。

第四十条 各级人民法院应当制定应急计划,及时有效处理人民法院在线运行过程中出现的停电、断线、技术故障、遭受网络攻击、数据安全漏洞等突发事件。无法立即修复故障时,各级人民法院应当根据故障性质暂停提供相关服务,及时向用户告知故障信息,直至系统恢复正常,并记录保存故障信息。

第四十一条 各级人民法院应当依据相关法律规定,与企业院校开展合作,推进智慧法院信息系统建设、运行、维护,支持、组织、监督合作单位依照法律规定和合同约定履行义务,严格实施合作单位人员的出入、驻场、工作、培训、安全、保密、廉政和离职管理,确保合作单位不得利用工作便利擅自更改、留存、使用、泄露或者向他人提供相关工作信息。

第四十二条 各级人民法院应当优先推广应用全国法院统建信息系统,推进各地法院自研系统接入相应全国统建系统。

第四十三条 人民法院应当在符合安全要求的前提下加强与外部相关信息系统的按需对接和在线业务协同。

第四十四条 各级人民法院应当积极通过各种渠道向社会公众宣传智慧法院建设的重大意义,推广普及智慧法院相关信息系统应用,针对各类用户做好培训、咨询以及必要的应用演练,建立用户满意度评价、跟踪、反馈、改进机制,不断提升人民法院在线运行效能。

五、附　则

第四十五条 本规则自 2022 年 3 月 1 日起施行。

人民法院在线诉讼规则

(2021 年 5 月 18 日最高人民法院审判委员会第 1838 次会议通过　2021 年 6 月 16 日最高人民法院公告公布　自 2021 年 8 月 1 日起施行　法释〔2021〕12 号)

为推进和规范在线诉讼活动,完善在线诉讼规则,依法保障当事人及其他诉讼参与人等诉讼主体的合法权利,确保公正高效审理案件,根据《中华人民共和国刑事诉讼法》《中华人民共和国民事诉讼法》《中华人民共和国行政诉讼法》等相关法律规定,结合人民法院工作实际,制定本规则。

第一条 人民法院、当事人及其他诉讼参与人等可以依托电子诉讼平台(以下简称"诉讼平台"),通过互联网或者专用网络在线完成立案、调解、证据交换、询问、庭审、送达等全部或者部分诉讼环节。

在线诉讼活动与线下诉讼活动具有同等法律效力。

第二条 人民法院开展在线诉讼应当遵循以下原则:

(一)公正高效原则。严格依法开展在线诉讼活动,完善审判流程,健全工作机制,加强技术保障,提高司法效率,保障司法公正。

(二)合法自愿原则。尊重和保障当事人及其他诉讼参与人对诉讼方式的选择权,未经当事人及其他诉讼参与人同意,人民法院不得强制或者变相强制适用在线诉讼。

（三）权利保障原则。充分保障当事人各项诉讼权利，强化提示、说明、告知义务，不得随意减少诉讼环节和减损当事人诉讼权益。

（四）便民利民原则。优化在线诉讼服务，完善诉讼平台功能，加强信息技术应用，降低当事人诉讼成本，提升纠纷解决效率。统筹兼顾不同群体司法需求，对未成年人、老年人、残障人士等特殊群体加强诉讼引导，提供相应司法便利。

（五）安全可靠原则。依法维护国家安全，保护国家秘密、商业秘密、个人隐私和个人信息，有效保障在线诉讼数据信息安全。规范技术应用，确保技术中立和平台中立。

第三条 人民法院综合考虑案件情况、当事人意愿和技术条件等因素，可以对以下案件适用在线诉讼：

（一）民事、行政诉讼案件；

（二）刑事速裁程序案件，减刑、假释案件，以及因其他特殊原因不宜线下审理的刑事案件；

（三）民事特别程序、督促程序、破产程序和非诉执行审查案件；

（四）民事、行政执行案件和刑事附带民事诉讼执行案件；

（五）其他适宜采取在线方式审理的案件。

第四条 人民法院开展在线诉讼，应当征得当事人同意，并告知适用在线诉讼的具体环节、主要形式、权利义务、法律后果和操作方法等。

人民法院应当根据当事人对在线诉讼的相应意思表示，作出以下处理：

（一）当事人主动选择适用在线诉讼的，人民法院可以不再另行征得其同意，相应诉讼环节可以直接在线进行；

（二）各方当事人均同意适用在线诉讼的，相应诉讼环节可以在线进行；

（三）部分当事人同意适用在线诉讼，部分当事人不同意的，相应诉讼环节可以采取同意方当事人线上、不同意方当事人线下的方式进行；

（四）当事人仅主动选择或者同意对部分诉讼环节适用在线诉讼的，人民法院不得推定其对其他诉讼环节均同意适用在线诉讼。

对人民检察院参与的案件适用在线诉讼的，应当征得人民检察院同意。

第五条 在诉讼过程中，如存在当事人欠缺在线诉讼能力、不具备在线诉讼条件或者相应诉讼环节不宜在线办理等情形之一的，人民法院应当将相应诉讼环节转为线下进行。

当事人已同意对相应诉讼环节适用在线诉讼，但诉讼过程中又反悔的，应当在开展相应诉讼活动前的合理期限内提出。经审查，人民法院认为不存在故意拖延诉讼等不当情形的，相应诉讼环节可以转为线下进行。

在调解、证据交换、询问、听证、庭审等诉讼环节中，一方当事人要求其他当事人及诉讼参与人在线下参与诉讼的，应当提出具体理由。经审查，人民法院认为案件存在案情疑难复杂、需证人现场作证、有必要线下举证质证、陈述辩论等情形之一的，相应诉讼环节可以转为线下进行。

第六条 当事人已同意适用在线诉讼，但无正当理由不参与在线诉讼活动或者不作出相应诉讼行为，也未在合理期限内申请提出转为线下进行的，应当依照法律和司法解释的相关规定承担相应法律后果。

第七条 参与在线诉讼的诉讼主体应当先行在诉讼平台完成实名注册。人民法院应当通过证件证照在线比对、身份认证平台认证等方式，核实诉讼主体的实名手机号码、居民身份证件号码、护照号码、统一社会信用代码等信息，确认诉讼主体身份真实性。诉讼主体在线完成身份认证后，取得登录诉讼平台的专用账号。

参与在线诉讼的诉讼主体应当妥善保管诉讼平台专用账号和密码。除有证据证明存在账号被盗用或者系统错误的情形外，使用专用账号登录诉讼平台所作出的行为，视为被认证本人行为。

人民法院在线开展调解、证据交换、庭审等诉讼活动，应当再次验证诉讼主体的身份；确有必要的，应当在线下进一步核实身份。

第八条 人民法院、特邀调解组织、特邀调解员可以通过诉讼平台、人民法院调解平台等开展在线调解活动。在线调解应当按照法律和司法解释相关规定进行，依法保护国家秘密、商业秘密、个人隐私和其他不宜公开的信息。

第九条 当事人采取在线方式提交起诉材料的，人民法院应当在收到材料后的法定期限内，在线作出以下处理：

（一）符合起诉条件的，登记立案并送达案件受理通知书、交纳诉讼费用通知书、举证通知书等诉讼文书；

（二）提交材料不符合要求的，及时通知其补正，并一次性告知补正内容和期限，案件受理时间自收到补正材料后次日重新起算；

（三）不符合起诉条件或者起诉材料经补正仍不符合要求，原告坚持起诉的，依法裁定不予受理或者不予立案。

当事人已在线提交符合要求的起诉状等材料的，人民法院不得要求当事人再提供纸质件。

上诉、申请再审、特别程序、执行等案件的在线受理规则，参照本条第一款、第二款规定办理。

第十条 案件适用在线诉讼的，人民法院应当通知被告、被上诉人或者其他诉讼参与人，询问其是否同意以在线方式参与诉讼。被通知人同意采用在线方式的，应当在收到通知的三日内通过诉讼平台验证身份、关联案件，并在后续诉讼活动中通过诉讼平台了解案件信息、接收和提交诉讼材料，以及实施其他诉讼行为。

被通知人未明确表示同意采用在线方式，且未在人民法院指定期限内注册登录诉讼平台的，针对被通知人的相关诉讼活动在线下进行。

第十一条 当事人可以在诉讼平台直接填写录入起诉状、答辩状、反诉状、代理意见等诉讼文书材料。

当事人可以通过扫描、翻拍、转录等方式,将线下的诉讼文书材料或者证据材料作电子化处理后上传至诉讼平台。诉讼材料为电子数据,且诉讼平台与存储该电子数据的平台已实现对接的,当事人可以将电子数据直接提交至诉讼平台。

当事人提交电子化材料确有困难的,人民法院可以辅助当事人将线下材料作电子化处理后导入诉讼平台。

第十二条 当事人提交的电子化材料,经人民法院审核通过后,可以直接在诉讼中使用。诉讼中存在下列情形之一的,人民法院应当要求当事人提供原件、原物:

(一)对方当事人认为电子化材料与原件、原物不一致,并提出合理理由和依据的;

(二)电子化材料呈现不完整、内容不清晰、格式不规范的;

(三)人民法院卷宗、档案管理相关规定要求提供原件、原物的;

(四)人民法院认为有必要提交原件、原物的。

第十三条 当事人提交的电子化材料,符合下列情形之一的,人民法院可以认定符合原件、原物形式要求:

(一)对方当事人对电子化材料与原件、原物的一致性未提出异议的;

(二)电子化材料形成过程已经过公证机构公证的;

(三)电子化材料已在之前诉讼中提交并经人民法院确认的;

(四)电子化材料已通过在线或者线下方式与原件、原物比对一致的;

(五)有其他证据证明电子化材料与原件、原物一致的。

第十四条 人民法院根据当事人选择和案件情况,可以组织当事人开展在线证据交换,通过同步或者非同步方式在线举证、质证。

各方当事人选择同步在线交换证据的,应当在人民法院指定的时间登录诉讼平台,通过在线视频或者其他方式,对已经导入诉讼平台的证据材料或者线下送达的证据材料副本,集中发表质证意见。

各方当事人选择非同步在线交换证据的,应当在人民法院确定的合理期限内,分别登录诉讼平台,查看已经导入诉讼平台的证据材料,并发表质证意见。

各方当事人均同意在线证据交换,但对具体方式无法达成一致意见的,适用同步在线证据交换。

第十五条 当事人作为证据提交的电子化材料和电子数据,人民法院应当按照法律和司法解释的相关规定,经当事人举证质证后,依法认定其真实性、合法性和关联性。未经人民法院查证属实的证据,不得作为认定案件事实的根据。

第十六条 当事人作为证据提交的电子数据系通过区块链技术存储,并经技术核验一致的，人民法院可以认定该电子数据上链后未经篡改，但有相反证据足以推翻的除外。

第十七条 当事人对区块链技术存储的电子数据上链后的真实性提出异议，并有合理理由的，人民法院应当结合下列因素作出判断：

（一）存证平台是否符合国家有关部门关于提供区块链存证服务的相关规定；

（二）当事人与存证平台是否存在利害关系，并利用技术手段不当干预取证、存证过程；

（三）存证平台的信息系统是否符合清洁性、安全性、可靠性、可用性的国家标准或者行业标准；

（四）存证技术和过程是否符合相关国家标准或者行业标准中关于系统环境、技术安全、加密方式、数据传输、信息验证等方面的要求。

第十八条 当事人提出电子数据上链存储前已不具备真实性，并提供证据证明或者说明理由的，人民法院应当予以审查。

人民法院根据案件情况，可以要求提交区块链技术存储电子数据的一方当事人，提供证据证明上链存储前数据的真实性，并结合上链存储前数据的具体来源、生成机制、存储过程、公证机构公证、第三方见证、关联印证数据等情况作出综合判断。当事人不能提供证据证明或者作出合理说明，该电子数据也无法与其他证据相互印证的，人民法院不予确认其真实性。

第十九条 当事人可以申请具有专门知识的人就区块链技术存储电子数据相关技术问题提出意见。人民法院可以根据当事人申请或者依职权，委托鉴定区块链技术存储电子数据的真实性，或者调取其他相关证据进行核对。

第二十条 经各方当事人同意，人民法院可以指定当事人在一定期限内，分别登录诉讼平台，以非同步的方式开展调解、证据交换、调查询问、庭审等诉讼活动。

适用小额诉讼程序或者民事、行政简易程序审理的案件，同时符合下列情形的，人民法院和当事人可以在指定期限内，按照庭审程序环节分别录制参与庭审视频并上传至诉讼平台，非同步完成庭审活动：

（一）各方当事人同时在线参与庭审确有困难；

（二）一方当事人提出书面申请，各方当事人均表示同意；

（三）案件经过在线证据交换或者调查询问，各方当事人对案件主要事实和证据不存在争议。

第二十一条 人民法院开庭审理的案件，应当根据当事人意愿、案件情况、社会影响、技术条件等因素，决定是否采取视频方式在线庭审，但具有下列情形之一的，不得适用在线庭审：

（一）各方当事人均明确表示不同意，或者一方当事人表示不同意且有正当理由的；

(二)各方当事人均不具备参与在线庭审的技术条件和能力的;
(三)需要通过庭审现场查明身份、核对原件、查验实物的;
(四)案件疑难复杂、证据繁多,适用在线庭审不利于查明事实和适用法律的;
(五)案件涉及国家安全、国家秘密的;
(六)案件具有重大社会影响,受到广泛关注的;
(七)人民法院认为存在其他不宜适用在线庭审情形的。

采取在线庭审方式审理的案件,审理过程中发现存在上述情形之一的,人民法院应当及时转为线下庭审。已完成的在线庭审活动具有法律效力。

在线询问的适用范围和条件参照在线庭审的相关规则。

第二十二条 适用在线庭审的案件,应当按照法律和司法解释的相关规定开展庭前准备、法庭调查、法庭辩论等庭审活动,保障当事人申请回避、举证、质证、陈述、辩论等诉讼权利。

第二十三条 需要公告送达的案件,人民法院可以在公告中明确线上或者线下参与庭审的具体方式,告知当事人选择在线庭审的权利。被公告方当事人未在开庭前向人民法院表示同意在线庭审的,被公告方当事人适用线下庭审。其他同意适用在线庭审的当事人,可以在线参与庭审。

第二十四条 在线开展庭审活动,人民法院应当设置环境要素齐全的在线法庭。在线法庭应当保持国徽在显著位置,审判人员及席位名称等在视频画面合理区域。因存在特殊情形,确需在在线法庭之外的其他场所组织在线庭审的,应当报请本院院长同意。

出庭人员参加在线庭审,应当选择安静、无干扰、光线适宜、网络信号良好、相对封闭的场所,不得在可能影响庭审音频视频效果或者有损庭审严肃性的场所参加庭审。必要时,人民法院可以要求出庭人员到指定场所参加在线庭审。

第二十五条 出庭人员参加在线庭审应当尊重司法礼仪,遵守法庭纪律。人民法院根据在线庭审的特点,适用《中华人民共和国人民法院法庭规则》相关规定。

除确属网络故障、设备损坏、电力中断或者不可抗力等原因外,当事人无正当理由不参加在线庭审,视为"拒不到庭";在庭审中擅自退出,经提示、警告后仍不改正的,视为"中途退庭",分别按照相关法律和司法解释的规定处理。

第二十六条 证人通过在线方式出庭的,人民法院应当通过指定在线出庭场所、设置在线作证室等方式,保证其不旁听案件审理和不受他人干扰。当事人对证人在线出庭提出异议且有合理理由的,或者人民法院认为确有必要的,应当要求证人线下出庭作证。

鉴定人、勘验人、具有专门知识的人在线出庭的,参照前款规定执行。

第二十七条 适用在线庭审的案件,应当按照法律和司法解释的相关规定公开庭审活动。

对涉及国家安全、国家秘密、个人隐私的案件,庭审过程不得在互联网上公开。对涉及未成年人、商业秘密、离婚等民事案件,当事人申请不公开审理的,在线庭审过程可以不在互联网上公开。

未经人民法院同意,任何人不得违法违规录制、截取、传播涉及在线庭审过程的音频视频、图文资料。

第二十八条 在线诉讼参与人故意违反本规则第八条、第二十四条、第二十五条、第二十六条、第二十七条的规定,实施妨害在线诉讼秩序行为的,人民法院可以根据法律和司法解释关于妨害诉讼的相关规定作出处理。

第二十九条 经受送达人同意,人民法院可以通过送达平台,向受送达人的电子邮箱、即时通讯账号、诉讼平台专用账号等电子地址,按照法律和司法解释的相关规定送达诉讼文书和证据材料。

具备下列情形之一的,人民法院可以确定受送达人同意电子送达:

(一)受送达人明确表示同意的;

(二)受送达人在诉讼前对适用电子送达已作出约定或者承诺的;

(三)受送达人在提交的起诉状、上诉状、申请书、答辩状中主动提供用于接收送达的电子地址的;

(四)受送达人通过回复收悉、参加诉讼等方式接受已经完成的电子送达,并且未明确表示不同意电子送达的。

第三十条 人民法院可以通过电话确认、诉讼平台在线确认、线下发送电子送达确认书等方式,确认受送达人是否同意电子送达,以及受送达人接收电子送达的具体方式和地址,并告知电子送达的适用范围、效力、送达地址变更方式以及其他需告知的送达事项。

第三十一条 人民法院向受送达人主动提供或者确认的电子地址送达的,送达信息到达电子地址所在系统时,即为送达。

受送达人未提供或者未确认有效电子送达地址,人民法院向能够确认为受送达人本人的电子地址送达的,根据下列情形确定送达是否生效:

(一)受送达人回复已收悉,或者根据送达内容已作出相应诉讼行为的,即为完成有效送达;

(二)受送达人的电子地址所在系统反馈受送达人已阅知,或者有其他证据可以证明受送达人已经收悉的,推定完成有效送达,但受送达人能够证明存在系统错误、送达地址非本人使用或者非本人阅知等未收悉送达内容的情形除外。

人民法院开展电子送达,应当在系统中全程留痕,并制作电子送达凭证。电子送达凭证具有送达回证效力。

对同一内容的送达材料采取多种电子方式发送受送达人的,以最先完成的有效送达时间作为送达生效时间。

第三十二条 人民法院适用电子送达,可以同步通过短信、即时通讯工具、诉讼平台提示等方式,通知受送达人查阅、接收、下载相关送达材料。

第三十三条 适用在线诉讼的案件,各方诉讼主体可以通过在线确认、电子签章等方式,确认和签收调解协议、笔录、电子送达凭证及其他诉讼材料。

第三十四条 适用在线诉讼的案件,人民法院应当在调解、证据交换、庭审、合议等诉讼环节同步形成电子笔录。电子笔录以在线方式核对确认后,与书面笔录具有同等法律效力。

第三十五条 适用在线诉讼的案件,人民法院应当利用技术手段随案同步生成电子卷宗,形成电子档案。电子档案的立卷、归档、存储、利用等,按照档案管理相关法律法规的规定执行。

案件无纸质材料或者纸质材料已经全部转化为电子材料的,第一审人民法院可以采用电子卷宗代替纸质卷宗进行上诉移送。

适用在线诉讼的案件存在纸质卷宗材料的,应当按照档案管理相关法律法规立卷、归档和保存。

第三十六条 执行裁决案件的在线立案、电子材料提交、执行和解、询问当事人、电子送达等环节,适用本规则的相关规定办理。

人民法院可以通过财产查控系统、网络询价评估平台、网络拍卖平台、信用惩戒系统等,在线完成财产查明、查封、扣押、冻结、划扣、变价和惩戒等执行实施环节。

第三十七条 符合本规定第三条第二项规定的刑事案件,经公诉人、当事人、辩护人同意,可以根据案件情况,采取在线方式讯问被告人、开庭审理、宣判等。

案件采取在线方式审理的,按照以下情形分别处理:

(一)被告人、罪犯被羁押的,可以在看守所、监狱等羁押场所在线出庭;

(二)被告人、罪犯未被羁押的,因特殊原因确实无法到庭的,可以在人民法院指定的场所在线出庭;

(三)证人、鉴定人一般应当在线下出庭,但法律和司法解释另有规定的除外。

第三十八条 参与在线诉讼的相关主体应当遵守数据安全和个人信息保护的相关法律法规,履行数据安全和个人信息保护义务。除人民法院依法公开的以外,任何人不得违法违规披露、传播和使用在线诉讼数据信息。出现上述情形的,人民法院可以根据具体情况,依照法律和司法解释关于数据安全、个人信息保护以及妨害诉讼的规定追究相关单位和人员法律责任,构成犯罪的,依法追究刑事责任。

第三十九条 本规则自 2021 年 8 月 1 日起施行。最高人民法院之前发布的司法解释涉及在线诉讼的规定与本规则不一致的,以本规则为准。

最高人民法院案件审限管理规定

(2001年11月5日 法〔2001〕164号)

为了严格执行法律和有关司法解释关于审理期限的规定,提高审判工作效率,保护当事人的诉讼权利,结合本院实际情况,制定本规定。

一、本院各类案件的审理期限

第一条 审理刑事上诉、抗诉案件的期限为一个月,至迟不得超过一个半月;有刑事诉讼法第一百二十六条规定情形之一的,经院长批准,可以延长一个月。

第二条 审理对民事判决的上诉案件,期限为三个月;有特殊情况需要延长的,经院长批准,可以延长三个月。

审理对民事裁定的上诉案件,期限为一个月。

第三条 审理对妨害诉讼的强制措施的民事决定不服申请复议的案件,期限为五日。

第四条 审理行政上诉案件的期限为两个月;有特殊情况需要延长的,经院长批准,可以延长两个月。

第五条 审理赔偿案件的期限为三个月;有特殊情况需要延长的,经院长批准,可以延长三个月。

第六条 办理刑事复核案件的期限为两个月;有特殊情况需要延长的,由院长批准。

办理再审刑事复核案件的期限为四个月;有特殊情况需要延长的,由院长批准。

第七条 对不服本院生效裁判或不服高级人民法院复查驳回、再审改判的各类申诉或申请再审案件,应当在三个月内审查完毕,作出决定或裁定,至迟不得超过六个月。

第八条 按照审判监督程序重新审理的刑事案件的审理期限为三个月;有特殊情视需要延长的,经院长批准,可以延长三个月。裁定再审的民事、行政案件,根据再审适用的不同程序,分别执行第一审或第二审审理期限的规定。

第九条 办理下级人民法院按规定向我院请示的各类适用法律的特殊案件,期限为三个月;有特殊情况需要延长的,经院长批准,可以延长三个月。

第十条 涉外、涉港、澳、台民事案件应当在庭审结束后三个月内结案;有特殊情况需要延长的,由院长批准。

第十一条 办理管辖争议案件的期限为两个月；有特殊情况需要延长的，经院长批准，可以延长两个月。

第十二条 办理执行协调案件的期限为三个月，至迟不得超过六个月。

二、立案、结案时间及审理期限的计算

第十三条 二审案件应当在收到上（抗）诉书及案卷材料后的五日内立案。

按照审判监督程序重新审判的案件，应当在作出提审、再审裁定或决定的次日立案。

刑事复核案件、适用法律的特殊请示案件、管辖争议案件、执行协调案件应当在收到高级人民法院报送的案卷材料后三日内立案。

第十四条 立案庭应当在决定立案并办妥有关诉讼收费事宜后，三日内将案卷材料移送相关审判庭。

第十五条 案件的审理期限从立案次日起计算。

申诉或申请再审的审查期限从收到申诉或申请再审材料并经立案后的次日起计算。

涉外、涉港、澳、台民事案件的结案期限从最后一次庭审结束后的次日起计算。

第十六条 不计入审理期限的期间依照本院《关于严格执行案件审理期限制度的若干规定》（下称《若干规定》）第九条执行。案情重大、疑难，需由审判委员会作出决定的案件，自提交审判委员会之日起至审判委员会作出决定之日止的期间，不计入审理期限。

需要向有关部门征求意见的案件，征求意见的期间不计入审理期限，参照《若干规定》第九条第八项的规定办理。

要求下级人民法院查报的案件，下级人民法院复查的期间不计入审理期限。

第十七条 结案时间除按《若干规定》第十条执行外，请示案件的结案时间以批复、复函签发日期为准，审查申诉的结案时间以作出决定或裁定的日期为准，执行协调案件以批准协调方案日期为准。

三、案件延长审理期限的报批

第十八条 刑事案件需要延长审理期限的，应当在审理期限届满七日以前，向院长提出申请。

第十九条 其他案件需要延长审理期限的，应当在审理期限届满十日以前，向院长提出申请。

第二十条 需要院长批准延长审理期限的，院长应当在审限届满以前作出决定。

第二十一条 凡变动案件审理期限的，有关合议庭应当及时到立案庭备案。

四、对案件审理期限的监督、管理

第二十二条 本院各类案件审理期限的监督、管理工作由立案庭负责。距案件审限届满前十日,立案庭应当向有关审判庭发出提示。

对超过审限的案件实行按月通报制度。

第二十三条 审判人员故意拖延办案,或者因过失延误办案,造成严重后果的,依照《人民法院审判纪律处分办法(试行)》第五十九条的规定予以处分。

本规定自2002年1月1日起执行。

最高人民法院关于严格执行案件审理期限制度的若干规定

(2000年9月14日最高人民法院审判委员会第1130次会议通过 2000年9月22日最高人民法院公告公布 自2000年9月28日起施行 法释〔2000〕29号)

为提高诉讼效率,确保司法公正,根据刑事诉讼法、民事诉讼法、行政诉讼法和海事诉讼特别程序法的有关规定,现就人民法院执行案件审理期限制度的有关问题规定如下:

一、各类案件的审理、执行期限

第一条 适用普通程序审理的第一审刑事公诉案件、被告人被羁押的第一审刑事自诉案件和第二审刑事公诉、刑事自诉案件的期限为1个月,至迟不得超过一个半月;附带民事诉讼案件的审理期限,经本院院长批准,可以延长2个月。有刑事诉讼法第一百二十六条规定情形之一的,经省、自治区、直辖市高级人民法院批准或者决定,审理期限可以再延长1个月;最高人民法院受理的刑事上诉、刑事抗诉案件,经最高人民法院决定,审理期限可以再延长1个月。

适用普通程序审理的被告人未被羁押的第一审刑事自诉案件,期限为6个月;有特殊情况需要延长的,经本院院长批准,可以延长3个月。

适用简易程序审理的刑事案件,审理期限为20日。

第二条 适用普通程序审理的第一审民事案件,期限为6个月;有特殊情况需要延长的,经本院院长批准,可以延长6个月,还需延长的,报请上一级人民法院批准,可以再延长3个月。

适用简易程序审理的民事案件,期限为3个月。

适用特别程序审理的民事案件,期限为30日;有特殊情况需要延长的,经本院院长批准,可以延长30日,但审理选民资格案件必须在选举日前审结。

审理第一审船舶碰撞、共同海损案件的期限为1年;有特殊情况需要延长的,经本院院长批准,可以延长6个月。

审理对民事判决的上诉案件,审理期限为3个月;有特殊情况需要延长的,经本院院长批准,可以延长3个月。

审理对民事裁定的上诉案件,审理期限为30日。

对罚款、拘留民事决定不服申请复议的,审理期限为5日。

审理涉外民事案件,根据民事诉讼法第二百四十八条的规定,不受上述案件审理期限的限制。①

审理涉港、澳、台的民事案件的期限,参照涉外审理民事案件的规定办理。

第三条 审理第一审行政案件的期限为3个月;有特殊情况需要延长的,经高级人民法院批准可以延长3个月。高级人民法院审理第一审案件需要延长期限的,由最高人民法院批准,可以延长3个月。

审理行政上诉案件的期限为2个月;有特殊情况需要延长的,由高级人民法院批准,可以延长2个月。高级人民法院审理的第二审案件需要延长期限的,由最高人民法院批准,可以延长2个月。

第四条 按照审判监督程序重新审理的刑事案件的期限为3个月;需要延长期限的,经本院院长批准,可以延长3个月。

裁定再审的民事、行政案件,根据再审适用的不同程序,分别执行第一审或第二审审理期限的规定。

第五条 执行案件应当在立案之日起6个月内执结,非诉执行案件应当在立案之日起3个月内执结;有特殊情况需要延长的,经本院院长批准,可以延长3个月,还需延长的,层报高级人民法院备案。

委托执行的案件,委托的人民法院应当在立案后1个月内办理完委托执行手续,受委托的人民法院应当在收到委托函件后30日内执行完毕。未执行完毕,应当在期限届满后15日内将执行情况函告委托人民法院。

刑事案件没收财产刑应当即时执行。

刑事案件罚金刑,应当在判决、裁定发生法律效力后3个月内执行完毕,至迟不超过6个月。

二、立案、结案时间及审理期限的计算

第六条 第一审人民法院收到起诉书(状)或者执行申请书后,经审查认为符合受理条件的应当在7日内立案;收到自诉人自诉状或者口头告诉的,经审查认为符合自诉案件受理条件的应当在15日内立案。

---

① 本条根据法释〔2008〕18号第61条调整,即《最高人民法院关于调整司法解释等文件中引用〈中华人民共和国民事诉讼法〉条文序号的决定》,该决定已失效;本条中涉及的《民事诉讼法》条文对应《民事诉讼法》(2023年9月1日修正)第287条。

改变管辖的刑事、民事、行政案件,应当在收到案卷材料后的 3 日内立案。

第二审人民法院应当在收到第一审人民法院移送的上(抗)诉材料及案卷材料后的 5 日内立案。

发回重审或指令再审的案件,应当在收到发回重审或指令再审裁定及案卷材料后的次日内立案。

按照审判监督程序重新审判的案件,应当在作出提审、再审裁定(决定)的次日立案。

第七条 立案机构应当在决定立案的 3 日内将案卷材料移送审判庭。

第八条 案件的审理期限从立案次日起计算。

由简易程序转为普通程序审理的第一审刑事案件的期限,从决定转为普通程序次日起计算;由简易程序转为普通程序审理的第一审民事案件的期限,从立案次日起连续计算。

第九条 下列期间不计入审、执行期限:

(一) 刑事案件对被告人作精神病鉴定的期间;

(二) 刑事案件因另行委托、指定辩护人,法院决定延期审理的,自案件宣布延期审理之日起至第 10 日正准备辩护的时间;

(三) 公诉人发现案件需要补充侦查,提出延期审理建议后,合议庭同意延期审理的期间;

(四) 刑事案件二审期间,检察院查阅案卷超过 7 日后的时间;

(五) 因当事人、诉讼代理人、辩护人申请通知新的证人到庭、调取新的证据、申请重新鉴定或者勘验,法院决定延期审理 1 个月之内的期间;

(六) 民事、行政案件公告、鉴定的期间;

(七) 审理当事人提出的管辖权异议和处理法院之间的管辖争议的期间;

(八) 民事、行政、执行案件由有关专业机构进行审计、评估、资产清理的期间;

(九) 中止诉讼(审理)或执行至恢复诉讼(审理)或执行的期间;

(十) 当事人达成执行和解或者提供执行担保后,执行法院决定暂缓执行的期间;

(十一) 上级人民法院通知暂缓执行的期间;

(十二) 执行中拍卖、变卖被查封、扣押财产的期间。

第十条 人民法院判决书宣判、裁定书宣告或者调解书送达最后一名当事人的日期为结案时间。如需委托宣判、送达的,委托宣判、送达的人民法院应当在审限届满前将判决书、裁定书、调解书送达受托人民法院。受托人民法院应当在收到委托书后 7 日内送达。

人民法院判决书宣判、裁定书宣告或者调解书送达有下列情形之一的,结案时间遵守以下规定:

(一) 留置送达的,以裁判文书留在受送达人的住所日为结案时间;

（二）公告送达的，以公告刊登之日为结案时间；

（三）邮寄送达的，以交邮日期为结案时间；

（四）通过有关单位转交送达的，以送达回证上当事人签收的日期为结案时间。

三、案件延长审理期限的报批

第十一条 刑事公诉案件、被告人被羁押的自诉案件，需要延长审理期限的，应当在审理期限届满 7 日以前，向高级人民法院提出申请；被告人未被羁押的刑事自诉案件，需要延长审理期限的，应当在审理期限届满 10 日前向本院院长提出申请。

第十二条 民事案件应当在审理期限届满 10 日前向本院院长提出申请；还需延长的，应当在审理期限届满 10 日前向上一级人民法院提出申请。

第十三条 行政案件应当在审理期限届满 10 日前向高级人民法院或者最高人民法院提出申请。

第十四条 对于下级人民法院申请延长办案期限的报告，上级人民法院应当在审理期限届满 3 日前作出决定，并通知提出申请延长审理期限的人民法院。

需要本院院长批准延长办案期限的，院长应当在审限届满前批准或者决定。

四、上诉、抗诉二审案件的移送期限

第十五条 被告人、自诉人、附带民事诉讼的原告人和被告人通过第一审人民法院提出上诉的刑事案件，第一审人民法院应当在上诉期限届满后 3 日内将上诉状连同案卷、证据移送第二审人民法院。被告人、自诉人、附带民事诉讼的原告人和被告人直接向上级人民法院提出上诉的刑事案件，第一审人民法院应当在接到第二审人民法院移交的上诉状后 3 日内将案卷、证据移送上一级人民法院。

第十六条 人民检察院抗诉的刑事二审案件，第一审人民法院应当在上诉、抗诉期届满后 3 日内将抗诉书连同案卷、证据移送第二审人民法院。

第十七条 当事人提出上诉的二审民事、行政案件，第一审人民法院收到上诉状，应当在 5 日内将上诉状副本送达对方当事人。人民法院收到答辩状，应当在 5 日内将副本送达上诉人。

人民法院受理人民检察院抗诉的民事、行政案件的移送期限，比照前款规定办理。

第十八条 第二审人民法院立案时发现上诉案件材料不齐全的，应当在 2 日内通知第一审人民法院。第一审人民法院应当在接到第二审人民法院的通

知后 5 日内补齐。

第十九条 下级人民法院接到上级人民法院调卷通知后,应当在 5 日内将全部案卷和证据移送,至迟不超过 10 日。

五、对案件审理期限的监督、检查

第二十条 各级人民法院应当将审理案件期限情况作为审判管理的重要内容,加强对案件审理期限的管理、监督和检查。

第二十一条 各级人民法院应当建立审理期限届满前的催办制度。

第二十二条 各级人民法院应当建立案件审理期限定期通报制度。对违反诉讼法规定,超过审理期限或者违反本规定的情况进行通报。

第二十三条 审判人员故意拖延办案,或者因过失延误办案,造成严重后果的,依照《人民法院审判纪律处分办法(试行)》第五十九条的规定予以处分。

审判人员故意拖延移送案件材料,或者接受委托送达后,故意拖延不予送达的,参照《人民法院审判纪律处分办法(试行)》第五十九条的规定予以处分。

第二十四条 本规定发布前有关审理期限规定与本规定不一致的,以本规定为准。

最高人民法院关于严格规范民商事案件延长审限和延期开庭问题的规定

(2018 年 4 月 23 日最高人民法院审判委员会第 1737 次会议通过 根据 2019 年 2 月 25 日《最高人民法院关于修改〈最高人民法院关于严格规范民商事案件延长审限和延期开庭问题的规定〉的决定》修正 2019 年 3 月 27 日最高人民法院公告公布 该修正自 2019 年 3 月 28 日起施行 法释〔2019〕4 号)

为维护诉讼当事人合法权益,根据《中华人民共和国民事诉讼法》等规定,结合审判实际,现就民商事案件延长审限和延期开庭等有关问题规定如下。

第一条 人民法院审理民商事案件时,应当严格遵守法律及司法解释有关审限的规定。适用普通程序审理的第一审案件,审限为六个月;适用简易程序审理的第一审案件,审限为三个月。审理对判决的上诉案件,审限为三个月;审理对裁定的上诉案件,审限为三十日。

法律规定有特殊情况需要延长审限的,独任审判员或合议庭应当在期限届满十五日前向本院院长提出申请,并说明详细情况和理由。院长应当在期限届满五日前作出决定。

经本院院长批准延长审限后尚不能结案,需要再次延长的,应当在期限届满十五日前报请上级人民法院批准。上级人民法院应当在审限届满五日前作出决定。

第二条 民事诉讼法第一百四十六条第四项规定的"其他应当延期的情形",是指因不可抗力或者意外事件导致庭审无法正常进行的情形。

第三条 人民法院应当严格限制延期开庭审理次数。适用普通程序审理民商事案件,延期开庭审理次数不超过两次;适用简易程序以及小额速裁程序审理民商事案件,延期开庭审理次数不超过一次。

第四条 基层人民法院及其派出的法庭审理事实清楚、权利义务关系明确、争议不大的简单民商事案件,适用简易程序。

基层人民法院及其派出的法庭审理符合前款规定且标的额为各省、自治区、直辖市上年度就业人员年平均工资两倍以下的民商事案件,应当适用简易程序,法律及司法解释规定不适用简易程序的案件除外。

适用简易程序审理的民商事案件,证据交换、庭前会议等庭前准备程序与开庭程序一并进行,不再另行组织。

适用简易程序的案件,不适用公告送达。

第五条 人民法院开庭审理民商事案件后,认为需要延期开庭审理的,应当依法告知当事人下次开庭的时间。两次开庭间隔时间不得超过一个月,但因不可抗力或当事人同意的除外。

第六条 独任审判员或者合议庭适用民事诉讼法第一百四十六条第四项规定决定延期开庭的,应当报本院院长批准。

第七条 人民法院应当将案件的立案时间、审理期限、扣除、延长、重新计算审限,延期开庭审理的情况及事由,按照《最高人民法院关于人民法院通过互联网公开审判流程信息的规定》及时向当事人及其法定代理人、诉讼代理人公开。当事人及其法定代理人、诉讼代理人有异议的,可以依法向受理案件的法院申请监督。

第八条 故意违反法律、审判纪律、审判管理规定拖延办案,或者因过失延误办案,造成严重后果的,依照《人民法院工作人员处分条例》第四十七条的规定予以处分。

第九条 本规定自2018年4月26日起施行;最高人民法院此前发布的司法解释及规范性文件与本规定不一致的,以本规定为准。

最高人民法院关于审理使用人脸识别技术处理
个人信息相关民事案件适用法律若干问题的规定

(2021年6月8日最高人民法院审判委员会第1841次会议通过 2021年7月27日最高人民法院公告公布 自2021年8月1日起施行 法释〔2021〕15号)

为正确审理使用人脸识别技术处理个人信息相关民事案件,保护当事人合法权益,促进数字经济健康发展,根据《中华人民共和国民法典》《中华人民共和国网络安全法》《中华人民共和国消费者权益保护法》《中华人民共和国电子商务法》《中华人民共和国民事诉讼法》等法律的规定,结合审判实践,制定本规定。

第一条 因信息处理者违反法律、行政法规的规定或者双方的约定使用人脸识别技术处理人脸信息、处理基于人脸识别技术生成的人脸信息所引起的民事案件,适用本规定。

人脸信息的处理包括人脸信息的收集、存储、使用、加工、传输、提供、公开等。

本规定所称人脸信息属于民法典第一千零三十四条规定的"生物识别信息"。

第二条 信息处理者处理人脸信息有下列情形之一的,人民法院应当认定属于侵害自然人人格权益的行为:

(一)在宾馆、商场、银行、车站、机场、体育场馆、娱乐场所等经营场所、公共场所违反法律、行政法规的规定使用人脸识别技术进行人脸验证、辨识或者分析;

(二)未公开处理人脸信息的规则或者未明示处理的目的、方式、范围;

(三)基于个人同意处理人脸信息的,未征得自然人或者其监护人的单独同意,或者未按照法律、行政法规的规定征得自然人或者其监护人的书面同意;

(四)违反信息处理者明示或者双方约定的处理人脸信息的目的、方式、范围等;

(五)未采取应有的技术措施或者其他必要措施确保其收集、存储的人脸信息安全,致使人脸信息泄露、篡改、丢失;

(六)违反法律、行政法规的规定或者双方的约定,向他人提供人脸信息;

(七)违背公序良俗处理人脸信息;

(八)违反合法、正当、必要原则处理人脸信息的其他情形。

第三条 人民法院认定信息处理者承担侵害自然人人格权益的民事责任,

应当适用民法典第九百九十八条的规定,并结合案件具体情况综合考量受害人是否为未成年人、告知同意情况以及信息处理的必要程度等因素。

第四条 有下列情形之一,信息处理者以已征得自然人或者其监护人同意为由抗辩的,人民法院不予支持:

(一)信息处理者要求自然人同意处理其人脸信息才提供产品或者服务的,但是处理人脸信息属于提供产品或者服务所必需的除外;

(二)信息处理者以与其他授权捆绑等方式要求自然人同意处理其人脸信息的;

(三)强迫或者变相强迫自然人同意处理其人脸信息的其他情形。

第五条 有下列情形之一,信息处理者主张其不承担民事责任的,人民法院依法予以支持:

(一)为应对突发公共卫生事件,或者紧急情况下为保护自然人的生命健康和财产安全所必需而处理人脸信息的;

(二)为维护公共安全,依据国家有关规定在公共场所使用人脸识别技术的;

(三)为公共利益实施新闻报道、舆论监督等行为在合理的范围内处理人脸信息的;

(四)在自然人或者其监护人同意的范围内合理处理人脸信息的;

(五)符合法律、行政法规规定的其他情形。

第六条 当事人请求信息处理者承担民事责任的,人民法院应当依据民事诉讼法第六十四条及《最高人民法院关于适用〈中华人民共和国民事诉讼法〉的解释》第九十条、第九十一条,《最高人民法院关于民事诉讼证据的若干规定》的相关规定确定双方当事人的举证责任。

信息处理者主张其行为符合民法典第一千零三十五条第一款规定情形的,应当就此所依据的事实承担举证责任。

信息处理者主张其不承担民事责任的,应当就其行为符合本规定第五条规定的情形承担举证责任。

第七条 多个信息处理者处理人脸信息侵害自然人人格权益,该自然人主张多个信息处理者按照过错程度和造成损害结果的大小承担侵权责任的,人民法院依法予以支持;符合民法典第一千一百六十八条、第一千一百六十九条第一款、第一千一百七十条、第一千一百七十一条等规定的相应情形,该自然人主张多个信息处理者承担连带责任的,人民法院依法予以支持。

信息处理者利用网络服务处理人脸信息侵害自然人人格权益的,适用民法典第一千一百九十五条、第一千一百九十六条、第一千一百九十七条等规定。

第八条 信息处理者处理人脸信息侵害自然人人格权益造成财产损失,该自然人依民法典第一千一百八十二条主张财产损害赔偿的,人民法院依法予以支持。

自然人为制止侵权行为所支付的合理开支,可以认定为民法典第一千一百八十二条规定的财产损失。合理开支包括该自然人或者委托代理人对侵权行为进行调查、取证的合理费用。人民法院根据当事人的请求和具体案情,可以将合理的律师费用计算在赔偿范围内。

第九条 自然人有证据证明信息处理者使用人脸识别技术正在实施或者即将实施侵害其隐私权或者其他人格权益的行为,不及时制止将使其合法权益受到难以弥补的损害,向人民法院申请采取责令信息处理者停止有关行为的措施的,人民法院可以根据案件具体情况依法作出人格权侵害禁令。

第十条 物业服务企业或者其他建筑物管理人以人脸识别作为业主或者物业使用人出入物业服务区域的唯一验证方式,不同意的业主或者物业使用人请求其提供其他合理验证方式的,人民法院依法予以支持。

物业服务企业或者其他建筑物管理人存在本规定第二条规定的情形,当事人请求物业服务企业或者其他建筑物管理人承担侵权责任的,人民法院依法予以支持。

第十一条 信息处理者采用格式条款与自然人订立合同,要求自然人授予其无期限限制、不可撤销、可任意转授权等处理人脸信息的权利,该自然人依据民法典第四百九十七条请求确认格式条款无效的,人民法院依法予以支持。

第十二条 信息处理者违反约定处理自然人的人脸信息,该自然人请求其承担违约责任的,人民法院依法予以支持。该自然人请求信息处理者承担违约责任时,请求删除人脸信息的,人民法院依法予以支持;信息处理者以双方未对人脸信息的删除作出约定为由抗辩的,人民法院不予支持。

第十三条 基于同一信息处理者处理人脸信息侵害自然人人格权益发生的纠纷,多个受害人分别向同一人民法院起诉的,经当事人同意,人民法院可以合并审理。

第十四条 信息处理者处理人脸信息的行为符合民事诉讼法第五十五条、消费者权益保护法第四十七条或者其他法律关于民事公益诉讼的相关规定,法律规定的机关和有关组织提起民事公益诉讼的,人民法院应予受理。

第十五条 自然人死亡后,信息处理者违反法律、行政法规的规定或者双方的约定处理人脸信息,死者的近亲属依据民法典第九百九十四条请求信息处理者承担民事责任的,适用本规定。

第十六条 本规定自2021年8月1日起施行。

信息处理者使用人脸识别技术处理人脸信息、处理基于人脸识别技术生成的人脸信息的行为发生在本规定施行前的,不适用本规定。

最高人民法院关于审理涉彩礼纠纷案件适用法律若干问题的规定

（2023年11月13日最高人民法院审判委员会第1905次会议通过 2024年1月17日最高人民法院公告公布 自2024年2月1日起施行 法释〔2024〕1号）

为正确审理涉彩礼纠纷案件，根据《中华人民共和国民法典》《中华人民共和国民事诉讼法》等法律规定，结合审判实践，制定本规定。

第一条 以婚姻为目的依据习俗给付彩礼后，因要求返还产生的纠纷，适用本规定。

第二条 禁止借婚姻索取财物。一方以彩礼为名借婚姻索取财物，另一方要求返还的，人民法院应予支持。

第三条 人民法院在审理涉彩礼纠纷案件中，可以根据一方给付财物的目的，综合考虑双方当地习俗、给付的时间和方式、财物价值、给付人及接收人等事实，认定彩礼范围。

下列情形给付的财物，不属于彩礼：

（一）一方在节日、生日等有特殊纪念意义时点给付的价值不大的礼物、礼金；

（二）一方为表达或者增进感情的日常消费性支出；

（三）其他价值不大的财物。

第四条 婚约财产纠纷中，婚约一方及其实际给付彩礼的父母可以作为共同原告；婚约另一方及其实际接收彩礼的父母可以作为共同被告。

离婚纠纷中，一方提出返还彩礼诉讼请求的，当事人仍为夫妻双方。

第五条 双方已办理结婚登记且共同生活，离婚时一方请求返还按照习俗给付的彩礼的，人民法院一般不予支持。但是，如果共同生活时间较短且彩礼数额过高的，人民法院可以根据彩礼实际使用及嫁妆情况，综合考虑彩礼数额、共同生活及孕育情况、双方过错等事实，结合当地习俗，确定是否返还以及返还的具体比例。

人民法院认定彩礼数额是否过高，应当综合考虑彩礼给付方所在地居民人均可支配收入、给付方家庭经济情况以及当地习俗等因素。

第六条 双方未办理结婚登记但已共同生活，一方请求返还按照习俗给付的彩礼的，人民法院应当根据彩礼实际使用及嫁妆情况，综合考虑共同生活及孕育情况、双方过错等事实，结合当地习俗，确定是否返还以及返还的具体比例。

第七条 本规定自2024年2月1日起施行。

本规定施行后,人民法院尚未审结的一审、二审案件适用本规定。本规定施行前已经终审、施行后当事人申请再审或者按照审判监督程序决定再审的案件,不适用本规定。

最高人民法院关于审理垄断民事纠纷案件适用法律若干问题的解释

(2024年2月4日最高人民法院审判委员会第1915次会议通过 2024年6月24日最高人民法院公告公布 自2024年7月1日起施行 法释〔2024〕6号)

为维护市场公平竞争秩序,依法公正高效审理垄断民事纠纷案件,根据《中华人民共和国民法典》、《中华人民共和国反垄断法》、《中华人民共和国民事诉讼法》等有关法律规定,制定本解释。

一、程序规定

第一条 本解释所称垄断民事纠纷案件,是指自然人、法人或者非法人组织因垄断行为受到损失以及因合同内容或者经营者团体的章程、决议、决定等违反反垄断法而发生争议,依据反垄断法向人民法院提起民事诉讼的案件。

本解释所称经营者团体,包括行业协会等由两个以上经营者为了实现共同目的而组成的结合体或者联合体。

第二条 原告依据反垄断法直接向人民法院提起民事诉讼,或者在反垄断执法机构认定构成垄断行为的处理决定作出后向人民法院提起民事诉讼,且符合法律规定的受理条件的,人民法院应予受理。

原告起诉仅请求人民法院确认被告的特定行为构成垄断,而不请求被告承担民事责任的,人民法院不予受理。

第三条 一方当事人向人民法院提起垄断民事诉讼,另一方当事人以双方之间存在合同关系且有仲裁协议为由,主张人民法院不应受理的,人民法院不予支持。

第四条 第一审垄断民事纠纷案件,由知识产权法院和最高人民法院指定的中级人民法院管辖。

第五条 垄断民事纠纷案件的地域管辖,根据案件具体情况,依照民事诉讼法及相关司法解释有关侵权纠纷、合同纠纷等的管辖规定确定。

第六条 原告依据反垄断法对在中华人民共和国境内没有住所的被告提起民事诉讼,主张被告在中华人民共和国境外的垄断行为对境内市场竞争产生排除、限制影响的,根据民事诉讼法第二百七十六条的规定确定管辖法院。

第七条　案件立案时的案由并非垄断民事纠纷,人民法院受理后经审查发现属于垄断民事纠纷,但受诉人民法院并无垄断民事纠纷案件管辖权的,应当将案件移送有管辖权的人民法院。

第八条　两个以上原告因同一垄断行为向有管辖权的同一人民法院分别提起诉讼的,人民法院可以合并审理。

两个以上原告因同一垄断行为向有管辖权的不同人民法院分别提起诉讼的,后立案的人民法院发现其他有管辖权的人民法院已先立案的,应当裁定将案件移送先立案的人民法院;受移送的人民法院可以合并审理。

人民法院可以要求当事人提供与被诉垄断行为相关的行政执法、仲裁、诉讼等情况。当事人拒不如实提供的,可以作为认定其是否遵循诚信原则和构成滥用权利等的考量因素。

第九条　原告无正当理由而根据影响地域、持续时间、实施场合、损害范围等因素对被告的同一垄断行为予以拆分,分别提起数个诉讼的,由最先受理诉讼的人民法院合并审理。

第十条　反垄断执法机构认定构成垄断行为的处理决定在法定期限内未被提起行政诉讼或者已为人民法院生效裁判所确认,原告在相关垄断民事纠纷案件中据此主张该处理决定认定的基本事实为真实的,无需再行举证证明,但有相反证据足以推翻的除外。

必要时,人民法院可以要求作出处理决定的反垄断执法机构对该处理决定的有关情况予以说明。反垄断执法机构提供的信息、材料等尚未公开的,人民法院应当依职权或者依申请采取合理保护措施。

第十一条　当事人可以向人民法院申请一至二名具有案件所涉领域、经济学等专门知识的人员出庭,就案件的专门性问题进行说明。

当事人可以向人民法院申请委托专业机构或者专业人员就案件的专门性问题提出市场调查或者经济分析意见。该专业机构或者专业人员可以由双方当事人协商确定;协商不成的,由人民法院指定。人民法院可以参照民事诉讼法及相关司法解释有关鉴定意见的规定,对该专业机构或者专业人员提出的市场调查或者经济分析意见进行审查判断。

一方当事人就案件的专门性问题自行委托有关专业机构或者专业人员提出市场调查或者经济分析意见,该意见缺乏可靠的事实、数据或者其他必要基础资料佐证,或者缺乏可靠的分析方法,或者另一方当事人提出证据或者理由足以反驳的,人民法院不予采信。

第十二条　经营者实施垄断行为损害社会公共利益,设区的市级以上人民检察院依法提起民事公益诉讼的,适用与公益诉讼有关的法律和司法解释的规定,但本解释另有规定的除外。

第十三条　反垄断执法机构对被诉垄断行为已经立案调查的,人民法院可以根据案件具体情况,裁定中止诉讼。

二、相关市场界定

第十四条 原告主张被诉垄断行为违反反垄断法的,一般应当界定反垄断法第十五条第二款所称的相关市场并提供证据或者充分说明理由。

原告以被告在相关市场的市场份额为由主张其具有市场支配地位或者显著的市场力量的,应当界定相关市场并提供证据或者充分说明理由。

原告提供证据足以直接证明下列情形之一的,可以不再对相关市场界定进一步承担举证责任:

(一)被诉垄断协议的经营者具有显著的市场力量;
(二)被诉滥用市场支配地位的经营者具有市场支配地位;
(三)被诉垄断行为具有排除、限制竞争效果。

原告主张被诉垄断行为属于反垄断法第十七条第一项至第五项和第十八条第一款第一项、第二项规定情形的,可以不对相关市场界定提供证据。

第十五条 人民法院界定经营者在一定时期内就特定商品或者服务(以下统称商品)进行竞争的相关商品市场和相关地域市场,可以根据案件具体情况,以被诉垄断行为直接涉及的特定商品为基础,从需求者角度进行需求替代分析;供给替代对经营者行为产生的竞争约束类似于需求替代的,还可以从供给者角度进行供给替代分析。

人民法院进行需求替代或者供给替代分析时,可以采用假定垄断者测试的分析方法,一般选择使用价格上涨的假定垄断者测试方法;经营者之间的竞争主要表现为质量、多样性、创新等非价格竞争的,可以选择质量下降、成本上升等假定垄断者测试方法。

第十六条 人民法院从需求替代的角度分析界定相关商品市场时,一般根据需求者对于商品特性、功能和用途的需求、质量的认可、价格的接受以及获取的难易程度等因素,确定由需求者认为具有较为紧密替代关系的一组或者一类商品所构成的市场为相关商品市场。从供给替代的角度分析界定相关商品市场时,可以综合考虑其他经营者进入市场的意图和能力、承担的成本与风险、克服的市场障碍、需要的时间等因素。

分析界定互联网平台(以下称平台)所涉相关商品市场时,结合被诉垄断行为的特点、产生或者可能产生排除、限制竞争效果的具体情况、平台的类型等因素,一般可以根据该平台与被诉垄断行为最相关一边的商品界定相关商品市场,也可以根据被诉垄断行为所涉及的多边商品分别界定多个相关商品市场,必要时也可以根据特定平台整体界定相关商品市场。特定平台存在跨边网络效应,并给该平台经营者施加了足够的竞争约束的,可以根据该平台整体界定相关商品市场,也可以根据跨边网络效应所涉及的多边商品分别界定多个相关商品市场,并考虑各个相关商品市场之间的相互关系和影响。

第十七条 人民法院从需求替代的角度分析界定相关地域市场时,可以综合考虑需求者因商品价格或者其他竞争因素的变化而转向其他地域购买商品的情况、商品的运输成本和运输特征、多数需求者选择商品的实际区域和主要经营者的商品销售分布、地域间的市场障碍、特定区域需求者偏好等因素。从供给替代的角度分析界定相关地域市场时,可以综合考虑其他地域的经营者对商品价格等竞争因素的变化作出的反应、其他地域的经营者供应或者销售相关商品的及时性和可行性等因素。

分析界定平台所涉相关地域市场,可以重点考虑多数需求者选择商品的实际区域、需求者的语言偏好和消费习惯、相关法律法规的要求、其他地域竞争者的现状及其进入相关地域市场的及时性等因素。

三、垄断协议

第十八条 人民法院认定反垄断法第十六条规定的其他协同行为,应当综合考虑下列因素:

(一)经营者的市场行为是否具有一致性;
(二)经营者之间是否进行过意思联络、信息交流或者传递;
(三)相关市场的市场结构、竞争状况、市场变化等情况;
(四)经营者能否对行为一致性作出合理解释。

原告提供前款第一项和第二项的初步证据,或者第一项和第三项的初步证据,能够证明经营者存在协同行为的可能性较大的,被告应当提供证据或者进行充分说明,对其行为一致性作出合理解释;不能作出合理解释的,人民法院可以认定协同行为成立。

本条所称合理解释,包括经营者系基于市场和竞争状况变化等而独立实施相关行为。

第十九条 反垄断法第十七条规定的具有竞争关系的经营者,是指在商品生产经营过程中处于同一阶段、提供具有较为紧密替代关系的商品、独立经营决策并承担法律责任的两个以上的实际经营者或者可能进入同一相关市场进行竞争的潜在经营者。

特定经营者取得对其他经营者的控制权或者能够对其他经营者施加决定性影响,或者两个以上经营者被同一第三方控制或者施加决定性影响,应当视为一个经济实体的,不构成前款所称具有竞争关系的经营者。

第二十条 原告有证据证明仿制药申请人与被仿制药专利权利人达成、实施的协议同时具备下列条件,主张该协议构成反垄断法第十七条规定的垄断协议的,人民法院可予支持:

(一)被仿制药专利权利人给予或者承诺给予仿制药申请人明显不合理的金钱或者其他形式的利益补偿;
(二)仿制药申请人承诺不质疑被仿制药专利权的有效性或者延迟进入被仿制药相关市场。

被告有证据证明前款所称的利益补偿仅系为弥补被仿制药专利相关纠纷解决成本或者具有其他正当理由,或者该协议符合反垄断法第二十条规定,主张其不构成反垄断法第十七条规定的垄断协议的,人民法院应予支持。

第二十一条 被诉垄断行为属于反垄断法第十八条第一款第一项、第二项规定的垄断协议的,应当由被告对该协议不具有排除、限制竞争效果承担举证责任。

第二十二条 人民法院依照反垄断法第十八条第一款和第二款的规定审查认定被诉垄断协议是否具有排除、限制竞争效果时,可以综合考虑下列因素:

(一)被告在相关市场的市场力量和协议对相关市场类似不利竞争效果的累积作用;

(二)协议是否具有提高市场进入壁垒、阻碍更有效率的经营者或者经营模式、限制品牌间或者品牌内竞争等不利竞争效果;

(三)协议是否具有防止搭便车、促进品牌间竞争、维护品牌形象、提升售前或者售后服务水平、促进创新等有利竞争效果,且为实现该效果所必需;

(四)其他可以考虑的因素。

在案证据足以证明的有利竞争效果明显超过不利竞争效果的,人民法院应当认定协议不具有排除、限制竞争效果。

第二十三条 被诉垄断协议具有下列情形之一,原告依据反垄断法第十八条第一款的规定主张被告应当承担法律责任的,人民法院不予支持:

(一)协议属于经营者与相对人之间的代理协议,且代理商不承担任何实质性商业或者经营风险;

(二)被告在相关市场的市场份额低于国务院反垄断执法机构规定的标准并符合国务院反垄断执法机构规定的其他条件。

第二十四条 经营者利用数据、算法、技术等手段进行意思联络、信息交流或者传递,或者利用数据、算法、技术、平台规则等手段实现行为一致性,达成、实施被诉垄断协议的,人民法院可以依照反垄断法第十七条的规定审查认定。

经营者利用数据、算法、技术、平台规则等手段实现限定或者自动化设定转售商品价格等,达成、实施被诉垄断协议的,人民法院可以依照反垄断法第十八条的规定审查认定。

第二十五条 平台经营者与平台内经营者的协议要求平台内经营者在该平台上提供与其他交易渠道相同或者更优惠交易条件的,根据原告的诉讼请求和具体案情,人民法院可以区别下列情形作出处理:

(一)平台经营者与平台内经营者之间具有竞争关系的,依照反垄断法第十七条的规定审查认定;

(二)平台经营者与平台内经营者之间不具有竞争关系的,依照反垄断法第十八条或者第十九条的规定审查认定;

(三)原告主张平台经营者滥用市场支配地位的,依照反垄断法第二十二

条、电子商务法第二十二条的规定审查认定;

(四)原告主张平台经营者违反电子商务法第三十五条的规定的,依照该条规定处理。

第二十六条 经营者、经营者团体等组织其他经营者达成、实施垄断协议,给原告造成损失,原告依据民法典第一千一百六十八条的规定主张实施组织行为的经营者、经营者团体等与达成、实施垄断协议的其他经营者承担连带责任的,人民法院应当予以支持。

经营者、经营者团体等为其他经营者达成、实施垄断协议提供实质性帮助,给原告造成损失,原告依据民法典第一千一百六十九条第一款的规定主张提供帮助行为的经营者、经营者团体等与达成、实施垄断协议的其他经营者承担连带责任的,人民法院应当予以支持。但是,经营者、经营者团体等能够证明其不知道且不应当知道其他经营者达成、实施有关协议的除外。

前款所称实质性帮助,是指对垄断协议达成或者实施具有直接、重要促进作用的引导产生违法意图、提供便利条件、充当信息渠道、帮助实施惩罚等行为。

第二十七条 被告依据反垄断法第二十条第一款第一项至第五项的规定提出抗辩的,应当提供证据证明如下事实:

(一)被诉垄断协议能够实现相关目的或者效果;

(二)被诉垄断协议为实现相关目的或者效果所必需;

(三)被诉垄断协议不会严重限制相关市场的竞争;

(四)消费者能够分享由此产生的利益。

四、滥用市场支配地位

第二十八条 原告主张被诉垄断行为属于反垄断法第二十二条第一款规定的滥用市场支配地位的,应当对被告在相关市场内具有支配地位和被告滥用市场支配地位承担举证责任。被告以其行为具有正当性为由抗辩的,应当承担举证责任。

第二十九条 原告有证据证明经营者具有下列情形之一的,人民法院可以根据具体案件中相关市场的结构和实际竞争状况,结合相关市场经济规律等经济学知识,初步认定经营者在相关市场具有支配地位,但有相反证据足以反驳的除外:

(一)经营者在较长时间内维持明显高于市场竞争水平的价格,或者在较长时间内商品质量明显下降却未见大量用户流失,且相关市场明显缺乏竞争、创新和新进入者;

(二)经营者在较长时间内维持明显超过其他经营者的较高市场份额,且相关市场明显缺乏竞争、创新和新进入者。

被告对外发布的信息可以作为原告证明被告具有市场支配地位的初步证据,但有相反证据足以反驳的除外。

第三十条　反垄断法第二十三条和第二十四条所称的"经营者在相关市场的市场份额",可以根据被诉垄断行为发生时经营者一定时期内的相关商品交易金额、交易数量、生产能力或者其他指标在相关市场所占的比例确定。

人民法院认定平台经营者在相关市场的市场份额时,可以采用能够反映相关市场实际竞争状况的交易金额、活跃用户数量、企业用户数量、用户使用时长、访问量、点击量、数据资产数量或者其他指标作为计算基准。

第三十一条　原告主张公用企业或者其他依法具有独占地位的经营者滥用市场支配地位的,人民法院可以根据市场结构和竞争状况的具体情况,认定被告在相关市场具有支配地位,但有相反证据足以反驳的除外。

第三十二条　人民法院依照反垄断法第二十三条的规定认定平台经营者的市场支配地位,可以重点考虑下列因素：

(一)平台的商业模式及平台经营者实际受到的竞争约束；

(二)平台经营者在相关市场的市场份额及该市场份额的持续时间；

(三)平台经营是否存在显著的网络效应、规模效应、范围效应等；

(四)平台经营者掌握的相关数据、算法、技术等情况；

(五)平台经营者对相邻市场的影响；

(六)用户或者平台内经营者对平台经营者的依赖程度及制衡能力、锁定效应、使用习惯、同时使用多个平台的情况、转向其他平台经营者的成本等；

(七)其他经营者进入相关市场的意愿、能力及所面临的规模要求、技术要求、政策法律限制等市场进入障碍；

(八)相关市场的创新和技术变化情况；

(九)其他需要考虑的与平台经营相关的因素。

第三十三条　人民法院依照反垄断法第二十三条的规定认定被诉滥用知识产权的经营者的市场支配地位,可以重点考虑下列因素：

(一)相关市场内特定知识产权客体的可替代性、替代性客体的数量及转向替代性客体的成本；

(二)利用该特定知识产权所提供的商品的可替代性及该商品的市场份额；

(三)交易相对人对拥有该特定知识产权的经营者的制衡能力；

(四)相关市场的创新和技术变化情况；

(五)其他需要考虑的与知识产权行使相关的因素。

经营者主张不能仅根据其拥有知识产权而推定具有市场支配地位的,人民法院应予支持。

第三十四条　依据反垄断法第二十四条第一款第二项、第三项被推定共同具有市场支配地位的经营者,有证据证明具有下列情形之一,反驳上述推定的,人民法院应予支持：

(一)该两个以上经营者之间不具有行为一致性且存在实质性竞争；

(二)该两个以上经营者作为整体在相关市场受到来自其他经营者的有效

竞争约束。

第三十五条 经营者同时具备下列条件的,人民法院可以认定其构成反垄断法第二十二条规定的滥用市场支配地位行为:

(一)在相关市场具有支配地位;
(二)实施了被诉垄断行为;
(三)被诉垄断行为具有排除、限制竞争效果;
(四)实施被诉垄断行为缺乏正当理由。

第三十六条 人民法院认定反垄断法第二十二条第一款第一项规定的经营者"以不公平的高价销售商品或者以不公平的低价购买商品",可以综合考虑下列因素:

(一)该商品的收益率是否明显偏离竞争性市场中的合理收益率;
(二)该商品的价格是否明显偏离其成本与竞争条件下的合理利润之和;
(三)经营者向交易相对人销售或者购买商品的价格是否明显高于或者低于该经营者在上下游市场中销售或者购买相同商品或者可比商品的价格;
(四)经营者向交易相对人销售或者购买商品的价格是否明显高于或者低于其他经营者在相同或者相似条件下销售或者购买相同商品或者可比商品的价格;
(五)经营者向交易相对人销售或者购买商品的价格是否明显高于或者低于该经营者在相同或者相似条件下在其他地域市场销售或者购买相同商品或者可比商品的价格;
(六)经营者向交易相对人销售商品的价格增长幅度是否明显高于该经营者成本增长幅度,或者购买商品的价格降低幅度明显高于交易相对人成本降低幅度;
(七)该高价或者低价的持续时间;
(八)其他可以考虑的因素。

认定前款第四项、第五项所称相同或者相似条件,可以考虑经营模式、交易渠道、供求状况、监管环境、交易环节、成本结构、交易情况、平台类型等因素。

第三十七条 具有市场支配地位的经营者,具有下列情形之一的,人民法院可以初步认定其构成反垄断法第二十二条第一款第二项规定的"以低于成本的价格销售商品":

(一)经营者在较长时间内持续以低于平均可变成本或者平均可避免成本的价格销售商品;
(二)经营者在较长时间内持续以高于平均可变成本或者平均可避免成本,但低于平均总成本的价格销售商品,且有其他证据证明其具有排除、限制同等效率的其他经营者在相关市场开展有效竞争的明确意图。

依照前款规定认定平台经营者以低于成本的价格销售商品,还应当考虑该平台涉及的多边市场中各相关市场之间的成本关联情况及其合理性。

具有下列情形之一的,人民法院可以认定构成反垄断法第二十二条第一款第二项规定的正当理由:

(一)低价处理鲜活商品、季节性商品、淘汰商品、即将超过有效期限的商品或者积压商品等;

(二)因清偿债务、转产、歇业等低价销售商品;

(三)为推广新商品、发展新业务、吸引新用户在合理期限内低价促销;

(四)能够证明行为具有正当性的其他理由。

第三十八条 具有市场支配地位的经营者,同时具备下列条件的,人民法院可以初步认定其构成反垄断法第二十二条第一款第三项规定的"拒绝与交易相对人进行交易":

(一)经营者直接拒绝与交易相对人交易,提出交易相对人明显难以接受的交易条件,或者不合理地拖延交易,致使未能达成交易;

(二)经营者与交易相对人进行交易在经济、技术、法律和安全上具有可行性;

(三)拒绝交易行为排除、限制上游市场或者下游市场的竞争。

具有市场支配地位的经营者没有正当理由,拒绝将其商品、平台或者软件系统等与其他经营者提供的特定商品、平台或者软件系统等相兼容,拒绝开放其技术、数据、平台接口,或者拒绝许可其知识产权的,人民法院依照反垄断法第二十二条第一款第三项的规定予以认定时,可以综合考虑下列因素:

(一)该经营者实施兼容、开放或者许可在经济、技术、法律和安全上的可行性;

(二)该商品、平台或者软件系统、技术、数据、知识产权等的可替代性及重建成本;

(三)其他经营者在上游市场或者下游市场开展有效竞争对该经营者商品、平台或者软件系统、技术、数据、知识产权等的依赖程度;

(四)拒绝兼容、开放或者许可对创新以及推出新商品的影响;

(五)实施兼容、开放或者许可对该经营者自身经营活动和合法权益的影响;

(六)拒绝兼容、开放或者许可是否实质性地排除、限制相关市场的有效竞争;

(七)其他可以考虑的因素。

具有下列情形之一的,人民法院可以认定构成反垄断法第二十二条第一款第三项规定的正当理由:

(一)因不可抗力、情势变更等客观原因无法进行交易或者导致交易条件、结果明显不公平;

(二)交易相对人具有经营状况严重恶化、转移财产或者抽逃资金以逃避债务等丧失或者可能丧失履行交易能力的情形,或者具有不良信用记录、丧失商业信誉、实施违法犯罪等情形,影响交易安全;

(三)交易相对人拒绝接受适当的交易条件,或者不遵守经营者提出的合理要求；

（四）与交易相对人交易将严重减损该经营者的正当利益；

（五）能够证明行为具有正当性的其他理由。

第三十九条 具有市场支配地位的经营者,同时具备下列条件的,人民法院可以初步认定其构成反垄断法第二十二条第一款第四项规定的"限定交易相对人只能与其进行交易或者只能与其指定的经营者进行交易"：

（一）经营者直接限定或者以设定交易条件、提供交易指南等方式变相限定交易相对人只能与其进行交易或者只能与其指定的经营者进行交易,或者限定交易相对人不得与特定经营者进行交易；

（二）限定交易行为排除、限制相关市场的竞争。

认定限定交易行为是否具有排除、限制竞争效果,可以综合考虑下列因素：

（一）限定交易的范围、程度及持续时间；

（二）限定交易是否提高市场进入壁垒或者增加竞争对手的成本而产生市场封锁效应；

（三）被告为平台经营者的,限定交易所针对的平台内经营者的可替代性和平台用户使用多个替代性平台的情况及其转向其他平台的成本；

（四）限定交易是否实质剥夺交易相对人的自主选择权；

（五）其他需要考虑的因素。

具有下列情形之一的,人民法院可以认定构成反垄断法第二十二条第一款第四项规定的正当理由：

（一）为保护交易相对人和消费者利益所必需；

（二）为满足商品安全要求所必需；

（三）为保护知识产权或者数据安全所必需；

（四）为保护针对交易进行的特定投入所必需；

（五）为维护平台合理的商业模式所必需；

（六）为防止对平台整体具有消极影响的不当行为所必需；

（七）能够证明行为具有正当性的其他理由。

第四十条 具有市场支配地位的经营者,同时具备下列条件的,人民法院可以初步认定其构成反垄断法第二十二条第一款第五项规定的"搭售商品"：

（一）经营者将可以单独销售的不同商品捆绑销售；

（二）交易相对人违背意愿接受被搭售商品；

（三）搭售行为排除、限制相关市场的竞争。

反垄断法第二十二条第一款第五项规定的"附加其他不合理的交易条件",包括下列情形：

（一）对交易达成、服务方式、付款方式、销售地域及对象、售后保障等附加不合理限制；

（二）在交易对价之外索取缺乏合理依据的费用或者利益；

(三)附加与所涉交易缺乏关联性的交易条件;
(四)强制收集非必要的用户信息或者数据;
(五)附加限制交易相对人改进技术、研究开发新产品等不竞争义务。

具有下列情形之一的,人民法院可以认定构成反垄断法第二十二条第一款第五项规定的正当理由:
(一)符合正当的交易习惯、消费习惯或者商业惯例;
(二)为保护交易相对人和消费者利益所必需;
(三)为满足商品安全要求所必需;
(四)为正常实施特定技术所必需;
(五)为维护平台正常运行所必需;
(六)能够证明行为具有正当性的其他理由。

第四十一条 具有市场支配地位的经营者,同时具备下列条件的,人民法院可以初步认定其构成反垄断法第二十二条第一款第六项规定的"对条件相同的交易相对人在交易价格等交易条件上实行差别待遇":
(一)经营者就相同商品对交易相对人在交易价格等交易条件上实行差别待遇;
(二)与经营者的其他交易相对人相比,该交易相对人在交易安全、交易成本、规模和能力、信用状况、所处交易环节、交易持续时间等方面不存在影响交易的实质性差异;
(三)差别待遇行为排除、限制相关市场的竞争。

具有市场支配地位的经营者向交易相对人销售或者购买商品的价格高于或者低于该经营者在上下游市场中销售或者购买相同商品的价格,形成对交易相对人的利润挤压,足以排除、限制同等效率的交易相对人在相关市场开展有效竞争的,人民法院可以初步认定该经营者构成前款所称差别待遇。

认定差别待遇是否具有排除、限制竞争效果,可以综合考虑下列因素:
(一)是否排除、限制经营者与竞争对手之间的竞争;
(二)是否致使交易相对人处于不利竞争地位,并排除、限制其所在相关市场的竞争;
(三)是否损害消费者利益和社会公共利益;
(四)其他可以考虑的因素。

具有下列情形之一的,人民法院可以认定构成反垄断法第二十二条第一款第六项规定的正当理由:
(一)根据交易相对人的实际需求实行差别待遇且符合正当的交易习惯、消费习惯或者商业惯例;
(二)针对新用户的首次交易在合理期限内开展优惠活动;
(三)基于公平、合理、无歧视的平台规则实施的随机性交易;
(四)能够证明行为具有正当性的其他理由。

第四十二条 平台内经营者作为原告提起诉讼,主张平台经营者利用数据、算法、技术、平台规则等实施滥用市场支配地位或者其他违法行为,根据原告的诉讼请求和具体案情,人民法院可以区别下列情形作出处理:

(一)平台经营者通过惩罚性或者激励性措施等限定平台内经营者交易、对平台内经营者附加不合理的交易条件、对条件相同的平台内经营者在交易价格等交易条件上实行差别待遇等,原告主张该平台经营者滥用市场支配地位的,依照反垄断法第二十二条、电子商务法第二十二条的规定审查认定;

(二)原告主张实施前项行为的平台经营者违反电子商务法第三十五条的规定的,依照该条规定处理。

五、民事责任

第四十三条 被告实施垄断行为,给原告造成损失的,根据原告的诉讼请求和查明的事实,人民法院可以依法判令被告承担停止侵害、赔偿损失等民事责任。

判令被告停止被诉垄断行为尚不足以消除排除、限制竞争效果的,根据原告的诉讼请求和具体案情,人民法院可以判令被告承担作出必要行为以恢复竞争的法律责任。

第四十四条 原告因被诉垄断行为受到的损失包括直接损失和相对于该行为未发生条件下减少的可得利益。

确定原告因被诉垄断行为受到的损失,可以考虑下列因素:

(一)被诉垄断行为实施之前或者结束以后与实施期间相关市场的商品价格、经营成本、利润、市场份额等;

(二)未受垄断行为影响的可比市场的商品价格、经营成本、利润等;

(三)未受垄断行为影响的可比经营者的商品价格、经营成本、利润、市场份额等;

(四)其他可以合理证明原告因被诉垄断行为所受损失的因素。

原告有证据证明被诉垄断行为已经给其造成损失,但难以根据前款规定确定具体损失数额的,人民法院可以根据原告的主张和案件证据,考虑被诉垄断行为的性质、程度、持续时间、获得的利益等因素,酌情确定合理的赔偿数额。

第四十五条 根据原告的诉讼请求和具体案情,人民法院可以将原告因调查、制止垄断行为所支付的合理开支,包括合理的市场调查费用、经济分析费用、律师费用等,计入损失赔偿范围。

第四十六条 多个被诉垄断行为相互关联,在同一相关市场或者多个相关市场给原告造成难以分割的整体性损失的,人民法院在确定损失时应当整体考虑。

多个被诉垄断行为各自独立,在不同的相关市场给原告造成损失的,人民法院在确定损失时可以分别考虑。

第四十七条 横向垄断协议的经营者以达成、实施该协议的其他经营者为被告，依据反垄断法第六十条的规定请求赔偿其参与该协议期间的损失的，人民法院不予支持。

第四十八条 当事人主张被诉垄断行为所涉合同或者经营者团体的章程、决议、决定等因违反反垄断法或者其他法律、行政法规的强制性规定而无效的，人民法院应当依照民法典第一百五十三条的规定审查认定。

被诉垄断行为所涉合同或者经营者团体的章程、决议、决定中的部分条款因违反反垄断法或者其他法律、行政法规的强制性规定而无效，当事人主张与该部分条款具有紧密关联、不具有独立存在意义或者便利被诉垄断行为实施的其他条款一并无效的，人民法院可予支持。

第四十九条 因垄断行为产生的损害赔偿请求权诉讼时效期间，从原告知道或者应当知道权益受到损害以及义务人之日起计算。

原告向反垄断执法机构举报被诉垄断行为的，诉讼时效从其举报之日起中断。反垄断执法机构决定不立案、撤销案件或者决定终止调查的，诉讼时效期间从原告知道或者应当知道该事由之日起重新计算。

反垄断执法机构调查后认定构成垄断行为的，诉讼时效期间从原告知道或者应当知道反垄断执法机构认定构成垄断行为的处理决定确定发生法律效力之日起重新计算。

六、附　则

第五十条 人民法院审理垄断民事纠纷案件，适用被诉垄断行为发生时施行的反垄断法。被诉垄断行为发生在修改后的反垄断法施行之前，行为持续至或者损害后果出现在修改后的反垄断法施行之后的，适用修改后的反垄断法。

第五十一条 本解释自 2024 年 7 月 1 日起施行。《最高人民法院关于审理因垄断行为引发的民事纠纷案件应用法律若干问题的规定》（法释〔2012〕5 号）同时废止。

本解释施行后，人民法院正在审理的第一审、第二审案件适用本解释；本解释施行前已经作出生效裁判，当事人申请再审或者依照审判监督程序再审的案件，不适用本解释。

全国法院民商事审判工作会议纪要

（2019 年 11 月 8 日　法〔2019〕254 号）

引　言

为全面贯彻党的十九大和十九届二中、三中全会以及中央经济工作会议、中央政法工作会议、全国金融工作会议精神，研究当前形势下如何进一步加强人民法院民商事审判工作,着力提升民商事审判工作能力和水平,为我国经济高质量发展提供更加有力的司法服务和保障,最高人民法院于2019年7月3日至4日在黑龙江省哈尔滨市召开了全国法院民商事审判工作会议。最高人民法院党组书记、院长周强同志出席会议并讲话。各省、自治区、直辖市高级人民法院分管民商事审判工作的副院长、承担民商事案件审判任务的审判庭庭长、解放军军事法院的代表、最高人民法院有关部门负责人在主会场出席会议,地方各级人民法院的其他负责同志和民商事审判法官在各地分会场通过视频参加会议。中央政法委、全国人大常委会法工委的代表、部分全国人大代表、全国政协委员、最高人民法院特约监督员、专家学者应邀参加会议。

会议认为,民商事审判工作必须坚持正确的政治方向,必须以习近平新时代中国特色社会主义思想武装头脑、指导实践、推动工作。一要坚持党的绝对领导。这是中国特色社会主义司法制度的本质特征和根本要求,是人民法院永远不变的根和魂。在民商事审判工作中,要切实增强"四个意识"、坚定"四个自信"、做到"两个维护",坚定不移走中国特色社会主义法治道路。二要坚持服务党和国家大局。认清形势,高度关注中国特色社会主义进入新时代背景下经济社会的重大变化、社会主要矛盾的历史性变化、各类风险隐患的多元多变,提高服务大局的自觉性、针对性,主动作为,勇于担当,处理好依法办案和服务大局的辩证关系,着眼于贯彻落实党中央的重大决策部署、维护人民群众的根本利益、维护法治的统一。三要坚持司法为民。牢固树立以人民为中心的发展思想,始终坚守人民立场,胸怀人民群众,满足人民需求,带着对人民群众的深厚感情和强烈责任感去做好民商事审判工作。在民商事审判工作中要弘扬社会主义核心价值观,注意情理法的交融平衡,做到以法为据、以理服人、以情感人,既要义正辞严讲清法理,又要循循善诱讲明事理,还要感同身受讲透情理,争取广大人民群众和社会的理解与支持。要建立健全方便人民群众诉讼的民商事审判工作机制。四要坚持公正司法。公平正义是中国特色社会主义制度的内在要求,也是我党治国理政的一贯主张。司法是维护社会公平正义的最后一道防线,必须把公平正义作为生命线,必须把公平正义作为镌刻在心中的价值坐标,必须把"努力让人民群众在每一个司法案件中感受到公平正义"作为矢志不渝的奋斗目标。

会议指出,民商事审判工作要树立正确的审判理念。注意辩证理解并准确把握契约自由、平等保护、诚实信用、公序良俗等民商事审判基本原则;注意树立请求权基础思维、逻辑和价值相一致思维、同案同判思维,通过检索类案、参考指导案例等方式统一裁判尺度,有效防止滥用自由裁量权;注意处理好民商事审判与行政监管的关系,通过穿透式审判思维,查明当事人的真实意思,探求真实法律关系;特别注意外观主义系民商法上的学理概括,并非现行法律规定的原则,现行法律只是规定了体现外观主义的具体规则,如《物权法》第106条规定的善意取得,《合同法》第49条、《民法总则》第172条规定的表见代理,《合同法》第 50 条规定的越权代表,审判实务中应当依据有关具体法律规则进行判断,类推适用亦应当以法律规则设定的情形、条件为基础。从现行法律规则看,外观主义是为保护交易安全设置的例外规定,一般适用于因合理信赖权利外观或意思表示外观的交易行为。实际权利人与名义权利人的关系,应注重财产的实质归属,而不单纯地取决于公示外观。总之,审判实务中要准确把握外观主义的适用边界,避免泛化和滥用。

会议对当前民商事审判工作中的一些疑难法律问题取得了基本一致的看法,现纪要如下:

一、关于民法总则适用的法律衔接

会议认为,民法总则施行后至民法典施行前,拟编入民法典但尚未完成修订的物权法、合同法等民商事基本法,以及不编入民法典的公司法、证券法、信托法、保险法、票据法等民商事特别法,均可能存在与民法总则规定不一致的情形。人民法院应当依照《立法法》第 92 条、《民法总则》第 11 条等规定,综合考虑新的规定优于旧的规定、特别规定优于一般规定等法律适用规则,依法处理好民法总则与相关法律的衔接问题,主要是处理好与民法通则、合同法、公司法的关系。

1.【民法总则与民法通则的关系及其适用】民法通则既规定了民法的一些基本制度和一般性规则,也规定了合同、所有权及其他财产权、知识产权、民事责任、涉外民事法律关系适用等具体内容。民法总则基本吸收了民法通则规定的基本制度和一般性规则,同时作了补充、完善和发展。民法通则规定的合同、所有权及其他财产权、民事责任等具体内容还需要在编撰民法典各分编时作进一步统筹,系统整合。因民法总则施行后暂不废止民法通则,在此之前,民法总则与民法通则规定不一致的,根据新的规定优于旧的规定的法律适用规则,适用民法总则的规定。最高人民法院已依据民法总则制定了关于诉讼时效问题的司法解释,而原依据民法通则制定的关于诉讼时效的司法解释,只要与民法总则不冲突,仍可适用。

2.【民法总则与合同法的关系及其适用】根据民法典编撰工作"两步走"的安排,民法总则施行后,目前正在进行民法典的合同编、物权编等各分编的编撰工作。民法典施行后,合同法不再保留。在这之前,因民法总则施行前成立的合同发生的纠纷,原则上适用合同法的有关规定处理。因民法总则施行后成立的合同发生的纠纷,如果合同法"总则"对此的规定与民法总则的规定不一致的,根据新的规定优于旧的规定的法律适用规则,适用民法总则的规定。例如,关于欺诈、胁迫问题,根据合同法的规定,只有合同当事人之间存在欺诈、胁迫行为的,被欺诈、胁迫一方才享有撤销合同的权利。而依民法总则的规定,第三人实施的欺诈、胁迫行为,被欺诈、胁迫一方也有撤销合同的权利。另外,合同法视欺诈、胁迫行为所损害利益的不同,对合同效力作出了不同规定:损害合同当事人利益的,属于可撤销或者可变更合同;损害国家利益的,则属于无效合同。民法总则未加区别,规定一律按可撤销合同对待。再如,关于显失公平问题,合同法将显失公平与乘人之危作为两类不同的可撤销或者可变更合同事由,而民法总则则将二者合并为一类可撤销合同事由。

民法总则施行后发生的纠纷,在民法典施行前,如果合同法"分则"对此的规定与民法总则不一致的,根据特别规定优于一般规定的法律适用规则,适用合同法"分则"的规定。例如,民法总则仅规定了显名代理,没有规定《合同法》第402条的隐名代理和第403条的间接代理。在民法典施行前,这两条规定应当继续适用。

3.【民法总则与公司法的关系及其适用】民法总则与公司法的关系,是一般法与商事特别法的关系。民法总则第三章"法人"第一节"一般规定"和第二节"营利法人"基本上是根据公司法的有关规定提炼的,二者的精神大体一致。因此,涉及民法总则这一部分的内容,规定一致的,适用民法总则或者公司法皆可;规定不一致的,根据《民法总则》第11条有关"其他法律对民事关系有特别规定的,依照其规定"的规定,原则上应当适用公司法的规定。但应当注意也有例外情况,主要表现在两个方面:一是就同一事项,民法总则制定时有意修正公司法有关条款的,应当适用民法总则的规定。例如,《公司法》第32条第3款规定:"公司应当将股东的姓名或者名称及其出资额向公司登记机关登记;登记事项发生变更的,应当办理变更登记。未经登记或者变更登记的,不得对抗第三人。"而《民法总则》第65条的规定则把"不得对抗第三人"修正为"不得对抗善意相对人"。经查询有关立法理由,可以认为,此种情况应当适用民法总则的规定。二是民法总则在公司法规定基础上增加了新内容的,如《公司法》第22条第2款就公司决议的撤销问题进行了规定,《民法总则》第85条在该条基础上增加规定:"但是营利法人依据该决议与善意相对人形成的民事法律关系不受影响。"此时,也应当适用民法总则的规定。

4.【民法总则的时间效力】根据"法不溯及既往"的原则,民法总则原则上没有溯及力,故只能适用于施行后发生的法律事实;民法总则施行前发生的法律事实,适用当时的法律;某一法律事实发生在民法总则施行前,其行为延续至民法总则施行后的,适用民法总则的规定。但要注意有例外情形,如虽然法律事实发生在民法总则施行前,但当时的法律对此没有规定而民法总则有规定的,例如,对于虚伪意思表示、第三人实施欺诈行为,合同法均无规定,发生纠纷后,基于"法官不得拒绝裁判"规则,可以将民法总则的相关规定作为裁判依据。又如,民法总则施行前成立的合同,根据当时的法律应当认定无效,而根据民法总则应当认定有效或者可撤销的,应当适用民法总则的规定。

在民法总则无溯及力的场合,人民法院应当依据法律事实发生时的法律进行裁判,但如果法律事实发生时的法律虽有规定,但内容不具体、不明确的,如关于无权代理在被代理人不予追认时的法律后果,民法通则和合同法均规定由行为人承担民事责任,但对民事责任的性质和方式没有规定,而民法总则对此有明确且详细的规定,人民法院在审理案件时,就可以在裁判文书的说理部分将民法总则规定的内容作为解释法律事实发生时法律规定的参考。

二、关于公司纠纷案件的审理

会议认为,审理好公司纠纷案件,对于保护交易安全和投资安全,激发经济活力,增强投资创业信心,具有重要意义。要依法协调好公司债权人、股东、公司等各种利益主体之间的关系,处理好公司外部与内部的关系,解决好公司自治与司法介入的关系。

(一)关于"对赌协议"的效力及履行

实践中俗称的"对赌协议",又称估值调整协议,是指投资方与融资方在达成股权性融资协议时,为解决交易双方对目标公司未来发展的不确定性、信息不对称以及代理成本而设计的包含了股权回购、金钱补偿等对未来目标公司的估值进行调整的协议。从订立"对赌协议"的主体来看,有投资方与目标公司的股东或者实际控制人"对赌"、投资方与目标公司"对赌"、投资方与目标公司的股东、目标公司"对赌"等形式。人民法院在审理"对赌协议"纠纷案件时,不仅应当适用合同法的相关规定,还应当适用公司法的相关规定;既要坚持鼓励投资方对实体企业特别是科技创新企业投资原则,从而在一定程度上缓解企业融资难问题,又要贯彻资本维持原则和保护债权人合法权益原则,依法平衡投资方、公司债权人、公司之间的利益。对于投资方与目标公司的股东或者实际控制人订立的"对赌协议",如无其他无效事由,认定有效并支持实际履行,实践中并无争议。但投资方与目标公司订立的"对赌协议"是否有效以及能否实际履行,存在争议。对此,应当把握如下处理规则:

5.【与目标公司"对赌"】投资方与目标公司订立的"对赌协议"在不存在法定无效事由的情况下,目标公司仅以存在股权回购或者金钱补偿约定为由,主张"对赌协议"无效的,人民法院不予支持,但投资方主张实际履行的,人民法院应当审查是否符合公司法关于"股东不得抽逃出资"及股份回购的强制性规定,判决是否支持其诉讼请求。

投资方请求目标公司回购股权的,人民法院应当依据《公司法》第35条关于"股东不得抽逃出资"或者第142条关于股份回购的强制性规定进行审查。经审查,目标公司未完成减资程序的,人民法院应当驳回其诉讼请求。

投资方请求目标公司承担金钱补偿义务的,人民法院应当依据《公司法》第35条关于"股东不得抽逃出资"和第166条关于利润分配的强制性规定进行审查。经审查,目标公司没有利润或者虽有利润但不足以补偿投资方的,人民法院应当驳回或者部分支持其诉讼请求。今后目标公司有利润时,投资方还可以依据该事实另行提起诉讼。

(二)关于股东出资加速到期及表决权

6.【股东出资应否加速到期】在注册资本认缴制下,股东依法享有期限利益。债权人以公司不能清偿到期债务为由,请求未届出资期限的股东在未出资范围内对公司不能清偿的债务承担补充赔偿责任的,人民法院不予支持。但是,下列情形除外:

(1)公司作为被执行人的案件,人民法院穷尽执行措施无财产可供执行,已具备破产原因,但不申请破产的;

(2)在公司债务产生后,公司股东(大)会决议或以其他方式延长股东出资期限的。

7.【表决权能否受限】股东认缴的出资未届履行期限,对未缴纳部分的出资是否享有以及如何行使表决权等问题,应当根据公司章程来确定。公司章程没有规定的,应当按照认缴出资的比例确定。如果股东(大)会作出不按认缴出资比例而按实际出资比例或者其他标准确定表决权的决议,股东请求确认决议无效的,人民法院应当审查该决议是否符合修改公司章程所要求的表决程序,即必须经代表三分之二以上表决权的股东通过。符合的,人民法院不予支持;反之,则依法予以支持。

(三)关于股权转让

8.【有限责任公司的股权变动】当事人之间转让有限责任公司股权,受让人以其姓名或者名称已记载于股东名册为由主张其已经取得股权的,人民法院依法予以支持,但法律、行政法规规定应当办理批准手续生效的股权转让除外。未向公司登记机关办理股权变更登记的,不得对抗善意相对人。

9.【侵犯优先购买权的股权转让合同的效力】审判实践中,部分人民法院对公司法司法解释(四)第21条规定的理解存在偏差,往往以保护其他股东的优先购买权为由认定股权转让合同无效。准确理解该条规定,既要注意保护其他股东的优先购买权,也要注意保护股东以外的股权受让人的合法权益,正确认定有限责任公司的股东与股东以外的股权受让人订立的股权转让合同的效力。一方面,其他股东依法享有优先购买权,在其主张按照股权转让合同约定的同等条件购买股权的情况下,应当支持其诉讼请求,除非出现该条第1款规定的情形。另一方面,为保护股东以外的股权受让人的合法权益,股权转让合同如无其他影响合同效力的事由,应当认定有效。其他股东行使优先购买权的,虽然股东以外的股权受让人关于继续履行股权转让合同的请求不能得到支持,但不影响其依约请求转让股东承担相应的违约责任。

(四)关于公司人格否认

公司人格独立和股东有限责任是公司法的基本原则。否认公司独立人格,由滥用公司法人独立地位和股东有限责任的股东对公司债务承担连带责任,是股东有限责任的例外情形,旨在矫正有限责任制度在特定法律事实发生时对债权人保护的失衡现象。在审判实践中,要准确把握《公司法》第20条第3款规定的精神。一是只有在股东实施了滥用公司法人独立地位及股东有限责任的行为,且该行为严重损害了公司债权人利益的情况下,才能适用。损害债权人利益,主要是指股东滥用权利使公司财产不足以清偿公司债权人的债权。二是只有实施了滥用法人独立地位和股东有限责任行为的股东才对公司债务承担连带清偿责任,而其他股东不应承担此责任。三是公司人格否认不是全面、彻底、永久地否定公司的法人资格,而只是在具体案件中依据特定的法律事实、法律关系,突破股东对公司债务不承担责任的一般规则,例外地判令其承担连带责任。人民法院在个案中否认公司人格的判决的既判力仅仅约束该诉讼的各方当事人,不当然适用于涉及该公司的其他诉讼,不影响公司独立法人资格的存续。如果其他债权人提起公司人格否认诉讼,已生效判决认定的事实可以作为证据使用。四是《公司法》第20条第3款规定的滥用行为,实践中常见的情形有人格混同、过度支配与控制、资本显著不足等。在审理案件时,需要根据查明的案件事实进行综合判断,既审慎适用,又当用则用。实践中存在标准把握不严而滥用这一例外制度的现象,同时也存在因法律规定较为原则、抽象,适用难度大,而不善于适用、不敢于适用的现象,均应当引起高度重视。

10.【人格混同】认定公司人格与股东人格是否存在混同,最根本的判断标准是公司是否具有独立意思和独立财产,最主要的表现是公司的财产与股东的财产是否混同且无法区分。在认定是否构成人格混同时,应当综合考虑以下因素:

(1)股东无偿使用公司资金或者财产,不作财务记载的;

(2)股东用公司的资金偿还股东的债务,或者将公司的资金供关联公司无偿使用,不作财务记载的;

(3)公司账簿与股东账簿不分,致使公司财产与股东财产无法区分的;

(4)股东自身收益与公司盈利不加区分,致使双方利益不清的;

(5)公司的财产记载于股东名下,由股东占有、使用的;

(6)人格混同的其他情形。

在出现人格混同的情况下,往往同时出现以下混同:公司业务和股东业务混同;公司员工与股东员工混同,特别是财务人员混同;公司住所与股东住所混同。人民法院在审理案件时,关键要审查是否构成人格混同,而不要求同时具备其他方面的混同,其他方面的混同往往只是人格混同的补强。

11.【过度支配与控制】公司控制股东对公司过度支配与控制,操纵公司的决策过程,使公司完全丧失独立性,沦为控制股东的工具或躯壳,严重损害公司债权人利益,应当否认公司人格,由滥用控制权的股东对公司债务承担连带责任。实践中常见的情形包括:

(1)母子公司之间或者子公司之间进行利益输送的;

(2)母子公司或者子公司之间进行交易,收益归一方,损失却由另一方承担的;

(3)先从原公司抽走资金,然后再成立经营目的相同或者类似的公司,逃避原公司债务的;

（4）先解散公司，再以原公司场所、设备、人员及相同或者相似的经营目的另设公司，逃避原公司债务的；

（5）过度支配与控制的其他情形。

控制股东或实际控制人控制多个子公司或者关联公司，滥用控制权使多个子公司或者关联公司财产边界不清、财务混同，利益相互输送，丧失人格独立性，沦为控制股东逃避债务、非法经营，甚至违法犯罪工具的，可以综合案件事实，否认子公司或者关联公司法人人格，判令承担连带责任。

12.**【资本显著不足】**资本显著不足指的是，公司设立后在经营过程中，股东实际投入公司的资本数额与公司经营所隐含的风险相比明显不匹配。股东利用较少资本从事力所不及的经营，表明其没有从事公司经营的诚意，实质是恶意利用公司独立人格和股东有限责任把投资风险转嫁给债权人。由于资本显著不足的判断标准有很大的模糊性，特别是要与公司采取"以小博大"的正常经营方式相区分，因此在适用时要十分谨慎，应当与其他因素结合起来综合判断。

13.**【诉讼地位】**人民法院在审理公司人格否认纠纷案件时，应当根据不同情形确定当事人的诉讼地位：

（1）债权人对债务人公司享有的债权已经由生效裁判确认，其另行提起公司人格否认诉讼，请求股东对公司债务承担连带责任的，列股东为被告，公司为第三人；

（2）债权人对债务人公司享有的债权提起诉讼的同时，一并提起公司人格否认诉讼，请求股东对公司债务承担连带责任的，列公司和股东为共同被告；

（3）债权人对债务人公司享有的债权尚未经生效裁判确认，直接提起公司人格否认诉讼，请求公司股东对公司债务承担连带责任的，人民法院应当向债权人释明，告知其追加公司为共同被告。债权人拒绝追加的，人民法院应当裁定驳回起诉。

（五）关于有限责任公司清算义务人的责任

关于有限责任公司股东清算责任的认定，一些案件的处理结果不适当地扩大了股东的清算责任。特别是实践中出现了一些职业债权人，从其他债权人处大批量超低价收购僵尸企业的"陈年旧账"后，对批量僵尸企业提起强制清算之诉，在获得人民法院对公司主要财产、账册、重要文件等灭失的认定后，根据公司法司法解释（二）第18条第2款的规定，请求有限责任公司的股东对公司债务承担连带清偿责任。有的人民法院没有准确把握上述规定的适用条件，判决没有"怠于履行义务"的小股东或者虽"怠于履行义务"但与公司主要财产、账册、重要文件等灭失没有因果关系的小股东对公司债务承担远远超过其出资数额的责任，导致出现利益明显失衡的现象。需要明确的是，上述司法解释关于有限责任公司股东清算责任的规定，其性质是因股东怠于履行清算义务致使公司无法清算所应当承担的侵权责任。在认定有限责任公司股东是否应当对债权人承担侵权赔偿责任时，应当注意以下问题：

14.【怠于履行清算义务的认定】公司法司法解释(二)第18条第2款规定的"怠于履行义务",是指有限责任公司的股东在法定清算事由出现后,在能够履行清算义务的情况下,故意拖延、拒绝履行清算义务,或者因过失导致无法进行清算的消极行为。股东举证证明其已经为履行清算义务采取了积极措施,或者小股东举证证明其既不是公司董事会或者监事会成员,也没有选派人员担任该机关成员,且从未参与公司经营管理,以不构成"怠于履行义务"为由,主张其不应当对公司债务承担连带清偿责任的,人民法院依法予以支持。

15.【因果关系抗辩】有限责任公司的股东举证证明其"怠于履行义务"的消极不作为与"公司主要财产、账册、重要文件等灭失,无法进行清算"的结果之间没有因果关系,主张其不应对公司债务承担连带清偿责任的,人民法院依法予以支持。

16.【诉讼时效期间】公司债权人请求股东对公司债务承担连带清偿责任,股东以公司债权人对公司的债权已经超过诉讼时效期间为由抗辩,经查证属实的,人民法院依法予以支持。

公司债权人以公司法司法解释(二)第18条第2款为依据,请求有限责任公司的股东对公司债务承担连带清偿责任的,诉讼时效期间自公司债权人知道或者应当知道公司无法进行清算之日起计算。

(六)关于公司为他人提供担保

关于公司为他人提供担保的合同效力问题,审判实践中裁判尺度不统一,严重影响了司法公信力,有必要予以规范。对此,应当把握以下几点:

17.【违反《公司法》第16条构成越权代表】为防止法定代表人随意代表公司为他人提供担保给公司造成损失,损害中小股东利益,《公司法》第16条对法定代表人的代表权进行了限制。根据该条规定,担保行为不是法定代表人所能单独决定的事项,而必须以公司股东(大)会、董事会等公司机关的决议作为授权的基础和来源。法定代表人未经授权擅自为他人提供担保的,构成越权代表,人民法院应当根据《合同法》第50条关于法定代表人越权代表的规定,区分订立合同时债权人是否善意分别认定合同效力:债权人善意的,合同有效;反之,合同无效。

18.【善意的认定】前条所称的善意,是指债权人不知道或者不应当知道法定代表人超越权限订立担保合同。《公司法》第16条对关联担保和非关联担保的决议机关作出了区别规定,相应地,在善意的判断标准上也应当有所区别。一种情形是,为公司股东或者实际控制人提供关联担保,《公司法》第16条明确规定必须由股东(大)会决议,未经股东(大)会决议,构成越权代表。在此情况下,债权人主张担保合同有效,应当提供证据证明其在订立合同时对股东(大)会决议进行了审查,决议的表决程序符合《公司法》第16条的规定,即在排除被担保股东表决权的情况下,该项表决由出席会议的其他股东所持表决权的过半数通过,签字人员也符合公司章程的规定。另一种情形是,公司为公司股东或者实际控制人以外的人提供非关联担保,根据《公司法》第16条的规定,此时由公司章程规定是由董事会决议还是股东(大)会决议。无论章程是否对决议机关作出规定,也无论章程规定决议机关为董事会还是股东(大)会,根据《民法总则》第61条第3款关于"法人章程或者法人权力机构对法定代表人代表权的限制,不得对抗善意相对人"的规定,只要债权人能够证明其在订立担保合同时对董事会决议或者股东(大)会决议进行了审查,同意决议的人数及签字人员符合公司章程的规定,就应当认定其构成善意,但公司能够证明债权人明知公司章程对决议机关有明确规定的除外。

债权人对公司机关决议内容的审查一般限于形式审查,只要求尽到必要的注意义务即可,标准不宜太过严苛。公司以机关决议系法定代表人伪造或者变造、决议程序违法、签章(名)不实、担保金额超过法定限额等事由抗辩债权人非善意的,人民法院一般不予支持。但是,公司有证据证明债权人明知决议系伪造或者变造的除外。

19.【无须机关决议的例外情况】存在下列情形的,即便债权人知道或者应当知道没有公司机关决议,也应当认定担保合同符合公司的真实意思表示,合同有效:

(1)公司是以为他人提供担保为主营业务的担保公司,或者是开展保函业务的银行或者非银行金融机构;

(2)公司为其直接或者间接控制的公司开展经营活动向债权人提供担保;

(3)公司与主债务人之间存在相互担保等商业合作关系;

(4)担保合同系由单独或者共同持有公司三分之二以上有表决权的股东签字同意。

20.【越权担保的民事责任】依据前述3条规定,担保合同有效,债权人请求公司承担担保责任的,人民法院依法予以支持;担保合同无效,债权人请求公司承担担保责任的,人民法院不予支持,但可以按照担保法及有关司法解释关于担保无效的规定处理。公司举证证明债权人明知法定代表人超越权限或者机关决议系伪造或者变造,债权人请求公司承担合同无效后的民事责任的,人民法院不予支持。

21.【权利救济】法定代表人的越权担保行为给公司造成损失,公司请求法定代表人承担赔偿责任的,人民法院依法予以支持。公司没有提起诉讼,股东依据《公司法》第151条的规定请求法定代表人承担赔偿责任的,人民法院依法予以支持。

22.【上市公司为他人提供担保】债权人根据上市公司公开披露的关于担保事项已经董事会或者股东大会决议通过的信息订立的担保合同,人民法院应当认定有效。

23.【债务加入准用担保规则】法定代表人以公司名义与债务人约定加入债务并通知债权人或者向债权人表示愿意加入债务,该约定的效力问题,参照本纪要关于公司为他人提供担保的有关规则处理。

(七)关于股东代表诉讼

24.【何时成为股东不影响起诉】股东提起股东代表诉讼,被告以行为发生时原告尚未成为公司股东为由抗辩该股东不是适格原告的,人民法院不予支持。

25.【正确适用前置程序】根据《公司法》第151条的规定,股东提起代表诉讼的前置程序之一是,股东必须先书面请求公司有关机关向人民法院提起诉讼。一般情况下,股东没有履行该前置程序的,应当驳回起诉。但是,该项前置程序针对的是公司治理的一般情况,即在股东向公司有关机关提出书面申请之时,存在公司有关机关提起诉讼的可能性。如果查明的相关事实表明,根本不存在该种可能性的,人民法院不应当以原告未履行前置程序为由驳回起诉。

26.【股东代表诉讼的反诉】股东依据《公司法》第151条第3款的规定提起股东代表诉讼后,被告以原告股东恶意起诉侵犯其合法权益为由提起反诉的,人民法院应予受理。被告以公司在案涉纠纷中应当承担侵权或者违约等责任为由对公司提出的反诉,因不符合反诉的要件,人民法院应当裁定不予受理;已经受理的,裁定驳回起诉。

27.【股东代表诉讼的调解】公司是股东代表诉讼的最终受益人,为避免因原告股东与被告通过调解损害公司利益,人民法院应当审查调解协议是否为公司的意思。只有在调解协议经公司股东(大)会、董事会决议通过后,人民法院才能出具调解书予以确认。至于具体决议机关,取决于公司章程的规定。公司章程没有规定的,人民法院应当认定公司股东(大)会为决议机关。

(八)其他问题

28.【实际出资人显名的条件】实际出资人能够提供证据证明有限责任公司过半数的其他股东知道其实际出资的事实,且对其实际行使股东权利未曾提出异议的,对实际出资人提出的登记为公司股东的请求,人民法院依法予以支持。公司以实际出资人的请求不符合公司法司法解释(三)第24条的规定为由抗辩的,人民法院不予支持。

29.【请求召开股东(大)会不可诉】公司召开股东(大)会本质上属于公司内部治理范围。股东请求判令公司召开股东(大)会的,人民法院应当告知其按照《公司法》第40条或者第101条规定的程序自行召开。股东坚持起诉的,人民法院应当裁定不予受理;已经受理的,裁定驳回起诉。

三、关于合同纠纷案件的审理

会议认为,合同是市场化配置资源的主要方式,合同纠纷也是民商事纠纷的主要类型。人民法院在审理合同纠纷案件时,要坚持鼓励交易原则,充分尊重当事人的意思自治。要依法审慎认定合同效力。要根据诚实信用原则,合理解释合同条款、确定履行内容,合理确定当事人的权利义务关系,审慎适用合同解除制度,依法调整过高的违约金,强化对守约者诚信行为的保护力度,提高违法违约成本,促进诚信社会构建。

(一)关于合同效力

人民法院在审理合同纠纷案件过程中,要依职权审查合同是否存在无效的情形,注意无效与可撤销、未生效、效力待定等合同效力形态之间的区别,准确认定合同效力,并根据效力的不同情形,结合当事人的诉讼请求,确定相应的民事责任。

30.【强制性规定的识别】合同法施行后,针对一些人民法院动辄以违反法律、行政法规的强制性规定为由认定合同无效,不当扩大无效合同范围的情形,合同法司法解释(二)第14条将《合同法》第52条第5项规定的"强制性规定"明确限于"效力性强制性规定"。此后,《最高人民法院关于当前形势下审理民商事合同纠纷案件若干问题的指导意见》进一步提出了"管理性强制性规定"的概念,指出违反管理性强制性规定的,人民法院应当根据具体情形认定合同效力。随着这一概念的提出,审判实践中又出现了另一种倾向,有的人民法院认为凡是行政管理性质的强制性规定都属于"管理性强制性规定",不影响合同效力。这种望文生义的认定方法,应予纠正。

人民法院在审理合同纠纷案件时,要依据《民法总则》第153条第1款和合同法司法解释(二)第14条的规定慎重判断"强制性规定"的性质,特别是要在考量强制性规定所保护的法益类型、违法行为的法律后果以及交易安全保护等因素的基础上认定其性质,并在裁判文书中充分说明理由。下列强制性规定,应当认定为"效力性强制性规定":强制性规定涉及金融安全、市场秩序、国家宏观政策等公序良俗的;交易标的禁止买卖的,如禁止人体器官、毒品、枪支等买卖;违反特许经营规定的,如场外配资合同;交易方式严重违法的,如违反招投标等竞争性缔约方式订立的合同;交易场所违法的,如在批准的交易场所之外进行期货交易。关于经营范围、交易时间、交易数量等行政管理性质的强制性规定,一般应当认定为"管理性强制性规定"。

31.【违反规章的合同效力】违反规章一般情况下不影响合同效力,但该规章的内容涉及金融安全、市场秩序、国家宏观政策等公序良俗的,应当认定合同无效。人民法院在认定规章是否涉及公序良俗时,要在考察规范对象基础上,兼顾监管强度、交易安全保护以及社会影响等方面进行慎重考量,并在裁判文书中进行充分说理。

32.【合同不成立、无效或者被撤销的法律后果】《合同法》第58条就合同无效或者被撤销时的财产返还责任和损害赔偿责任作了规定,但未规定合同不成立的法律后果。考虑到合同不成立时也可能发生财产返还和损害赔偿责任问题,故应当参照适用该条的规定。

在确定合同不成立、无效或者被撤销后财产返还或者折价补偿范围时,要根据诚实信用原则的要求,在当事人之间合理分配,不能使不诚信的当事人因合同不成立、无效或者被撤销而获益。合同不成立、无效或者被撤销情况下,当事人所承担的缔约过失责任不应超过合同履行利益。比如,依据《最高人民法院关于审理建设工程施工合同纠纷案件适用法律问题的解释》第2条规定,建设工程施工合同无效,在建设工程经竣工验收合格情况下,可以参照合同约定支付工程款,但除非增加了合同约定之外新的工程项目,一般不应超出合同约定支付工程款。

33.【财产返还与折价补偿】合同不成立、无效或者被撤销后,在确定财产返还时,要充分考虑财产增值或者贬值的因素。双务合同不成立、无效或者被撤销后,双方因该合同取得财产的,应当相互返还。应予返还的股权、房屋等财产相对于合同约定价款出现增值或者贬值的,人民法院要综合考虑市场因素、受让人的经营或者添附等行为与财产增值或者贬值之间的关联性,在当事人之间合理分配或者分担,避免一方因合同不成立、无效或者被撤销而获益。在标的物已经灭失、转售他人或者其他无法返还的情况下,当事人主张返还原物的,人民法院不予支持,但其主张折价补偿的,人民法院依法予以支持。折价时,应当以当事人交易时约定的价款为基础,同时考虑当事人在标的物灭失或者转售时的获益情况综合确定补偿标准。标的物灭失时当事人获得的保险金或者其他赔偿金,转售时取得的对价,均属于当事人因标的物而获得的利益。对获益高于或者低于价款的部分,也应当在当事人之间合理分配或者分担。

34.【价款返还】双务合同不成立、无效或者被撤销时,标的物返还与价款返还互为对待给付,双方应当同时返还。关于应否支付利息问题,只要一方对标的物有使用情形的,一般应当支付使用费,该费用可与占有价款一方应当支付的资金占用费相互抵销,故在一方返还原物前,另一方仅须支付本金,而无须支付利息。

35.【损害赔偿】合同不成立、无效或者被撤销时,仅返还财产或者折价补偿不足以弥补损失,一方还可以向有过错的另一方请求损害赔偿。在确定损害赔偿范围时,既要根据当事人的过错程度合理确定责任,又要考虑在确定财产返还范围时已经考虑过的财产增值或者贬值因素,避免双重获利或者双重受损的现象发生。

36.【合同无效时的释明问题】在双务合同中,原告起诉请求确认合同有效并请求继续履行合同,被告主张合同无效的,或者原告起诉请求确认合同无效并返还财产,而被告主张合同有效的,都要防止机械适用"不告不理"原则,仅就当事人的诉讼请求进行审理,而应向原告释明变更或者增加诉讼请求,或者向被告释明提出同时履行抗辩,尽可能一次性解决纠纷。例如,基于合同有给付行为的原告请求确认合同无效,但并未提出返还原物或者折价补偿、赔偿损失等请求的,人民法院应当向其释明,告知其一并提出相应诉讼请求;原告请求确认合同无效并要求被告返还原物或者赔偿损失,被告基于合同也有给付行为的,人民法院同样应当向被告释明,告知其也可以提出返还请求;人民法院经审理认定合同无效的,除了要在判决书"本院认为"部分对同时返还作出认定外,还应当在判项中作出明确表述,避免因判令单方返还而出现不公平的结果。

第一审人民法院未予释明,第二审人民法院认为应当对合同不成立、无效或者被撤销的法律后果作出判决的,可以直接释明并改判。当然,如果返还财产或者赔偿损失的范围确实难以确定或者双方争议较大的,也可以告知当事人通过另行起诉等方式解决,并在裁判文书中予以明确。

当事人按照释明变更诉讼请求或者提出抗辩的,人民法院应当将其归纳为案件争议焦点,组织当事人充分举证、质证、辩论。

37.【未经批准合同的效力】法律、行政法规规定某类合同应当办理批准手续生效的,如商业银行法、证券法、保险法等法律规定购买商业银行、证券公司、保险公司5%以上股权须经相关主管部门批准,依据《合同法》第44条第2款的规定,批准是合同的法定生效条件,未经批准的合同因欠缺法律规定的特别生效条件而未生效。实践中的一个突出问题是,把未生效合同认定为无效合同,或者虽认定为未生效,却按无效合同处理。无效合同从本质上来说是欠缺合同的有效要件,或者具有合同无效的法定事由,自始不发生法律效力。而未生效合同已具备合同的有效要件,对双方具有一定的拘束力,任何一方不得擅自撤回、解除、变更,但因欠缺法律、行政法规规定或当事人约定的特别生效条件,在该生效条件成就前,不能产生请求对方履行合同主要权利义务的法律效力。

38.【报批义务及相关违约条款独立生效】须经行政机关批准生效的合同,对报批义务及未履行报批义务的违约责任等相关内容作出专门约定的,该约定独立生效。一方因另一方不履行报批义务,请求解除合同并请求其承担合同约定的相应违约责任的,人民法院依法予以支持。

39.【报批义务的释明】须经行政机关批准生效的合同,一方请求另一方履行合同主要权利义务的,人民法院应当向其释明,将诉讼请求变更为请求履行报批义务。一方变更诉讼请求的,人民法院依法予以支持;经释明后当事人拒绝变更的,应当驳回其诉讼请求,但不影响其另行提起诉讼。

40.【判决履行报批义务后的处理】人民法院判决一方履行报批义务后,该当事人拒绝履行,经人民法院强制执行仍未履行,对方请求其承担合同违约责任的,人民法院依法予以支持。一方依据判决履行报批义务,行政机关予以批准,合同发生完全的法律效力,其请求对方履行合同的,人民法院依法予以支持;行政机关没有批准,合同不具有法律上的可履行性,一方请求解除合同的,人民法院依法予以支持。

41.【盖章行为的法律效力】司法实践中,有些公司有意刻制两套甚至多套公章,有的法定代表人或者代理人甚至私刻公章,订立合同时恶意加盖非备案的公章或者假公章,发生纠纷后法人以加盖的是假公章为由否定合同效力的情形并不鲜见。人民法院在审理案件时,应当主要审查签约人于盖章之时有无代表权或者代理权,从而根据代表或者代理的相关规则来确定合同的效力。

法定代表人或者其授权之人在合同上加盖法人公章的行为,表明其是以法人名义签订合同,除《公司法》第16条等法律对其职权有特别规定的情形外,应当由法人承担相应的法律后果。法人以法定代表人事后已无代表权、加盖的是假章、所盖之章与备案公章不一致等为由否定合同效力的,人民法院不予支持。

代理人以被代理人名义签订合同,要取得合法授权。代理人取得合法授权后,以被代理人名义签订的合同,应当由被代理人承担责任。被代理人以代理人事后已无代理权、加盖的是假章、所盖之章与备案公章不一致等为由否定合同效力的,人民法院不予支持。

42.【撤销权的行使】撤销权应当由当事人行使。当事人未请求撤销的,人民法院不应当依职权撤销合同。一方请求另一方履行合同,另一方以合同具有可撤销事由提出抗辩的,人民法院应当在审查合同是否具有可撤销事由以及是否超过法定期间等事实的基础上,对合同是否可撤销作出判断,不能仅以当事人未提起诉讼或者反诉为由不予审查或者不予支持。一方主张合同无效,依据的却是可撤销事由,此时人民法院应当全面审查合同是否具有无效事由以及当事人主张的可撤销事由。当事人关于合同无效的事由成立的,人民法院应当认定合同无效。当事人主张合同无效的理由不成立,而可撤销的事由成立的,因合同无效和可撤销的后果相同,人民法院也可以结合当事人的诉讼请求,直接判决撤销合同。

(二)关于合同履行与救济

在认定以物抵债协议的性质和效力时,要根据订立协议时履行期限是否已经届满予以区别对待。合同解除、违约责任都是非违约方寻求救济的主要方式,人民法院在认定合同应否解除时,要根据当事人有无解除权、是约定解除还是法定解除等不同情形,分别予以处理。在确定违约责任时,尤其要注意依法适用违约金调整的相关规则,避免简单地以民间借贷利率的司法保护上限作为调整依据。

43.【抵销】抵销权既可以通知的方式行使,也可以提出抗辩或者提起反诉的方式行使。抵销的意思表示自到达对方时生效,抵销一经生效,其效力溯及自抵销条件成就之时,双方互负的债务在同等数额内消灭。双方互负的债务数额,是截至抵销条件成就之时各自负有的包括主债务、利息、违约金、赔偿金等在内的全部债务数额。行使抵销权一方享有的债权不足以抵销全部债务数额,当事人对抵销顺序又没有特别约定的,应当根据实现债权的费用、利息、主债务的顺序进行抵销。

44.【履行期届满后达成的以物抵债协议】当事人在债务履行期限届满后达成以物抵债协议,抵债物尚未交付债权人,债权人请求债务人交付的,人民法院要着重审查以物抵债协议是否存在恶意损害第三人合法权益等情形,避免虚假诉讼的发生。经审查,不存在以上情况,且无其他无效事由的,人民法院依法予以支持。

当事人在一审程序中因达成以物抵债协议申请撤回起诉的,人民法院可予准许。当事人在二审程序中申请撤回上诉的,人民法院应当告知其申请撤回起诉。当事人申请撤回起诉,经审查不损害国家利益、社会公共利益、他人合法权益的,人民法院可予准许。当事人不申请撤回起诉,请求人民法院出具调解书对以物抵债协议予以确认的,因债务人完全可以立即履行该协议,没有必要由人民法院出具调解书,故人民法院不应准许,同时应当继续对原债权债务关系进行审理。

45.【履行期届满前达成的以物抵债协议】当事人在债务履行期届满前达成以物抵债协议,抵债物尚未交付债权人,债权人请求债务人交付的,因此种情况不同于本纪要第71条规定的让与担保,人民法院应当向其释明,其应当根据原债权债务关系提起诉讼。经释明后当事人仍拒绝变更诉讼请求的,应当驳回其诉讼请求,但不影响其根据原债权债务关系另行提起诉讼。

46.【通知解除的条件】审判实践中,部分人民法院对合同法司法解释(二)第24条的理解存在偏差,认为不论发出解除通知的一方有无解除权,只要另一方未在异议期限内以起诉方式提出异议,就判令解除合同,这不符合合同法关于合同解除权行使的有关规定。对该条的准确理解是,只有享有法定或者约定解除权的当事人才能以通知方式解除合同。不享有解除权的一方向另一方发出解除通知,另一方即便未在异议期限内提起诉讼,也不发生合同解除的效果。人民法院在审理案件时,应当审查发出解除通知的一方是否享有约定或者法定的解除权来决定合同应否解除,不能仅以受通知一方在约定或者法定的异议期限届满内未起诉这一事实就认定合同已经解除。

47.【约定解除条件】合同约定的解除条件成就时,守约方以此为由请求解除合同的,人民法院应当审查违约方的违约程度是否显著轻微,是否影响守约方合同目的实现,根据诚实信用原则,确定合同应否解除。违约方的违约程度显著轻微,不影响守约方合同目的实现,守约方请求解除合同的,人民法院不予支持;反之,则依法予以支持。

48.【违约方起诉解除】违约方不享有单方解除合同的权利。但是,在一些长期性合同如房屋租赁合同履行过程中,双方形成合同僵局,一概不允许违约方通过起诉的方式解除合同,有时对双方都不利。在此前提下,符合下列条件,违约方起诉请求解除合同的,人民法院依法予以支持:

(1)违约方不存在恶意违约的情形;
(2)违约方继续履行合同,对其显失公平;
(3)守约方拒绝解除合同,违反诚实信用原则。

人民法院判决解除合同的,违约方本应当承担的违约责任不能因解除合同而减少或者免除。

49.【合同解除的法律后果】合同解除时,一方依据合同中有关违约金、约定损害赔偿的计算方法、定金责任等违约责任条款的约定,请求另一方承担违约责任的,人民法院依法予以支持。

双务合同解除时人民法院的释明问题,参照本纪要第36条的相关规定处理。

50.【违约金过高标准及举证责任】认定约定违约金是否过高,一般应当以《合同法》第113条规定的损失为基础进行判断,这里的损失包括合同履行后可以获得的利益。除借款合同外的双务合同,作为对价的价款或者报酬给付之债,并非借款合同项下的还款义务,不能以受法律保护的民间借贷利率上限作为判断违约金是否过高的标准,而应当兼顾合同履行情况、当事人过错程度以及预期利益等因素综合确定。主张违约金过高的违约方应当对违约金是否过高承担举证责任。

(三)关于借款合同

人民法院在审理借款合同纠纷案件过程中,要根据防范化解重大金融风险、金融服务实体经济、降低融资成本的精神,区别对待金融借贷与民间借贷,并适用不同规则与利率标准。要依法否定高利转贷行为、职业放贷行为的效力,充分发挥司法的示范、引导作用,促进金融服务实体经济。要注意到,为深化利率市场化改革,推动降低实体利率水平,自2019年8月20日起,中国人民银行已经授权全国银行间同业拆借中心于每月20日(遇节假日顺延)9时30分公布贷款市场报价利率(LPR),中国人民银行贷款基准利率这一标准已经取消。因此,自此之后人民法院裁判贷款利息的基本标准应改为全国银行间同业拆借中心公布的贷款市场报价利率。应予注意的是,贷款利率标准尽管发生了变化,但存款基准利率并未发生相应变化,相关标准仍可适用。

51.【变相利息的认定】金融借款合同纠纷中,借款人认为金融机构以服务费、咨询费、顾问费、管理费等为名变相收取利息,金融机构或者由其指定的人收取的相关费用不合理的,人民法院可以根据提供服务的实际情况确定借款人应否支付或者酌减相关费用。

52.【高利转贷】民间借贷中,出借人的资金必须是自有资金。出借人套取金融机构信贷资金又高利转贷给借款人的民间借贷行为,既增加了融资成本,又扰乱了信贷秩序,根据民间借贷司法解释第14条第1项的规定,应当认定此类民间借贷行为无效。人民法院在适用该条规定时,应当注意把握以下几点:一是要审查出借人的资金来源。借款人能够举证证明在签订借款合同时出借人尚欠银行贷款未还的,一般可以推定为出借人套取信贷资金,但出借人能够举反证予以推翻的除外;二是从宽认定"高利"转贷行为的标准,只要出借人通过转贷行为牟利的,就可以认定为是"高利"转贷行为;三是对该条规定的"借款人事先知道或者应当知道的"要件,不宜把握过苛。实践中,只要出借人在签订借款合同时存在尚欠银行贷款未还事实的,一般可以认为满足了该条规定的"借款人事先知道或者应当知道"这一要件。

53.【职业放贷人】未依法取得放贷资格的以民间借贷为业的法人,以及民间借贷为业的非法人组织或者自然人从事的民间借贷行为,应当依法认定无效。同一出借人在一定期间内多次反复从事有偿民间借贷行为的,一般可以认定为是职业放贷人。民间借贷比较活跃的地方的高级人民法院或者经其授权的中级人民法院,可以根据本地区的实际情况制定具体的认定标准。

四、关于担保纠纷案件的审理

会议认为,要注意担保法及其司法解释与物权法对独立担保、混合担保、担保期间等有关制度的不同规定,根据新的规定优于旧的规定的法律适用规则,优先适用物权法的规定。从属性是担保的基本属性,要慎重认定独立担保行为的效力,将其严格限定在法律或者司法解释明确规定的情形。要根据区分原则,准确认定担保合同效力。要坚持物权法定、公示公信原则,区分不动产与动产担保物权在物权变动、效力规则等方面的异同,准确适用法律。要充分发挥担保对缓解融资难融资贵问题的积极作用,不轻易否定新类型担保、非典型担保的合同效力及担保功能。

(一)关于担保的一般规则

54.【独立担保】 从属性是担保的基本属性,但由银行或者非银行金融机构开立的独立保函除外。独立保函纠纷案件依据《最高人民法院关于审理独立保函纠纷案件若干问题的规定》处理。需要进一步明确的是:凡是由银行或者非银行金融机构开立的符合该司法解释第1条、第3条规定情形的保函,无论是用于国际商事交易还是用于国内商事交易,均不影响保函的效力。银行或者非银行金融机构之外的当事人开立的独立保函,以及当事人有关排除担保从属性的约定,应当认定无效。但是,根据"无效法律行为的转换"原理,在否定其独立担保效力的同时,应当将其认定为从属性担保。此时,如果主合同有效,则担保合同有效,担保人与主债务人承担连带保证责任。主合同无效,则该所谓的独立担保也随之无效,担保人无过错的,不承担责任;担保人有过错的,其承担民事责任的部分,不应超过债务人不能清偿部分的三分之一。

55.【担保责任的范围】 担保人承担的担保责任范围不应当大于主债务,是担保从属性的必然要求。当事人约定的担保责任的范围大于主债务的,如针对担保责任约定专门的违约责任、担保责任的数额高于主债务、担保责任约定的利息高于主债务利息、担保责任的履行期先于主债务履行期届满,等等,均应当认定大于主债务部分的约定无效,从而使担保责任缩减至主债务的范围。

56.【混合担保中担保人之间的追偿问题】 被担保的债权既有保证又有第三人提供的物的担保的,担保法司法解释第38条明确规定,承担了担保责任的担保人可以要求其他担保人清偿其应当分担的份额。但《物权法》第176条并未作出类似规定,根据《物权法》第178条关于"担保法与本法的规定不一致的,适用本法"的规定,承担了担保责任的担保人向其他担保人追偿的,人民法院不予支持,但担保人在担保合同中约定可以相互追偿的除外。

57.【借新还旧的担保物权】贷款到期后,借款人与贷款人订立新的借款合同,将新贷用于归还旧贷,旧贷因清偿而消灭,为旧贷设立的担保物权也随之消灭。贷款人以旧贷上的担保物权尚未进行涂销登记为由,主张对新贷行使担保物权的,人民法院不予支持,但当事人约定继续为新贷提供担保的除外。

58.【担保债权的范围】以登记作为公示方式的不动产担保物权的担保范围,一般应当以登记的范围为准。但是,我国目前不动产担保物权登记,不同地区的系统设置及登记规则并不一致,人民法院在审理案件时应当充分注意制度设计上的差别,作出符合实际的判断:一是多数省区市的登记系统未设置"担保范围"栏目,仅有"被担保主债权数额(最高债权数额)"的表述,且只能填写固定数字。而当事人在合同中又往往约定担保物权的担保范围包括主债权及其利息、违约金等附属债权,致使合同约定的担保范围与登记不一致。显然,这种不一致是由于该地区登记系统设置及登记规则造成的该地区的普遍现象。人民法院以合同约定认定担保物权的担保范围,是符合实际的妥当选择。二是一些省区市不动产登记系统设置与登记规则比较规范,担保物权登记范围与合同约定一致在该地区是常态或者普遍现象,人民法院在审理案件时,应当以登记的担保范围为准。

59.【主债权诉讼时效届满的法律后果】抵押权人应当在主债权的诉讼时效期间内行使抵押权。抵押权人在主债权诉讼时效届满前未行使抵押权,抵押人在主债权诉讼时效届满后请求涂销抵押权登记的,人民法院依法予以支持。

以登记作为公示方法的权利质权,参照适用前款规定。

(二)关于不动产担保物权

60.【未办理登记的不动产抵押合同的效力】不动产抵押合同依法成立,但未办理抵押登记手续,债权人请求抵押人办理抵押登记手续的,人民法院依法予以支持。因抵押物灭失以及抵押物转让他人等原因不能办理抵押登记,债权人请求抵押人以抵押物的价值为限承担责任的,人民法院依法予以支持,但其范围不得超过抵押权有效设立时抵押人所应当承担的责任。

61.【房地分别抵押】根据《物权法》第182条之规定,仅以建筑物设定抵押的,抵押权的效力及于占用范围内的土地;仅以建设用地使用权抵押的,抵押权的效力亦及于其上的建筑物。在房地分别抵押,即建设用地使用权抵押给一个债权人,而其上的建筑物又抵押给另一个人的情况下,可能产生两个抵押权的冲突问题。基于"房地一体"规则,此时应当将建筑物和建设用地使用权视为同一财产,从而依照《物权法》第199条的规定确定清偿顺序:登记在先的先清偿;同时登记的,按照债权比例清偿。同一天登记的,视为同时登记。应予注意的是,根据《物权法》第200条的规定,建设用地使用权抵押后,该土地上新增的建筑物不属于抵押财产。

62.【抵押权随主债权转让】抵押权是从属于主合同的从权利,根据"从随主"规则,债权转让的,除法律另有规定或者当事人另有约定外,担保该债权的抵押权一并转让。受让人向抵押人主张行使抵押权,抵押人以受让人不是抵押合同的当事人、未办理变更登记等为由提出抗辩的,人民法院不予支持。

(三)关于动产担保物权

63.**【流动质押的设立与监管人的责任】**在流动质押中,经常由债权人、出质人与监管人订立三方监管协议,此时应当查明监管人究竟是受债权人的委托还是受出质人的委托监管质物,确定质物是否已经交付债权人,从而判断质权是否有效设立。如果监管人系受债权人的委托监管质物,则其是债权人的直接占有人,应当认定完成了质物交付,质权有效设立。监管人违反监管协议约定,违规向出质人放货、因保管不善导致质物毁损灭失,债权人请求监管人承担违约责任的,人民法院依法予以支持。

如果监管人系受出质人委托监管质物,表明质物并未交付债权人,应当认定质权未有效设立。尽管监管协议约定监管人受债权人的委托监管质物,但有证据证明其并未履行监管职责,质物实际上仍由出质人管领控制的,也应当认定质物并未实际交付,质权未有效设立。此时,债权人可以基于质押合同的约定请求质押人承担违约责任,但其范围不得超过质权有效设立时质押人所应当承担的责任。监管人未履行监管职责的,债权人也可以请求监管人承担违约责任。

64.**【浮动抵押的效力】**企业将其现有的以及将有的生产设备、原材料、半成品及产品等财产设定浮动抵押后,又将其中的生产设备等部分财产设定了动产抵押,并都办理了抵押登记的,根据《物权法》第199条的规定,登记在先的浮动抵押优先于登记在后的动产抵押。

65.**【动产抵押权与质权竞存】**同一动产上同时设立质权和抵押权的,应当参照适用《物权法》第199条的规定,根据是否完成公示以及公示先后情况来确定清偿顺序:质权有效设立、抵押权办理了抵押登记的,按照公示先后确定清偿顺序;顺序相同的,按照债权比例清偿;质权有效设立,抵押权未办理抵押登记的,质权优先于抵押权;质权未有效设立,抵押权未办理抵押登记的,因此时抵押权已经有效设立,故抵押权优先受偿。

根据《物权法》第178条规定的精神,担保法司法解释第79条第1款不再适用。

(四)关于非典型担保

66.**【担保关系的认定】**当事人订立的具有担保功能的合同,不存在法定无效情形的,应当认定有效。虽然合同约定的权利义务关系不属于物权法规定的典型担保类型,但是其担保功能应予肯定。

67.**【约定担保物权的效力】**债权人与担保人订立担保合同,约定以法律、行政法规未禁止抵押或者质押的财产设定以登记作为公示方法的担保,因无法定的登记机构而未能进行登记的,不具有物权效力。当事人请求按照担保合同的约定就该财产折价、变卖或者拍卖所得价款等方式清偿债务的,人民法院依法予以支持,但对其他权利人不具有对抗效力和优先性。

68.【保兑仓交易】保兑仓交易作为一种新类型融资担保方式,其基本交易模式是,以银行信用为载体、以银行承兑汇票为结算工具、由银行控制货权、卖方(或者仓储方)受托保管货物并以承兑汇票与保证金之间的差额作为担保。其基本的交易流程是:卖方、买方和银行订立三方合作协议,其中买方向银行缴存一定比例的承兑保证金,银行向买方签发以卖方为收款人的银行承兑汇票,买方将银行承兑汇票交付卖方作为货款,银行根据买方缴纳的保证金的一定比例向卖方签发提货单,卖方根据提货单向买方交付对应金额的货物,买方销售货物后,将货款再缴存为保证金。

在三方协议中,一般来说,银行的主要义务是及时签发承兑汇票并按约定方式将其交给卖方,卖方的主要义务是根据银行签发的提货单发货,并在买方未及时销售或者回赎货物时,就保证金与承兑汇票之间的差额部分承担责任。银行为保障自身利益,往往还会约定卖方要将货物交给由其指定的当事人监管,并设定质押,从而涉及监管协议以及流动质押等问题。实践中,当事人还可能在前述基本交易模式基础上另行作出其他约定,只要不违反法律、行政法规的效力性强制性规定,这些约定应当认定有效。

一方当事人因保兑仓交易纠纷提起诉讼的,人民法院应当以保兑仓交易合同作为审理案件的基本依据,但买卖双方没有真实买卖关系的除外。

69.【无真实贸易背景的保兑仓交易】保兑仓交易以买卖双方有真实买卖关系为前提。双方无真实买卖关系的,该交易属于名为保兑仓交易实为借款合同,保兑仓交易因构成虚伪意思表示而无效,被隐藏的借款合同是当事人的真实意思表示,如不存在其他合同无效情形,应当认定有效。保兑仓交易认定为借款合同关系的,不影响卖方和银行之间担保关系的效力,卖方仍应当承担担保责任。

70.【保兑仓交易的合并审理】当事人就保兑仓交易中的不同法律关系的相对方分别或者同时向同一人民法院起诉的,人民法院可以根据民事诉讼法司法解释第221条的规定,合并审理。当事人未起诉某一方当事人的,人民法院可以依职权追加未参加诉讼的当事人为第三人,以便查明相关事实,正确认定责任。

71.【让与担保】债务人或者第三人与债权人订立合同,约定将财产形式上转让至债权人名下,债务人到期清偿债务,债权人将该财产返还给债务人或第三人,债务人到期没有清偿债务,债权人可以对财产拍卖、变卖、折价偿还债权的,人民法院应当认定合同有效。合同如果约定债务人到期没有清偿债务,财产归债权人所有的,人民法院应当认定该部分约定无效,但不影响合同其他部分的效力。

当事人根据上述合同约定,已经完成财产权利变动的公示方式转让至债权人名下,债务人到期没有清偿债务,债权人请求确认财产归其所有的,人民法院不予支持,但债权人请求参照法律关于担保物权的规定对财产拍卖、变卖、折价优先偿还其债权的,人民法院依法予以支持。债务人因到期没有清偿债务,请求对该财产拍卖、变卖、折价偿还所欠债权人合同项下债务的,人民法院亦应依法予以支持。

五、关于金融消费者权益保护纠纷案件的审理

会议认为,在审理金融产品发行人、销售者以及金融服务提供者(以下简称卖方机构)与金融消费者之间因销售各类高风险等级金融产品和为金融消费者参与高风险等级投资活动提供服务而引发的民商事案件中,必须坚持"卖者尽责、买者自负"原则,将金融消费者是否充分了解相关金融产品、投资活动的性质及风险并在此基础上作出自主决定作为应当查明的案件基本事实,依法保护金融消费者的合法权益,规范卖方机构的经营行为,推动形成公开、公平、公正的市场环境和市场秩序。

72.【适当性义务】适当性义务是指卖方机构在向金融消费者推介、销售银行理财产品、保险投资产品、信托理财产品、券商集合理财计划、杠杆基金份额、期权及其他场外衍生品等高风险等级金融产品,以及为金融消费者参与融资融券、新三板、创业板、科创板、期货等高风险等级投资活动提供服务的过程中,必须履行的了解客户、了解产品、将适当的产品(或者服务)销售(或者提供)给适合的金融消费者等义务。卖方机构承担适当性义务的目的是为了确保金融消费者能够在充分了解相关金融产品、投资活动的性质及风险的基础上作出自主决定,并承受由此产生的收益和风险。在推介、销售高风险等级金融产品和提供高风险等级金融服务领域,适当性义务的履行是"卖者尽责"的主要内容,也是"买者自负"的前提和基础。

73.【法律适用规则】在确定卖方机构适当性义务的内容时,应当以合同法、证券法、证券投资基金法、信托法等法律规定的基本原则和国务院发布的规范性文件作为主要依据。相关部门在部门规章、规范性文件中对高风险等级金融产品的推介、销售,以及为金融消费者参与高风险等级投资活动提供服务作出的监管规定,与法律和国务院发布的规范性文件的规定不相抵触的,可以参照适用。

74.【责任主体】金融产品发行人、销售者未尽适当性义务,导致金融消费者在购买金融产品过程中遭受损失的,金融消费者既可以请求金融产品的发行人承担赔偿责任,也可以请求金融产品的销售者承担赔偿责任,还可以根据《民法总则》第 167 条的规定,请求金融产品的发行人、销售者共同承担连带赔偿责任。发行人、销售者请求人民法院明确各自的责任份额的,人民法院可以在判决发行人、销售者对金融消费者承担连带赔偿责任的同时,明确发行人、销售者在实际承担了赔偿责任后,有权向责任方追偿其应当承担的赔偿份额。

金融服务提供者未尽适当性义务,导致金融消费者在接受金融服务后参与

高风险等级投资活动遭受损失的,金融消费者可以请求金融服务提供者承担赔偿责任。

75.【举证责任分配】在案件审理过程中,金融消费者应当对购买产品(或者接受服务)、遭受的损失等事实承担举证责任。卖方机构对其是否履行了适当性义务承担举证责任。卖方机构不能提供其已经建立了金融产品(或者服务)的风险评估及相应管理制度、对金融消费者的风险认知、风险偏好和风险承受能力进行了测试、向金融消费者告知产品(或者服务)的收益和主要风险因素等相关证据的,应当承担举证不能的法律后果。

76.【告知说明义务】告知说明义务的履行是金融消费者能够真正了解各类高风险等级金融产品或者高风险等级投资活动的投资风险和收益的关键,人民法院应当根据产品、投资活动的风险和金融消费者的实际情况,综合理性人能够理解的客观标准和金融消费者能够理解的主观标准来确定卖方机构是否已经履行了告知说明义务。卖方机构简单地以金融消费者手写了诸如"本人明确知悉可能存在本金损失风险"等内容主张其已经履行了告知说明义务,不能提供其他相关证据的,人民法院对其抗辩理由不予支持。

77.【损失赔偿数额】卖方机构未尽适当性义务导致金融消费者损失的,应当赔偿金融消费者所受的实际损失。实际损失为损失的本金和利息,利息按照中国人民银行发布的同期同类存款基准利率计算。

金融消费者因购买高风险等级金融产品或者为参与高风险投资活动接受服务,以卖方机构存在欺诈行为为由,主张卖方机构应当根据《消费者权益保护法》第55条的规定承担惩罚性赔偿责任的,人民法院不予支持。卖方机构的行为构成欺诈的,对金融消费者提出赔偿其支付金钱总额的利息损失请求,应当注意区分不同情况进行处理:

(1)金融产品的合同文本中载明了预期收益率、业绩比较基准或者类似约定的,可以将其作为计算利息损失的标准;

(2)合同文本以浮动区间的方式对预期收益率或者业绩比较基准等进行约定,金融消费者请求按照约定的上限作为利息损失计算标准的,人民法院依法予以支持;

(3)合同文本虽然没有关于预期收益率、业绩比较基准或者类似约定,但金融消费者能够提供证据证明产品发行的广告宣传资料中载明了预期收益率、业绩比较基准或者类似表述的,应当将宣传资料作为合同文本的组成部分;

(4)合同文本及广告宣传资料中未载明预期收益率、业绩比较基准或者类似表述的,按照全国银行间同业拆借中心公布的贷款市场报价利率计算。

78.【免责事由】因金融消费者故意提供虚假信息、拒绝听取卖方机构的建议等自身原因导致其购买产品或者接受服务不适当,卖方机构请求免除相应责任的,人民法院依法予以支持,但金融消费者能够证明该虚假信息的出具系卖方机构误导的除外。卖方机构能够举证证明根据金融消费者的既往投资经验、受教育程度等事实,适当性义务的违反并未影响金融消费者作出自主决定的,对其关于应当由金融消费者自负投资风险的抗辩理由,人民法院依法予以支持。

六、关于证券纠纷案件的审理

(一)关于证券虚假陈述

会议认为,《最高人民法院关于审理证券市场因虚假陈述引发的民事赔偿案件的若干规定》施行以来,证券市场的发展出现了新的情况,证券虚假陈述纠纷案件的审理对司法能力提出了更高的要求。在案件审理过程中,对于需要借助其他学科领域的专业知识进行职业判断的问题,要充分发挥专家证人的作用,使得案件的事实认定符合证券市场的基本常识和普遍认知或者认可的经验法则,责任承担与侵权行为及其主观过错程度相匹配,在切实维护投资者合法权益的同时,通过民事责任追究实现震慑违法的功能,维护公开、公平、公正的资本市场秩序。

79.【共同管辖的案件移送】原告以发行人、上市公司以外的虚假陈述行为人为被告提起诉讼,被告申请追加发行人或者上市公司为共同被告的,人民法院应予准许。人民法院在追加后发现其他有管辖权的人民法院已先行受理因同一虚假陈述引发的民事赔偿案件的,应当按照民事诉讼法司法解释第36条的规定,将案件移送给先立案的人民法院。

80.【案件审理方式】案件审理方式方面,在传统的"一案一立、分别审理"的方式之外,一些人民法院已经进行了将部分案件合并审理、在示范判决基础上委托调解等改革,初步实现了案件审理的集约化和诉讼经济。在认真总结审判实践经验的基础上,有条件的地方人民法院可以选择个案以《民事诉讼法》第54条规定的代表人诉讼方式进行审理,逐步展开试点工作。就案件审理中涉及的适格原告范围认定、公告通知方式、投资者权利登记、代表人推选、执行款项的发放等具体工作,积极协调相关部门和有关方面,推动信息技术审判辅助平台和常态化、可持续的工作机制建设,保障投资者能够便捷、高效、透明和低成本地维护自身合法权益,为构建符合中国国情的证券民事诉讼制度积累审判经验,培养审判队伍。

81.【立案登记】多个投资者就同一虚假陈述向人民法院提起诉讼,可以采用代表人诉讼方式对案件进行审理的,人民法院在登记立案时可以根据原告起诉状中所描述的虚假陈述的数量、性质及其实施日、揭露日或者更正日等时间节点,将投资者作为共同原告统一立案登记。原告主张被告实施了多个虚假陈述的,可以分别立案登记。

82.【案件甄别及程序决定】人民法院决定采用《民事诉讼法》第54条规定的方式审理案件的,在发出公告前,应当先行就被告的行为是否构成虚假陈述、投资者的交易方向与诱多、诱空的虚假陈述是否一致,以及虚假陈述的实施日、揭露日或者更正日等案件基本事实进行审查。

83.【选定代表人】权利登记的期间届满后,人民法院应当通知当事人在指定期间内完成代表人的推选工作。推选不出代表人的,人民法院可以与当事人商定代表人。人民法院在提出人选时,应当将当事人诉讼请求的典型性和利益诉求的份额等作为考量因素,确保代表行为能够充分、公正地表达投资者的诉讼主张。国家设立的投资者保护机构以自己的名义提起诉讼,或者接受投资者的委托指派工作人员或者委托诉讼代理人参与案件审理活动的,人民法院可以商定该机构或者其代理的当事人作为代表人。

84.【揭露日和更正日的认定】虚假陈述的揭露和更正,是指虚假陈述被市场所知悉、了解,其精确程度并不以"镜像规则"为必要,不要求达到全面、完整、准确的程度。原则上,只要交易市场对监管部门立案调查、权威媒体刊载的揭露文章等信息存在着明显的反应,对一方主张市场已经知悉虚假陈述的抗辩,人民法院依法予以支持。

85.【重大性要件的认定】审判实践中,部分人民法院对重大性要件和信赖要件存在着混淆认识,以行政处罚认定的信息披露违法行为对投资者的交易决定没有影响为由否定违法行为的重大性,应当引起注意。重大性是指可能对投资者进行投资决策具有重要影响的信息,虚假陈述已经被监管部门行政处罚的,应当认为是具有重大性的违法行为。在案件审理过程中,对于一方提出的监管部门作出处罚决定的行为不具有重大性的抗辩,人民法院不予支持,同时应当向其释明,该抗辩并非民商事案件的审理范围,应当通过行政复议、行政诉讼加以解决。

(二)关于场外配资

会议认为,将证券市场的信用交易纳入国家统一监管的范围,是维护金融市场透明度和金融稳定的重要内容。不受监管的场外配资业务,不仅盲目扩张了资本市场信用交易的规模,也容易冲击资本市场的交易秩序。融资融券作为证券市场的主要信用交易方式和证券经营机构的核心业务之一,依法属于国家特许经营的金融业务,未经依法批准,任何单位和个人不得非法从事配资业务。

86.【场外配资合同的效力】从审判实践看,场外配资业务主要是指一些P2P公司或者私募类配资公司利用互联网信息技术,搭建起游离于监管体系之外的融资业务平台,将资金融出方、资金融入方即用资人和券商营业部三方连接起来,配资公司利用计算机软件系统的二级分仓功能将其自有资金或者以较低成本融入的资金出借给用资人,赚取利息收入的行为。这些场外配资公司所开展的经营活动,本质上属于只有证券公司才能依法开展的融资活动,不仅规避了监管部门对融资融券业务中资金来源、投资标的、杠杆比例等诸多方面的限制,也加剧了市场的非理性波动。在案件审理过程中,除依法取得融资融券资格的证券公司与客户开展的融资融券业务外,对其他任何单位或者个人与用资人的场外配资合同,人民法院应当根据《证券法》第142条、合同法司法解释(一)第10条的规定,认定为无效。

87.【合同无效的责任承担】场外配资合同被确认无效后,配资方依场外配资合同的约定,请求用资人向其支付约定的利息和费用的,人民法院不予支持。

配资方依场外配资合同的约定,请求分享用资人因使用配资所产生的收益的,人民法院不予支持。

用资人以其因使用配资导致投资损失为由请求配资方予以赔偿的,人民法院不予支持。用资人能够证明因配资方采取更改密码等方式控制账户使得用资人无法及时平仓止损,并据此请求配资方赔偿其因此遭受的损失的,人民法院依法予以支持。

用资人能够证明配资合同是因配资方招揽、劝诱而订立,请求配资方赔偿其全部或者部分损失的,人民法院应当综合考虑配资方招揽、劝诱行为的方式、对用资人的实际影响、用资人自身的投资经历、风险判断和承受能力等因素,判决配资方承担与其过错相适应的赔偿责任。

七、关于营业信托纠纷案件的审理

会议认为,从审判实践看,营业信托纠纷主要表现为事务管理信托纠纷和主动管理信托纠纷两种类型。在事务管理信托纠纷案件中,对信托公司开展和参与的多层嵌套、通道业务、回购承诺等融资活动,要以其实际构成的法律关系确定其效力,并在此基础上依法确定各方的权利义务。在主动管理信托纠纷案件中,应当重点审查受托人在"受人之托,忠人之事"的财产管理过程中,是否恪尽职守,履行了谨慎、有效管理等法定或者约定义务。

88.【营业信托纠纷的认定】信托公司根据法律法规以及金融监督管理部门的监管规定,以取得信托报酬为目的接受委托人的委托,以受托人身份处理信托事务的经营行为,属于营业信托。由此产生的信托当事人之间的纠纷,为营业信托纠纷。

根据《关于规范金融机构资产管理业务的指导意见》的规定,其他金融机构开展的资产管理业务构成信托关系的,当事人之间的纠纷适用信托法及其他有关规定处理。

89.【资产或者资产收益权转让及回购】信托公司在资金信托成立后,以募集的信托资金受让特定资产或者特定资产收益权,属于信托公司在资金依法募集后的资金运用行为,由此引发的纠纷不应当认定为营业信托纠纷。如果合同中约定由转让方或者其指定的第三方在一定期间后以交易本金加上溢价款等固定价款无条件回购的,无论转让方所转让的标的物是否真实存在、是否实际交付或者过户,只要合同不存在法定无效事由,对信托公司提出的由转让方或者其指定的第三方按约定承担责任的诉讼请求,人民法院依法予以支持。

当事人在相关合同中同时约定采用信托公司受让目标公司股权、向目标公司增资方式并以相应股权担保债权实现的,应当认定在当事人之间成立让与担保法律关系。当事人之间的具体权利义务,根据本纪要第 71 条的规定加以确定。

90.【劣后级受益人的责任承担】信托文件及相关合同将受益人区分为优先级受益人和劣后级受益人等不同类别,约定优先级受益人以其财产认购信托计划份额,在信托到期后,劣后级受益人负有对优先级受益人从信托财产获得利益与其投资本金及约定收益之间的差额承担补足义务,优先级受益人请求劣后级受益人按照约定承担责任的,人民法院依法予以支持。

信托文件中关于不同类型受益人权利义务关系的约定,不影响受益人与受托人之间信托法律关系的认定。

91.【增信文件的性质】信托合同之外的当事人提供第三方差额补足、代为履行到期回购义务、流动性支持等类似承诺文件作为增信措施,其内容符合法律关于保证的规定的,人民法院应当认定当事人之间成立保证合同关系。其内容不符合法律关于保证的规定的,依据承诺文件的具体内容确定相应的权利义务关系,并根据案件事实情况确定相应的民事责任。

92.【保底或者刚兑条款无效】信托公司、商业银行等金融机构作为资产管理产品的受托人与受益人订立的含有保证本息固定回报、保证本金不受损失等保底或者刚兑条款的合同,人民法院应当认定该条款无效。受益人请求受托人对其损失承担与其过错相适应的赔偿责任的,人民法院依法予以支持。

实践中,保底或者刚兑条款通常不在资产管理产品合同中明确约定,而是以"抽屉协议"或者其他方式约定,不管形式如何,均应认定无效。

93.【通道业务的效力】当事人在信托文件中约定,委托人自主决定信托设立、信托财产运用对象、信托财产管理运用处分方式等事宜,自行承担信托资产的风险管理责任和相应风险损失,受托人仅提供必要的事务协助或者服务,不承担主动管理职责的,应当认定为通道业务。《中国人民银行、中国银行保险监督管理委员会、中国证券监督管理委员会、国家外汇管理局关于规范金融机构资产管理业务的指导意见》第22条在规定"金融机构不得为其他金融机构的资产管理产品提供规避投资范围、杠杆约束等监管要求的通道服务"的同时,也在第29条明确按照"新老划断"原则,将过渡期设置为截止2020年底,确保平稳过渡。在过渡期内,对通道业务中存在的利用信托通道掩盖风险,规避资金投向、资产分类、拨备计提和资本占用等监管规定,或者通过信托通道将表内资产虚假出表等信托业务,如果不存在其他无效事由,一方以信托目的违法违规为由请求确认无效的,人民法院不予支持。至于委托人和受托人之间的权利义务关系,应当依据信托文件的约定加以确定。

94.【受托人的举证责任】资产管理产品的委托人以受托人未履行勤勉尽责、公平对待客户等义务损害其合法权益为由,请求受托人承担损害赔偿责任的,应当由受托人举证证明其已经履行了义务。受托人不能举证证明,委托人请求其承担相应赔偿责任的,人民法院依法予以支持。

95.【信托财产的诉讼保全】信托财产在信托存续期间独立于委托人、受托人、受益人各自的固有财产。委托人将其财产委托给受托人进行管理,在信托依法设立后,该信托财产即独立于委托人未设立信托的其他固有财产。受托人因承诺信托而取得的信托财产,以及通过对信托财产的管理、运用、处分等方式取得的财产,均独立于受托人的固有财产。受益人对信托财产享有的权利表现为信托受益权,信托财产并非受益人的责任财产。因此,当事人因其与委托人、受托人或者受益人之间的纠纷申请对存管银行或者信托公司专门账户中的信托资金采取保全措施的,除符合《信托法》第17条规定的情形外,人民法院不应当准许。已经采取保全措施的,存管银行或者信托公司能够提供证据证明该账户为信托账户的,应当立即解除保全措施。对信托公司管理的其他信托财产的保全,也应当根据前述规则办理。

当事人申请对受益人的受益权采取保全措施的,人民法院应当根据《信托法》第47条的规定进行审查,决定是否采取保全措施。决定采取保全措施的,应当将保全裁定送达受托人和受益人。

96.【信托公司固有财产的诉讼保全】除信托公司作为被告外,原告申请对信托公司固有资金账户的资金采取保全措施的,人民法院不应准许。信托公司作为被告,确有必要对其固有财产采取诉讼保全措施的,必须强化善意执行理念,防范发生金融风险。要严格遵守相应的适用条件与法定程序,坚决杜绝超标的执行。在采取具体保全措施时,要尽量寻求依法平等保护各方利益的平衡点,优先采取方便执行且对信托公司正常经营影响最小的执行措施,能采取"活封""活扣"措施的,尽量不进行"死封""死扣"。在条件允许的情况下,可以为信托公司预留必要的流动资金和往来账户,最大限度降低对信托公司正常经营活动的不利影响。信托公司申请解除财产保全符合法律、司法解释规定情形的,应当在法定期限内及时解除保全措施。

八、关于财产保险合同纠纷案件的审理

会议认为,妥善审理财产保险合同纠纷案件,对于充分发挥保险的风险管理和保障功能,依法保护各方当事人合法权益,实现保险业持续健康发展和服务实体经济,具有重大意义。

97.【未依约支付保险费的合同效力】当事人在财产保险合同中约定以投保人支付保险费作为合同生效条件,但对该生效条件是否为全额支付保险费约定不明,已经支付了部分保险费的投保人主张保险合同已经生效的,人民法院依法予以支持。

98.【仲裁协议对保险人的效力】被保险人和第三者在保险事故发生前达成的仲裁协议,对行使保险代位求偿权的保险人是否具有约束力,实务中存在争议。保险代位求偿权是一种法定债权转让,保险人在向被保险人赔偿保险金后,有权行使被保险人对第三者请求赔偿的权利。被保险人和第三者在保险事故发生前达成的仲裁协议,对保险人具有约束力。考虑到涉外民商事案件的处

理常常涉及国际条约、国际惯例的适用,相关问题具有特殊性,故具有涉外因素的民商事纠纷案件中该问题的处理,不纳入本条规范的范围。

99.【直接索赔的诉讼时效】商业责任保险的被保险人给第三者造成损害,被保险人对第三者应当承担的赔偿责任确定后,保险人应当根据被保险人的请求,直接向第三者赔偿保险金。被保险人怠于提出请求的,第三者有权依据《保险法》第65条第2款的规定,就其应获赔偿部分直接向保险人请求赔偿保险金。保险人拒绝赔偿的,第三者请求保险人直接赔偿保险金的诉讼时效期间的起算时间如何认定,实务中存在争议。根据诉讼时效制度的基本原理,第三者请求保险人直接赔偿保险金的诉讼时效期间,自其知道或者应当知道向保险人的保险金赔偿请求权行使条件成就之日起计算。

九、关于票据纠纷案件的审理

会议认为,人民法院在审理票据纠纷案件时,应当注意区分票据的种类和功能,正确理解票据行为无因性的立法目的,在维护票据流通性功能的同时,依法认定票据行为的效力,依法确认当事人之间的权利义务关系以及保护合法持票人的权益,防范和化解票据融资市场风险,维护票据市场的交易安全。

100.【合谋伪造贴现申请材料的后果】贴现行的负责人或者有权从事该业务的工作人员与贴现申请人合谋,伪造贴现申请人与其前手之间具有真实的商品交易关系的合同、增值税专用发票等材料申请贴现,贴现行主张其享有票据权利的,人民法院不予支持。对贴现行因支付资金而产生的损失,按照基础关系处理。

101.【民间贴现行为的效力】票据贴现属于国家特许经营业务,合法持票人向不具有法定贴现资质的当事人进行"贴现"的,该行为应当认定无效,贴现款和票据应当相互返还。当事人不能返还票据的,原合法持票人可以拒绝返还贴现款。人民法院在民商事案件审理过程中,发现不具有法定资质的当事人以"贴现"为业的,因该行为涉嫌犯罪,应当将有关材料移送公安机关。民商事案件的审理必须以相关刑事案件的审理结果为依据的,应当中止诉讼,待刑事案件审结后,再恢复案件的审理。案件的基本事实无须以相关刑事案件的审理结果为依据的,人民法院应当继续审理。

根据票据行为无因性原理,在合法持票人向不具有贴现资质的主体进行"贴现",该"贴现"人给付贴现款后直接将票据交付其后手,其后手支付对价并记载自己为被背书人后,又基于真实的交易关系和债权债务关系将票据进行背书转让的情形下,应当认定最后持票人为合法持票人。

102.【转贴现协议】转贴现是通过票据贴现持有票据的商业银行为了融通资金,在票据到期日之前将票据权利转让给其他商业银行,由转贴现行在收取一定的利息后,将转贴现款支付给持票人的票据转让行为。转贴现行提示付款被拒付后,依据转贴现协议的约定,请求未在票据上背书的转贴现申请人按照合同法律关系返还转贴现款并赔偿损失的,案由应当确定为合同纠纷。转贴现合同法律关系有效成立的,对于原告的诉讼请求,人民法院依法予以支持。当事人虚构转贴现事实,或者当事人之间不存在真实的转贴现合同法律关系的,人民法院应当向当事人释明按照真实交易关系提出诉讼请求,并按照真实交易关系和当事人约定本意依法确定当事人的责任。

103.【票据清单交易、封包交易案件中的票据权利】审判实践中,以票据贴现为手段的多链条融资模式引发的案件应当引起重视。这种交易俗称票据清单交易、封包交易,是指商业银行之间就案涉票据订立转贴现或者回购协议,附以票据清单,或者将票据封包作为质押,双方约定按照票据清单中列明的基本信息进行票据转贴现或者回购,但往往并不进行票据交付和背书。实务中,双方还往往再订立一份代保管协议,约定由原票据持有人代对方继续持有票据,从而实现合法、合规的形式要求。

出资银行仅以参与交易的单个或者部分银行为被告提起诉讼行使票据追索权,被告能够举证证明票据交易存在诸如不符合正常转贴现交易顺序的倒打款、未进行背书转让、票据未实际交付等相关证据,并据此主张相关金融机构之间并无转贴现的真实意思表示,抗辩出资银行不享有票据权利的,人民法院依法予以支持。

出资银行在取得商业承兑汇票后又将票据转贴现给其他商业银行,持票人向其前手主张票据权利的,人民法院依法予以支持。

104.【票据清单交易、封包交易案件的处理原则】在村镇银行、农信社等作为直贴行,农信社、农商行、城商行、股份制银行等多家金融机构共同开展以商业承兑汇票为基础的票据清单交易、封包交易引发的纠纷案件中,在商业承兑汇票的出票人等实际用资人不能归还票款的情况下,为实现纠纷的一次性解决,出资银行以实际用资人和参与交易的其他金融机构为共同被告,请求实际用资人归还本息、参与交易的其他金融机构承担与其过错相适应的赔偿责任的,人民法院依法予以支持。

出资银行仅以整个交易链条的部分当事人为被告提起诉讼的,人民法院应当向其释明,其应当申请追加参与交易的其他当事人作为共同被告。出资银行拒绝追加实际用资人为被告的,人民法院应当驳回其诉讼请求;出资银行拒绝追加参与交易的其他金融机构为被告的,人民法院在确定其他金融机构的过错责任范围时,应当将未参加诉讼的当事人应当承担的相应份额作为考量因素,相应减轻本案当事人的责任。在确定参与交易的其他金融机构的过错责任范围时,可以参照其收取的"通道费""过桥费"等费用的比例以及案件的其他情况综合加以确定。

105.【票据清单交易、封包交易案件中的民刑交叉问题】人民法院在案件审理过程中,如果发现公安机关已经就实际用资人、直贴行、出资银行的工作人员涉嫌骗取票据承兑罪、伪造印章罪等立案侦查,一方当事人根据《最高人民法院关于在审理经济纠纷案件中涉及经济犯罪嫌疑若干问题的规定》第11条的规定申请将案件移送公安机关的,因该节事实对于查明出资银行是否为正当持票人,以及参与交易的其他金融机构的抗辩理由能否成立存在重要关联,人民法院应当将有关材料移送公安机关。民商事案件的审理必须以相关刑事案件的审理结果为依据的,应当中止诉讼,待刑事案件审结后,再恢复案件的审理。案件的基本事实无须以相关刑事案件的审理结果为依据的,人民法院应当继续案件的审理。

参与交易的其他商业银行以公安机关已经对其工作人员涉嫌受贿、伪造印章等犯罪立案侦查为由请求将案件移送公安机关的,因该节事实并不影响相关当事人民事责任的承担,人民法院应当根据《最高人民法院关于在审理经济纠纷案件中涉及经济犯罪嫌疑若干问题的规定》第10条的规定继续审理。

106.【恶意申请公示催告的救济】公示催告程序本为对合法持票人进行失票救济所设,但实践中却沦为部分票据出卖方在未获得票款情形下,通过伪报票据丧失事实申请公示催告、阻止合法持票人行使票据权利的工具。对此,民事诉讼法司法解释已经作出了相应规定。适用时,应当区别付款人是否已经付款等情形,作出不同认定:

(1)在除权判决作出后,付款人尚未付款的情况下,最后合法持票人可以根据《民事诉讼法》第223条的规定,在法定期限内请求撤销除权判决,待票据恢复效力后再依法行使票据权利。最后合法持票人也可以基于基础法律关系向其直接前手退票并请求其直接前手另行给付基础法律关系项下的对价。

(2)除权判决作出后,付款人已经付款的,因恶意申请公示催告并持除权判决获得票款的行为损害了最后合法持票人的权利,最后合法持票人请求申请人承担侵权损害赔偿责任的,人民法院依法予以支持。

十、关于破产纠纷案件的审理

会议认为,审理好破产案件对于推动高质量发展、深化供给侧结构性改革、营造稳定公平透明可预期的营商环境,具有十分重要的意义。要继续深入推进破产审判工作的市场化、法治化、专业化、信息化,充分发挥破产审判公平清理债权债务、促进优胜劣汰、优化资源配置、维护市场经济秩序等重要功能。一是要继续加大对破产保护理念的宣传和落实,及时发挥破产重整制度的积极拯救功能,通过平衡债权人、债务人、出资人、员工等利害关系人的利益,实现社会整体价值最大化;注重发挥和解程序简便快速清理债权债务关系的功能,鼓励当事人通过和解程序或者达成自行和解的方式实现各方利益共赢;积极推进清算程序中的企业整体处置方式,有效维护企业营运价值和职工就业。二是要推进不符合国家产业政策、丧失经营价值的企业主体尽快从市场退出,通过依法简化破产清算程序流程加快对"僵尸企业"的清理。三是要注重提升破产制度实施的经济效益,降低破产程序运行的时间和成本,有效维护企业营运价值,最大程度发挥各类要素和资源潜力,减少企业破产给社会经济造成的损害。四是要积极稳妥进行实践探索,加强理论研究,分步骤、有重点地推进建立自然人破产制度,进一步推动健全市场主体退出制度。

107.**【继续推动破产案件的及时受理】**充分发挥破产重整案件信息网的线上预约登记功能,提高破产案件的受理效率。当事人提出破产申请的,人民法院不得以非法定理由拒绝接收破产申请材料。如果可能影响社会稳定的,要加强府院协调,制定相应预案,但不应当以"影响社会稳定"之名,行消极不作为之实。破产申请材料不完备的,立案部门应当告知当事人在指定期限内补充材料,待材料齐备后以"破申"作为案件类型代字编制案号登记立案,并及时将案件移送破产审判部门进行破产审查。

注重发挥破产和解制度简便快速清理债权债务关系的功能,债务人根据《企业破产法》第95条的规定,直接提出和解申请,或者在破产申请受理后宣告破产前申请和解的,人民法院应当依法受理并及时作出是否批准的裁定。

108.**【破产申请的不予受理和撤回】**人民法院裁定受理破产申请前,提出破产申请的债权人的债权因清偿或者其他原因消灭的,因申请人不再具备申请资格,人民法院应当裁定不予受理。但该裁定不影响其他符合条件的主体再次提出破产申请。破产申请受理后,管理人以上述清偿符合《企业破产法》第31条、第32条为由请求撤销的,人民法院查实后应当予以支持。

人民法院裁定受理破产申请系对债务人具有破产原因的初步认可,破产申请受理后,申请人请求撤回破产申请的,人民法院不予准许。除非存在《企业破产法》第12条第2款规定的情形,人民法院不得裁定驳回破产申请。

109.**【受理后债务人财产保全措施的处理】**要切实落实破产案件受理后相关保全措施应予解除、相关执行措施应当中止、债务人财产应当及时交付管理人等规定,充分运用信息化技术手段,通过信息共享与整合,维护债务人财产的完整性。相关人民法院拒不解除保全措施或者拒不中止执行的,破产受理人民法院可以请求该法院的上级人民法院依法予以纠正。对债务人财产采取保全措施或者执行措施的人民法院未依法及时解除保全措施、移交处置权,或者中止执行程序并移交有关财产的,上级人民法院应当依法予以纠正。相关人员违反上述规定造成严重后果的,破产受理人民法院可以向人民法院纪检监察部门移送其违法审判责任线索。

人民法院审理企业破产案件时,有关债务人财产被其他具有强制执行权力的国家行政机关,包括税务机关、公安机关、海关等采取保全措施或者执行程序的,人民法院应当积极与上述机关进行协调和沟通,取得有关机关的配合,参照上述具体操作规程,解除有关保全措施,中止有关执行程序,以便保障破产程序顺利进行。

110.**【受理后有关债务人诉讼的处理】**人民法院受理破产申请后,已经开始而尚未终结的有关债务人的民事诉讼,在管理人接管债务人财产和诉讼事务后继续进行。债权人已经对债务人提起的给付之诉,破产申请受理后,人民法院应当继续审理,但是在判定相关当事人实体权利义务时,应当注意与企业破产法及其司法解释的规定相协调。

上述裁判作出并生效前,债权人可以同时向管理人申报债权,但其作为债权尚未确定的债权人,原则上不得行使表决权,除非人民法院临时确定其债权额。上述裁判生效后,债权人应当根据裁判认定的债权数额在破产程序中依法统一受偿,其对债务人享有的债权利息应当按照《企业破产法》第46条第2款的规定停止计算。

人民法院受理破产申请后,债权人新提起的要求债务人清偿的民事诉讼,人民法院不予受理,同时告知债权人应当向管理人申报债权。债权人申报债权后,对管理人编制的债权表记载有异议的,可以根据《企业破产法》第58条的规定提起债权确认之诉。

111.【债务人自行管理的条件】重整期间,债务人同时符合下列条件的,经申请,人民法院可以批准债务人在管理人的监督下自行管理财产和营业事务:

(1)债务人的内部治理机制仍正常运转;

(2)债务人自行管理有利于债务人继续经营;

(3)债务人不存在隐匿、转移财产的行为;

(4)债务人不存在其他严重损害债权人利益的行为。

债务人提出重整申请时可以一并提出自行管理的申请。经人民法院批准由债务人自行管理财产和营业事务的,企业破产法规定的管理人职权中有关财产管理和营业经营的职权应当由债务人行使。

管理人应当对债务人的自行管理行为进行监督。管理人发现债务人存在严重损害债权人利益的行为或者有其他不适宜自行管理情形的,可以申请人民法院作出终止债务人自行管理的决定。人民法院决定终止的,应当通知管理人接管债务人财产和营业事务。债务人有上述行为而管理人未申请人民法院作出终止决定的,债权人等利害关系人可以向人民法院提出申请。

112.【重整中担保物权的恢复行使】重整程序中,要依法平衡保护担保物权人的合法权益和企业重整价值。重整申请受理后,管理人或者自行管理的债务人应当及时确定设定有担保物权的债务人财产是否为重整所必需。如果认为担保物不是重整所必需,管理人或者自行管理的债务人应当及时对担保物进行拍卖或者变卖,拍卖或者变卖担保物所得价款在支付拍卖、变卖费用后优先清偿担保物权人的债权。

在担保物权暂停行使期间,担保物权人根据《企业破产法》第75条的规定向人民法院请求恢复行使担保物权的,人民法院应当自收到恢复行使担保物权申请之日起三十日内作出裁定。经审查,担保物权人的申请不符合第75条的规定,或者虽然符合该条规定但管理人或者自行管理的债务人有证据证明担保物是重整所必需,并且提供与减少价值相应担保或者补偿的,人民法院应当裁定不予批准恢复行使担保物权。担保物权人不服该裁定的,可以自收到裁定书之日起十日内,向作出裁定的人民法院申请复议。人民法院裁定批准行使担保物权的,管理人或者自行管理的债务人应当自收到裁定书之日起十五日内启动对担保物的拍卖或者变卖,拍卖或者变卖担保物所得价款在支付拍卖、变卖费用后优先清偿担保物权人的债权。

113.【重整计划监督期间的管理人报酬及诉讼管辖】要依法确保重整计划的执行和有效监督。重整计划的执行期间和监督期间原则上应当一致。二者不一致的,人民法院在确定和调整重整程序中的管理人报酬方案时,应当根据重整期间和重整计划监督期间管理人工作量的不同予以区别对待。其中,重整期间的管理人报酬应当根据管理人对重整发挥的实际作用等因素予以确定和支付;重整计划监督期间管理人报酬的支付比例和支付时间,应当根据管理人监督职责的履行情况,与债权人按照重整计划实际受偿比例和受偿时间相匹配。

重整计划执行期间,因重整程序终止后新发生的事实或者事件引发的有关债务人的民事诉讼,不适用《企业破产法》第21条有关集中管辖的规定。除重整计划有明确约定外,上述纠纷引发的诉讼,不再由管理人代表债务人进行。

114.【重整程序与破产清算程序的衔接】重整期间或者重整计划执行期间,债务人因法定事由被宣告破产的,人民法院不再另立新的案号,原重整程序的管理人原则上应当继续履行破产清算程序中的职责。原重整程序的管理人不能继续履行职责或者不适宜继续担任管理人的,人民法院应当依法重新指定管理人。

重整程序转破产清算案件中的管理人报酬,应当综合管理人为重整工作和清算工作分别发挥的实际作用等因素合理确定。重整期间因法定事由转入破产清算程序的,应当按照破产清算案件确定管理人报酬。重整计划执行期间因法定事由转入破产清算程序的,后续破产清算阶段的管理人报酬应当根据管理人实际工作量予以确定,不能简单根据债务人最终清偿的财产价值总额计算。

重整程序因人民法院裁定批准重整计划草案而终止的,重整案件可作结案处理。重整计划执行完毕后,人民法院可以根据管理人等利害关系人申请,作出重整程序终结的裁定。

115.【庭外重组协议效力在重整程序中的延伸】继续完善庭外重组与庭内重整的衔接机制,降低制度性成本,提高破产制度效率。人民法院受理重整申请前,债务人和部分债权人已经达成的有关协议与重整程序中制作的重整计划草案内容一致的,有关债权人对该协议的同意视为对该重整计划草案表决的同意。但重整计划草案对协议内容进行了修改并对有关债权人有不利影响,或者与有关债权人重大利益相关的,受到影响的债权人有权按照企业破产法的规定对重整计划草案重新进行表决。

116.【审计、评估等中介机构的确定及责任】要合理区分人民法院和管理人在委托审计、评估等财产管理工作中的职责。破产程序中确实需要聘请中介机构对债务人财产进行审计、评估的,根据《企业破产法》第28条的规定,经人民法院许可后,管理人可以自行公开聘请,但是应当对其聘请的中介机构的相关行为进行监督。上述中介机构因不当履行职责给债务人、债权人或者第三人造成损害的,应当承担赔偿责任。管理人在聘用过程中存在过错的,应当在其过错范围内承担相应的补充赔偿责任。

117.【公司解散清算与破产清算的衔接】要依法区分公司解散清算与破产清算的不同功能和不同适用条件。债务人同时符合破产清算条件和强制清算条件的,应当及时适用破产清算程序实现对债权人利益的公平保护。债权人对符合破产清算条件的债务人提起公司强制清算申请,经人民法院释明,债权人仍然坚持申请对债务人强制清算的,人民法院应当裁定不予受理。

118.【无法清算案件的审理与责任承担】人民法院在审理债务人相关人员下落不明或者财产状况不清的破产案件时,应当充分贯彻债权人利益保护原则,避免债务人通过破产程序不当损害债权人利益,同时也要避免不当突破股东有限责任原则。

人民法院在适用《最高人民法院关于债权人对人员下落不明或者财产状况不清的债务人申请破产清算案件如何处理的批复》第3款的规定,判定债务人相关人员承担责任时,应当依照企业破产法的相关规定来确定相关主体的义务内容和责任范围,不得根据公司法司法解释(二)第18条第2款的规定来判定相关主体的责任。

上述批复第3款规定的"债务人的有关人员不履行法定义务,人民法院可依据有关法律规定追究其相应法律责任",系指债务人的法定代表人、财务管理人员和其他经营管理人员不履行《企业破产法》第15条规定的配合清算义务,人民法院可以根据《企业破产法》第126条、第127条追究其相应法律责任,或者参照《民事诉讼法》第111条的规定,依法拘留,构成犯罪的,依法追究刑事责任;债务人的法定代表人或者实际控制人不配合清算的,人民法院可以依据《出境入境管理法》第12条的规定,对其作出不准出境的决定,以确保破产程序顺利进行。

上述批复第3款规定的"其行为导致无法清算或者造成损失",系指债务人的有关人员不配合清算的行为导致债务人财产状况不明,或者依法负有清算责任的人未依照《企业破产法》第7条第3款的规定及时履行破产申请义务,导致债务人主要财产、账册、重要文件等灭失,致使管理人无法执行清算职务,给债权人利益造成损害。"有关权利人起诉请求其承担相应民事责任",系指管理人请求上述主体承担相应损害赔偿责任并将因此获得的赔偿归入债务人财产。管理人未主张上述赔偿,个别债权人可以代表全体债权人提起上述诉讼。

上述破产清算案件被裁定终结后,相关主体以债务人主要财产、账册、重要文件等重新出现为由,申请对破产清算程序启动审判监督的,人民法院不予受理,但符合《企业破产法》第123条规定的,债权人可以请求人民法院追加分配。

十一、关于案外人救济案件的审理

案外人救济案件包括案外人申请再审、案外人执行异议之诉和第三人撤销之诉三种类型。修改后的民事诉讼法在保留案外人执行异议之诉及案外人申请再审的基础上,新设立第三人撤销之诉制度,在为案外人权利保障提供更多救济渠道的同时,因彼此之间错综复杂的关系也容易导致认识上的偏差,有必要厘清其相互之间的关系,以便正确适用不同程序,依法充分保护各方主体合法权益。

119.【案外人执行异议之诉的审理】案外人执行异议之诉以排除对特定标的物的执行为目的,从程序上而言,案外人依据《民事诉讼法》第227条提出执行异议被驳回的,即可向执行人民法院提起执行异议之诉。人民法院对执行异议之诉的审理,一般应当就案外人对执行标的物是否享有权利、享有什么样的权利、权利是否足以排除强制执行进行判断。至于是否作出具体的确权判项,视案外人的诉讼请求而定。案外人未提出确权或者给付诉讼请求的,不作出确权判项,仅在裁判理由中进行分析判断并作出是否排除执行的判项即可。但案外人既提出确权、给付请求,又提出排除执行请求的,人民法院对该请求是否支持、是否排除执行,均应当在具体判项中予以明确。执行异议之诉不以否定作为执行依据的生效裁判为目的,案外人如认为裁判确有错误的,只能通过申请再审或者提起第三人撤销之诉的方式进行救济。

120.【债权人能否提起第三人撤销之诉】第三人撤销之诉中的第三人仅局限于《民事诉讼法》第56条规定的有独立请求权及无独立请求权的第三人,而且一般不包括债权人。但是,设立第三人撤销之诉的目的在于,救济第三人享有的因不能归责于本人的事由未参加诉讼但因生效裁判文书内容错误受到损害的民事权益,因此,债权人在下列情况下可以提起第三人撤销之诉:

(1)该债权是法律明确给予特殊保护的债权,如《合同法》第286条规定的建设工程价款优先受偿权、《海商法》第22条规定的船舶优先权;

(2)因债务人与他人的权利义务被生效裁判文书确定,导致债权人本来可以对《合同法》第74条和《企业破产法》第31条规定的债务人的行为享有撤销权而不能行使的;

(3)债权人有证据证明,裁判文书主文确定的债权内容部分或者全部虚假的。

债权人提起第三人撤销之诉还要符合法律和司法解释规定的其他条件。对于除此之外的其他债权,债权人原则上不得提起第三人撤销之诉。

121.【必要共同诉讼漏列的当事人申请再审】民事诉讼法司法解释对必要共同诉讼漏列的当事人申请再审规定了两种不同的程序,二者在管辖法院及申请再审期限的起算点上存在明显差别,人民法院在审理相关案件时应予注意:

(1)该当事人在执行程序中以案外人身份提出异议,异议被驳回的,根据民

事诉讼法司法解释第 423 条的规定,其可以在驳回异议裁定送达之日起 6 个月内向原审人民法院申请再审;

(2)该当事人未在执行程序中以案外人身份提出异议的,根据民事诉讼法司法解释第 422 条的规定,其可以根据《民事诉讼法》第 200 条第 8 项的规定,自知道或者应当知道生效裁判之日起 6 个月内向上一级人民法院申请再审。当事人一方人数众多或者当事人双方为公民的案件,也可以向原审人民法院申请再审。

122.【程序启动后案外人不享有程序选择权】案外人申请再审与第三人撤销之诉功能上近似,如果案外人既有申请再审的权利,又符合第三人撤销之诉的条件,对于案外人是否可以行使选择权,民事诉讼法司法解释采取了限制的司法态度,即依据民事诉讼法司法解释第 303 条的规定,按照启动程序的先后,案外人只能选择相应的救济程序:案外人先启动执行异议程序的,对执行异议裁定不服,认为原裁判内容错误损害其合法权益的,只能向作出原裁判的人民法院申请再审,而不能提起第三人撤销之诉;案外人先启动了第三人撤销之诉,即便在执行程序中又提出执行异议,也只能继续进行第三人撤销之诉,而不能依《民事诉讼法》第 227 条申请再审。

123.【案外人依据另案生效裁判对非金钱债权的执行提起执行异议之诉】审判实践中,案外人有时依据另案生效裁判所认定的与执行标的物有关的权利提起执行异议之诉,请求排除对标的物的执行。此时,鉴于作为执行依据的生效裁判与作为案外人提出执行异议依据的生效裁判,均涉及对同一标的物权属或给付的认定,性质上属于两个生效裁判所认定的权利之间可能产生的冲突,人民法院在审理执行异议之诉时,需区别不同情况作出判断:如果作为执行依据的生效裁判是确权裁判,不论作为执行异议依据的裁判是确权裁判还是给付裁判,一般不应据此排除执行,但人民法院应当告知案外人对作为执行依据的确权裁判申请再审;如果作为执行依据的生效裁判是给付标的物的裁判,而作为提出异议之诉依据的裁判是确权裁判,一般应据此排除执行,此时人民法院应告知其对该确权裁判申请再审;如果两个裁判均属给付标的物的裁判,人民法院需依法判断哪个裁判所认定的给付权利具有优先性,进而判断是否可以排除执行。

124.【案外人依据另案生效裁判对金钱债权的执行提起执行异议之诉】作为执行依据的生效裁判并未涉及执行标的物,只是执行中为实现金钱债权对特定标的物采取了执行措施。对此种情形,《最高人民法院关于人民法院办理执行异议和复议案件若干问题的规定》第 26 条规定了解决案外人执行异议的规则,在审理执行异议之诉时可以参考适用。依据该条规定,作为案外人提起执行异议之诉依据的裁判将执行标的物确权给案外人,可以排除执行;作为案外人提起执行异议之诉依据的裁判,未将执行标的物确权给案外人,而是基于不以转移所有权为目的的有效合同(如租赁、借用、保管合同),判令向案外人返还执行标的物的,其性质属于物权请求权,亦可以排除执行;基于以转移所有权为目的有效合同(如买卖合同),判令向案外人交付标的物的,其性质属于债权请求权,不能排除执行。

应予注意的是,在金钱债权执行中,如果案外人提出执行异议之诉依据的生效裁判认定以转移所有权为目的的合同(如买卖合同)无效或应当解除,进而判令向案外人返还执行标的物的,此时案外人享有的是物权性质的返还请求权,本可排除金钱债权的执行,但在双务合同无效的情况下,双方互负返还义务,在案外人未返还价款的情况下,如果允许其排除金钱债权的执行,将会使申请执行人既执行不到被执行人名下的财产,又执行不到本应返还给被执行人的价款,显然有失公允。为平衡各方当事人的利益,只有在案外人已经返还价款的情况下,才能排除普通债权人的执行。反之,案外人未返还价款的,不能排除执行。

125.**【案外人系商品房消费者】**实践中,商品房消费者向房地产开发企业购买商品房,往往没有及时办理房地产过户手续。房地产开发企业因欠债而被强制执行,人民法院在对尚登记在房地产开发企业名下但已出卖给消费者的商品房采取执行措施时,商品房消费者往往会提出执行异议,以排除强制执行。对此,《最高人民法院关于人民法院办理执行异议和复议案件若干问题的规定》第29条规定,符合下列情形的,应当支持商品房消费者的诉讼请求:一是在人民法院查封之前已签订合法有效的书面买卖合同;二是所购商品房系用于居住且买受人名下无其他用于居住的房屋;三是已支付的价款超过合同约定总价款的百分之五十。人民法院在审理执行异议之诉案件时,可参照适用此条款。

问题是,对于其中"所购商品房系用于居住且买受人名下无其他用于居住的房屋"如何理解,审判实践中掌握的标准不一。"买受人名下无其他用于居住的房屋",可以理解为在案涉房屋同一设区的市或者县级市范围内商品房消费者名下没有用于居住的房屋。商品房消费者名下虽然已有1套房屋,但购买的房屋在面积上仍然属于满足基本居住需要的,可以理解为符合该规定的精神。

对于其中"已支付的价款超过合同约定总价款的百分之五十"如何理解,审判实践中掌握的标准也不一致。如果商品房消费者支付的价款接近于百分之五十,且已按照合同约定将剩余价款支付给申请执行人或者按照人民法院的要求交付执行的,可以理解为符合该规定的精神。

126.**【商品房消费者的权利与抵押权的关系】**根据《最高人民法院关于建设工程价款优先受偿权问题的批复》第1条、第2条的规定,交付全部或者大部分款项的商品房消费者的权利优先于抵押权人的抵押权,故抵押权人申请执行登记在房地产开发企业名下但已销售给消费者的商品房,消费者提出执行异议的,人民法院依法予以支持。但应当特别注意的是,此情况是针对实践中存在的商品房预售不规范现象为保护消费者生存权而作出的例外规定,必须严格把握条件,避免扩大范围,以免动摇抵押权具有优先性的基本原则。因此,这里的商品房消费者应当仅限于符合本纪要第 125 条规定的商品房消费者。买受人不是本纪要第 125 条规定的商品房消费者,而是一般的房屋买卖合同的买受人,不适用上述处理规则。

127.【案外人系商品房消费者之外的一般买受人】金钱债权执行中,商品房消费者之外的一般买受人对登记在被执行人名下的不动产提出异议,请求排除执行的,《最高人民法院关于人民法院办理执行异议和复议案件若干问题的规定》第 28 条规定,符合下列情形的依法予以支持:一是在人民法院查封之前已签订合法有效的书面买卖合同;二是在人民法院查封之前已合法占有该不动产;三是已支付全部价款,或者已按照合同约定支付部分价款且将剩余价款按照人民法院的要求交付执行;四是非因买受人自身原因未办理过户登记。人民法院在审理执行异议之诉案件时,可参照适用此条款。

实践中,对于该规定的前 3 个条件,理解并无分歧。对于其中的第 4 个条件,理解不一致。一般而言,买受人只要有向房屋登记机构递交过户登记材料,或向出卖人提出了办理过户登记的请求等积极行为的,可以认为符合该条件。买受人无上述积极行为,其未办理过户登记有合理的客观理由的,亦可认定符合该条件。

十二、关于民刑交叉案件的程序处理

会议认为,近年来,在民间借贷、P2P 等融资活动中,与涉嫌诈骗、合同诈骗、票据诈骗、集资诈骗、非法吸收公众存款等犯罪有关的民商事案件的数量有所增加,出现了一些新情况和新问题。在审理案件时,应当依照《最高人民法院关于在审理经济纠纷案件中涉及经济犯罪嫌疑若干问题的规定》《最高人民法院关于审理非法集资刑事案件具体应用法律若干问题的解释》《最高人民法院最高人民检察院公安部关于办理非法集资刑事案件适用法律若干问题的意见》以及民间借贷司法解释等规定,处理好民刑交叉案件之间的程序关系。

128.【分别审理】同一当事人因不同事实分别发生民商事纠纷和涉嫌刑事犯罪,民商事案件与刑事案件应当分别审理,主要有下列情形:

(1)主合同的债务人涉嫌刑事犯罪或者刑事裁判认定其构成犯罪,债权人请求担保人承担民事责任的;

(2)行为人以法人、非法人组织或者他人名义订立合同的行为涉嫌刑事犯罪或者刑事裁判认定其构成犯罪,合同相对人请求该法人、非法人组织或者他人承担民事责任的;

(3)法人或者非法人组织的法定代表人、负责人或者其他工作人员的职务行为涉嫌刑事犯罪或者刑事裁判认定其构成犯罪,受害人请求该法人或者非法人组织承担民事责任的;

(4)侵权行为人涉嫌刑事犯罪或者刑事裁判认定其构成犯罪,被保险人、受益人或者其他赔偿权利人请求保险人支付保险金的;

(5)受害人请求涉嫌刑事犯罪的行为人之外的其他主体承担民事责任的。

审判实践中出现的问题是,在上述情形下,有的人民法院仍然以民商事案件涉嫌刑事犯罪为由不予受理,已经受理的,裁定驳回起诉。对此,应予纠正。

129.【涉众型经济犯罪与民商事案件的程序处理】2014年颁布实施的《最高人民法院最高人民检察院公安部关于办理非法集资刑事案件适用法律若干问题的意见》和2019年1月颁布实施的《最高人民法院最高人民检察院公安部关于办理非法集资刑事案件若干问题的意见》规定的涉嫌集资诈骗、非法吸收公众存款等涉众型经济犯罪,所涉人数众多、当事人分布地域广、标的额特别巨大、影响范围广,严重影响社会稳定,对于受害人就同一事实提起的以犯罪嫌疑人或者刑事被告人为被告的民事诉讼,人民法院应当裁定不予受理,并将有关材料移送侦查机关、检察机关或者正在审理该刑事案件的人民法院。受害人的民事权利保护应当通过刑事追赃、退赔的方式解决。正在审理民商事案件的人民法院发现有上述涉众型经济犯罪线索的,应当及时将犯罪线索和有关材料移送侦查机关。侦查机关作出立案决定前,人民法院应当中止审理;作出立案决定后,应当裁定驳回起诉;侦查机关未及时立案的,人民法院必要时可以将案件报请党委政法委协调处理。除上述情形人民法院不予受理外,要防止通过刑事手段干预民商事审判,搞地方保护,影响营商环境。

当事人因租赁、买卖、金融借款等与上述涉众型经济犯罪无关的民事纠纷,请求上述主体承担民事责任的,人民法院应予受理。

130.【民刑交叉案件中民商事案件中止审理的条件】人民法院在审理民商事案件时,如果民商事案件必须以相关刑事案件的审理结果为依据,而刑事案件尚未审结的,应当根据《民事诉讼法》第150条第5项的规定裁定中止诉讼。待刑事案件审结后,再恢复民商事案件的审理。如果民商事案件不是必须以相关的刑事案件的审理结果为依据,则民商事案件应当继续审理。

二、管辖与立案

全国各省、自治区、直辖市高级人民法院和中级人民法院管辖第一审民商事案件标准

(2008年3月31日最高人民法院公布 自2008年4月1日起施行)

北京市

一、高级人民法院管辖诉讼标的额在2亿元以上的第一审民商事案件,以及诉讼标的额在1亿元以上且当事人一方住所地不在本辖区或者涉外、涉港澳台的第一审民商事案件。

二、中级人民法院、北京铁路运输中级法院管辖诉讼标的额在5000万元以上的第一审民商事案件,以及诉讼标的额在2000万元以上且当事人一方住所地不在本辖区或者涉外、涉港澳台的第一审民商事案件。

上海市

一、高级人民法院管辖诉讼标的额在2亿元以上的第一审民商事案件,以及诉讼标的额在1亿元以上且当事人一方住所地不在本辖区的第一审民商事案件或者涉外、涉港澳台的第一审民事案件。

二、中级人民法院管辖诉讼标的额在5000万元以上的第一审民商事案件,以及诉讼标的额在2000万元以上且当事人一方住所地不在本辖区的第一审民商事案件或者涉外、涉港澳台的第一审民事案件。

广东省

一、高级人民法院管辖下列第一审民商事案件
1. 诉讼标的额在3亿元以上的案件,以及诉讼标的额在2亿元以上且当事人一方住所地不在本辖区或者涉外、涉港澳台的案件;
2. 在全省有重大影响的案件;
3. 认为应由本院受理的案件。

二、中级人民法院管辖下列第一审民商事案件
1. 广州、深圳、佛山、东莞市中级人民法院管辖诉讼标的额在3亿元以下5000万元以上的第一审民商事案件,以及诉讼标的额在2亿元以下4000万元

以上且当事人一方住所地不在本辖区或者涉外、涉港澳台的第一审民商事案件;

2. 珠海、中山、江门、惠州市中级人民法院管辖诉讼标的额在3亿元以下3000万元以上的第一审民商事案件,以及诉讼标的额在2亿元以下2000万元以上且当事人一方住所地不在本辖区或者涉外、涉港澳台的第一审民商事案件;

3. 汕头、潮州、揭阳、汕尾、梅州、河源、韶关、清远、肇庆、云浮、阳江、茂名、湛江市中级人民法院管辖诉讼标的额在3亿元以下2000万元以上的第一审民商事案件,以及诉讼标的额在2亿元以下1000万元以上且当事人一方住所地不在本辖区或者涉外、涉港澳台的第一审民商事案件。

江苏省

一、高级人民法院管辖诉讼标的额在2亿元以上的第一审民商事案件,以及诉讼标的额在1亿元以上且当事人一方住所地不在本辖区或者涉外、涉港澳台的第一审民商事案件。

二、中级人民法院管辖下列第一审民商事案件

1. 南京、苏州、无锡市中级人民法院管辖诉讼标的额在3000万元以上,以及诉讼标的额在1000万元以上且当事人一方住所地不在本辖区或者涉外、涉港澳台的第一审民商事案件;

2. 扬州、南通、泰州、镇江、常州市中级人民法院管辖诉讼标的额在800万元以上,以及诉讼标的额在300万元以上且当事人一方住所地不在本辖区或者涉外、涉港澳台的第一审民商事案件;

3. 连云港、盐城、徐州、淮安市中级人民法院管辖诉讼标的额在500万元以上,以及诉讼标的额在200万元以上且当事人一方住所地不在本辖区或者涉外、涉港澳台的第一审民商事案件;

4. 宿迁市中级人民法院管辖诉讼标的额在300万元以上,以及诉讼标的额在200万元以上且当事人一方住所地不在本辖区或者涉外、涉港澳台的第一审民商事案件。

浙江省

一、高级人民法院管辖诉讼标的额在2亿元以上的第一审民商事案件,以及诉讼标的额在1亿元以上且当事人一方住所地不在本辖区或者涉外、涉港澳台的第一审民商事案件。

二、中级人民法院管辖下列第一审民商事案件

1. 杭州市、宁波市中级人民法院管辖诉讼标的额在3000万元以上的第一审民商事案件,以及诉讼标的额在1000万元以上且当事人一方住所地不在本

辖区或者涉外、涉港澳台的第一审民商事案件；

2. 温州市、嘉兴市、绍兴市、台州市、金华市中级人民法院管辖诉讼标的额在 1000 万元以上的第一审民商事案件，以及诉讼标的额在 500 万元以上且当事人一方住所地不在本辖区或者涉外、涉港澳台的第一审民商事案件；

3. 其他中级人民法院管辖诉讼标的额在 500 万元以上的第一审民商事案件，以及诉讼标的额在 200 万元以上且当事人一方住所地不在本辖区或者涉外、涉港澳台的第一审民商事案件。

天津市

一、高级人民法院管辖诉讼标的额在 1 亿元以上的第一审民商事案件，以及诉讼标的额在 5000 万元以上且当事人一方住所地不在本辖区或者涉外、涉港澳台的第一审民商事案件。

二、中级人民法院管辖诉讼标的额在 800 万元以上的第一审民商事案件，以及诉讼标的额在 500 万元以上且当事人一方住所地不在本辖区或者涉外、涉港澳台的第一审民商事案件。

重庆市

一、高级人民法院管辖诉讼标的额在 1 亿元以上的第一审民商事案件，以及诉讼标的额在 5000 万元以上且当事人一方住所地不在本辖区或者涉外、涉港澳台的第一审民商事案件。

二、第一、第五中级人民法院管辖诉讼标的额在 800 万元以上的第一审民商事案件，以及诉讼标的额在 300 万元以上且当事人一方住所地不在本辖区或者涉外以上、涉港澳台的第一审民商事案件。

三、第二、三、四中级人民法院管辖诉讼标的额在 500 万元以上的第一审民商事案件，以及诉讼标的额在 200 万元以上且当事人一方住所地不在本辖区或者涉外、涉港澳台的第一审民商事案件。

山东省

一、高级人民法院管辖诉讼标的额在 1 亿元以上的民商事案件，以及诉讼标的额在 5000 万元以上且当事人一方住所地不在本辖区或者涉外、涉港澳台的第一审民商事案件。

二、中级人民法院管辖下列第一审民商事案件

1. 济南、青岛市中级人民法院管辖诉讼标的额在 1000 万元以上的第一审民商事案件，以及诉讼标的额在 500 万元以上且当事人一方住所地不在本辖区或者涉外、涉港澳台的第一审民商事案件；

2. 烟台、临沂、淄博、潍坊市中级人民法院管辖诉讼标的额在 500 万元以上

的第一审民商事案件,以及诉讼标的额在 200 万元以上且当事人一方住所地不在本辖区或者涉外、涉港澳台的第一审民商事案件;

3. 济宁、威海、泰安、滨州、日照、东营市中级人民法院管辖诉讼标的额在 300 万元以上的第一审民商事案件,以及诉讼标的额在 200 万元以上且当事人一方住所地不在本辖区或者涉外、涉港澳台的第一审民商事案件;

德州、聊城、枣庄、菏泽、莱芜市中级人民法院管辖诉讼标的额在 300 万元以上的第一审民商事案件,以及诉讼标的额在 200 万元以上且当事人一方住所地不在本辖区的第一审国内民商事案件;

4. 济南铁路运输中级法院依照专门管辖规定,管辖诉讼标的额在 300 万元以上的第一审民商事案件。青岛海事法院管辖第一审海事纠纷和海商纠纷案件,不受争议金额限制。

福建省

一、高级人民法院管辖下列第一审民商事案件

诉讼标的额在 1 亿元以上的第一审民商事案件,以及诉讼标的额在 5000 万元以上且当事人一方住所地不在本辖区或者涉外、涉港澳台的第一审民商事案件。

二、中级人民法院管辖下列第一审民商事案件

1. 福州、厦门、泉州市中级人民法院管辖除省高级人民法院管辖以外的、诉讼标的额在 800 万元以上的第一审民商事案件,以及诉讼标的额在 300 万元以上且当事人一方住所地不在本辖区或者涉外、涉港澳台的第一审民商事案件;

2. 漳州、莆田、三明、南平、龙岩、宁德市中级人民法院管辖除省高级人民法院管辖以外的、诉讼标的额在 500 万元以上的第一审民商事案件,以及诉讼标的额在 200 万元以上且当事人一方住所地不在本辖区的第一审民商事案件或者涉外、涉港澳台的第一审民商事案件。

湖北省

一、高级人民法院管辖下列案件

1. 诉讼标的额在 1 亿元以上,以及诉讼标的额在 5000 万元以上且当事人一方住所地不在本辖区的第一审民商事案件。

2. 上级人民法院指定管辖的案件。

二、中级人民法院管辖下列第一审民商事案件

1. 武汉、汉江中级人民法院管辖诉讼标的额在 800 万元以上的第一审民商事案件,以及诉讼标的额在 300 万元以上且当事人一方住所地不在本辖区的民商事案件;

2. 其他中级人民法院管辖诉讼标的额在 500 万元以上的第一审民商事案

件,以及诉讼标的额在 200 万元以上且当事人一方住所地不在本辖区的第一审民商事案件;

3. 在本辖区有重大影响的案件;
4. 一方当事人为县(市、市辖区)人民政府的案件;
5. 上级人民法院指定本院管辖的案件。

湖南省

一、高级人民法院管辖下列第一审民商事案件
1. 诉讼标的额在 1 亿元以上的案件;
2. 当事人一方住所地不在本辖区,诉讼标的额在 5000 万元以上的案件;
3. 在本辖区内有重大影响的案件;
4. 根据法律规定提审的案件;
5. 最高人民法院指定管辖、根据民事诉讼法第三十九条指令管辖(交办)的案件或其他人民法院依法移送的民商事案件。

二、中级人民法院管辖下列第一审民商事案件
1. 长沙市中级人民法院管辖诉讼标的额在 800 万元以上 1 亿元以下的第一审民商事案件,以及诉讼标的额在 300 万元以上 5000 万元以下且当事人一方住所地不在本辖区或者涉外、涉港澳台的第一审民商事案件;
2. 岳阳市、湘潭市、株洲市、衡阳市、郴州市、常德市中级人民法院管辖诉讼标的额在 400 万元以上 1 亿元以下的第一审民商事案件,以及诉讼标的额在 200 万元以上 5000 万元以下且当事人一方住所地不在本辖区或者涉外、涉港澳台的第一审民商事案件;
3. 益阳市、邵阳市、永州市、娄底市、怀化市、张家界市中级人民法院管辖诉讼标的额在 300 万元以上 1 亿元以下的第一审民商事案件,以及诉讼标的额在 200 万元以上 5000 万元以下且当事人一方住所地不在本辖区或者涉外、涉港澳台的第一审民商事案件;
4. 湘西土家族苗族自治州中级人民法院管辖诉讼标的额在 200 万元以上 1 亿元以下的第一审民商事案件,以及诉讼标的额在 150 万元以上 5000 万元以下且当事人一方住所地不在本辖区或者涉外、涉港澳台的第一审民商事案件;
5. 根据法律规定提审的案件;
6. 上级人民法院指定管辖、根据民事诉讼法第三十九条指令管辖(交办)或其他人民法院依法移送的民商事案件。

河南省

一、高级人民法院管辖诉讼标的额在 1 亿元以上的第一审民商事案件,以及诉讼标的额在 5000 万元以上且当事人一方住所地不在本辖区的案件。

二、中级人民法院管辖下列第一审民商事案件

1. 郑州市中级人民法院管辖诉讼标的额在 800 万元以上 1 亿元以下的第一审民商事案件，以及诉讼标的额在 500 万元以上且当事人一方住所地不在本辖区的第一审民商事案件；

2. 洛阳市、新乡市、安阳市、焦作市、平顶山市、南阳市中级人民法院管辖诉讼标的额在 500 万元以上 1 亿元以下的第一审民商事案件，以及诉讼标的额在 300 万元以上且当事人一方住所地不在本辖区的第一审民商事案件；

3. 其他中级人民法院管辖诉讼标的额在 300 万元以上 1 亿元以下的第一审民商事案件，以及诉讼标的额在 200 万元以上且当事人一方住所地不在本辖区的第一审民商事案件。

辽宁省

一、高级人民法院管辖诉讼标的额在 1 亿元以上的第一审民商事案件，以及诉讼标的额在 5000 万元以上且当事人一方住所地不在本辖区或者涉外、涉港澳台的第一审民商事案件。

二、中级人民法院管辖下列第一审民商事案件

1. 沈阳、大连中级人民法院管辖诉讼标的额在 800 万元以上的第一审民商事案件，以及诉讼标的额在 300 万元以上且当事人一方住所地不在本辖区或者涉外、涉港澳台的第一审民商事案件；

2. 鞍山、抚顺、本溪、丹东、锦州、营口、辽阳、葫芦岛中级人民法院管辖诉讼标的额在 500 万元以上的第一审民商事案件，以及诉讼标的额在 200 万元以上且当事人一方住所地不在本辖区或者涉外、涉港澳台的第一审民商事案件；

3. 其他中级人民法院管辖诉讼标的额在 300 万元以上的第一审民商事案件，以及诉讼标的额在 100 万元以上且当事人一方住所地不在本辖区或者涉外、涉港澳台的第一审民商事案件。

吉林省

一、高级人民法院管辖诉讼标的额在 1 亿元以上的第一审民商事案件，以及诉讼标的额在 5000 万元以上且当事人一方住所地不在本辖区或者涉外、涉港澳台的第一审民商事案件。

二、中级人民法院管辖下列第一审民商事案件

1. 长春市中级人民法院管辖诉讼标的额在 800 万元以上的第一审民商事案件，以及诉讼标的额在 300 万元以上且当事人一方住所地不在本辖区的第一审民商事案件；

2. 吉林市中级人民法院管辖诉讼标的额在 500 万元以上的第一审民商事案件，以及诉讼标的额在 200 万元以上且当事人一方住所地不在本辖区的第一

审民商事案件；

3. 延边州中级人民法院、四平市、通化市、松原市、白山市、白城市、辽源市中级人民法院以及吉林市中级人民法院分院、延边州中级人民法院分院管辖诉讼标的额在 300 万元以上的第一审民商事案件，以及诉讼标的额在 100 万元以上且当事人一方住所地不在本辖区的第一审民商事案件。

黑龙江省

一、高级人民法院管辖诉讼标的额在 1 亿元以上的第一审民商事案件，以及诉讼标的额在 5000 万元以上且当事人一方住所地不在本辖区或者涉外、涉港澳台的第一审民商事案件。

二、中级人民法院管辖下列第一审民商事案件

1. 哈尔滨市中级人民法院管辖诉讼标的额在 800 万元以上的第一审民商事案件，以及诉讼标的额在 300 万元以上且当事人一方住所地不在本辖区或者涉外、涉港澳台的第一审民商事案件；

2. 齐齐哈尔市、牡丹江市、佳木斯市、大庆市中级人民法院管辖诉讼标的额在 500 万元以上的第一审民商事案件，以及诉讼标的额在 200 万元以上且当事人一方住所地不在本辖区或者涉外、涉港澳台的第一审民商事案件；

3. 绥化、鸡西、伊春、鹤岗、七台河、双鸭山、黑河、大兴安岭、黑龙江省农垦、哈尔滨铁路、黑龙江省林区中级人民法院管辖诉讼标的额在 300 万元以上的第一审民商事案件，以及诉讼标的额在 100 万元以上且当事人一方住所地不在本辖区或者涉外、涉港澳台的第一审民商事案件。

广西壮族自治区

一、高级人民法院管辖下列第一审民商事案件

高级法院管辖诉讼标的额在 1 亿元以上的第一审民商事案件，以及诉讼标的额在 5000 万元以上且当事人一方住所地不在本辖区或者涉外、涉港澳台的第一审民商事案件。

二、中级人民法院管辖下列第一审民商事案件

1. 南宁市中级人民法院管辖诉讼标的额在 800 万元以上的第一审民商事案件，以及诉讼标的额在 300 万元以上且当事人一方住所地不在本辖区或者涉外、涉港澳台的第一审民商事案件；

2. 柳州、桂林、北海、梧州市中级人民法院管辖诉讼标的额在 500 万元以上的第一审民商事案件，以及诉讼标的额在 200 万元以上且当事人一方住所地不在本辖区或者涉外、涉港澳台的第一审民商事案件；

3. 玉林、贵港、钦州、防城港市中级人民法院管辖诉讼标的额在 300 万元以上的第一审民商事案件，以及诉讼标的额在 200 万元以上且当事人一方住所地

不在本辖区或者涉外、涉港澳台的第一审民商事案件；

4. 百色、河池、崇左、来宾、贺州市中级人民法院和南宁铁路运输中级法院管辖诉讼标的额在 150 万元以上的第一审民商事案件，以及诉讼标的额在 100 万元以上且当事人一方住所地不在本辖区或者涉外、涉港澳台的第一审民商事案件。

安徽省

一、高级人民法院管辖诉讼标的额在 1 亿元以上的第一审民商事案件，以及诉讼标的额在 5000 万元以上且当事人一方住所地不在本辖区或者涉外、涉港澳台的第一审民商事案件。

二、中级人民法院管辖下列第一审民商事案件

1. 合肥市中级人民法院管辖诉讼标的额在 800 万元以上 1 亿元以下的第一审民商事案件，以及诉讼标的额在 300 万元以上 5000 万元以下且当事人一方住所地不在本辖区或者涉外、涉港澳台的第一审民商事案件；

2. 芜湖市、马鞍山市、铜陵市中级人民法院管辖诉讼标的额在 300 万元以上 1 亿元以下的第一审民商事案件，以及诉讼标的额在 200 万元以上 5000 万元以下且当事人一方住所地不在本辖区或者涉外、涉港澳台的第一审民商事案件；

3. 其他中级人民法院管辖诉讼标的额在 150 万元以上 1 亿元以下的第一审民商事案件，以及诉讼标的额在 80 万元以上 5000 万元以下且当事人一方住所地不在本辖区或者涉外、涉港澳台的第一审民商事案件。

江西省

一、高级人民法院管辖诉讼标的额在 1 亿元以上的第一审民商事案件，以及诉讼标的额在 5000 万元以上且当事人一方住所地不在本辖区或者涉外、涉港澳台的第一审民商事案件。

二、南昌市中级人民法院管辖诉讼标的额在 500 万元以上的第一审民商事案件，以及诉讼标的额在 200 万元以上且当事人一方住所地不在本辖区或者涉外、涉港澳台的第一审民商事案件。

其他中级人民法院管辖诉讼标的额在 300 万元以上的第一审民商事案件，以及诉讼标的额在 200 万元以上且当事人一方住所地不在本辖区或者涉外、涉港澳台的第一审民商事案件。

四川省

一、高级人民法院管辖下列第一审民事案件

1. 诉讼标的额在 1 亿元以上的第一审民商事案件，以及诉讼标的额在 5000 万元以上且当事人一方住所地不在本辖区或者涉外、涉港澳台的第一审民事案件；

2. 最高人民法院指定高级人民法院审理或者高级人民法院认为应当由自

己审理的属于中级人民法院管辖的其他第一审民事案件。

二、中级人民法院管辖下列第一审民事案件

1. 成都市中级人民法院管辖诉讼标的额在 800 万元以上 1 亿元以下的第一审民事案件，以及诉讼标的额在 300 万元以上 5000 万元以下且当事人一方住所地不在本辖区的第一审民事案件；

2. 甘孜、阿坝、凉山州中级人民法院管辖诉讼标的额在 100 万元以上 1 亿元以下的第一审民事案件，以及诉讼标的额在 50 万元以上 5000 万元以下且当事人一方住所地不在本辖区的第一审民事案件；

3. 其他中级人民法院管辖诉讼标的额在 500 万元以上 1 亿元以下的第一审民商事案件，以及诉讼标的额在 200 万元以上 5000 万元以下且当事人一方住所地不在本辖区的第一审民事案件；

4. 根据最高人民法院的规定和指定，管辖涉外、涉港澳台第一审民事案件；

5. 在本辖区内有重大影响的其他第一审民事案件；

6. 高级人民法院指定中级人民法院审理的第一审民事案件或者中级法院认为应当由自己审理的属于基层法院管辖的第一审民事案件；

7. 法律、司法解释明确规定由中级法院管辖的第一审民事案件。

陕西省

一、高级人民法院管辖诉讼标的额在 1 亿元以上的第一审民商事案件，以及诉讼标的额在 5000 万元以上且当事人一方住所地不在本辖区或者涉外、涉港澳台的第一审民商事案件。

二、中级人民法院管辖下列第一审民商事案件

1. 西安市中级人民法院管辖诉讼标的额在 800 万元以上的第一审民商事案件，以及诉讼标的额在 300 万元以上且当事人一方住所地不在本辖区或者涉外、涉港澳台的第一审民商事案件；

2. 宝鸡、咸阳、铜川、延安、榆林、渭南、汉中市中级人民法院、西安铁路运输中级法院管辖诉讼标的额在 500 万元以上的第一审民商事案件，以及诉讼标的额在 200 万元以上且当事人一方住所地不在本辖区或者涉外、涉港澳台的第一审民商事案件；

3. 安康、商洛中级人民法院管辖诉讼标的额在 300 万元以上的第一审民商事案件，以及诉讼标的额在 100 万元以上且当事人一方住所地不在本辖区或者涉外、涉港澳台的第一审民商事案件。

河北省

一、高级人民法院管辖诉讼标的额在 1 亿元以上的第一审民商事案件，以及诉讼标的额在 5000 万元以上且当事人一方住所地不在本辖区或者涉外、涉

港澳台的第一审民商事案件。

二、中级人民法院管辖下列第一审民商事案件

1. 石家庄、唐山市中级人民法院管辖诉讼标的额在 800 万元以上的第一审民商事案件,以及诉讼标的额在 300 万元以上且当事人一方住所地不在本辖区或者涉外、涉港澳台的第一审民商事案件;

2. 保定、秦皇岛、廊坊、邢台、邯郸、沧州、衡水市中级人民法院管辖诉讼标的额在 500 万元以上的第一审民商事案件,以及诉讼标的额在 200 万元以上且当事人一方住所地不在本辖区或者涉外、涉港澳台的第一审民商事案件;

3. 张家口、承德市中级人民法院管辖诉讼标的额在 300 万元以上的第一审民商事案件,以及诉讼标的额在 100 万元以上且当事人一方住所地不在本辖区或者涉外、涉港澳台的第一审民商事案件。

山西省

一、高级人民法院管辖诉讼标的额在 1 亿元以上的第一审民商事案件,以及诉讼标的额在 5000 万元以上且当事人一方住所地不在本辖区或者涉外、涉港澳台的第一审民商事案件。

二、中级人民法院管辖下列第一审民商事案件

太原市中级人民法院管辖诉讼标的额在 800 万元以上 1 亿元以下的第一审民商事案件,以及诉讼标的额在 300 万元以上且当事人一方住所地不在本辖区或者涉外、涉港澳台的第一审民商事案件;其他中级人民法院管辖诉讼标的额在 500 万元以上 1 亿元以下的第一审民商事案件,以及诉讼标的额在 200 万元以上且当事人一方住所地不在本辖区或者涉外、涉港澳台的第一审民商事案件。

海南省

一、高级人民法院管辖下列第一审民商事案件

1. 诉讼标的额在 1 亿元以上的第一审民商事案件;

2. 诉讼标的额在 5000 万元以上且当事人一方住所地不在本辖区或者涉外、涉港澳台的第一审民商事案件。

二、中级人民法院管辖下列第一审民商事案件

1. 诉讼标的额在 800 万元以上 1 亿元以下的第一审民商事案件;

2. 诉讼标的额在 500 万元以上 5000 万元以下且当事人一方住所地不在本辖区或者涉外、涉港澳台的第一审民商事案件。

甘肃省

一、高级人民法院管辖诉讼标的额在 5000 万元以上的第一审民事案件,以及诉讼标的额在 2000 万元以上且当事人一方住所地不在本辖区或者涉外、涉

港澳台的第一审民事案件。

二、中级人民法院管辖下列第一审民事案件

1. 兰州市中级人民法院管辖诉讼标的额在 300 万元以上的第一审民事案件,以及诉讼标的额在 200 万元以上且当事人一方住所地不在本辖区或者涉外、涉港澳台的第一审民事案件;

2. 白银、金昌、庆阳、平凉、天水、酒泉、张掖、武威中级人民法院管辖诉讼标的额在 200 万元以上的第一审民事案件,以及诉讼标的额在 100 万元以上且当事人一方住所地不在本辖区或者涉外、涉港澳台的第一审民事案件;

3. 陇南、定西、甘南、临夏中级人民法院管辖诉讼标的额在 100 万元以上的第一审民事案件,以及诉讼标的额在 50 万元以上且当事人一方住所地不在本辖区或者涉外、涉港澳台的第一审民事案件;

4. 嘉峪关市人民法院、甘肃矿区人民法院管辖诉讼标的额在 5000 万元以下的第一审民事案件,以及诉讼标的额在 2000 万元以下且当事人一方住所地不在本辖区或者涉外、涉港澳台的第一审民事案件;

5. 兰州铁路运输中级法院、陇南市中级人民法院分院管辖诉讼标的额在 200 万元以上的第一审民事案件,以及诉讼标的额在 100 万元以上且当事人一方住所地不在本辖区的第一审民事案件。

贵州省

一、高级人民法院管辖标的额在 5000 万元以上的第一审民事案件,以及诉讼标的额在 2000 万元以上且当事人一方住所地不在本辖区或者涉外、涉港澳台的第一审民事案件。

二、中级人民法院管辖下列第一审民事案件

1. 贵阳市中级人民法院管辖诉讼标的额在 300 万元以上的第一审民事案件,以及诉讼标的额在 200 万元以上且当事人一方住所地不在本辖区或者涉外、涉港澳台的第一审民事案件;

2. 遵义市、六盘水市中级人民法院管辖诉讼标的额在 200 万元以上的第一审民事案件,以及诉讼标的额在 100 万元以上且当事人一方住所地不在本辖区或者涉外、涉港澳台的第一审民事案件;

3. 其他中级人民法院管辖诉讼标的额在 100 万元以上的第一审民事案件。

新疆维吾尔自治区

一、高级人民法院管辖下列第一审民商事案件

1. 诉讼标的额在 5000 万元以上的第一审民商事案件;

2. 诉讼标的额在 2000 万元以上且当事人一方住所地不在本辖区或者涉外、涉港澳台的第一审民商事案件。

二、中级人民法院管辖下列第一审民商事案件

1. 乌鲁木齐市中级人民法院管辖诉讼标的额在 300 万元以上 5000 万元以下的第一审民商事案件,以及诉讼标的额在 200 万元以上 2000 万元以下且当事人一方住所地不在本辖区的第一审民商事案件;

2. 和田地区、克孜勒苏柯尔克孜自治州、博尔塔拉蒙古自治州中级人民法院管辖诉讼标的额在 150 万元以上 5000 万元以下的第一审民商事案件,以及诉讼标的额在 100 万元以上 2000 万元以下且当事人一方住所地不在本辖区的第一审民商事案件;

3. 其他中级人民法院和乌鲁木齐铁路运输中级法院管辖诉讼标的额在 200 万元以上 5000 万元以下的第一审民商事案件,以及诉讼标的额在 100 万元以上 2000 万元以下且当事人一方住所地不在本辖区的第一审民商事案件;

4. 诉讼标的额在 200 万元以上 2000 万元以下的涉外、涉港澳台民商事案件;

5. 乌鲁木齐市中级人民法院管辖诉讼标的额在 2000 万元以下的涉外、涉港澳台实行集中管辖的五类民商事案件。

三、伊犁哈萨克自治州法院管辖下列第一审民商事案件

(一)高级人民法院伊犁哈萨克自治州分院管辖下列第一审民商事案件

1. 高级人民法院伊犁哈萨克自治州分院在其辖区内管辖与高级人民法院同等标的的民商事案件及当事人一方住所地不在本辖区或者涉外、涉港澳台的第一审民商事案件;

2. 管辖诉讼标的额在 2000 万元以下的涉外、涉港澳台实行集中管辖的五类民商事案件。

(二)中级人民法院管辖下列第一审民商事案件

1. 塔城、阿勒泰地区中级人民法院管辖诉讼标的额在 200 万元以上 5000 万元以下的第一审民商事案件,以及诉讼标的额在 100 万元以上 2000 万元以下且当事人一方住所地不在本辖区或者涉外、涉港澳台的民商事案件;

2. 高级人民法院伊犁哈萨克自治州分院管辖发生于奎屯市、伊宁市等二市八县辖区内,依本规定应由中级人民法院管辖的诉讼标的额在 200 万元以上 5000 万元以下以及诉讼标的额在 100 万元以上 2000 万元以下的当事人一方住所地不在本辖区或者涉外、涉港澳台的第一审民商事案件。

内蒙古自治区

一、高级人民法院管辖下列第一审民商事案件

1. 诉讼标的额在 5000 万元以上的第一审民商事案件,以及诉讼标的额在 2000 万元以上且当事人一方住所地不在本辖区或者涉外、涉港澳台的第一审民商事案件;

2. 在全区范围内有重大影响的民商事案件。

二、中级人民法院管辖下列第一审民商事案件

1. 呼和浩特市、包头市中级人民法院管辖诉讼标的额在 300 万元以上 5000 万元以下的第一审民商事案件,以及诉讼标的额在 200 万元以上 2000 万元以下且当事人一方住所地不在本辖区或者涉外、涉港澳台的第一审民商事案件;

2. 呼伦贝尔市、兴安盟、通辽市、赤峰市、锡林郭勒盟、乌兰察布市、鄂尔多斯市、巴彦淖尔市、乌海市、阿拉善盟中级人民法院和呼和浩特铁路运输中级法院管辖诉讼标的额在 200 万元以上 5000 万元以下的第一审民商事案件,以及诉讼标的额在 100 万元以上 2000 万元以下且当事人一方住所地不在本辖区或者涉外、涉港澳台的第一审民商事案件。

云南省

一、高级人民法院管辖下列第一审民商事案件

1. 诉讼标的额在 1 亿元以上的第一审民商事案件;
2. 诉讼标的额在 5000 万元以上且涉外、涉港澳台第一审民商事案件;
3. 诉讼标的额在 5000 万元以上的当事人一方住所地不在本辖区的第一审民商事案件;
4. 继续执行管辖在全省范围内有重大影响的民商事案件的规定。

二、中级人民法院管辖下列第一审民商事案件

1. 昆明市中级人民法院管辖诉讼标的额在 400 万元以上的第一审民商事案件,以及诉讼标的额在 200 万元以上且当事人一方住所地不在本辖区的第一审民商事案件;

2. 红河州、文山州、西双版纳州、德宏州、大理州、楚雄州、曲靖市、昭通市、玉溪市、普洱市、临沧市、保山市中级人民法院管辖诉讼标的额在 200 万元以上的第一审民商事案件,以及诉讼标的额在 100 万元以上且当事人一方住所地不在本辖区的第一审民商事案件;

3. 丽江市、迪庆州、怒江州中级人民法院管辖诉讼标的额在 100 万元以上的第一审民商事案件,以及诉讼标的额在 100 万元以上且当事人一方住所地不在本辖区的第一审民商事案件;

4. 昆明市、红河州、文山州、西双版纳州、德宏州、怒江州、普洱市、临沧市、保山市中级人民法院管辖诉讼标的额在 5000 万元以下的涉外、涉港澳台第一审民商事案件;

5. 继续执行各州、市中级人民法院管辖在法律适用上具有普遍意义的新类型民、商事案件和在辖区内有重大影响的民、商事案件的规定。

新疆维吾尔自治区高级人民法院生产建设兵团分院

一、高级人民法院生产建设兵团分院管辖诉讼标的额在 5000 万元以上的

第一审民商事案件,以及诉讼标的额在2000万元以上且当事人一方住所地不在本辖区或者涉外、涉港澳台的第一审民商事案件。

二、农一师、农二师、农四师、农六师、农七师、农八师中级人民法院管辖诉讼标的额在200万元以上的第一审民商事案件,以及诉讼标的额在100万元以上且当事人一方住所地不在本辖区或者涉外、涉港澳台的第一审民商事案件。

其他农业师中级人民法院管辖诉讼标的额在150万元以上的第一审民商事案件,以及诉讼标的额在100万元以上且当事人一方住所地不在本辖区或者涉外、涉港澳台的第一审民商事案件。

青海省

一、高级人民法院管辖下列第一审民商事案件

1. 诉讼标的额在2000万元以上的第一审民商事案件,以及诉讼标的额在1000万元以上且当事人一方住所地不在本辖区或者涉外、涉港澳台的第一审民商事案件;

2. 最高人民法院指定由高级人民法院管辖的案件;

3. 在全省范围内有重大影响的案件。

二、中级人民法院管辖下列第一审民商事案件

1. 西宁市中级人民法院管辖全市、海西州中级人民法院管辖格尔木市诉讼标的额在100万元以上2000万元以下的第一审民商事案件,以及诉讼标的额在50万元以上且当事人一方住所地不在本辖区的第一审民商事案件;

2. 海东地区、海南、海北、黄南、海西州中级人民法院管辖(除格尔木市)诉讼标的额在60万元以上2000万元以下的第一审民商事案件,以及诉讼标的额在50万元以上且当事人一方住所地不在本辖区的第一审民商事案件;

3. 果洛、玉树州中级人民法院管辖诉讼标的额在50万元以上2000万元以下的第一审民商事案件,以及诉讼标的额在30万元以上且当事人一方住所地不在本辖区的第一审民商事案件;

4. 上级人民法院指定管辖的案件。

宁夏回族自治区

一、高级人民法院管辖诉讼标的额在2000万元以上的第一审民商事案件,以及诉讼标的额在1000万元以上且当事人一方住所地不在本辖区或者涉外、涉港澳台的第一审民商事案件。

二、中级人民法院管辖下列第一审民商事案件

1. 银川市中级人民法院管辖诉讼标的额在200万元以上的第一审民商事案件,以及诉讼标的额在100万元以上且当事人一方住所地不在本辖区的第一审民商事案件;

2. 依照法释(2002)5号司法解释第一条、第三条、第五条的规定,银川市中级人民法院集中管辖本省区争议金额在1000万元以下的第一审涉外、涉港澳台民商事案件;

3. 石嘴山、吴忠、中卫、固原市中级人民法院管辖诉讼标的额在100万元以上的第一审民商事案件,以及诉讼标的额在80万元以上且当事人一方住所地不在本辖区的民商事案件。

西藏自治区

一、高级人民法院管辖诉讼标的额在2000万元以上的第一审民商事案件,以及诉讼标的额在500万元以上且当事人一方住所地不在本辖区或者涉外、涉港澳台的第一审民商事案件。

二、中级人民法院管辖下列第一审民商事案件

1. 拉萨市中级人民法院管辖拉萨城区诉讼标的额在200万元以上、所辖各县诉讼标的额在100万元以上的第一审民商事案件;

2. 其他各地区中级人民法院管辖地区行署所在地诉讼标的额在150万元以上、所辖各县范围内诉讼标的额在100万元以上的第一审民商事案件;

3. 诉讼标的额在500万元以下的涉外、涉港澳台的第一审民商事案件,均由各地方中级人民法院管辖。

最高人民法院关于调整高级人民法院和中级人民法院管辖第一审民商事案件标准的通知

(2008年2月3日 法发〔2008〕10号)

各省、自治区、直辖市高级人民法院,解放军军事法院,新疆维吾尔自治区高级人民法院生产建设兵团分院:

为贯彻执行修改后的民事诉讼法,进一步加强最高人民法院和高级人民法院的审判监督和指导职能,现就调整高级人民法院和中级人民法院管辖第一审民商事案件标准问题,通知如下:

一、高级人民法院管辖下列第一审民商事案件。

北京、上海、广东、江苏、浙江高级人民法院,可管辖诉讼标的额在2亿元以上的第一审民商事案件,以及诉讼标的额在1亿元以上且当事人一方住所地不在本辖区或者涉外、涉港澳台的第一审民商事案件。

天津、重庆、山东、福建、湖北、湖南、河南、辽宁、吉林、黑龙江、广西、安徽、江西、四川、陕西、河北、山西、海南高级人民法院,可管辖诉讼标的额在1亿元以上的第一审民商事案件,以及诉讼标的额在5000万元以上且当事人一方住

所地不在本辖区或者涉外、涉港澳台的第一审民商事案件。

甘肃、贵州、新疆、内蒙古、云南高级人民法院和新疆生产建设兵团分院,可管辖诉讼标的额在5000万元以上的第一审民商事案件,以及诉讼标的额在2000万元以上且当事人一方住所地不在本辖区或者涉外、涉港澳台的第一审民商事案件。

青海、宁夏、西藏高级人民法院可管辖诉讼标的额在2000万元以上的第一审民商事案件,以及诉讼标的额在1000万元以上且当事人一方住所地不在本辖区或者涉外、涉港澳台的第一审民商事案件。

二、中级人民法院管辖下列第一审民商事案件。

中级人民法院管辖第一审民商事案件标准,由高级人民法院自行确定,但应当符合下列条件:

北京、上海所辖中级人民法院,广东、江苏、浙江辖区内省会城市、计划单列市和经济较为发达的市中级人民法院,可管辖诉讼标的额不低于5000万元的第一审民商事案件,以及诉讼标的额不低于2000万元且当事人一方住所地不在本辖区或者涉外、涉港澳台的第一审民商事案件。其他中级人民法院可管辖诉讼标的额不低于2000万元的第一审民商事案件,以及诉讼标的额不低于800万元且当事人一方住所地不在本辖区或者涉外、涉港澳台的第一审民商事案件。

天津所辖中级人民法院,重庆所辖城区中级人民法院,山东、福建、湖北、湖南、河南、辽宁、吉林、黑龙江、广西、安徽、江西、四川、陕西、河北、山西、海南辖区内省会城市、计划单列市和经济较为发达的市中级人民法院,可管辖诉讼标的额不低于800万元的第一审民商事案件,以及诉讼标的额不低于300万元且当事人一方住所地不在本辖区或者涉外、涉港澳台的第一审民商事案件。其他中级人民法院可管辖诉讼标的额不低于500万元的第一审民商事案件,以及诉讼标的额不低于200万元且当事人一方住所地不在本辖区或者涉外、涉港澳台的第一审民商事案件。

甘肃、贵州、新疆、内蒙古、云南辖区内省会城市中级人民法院,可管辖诉讼标的额不低于300万元的第一审民商事案件,以及诉讼标的额不低于200万元且当事人一方住所地不在本辖区或者涉外、涉港澳台的第一审民商事案件。其他中级人民法院可管辖诉讼标的额不低于200万元的第一审民商事案件,以及诉讼标的额不低于100万元且当事人一方住所地不在本辖区或者涉外、涉港澳台的第一审民商事案件。

青海、宁夏、西藏辖区内中级人民法院,可管辖诉讼标的额不低于100万元的第一审民商事案件,以及诉讼标的额不低于50万元且当事人一方住所地不在本辖区或者涉外、涉港澳台的第一审民商事案件。

三、婚姻、继承、家庭、物业服务、人身损害赔偿、交通事故、劳动争议等案件,以及群体性纠纷案件,一般由基层人民法院管辖。

四、对重大疑难、新类型和在适用法律上有普遍意义的案件,可以依照民事诉讼法第三十九条的规定,由上级人民法院自行决定由其审理,或者根据下级人民法院报请决定由其审理。

五、实行专门管辖的海事海商案件、集中管辖的涉外民商事案件和知识产权案件,按现行规定执行。

六、军事法院管辖军内第一审民商事案件的标准,参照当地同级地方人民法院标准执行。

七、高级人民法院认为确有必要的,可以制定适当高于本通知的标准。对于辖区内贫困地区的中级人民法院,可以适当降低标准。

八、各高级人民法院关于本辖区的级别管辖标准应当于 2008 年 3 月 5 日前报我院批准。未经批准的,不得作为确定级别管辖的依据。

本通知执行过程中遇到的问题,请及时报告我院。

最高人民法院关于调整高级人民法院和中级人民法院管辖第一审民商事案件标准的通知

(2015 年 4 月 30 日　法发〔2015〕7 号)

为适应经济社会发展和民事诉讼需要,准确适用修改后的民事诉讼法关于级别管辖的相关规定,合理定位四级法院民事审判职能,现就调整高级人民法院和中级人民法院管辖第一审民商事案件标准问题,通知如下:

一、当事人住所地均在受理法院所处省级行政辖区的第一审民商事案件

北京、上海、江苏、浙江、广东高级人民法院,管辖诉讼标的额 5 亿元以上一审民商事案件,所辖中级人民法院管辖诉讼标的额 1 亿元以上一审民商事案件。

天津、河北、山西、内蒙古、辽宁、安徽、福建、山东、河南、湖北、湖南、广西、海南、四川、重庆高级人民法院,管辖诉讼标的额 3 亿元以上一审民商事案件,所辖中级人民法院管辖诉讼标的额 3000 万元以上一审民商事案件。

吉林、黑龙江、江西、云南、陕西、新疆高级人民法院和新疆生产建设兵团分院,管辖诉讼标的额 2 亿元以上一审民商事案件,所辖中级人民法院管辖诉讼标的额 1000 万元以上一审民商事案件。

贵州、西藏、甘肃、青海、宁夏高级人民法院,管辖诉讼标的额 1 亿元以上一审民商事案件,所辖中级人民法院管辖诉讼标的额 500 万元以上一审民商事案件。

二、当事人一方住所地不在受理法院所处省级行政辖区的第一审民商事案件

北京、上海、江苏、浙江、广东高级人民法院,管辖诉讼标的额 3 亿元以上一审民商事案件,所辖中级人民法院管辖诉讼标的额 5000 万元以上一审民商事案件。

天津、河北、山西、内蒙古、辽宁、安徽、福建、山东、河南、湖北、湖南、广西、海南、四川、重庆高级人民法院,管辖诉讼标的额 1 亿元以上一审民商事案件,

所辖中级人民法院管辖诉讼标的额2000万元以上一审民商事案件。

吉林、黑龙江、江西、云南、陕西、新疆高级人民法院和新疆生产建设兵团分院,管辖诉讼标的额5000万元以上一审民商事案件,所辖中级人民法院管辖诉讼标的额1000万元以上一审民商事案件。

贵州、西藏、甘肃、青海、宁夏高级人民法院,管辖诉讼标的额2000万元以上一审民商事案件,所辖中级人民法院管辖诉讼标的额500万元以上一审民商事案件。

三、解放军军事法院管辖诉讼标的额1亿元以上一审民商事案件,大单位军事法院管辖诉讼标的额2000万元以上一审民商事案件。

四、婚姻、继承、家庭、物业服务、人身损害赔偿、名誉权、交通事故、劳动争议等案件,以及群体性纠纷案件,一般由基层人民法院管辖。

五、对重大疑难、新类型和在适用法律上有普遍意义的案件,可以依照民事诉讼法第三十九条的规定,由上级人民法院自行决定由其审理,或者根据下级人民法院报请决定由其审理。

六、本通知调整的级别管辖标准不涉及知识产权案件、海事海商案件和涉外涉港澳台民商事案件。

七、本通知规定的第一审民商事案件标准,包含本数。

本通知自2015年5月1日起实施,执行过程中遇到的问题,请及时报告我院。

最高人民法院关于调整部分高级人民法院和中级人民法院管辖第一审民商事案件标准的通知

(2018年7月17日 法发〔2018〕13号)

贵州省、陕西省、甘肃省、青海省、宁夏回族自治区、新疆维吾尔自治区高级人民法院,新疆维吾尔自治区高级人民法院生产建设兵团分院:

为适应新时期经济社会发展和民事诉讼需要,准确适用民事诉讼法关于级别管辖的相关规定,合理定位四级法院民商事审判职能,现就调整部分高级人民法院和中级人民法院管辖第一审民商事案件标准问题,通知如下:

一、当事人住所地均在受理法院所处省级行政辖区的第一审民商事案件

贵州省、陕西省、新疆维吾尔自治区高级人民法院和新疆维吾尔自治区高级人民法院生产建设兵团分院管辖诉讼标的额3亿元以上一审民商事案件,所辖中级人民法院管辖诉讼标的额3000万元以上一审民商事案件。

甘肃省、青海省、宁夏回族自治区高级人民法院管辖诉讼标的额2亿元以上一审民商事案件,所辖中级人民法院管辖诉讼标的额1000万元以上一审民商事案件。

二、当事人一方住所地不在受理法院所处省级行政辖区的第一审民商事案件

贵州省、陕西省、新疆维吾尔自治区高级人民法院和新疆维吾尔自治区高级人民法院生产建设兵团分院管辖诉讼标的额1亿元以上一审民商事案件，所辖中级人民法院管辖诉讼标的额2000万元以上一审民商事案件。

甘肃省、青海省、宁夏回族自治区高级人民法院管辖诉讼标的额5000万元以上一审民商事案件，所辖中级人民法院管辖诉讼标的额1000万元以上一审民商事案件。

三、本通知未作调整的，按照《最高人民法院关于调整高级人民法院和中级人民法院管辖第一审民商事案件标准的通知》（法发〔2015〕7号）执行。

本通知自2018年8月1日起实施，执行过程中遇到的问题，请及时报告我院。

最高人民法院关于调整中级人民法院管辖第一审民事案件标准的通知

（2021年9月17日 法发〔2021〕27号）

各省、自治区、直辖市高级人民法院，解放军军事法院，新疆维吾尔自治区高级人民法院生产建设兵团分院：

为适应新时代经济社会发展和民事诉讼需要，准确适用民事诉讼法关于中级人民法院管辖第一审民事案件的规定，合理定位四级法院民事审判职能，现就调整中级人民法院管辖第一审民事案件标准问题，通知如下：

一、当事人住所地均在或者均不在受理法院所处省级行政辖区的，中级人民法院管辖诉讼标的额5亿元以上的第一审民事案件。

二、当事人一方住所地不在受理法院所处省级行政辖区的，中级人民法院管辖诉讼标的额1亿元以上的第一审民事案件。

三、战区军事法院、总直属军事法院管辖诉讼标的额1亿元以上的第一审民事案件。

四、对新类型、疑难复杂或者具有普遍法律适用指导意义的案件，可以依照民事诉讼法第三十八条的规定，由上级人民法院决定由其审理，或者根据下级人民法院报请决定由其审理。

五、本通知调整的级别管辖标准不适用于知识产权案件、海事海商案件和涉外涉港澳台民商事案件。

六、最高人民法院以前发布的关于中级人民法院第一审民事案件级别管辖标准的规定，与本通知不一致的，不再适用。

本通知自2021年10月1日起实施，执行过程中遇到的问题，请及时报告我院。

最高人民法院关于调整河北省、河南省、湖南省高级人民法院所辖中级人民法院管辖第一审民商事案件标准的通知

（2020年9月7日　法发〔2020〕36号）

河北省、河南省、湖南省高级人民法院：

为适应民商事审判工作发展要求，促进矛盾纠纷化解重心下移，现就调整你院所辖中级人民法院管辖第一审民商事案件的标准问题，通知如下：

一、当事人住所地均在你院所处省级行政辖区的，所辖中级人民法院管辖诉讼标的额1亿元以上的第一审民商事案件。

二、当事人一方住所地不在你院所处省级行政辖区的，所辖中级人民法院管辖诉讼标的额5000万元以上的第一审民商事案件。

三、本通知未作调整的，按照《最高人民法院关于调整高级人民法院和中级人民法院管辖第一审民商事案件标准的通知》（法发〔2015〕7号）、《最高人民法院关于调整部分高级人民法院和中级人民法院管辖第一审民商事案件标准的通知》（法发〔2018〕13号）、《最高人民法院关于调整高级人民法院和中级人民法院管辖第一审民事案件标准的通知》（法发〔2019〕14号）执行。

本通知自2020年10月1日起实施，执行过程中遇到的问题，请及时报告我院。

最高人民法院关于审理民事级别管辖异议案件若干问题的规定

（2009年7月20日最高人民法院审判委员会第1471次会议通过　根据2020年12月23日最高人民法院审判委员会第1823次会议通过的《最高人民法院关于修改〈最高人民法院关于人民法院民事调解工作若干问题的规定〉等十九件民事诉讼类司法解释的决定》修正　2020年12月29日最高人民法院公告公布　该修正自2021年1月1日起施行　法释〔2020〕20号）

为正确审理民事级别管辖异议案件，依法维护诉讼秩序和当事人的合法权益，根据《中华人民共和国民事诉讼法》的规定，结合审判实践，制定本规定。

第一条　被告在提交答辩状期间提出管辖权异议，认为受诉人民法院违反

级别管辖规定,案件应当由上级人民法院或者下级人民法院管辖的,受诉人民法院应当审查,并在受理异议之日起十五日内作出裁定:

(一)异议不成立的,裁定驳回;

(二)异议成立的,裁定移送有管辖权的人民法院。

第二条 在管辖权异议裁定作出前,原告申请撤回起诉,受诉人民法院作出准予撤回起诉裁定的,对管辖权异议不再审查,并在裁定书中一并写明。

第三条 提交答辩状期间届满后,原告增加诉讼请求金额致使案件标的额超过受诉人民法院级别管辖标准,被告提出管辖权异议,请求由上级人民法院管辖的,人民法院应当按照本规定第一条审查并作出裁定。

第四条 对于应由上级人民法院管辖的第一审民事案件,下级人民法院不得报请上级人民法院交其审理。

第五条 被告以受诉人民法院同时违反级别管辖和地域管辖规定为由提出管辖权异议的,受诉人民法院应当一并作出裁定。

第六条 当事人未依法提出管辖权异议,但受诉人民法院发现其没有级别管辖权的,应当将案件移送有管辖权的人民法院审理。

第七条 对人民法院就级别管辖异议作出的裁定,当事人不服提起上诉的,第二审人民法院应当依法审理并作出裁定。

第八条 对于将案件移送上级人民法院管辖的裁定,当事人未提出上诉,但受移送的上级人民法院认为确有错误的,可以依职权裁定撤销。

第九条 经最高人民法院批准的第一审民事案件级别管辖标准的规定,应当作为审理民事级别管辖异议案件的依据。

第十条 本规定施行前颁布的有关司法解释与本规定不一致的,以本规定为准。

最高人民法院关于军事法院管辖民事案件若干问题的规定

(2012年8月20日最高人民法院审判委员会第1553次会议通过 根据2020年12月23日最高人民法院审判委员会第1823次会议通过的《最高人民法院关于修改〈最高人民法院关于人民法院民事调解工作若干问题的规定〉等十九件民事诉讼类司法解释的决定》修正 2020年12月29日最高人民法院公告公布 该修正自2021年1月1日起施行 法释〔2020〕20号)

根据《中华人民共和国人民法院组织法》《中华人民共和国民事诉讼法》等法律规定,结合人民法院民事审判工作实际,对军事法院管辖民事案件有关问题作如下规定：

第一条 下列民事案件,由军事法院管辖：

(一)双方当事人均为军人或者军队单位的案件,但法律另有规定的除外；

(二)涉及机密级以上军事秘密的案件；

(三)军队设立选举委员会的选民资格案件；

(四)认定营区内无主财产案件。

第二条 下列民事案件,地方当事人向军事法院提起诉讼或者提出申请的,军事法院应当受理：

(一)军人或者军队单位执行职务过程中造成他人损害的侵权责任纠纷案件；

(二)当事人一方为军人或者军队单位,侵权行为发生在营区内的侵权责任纠纷案件；

(三)当事人一方为军人的婚姻家庭纠纷案件；

(四)民事诉讼法第三十三条规定的不动产所在地、港口所在地、被继承人死亡时住所地或者主要遗产所在地在营区内,且当事人一方为军人或者军队单位的案件；

(五)申请宣告军人失踪或者死亡的案件；

(六)申请认定军人无民事行为能力或者限制民事行为能力的案件。

第三条 当事人一方是军人或者军队单位,且合同履行地或者标的物所在地在营区内的合同纠纷,当事人书面约定由军事法院管辖,不违反法律关于级别管辖、专属管辖和专门管辖规定的,可以由军事法院管辖。

第四条 军事法院受理第一审民事案件,应当参照民事诉讼法关于地域管辖、级别管辖的规定确定。

当事人住所地省级行政区划内没有可以受理案件的第一审军事法院,或者处于交通十分不便的边远地区,双方当事人同意由地方人民法院管辖的,地方人民法院可以管辖,但本规定第一条第(二)项规定的案件除外。

第五条 军事法院发现受理的民事案件属于地方人民法院管辖的,应当移送有管辖权的地方人民法院,受移送的地方人民法院应当受理。地方人民法院认为受移送的案件不属于本院管辖的,应当报请上级地方人民法院处理,不得再自行移送。

地方人民法院发现受理的民事案件属于军事法院管辖的,参照前款规定办理。

第六条 军事法院与地方人民法院之间因管辖权发生争议,由争议双方协商解决；协商不成的,报请各自的上级法院协商解决；仍然协商不成的,报请最高人民法院指定管辖。

第七条 军事法院受理案件后,当事人对管辖权有异议的,应当在提交答辩状期间提出。军事法院对当事人提出的异议,应当审查。异议成立的,裁定将案件移送有管辖权的军事法院或者地方人民法院;异议不成立的,裁定驳回。

第八条 本规定所称军人是指中国人民解放军的现役军官、文职干部、士兵及具有军籍的学员,中国人民武装警察部队的现役警官、文职干部、士兵及具有军籍的学员。军队中的文职人员、非现役公勤人员、正式职工,由军队管理的离退休人员,参照军人确定管辖。

军队单位是指中国人民解放军现役部队和预备役部队、中国人民武装警察部队及其编制内的企业事业单位。

营区是指由军队管理使用的区域,包括军事禁区、军事管理区。

第九条 本解释施行前本院公布的司法解释以及司法解释性文件与本解释不一致的,以本解释为准。

最高人民法院关于
铁路运输法院案件管辖范围的若干规定

(2012年7月2日最高人民法院审判委员会第1551次会议通过 2012年7月17日最高人民法院公告公布 自2012年8月1日起施行 法释〔2012〕10号)

为确定铁路运输法院管理体制改革后的案件管辖范围,根据《中华人民共和国刑事诉讼法》、《中华人民共和国民事诉讼法》,规定如下:

第一条 铁路运输法院受理同级铁路运输检察院依法提起公诉的刑事案件。

下列刑事公诉案件,由犯罪地的铁路运输法院管辖:

(一)车站、货场、运输指挥机构等铁路工作区域发生的犯罪;

(二)针对铁路线路、机车车辆、通讯、电力等铁路设备、设施的犯罪;

(三)铁路运输企业职工在执行职务中发生的犯罪。

在列车上的犯罪,由犯罪发生后该列车最初停靠的车站所在地或者目的地的铁路运输法院管辖;但在国际列车上的犯罪,按照我国与相关国家签订的有关管辖协定确定管辖,没有协定的,由犯罪发生后该列车最初停靠的中国车站所在地或者目的地的铁路运输法院管辖。

第二条 本规定第一条第二、三款范围内发生的刑事自诉案件,自诉人向铁路运输法院提起自诉的,铁路运输法院应当受理。

第三条 下列涉及铁路运输、铁路安全、铁路财产的民事诉讼,由铁路运输法院管辖:

(一)铁路旅客和行李、包裹运输合同纠纷;

（二）铁路货物运输合同和铁路货物运输保险合同纠纷；
（三）国际铁路联运合同和铁路运输企业作为经营人的多式联运合同纠纷；
（四）代办托运、包装整理、仓储保管、接取送达等铁路运输延伸服务合同纠纷；
（五）铁路运输企业在装卸作业、线路维修等方面发生的委外劳务、承包等合同纠纷；
（六）与铁路及其附属设施的建设施工有关的合同纠纷；
（七）铁路设备、设施的采购、安装、加工承揽、维护、服务等合同纠纷；
（八）铁路行车事故及其他铁路运营事故造成的人身、财产损害赔偿纠纷；
（九）违反铁路安全保护法律、法规，造成铁路线路、机车车辆、安全保障设施及其他财产损害的侵权纠纷；
（十）因铁路建设及铁路运输引起的环境污染侵权纠纷；
（十一）对铁路运输企业财产权属发生争议的纠纷。

第四条 铁路运输基层法院就本规定第一条至第三条所列案件作出的判决、裁定，当事人提起上诉或铁路运输检察院提起抗诉的二审案件，由相应的铁路运输中级法院受理。

第五条 省、自治区、直辖市高级人民法院可以指定辖区内的铁路运输基层法院受理本规定第三条以外的其他第一审民事案件，并指定该铁路运输基层法院驻在地的中级人民法院或铁路运输中级法院受理对此提起上诉的案件。此类案件发生管辖权争议的，由该高级人民法院指定管辖。

省、自治区、直辖市高级人民法院可以指定辖区内的铁路运输中级法院受理对其驻在地基层人民法院一审民事判决、裁定提起上诉的案件。

省、自治区、直辖市高级人民法院对本院及下级人民法院的执行案件，认为需要指定执行的，可以指定辖区内的铁路运输法院执行。

第六条 各高级人民法院指定铁路运输法院受理案件的范围，报最高人民法院批准后实施。

第七条 本院以前作出的有关规定与本规定不一致的，以本规定为准。

本规定施行前，各铁路运输法院依照此前的规定已经受理的案件，不再调整。

最高人民法院关于第一审知识产权民事、行政案件管辖的若干规定

（2021年12月27日最高人民法院审判委员会第1858次会议通过　2022年4月20日最高人民法院公告公布　自2022年5月1日起施行　法释〔2022〕13号）

为进一步完善知识产权案件管辖制度，合理定位四级法院审判职能，根据《中华人民共和国民事诉讼法》《中华人民共和国行政诉讼法》等法律规定，结合知识产权审判实践，制定本规定。

第一条　发明专利、实用新型专利、植物新品种、集成电路布图设计、技术秘密、计算机软件的权属、侵权纠纷以及垄断纠纷第一审民事、行政案件由知识产权法院，省、自治区、直辖市人民政府所在地的中级人民法院和最高人民法院确定的中级人民法院管辖。

法律对知识产权法院的管辖有规定的，依照其规定。

第二条　外观设计专利的权属、侵权纠纷以及涉驰名商标认定第一审民事、行政案件由知识产权法院和中级人民法院管辖；经最高人民法院批准，也可以由基层人民法院管辖，但外观设计专利行政案件除外。

本规定第一条及本条第一款规定之外的第一审知识产权案件诉讼标的额在最高人民法院确定的数额以上的，以及涉及国务院部门、县级以上地方人民政府或者海关行政行为的，由中级人民法院管辖。

法律对知识产权法院的管辖有规定的，依照其规定。

第三条　本规定第一条、第二条规定之外的第一审知识产权民事、行政案件，由最高人民法院确定的基层人民法院管辖。

第四条　对新类型、疑难复杂或者具有法律适用指导意义等知识产权民事、行政案件，上级人民法院可以依照诉讼法有关规定，根据下级人民法院报请或者自行决定提级审理。

确有必要将本院管辖的第一审知识产权民事案件交下级人民法院审理的，应当依照民事诉讼法第三十九条第一款的规定，逐案报请其上级人民法院批准。

第五条　依照本规定需要最高人民法院确定管辖或者调整管辖的诉讼标的额标准、区域范围的，应当层报最高人民法院批准。

第六条　本规定自2022年5月1日起施行。

最高人民法院此前发布的司法解释与本规定不一致的，以本规定为准。

最高人民法院关于印发基层人民法院管辖第一审知识产权民事、行政案件标准的通知

(2022年4月20日 法〔2022〕109号)

各省、自治区、直辖市高级人民法院,解放军军事法院,新疆维吾尔自治区高级人民法院生产建设兵团分院:

根据《最高人民法院关于第一审知识产权民事、行政案件管辖的若干规定》,最高人民法院确定了具有知识产权民事、行政案件管辖权的基层人民法院及其管辖区域、管辖第一审知识产权民事案件诉讼标的额的标准。现予以印发,自2022年5月1日起施行。本通知施行前已经受理的案件,仍按照原标准执行。

基层人民法院管辖第一审知识产权民事、行政案件标准

地区	民事案件诉讼标的额(不含本数)	基层人民法院	管辖区域
北京市	不受诉讼标的额限制	北京市东城区人民法院	东城区、通州区、顺义区、怀柔区、平谷区、密云区
		北京市西城区人民法院	西城区、大兴区
		北京市朝阳区人民法院	朝阳区
		北京市海淀区人民法院	海淀区
		北京市丰台区人民法院	丰台区、房山区
		北京市石景山区人民法院	石景山区、门头沟区、昌平区、延庆区
天津市	500万元以下	天津市滨海新区人民法院	滨海新区、东丽区、宁河区
		天津市和平区人民法院	和平区、南开区、红桥区、西青区、武清区、宝坻区、蓟州区
		天津市河西区人民法院	河东区、河西区、河北区、津南区、北辰区、静海区

续表

地区	民事案件诉讼标的额(不含本数)	基层人民法院	管辖区域
河北省	100万元以下	石家庄高新技术产业开发区人民法院	石家庄高新技术产业开发区、长安区、裕华区、栾城区、藁城区、新乐市、晋州市、深泽县、灵寿县、行唐县、赵县、辛集市
		石家庄铁路运输法院	新华区、桥西区、鹿泉区、正定县、井陉县、井陉矿区、赞皇县、平山县、高邑县、元氏县、无极县
		唐山高新技术产业开发区人民法院	唐山市
		秦皇岛市山海关区人民法院	秦皇岛市
		邯郸市永年区人民法院	永年区、复兴区、丛台区、涉县、武安市、广平县、曲周县、鸡泽县、邱县、馆陶县
		邯郸经济技术开发区人民法院	邯郸经济技术开发区、冀南新区、峰峰矿区、邯山区、肥乡区、磁县、成安县、临漳县、魏县、大名县
		邢台经济开发区人民法院	邢台市
		保定高新技术产业开发区人民法院	保定市及定州市
		张家口市桥东区人民法院	张家口市
		承德市双滦区人民法院	承德市
		沧州市新华区人民法院	沧州市
		廊坊市安次区人民法院	廊坊市
		衡水市桃城区人民法院	衡水市
		容城县人民法院	雄安新区

续表

地区	民事案件诉讼标的额(不含本数)	基层人民法院	管辖区域
山西省	100万元以下	山西转型综合改革示范区人民法院	山西转型综合改革示范区
		太原市杏花岭区人民法院	太原市
		大同市云冈区人民法院	大同市
		阳泉市郊区人民法院	阳泉市
		长治市潞州区人民法院	长治市
		晋中市太谷区人民法院	晋中市
		晋城市城区人民法院	晋城市
		朔州市朔城区人民法院	朔州市
		忻州市忻府区人民法院	忻州市
		汾阳市人民法院	吕梁市
		临汾市尧都区人民法院	临汾市
		运城市盐湖区人民法院	运城市
内蒙古自治区	100万元以下	呼和浩特市新城区人民法院	呼和浩特市
		包头市石拐区人民法院	包头市
		乌海市乌达区人民法院	乌海市
		赤峰市红山区人民法院	赤峰市
		通辽市科尔沁区人民法院	通辽市
		鄂尔多斯市康巴什区人民法院	鄂尔多斯市
		呼伦贝尔市海拉尔区人民法院	呼伦贝尔市
		巴彦淖尔市临河区人民法院	巴彦淖尔市
		乌兰察布市集宁区人民法院	乌兰察布市
		乌兰浩特市人民法院	兴安盟
		锡林浩特市人民法院	锡林郭勒盟
		阿拉善左镇人民法院	阿拉善盟

续表

地区	民事案件诉讼标的额(不含本数)	基层人民法院	管辖区域
辽宁省	100万元以下	沈阳高新技术产业开发区人民法院	沈阳市
		大连市西岗区人民法院	大连市[中国(辽宁)自由贸易试验区大连片区除外]
		大连经济技术开发区人民法院	中国(辽宁)自由贸易试验区大连片区
		鞍山市千山区人民法院	鞍山市
		抚顺市东洲区人民法院	抚顺市
		本溪市平山区人民法院	本溪市
		丹东市振安区人民法院	丹东市
		锦州市古塔区人民法院	锦州市
		营口市西市区人民法院	营口市
		阜新市海州区人民法院	阜新市
		辽阳市太子河区人民法院	辽阳市
		铁岭市银州区人民法院	铁岭市
		朝阳市龙城区人民法院	朝阳市
		盘山县人民法院	盘锦市
		兴城市人民法院	葫芦岛市
吉林省	100万元以下	长春新区人民法院	长春市
		吉林市船营区人民法院	吉林市
		四平市铁西区人民法院	四平市
		辽源市龙山区人民法院	辽源市
		梅河口市人民法院	通化市
		白山市浑江区人民法院	白山市
		松原市宁江区人民法院	松原市

续表

地区	民事案件诉讼标的额(不含本数)	基层人民法院	管辖区域
		白城市洮北区人民法院	白城市
		珲春市人民法院	延边朝鲜族自治州
		珲春林区基层法院	延边林区中级法院辖区
		临江林区基层法院	长春林区中级法院辖区
黑龙江省	100万元以下	哈尔滨市南岗区人民法院	南岗区、香坊区、阿城区、呼兰区、五常市、巴彦县、木兰县、通河县
		哈尔滨市道里区人民法院	道里区、道外区、双城区、尚志市、宾县、依兰县、延寿县、方正县
		哈尔滨市松北区人民法院	松北区、平房区
		齐齐哈尔市铁锋区人民法院	齐齐哈尔市
		牡丹江市东安区人民法院	牡丹江市
		佳木斯市向阳区人民法院	佳木斯市
		大庆高新技术产业开发区人民法院	大庆市
		鸡西市鸡冠区人民法院	鸡西市
		鹤岗市南山区人民法院	鹤岗市
		双鸭山市岭东区人民法院	双鸭山市
		伊春市伊美区人民法院	伊春市
		七台河市桃山区人民法院	七台河市
		黑河市爱辉区人民法院	黑河市
		海伦市人民法院	绥化市
		大兴安岭地区加格达奇区人民法院	大兴安岭地区
		绥北人民法院	农垦中级法院辖区

续表

地区	民事案件诉讼标的额(不含本数)	基层人民法院	管辖区域
上海市	不受诉讼标的额限制	上海市浦东新区人民法院	各自辖区
		上海市徐汇区人民法院	
		上海市长宁区人民法院	
		上海市闵行区人民法院	
		上海市金山区人民法院	
		上海市松江区人民法院	
		上海市奉贤区人民法院	
		上海市黄浦区人民法院	
		上海市杨浦区人民法院	
		上海市虹口区人民法院	
		上海市静安区人民法院	
		上海市普陀区人民法院	
		上海市宝山区人民法院	
		上海市嘉定区人民法院	
		上海市青浦区人民法院	
		上海市崇明区人民法院	
江苏省	500万元以下	南京市玄武区人民法院	玄武区、栖霞区
		南京市秦淮区人民法院	秦淮区
		南京市建邺区人民法院	建邺区
		南京市雨花台区人民法院	雨花台区
		南京市江宁区人民法院	江宁区(秫陵街道及禄口街道除外)
		江宁经济技术开发区人民法院	江宁区秫陵街道及禄口街道、溧水区、高淳区
		南京江北新区人民法院	南京江北新区、鼓楼区、浦口区、六合区

续表

地区	民事案件诉讼标的额(不含本数)	基层人民法院	管辖区域
		江阴市人民法院	江阴市
		宜兴市人民法院	宜兴市
		无锡市惠山区人民法院	惠山区
		无锡市滨湖区人民法院	滨湖区、梁溪区
		无锡市新吴区人民法院	新吴区、锡山区
		徐州市鼓楼区人民法院	鼓楼区、丰县、沛县
		徐州市铜山区人民法院	铜山区、泉山区
		睢宁县人民法院	睢宁县、邳州市
		新沂市人民法院	新沂市
		徐州经济技术开发区人民法院	云龙区、贾汪区、徐州经济技术开发区
		常州市天宁区人民法院	天宁区
		常州市钟楼区人民法院	钟楼区
		常州高新技术产业开发区人民法院	新北区
		常州市武进区人民法院	武进区
		常州市金坛区人民法院	金坛区
		溧阳市人民法院	溧阳市
		常州经济开发区人民法院	常州经济开发区
		张家港市人民法院	张家港市
		常熟市人民法院	常熟市
		太仓市人民法院	太仓市
		昆山市人民法院	昆山市
		苏州市吴江区人民法院	吴江区
		苏州市相城区人民法院	相城区

续表

地区	民事案件诉讼标的额(不含本数)	基层人民法院	管辖区域
		苏州工业园区人民法院	苏州工业园区、吴中区
		苏州市虎丘区人民法院	虎丘区、姑苏区
		南通通州湾江海联动开发示范区人民法院	崇川区、通州区、海门区、海安市、如东县、启东市、如皋市、南通经济技术开发区、通州湾江海联动开发示范区
		连云港市连云区人民法院	连云区、海州区、赣榆区
		连云港经济技术开发区人民法院	东海县、灌云县、灌南县、连云港经济技术开发区
		淮安市淮安区人民法院	淮安区、洪泽区、盱眙县、金湖县
		淮安市淮阴区人民法院	淮阴区、清江浦区、涟水县、淮安经济技术开发区
		盐城市亭湖区人民法院	亭湖区、建湖县、盐城经济技术开发区
		射阳县人民法院	响水县、滨海县、阜宁县、射阳县
		盐城市大丰区人民法院	盐都区、大丰区、东台市
		扬州市广陵区人民法院	广陵区、江都区、扬州经济技术开发区、扬州市生态科技新城、扬州市蜀冈-瘦西湖风景名胜区
		仪征市人民法院	邗江区、仪征市
		高邮市人民法院	宝应县、高邮市
		镇江市京口区人民法院	京口区、润州区
		丹阳市人民法院	丹阳市、句容市
		镇江经济开发区人民法院	丹徒区、扬中市、镇江经济技术开发区
		靖江市人民法院	姜堰区、靖江市、泰兴市

续表

地区	民事案件诉讼标的额(不含本数)	基层人民法院	管辖区域
		泰州医药高新技术产业开发区人民法院	海陵、泰州医药高新技术产业开发区(高港区)、兴化市
		沭阳县人民法院	沭阳县、泗阳县
		宿迁市宿城区人民法院	宿城区、宿豫区、泗洪县
浙江省	500万元以下	杭州市拱墅区人民法院	拱墅区
		杭州市西湖区人民法院	西湖区
		杭州市滨江区人民法院	滨江区
		杭州市萧山区人民法院	萧山区
		杭州市余杭区人民法院	余杭区
		杭州市临平区人民法院	临平区
		杭州市钱塘区人民法院	钱塘区
		杭州铁路运输法院	上城区、富阳区、临安区、建德市、桐庐县、淳安县
		宁波市海曙区人民法院	海曙区、江北区
		宁波市北仑区人民法院	北仑区
		宁波市镇海区人民法院	镇海区
		宁波市鄞州区人民法院	鄞州区、象山县、宁波高新技术产业开发区
		宁波市奉化区人民法院	奉化区、宁海县
		余姚市人民法院	余姚市
		慈溪市人民法院	慈溪市
		温州市鹿城区人民法院	鹿城区
		温州市瓯海区人民法院	龙湾区、瓯海区
		瑞安市人民法院	瑞安市、龙港市、平阳县、苍南县、文成县、泰顺县
		乐清市人民法院	洞头区、乐清市、永嘉县

续表

地区	民事案件诉讼标的额(不含本数)	基层人民法院	管辖区域
		湖州市吴兴区人民法院	吴兴区、南浔区
		德清县人民法院	德清县
		长兴县人民法院	长兴县
		安吉县人民法院	安吉县
		嘉兴市南湖区人民法院	南湖区、平湖市、嘉善县、海盐县
		嘉兴市秀洲区人民法院	秀洲区
		海宁市人民法院	海宁市
		桐乡市人民法院	桐乡市
		绍兴市柯桥区人民法院	越城区、柯桥区
		绍兴市上虞区人民法院	上虞区
		诸暨市人民法院	诸暨市
		嵊州市人民法院	嵊州市
		新昌县人民法院	新昌县
		金华市婺城区人民法院	婺城区、武义县
		金华市金东区人民法院	金东区、兰溪市、浦江县
		义乌市人民法院	义乌市
		东阳市人民法院	东阳市、磐安县
		永康市人民法院	永康市
		衢州市衢江区人民法院	柯城区、衢江区、龙游县
		江山市人民法院	江山市、常山县、开化县
		舟山市普陀区人民法院	定海区、普陀区、岱山县、嵊泗县
		台州市椒江区人民法院	椒江区、黄岩区、路桥区
		温岭市人民法院	温岭市
		临海市人民法院	临海市
		玉环市人民法院	玉环市
		天台县人民法院	三门县、天台县、仙居县

续表

地区	民事案件诉讼标的额(不含本数)	基层人民法院	管辖区域
		丽水市莲都区人民法院	莲都区、青田县、缙云县
		云和县人民法院	龙泉市、遂昌县、松阳县、云和县、庆元县、景宁畲族自治县
安徽省	100万元以下	合肥高新技术开发区人民法院	合肥市
		濉溪县人民法院	淮北市
		利辛县人民法院	亳州市
		灵璧县人民法院	宿州市
		蚌埠市禹会区人民法院	蚌埠市
		阜阳市颍东区人民法院	阜阳市
		淮南市大通区人民法院	淮南市
		滁州市南谯区人民法院	滁州市
		六安市裕安区人民法院	六安市
		马鞍山市花山区人民法院	马鞍山市
		芜湖经济技术开发区人民法院	芜湖市
		宁国市人民法院	宣城市
		铜陵市义安区人民法院	铜陵市
		池州市贵池区人民法院	池州市
		安庆市迎江区人民法院	安庆市
		黄山市徽州区人民法院	黄山市
福建省	100万元以下	福州市鼓楼区人民法院	鼓楼区、台江区、仓山区、晋安区
		福州市马尾区人民法院	马尾区、长乐区、连江县、罗源县
		福清市人民法院	福清市、闽侯县、闽清县、永泰县
		平潭综合实验区人民法院	平潭综合实验区
		厦门市思明区人民法院	思明区
		厦门市湖里区人民法院	湖里区、中国(福建)自由贸易试验区厦门片区

续表

地区	民事案件诉讼标的额(不含本数)	基层人民法院	管辖区域
		厦门市集美区人民法院	集美区、同安区、翔安区
		厦门市海沧区人民法院	海沧区[中国(福建)自由贸易试验区厦门片区除外]
		漳州市长泰区人民法院	芗城区、龙文区、龙海区、长泰区、南靖县、华安县
		漳浦县人民法院	漳浦县、云霄县、诏安县、东山县、平和县
		泉州市洛江区人民法院	鲤城区、丰泽区、洛江区、泉州经济技术开发区
		泉州市泉港区人民法院	泉港区、惠安县、泉州台商投资区
		晋江市人民法院	晋江市
		石狮市人民法院	石狮市
		南安市人民法院	南安市
		德化县人民法院	安溪县、永春县、德化县
		三明市沙县区人民法院	三元区、沙县区、建宁县、泰宁县、将乐县、尤溪县
		明溪县人民法院	永安市、明溪县、清流县、宁化县、大田县
		莆田市城厢区人民法院	城厢区、秀屿区
		莆田市涵江区人民法院	荔城区、涵江区
		仙游县人民法院	仙游县
		南平市延平区人民法院	延平区、建瓯市、顺昌县、政和县
		武夷山市人民法院	建阳区、邵武市、武夷山市、浦城县、光泽县、松溪县
		龙岩市新罗区人民法院	新罗区、永定区、漳平市
		连城县人民法院	上杭县、武平县、长汀县、连城县

续表

地区	民事案件诉讼标的额(不含本数)	基层人民法院	管辖区域
		宁德市蕉城区人民法院	蕉城区、东侨经济技术开发区、古田县、屏南县、周宁县、寿宁县
		福鼎市人民法院	福安市、柘荣县、福鼎市、霞浦县
江西省	100万元以下	南昌高新技术产业开发区人民法院	东湖区、青云谱区、青山湖区、红谷滩区、南昌高新技术产业开发区
		南昌经济技术开发区人民法院	南昌县、进贤县、安义县、西湖区、新建区、南昌经济技术开发区
		九江市濂溪区人民法院	九江市
		景德镇市珠山区人民法院	景德镇市
		芦溪县人民法院	萍乡市
		新余市渝水区人民法院	新余市
		鹰潭市月湖区人民法院	鹰潭市
		赣州市章贡区人民法院	赣州市
		万载县人民法院	宜春市
		上饶市广信区人民法院	上饶市
		吉安市吉州区人民法院	吉安市
		宜黄县人民法院	抚州市
山东省	100万元以下	济南市历下区人民法院	历下区、槐荫区
		济南市市中区人民法院	市中区、历城区
		济南市天桥区人民法院	天桥区、济阳区、商河县
		济南市长清区人民法院	长清区、平阴县
		济南市章丘区人民法院	章丘区、济南高新技术产业开发区
		济南市莱芜区人民法院	莱芜区、钢城区
		青岛市南区人民法院	市南区、市北区
		青岛市黄岛区人民法院	黄岛区
		青岛市崂山区人民法院	崂山区

续表

地区	民事案件诉讼标的额(不含本数)	基层人民法院	管辖区域
		青岛市李沧区人民法院	李沧区、城阳区
		青岛市即墨区人民法院	即墨区、莱西市
		胶州市人民法院	胶州市、平度市
		淄博市周村区人民法院	张店区、周村区、淄博高新技术产业开发区
		沂源县人民法院	淄川区、博山区、临淄区、桓台县、高青县、沂源县
		枣庄市市中区人民法院	市中区、峄城区、台儿庄区
		滕州市人民法院	薛城区、山亭区、滕州市
		东营市垦利区人民法院	东营市
		烟台市芝罘区人民法院	芝罘区
		招远市人民法院	龙口市、莱州市、招远市、栖霞市
		烟台经济技术开发区人民法院	蓬莱区、烟台经济技术开发区
		烟台高新技术产业开发区人民法院	福山区、牟平区、莱山区、莱阳市、海阳市、烟台高新技术产业开发区
		潍坊市潍城区人民法院	潍城区、坊子区、诸城市、安丘市
		潍坊市奎文区人民法院	寒亭区、奎文区、高密市、昌邑市、潍坊高新技术产业开发区、潍坊滨海经济技术开发区
		寿光市人民法院	青州市、寿光市、临朐县、昌乐县
		曲阜市人民法院	曲阜市、邹城市、微山县、泗水县
		嘉祥县人民法院	鱼台县、金乡县、嘉祥县、汶上县、梁山县
		济宁高新技术产业开发区人民法院	任城区、兖州区、济宁高新技术产业开发区

续表

地区	民事案件诉讼标的额(不含本数)	基层人民法院	管辖区域
		泰安高新技术产业开发区人民法院	泰安市
		威海市环翠区人民法院	威海市
		日照市东港区人民法院	日照市
		临沂市兰山区人民法院	兰山区
		临沂市罗庄区人民法院	罗庄区、兰陵县、临沂高新技术产业开发区
		临沂市河东区人民法院	河东区、郯城县、沂水县、莒南县、临沭县、临沂经济技术开发区
		费县人民法院	沂南县、费县、平邑县、蒙阴县
		德州市德城区人民法院	德州市
		聊城市茌平区人民法院	东昌府区、茌平区
		临清市人民法院	临清市、阳谷县、莘县、东阿县、冠县、高唐县
		滨州经济技术开发区人民法院	滨州市
		成武县人民法院	定陶区、曹县、单县、成武县
		东明县人民法院	牡丹区、东明县
		菏泽经济开发区人民法院	巨野县、郓城县、鄄城县、菏泽经济开发区
河南省	500万元以下	郑州市管城回族区人民法院	管城回族区、金水区、中原区、惠济区、上街区、巩义市、荥阳市
		郑州航空港经济综合实验区人民法院	二七区、郑州高新技术产业开发区、郑州经济技术开发区、郑州航空港经济综合实验区、中牟县、新郑市、新密市、登封市
		开封市龙亭区人民法院	开封市

续表

地区	民事案件诉讼标的额(不含本数)	基层人民法院	管辖区域
		洛阳市老城区人民法院	洛阳市
		平顶山市湛河区人民法院	平顶山市
		安阳市龙安区人民法院	安阳市
		鹤壁市山城区人民法院	鹤壁市
		新乡市卫滨区人民法院	新乡市
		修武县人民法院	焦作市
		清丰县人民法院	濮阳市
		许昌市魏都区人民法院	许昌市
		漯河市召陵区人民法院	漯河市
		三门峡市湖滨区人民法院	三门峡市
		南阳高新技术产业开发区人民法院	南阳市
		商丘市睢阳区人民法院	商丘市
		罗山县人民法院	信阳市
		扶沟县人民法院	周口市
		遂平县人民法院	驻马店市
		济源市人民法院	济源市
湖北省	500万元以下	武汉市江岸区人民法院	江岸区、黄陂区、新洲区
		武汉市江汉区人民法院	江汉区、硚口区、东西湖区
		武汉市洪山区人民法院	武昌区、青山区、洪山区
		武汉经济技术开发区人民法院	汉阳区、蔡甸区、汉南区、武汉经济技术开发区
		武汉东湖新技术开发区人民法院	江夏区、武汉东湖新技术开发区
		南漳县人民法院	枣阳市、宜城市、南漳县、保康县、谷城县、老河口市

续表

地区	民事案件诉讼标的额(不含本数)	基层人民法院	管辖区域
		襄阳高新技术产业开发区人民法院	襄州区、襄城区、樊城区、襄阳高新技术产业开发区
		宜昌市三峡坝区人民法院	宜昌市、神农架林区
		大冶市人民法院	黄石市
		十堰市张湾区人民法院	十堰市
		荆州市荆州区人民法院	荆州区、沙市区、江陵县、监利市、洪湖市
		石首市人民法院	松滋市、公安县、石首市
		荆门市东宝区人民法院	荆门市
		鄂州市华容区人民法院	鄂州市
		孝感市孝南区人民法院	孝南区、汉川市、孝昌县
		安陆市人民法院	应城市、云梦县、安陆市、大悟县
		黄冈市黄州区人民法院	黄州区、浠水县、蕲春县、武穴市、黄梅县、龙感湖管理区
		麻城市人民法院	团风县、红安县、麻城市、罗田县、英山县
		通城县人民法院	咸宁市
		随县人民法院	随州市
		宣恩县人民法院	恩施土家族苗族自治州
		天门市人民法院	仙桃市、天门市、潜江市
湖南省	100万元以下	长沙市天心区人民法院	天心区、雨花区
		长沙市岳麓区人民法院	岳麓区、望城区
		长沙市开福区人民法院	开福区、芙蓉区
		长沙县人民法院	长沙县
		浏阳市人民法院	浏阳市
		宁乡市人民法院	宁乡市

续表

地区	民事案件诉讼标的额(不含本数)	基层人民法院	管辖区域
湖南省	100万元以下	株洲市天元区人民法院	株洲市
		湘潭市岳塘区人民法院	湘潭市
		衡阳市雁峰区人民法院	衡阳市
		邵东市人民法院	邵阳市
		岳阳市岳阳楼区人民法院	岳阳市
		津市市人民法院	常德市
		张家界市永定区人民法院	张家界市
		益阳市资阳区人民法院	益阳市
		娄底市娄星区人民法院	娄底市
		郴州市苏仙区人民法院	郴州市
		祁阳市人民法院	永州市
		怀化市鹤城区人民法院	怀化市
		吉首市人民法院	湘西土家族苗族自治州
广东省	广州市、深圳市、佛山市、东莞市、中山市、珠海市、惠州市、肇庆市、江门市:1000万元以下;其他区域:500万元以下	广州市越秀区人民法院	各自辖区
		广州市海珠区人民法院	
		广州市荔湾区人民法院	
		广州市天河区人民法院	
		广州市白云区人民法院	
		广州市黄埔区人民法院	
		广州市花都区人民法院	
		广州市番禺区人民法院	
		广州市南沙区人民法院	
		广州市从化区人民法院	
		广州市增城区人民法院	
		深圳市福田区人民法院	
		深圳市罗湖区人民法院	

续表

地区	民事案件诉讼标的额(不含本数)	基层人民法院	管辖区域
惠州市、肇庆市、江门市：1000万元以下；其他区域：500万元以下		深圳市盐田区人民法院	
		深圳市南山区人民法院	
		深圳市宝安区人民法院	
		深圳市龙岗区人民法院	
		深圳前海合作区人民法院	
		深圳市龙华区人民法院	
		深圳市坪山区人民法院	
		深圳市光明区人民法院	
		深圳深汕特别合作区人民法院	
		佛山市禅城区人民法院	佛山市
		东莞市第一人民法院	各自辖区
		东莞市第二人民法院	
		东莞市第三人民法院	
		中山市第一人民法院	各自辖区
		中山市第二人民法院	
		珠海市香洲区人民法院	珠海市(横琴粤澳深度合作区除外)
		横琴粤澳深度合作区人民法院	横琴粤澳深度合作区
		惠州市惠城区人民法院	惠州市
		肇庆市端州区人民法院	肇庆市
		江门市江海区人民法院	江门市
		汕头市金平区人民法院	金平区、潮阳区、潮南区
		汕头市龙湖区人民法院	龙湖区、澄海区、濠江区、南澳县
		阳江市江城区人民法院	阳江市
		清远市清城区人民法院	清远市
		揭阳市榕城区人民法院	揭阳市

续表

地区	民事案件诉讼标的额(不含本数)	基层人民法院	管辖区域
		湛江市麻章区人民法院	湛江市
		茂名市电白区人民法院	茂名市
		梅州市梅县区人民法院	梅州市
		翁源县人民法院	韶关市
		潮州市潮安区人民法院	潮州市
		汕尾市城区人民法院	汕尾市
		东源县人民法院	河源市
		云浮市云安区人民法院	云浮市
广西壮族自治区	100万元以下	南宁市良庆区人民法院	南宁市
		柳州市柳江区人民法院	柳州市
		桂林市叠彩区人民法院	桂林市
		梧州市万秀区人民法院	梧州市
		北海市海城区人民法院	北海市
		防城港市防城区人民法院	防城港市
		钦州市钦北区人民法院	钦州市
		贵港市覃塘区人民法院	贵港市
		玉林市福绵区人民法院	玉林市
		百色市田阳区人民法院	百色市
		贺州市平桂区人民法院	贺州市
		河池市宜州区人民法院	河池市
		来宾市兴宾区人民法院	来宾市
		崇左市江州区人民法院	崇左市
海南省	500万元以下	海口市琼山区人民法院	海口市、三沙市
		琼海市人民法院	海南省第一中级人民法院辖区
		儋州市人民法院	海南省第二中级人民法院辖区
		三亚市城郊人民法院	三亚市

续表

地区	民事案件诉讼标的额(不含本数)	基层人民法院	管辖区域
重庆市	500万元以下	重庆两江新区人民法院(重庆自由贸易试验区人民法院)	重庆市第一中级人民法院辖区
		重庆市渝中区人民法院	重庆市第二中级人民法院、第三中级人民法院、第四中级人民法院、第五中级人民法院辖区
四川省	100万元以下	四川天府新区成都片区人民法院(四川自由贸易试验区人民法院)	四川天府新区成都直管区、中国(四川)自由贸易试验区成都天府新区片区及成都青白江铁路港片区、龙泉驿区、双流区、简阳市、蒲江县
		成都高新技术产业开发区人民法院	成都高新技术产业开发区、成华区、新津区,邛崃市
		成都市锦江区人民法院	锦江区、青羊区、青白江区、金堂县
		成都市武侯区人民法院	金牛区、武侯区、温江区、崇州市
		成都市郫都区人民法院	新都区、郫都区、都江堰市、彭州市、大邑县
		自贡市自流井区人民法院	自贡市
		攀枝花市东区人民法院	攀枝花市
		泸州市江阳区人民法院	泸州市
		广汉市人民法院	德阳市
		绵阳高新技术产业开发区人民法院	绵阳市
		广元市利州区人民法院	广元市
		遂宁市船山区人民法院	遂宁市
		内江市市中区人民法院	内江市
		乐山市市中区人民法院	乐山市
		南充市顺庆区人民法院	南充市
		宜宾市翠屏区人民法院	宜宾市

续表

地区	民事案件诉讼标的额(不含本数)	基层人民法院	管辖区域
		华蓥市人民法院	广安市
		达州市通川区人民法院	达州市
		巴中市巴州区人民法院	巴中市
		雅安市雨城区人民法院	雅安市
		仁寿县人民法院	眉山市
		资阳市雁江区人民法院	资阳市
		马尔康市人民法院	阿坝藏族羌族自治州
		康定市人民法院	甘孜藏族自治州
		西昌市人民法院	凉山彝族自治州
贵州省	100万元以下	修文县人民法院	贵阳市
		六盘水市钟山区人民法院	六盘水市
		遵义市播州区人民法院	遵义市
		铜仁市碧江区人民法院	铜仁市
		兴义市人民法院	黔西南布依族苗族自治州
		毕节市七星关区人民法院	毕节市
		安顺市平坝区人民法院	安顺市
		凯里市人民法院	黔东南苗族侗族自治州
		都匀市人民法院	黔南布依族苗族自治州
云南省	100万元以下	昆明市盘龙区人民法院	盘龙区、东川区、嵩明县、寻甸回族彝族自治县
		昆明市官渡区人民法院	呈贡区、官渡区、宜良县、石林彝族自治县
		安宁市人民法院	五华区、西山区、晋宁区、安宁市、富民县、禄劝彝族苗族自治县
		盐津县人民法院	昭通市
		曲靖市麒麟区人民法院	曲靖市

续表

地区	民事案件诉讼标的额(不含本数)	基层人民法院	管辖区域
		玉溪市红塔区人民法院	玉溪市
		腾冲市人民法院	保山市
		禄丰市人民法院	楚雄彝族自治州
		开远市人民法院	红河哈尼族彝族自治州
		砚山县人民法院	文山壮族苗族自治州
		宁洱哈尼族彝族自治县人民法院	普洱市
		勐海县人民法院	西双版纳傣族自治州
		漾濞彝族自治县人民法院	大理白族自治州
		瑞丽市人民法院	德宏傣族景颇族自治州
		玉龙纳西族自治县人民法院	丽江市
		泸水市人民法院	怒江傈僳族自治州
		香格里拉市人民法院	迪庆藏族自治州
		双江拉祜族佤族布朗族傣族自治县人民法院	临沧市
西藏自治区	100万元以下	拉萨市城关区人民法院	拉萨市
		日喀则市桑珠孜区人民法院	日喀则市
		山南市乃东区人民法院	山南市
		林芝市巴宜区人民法院	林芝市
		昌都市卡若区人民法院	昌都市
		那曲市色尼区人民法院	那曲市
		噶尔县人民法院	阿里地区
陕西省	100万元以下	西安市新城区人民法院	新城区
		西安市碑林区人民法院	碑林区
		西安市莲湖区人民法院	莲湖区
		西安市雁塔区人民法院	雁塔区

续表

地区	民事案件诉讼标的额(不含本数)	基层人民法院	管辖区域
		西安市未央区人民法院	未央区
		西安市灞桥区人民法院	灞桥区、阎良区、临潼区、高陵区
		西安市长安区人民法院	长安区、鄠邑区、周至县、蓝田县
		宝鸡市陈仓区人民法院	宝鸡市
		兴平市人民法院	咸阳市
		铜川市印台区人民法院	铜川市
		大荔县人民法院	渭南市
		延安市宝塔区人民法院	延安市
		榆林市榆阳区人民法院	榆林市
		汉中市南郑区人民法院	汉中市
		安康市汉滨区人民法院	安康市
		商洛市商州区人民法院	商洛市
甘肃省	100万元以下	兰州市城关区人民法院	城关区、七里河区、西固区、安宁区、红古区、榆中县
		兰州新区人民法院	兰州新区、永登县、皋兰县
		嘉峪关市城区人民法院	嘉峪关市
		永昌县人民法院	金昌市
		白银市白银区人民法院	白银市
		天水市秦州区人民法院	天水市
		玉门市人民法院	酒泉市
		张掖市甘州区人民法院	张掖市
		武威市凉州区人民法院	武威市
		定西市安定区人民法院	定西市
		两当县人民法院	陇南市
		平凉市崆峒区人民法院	平凉市
		庆阳市西峰区人民法院	庆阳市

续表

地区	民事案件诉讼标的额(不含本数)	基层人民法院	管辖区域
		临夏县人民法院	临夏回族自治州
		夏河县人民法院	甘南藏族自治州
青海省	100万元以下	西宁市城东区人民法院	西宁市
		互助土族自治县人民法院	海东市
		德令哈市人民法院	海西蒙古族藏族自治州
		共和县人民法院	海南藏族自治州
		门源回族自治县人民法院	海北藏族自治州
		玉树市人民法院	玉树藏族自治州
		玛沁县人民法院	果洛藏族自治州
		尖扎县人民法院	黄南藏族自治州
宁夏回族自治区	100万元以下	银川市西夏区人民法院	金凤区、西夏区、贺兰县
		灵武市人民法院	兴庆区、永宁县、灵武市
		石嘴山市大武口区人民法院	石嘴山市
		吴忠市利通区人民法院	吴忠市
		固原市原州区人民法院	固原市
		中卫市沙坡头区人民法院	中卫市
新疆维吾尔自治区	100万元以下	乌鲁木齐市天山区人民法院	天山区、沙依巴克区、达坂城区、乌鲁木齐县
		乌鲁木齐市新市区人民法院	乌鲁木齐高新技术产业开发区(新市区)、水磨沟区、乌鲁木齐经济技术开发区(头屯河区)、米东区
		克拉玛依市克拉玛依区人民法院	克拉玛依市
		吐鲁番市高昌区人民法院	吐鲁番市
		哈密市伊州区人民法院	哈密市
		昌吉市人民法院	昌吉回族自治州

续表

地区	民事案件诉讼标的额(不含本数)	基层人民法院	管辖区域
		博乐市人民法院	博尔塔拉蒙古自治州
		库尔勒市人民法院	巴音郭楞蒙古自治州
		阿克苏市人民法院	阿克苏地区
		阿图什市人民法院	克孜勒苏柯尔克孜自治州
		喀什市人民法院	喀什地区
		和田市人民法院	和田地区
		伊宁市人民法院	伊犁哈萨克自治州直辖奎屯市、伊宁市、霍尔果斯市、伊宁县、霍城县、巩留县、新源县、昭苏县、特克斯县、尼勒克县、察布查尔锡伯自治县
		塔城市人民法院	塔城地区
		阿勒泰市人民法院	阿勒泰地区
新疆生产建设兵团	100万元以下	阿拉尔市人民法院(阿拉尔垦区人民法院)	各自所属中级人民法院辖区
		铁门关市人民法院(库尔勒垦区人民法院)	
		图木舒克市人民法院(图木休克垦区人民法院)	
		可克达拉市人民法院(霍城垦区人民法院)	
		双河市人民法院(塔斯海垦区人民法院)	
		五家渠市人民法院(五家渠垦区人民法院)	
		车排子垦区人民法院	
		石河子市人民法院	

续表

地区	民事案件诉讼标的额(不含本数)	基层人民法院	管辖区域
		额敏垦区人民法院	
		北屯市人民法院(北屯垦区人民法院)	
		乌鲁木齐垦区人民法院	
		哈密垦区人民法院	
		和田垦区人民法院	

最高人民法院关于涉及发明专利等知识产权合同纠纷案件上诉管辖问题的通知

(2022年4月27日 法〔2022〕127号)

各省、自治区、直辖市高级人民法院,新疆维吾尔自治区高级人民法院生产建设兵团分院;各知识产权法院,具有技术类知识产权案件管辖权的中级人民法院:

《最高人民法院关于第一审知识产权民事、行政案件管辖的若干规定》(法释〔2022〕13号)已于2022年4月21日公布,将自2022年5月1日起施行。根据该司法解释有关规定,现就涉及发明专利等知识产权合同纠纷案件上诉管辖事宜进一步明确如下:

地方各级人民法院(含各知识产权法院)自2022年5月1日起作出的涉及发明专利、实用新型专利、植物新品种、集成电路布图设计、技术秘密、计算机软件的知识产权合同纠纷第一审裁判,应当在裁判文书中告知当事人,如不服裁判,上诉于上一级人民法院。

特此通知。

最高人民法院关于审理商标案件
有关管辖和法律适用范围问题的解释

（2001年12月25日最高人民法院审判委员会第1203次会议通过　根据2020年12月23日最高人民法院审判委员会第1823次会议通过的《最高人民法院关于修改〈最高人民法院关于审理侵犯专利权纠纷案件应用法律若干问题的解释（二）〉等十八件知识产权类司法解释的决定》修正　2020年12月29日最高人民法院公告公布　该修正自2021年1月1日起施行　法释〔2020〕19号）

《全国人民代表大会常务委员会关于修改〈中华人民共和国商标法〉的决定》（以下简称商标法修改决定）已由第九届全国人民代表大会常务委员会第二十四次会议通过，自2001年12月1日起施行。为了正确审理商标案件，根据《中华人民共和国商标法》（以下简称商标法）、《中华人民共和国民事诉讼法》和《中华人民共和国行政诉讼法》（以下简称行政诉讼法）的规定，现就人民法院审理商标案件有关管辖和法律适用范围等问题，作如下解释：

第一条　人民法院受理以下商标案件：
1. 不服国家知识产权局作出的复审决定或者裁定的行政案件；
2. 不服国家知识产权局作出的有关商标的其他行政行为的案件；
3. 商标权权属纠纷案件；
4. 侵害商标权纠纷案件；
5. 确认不侵害商标权纠纷案件；
6. 商标权转让合同纠纷案件；
7. 商标使用许可合同纠纷案件；
8. 商标代理合同纠纷案件；
9. 申请诉前停止侵害注册商标专用权案件；
10. 申请停止侵害注册商标专用权损害责任案件；
11. 申请诉前财产保全案件；
12. 申请诉前证据保全案件；
13. 其他商标案件。

第二条　本解释第一条所列第1项第一审案件，由北京市高级人民法院根据最高人民法院的授权确定其辖区内有关中级人民法院管辖。

本解释第一条所列第2项第一审案件，根据行政诉讼法的有关规定确定管辖。

商标民事纠纷第一审案件，由中级以上人民法院管辖。

各高级人民法院根据本辖区的实际情况,经最高人民法院批准,可以在较大城市确定1-2个基层人民法院受理第一审商标民事纠纷案件。

第三条 商标注册人或者利害关系人向国家知识产权局就侵犯商标权行为请求处理,又向人民法院提起侵害商标权诉讼请求损害赔偿的,人民法院应当受理。

第四条 国家知识产权局在商标法修改决定施行前受理的案件,于该决定施行后作出复审决定或裁定,当事人对复审决定或裁定不服向人民法院起诉的,人民法院应当受理。

第五条 除本解释另行规定外,对商标法修改决定施行前发生,属于修改后商标法第四条、第五条、第八条、第九条第一款、第十条第一款第(二)、(三)、(四)项、第十条第二款、第十一条、第十二条、第十三条、第十五条、第十六条、第二十四条、第二十五条、第三十一条所列举的情形,国家知识产权局于商标法修改决定施行后作出复审决定或者裁定,当事人不服向人民法院起诉的行政案件,适用修改后商标法的相应规定进行审查;属于其他情形的,适用修改前商标法的相应规定进行审查。

第六条 当事人就商标法修改决定施行时已满一年的注册商标发生争议,不服国家知识产权局作出的裁定向人民法院起诉的,适用修改前商标法第二十七条第二款规定的提出申请的期限处理;商标法修改决定施行时商标注册不满一年的,适用修改后商标法第四十一条第二款、第三款规定的提出申请的期限处理。

第七条 对商标法修改决定施行前发生的侵犯商标专用权行为,商标注册人或者利害关系人于该决定施行后在起诉前向人民法院提出申请采取责令停止侵权行为或者保全证据措施的,适用修改后商标法第五十七条、第五十八条的规定。

第八条 对商标法修改决定施行前发生的侵犯商标专用权行为起诉的案件,人民法院于该决定施行时尚未作出生效判决的,参照修改后商标法第五十六条的规定处理。

第九条 除本解释另行规定外,商标法修改决定施行后人民法院受理的商标民事纠纷案件,涉及该决定施行前发生的民事行为的,适用修改前商标法的规定;涉及该决定施行后发生的民事行为的,适用修改后商标法的规定;涉及该决定施行前发生,持续到该决定施行后的民事行为的,分别适用修改前、后商标法的规定。

第十条 人民法院受理的侵犯商标权纠纷案件,已经过行政管理部门处理的,人民法院仍应当就当事人民事争议的事实进行审查。

最高人民法院关于
北京、上海、广州知识产权法院案件管辖的规定

(2014年10月27日最高人民法院审判委员会第1628次会议通过 根据2020年12月23日最高人民法院审判委员会第1823次会议通过的《最高人民法院关于修改〈最高人民法院关于审理侵犯专利权纠纷案件应用法律若干问题的解释(二)〉等十八件知识产权类司法解释的决定》修正 2020年12月29日最高人民法院公告公布 该修正自2021年1月1日起施行 法释〔2020〕19号)

为进一步明确北京、上海、广州知识产权法院的案件管辖,根据《中华人民共和国民事诉讼法》《中华人民共和国行政诉讼法》《全国人民代表大会常务委员会关于在北京、上海、广州设立知识产权法院的决定》等规定,制定本规定。

第一条 知识产权法院管辖所在市辖区内的下列第一审案件:
(一)专利、植物新品种、集成电路布图设计、技术秘密、计算机软件民事和行政案件;
(二)对国务院部门或者县级以上地方人民政府所作的涉及著作权、商标、不正当竞争等行政行为提起诉讼的行政案件;
(三)涉及驰名商标认定的民事案件。

第二条 广州知识产权法院对广东省内本规定第一条第(一)项和第(三)项规定的案件实行跨区域管辖。

第三条 北京市、上海市各中级人民法院和广州市中级人民法院不再受理知识产权民事和行政案件。

广东省其他中级人民法院不再受理本规定第一条第(一)项和第(三)项规定的案件。

北京市、上海市、广东省各基层人民法院不再受理本规定第一条第(一)项和第(三)项规定的案件。

第四条 案件标的既包含本规定第一条第(一)项和第(三)项规定的内容,又包含其他内容的,按本规定第一条和第二条的规定确定管辖。

第五条 下列第一审行政案件由北京知识产权法院管辖:
(一)不服国务院部门作出的有关专利、商标、植物新品种、集成电路布图设计等知识产权的授权确权裁定或者决定的;
(二)不服国务院部门作出的有关专利、植物新品种、集成电路布图设计的强制许可决定以及强制许可使用费或者报酬的裁决的;
(三)不服国务院部门作出的涉及知识产权授权确权的其他行政行为的。

第六条 当事人对知识产权法院所在市的基层人民法院作出的第一审著作权、商标、技术合同、不正当竞争等知识产权民事和行政判决、裁定提起的上诉案件,由知识产权法院审理。

第七条 当事人对知识产权法院作出的第一审判决、裁定提起的上诉案件和依法申请上一级法院复议的案件,由知识产权法院所在地的高级人民法院知识产权审判庭审理,但依法应由最高人民法院审理的除外。

第八条 知识产权法院所在省(直辖市)的基层人民法院在知识产权法院成立前已经受理但尚未审结的本规定第一条第(一)项和第(三)项规定的案件,由该基层人民法院继续审理。

除广州市中级人民法院以外,广东省其他中级人民法院在广州知识产权法院成立前已经受理但尚未审结的本规定第一条第(一)项和第(三)项规定的案件,由该中级人民法院继续审理。

最高人民法院关于
北京金融法院案件管辖的规定

(2021年3月1日最高人民法院审判委员会第1833次会议通过 2021年3月16日最高人民法院公告公布 自2021年3月16日起施行 法释〔2021〕7号)

为服务和保障国家金融管理中心建设,进一步明确北京金融法院案件管辖的具体范围,根据《中华人民共和国民事诉讼法》《中华人民共和国行政诉讼法》《全国人民代表大会常务委员会关于设立北京金融法院的决定》等规定,制定本规定。

第一条 北京金融法院管辖北京市辖区内应由中级人民法院受理的下列第一审金融民商事案件:

(一)证券、期货交易、营业信托、保险、票据、信用证、独立保函、保理、金融借款合同、银行卡、融资租赁合同、委托理财合同、储蓄存款合同、典当、银行结算合同等金融民商事纠纷;

(二)资产管理业务、资产支持证券业务、私募基金业务、外汇业务、金融产品销售和适当性管理、征信业务、支付业务及经有权机关批准的其他金融业务引发的金融民商事纠纷;

(三)涉金融机构的与公司有关的纠纷;

(四)以金融机构为债务人的破产纠纷;

(五)金融民商事纠纷的仲裁司法审查案件;

(六)申请认可和执行香港特别行政区、澳门特别行政区、台湾地区法院金融民商事纠纷的判决、裁定案件,以及申请承认和执行外国法院金融民商事纠纷的判决、裁定案件。

第二条 下列金融纠纷案件,由北京金融法院管辖:

(一)境内投资者以发生在中华人民共和国境外的证券发行、交易活动或者期货交易活动损害其合法权益为由向北京金融法院提起的诉讼;

(二)境内个人或者机构以中华人民共和国境外金融机构销售的金融产品或者提供的金融服务损害其合法权益为由向北京金融法院提起的诉讼。

第三条 在全国中小企业股份转让系统向不特定合格投资者公开发行股票并在精选层挂牌的公司的证券发行纠纷、证券承销合同纠纷、证券交易合同纠纷、证券欺诈责任纠纷以及证券推荐保荐和持续督导合同、证券挂牌合同引起的纠纷等第一审民商事案件,由北京金融法院管辖。

第四条 以全国中小企业股份转让系统有限责任公司为被告或者第三人的与证券交易场所监管职能相关的第一审金融民商事和涉金融行政案件,由北京金融法院管辖。

第五条 以住所地在北京市并依法设立的金融基础设施机构为被告或者第三人的与其履行职责相关的第一审金融民商事案件,由北京金融法院管辖。

第六条 北京市辖区内应由中级人民法院受理的对中国人民银行、中国银行保险监督管理委员会、中国证券监督管理委员会、国家外汇管理局等国家金融管理部门以及其他国务院组成部门和法律、法规、规章授权的组织因履行金融监管职责作出的行政行为不服提起诉讼的第一审涉金融行政案件,由北京金融法院管辖。

第七条 当事人对北京市基层人民法院作出的涉及本规定第一条第一至三项的第一审金融民商事案件和涉金融行政案件判决、裁定提起的上诉案件和申请再审案件,由北京金融法院审理。

第八条 北京市辖区内应由中级人民法院受理的金融民商事案件、涉金融行政案件的再审案件,由北京金融法院审理。

第九条 北京金融法院作出的第一审民商事案件和涉金融行政案件生效裁判,以及北京市辖区内应由中级人民法院执行的涉金融民商事纠纷的仲裁裁决,由北京金融法院执行。

北京金融法院执行过程中发生的执行异议案件、执行异议之诉案件,以及北京市基层人民法院涉金融案件执行过程中发生的执行复议案件、执行异议之诉上诉案件,由北京金融法院审理。

第十条 中国人民银行、中国银行保险监督管理委员会、中国证券监督管理委员会、国家外汇管理局等国家金融管理部门,以及其他国务院组成部门因履行金融监管职责作为申请人的非诉行政执行案件,由北京金融法院审查和执行。

第十一条 当事人对北京金融法院作出的第一审判决、裁定提起的上诉案件,由北京市高级人民法院审理。

第十二条 北京市各中级人民法院在北京金融法院成立前已经受理但尚未审结的金融民商事案件和涉金融行政案件,由该中级人民法院继续审理。

第十三条 本规定自 2021 年 3 月 16 日起施行。

最高人民法院关于
上海金融法院案件管辖的规定

(2018 年 7 月 31 日由最高人民法院审判委员会第 1746 次会议通过 根据 2021 年 3 月 1 日最高人民法院审判委员会第 1833 次会议《关于修改〈关于上海金融法院案件管辖的规定〉的决定》修正 2021 年 4 月 21 日最高人民法院公告公布 该修正自 2021 年 4 月 22 日起施行 法释〔2021〕9 号)

为服务和保障上海国际金融中心建设,进一步明确上海金融法院案件管辖的具体范围,根据《中华人民共和国民事诉讼法》《中华人民共和国行政诉讼法》《全国人民代表大会常务委员会关于设立上海金融法院的决定》等规定,制定本规定。

第一条 上海金融法院管辖上海市辖区内应由中级人民法院受理的下列第一审金融民商事案件:

(一)证券、期货交易、营业信托、保险、票据、信用证、独立保函、保理、金融借款合同、银行卡、融资租赁合同、委托理财合同、储蓄存款合同、典当、银行结算合同等金融民商事纠纷;

(二)资产管理业务、资产支持证券业务、私募基金业务、外汇业务、金融产品销售和适当性管理、征信业务、支付业务及经有权机关批准的其他金融业务引发的金融民商事纠纷;

(三)涉金融机构的与公司有关的纠纷;

(四)以金融机构为债务人的破产纠纷;

(五)金融民商事纠纷的仲裁司法审查案件;

(六)申请认可和执行香港特别行政区、澳门特别行政区、台湾地区法院金融民商事纠纷的判决、裁定案件,以及申请承认和执行外国法院金融民商事纠纷的判决、裁定案件。

第二条 下列金融纠纷案件,由上海金融法院管辖:

(一)境内投资者以发生在中华人民共和国境外的证券发行、交易活动或者期货交易活动损害其合法权益为由向上海金融法院提起的诉讼;

(二)境内个人或者机构以中华人民共和国境外金融机构销售的金融产品

或者提供的金融服务损害其合法权益为由向上海金融法院提起的诉讼。

第三条 在上海证券交易所科创板上市公司的证券发行纠纷、证券承销合同纠纷、证券上市保荐合同纠纷、证券上市合同纠纷和证券欺诈责任纠纷等第一审民商事案件,由上海金融法院管辖。

第四条 以上海证券交易所为被告或者第三人的与证券交易所监管职能相关的第一审金融民商事和涉金融行政案件,由上海金融法院管辖。

第五条 以住所地在上海市并依法设立的金融基础设施机构为被告或者第三人的与其履行职责相关的第一审金融民商事案件,由上海金融法院管辖。

第六条 上海市辖区内应由中级人民法院受理的对金融监管机构以及法律、法规、规章授权的组织因履行金融监管职责作出的行政行为不服提起诉讼的第一审涉金融行政案件,由上海金融法院管辖。

第七条 当事人对上海市基层人民法院作出的涉及本规定第一条第一至三项的第一审金融民商事案件和涉金融行政案件判决、裁定提起的上诉案件和申请再审案件,由上海金融法院审理。

第八条 上海市辖区内应由中级人民法院受理的金融民商事案件、涉金融行政案件的再审案件,由上海金融法院审理。

第九条 上海金融法院作出的第一审民商事案件和涉金融行政案件生效裁判,以及上海市辖区内应由中级人民法院执行的涉金融民商事纠纷的仲裁裁决,由上海金融法院执行。

上海金融法院执行过程中发生的执行异议案件、执行异议之诉案件,以及上海市基层人民法院涉金融案件执行过程中发生的执行复议案件、执行异议之诉上诉案件,由上海金融法院审理。

第十条 当事人对上海金融法院作出的第一审判决、裁定提起的上诉案件,由上海市高级人民法院审理。

第十一条 上海市各中级人民法院在上海金融法院成立前已经受理但尚未审结的金融民商事案件和涉金融行政案件,由该中级人民法院继续审理。

第十二条 本规定自 2018 年 8 月 10 日起施行。

最高人民法院关于成渝金融法院案件管辖的规定

(2022 年 9 月 19 日最高人民法院审判委员会第 1875 次会议通过 2022 年 12 月 20 日最高人民法院公告公布 自 2023 年 1 月 1 日起施行 法释〔2022〕20 号)

为服务和保障成渝地区双城经济圈及西部金融中心建设,进一步明确成渝金融法院案件管辖的具体范围,根据《中华人民共和国民事诉讼法》《中华人民共和国行政诉讼法》《全国人民代表大会常务委员会关于设立成渝金融法院的决定》等规定,制定本规定。

第一条 成渝金融法院管辖重庆市以及四川省属于成渝地区双城经济圈范围内的应由中级人民法院受理的下列第一审金融民商事案件:

(一)证券、期货交易、营业信托、保险、票据、信用证、独立保函、保理、金融借款合同、银行卡、融资租赁合同、委托理财合同、储蓄存款合同、典当、银行结算合同等金融民商事纠纷;

(二)资产管理业务、资产支持证券业务、私募基金业务、外汇业务、金融产品销售和适当性管理、征信业务、支付业务及经有权机关批准的其他金融业务引发的金融民商事纠纷;

(三)涉金融机构的与公司有关的纠纷;

(四)以金融机构为债务人的破产纠纷;

(五)金融民商事纠纷的仲裁司法审查案件;

(六)申请认可和执行香港特别行政区、澳门特别行政区、台湾地区法院金融民商事纠纷的判决、裁定案件,以及申请承认和执行外国法院金融民商事纠纷的判决、裁定案件。

第二条 下列金融纠纷案件,由成渝金融法院管辖:

(一)境内投资者以发生在中华人民共和国境外的证券发行、交易活动或者期货和衍生品交易活动损害其合法权益为由向成渝金融法院提起的诉讼;

(二)境内个人或者机构以中华人民共和国境外金融机构销售的金融产品或者提供的金融服务损害其合法权益为由向成渝金融法院提起的诉讼。

第三条 以住所地在重庆市以及四川省属于成渝地区双城经济圈范围内依法设立的金融基础设施机构为被告或者第三人,与其履行职责相关的第一审金融民商事案件和涉金融行政案件,由成渝金融法院管辖。

第四条 重庆市以及四川省属于成渝地区双城经济圈范围内应由中级人民法院受理的对金融监管机构以及法律、法规、规章授权的组织,因履行金融监管职责作出的行政行为不服提起诉讼的第一审涉金融行政案件,由成渝金融法院管辖。

第五条 重庆市以及四川省属于成渝地区双城经济圈范围内基层人民法院涉及本规定第一条第一至三项的第一审金融民商事案件和第一审涉金融行政案件的上诉案件,由成渝金融法院审理。

第六条 重庆市以及四川省属于成渝地区双城经济圈范围内应由中级人民法院受理的金融民商事案件、涉金融行政案件的申请再审和再审案件,由成渝金融法院审理。

本规定施行前已生效金融民商事案件、涉金融行政案件的申请再审和再审案件,仍由原再审管辖法院审理。

第七条 成渝金融法院作出的第一审民商事案件和涉金融行政案件生效

裁判,重庆市以及四川省属于成渝地区双城经济圈范围内应由中级人民法院执行的涉金融民商事纠纷的仲裁裁决,由成渝金融法院执行。

成渝金融法院执行过程中发生的执行异议案件、执行异议之诉案件,重庆市以及四川省属于成渝地区双城经济圈范围内基层人民法院涉金融案件执行过程中发生的执行复议案件、执行异议之诉上诉案件,由成渝金融法院审理。

第八条 当事人对成渝金融法院作出的第一审判决、裁定提起的上诉案件,由重庆市高级人民法院审理。

当事人对成渝金融法院执行过程中作出的执行异议裁定申请复议的案件,由重庆市高级人民法院审查。

第九条 成渝金融法院作出发生法律效力的判决、裁定和调解书的申请再审、再审案件,依法应由上一级人民法院管辖的,由重庆市高级人民法院审理。

第十条 重庆市以及四川省属于成渝地区双城经济圈范围内各中级人民法院在本规定施行前已经受理但尚未审结的金融民商事案件和涉金融行政案件,由该中级人民法院继续审理。

第十一条 本规定自2023年1月1日起施行。

最高人民法院关于
涉外民商事案件诉讼管辖若干问题的规定

(2001年12月25日最高人民法院审判委员会第1203次会议通过 根据2020年12月23日最高人民法院审判委员会第1823次会议通过的《最高人民法院关于修改〈最高人民法院关于人民法院民事调解工作若干问题的规定〉等十九件民事诉讼类司法解释的决定》修正 2020年12月29日最高人民法院公告公布 该修正自2021年1月1日起施行 法释〔2020〕20号)

为正确审理涉外民商事案件,依法保护中外当事人的合法权益,根据《中华人民共和国民事诉讼法》第十八条的规定,现将有关涉外民商事案件诉讼管辖的问题规定如下:

第一条 第一审涉外民商事案件由下列人民法院管辖:
(一)国务院批准设立的经济技术开发区人民法院;
(二)省会、自治区首府、直辖市所在地的中级人民法院;
(三)经济特区、计划单列市中级人民法院;
(四)最高人民法院指定的其他中级人民法院;
(五)高级人民法院。

上述中级人民法院的区域管辖范围由所在地的高级人民法院确定。

第二条 对国务院批准设立的经济技术开发区人民法院所作的第一审判决、裁定不服的,其第二审由所在地中级人民法院管辖。

第三条 本规定适用于下列案件:

(一)涉外合同和侵权纠纷案件;

(二)信用证纠纷案件;

(三)申请撤销、承认与强制执行国际仲裁裁决的案件;

(四)审查有关涉外民商事仲裁条款效力的案件;

(五)申请承认和强制执行外国法院民商事判决、裁定的案件。

第四条 发生在与外国接壤的边境省份的边境贸易纠纷案件,涉外房地产案件和涉外知识产权案件,不适用本规定。

第五条 涉及香港、澳门特别行政区和台湾地区当事人的民商事纠纷案件的管辖,参照本规定处理。

第六条 高级人民法院应当对涉外民商事案件的管辖实施监督,凡越权受理涉外民商事案件的,应当通知或者裁定将案件移送有管辖权的人民法院审理。

第七条 本规定于 2002 年 3 月 1 日起施行。本规定施行前已经受理的案件由原受理人民法院继续审理。

本规定发布前的有关司法解释、规定与本规定不一致的,以本规定为准。

最高人民法院关于涉外民商事案件管辖若干问题的规定

(2022 年 8 月 16 日最高人民法院审判委员会第 1872 次会议通过 2022 年 11 月 14 日公布 自 2023 年 1 月 1 日起施行 法释〔2022〕18 号)

为依法保护中外当事人合法权益,便利当事人诉讼,进一步提升涉外民商事审判质效,根据《中华人民共和国民事诉讼法》的规定,结合审判实践,制定本规定。

第一条 基层人民法院管辖第一审涉外民商事案件,法律、司法解释另有规定的除外。

第二条 中级人民法院管辖下列第一审涉外民商事案件:

(一)争议标的额大的涉外民商事案件。

北京、天津、上海、江苏、浙江、福建、山东、广东、重庆辖区中级人民法院,管辖诉讼标的额人民币 4000 万元以上(包含本数)的涉外民商事案件;

河北、山西、内蒙古、辽宁、吉林、黑龙江、安徽、江西、河南、湖北、湖南、广西、海南、四川、贵州、云南、西藏、陕西、甘肃、青海、宁夏、新疆辖区中级人民法院、解放军各战区、总直属军事法院、新疆维吾尔自治区高级人民法院生产建设兵团分院所辖各中级人民法院，管辖诉讼标的额人民币2000万元以上（包含本数）的涉外民商事案件。

（二）案情复杂或者一方当事人人数众多的涉外民商事案件。

（三）其他在本辖区有重大影响的涉外民商事案件。

法律、司法解释对中级人民法院管辖第一审涉外民商事案件另有规定的，依照相关规定办理。

第三条 高级人民法院管辖诉讼标的额人民币50亿元以上（包含本数）或者其他在本辖区有重大影响的第一审涉外民商事案件。

第四条 高级人民法院根据本辖区的实际情况，认为确有必要的，经报最高人民法院批准，可以指定一个或数个基层人民法院、中级人民法院分别对本规定第一条、第二条规定的第一审涉外民商事案件实行跨区域集中管辖。

依据前款规定实行跨区域集中管辖的，高级人民法院应及时向社会公布该基层人民法院、中级人民法院相应的管辖区域。

第五条 涉外民商事案件由专门的审判庭或合议庭审理。

第六条 涉外海事海商纠纷案件、涉外知识产权纠纷案件、涉外生态环境损害赔偿纠纷案件以及涉外环境民事公益诉讼案件，不适用本规定。

第七条 涉及香港、澳门特别行政区和台湾地区的民商事案件参照适用本规定。

第八条 本规定自2023年1月1日起施行。本规定施行后受理的案件适用本规定。

第九条 本院以前发布的司法解释与本规定不一致的，以本规定为准。

最高人民法院关于
人民法院登记立案若干问题的规定

（2015年4月13日最高人民法院审判委员会第1647次会议通过 2015年4月15日最高人民法院公告公布 自2015年5月1日起施行 法释〔2015〕8号）

为保护公民、法人和其他组织依法行使诉权，实现人民法院依法、及时受理案件，根据《中华人民共和国民事诉讼法》《中华人民共和国行政诉讼法》《中华人民共和国刑事诉讼法》等法律规定，制定本规定。

第一条 人民法院对依法应该受理的一审民事起诉、行政起诉和刑事自诉，实行立案登记制。

第二条 对起诉、自诉，人民法院应当一律接收诉状，出具书面凭证并注明收到日期。

对符合法律规定的起诉、自诉,人民法院应当当场予以登记立案。

对不符合法律规定的起诉、自诉,人民法院应当予以释明。

第三条 人民法院应当提供诉状样本,为当事人书写诉状提供示范和指引。

当事人书写诉状确有困难的,可以口头提出,由人民法院记入笔录。符合法律规定的,予以登记立案。

第四条 民事起诉状应当记明以下事项:

(一)原告的姓名、性别、年龄、民族、职业、工作单位、住所、联系方式,法人或者其他组织的名称、住所和法定代表人或者主要负责人的姓名、职务、联系方式;

(二)被告的姓名、性别、工作单位、住所等信息,法人或者其他组织的名称、住所等信息;

(三)诉讼请求和所根据的事实与理由;

(四)证据和证据来源;

(五)有证人的,载明证人姓名和住所。

行政起诉状参照民事起诉状书写。

第五条 刑事自诉状应当记明以下事项:

(一)自诉人或者代为告诉人、被告人的姓名、性别、年龄、民族、文化程度、职业、工作单位、住址、联系方式;

(二)被告人实施犯罪的时间、地点、手段、情节和危害后果等;

(三)具体的诉讼请求;

(四)致送的人民法院和具状时间;

(五)证据的名称、来源等;

(六)有证人的,载明证人的姓名、住所、联系方式等。

第六条 当事人提出起诉、自诉的,应当提交以下材料:

(一)起诉人、自诉人是自然人的,提交身份证明复印件;起诉人、自诉人是法人或者其他组织的,提交营业执照或者组织机构代码证复印件、法定代表人或者主要负责人身份证明书;法人或者其他组织不能提供组织机构代码的,应当提供组织机构被注销的情况说明;

(二)委托起诉或者代为告诉的,应当提交授权委托书、代理人身份证明、代为告诉人身份证明等相关材料;

(三)具体明确的足以使被告或者被告人与他人相区别的姓名或者名称、住所等信息;

(四)起诉状原本和与被告或者被告人及其他当事人人数相符的副本;

(五)与诉请相关的证据或者证明材料。

第七条 当事人提交的诉状和材料不符合要求的,人民法院应当一次性书面告知在指定期限内补正。

当事人在指定期限内补正的,人民法院决定是否立案的期间,自收到补正材料之日起计算。

当事人在指定期限内没有补正的,退回诉状并记录在册;坚持起诉、自诉的,裁定或者决定不予受理、不予立案。

经补正仍不符合要求的,裁定或者决定不予受理、不予立案。

第八条　对当事人提出的起诉、自诉,人民法院当场不能判定是否符合法律规定的,应当作出以下处理:

(一)对民事、行政起诉,应当在收到起诉状之日起七日内决定是否立案;

(二)对刑事自诉,应当在收到自诉状次日起十五日内决定是否立案;

(三)对第三人撤销之诉,应当在收到起诉状之日起三十日内决定是否立案;

(四)对执行异议之诉,应当在收到起诉状之日起十五日内决定是否立案。

人民法院在法定期间内不能判定起诉、自诉是否符合法律规定的,应当先行立案。

第九条　人民法院对起诉、自诉不予受理或者不予立案的,应当出具书面裁定或者决定,并载明理由。

第十条　人民法院对下列起诉、自诉不予登记立案:

(一)违法起诉或者不符合法律规定的;

(二)涉及危害国家主权和领土完整的;

(三)危害国家安全的;

(四)破坏国家统一和民族团结的;

(五)破坏国家宗教政策的;

(六)所诉事项不属于人民法院主管的。

第十一条　登记立案后,当事人未在法定期限内交纳诉讼费的,按撤诉处理,但符合法律规定的缓、减、免交诉讼费条件的除外。

第十二条　登记立案后,人民法院立案庭应当及时将案件移送审判庭审理。

第十三条　对立案工作中存在的不接收诉状、接收诉状后不出具书面凭证,不一次性告知当事人补正诉状内容,以及有案不立、拖延立案、干扰立案、既不立案又不作出裁定或者决定等违法违纪情形,当事人可以向受诉人民法院或者上级人民法院投诉。

人民法院应当在受理投诉之日起十五日内,查明事实,并将情况反馈当事人。发现违法违纪行为的,依法依纪追究相关人员责任;构成犯罪的,依法追究刑事责任。

第十四条　为方便当事人行使诉权,人民法院提供网上立案、预约立案、巡回立案等诉讼服务。

第十五条　人民法院推动多元化纠纷解决机制建设,尊重当事人选择人民调解、行政调解、行业调解、仲裁等多种方式维护权益,化解纠纷。

第十六条　人民法院依法维护登记立案秩序,推进诉讼诚信建设。对干扰立案秩序、虚假诉讼的，根据民事诉讼法、行政诉讼法有关规定予以罚款、拘留；构成犯罪的，依法追究刑事责任。

第十七条 本规定的"起诉"，是指当事人提起民事、行政诉讼；"自诉"，是指当事人提起刑事自诉。

第十八条 强制执行和国家赔偿申请登记立案工作，按照本规定执行。

上诉、申请再审、刑事申诉、执行复议和国家赔偿申诉案件立案工作，不适用本规定。

第十九条 人民法庭登记立案工作，按照本规定执行。

第二十条 本规定自2015年5月1日起施行。以前有关立案的规定与本规定不一致的，按照本规定执行。

最高人民法院关于为跨境诉讼当事人提供网上立案服务的若干规定

（2021年1月22日 法发〔2021〕7号）

为让中外当事人享受到同等便捷高效的立案服务，根据《中华人民共和国民事诉讼法》《最高人民法院关于人民法院登记立案若干问题的规定》等法律和司法解释，结合人民法院工作实际，制定本规定。

第一条 人民法院为跨境诉讼当事人提供网上立案指引、查询、委托代理视频见证、登记立案服务。

本规定所称跨境诉讼当事人，包括外国人、香港特别行政区、澳门特别行政区（以下简称港澳特区）和台湾地区居民、经常居所地位于国外或者港澳台地区的我国内地公民以及在国外或者港澳台地区登记注册的企业和组织。

第二条 为跨境诉讼当事人提供网上立案服务的案件范围包括第一审民事、商事起诉。

第三条 人民法院通过中国移动微法院为跨境诉讼当事人提供网上立案服务。

第四条 跨境诉讼当事人首次申请网上立案的，应当由受诉法院先行开展身份验证。身份验证主要依托国家移民管理局出入境证件身份认证平台等进行线上验证；无法线上验证的，由受诉法院在线对当事人身份证件以及公证、认证、转递、寄送核验等身份证明材料进行人工验证。

身份验证结果应当在3个工作日内在线告知跨境诉讼当事人。

第五条 跨境诉讼当事人进行身份验证应当向受诉法院在线提交以下材料：

（一）外国人应当提交护照等用以证明自己身份的证件；企业和组织应当提

交身份证明文件和代表该企业和组织参加诉讼的人有权作为代表人参加诉讼的证明文件,证明文件应当经所在国公证机关公证,并经我国驻该国使领馆认证。外国人、外国企业和组织所在国与我国没有建立外交关系的,可以经过该国公证机关公证,经与我国有外交关系的第三国驻该国使领馆认证,再转由我国驻第三国使领馆认证。如我国与外国人、外国企业和组织所在国订立、缔结或者参加的国际条约、公约中对证明手续有具体规定,从其规定,但我国声明保留的条款除外;

(二)港澳特区居民应当提交港澳特区身份证件或者港澳居民居住证、港澳居民来往内地通行证等用以证明自己身份的证件;企业和组织应当提交身份证明文件和代表该企业和组织参加诉讼的人有权作为代表人参加诉讼的证明文件,证明文件应当经过内地认可的公证人公证,并经中国法律服务(香港)有限公司或者中国法律服务(澳门)有限公司加章转递;

(三)台湾地区居民应当提交台湾地区身份证件或者台湾居民居住证、台湾居民来往大陆通行证等用以证明自己身份的证件;企业和组织应当提交身份证明文件和代表该企业和组织参加诉讼的人有权作为代表人参加诉讼的证明。证明文件应当通过两岸公证书使用查证渠道办理;

(四)经常居所地位于国外或者港澳台地区的我国内地公民应当提交我国公安机关制发的居民身份证、户口簿或者普通护照等用以证明自己身份的证件,并提供工作签证、常居证等证明其在国外或者港澳台地区合法连续居住超过一年的证明材料。

第六条 通过身份验证的跨境诉讼当事人委托我国内地律师代理诉讼,可以向受诉法院申请线上视频见证。

线上视频见证由法官在线发起,法官、跨境诉讼当事人和受委托律师三方同时视频在线。跨境诉讼当事人应当使用中华人民共和国通用语言或者配备翻译人员,法官应当确认受委托律师和其所在律师事务所以及委托行为是否确为跨境诉讼当事人真实意思表示。在法官视频见证下,跨境诉讼当事人、受委托律师签署有关委托代理文件,无需再办理公证、认证、转递等手续。线上视频见证后,受委托律师可以代为开展网上立案、网上交费等事项。

线上视频见证的过程将由系统自动保存。

第七条 跨境诉讼当事人申请网上立案应当在线提交以下材料:

(一)起诉状;

(二)当事人的身份证明及相应的公证、认证、转递、寄送核验等材料;

(三)证据材料。

上述材料应当使用中华人民共和国通用文字或者有相应资质翻译公司翻译的译本。

第八条 跨境诉讼当事人委托代理人进行诉讼的授权委托材料包括:

(一)外国人、外国企业和组织的代表人在我国境外签署授权委托书,应当经所在国公证机关公证,并经我国驻该国使领馆认证;所在国与我国没有建立外交关系的,可以经过该国公证机关公证,经与我国有外交关系的第三国驻该国使领馆认证,再转由我国驻第三国使领馆认证;在我国境内签署授权委托书,应当在法官见证下签署或者经内地公证机构公证;如我国与外国人、外国企业和组织所在国订立、缔结或者参加的国际条约、公约中对证明手续有具体规定,从其规定,但我国声明保留的条款除外;

(二)港澳特区居民、港澳特区企业和组织的代表人在我国内地以外签署授权委托书,应当经过内地认可的公证人公证,并经中国法律服务(香港)有限公司或者中国法律服务(澳门)有限公司加章转递;在我国内地签署授权委托书,应当在法官见证下签署或者经内地公证机构公证;

(三)台湾地区居民在我国大陆以外签署授权委托书,应当通过两岸公证书使用查证渠道办理;在我国大陆签署授权委托书,应当在法官见证下签署或者经大陆公证机构公证;

(四)经常居所地位于国外的我国内地公民从国外寄交或者托交授权委托书,必须经我国驻该国的使领馆证明;没有使领馆的,由与我国有外交关系的第三国驻该国的使领馆证明,再转由我国驻该第三国使领馆证明,或者由当地爱国华侨团体证明。

第九条 受诉法院收到网上立案申请后,应当作出以下处理:

(一)符合法律规定的,及时登记立案;

(二)提交诉状和材料不符合要求的,应当一次性告知当事人在15日内补正。当事人难以在15日内补正材料,可以向受诉法院申请延长补正期限至30日。当事人未在指定期限内按照要求补正,又未申请延长补正期限的,立案材料作退回处理;

(三)不符合法律规定的,可在线退回材料并释明具体理由;

(四)无法即时判定是否符合法律规定的,应当在7个工作日内决定是否立案。

跨境诉讼当事人可以在线查询处理进展以及立案结果。

第十条 跨境诉讼当事人提交的立案材料中包含以下内容的,受诉法院不予登记立案:

(一)危害国家主权、领土完整和安全;

(二)破坏国家统一、民族团结和宗教政策;

(三)违反法律法规,泄露国家秘密,损害国家利益;

(四)侮辱诽谤他人,进行人身攻击、谩骂、诋毁,经法院告知仍拒不修改;

(五)所诉事项不属于人民法院管辖范围;

(六)其他不符合法律规定的起诉。

第十一条 其他诉讼事项,依据《中华人民共和国民事诉讼法》的规定办理。

第十二条 本规定自2021年2月3日起施行。

三、证据与司法鉴定

最高人民法院关于民事诉讼证据的若干规定

(2001年12月6日最高人民法院审判委员会第1201次会议通过 根据2019年10月14日最高人民法院审判委员会第1777次会议《关于修改〈关于民事诉讼证据的若干规定〉的决定》修正 2019年12月25日最高人民法院公告公布 该修正自2020年5月1日起施行 法释〔2019〕19号)

为保证人民法院正确认定案件事实,公正、及时审理民事案件,保障和便利当事人依法行使诉讼权利,根据《中华人民共和国民事诉讼法》(以下简称民事诉讼法)等有关法律的规定,结合民事审判经验和实际情况,制定本规定。

一、当事人举证

第一条 原告向人民法院起诉或者被告提出反诉,应当提供符合起诉条件的相应的证据。

第二条 人民法院应当向当事人说明举证的要求及法律后果,促使当事人在合理期限内积极、全面、正确、诚实地完成举证。

当事人因客观原因不能自行收集的证据,可申请人民法院调查收集。

第三条 在诉讼过程中,一方当事人陈述的于己不利的事实,或者对于己不利的事实明确表示承认的,另一方当事人无需举证证明。

在证据交换、询问、调查过程中,或者在起诉状、答辩状、代理词等书面材料中,当事人明确承认于己不利的事实的,适用前款规定。

第四条 一方当事人对于另一方当事人主张的于己不利的事实既不承认也不否认,经审判人员说明并询问后,其仍然不明确表示肯定或者否定的,视为对该事实的承认。

第五条 当事人委托诉讼代理人参加诉讼的,除授权委托书明确排除的事项外,诉讼代理人的自认视为当事人的自认。

当事人在场对诉讼代理人的自认明确否认的,不视为自认。

第六条 普通共同诉讼中,共同诉讼人中一人或者数人作出的自认,对作出自认的当事人发生效力。

必要共同诉讼中,共同诉讼人中一人或者数人作出自认而其他共同诉讼人予以否认的,不发生自认的效力。其他共同诉讼人既不承认也不否认,经审判人员说明并询问后仍然不明确表示意见的,视为全体共同诉讼人的自认。

第七条 一方当事人对于另一方当事人主张的于己不利的事实有所限制或者附加条件予以承认的,由人民法院综合案件情况决定是否构成自认。

第八条 《最高人民法院关于适用〈中华人民共和国民事诉讼法〉的解释》第九十六条第一款规定的事实,不适用有关自认的规定。

自认的事实与已经查明的事实不符的,人民法院不予确认。

第九条 有下列情形之一,当事人在法庭辩论终结前撤销自认的,人民法院应当准许:

(一)经对方当事人同意的;

(二)自认是在受胁迫或者重大误解情况下作出的。

人民法院准许当事人撤销自认的,应当作出口头或者书面裁定。

第十条 下列事实,当事人无须举证证明:

(一)自然规律以及定理、定律;

(二)众所周知的事实;

(三)根据法律规定推定的事实;

(四)根据已知的事实和日常生活经验法则推定出的另一事实;

(五)已为仲裁机构的生效裁决所确认的事实;

(六)已为人民法院发生法律效力的裁判所确认的基本事实;

(七)已为有效公证文书所证明的事实。

前款第二项至第五项事实,当事人有相反证据足以反驳的除外;第六项、第七项事实,当事人有相反证据足以推翻的除外。

第十一条 当事人向人民法院提供证据,应当提供原件或者原物。如需自己保存证据原件、原物或者提供原件、原物确有困难的,可以提供经人民法院核对无异的复制件或者复制品。

第十二条 以动产作为证据的,应当将原物提交人民法院。原物不宜搬移或者不宜保存的,当事人可以提供复制品、影像资料或者其他替代品。

人民法院在收到当事人提交的动产或者替代品后,应当及时通知双方当事人到人民法院或者保存现场查验。

第十三条 当事人以不动产作为证据的,应当向人民法院提供该不动产的影像资料。

人民法院认为有必要的,应当通知双方当事人到场进行查验。

第十四条 电子数据包括下列信息、电子文件:

(一)网页、博客、微博客等网络平台发布的信息;

(二)手机短信、电子邮件、即时通信、通讯群组等网络应用服务的通信信息;

(三)用户注册信息、身份认证信息、电子交易记录、通信记录、登录日志等信息；

（四）文档、图片、音频、视频、数字证书、计算机程序等电子文件；

（五）其他以数字化形式存储、处理、传输的能够证明案件事实的信息。

第十五条 当事人以视听资料作为证据的，应当提供存储该视听资料的原始载体。

当事人以电子数据作为证据的，应当提供原件。电子数据的制作者制作的与原件一致的副本，或者直接来源于电子数据的打印件或其他可以显示、识别的输出介质，视为电子数据的原件。

第十六条 当事人提供的公文书证系在中华人民共和国领域外形成的，该证据应当经所在国公证机关证明，或者履行中华人民共和国与该所在国订立的有关条约中规定的证明手续。

中华人民共和国领域外形成的涉及身份关系的证据，应当经所在国公证机关证明并经中华人民共和国驻该国使领馆认证，或者履行中华人民共和国与该所在国订立的有关条约中规定的证明手续。

当事人向人民法院提供的证据是在香港、澳门、台湾地区形成的，应当履行相关的证明手续。

第十七条 当事人向人民法院提供外文书证或者外文说明资料，应当附有中文译本。

第十八条 双方当事人无争议的事实符合《最高人民法院关于适用〈中华人民共和国民事诉讼法〉的解释》第九十六条第一款规定情形的，人民法院可以责令当事人提供有关证据。

第十九条 当事人应当对其提交的证据材料逐一分类编号，对证据材料的来源、证明对象和内容作简要说明，签名盖章，注明提交日期，并依照对方当事人人数提出副本。

人民法院收到当事人提交的证据材料，应当出具收据，注明证据的名称、份数和页数以及收到的时间，由经办人员签名或者盖章。

二、证据的调查收集和保全

第二十条 当事人及其诉讼代理人申请人民法院调查收集证据，应当在举证期限届满前提交书面申请。

申请书应当载明被调查人的姓名或者单位名称、住所地等基本情况、所要调查收集的证据名称或者内容、需要由人民法院调查收集证据的原因及其要证明的事实以及明确的线索。

第二十一条 人民法院调查收集的书证，可以是原件，也可以是经核对无误的副本或者复制件。是副本或者复制件的，应当在调查笔录中说明来源和取证情况。

第二十二条 人民法院调查收集的物证应当是原物。被调查人提供原物确有困难的,可以提供复制品或者影像资料。提供复制品或者影像资料的,应当在调查笔录中说明取证情况。

第二十三条 人民法院调查收集视听资料、电子数据,应当要求被调查人提供原始载体。

提供原始载体确有困难的,可以提供复制件。提供复制件的,人民法院应当在调查笔录中说明其来源和制作经过。

人民法院对视听资料、电子数据采取证据保全措施的,适用前款规定。

第二十四条 人民法院调查收集可能需要鉴定的证据,应当遵守相关技术规范,确保证据不被污染。

第二十五条 当事人或者利害关系人根据民事诉讼法第八十一条的规定申请证据保全的,申请书应当载明需要保全的证据的基本情况、申请保全的理由以及采取何种保全措施等内容。

当事人根据民事诉讼法第八十一条第一款的规定申请证据保全的,应当在举证期限届满前向人民法院提出。

法律、司法解释对诉前证据保全有规定的,依照其规定办理。

第二十六条 当事人或者利害关系人申请采取查封、扣押等限制保全标的物使用、流通等保全措施,或者保全可能对证据持有人造成损失的,人民法院应当责令申请人提供相应的担保。

担保方式或者数额由人民法院根据保全措施对证据持有人的影响、保全标的物的价值、当事人或者利害关系人争议的诉讼标的金额等因素综合确定。

第二十七条 人民法院进行证据保全,可以要求当事人或者诉讼代理人到场。

根据当事人的申请和具体情况,人民法院可以采取查封、扣押、录音、录像、复制、鉴定、勘验等方法进行证据保全,并制作笔录。

在符合证据保全目的的情况下,人民法院应当选择对证据持有人利益影响最小的保全措施。

第二十八条 申请证据保全错误造成财产损失,当事人请求申请人承担赔偿责任的,人民法院应予支持。

第二十九条 人民法院采取诉前证据保全措施后,当事人向其他有管辖权的人民法院提起诉讼的,采取保全措施的人民法院应当根据当事人的申请,将保全的证据及时移交受理案件的人民法院。

第三十条 人民法院在审理案件过程中认为待证事实需要通过鉴定意见证明的,应当向当事人释明,并指定提出鉴定申请的期间。

符合《最高人民法院关于适用〈中华人民共和国民事诉讼法〉的解释》第九十六条第一款规定情形的,人民法院应当依职权委托鉴定。

第三十一条 当事人申请鉴定,应当在人民法院指定期间内提出,并预交鉴定费用。逾期不提出申请或者不预交鉴定费用的,视为放弃申请。

对需要鉴定的待证事实负有举证责任的当事人,在人民法院指定期间内无正当理由不提出鉴定申请或者不预交鉴定费用,或者拒不提供相关材料,致使待证事实无法查明的,应当承担举证不能的法律后果。

第三十二条 人民法院准许鉴定申请的,应当组织双方当事人协商确定具备相应资格的鉴定人。当事人协商不成的,由人民法院指定。

人民法院依职权委托鉴定的,可以在询问当事人的意见后,指定具备相应资格的鉴定人。

人民法院在确定鉴定人后应当出具委托书,委托书中应当载明鉴定事项、鉴定范围、鉴定目的和鉴定期限。

第三十三条 鉴定开始之前,人民法院应当要求鉴定人签署承诺书。承诺书中应当载明鉴定人保证客观、公正、诚实地进行鉴定,保证出庭作证,如作虚假鉴定应当承担法律责任等内容。

鉴定人故意作虚假鉴定的,人民法院应当责令其退还鉴定费用,并根据情节,依照民事诉讼法第一百一十一条的规定进行处罚。

第三十四条 人民法院应当组织当事人对鉴定材料进行质证。未经质证的材料,不得作为鉴定的根据。

经人民法院准许,鉴定人可以调取证据、勘验物证和现场、询问当事人或者证人。

第三十五条 鉴定人应当在人民法院确定的期限内完成鉴定,并提交鉴定书。

鉴定人无正当理由未按期提交鉴定书的,当事人可以申请人民法院另行委托鉴定人进行鉴定。人民法院准许的,原鉴定人已经收取的鉴定费用应当退还;拒不退还的,依照本规定第八十一条第二款的规定处理。

第三十六条 人民法院对鉴定人出具的鉴定书,应当审查是否具有下列内容:

(一)委托法院的名称;
(二)委托鉴定的内容、要求;
(三)鉴定材料;
(四)鉴定所依据的原理、方法;
(五)对鉴定过程的说明;
(六)鉴定意见;
(七)承诺书。

鉴定书应当由鉴定人签名或者盖章,并附鉴定人的相应资格证明。委托机构鉴定的,鉴定书应当由鉴定机构盖章,并由从事鉴定的人员签名。

第三十七条 人民法院收到鉴定书后,应当及时将副本送交当事人。

当事人对鉴定书的内容有异议的,应当在人民法院指定期间内以书面方式提出。

对于当事人的异议,人民法院应当要求鉴定人作出解释、说明或者补充。人民法院认为有必要的,可以要求鉴定人对当事人未提出异议的内容进行解释、说明或者补充。

第三十八条 当事人在收到鉴定人的书面答复后仍有异议的,人民法院应当根据《诉讼费用交纳办法》第十一条的规定,通知有异议的当事人预交鉴定人出庭费用,并通知鉴定人出庭。有异议的当事人不预交鉴定人出庭费用的,视为放弃异议。

双方当事人对鉴定意见均有异议的,分摊预交鉴定人出庭费用。

第三十九条 鉴定人出庭费用按照证人出庭作证费用的标准计算,由败诉的当事人负担。因鉴定意见不明确或者有瑕疵需要鉴定人出庭的,出庭费用由其自行负担。

人民法院委托鉴定时已经确定鉴定人出庭费用包含在鉴定费用中的,不再通知当事人预交。

第四十条 当事人申请重新鉴定,存在下列情形之一的,人民法院应当准许:

(一)鉴定人不具备相应资格的;
(二)鉴定程序严重违法的;
(三)鉴定意见明显依据不足的;
(四)鉴定意见不能作为证据使用的其他情形。

存在前款第一项至第三项情形的,鉴定人已经收取的鉴定费用应当退还。拒不退还的,依照本规定第八十一条第二款的规定处理。

对鉴定意见的瑕疵,可以通过补正、补充鉴定或者补充质证、重新质证等方法解决的,人民法院不予准许重新鉴定的申请。

重新鉴定的,原鉴定意见不得作为认定案件事实的根据。

第四十一条 对于一方当事人就专门性问题自行委托有关机构或者人员出具的意见,另一方当事人有证据或者理由足以反驳并申请鉴定的,人民法院应予准许。

第四十二条 鉴定意见被采信后,鉴定人无正当理由撤销鉴定意见的,人民法院应当责令其退还鉴定费用,并可以根据情节,依照民事诉讼法第一百一十一条的规定对鉴定人进行处罚。当事人主张鉴定人负担由此增加的合理费用的,人民法院应予支持。

人民法院采信鉴定意见后准许鉴定人撤销的,应当责令其退还鉴定费用。

第四十三条 人民法院应当在勘验前将勘验的时间和地点通知当事人。当事人不参加的,不影响勘验进行。

当事人可以就勘验事项向人民法院进行解释和说明,可以请求人民法院注意勘验中的重要事项。

人民法院勘验物证或者现场,应当制作笔录,记录勘验的时间、地点、勘验人、在场人、勘验的经过、结果,由勘验人、在场人签名或者盖章。对于绘制的现场图应当注明绘制的时间、方位、测绘人姓名、身份等内容。

第四十四条 摘录有关单位制作的与案件事实相关的文件、材料,应当注明出处,并加盖制作单位或者保管单位的印章,摘录人和其他调查人员应当在摘录件上签名或者盖章。

摘录文件、材料应当保持内容相应的完整性。

第四十五条 当事人根据《最高人民法院关于适用〈中华人民共和国民事诉讼法〉的解释》第一百一十二条的规定申请人民法院责令对方当事人提交书证的,申请书应当载明所申请提交的书证名称或者内容、需要以该书证证明的事实及事实的重要性、对方当事人控制该书证的根据以及应当提交该书证的理由。

对方当事人否认控制书证的,人民法院应当根据法律规定、习惯等因素,结合案件的事实、证据,对于书证是否在对方当事人控制之下的事实作出综合判断。

第四十六条 人民法院对当事人提交书证的申请进行审查时,应当听取对方当事人的意见,必要时可以要求双方当事人提供证据、进行辩论。

当事人申请提交的书证不明确、书证对于待证事实的证明无必要、待证事实对于裁判结果无实质性影响、书证未在对方当事人控制之下或者不符合本规定第四十七条情形的,人民法院不予准许。

当事人申请理由成立的,人民法院应当作出裁定,责令对方当事人提交书证;理由不成立的,通知申请人。

第四十七条 下列情形,控制书证的当事人应当提交书证:

(一)控制书证的当事人在诉讼中曾经引用过的书证;

(二)为对方当事人的利益制作的书证;

(三)对方当事人依照法律规定有权查阅、获取的书证;

(四)账簿、记账原始凭证;

(五)人民法院认为应当提交书证的其他情形。

前款所列书证,涉及国家秘密、商业秘密、当事人或第三人的隐私,或者存在法律规定应当保密的情形的,提交后不得公开质证。

第四十八条 控制书证的当事人无正当理由拒不提交书证的,人民法院可以认定对方当事人所主张的书证内容为真实。

控制书证的当事人存在《最高人民法院关于适用〈中华人民共和国民事诉讼法〉的解释》第一百一十三条规定情形的,人民法院可以认定对方当事人主张以该书证证明的事实为真实。

三、举证时限与证据交换

第四十九条 被告应当在答辩期届满前提出书面答辩,阐明其对原告诉讼请求及所依据的事实和理由的意见。

第五十条 人民法院应当在审理前的准备阶段向当事人送达举证通知书。

举证通知书应当载明举证责任的分配原则和要求、可以向人民法院申请调查收集证据的情形、人民法院根据案件情况指定的举证期限以及逾期提供证据的法律后果等内容。

第五十一条 举证期限可以由当事人协商，并经人民法院准许。

人民法院指定举证期限的，适用第一审普通程序审理的案件不得少于十五日，当事人提供新的证据的第二审案件不得少于十日。适用简易程序审理的案件不得超过十五日，小额诉讼案件的举证期限一般不得超过七日。

举证期限届满后，当事人提供反驳证据或者对已经提供的证据的来源、形式等方面的瑕疵进行补正的，人民法院可以酌情再次确定举证期限，该期限不受前款规定的期间限制。

第五十二条 当事人在举证期限内提供证据存在客观障碍，属于民事诉讼法第六十五条第二款规定的"当事人在该期限内提供证据确有困难"的情形。

前款情形，人民法院应当根据当事人的举证能力、不能在举证期限内提供证据的原因等因素综合判断。必要时，可以听取对方当事人的意见。

第五十三条 诉讼过程中，当事人主张的法律关系性质或者民事行为效力与人民法院根据案件事实作出的认定不一致的，人民法院应当将法律关系性质或者民事行为效力作为焦点问题进行审理。但法律关系性质对裁判理由及结果没有影响，或者有关问题已经当事人充分辩论的除外。

存在前款情形，当事人根据法庭审理情况变更诉讼请求的，人民法院应当准许并可以根据案件的具体情况重新指定举证期限。

第五十四条 当事人申请延长举证期限的，应当在举证期限届满前向人民法院提出书面申请。

申请理由成立的，人民法院应当准许，适当延长举证期限，并通知其他当事人。延长的举证期限适用于其他当事人。

申请理由不成立的，人民法院不予准许，并通知申请人。

第五十五条 存在下列情形的，举证期限按照如下方式确定：

（一）当事人依照民事诉讼法第一百二十七条规定提出管辖权异议的，举证期限中止，自驳回管辖权异议的裁定生效之日起恢复计算；

（二）追加当事人、有独立请求权的第三人参加诉讼或者无独立请求权的第三人经人民法院通知参加诉讼的，人民法院应当依照本规定第五十一条的规定为新参加诉讼的当事人确定举证期限，该举证期限适用于其他当事人；

（三）发回重审的案件，第一审人民法院可以结合案件具体情况和发回重审的原因，酌情确定举证期限；

（四）当事人增加、变更诉讼请求或者提出反诉的，人民法院应当根据案件具体情况重新确定举证期限；

(五)公告送达的,举证期限自公告期届满之次日起计算。

第五十六条　人民法院依照民事诉讼法第一百三十三条第四项的规定,通过组织证据交换进行审理前准备的,证据交换之日举证期限届满。

证据交换的时间可以由当事人协商一致并经人民法院认可,也可以由人民法院指定。当事人申请延期举证经人民法院准许的,证据交换日相应顺延。

第五十七条　证据交换应当在审判人员的主持下进行。

在证据交换的过程中,审判人员对当事人无异议的事实、证据应当记录在卷;对有异议的证据,按照需要证明的事实分类记录在卷,并记载异议的理由。通过证据交换,确定双方当事人争议的主要问题。

第五十八条　当事人收到对方的证据后有反驳证据需要提交的,人民法院应当再次组织证据交换。

第五十九条　人民法院对逾期提供证据的当事人处以罚款的,可以结合当事人逾期提供证据的主观过错程度、导致诉讼迟延的情况、诉讼标的金额等因素,确定罚款数额。

四、质　证

第六十条　当事人在审理前的准备阶段或者人民法院调查、询问过程中发表过质证意见的证据,视为质证过的证据。

当事人要求以书面方式发表质证意见,人民法院在听取对方当事人意见后认为有必要的,可以准许。人民法院应当及时将书面质证意见送交对方当事人。

第六十一条　对书证、物证、视听资料进行质证时,当事人应当出示证据的原件或者原物。但有下列情形之一的除外:

(一)出示原件或者原物确有困难并经人民法院准许出示复制件或者复制品的;

(二)原件或者原物已不存在,但有证据证明复制件、复制品与原件或者原物一致的。

第六十二条　质证一般按下列顺序进行:

(一)原告出示证据,被告、第三人与原告进行质证;

(二)被告出示证据,原告、第三人与被告进行质证;

(三)第三人出示证据,原告、被告与第三人进行质证。

人民法院根据当事人申请调查收集的证据,审判人员对调查收集证据的情况进行说明后,由提出申请的当事人与对方当事人、第三人进行质证。

人民法院依职权调查收集的证据,由审判人员对调查收集证据的情况进行说明后,听取当事人的意见。

第六十三条　当事人应当就案件事实作真实、完整的陈述。

当事人的陈述与此前陈述不一致的,人民法院应当责令其说明理由,并结合当事人的诉讼能力、证据和案件具体情况进行审查认定。

当事人故意作虚假陈述妨碍人民法院审理的,人民法院应当根据情节,依照民事诉讼法第一百一十一条的规定进行处罚。

第六十四条 人民法院认为有必要的,可以要求当事人本人到场,就案件的有关事实接受询问。

人民法院要求当事人到场接受询问的,应当通知当事人询问的时间、地点、拒不到场的后果等内容。

第六十五条 人民法院应当在询问前责令当事人签署保证书并宣读保证书的内容。

保证书应当载明保证据实陈述,绝无隐瞒、歪曲、增减,如有虚假陈述应当接受处罚等内容。当事人应当在保证书上签名、捺印。

当事人有正当理由不能宣读保证书的,由书记员宣读并进行说明。

第六十六条 当事人无正当理由拒不到场、拒不签署或宣读保证书或者拒不接受询问的,人民法院应当综合案件情况,判断待证事实的真伪。待证事实无其他证据证明的,人民法院应当作出不利于该当事人的认定。

第六十七条 不能正确表达意思的人,不能作为证人。

待证事实与其年龄、智力状况或者精神健康状况相适应的无民事行为能力人和限制民事行为能力人,可以作为证人。

第六十八条 人民法院应当要求证人出庭作证,接受审判人员和当事人的询问。证人在审理前的准备阶段或者人民法院调查、询问等双方当事人在场时陈述证言的,视为出庭作证。

双方当事人同意证人以其他方式作证并经人民法院准许的,证人可以不出庭作证。

无正当理由未出庭的证人以书面等方式提供的证言,不得作为认定案件事实的根据。

第六十九条 当事人申请证人出庭作证的,应当在举证期限届满前向人民法院提交申请书。

申请书应当载明证人的姓名、职业、住所、联系方式,作证的主要内容,作证内容与待证事实的关联性,以及证人出庭作证的必要性。

符合《最高人民法院关于适用〈中华人民共和国民事诉讼法〉的解释》第九十六条第一款规定情形的,人民法院应当依职权通知证人出庭作证。

第七十条 人民法院准许证人出庭作证申请的,应当向证人送达通知书并告知双方当事人。通知书中应当载明证人作证的时间、地点,作证的事项、要求以及作伪证的法律后果等内容。

当事人申请证人出庭作证的事项与待证事实无关,或者没有通知证人出庭作证必要的,人民法院不予准许当事人的申请。

第七十一条 人民法院应当要求证人在作证之前签署保证书,并在法庭上宣读保证书的内容。但无民事行为能力人和限制民事行为能力人作为证人的除外。

证人确有正当理由不能宣读保证书的,由书记员代为宣读并进行说明。

证人拒绝签署或者宣读保证书的,不得作证,并自行承担相关费用。

证人保证书的内容适用当事人保证书的规定。

第七十二条 证人应当客观陈述其亲身感知的事实,作证时不得使用猜测、推断或者评论性语言。

证人作证前不得旁听法庭审理,作证时不得以宣读事先准备的书面材料的方式陈述证言。

证人言辞表达有障碍的,可以通过其他表达方式作证。

第七十三条 证人应当就其作证的事项进行连续陈述。

当事人及其法定代理人、诉讼代理人或者旁听人员干扰证人陈述的,人民法院应当及时制止,必要时可以依照民事诉讼法第一百一十条的规定进行处罚。

第七十四条 审判人员可以对证人进行询问。当事人及其诉讼代理人经审判人员许可后可以询问证人。

询问证人时其他证人不得在场。

人民法院认为有必要的,可以要求证人之间进行对质。

第七十五条 证人出庭作证后,可以向人民法院申请支付证人出庭作证费用。证人有困难需要预先支取出庭作证费用的,人民法院可以根据证人的申请在出庭作证前支付。

第七十六条 证人确有困难不能出庭作证,申请以书面证言、视听传输技术或者视听资料等方式作证的,应当向人民法院提交申请书。申请书中应当载明不能出庭的具体原因。

符合民事诉讼法第七十三条规定情形的,人民法院应当准许。

第七十七条 证人经人民法院准许,以书面证言方式作证的,应当签署保证书;以视听传输技术或者视听资料方式作证的,应当签署保证书并宣读保证书的内容。

第七十八条 当事人及其诉讼代理人对证人的询问与待证事实无关,或者存在威胁、侮辱证人或不适当引导等情形的,审判人员应当及时制止。必要时可以依照民事诉讼法第一百一十条、第一百一十一条的规定进行处罚。

证人故意作虚假陈述,诉讼参与人或者其他人以暴力、威胁、贿买等方法妨碍证人作证,或者在证人作证后以侮辱、诽谤、诬陷、恐吓、殴打等方式对证人打击报复的,人民法院应当根据情节,依照民事诉讼法第一百一十一条的规定,对行为人进行处罚。

第七十九条 鉴定人依照民事诉讼法第七十八条的规定出庭作证的,人民法院应当在开庭审理三日前将出庭的时间、地点及要求通知鉴定人。

委托机构鉴定的,应当由从事鉴定的人员代表机构出庭。

第八十条 鉴定人应当就鉴定事项如实答复当事人的异议和审判人员的

询问。当庭答复确有困难的,经人民法院准许,可以在庭审结束后书面答复。

人民法院应当及时将书面答复送交当事人,并听取当事人的意见。必要时,可以再次组织质证。

第八十一条 鉴定人拒不出庭作证的,鉴定意见不得作为认定案件事实的根据。人民法院应当建议有关主管部门或者组织对拒不出庭作证的鉴定人予以处罚。

当事人要求退还鉴定费用的,人民法院应当在三日内作出裁定,责令鉴定人退还;拒不退还的,由人民法院依法执行。

当事人因鉴定人拒不出庭作证申请重新鉴定的,人民法院应当准许。

第八十二条 经法庭许可,当事人可以询问鉴定人、勘验人。

询问鉴定人、勘验人不得使用威胁、侮辱等不适当的言语和方式。

第八十三条 当事人依照民事诉讼法第七十九条和《最高人民法院关于适用〈中华人民共和国民事诉讼法〉的解释》第一百二十二条的规定,申请有专门知识的人出庭的,申请书中应当载明有专门知识的人的基本情况和申请的目的。

人民法院准许当事人申请的,应当通知双方当事人。

第八十四条 审判人员可以对有专门知识的人进行询问。经法庭准许,当事人可以对有专门知识的人进行询问,当事人各自申请的有专门知识的人可以就案件中的有关问题进行对质。

有专门知识的人不得参与对鉴定意见质证或者就专业问题发表意见之外的法庭审理活动。

五、证据的审核认定

第八十五条 人民法院应当以证据能够证明的案件事实为根据依法作出裁判。

审判人员应当依照法定程序,全面、客观地审核证据,依据法律的规定,遵循法官职业道德,运用逻辑推理和日常生活经验,对证据有无证明力和证明力大小独立进行判断,并公开判断的理由和结果。

第八十六条 当事人对于欺诈、胁迫、恶意串通事实的证明,以及对于口头遗嘱或赠与事实的证明,人民法院确信该待证事实存在的可能性能够排除合理怀疑的,应当认定该事实存在。

与诉讼保全、回避等程序事项有关的事实,人民法院结合当事人的说明及相关证据,认为有关事实存在的可能性较大的,可以认定该事实存在。

第八十七条 审判人员对单一证据可以从下列方面进行审核认定:

(一)证据是否为原件、原物,复制件、复制品与原件、原物是否相符;

(二)证据与本案事实是否相关;

(三)证据的形式、来源是否符合法律规定;

(四)证据的内容是否真实;

(五)证人或者提供证据的人与当事人有无利害关系。

第八十八条 审判人员对案件的全部证据,应当从各证据与案件事实的关联程度、各证据之间的联系等方面进行综合审查判断。

第八十九条 当事人在诉讼过程中认可的证据,人民法院应当予以确认。但法律、司法解释另有规定的除外。

当事人对认可的证据反悔的,参照《最高人民法院关于适用〈中华人民共和国民事诉讼法〉的解释》第二百二十九条的规定处理。

第九十条 下列证据不能单独作为认定案件事实的根据:

(一)当事人的陈述;

(二)无民事行为能力人或者限制民事行为能力人所作的与其年龄、智力状况或者精神健康状况不相当的证言;

(三)与一方当事人或者其代理人有利害关系的证人陈述的证言;

(四)存有疑点的视听资料、电子数据;

(五)无法与原件、原物核对的复制件、复制品。

第九十一条 公文书证的制作者根据文书原件制作的载有部分或者全部内容的副本,与正本具有相同的证明力。

在国家机关存档的文件,其复制件、副本、节录本经档案部门或者制作原本的机关证明其内容与原本一致的,该复制件、副本、节录本具有与原本相同的证明力。

第九十二条 私文书证的真实性,由主张以私文书证证明案件事实的当事人承担举证责任。

私文书证由制作者或者其代理人签名、盖章或捺印的,推定为真实。

私文书证上有删除、涂改、增添或者其他形式瑕疵的,人民法院应当综合案件的具体情况判断其证明力。

第九十三条 人民法院对于电子数据的真实性,应当结合下列因素综合判断:

(一)电子数据的生成、存储、传输所依赖的计算机系统的硬件、软件环境是否完整、可靠;

(二)电子数据的生成、存储、传输所依赖的计算机系统的硬件、软件环境是否处于正常运行状态,或者不处于正常运行状态时对电子数据的生成、存储、传输是否有影响;

(三)电子数据的生成、存储、传输所依赖的计算机系统的硬件、软件环境是否具备有效的防止出错的监测、核查手段;

(四)电子数据是否被完整地保存、传输、提取,保存、传输、提取的方法是否可靠;

(五)电子数据是否在正常的往来活动中形成和存储;

(六)保存、传输、提取电子数据的主体是否适当;

(七)影响电子数据完整性和可靠性的其他因素。

人民法院认为有必要的,可以通过鉴定或者勘验等方法,审查判断电子数据的真实性。

第九十四条 电子数据存在下列情形的,人民法院可以确认其真实性,但有足以反驳的相反证据的除外:

(一)由当事人提交或者保管的于己不利的电子数据;

(二)由记录和保存电子数据的中立第三方平台提供或者确认的;

(三)在正常业务活动中形成的;

(四)以档案管理方式保管的;

(五)以当事人约定的方式保存、传输、提取的。

电子数据的内容经公证机关公证的,人民法院应当确认其真实性,但有相反证据足以推翻的除外。

第九十五条 一方当事人控制证据无正当理由拒不提交,对待证事实负有举证责任的当事人主张该证据的内容不利于控制人的,人民法院可以认定该主张成立。

第九十六条 人民法院认定证人证言,可以通过对证人的智力状况、品德、知识、经验、法律意识和专业技能等的综合分析作出判断。

第九十七条 人民法院应当在裁判文书中阐明证据是否采纳的理由。

对当事人无争议的证据,是否采纳的理由可以不在裁判文书中表述。

六、其 他

第九十八条 对证人、鉴定人、勘验人的合法权益依法予以保护。

当事人或者其他诉讼参与人伪造、毁灭证据,提供虚假证据,阻止证人作证,指使、贿买、胁迫他人作伪证,或者对证人、鉴定人、勘验人打击报复的,依照民事诉讼法第一百一十条、第一百一十一条的规定进行处罚。

第九十九条 本规定对证据保全没有规定的,参照适用法律、司法解释关于财产保全的规定。

除法律、司法解释另有规定外,对当事人、鉴定人、有专门知识的人的询问参照适用本规定中关于询问证人的规定;关于书证的规定适用于视听资料、电子数据;存储在电子计算机等电子介质中的视听资料,适用电子数据的规定。

第一百条 本规定自 2020 年 5 月 1 日起施行。

本规定公布施行后,最高人民法院以前发布的司法解释与本规定不一致的,不再适用。

最高人民法院关于
知识产权民事诉讼证据的若干规定

（2020年11月9日最高人民法院审判委员会第1815次会议通过 2020年11月16日最高人民法院公告公布 自2020年11月18日起施行 法释〔2020〕12号）

为保障和便利当事人依法行使诉讼权利，保证人民法院公正、及时审理知识产权民事案件，根据《中华人民共和国民事诉讼法》等有关法律规定，结合知识产权民事审判实际，制定本规定。

第一条 知识产权民事诉讼当事人应当遵循诚信原则，依照法律及司法解释的规定，积极、全面、正确、诚实地提供证据。

第二条 当事人对自己提出的主张，应当提供证据加以证明。根据案件审理情况，人民法院可以适用民事诉讼法第六十五条第二款的规定，根据当事人的主张及待证事实、当事人的证据持有情况、举证能力等，要求当事人提供有关证据。

第三条 专利方法制造的产品不属于新产品的，侵害专利权纠纷的原告应当举证证明下列事实：

（一）被告制造的产品与使用专利方法制造的产品属于相同产品；

（二）被告制造的产品经由专利方法制造的可能性较大；

（三）原告为证明被告使用了专利方法尽到合理努力。

原告完成前款举证后，人民法院可以要求被告举证证明其产品制造方法不同于专利方法。

第四条 被告依法主张合法来源抗辩的，应当举证证明合法取得被诉侵权产品、复制品的事实，包括合法的购货渠道、合理的价格和直接的供货方等。

被告提供的被诉侵权产品、复制品来源证据与其合理注意义务程度相当的，可以认定其完成前款所称举证，并推定其不知道被诉侵权产品、复制品侵害知识产权。被告的经营规模、专业程度、市场交易习惯等，可以作为确定其合理注意义务的证据。

第五条 提起确认不侵害知识产权之诉的原告应当举证证明下列事实：

（一）被告向原告发出侵权警告或者对原告进行侵权投诉；

（二）原告向被告发出诉权行使催告及催告时间、送达时间；

（三）被告未在合理期限内提起诉讼。

第六条 对于未在法定期限内提起行政诉讼的行政行为所认定的基本事实，或者行政行为认定的基本事实已为生效裁判所确认的部分，当事人在知识产权民事诉讼中无须再证明,但有相反证据足以推翻的除外。

第七条 权利人为发现或者证明知识产权侵权行为,自行或者委托他人以普通购买者的名义向被诉侵权人购买侵权物品所取得的实物、票据等可以作为起诉被诉侵权人侵权的证据。

被诉侵权人基于他人行为而实施侵害知识产权行为所形成的证据,可以作为权利人起诉其侵权的证据,但被诉侵权人仅基于权利人的取证行为而实施侵害知识产权行为的除外。

第八条 中华人民共和国领域外形成的下列证据,当事人仅以该证据未办理公证、认证等证明手续为由提出异议的,人民法院不予支持:

(一)已为发生法律效力的人民法院裁判所确认的;

(二)已为仲裁机构生效裁决所确认的;

(三)能够从官方或者公开渠道获得的公开出版物、专利文献等;

(四)有其他证据能够证明真实性的。

第九条 中华人民共和国领域外形成的证据,存在下列情形之一的,当事人仅以该证据未办理认证手续为由提出异议的,人民法院不予支持:

(一)提出异议的当事人对证据的真实性明确认可的;

(二)对方当事人提供证人证言对证据的真实性予以确认,且证人明确表示如作伪证愿意接受处罚的。

前款第二项所称证人作伪证,构成民事诉讼法第一百一十一条规定情形的,人民法院依法处理。

第十条 在一审程序中已经根据民事诉讼法第五十九条、第二百六十四条的规定办理授权委托书公证、认证或者其他证明手续的,在后续诉讼程序中,人民法院可以不再要求办理该授权委托书的上述证明手续。

第十一条 人民法院对于当事人或者利害关系人的证据保全申请,应当结合下列因素进行审查:

(一)申请人是否已就其主张提供初步证据;

(二)证据是否可以由申请人自行收集;

(三)证据灭失或者以后难以取得的可能性及其对证明待证事实的影响;

(四)可能采取的保全措施对证据持有人的影响。

第十二条 人民法院进行证据保全,应当以有效固定证据为限,尽量减少对保全标的物价值的损害和对证据持有人正常生产经营的影响。

证据保全涉及技术方案的,可以采取制作现场勘验笔录、绘图、拍照、录音、录像、复制设计和生产图纸等保全措施。

第十三条 当事人无正当理由拒不配合或者妨害证据保全,致使无法保全证据的,人民法院可以确定由其承担不利后果。构成民事诉讼法第一百一十一条规定情形的,人民法院依法处理。

第十四条 对于人民法院已经采取保全措施的证据,当事人擅自拆装证据实物、篡改证据材料或者实施其他破坏证据的行为,致使证据不能使用的,人民法院可以确定由其承担不利后果。构成民事诉讼法第一百一十一条规定情形的,人民法院依法处理。

第十五条 人民法院进行证据保全,可以要求当事人或者诉讼代理人到场,必要时可以根据当事人的申请通知有专门知识的人到场,也可以指派技术调查官参与证据保全。

证据为案外人持有的,人民法院可以对其持有的证据采取保全措施。

第十六条 人民法院进行证据保全,应当制作笔录、保全证据清单,记录保全时间、地点、实施人、在场人、保全经过、保全标的物状态,由实施人、在场人签名或者盖章。有关人员拒绝签名或者盖章的,不影响保全的效力,人民法院可以在笔录上记明并拍照、录像。

第十七条 被申请人对证据保全的范围、措施、必要性等提出异议并提供相关证据,人民法院经审查认为异议理由成立的,可以变更、终止、解除证据保全。

第十八条 申请人放弃使用被保全证据,但被保全证据涉及案件基本事实查明或者其他当事人主张使用的,人民法院可以对该证据进行审查认定。

第十九条 人民法院可以对下列待证事实的专门性问题委托鉴定:

(一)被诉侵权技术方案与专利技术方案、现有技术的对应技术特征在手段、功能、效果等方面的异同;

(二)被诉侵权作品与主张权利的作品的异同;

(三)当事人主张的商业秘密与所属领域已为公众所知悉的信息的异同、被诉侵权的信息与商业秘密的异同;

(四)被诉侵权物与授权品种在特征、特性方面的异同,其不同是否因非遗传变异所致;

(五)被诉侵权集成电路布图设计与请求保护的集成电路布图设计的异同;

(六)合同涉及的技术是否存在缺陷;

(七)电子数据的真实性、完整性;

(八)其他需要委托鉴定的专门性问题。

第二十条 经人民法院准许或者双方当事人同意,鉴定人可以将鉴定所涉部分检测事项委托其他检测机构进行检测,鉴定人对根据检测结果出具的鉴定意见承担法律责任。

第二十一条 鉴定业务领域未实行鉴定人和鉴定机构统一登记管理制度的,人民法院可以依照《最高人民法院关于民事诉讼证据的若干规定》第三十二条规定的鉴定人选任程序,确定具有相应技术水平的专业机构、专业人员鉴定。

第二十二条 人民法院应当听取各方当事人意见,并结合当事人提出的证据确定鉴定范围。鉴定过程中,一方当事人申请变更鉴定范围,对方当事人无异议的,人民法院可以准许。

第二十三条 人民法院应当结合下列因素对鉴定意见进行审查：
（一）鉴定人是否具备相应资格；
（二）鉴定人是否具备解决相关专门性问题应有的知识、经验及技能；
（三）鉴定方法和鉴定程序是否规范，技术手段是否可靠；
（四）送检材料是否经过当事人质证且符合鉴定条件；
（五）鉴定意见的依据是否充分；
（六）鉴定人有无应当回避的法定事由；
（七）鉴定人在鉴定过程中有无徇私舞弊或者其他影响公正鉴定的情形。

第二十四条 承担举证责任的当事人书面申请人民法院责令控制证据的对方当事人提交证据，申请理由成立的，人民法院应当作出裁定，责令其提交。

第二十五条 人民法院依法要求当事人提交有关证据，其无正当理由拒不提交、提交虚假证据、毁灭证据或者实施其他致使证据不能使用行为的，人民法院可以推定对方当事人就该证据所涉证明事项的主张成立。

当事人实施前款所列行为，构成民事诉讼法第一百一十一条规定情形的，人民法院依法处理。

第二十六条 证据涉及商业秘密或者其他需要保密的商业信息的，人民法院应当在相关诉讼参与人接触该证据前，要求其签订保密协议、作出保密承诺，或者以裁定等法律文书责令其不得出于本案诉讼之外的任何目的披露、使用、允许他人使用在诉讼程序中接触到的秘密信息。

当事人申请对接触前款所称证据的人员范围作出限制，人民法院经审查认为确有必要的，应当准许。

第二十七条 证人应当出庭作证，接受审判人员及当事人的询问。

双方当事人同意并经人民法院准许，证人不出庭的，人民法院应当组织当事人对该证人证言进行质证。

第二十八条 当事人可以申请有专门知识的人出庭，就专业问题提出意见。经法庭准许，当事人可以对有专门知识的人进行询问。

第二十九条 人民法院指派技术调查官参与庭前会议、开庭审理的，技术调查官可以就案件所涉技术问题询问当事人、诉讼代理人、有专门知识的人、证人、鉴定人、勘验人等。

第三十条 当事人对公证文书提出异议，并提供相反证据足以推翻的，人民法院对该公证文书不予采纳。

当事人对公证文书提出异议的理由成立的，人民法院可以要求公证机构出具说明或者补正，并结合其他相关证据对该公证文书进行审核认定。

第三十一条 当事人提供的财务账簿、会计凭证、销售合同、进出货单据、上市公司年报、招股说明书、网站或者宣传册等有关记载，设备系统存储的交易数据，第三方平台统计的商品流通数据，评估报告，知识产权许可使用合同以及市场监管、税务、金融部门的记录等，可以作为证据，用以证明当事人主张的侵害知识产权赔偿数额。

第三十二条 当事人主张参照知识产权许可使用费的合理倍数确定赔偿数额的，人民法院可以考量下列因素对许可使用费证据进行审核认定：

（一）许可使用费是否实际支付及支付方式，许可使用合同是否实际履行或者备案；

（二）许可使用的权利内容、方式、范围、期限；

（三）被许可人与许可人是否存在利害关系；

（四）行业许可的通常标准。

第三十三条 本规定自 2020 年 11 月 18 日起施行。本院以前发布的相关司法解释与本规定不一致的，以本规定为准。

最高人民法院关于生态环境侵权民事诉讼证据的若干规定

（2023 年 4 月 17 日最高人民法院审判委员会第 1885 次会议通过 2023 年 8 月 14 日最高人民法院公告公布 自 2023 年 9 月 1 日起施行 法释〔2023〕6 号）

为保证人民法院正确认定案件事实，公正、及时审理生态环境侵权责任纠纷案件，保障和便利当事人依法行使诉讼权利，保护生态环境，根据《中华人民共和国民法典》《中华人民共和国民事诉讼法》《中华人民共和国环境保护法》等有关法律规定，结合生态环境侵权民事案件审判经验和实际情况，制定本规定。

第一条 人民法院审理环境污染责任纠纷案件、生态破坏责任纠纷案件和生态环境保护民事公益诉讼案件，适用本规定。

生态环境保护民事公益诉讼案件，包括环境污染民事公益诉讼案件、生态破坏民事公益诉讼案件和生态环境损害赔偿诉讼案件。

第二条 环境污染责任纠纷案件、生态破坏责任纠纷案件的原告应当就以下事实承担举证责任：

（一）被告实施了污染环境或者破坏生态的行为；

（二）原告人身、财产受到损害或者有遭受损害的危险。

第三条 生态环境保护民事公益诉讼案件的原告应当就以下事实承担举证责任：

（一）被告实施了污染环境或者破坏生态的行为，且该行为违反国家规定；

（二）生态环境受到损害或者有遭受损害的重大风险。

第四条 原告请求被告就其污染环境、破坏生态行为支付人身、财产损害赔偿费用,或者支付民法典第一千二百三十五条规定的损失、费用的,应当就其主张的损失、费用的数额承担举证责任。

第五条 原告起诉请求被告承担环境污染、生态破坏责任的,应当提供被告行为与损害之间具有关联性的证据。

人民法院应当根据当事人提交的证据,结合污染环境、破坏生态的行为方式、污染物的性质、环境介质的类型、生态因素的特征、时间顺序、空间距离等因素,综合判断被告行为与损害之间的关联性是否成立。

第六条 被告应当就其行为与损害之间不存在因果关系承担举证责任。

被告主张不承担责任或者减轻责任的,应当就法律规定的不承担责任或者减轻责任的情形承担举证责任。

第七条 被告证明其排放的污染物、释放的生态因素、产生的生态影响未到达损害发生地,或者其行为在损害发生后才实施且未加重损害后果,或者存在其行为不可能导致损害发生的其他情形的,人民法院应当认定被告行为与损害之间不存在因果关系。

第八条 对于发生法律效力的刑事裁判、行政裁判因未达到证明标准未予认定的事实,在因同一污染环境、破坏生态行为提起的生态环境侵权民事诉讼中,人民法院根据有关事实和证据确信待证事实的存在具有高度可能性的,应当认定该事实存在。

第九条 对于人民法院在生态环境保护民事公益诉讼生效裁判中确认的基本事实,当事人在因同一污染环境、破坏生态行为提起的人身、财产损害赔偿诉讼中无需举证证明,但有相反证据足以推翻的除外。

第十条 对于可能损害国家利益、社会公共利益的事实,双方当事人未主张或者无争议,人民法院认为可能影响裁判结果的,可以责令当事人提供有关证据。

前款规定的证据,当事人申请人民法院调查收集,符合《最高人民法院关于适用〈中华人民共和国民事诉讼法〉的解释》第九十四条规定情形的,人民法院应当准许;人民法院认为有必要的,可以依职权调查收集。

第十一条 实行环境资源案件集中管辖的法院,可以委托侵权行为实施地、侵权结果发生地、被告住所地等人民法院调查收集证据。受委托法院应当在收到委托函次日起三十日内完成委托事项,并将调查收集的证据及有关笔录移送委托法院。

受委托法院未能完成委托事项的,应当向委托法院书面告知有关情况及未能完成的原因。

第十二条 当事人或者利害关系人申请保全环境污染、生态破坏相关证据的,人民法院应当结合下列因素进行审查,确定是否采取保全措施:

(一)证据灭失或者以后难以取得的可能性;

(二)证据对证明待证事实有无必要;

(三)申请人自行收集证据是否存在困难;
(四)有必要采取证据保全措施的其他因素。

第十三条 在符合证据保全目的的情况下,人民法院应当选择对证据持有人利益影响最小的保全措施,尽量减少对保全标的物价值的损害和对证据持有人生产、生活的影响。

确需采取查封、扣押等限制保全标的物使用的保全措施的,人民法院应当及时组织当事人对保全的证据进行质证。

第十四条 人民法院调查收集、保全或者勘验涉及环境污染、生态破坏专门性问题的证据,应当遵守相关技术规范。必要时,可以通知鉴定人到场,或者邀请负有环境资源保护监督管理职责的部门派员协助。

第十五条 当事人向人民法院提交证据后申请撤回该证据,或者声明不以该证据证明案件事实的,不影响其他当事人援引该证据证明案件事实以及人民法院对该证据进行审查认定。

当事人放弃使用人民法院依其申请调查收集或者保全的证据的,按照前款规定处理。

第十六条 对于查明环境污染、生态破坏案件事实的专门性问题,人民法院经审查认为有必要的,应当根据当事人的申请或者依职权委托具有相应资格的机构、人员出具鉴定意见。

第十七条 对于法律适用、当事人责任划分等非专门性问题,或者虽然属于专门性问题,但可以通过法庭调查、勘验等其他方式查明的,人民法院不予委托鉴定。

第十八条 鉴定人需要邀请其他机构、人员完成部分鉴定事项的,应当向人民法院提出申请。

人民法院经审查认为确有必要的,在听取双方当事人意见后,可以准许,并告知鉴定人对最终鉴定意见承担法律责任;主要鉴定事项由其他机构、人员实施的,人民法院不予准许。

第十九条 未经人民法院准许,鉴定人邀请其他机构、人员完成部分鉴定事项的,鉴定意见不得作为认定案件事实的根据。

前款情形,当事人申请退还鉴定费用的,人民法院应当在三日内作出裁定,责令鉴定人退还;拒不退还的,由人民法院依法执行。

第二十条 鉴定人提供虚假鉴定意见的,该鉴定意见不得作为认定案件事实的根据。人民法院可以依照民事诉讼法第一百一十四条的规定进行处理。

鉴定事项由其他机构、人员完成,其他机构、人员提供虚假鉴定意见的,按照前款规定处理。

第二十一条 因没有鉴定标准、成熟的鉴定方法、相应资格的鉴定人等原因无法进行鉴定,或者鉴定周期过长、费用过高的,人民法院可以结合案件有关事实、当事人申请的有专门知识的人的意见和其他证据,对涉及专门性问题的事实作出认定。

第二十二条 当事人申请有专门知识的人出庭,就鉴定意见或者污染物认定、损害结果、因果关系、生态环境修复方案、生态环境修复费用、生态环境受到损害至修复完成期间服务功能丧失导致的损失、生态环境功能永久性损害造成的损失等专业问题提出意见的,人民法院可以准许。

对方当事人以有专门知识的人不具备相应资格为由提出异议的,人民法院对该异议不予支持。

第二十三条 当事人就环境污染、生态破坏的专门性问题自行委托有关机构、人员出具的意见,人民法院应当结合本案的其他证据,审查确定能否作为认定案件事实的根据。

对方当事人对该意见有异议的,人民法院应当告知提供意见的当事人可以申请出具意见的机构或者人员出庭陈述意见;未出庭的,该意见不得作为认定案件事实的根据。

第二十四条 负有环境资源保护监督管理职责的部门在其职权范围内制作的处罚决定等文书所记载的事项推定为真实,但有相反证据足以推翻的除外。

人民法院认为有必要的,可以依职权对上述文书的真实性进行调查核实。

第二十五条 负有环境资源保护监督管理职责的部门及其所属或者委托的监测机构在行政执法过程中收集的监测数据、形成的事件调查报告、检验检测报告、评估报告等材料,以及公安机关单独或者会同负有环境资源保护监督管理职责的部门提取样品进行检测获取的数据,经当事人质证,可以作为认定案件事实的根据。

第二十六条 对于证明环境污染、生态破坏案件事实有重要意义的书面文件、数据信息或者录音、录像等证据在对方当事人控制之下的,承担举证责任的当事人可以根据《最高人民法院关于适用〈中华人民共和国民事诉讼法〉的解释》第一百一十二条的规定,书面申请人民法院责令对方当事人提交。

第二十七条 承担举证责任的当事人申请人民法院责令对方当事人提交证据的,应当提供有关证据的名称、主要内容、制作人、制作时间或者其他可以将有关证据特定化的信息。根据申请人提供的信息不能使证据特定化的,人民法院不予准许。

人民法院应当结合申请人是否参与证据形成过程、是否接触过该证据等因素,综合判断其提供的信息是否达到证据特定化的要求。

第二十八条 承担举证责任的当事人申请人民法院责令对方当事人提交证据的,应当提出证据由对方当事人控制的依据。对方当事人否认控制有关证据的,人民法院应当根据法律规定、当事人约定、交易习惯等因素,结合案件的事实、证据作出判断。

有关证据虽未由对方当事人直接持有,但在其控制范围之内,其获取不存在客观障碍的,人民法院应当认定有关证据由其控制。

第二十九条　法律、法规、规章规定当事人应当披露或者持有的关于其排放的主要污染物名称、排放方式、排放浓度和总量、超标排放情况、防治污染设施的建设和运行情况、生态环境开发利用情况、生态环境违法信息等环境信息，属于《最高人民法院关于民事诉讼证据的若干规定》第四十七条第一款第三项规定的"对方当事人依照法律规定有权查阅、获取的书证"。

第三十条　在环境污染责任纠纷、生态破坏责任纠纷案件中，损害事实成立，但人身、财产损害赔偿数额难以确定的，人民法院可以结合侵权行为对原告造成损害的程度、被告因侵权行为获得的利益以及过错程度等因素，并可以参考负有环境资源保护监督管理职责的部门的意见等，合理确定。

第三十一条　在生态环境保护民事公益诉讼案件中，损害事实成立，但生态环境修复费用、生态环境受到损害至修复完成期间服务功能丧失导致的损失、生态环境功能永久性损害造成的损失等数额难以确定的，人民法院可以根据污染环境、破坏生态的范围和程度等已查明的案件事实，结合生态环境及其要素的稀缺性、生态环境恢复的难易程度、防治污染设备的运行成本、被告因侵权行为获得的利益以及过错程度等因素，并可以参考负有环境资源保护监督管理职责的部门的意见等，合理确定。

第三十二条　本规定未作规定的，适用《最高人民法院关于民事诉讼证据的若干规定》。

第三十三条　人民法院审理人民检察院提起的环境污染民事公益诉讼案件、生态破坏民事公益诉讼案件，参照适用本规定。

第三十四条　本规定自 2023 年 9 月 1 日起施行。

本规定公布施行后，最高人民法院以前发布的司法解释与本规定不一致的，不再适用。

最高人民法院关于
诉讼代理人查阅民事案件材料的规定

（2002 年 11 月 4 日最高人民法院审判委员会第 1254 次会议通过　根据 2020 年 12 月 23 日最高人民法院审判委员会第 1823 次会议通过的《最高人民法院关于修改〈最高人民法院关于人民法院民事调解工作若干问题的规定〉等十九件民事诉讼类司法解释的决定》修正　2020 年 12 月 29 日最高人民法院公告公布　该修正自 2021 年 1 月 1 日起施行　法释〔2020〕20 号）

为保障代理民事诉讼的律师和其他诉讼代理人依法行使查阅所代理案件有关材料的权利，保证诉讼活动的顺利进行，根据《中华人民共和国民事诉讼

法》第六十一条的规定,现对诉讼代理人查阅代理案件有关材料的范围和办法作如下规定:

第一条 代理民事诉讼的律师和其他诉讼代理人有权查阅所代理案件的有关材料。但是,诉讼代理人查阅案件材料不得影响案件的审理。

诉讼代理人为了申请再审的需要,可以查阅已经审理终结的所代理案件有关材料。

第二条 人民法院应当为诉讼代理人阅卷提供便利条件,安排阅卷场所。必要时,该案件的书记员或者法院其他工作人员应当在场。

第三条 诉讼代理人在诉讼过程中需要查阅案件有关材料的,应当提前与该案件的书记员或者审判人员联系;查阅已经审理终结的案件有关材料的,应当与人民法院有关部门工作人员联系。

第四条 诉讼代理人查阅案件有关材料应当出示律师证或者身份证等有效证件。查阅案件有关材料应当填写查阅案件有关材料阅卷单。

第五条 诉讼代理人在诉讼中查阅案件材料限于案件审判卷和执行卷的正卷,包括起诉书、答辩书、庭审笔录及各种证据材料等。

案件审理终结后,可以查阅案件审判卷的正卷。

第六条 诉讼代理人查阅案件有关材料后,应当及时将查阅的全部案件材料交回书记员或者其他负责保管案卷的工作人员。

书记员或者法院其他工作人员对诉讼代理人交回的案件材料应当当面清查,认为无误后在阅卷单上签注。阅卷单应当附卷。

诉讼代理人不得将查阅的案件材料携出法院指定的阅卷场所。

第七条 诉讼代理人查阅案件材料可以摘抄或者复印。涉及国家秘密的案件材料,依照国家有关规定办理。

复印案件材料应当经案卷保管人员的同意。复印已经审理终结的案件有关材料,诉讼代理人可以要求案卷管理部门在复印材料上盖章确认。

复印案件材料可以收取必要的费用。

第八条 查阅案件材料中涉及国家秘密、商业秘密和个人隐私的,诉讼代理人应当保密。

第九条 诉讼代理人查阅案件材料时不得涂改、损毁、抽取案件材料。

人民法院对修改、损毁、抽取案卷材料的诉讼代理人,可以参照民事诉讼法第一百一十一条第一款第(一)项的规定处理。

第十条 民事案件的当事人查阅案件有关材料的,参照本规定执行。

第十一条 本规定自公布之日起施行。

人民法院司法鉴定工作暂行规定

(2001年11月16日　法发〔2001〕23号)

第一章　总　　则

第一条　为了规范人民法院司法鉴定工作,根据《中华人民共和国刑事诉讼法》、《中华人民共和国民事诉讼法》、《中华人民共和国行政诉讼法》、《中华人民共和国人民法院组织法》等法律,制定本规定。

第二条　本规定所称司法鉴定,是指在诉讼过程中,为查明案件事实,人民法院依据职权,或者应当事人及其他诉讼参与人的申请,指派或委托具有专门知识人,对专门性问题进行检验、鉴别和评定的活动。

第三条　司法鉴定应当遵循下列原则:
(一)合法、独立、公开;
(二)客观、科学、准确;
(三)文明、公正、高效。

第四条　凡需要进行司法鉴定的案件,应当由人民法院司法鉴定机构鉴定,或者由人民法院司法鉴定机构统一对外委托鉴定。

第五条　最高人民法院指导地方各级人民法院的司法鉴定工作,上级人民法院指导下级人民法院的司法鉴定工作。

第二章　司法鉴定机构及鉴定人

第六条　最高人民法院、各高级人民法院和有条件的中级人民法院设立独立的司法鉴定机构。新建司法鉴定机构须报最高人民法院批准。

最高人民法院的司法鉴定机构为人民法院司法鉴定中心,根据工作需要可设立分支机构。

第七条　鉴定人权利:
(一)了解案情,要求委托人提供鉴定所需的材料;
(二)勘验现场,进行有关的检验,询问与鉴定有关的当事人。必要时,可申请人民法院依据职权采集鉴定材料,决定鉴定方法和处理检材;
(三)自主阐述鉴定观点,与其他鉴定人意见不同时,可不在鉴定文书上署名;
(四)拒绝受理违反法律规定的委托。

第八条　鉴定人义务:
(一)尊重科学,恪守职业道德;
(二)保守案件秘密;
(三)及时出具鉴定结论;

(四)依法出庭宣读鉴定结论并回答与鉴定相关的提问。
第九条 有下列情形之一的,鉴定人应当回避:
(一)鉴定人系案件的当事人,或者当事人的近亲属;
(二)鉴定人的近亲属与案件有利害关系;
(三)鉴定人担任过本案的证人、辩护人、诉讼代理人;
(四)其他可能影响准确鉴定的情形。

第三章 委托与受理

第十条 各级人民法院司法鉴定机构,受理本院及下级人民法院委托的司法鉴定。下级人民法院可逐级委托上级人民法院司法鉴定机构鉴定。
第十一条 司法鉴定应当采用书面委托形式,提出鉴定目的、要求,提供必要的案情说明材料和鉴定材料。
第十二条 司法鉴定机构应当在3日内做出是否受理的决定。对不予受理的,应当向委托人说明原因。
第十三条 司法鉴定机构接受委托后,可根据情况自行鉴定,也可以组织专家、联合科研机构或者委托从相关鉴定人名册中随机选定的鉴定人进行鉴定。
第十四条 有下列情形之一需要重新鉴定的,人民法院应当委托上级法院的司法鉴定机构做重新鉴定:
(一)鉴定人不具备相关鉴定资格的;
(二)鉴定程序不符合法律规定的;
(三)鉴定结论与其他证据有矛盾的;
(四)鉴定材料有虚假,或者原鉴定方法有缺陷的;
(五)鉴定人应当回避没有回避,而对其鉴定结论有持不同意见的;
(六)同一案件具有多个不同鉴定结论的;
(七)有证据证明存在影响鉴定人准确鉴定因素的。
第十五条 司法鉴定机构可受人民法院的委托,对拟作为证据使用的鉴定文书、检验报告、勘验检查记录、医疗病情资料、会计资料等材料作文证审查。

第四章 检验与鉴定

第十六条 鉴定工作一般应按下列步骤进行:
(一)审查鉴定委托书;
(二)查验送检材料、客体,审查相关技术资料;
(三)根据技术规范制定鉴定方案;
(四)对鉴定活动进行详细记录;
(五)出具鉴定文书。
第十七条 对存在损耗检材的鉴定,应当向委托人说明。必要时,应由委托人出具检材处理授权书。

第十八条 检验取样和鉴定取样时,应当通知委托人、当事人或者代理人到场。

第十九条 进行身体检查时,受检人、鉴定人互为异性的,应当增派一名女性工作人员在场。

第二十条 对疑难或者涉及多学科的鉴定,出具鉴定结论前,可听取有关专家的意见。

第五章 鉴定期限、鉴定中止与鉴定终结

第二十一条 鉴定期限是指决定受理委托鉴定之日起,到发出鉴定文书之日止的时间。

一般的司法鉴定应当在30个工作日内完成;疑难的司法鉴定应当在60个工作日内完成。

第二十二条 具有下列情形之一,影响鉴定期限的,应当中止鉴定:

(一)受检人或者其他受检物处于不稳定状态,影响鉴定结论的;

(二)受检人不能在指定的时间、地点接受检验的;

(三)因特殊检验需预约时间或者等待检验结果的;

(四)须补充鉴定材料的。

第二十三条 具有下列情形之一的,可终结鉴定:

(一)无法获取必要的鉴定材料的;

(二)被鉴定人或者受检人不配合检验,经做工作仍不配合的;

(三)鉴定过程中撤诉或者调解结案的;

(四)其他情况使鉴定无法进行的。

在规定期限内,鉴定人因鉴定中止、终结或者其他特殊情况不能完成鉴定的,应当向司法鉴定机构申请办理延长期限或者终结手续。司法鉴定机构对是否中止、终结应当做出决定。做出中止、终结决定的,应当函告委托人。

第六章 其 他

第二十四条 人民法院司法鉴定机构工作人员因徇私舞弊、严重不负责任造成鉴定错误导致错案的,参照《人民法院审判人员违法审判责任追究办法(试行)》和《人民法院审判纪律处分办法(试行)》追究责任。

其他鉴定人因鉴定结论错误导致错案的,依法追究其法律责任。

第二十五条 司法鉴定按国家价格主管部门核定的标准收取费用。

第二十六条 人民法院司法鉴定中心根据本规定制定细则。

第二十七条 本规定自颁布之日起实行。

第二十八条 本规定由最高人民法院负责解释。

人民法院对外委托司法鉴定管理规定

（2002年2月22日最高人民法院审判委员会第1214次会议通过　2002年3月27日最高人民法院公告公布　自2002年4月1日起施行　法释〔2002〕8号）

第一条　为规范人民法院对外委托和组织司法鉴定工作，根据《人民法院司法鉴定工作暂行规定》，制定本办法。

第二条　人民法院司法鉴定机构负责统一对外委托和组织司法鉴定。未设司法鉴定机构的人民法院，可在司法行政管理部门配备专职司法鉴定人员，并由司法行政管理部门代行对外委托司法鉴定的职责。

第三条　人民法院司法鉴定机构建立社会鉴定机构和鉴定人（以下简称鉴定人）名册，根据鉴定对象对专业技术的要求，随机选择和委托鉴定人进行司法鉴定。

第四条　自愿接受人民法院委托从事司法鉴定，申请进入人民法院司法鉴定人名册的社会鉴定、检测、评估机构，应当向人民法院司法鉴定机构提交申请书和以下材料：

（一）企业或社团法人营业执照副本；
（二）专业资质证书；
（三）专业技术人员名单、执业资格和主要业绩；
（四）年检文书；
（五）其他必要的文件、资料。

第五条　以个人名义自愿接受人民法院委托从事司法鉴定，申请进入人民法院司法鉴定人名册的专业技术人员，应当向人民法院司法鉴定机构提交申请书和以下材料：

（一）单位介绍信；
（二）专业资格证书；
（三）主要业绩证明；
（四）其他必要的文件、资料等。

第六条　人民法院司法鉴定机构应当对提出申请的鉴定人进行全面审查，择优确定对外委托和组织司法鉴定的鉴定人候选名单。

第七条　申请进入地方人民法院鉴定人名册的单位和个人，其入册资格由有关人民法院司法鉴定机构审核，报上一级人民法院司法鉴定机构批准，并报最高人民法院司法鉴定机构备案。

第八条　经批准列入人民法院司法鉴定人名册的鉴定人，在《人民法院报》予以公告。

第九条 已列入名册的鉴定人应当接受有关人民法院司法鉴定机构的年度审核,并提交以下材料:
(一)年度业务工作报告书;
(二)专业技术人员变更情况;
(三)仪器设备更新情况;
(四)其他变更情况和要求提交的材料。
年度审核有变更事项的,有关司法鉴定机构应当逐级报最高人民法院司法鉴定机构备案。

第十条 人民法院司法鉴定机构依据尊重当事人选择和人民法院指定相结合的原则,组织诉讼双方当事人进行司法鉴定的对外委托。

诉讼双方当事人协商不一致的,由人民法院司法鉴定机构在列入名册的、符合鉴定要求的鉴定人中,选择受委托人鉴定。

第十一条 司法鉴定所涉及的专业未纳入名册时,人民法院司法鉴定机构可以从社会相关专业中,择优选定受委托单位或专业人员进行鉴定。如果被选定的单位或专业人员需要进入鉴定人名册的,仍应当呈报上一级人民法院司法鉴定机构批准。

第十二条 遇有鉴定人应当回避等情形时,有关人民法院司法鉴定机构应当重新选择鉴定人。

第十三条 人民法院司法鉴定机构对外委托鉴定的,应当指派专人负责协调,主动了解鉴定的有关情况,及时处理可能影响鉴定的问题。

第十四条 接受委托的鉴定人认为需要补充鉴定材料时,如果由申请鉴定的当事人提供确有困难的,可以向有关人民法院司法鉴定机构提出请求,由人民法院决定依据职权采集鉴定材料。

第十五条 鉴定人应当依法履行出庭接受质询的义务。人民法院司法鉴定机构应当协调鉴定人做好出庭工作。

第十六条 列入名册的鉴定人有不履行义务,违反司法鉴定有关规定的,由有关人民法院视情节取消入册资格,并在《人民法院报》公告。

最高人民法院关于人民法院民事诉讼中委托鉴定审查工作若干问题的规定

(2020年7月31日 法〔2020〕202号)

为进一步规范民事诉讼中委托鉴定工作,促进司法公正,根据《中华人民共和国民事诉讼法》《最高人民法院关于适用〈中华人民共和国民事诉讼法〉的解释》《最高人民法院关于民事诉讼证据的若干规定》等法律、司法解释的规定,结合人民法院工作实际,制定本规定。
一、对鉴定事项的审查
1. 严格审查拟鉴定事项是否属于查明案件事实的专门性问题,有下列情形之一的,人民法院不予委托鉴定：
(1)通过生活常识、经验法则可以推定的事实；
(2)与待证事实无关联的问题；
(3)对证明待证事实无意义的问题；
(4)应当由当事人举证的非专门性问题；
(5)通过法庭调查、勘验等方法可以查明的事实；
(6)对当事人责任划分的认定；
(7)法律适用问题；
(8)测谎；
(9)其他不适宜委托鉴定的情形。
2. 拟鉴定事项所涉鉴定技术和方法争议较大的,应当先对其鉴定技术和方法的科学可靠性进行审查。所涉鉴定技术和方法没有科学可靠性的,不予委托鉴定。
二、对鉴定材料的审查
3. 严格审查鉴定材料是否符合鉴定要求,人民法院应当告知当事人不提供符合要求鉴定材料的法律后果。
4. 未经法庭质证的材料(包括补充材料),不得作为鉴定材料。
当事人无法联系、公告送达或当事人放弃质证的,鉴定材料应当经合议庭确认。
5. 对当事人有争议的材料,应当由人民法院予以认定,不得直接交由鉴定机构、鉴定人选用。
三、对鉴定机构的审查
6. 人民法院选择鉴定机构,应当根据法律、司法解释等规定,审查鉴定机构的资质、执业范围等事项。
7. 当事人协商一致选择鉴定机构的,人民法院应当审查协商选择的鉴定机构是否具备鉴定资质及符合法律、司法解释等规定。发现双方当事人的选择有可能损害国家利益、集体利益或第三方利益的,应当终止协商选择程序,采用随机方式选择。
8. 人民法院应当要求鉴定机构在接受委托后5个工作日内,提交鉴定方案、收费标准、鉴定人情况和鉴定人承诺书。
重大、疑难、复杂鉴定事项可适当延长提交期限。
鉴定人拒绝签署承诺书的,人民法院应当要求更换鉴定人或另行委托鉴定机构。
四、对鉴定人的审查
9. 人民法院委托鉴定机构指定鉴定人的,应当严格依照法律、司法解释等规定,对鉴定人的专业能力、从业经验、业内评价、执业范围、鉴定资格、资质证书有效期以及是否有依法回避的情形等进行审查。

特殊情形人民法院直接指定鉴定人的,依照前款规定进行审查。

五、对鉴定意见书的审查

10. 人民法院应当审查鉴定意见书是否具备《最高人民法院关于民事诉讼证据的若干规定》第三十六条规定的内容。

11. 鉴定意见书有下列情形之一的,视为未完成委托鉴定事项,人民法院应当要求鉴定人补充鉴定或重新鉴定:

(1)鉴定意见和鉴定意见书的其他部分相互矛盾的;

(2)同一认定意见使用不确定性表述的;

(3)鉴定意见书有其他明显瑕疵的。

补充鉴定或重新鉴定仍不能完成委托鉴定事项的,人民法院应当责令鉴定人退回已经收取的鉴定费用。

六、加强对鉴定活动的监督

12. 人民法院应当向当事人释明不按期预交鉴定费用及鉴定人出庭费用的法律后果,并对鉴定机构、鉴定人收费情况进行监督。

公益诉讼可以申请暂缓交纳鉴定费用和鉴定人出庭费用。

符合法律援助条件的当事人可以申请暂缓或减免交纳鉴定费用和鉴定人出庭费用。

13. 人民法院委托鉴定应当根据鉴定事项的难易程度、鉴定材料准备情况,确定合理的鉴定期限,一般案件鉴定时限不超过30个工作日,重大、疑难、复杂案件鉴定时限不超过60个工作日。

鉴定机构、鉴定人因特殊情况需要延长鉴定期限的,应当提出书面申请,人民法院可以根据具体情况决定是否延长鉴定期限。

鉴定人未按期提交鉴定书的,人民法院应当审查鉴定人是否存在正当理由。如无正当理由且人民法院准许当事人申请另行委托鉴定的,应当责令原鉴定机构、鉴定人退回已经收取的鉴定费用。

14. 鉴定机构、鉴定人超范围鉴定、虚假鉴定、无正当理由拖延鉴定、拒不出庭作证、违规收费以及有其他违法违规情形的,人民法院可以根据情节轻重,对鉴定机构、鉴定人予以暂停委托、责令退还鉴定费用、从人民法院委托鉴定专业机构、专业人员备选名单中除名等惩戒,并向行政主管部门或者行业协会发出司法建议。鉴定机构、鉴定人存在违法犯罪情形的,人民法院应当将有关线索材料移送公安、检察机关处理。

人民法院建立鉴定人黑名单制度。鉴定机构、鉴定人有前款情形的,可列入鉴定人黑名单。鉴定机构、鉴定人被列入黑名单期间,不得进入人民法院委托鉴定专业机构、专业人员备选名单和相关信息平台。

15. 人民法院应当充分运用委托鉴定信息平台加强对委托鉴定工作的

管理。

16. 行政诉讼中人民法院委托鉴定,参照适用本规定。
17. 本规定自2020年9月1日起施行。

附件:

鉴定人承诺书(试行)

本人接受人民法院委托,作为诉讼参与人参加诉讼活动,依照国家法律法规和人民法院相关规定完成本次司法鉴定活动,承诺如下:

一、遵循科学、公正和诚实原则,客观、独立地进行鉴定,保证鉴定意见不受当事人、代理人或其他第三方的干扰。

二、廉洁自律,不接受当事人、诉讼代理人及其请托人提供的财物、宴请或其他利益。

三、自觉遵守有关回避的规定,及时向人民法院报告可能影响鉴定意见的各种情形。

四、保守在鉴定活动中知悉的国家秘密、商业秘密和个人隐私,不利用鉴定活动中知悉的国家秘密、商业秘密和个人隐私获取利益,不向无关人员泄露案情及鉴定信息。

五、勤勉尽责,遵照相关鉴定管理规定及技术规范,认真分析判断专业问题,独立进行检验、测算、分析、评定并形成鉴定意见,保证不出具虚假或误导性鉴定意见;妥善保管、保存、移交相关鉴定材料,不因自身原因造成鉴定材料污损、遗失。

六、按照规定期限和人民法院要求完成鉴定事项,如遇特殊情形不能如期完成的,应当提前向人民法院申请延期。

七、保证依法履行鉴定人出庭作证义务,做好鉴定意见的解释及质证工作。

本人已知悉违反上述承诺将承担的法律责任及行业主管部门、人民法院给予的相应处理后果。

承诺人:(签名)
鉴定机构:(盖章)
　年　月　日

四、诉讼时效、期间与送达

中华人民共和国民法典(节录)

(2020年5月28日第十三届全国人民代表大会第三次会议通过 2020年5月28日中华人民共和国主席令第45号公布 自2021年1月1日起施行)

......

第一编 总 则

......

第九章 诉讼时效

第一百八十八条 【普通诉讼时效】向人民法院请求保护民事权利的诉讼时效期间为三年。法律另有规定的,依照其规定。

诉讼时效期间自权利人知道或者应当知道权利受到损害以及义务人之日起计算。法律另有规定的,依照其规定。但是,自权利受到损害之日起超过二十年的,人民法院不予保护,有特殊情况的,人民法院可以根据权利人的申请决定延长。

第一百八十九条 【分期履行债务诉讼时效的起算】当事人约定同一债务分期履行的,诉讼时效期间自最后一期履行期限届满之日起计算。

第一百九十条 【对法定代理人请求权诉讼时效的起算】无民事行为能力人或者限制民事行为能力人对其法定代理人的请求权的诉讼时效期间,自该法定代理终止之日起计算。

第一百九十一条 【未成年人遭受性侵害的损害赔偿诉讼时效的起算】未成年人遭受性侵害的损害赔偿请求权的诉讼时效期间,自受害人年满十八周岁之日起计算。

第一百九十二条 【诉讼时效届满的法律效果】诉讼时效期间届满的,义务人可以提出不履行义务的抗辩。

诉讼时效期间届满后,义务人同意履行的,不得以诉讼时效期间届满为由抗辩;义务人已经自愿履行的,不得请求返还。

第一百九十三条 【诉讼时效援用】人民法院不得主动适用诉讼时效的规定。

第一百九十四条 【诉讼时效的中止】在诉讼时效期间的最后六个月内,因下列障碍,不能行使请求权的,诉讼时效中止:

(一)不可抗力;

(二)无民事行为能力人或者限制民事行为能力人没有法定代理人,或者法定代理人死亡、丧失民事行为能力、丧失代理权;

(三)继承开始后未确定继承人或者遗产管理人;

(四)权利人被义务人或者其他人控制;

(五)其他导致权利人不能行使请求权的障碍。

自中止时效的原因消除之日起满六个月,诉讼时效期间届满。

第一百九十五条 【诉讼时效的中断】有下列情形之一的,诉讼时效中断,从中断、有关程序终结时起,诉讼时效期间重新计算:

(一)权利人向义务人提出履行请求;

(二)义务人同意履行义务;

(三)权利人提起诉讼或者申请仲裁;

(四)与提起诉讼或者申请仲裁具有同等效力的其他情形。

第一百九十六条 【不适用诉讼时效的情形】下列请求权不适用诉讼时效的规定:

(一)请求停止侵害、排除妨碍、消除危险;

(二)不动产物权和登记的动产物权的权利人请求返还财产;

(三)请求支付抚养费、赡养费或者扶养费;

(四)依法不适用诉讼时效的其他请求权。

第一百九十七条 【诉讼时效法定】诉讼时效的期间、计算方法以及中止、中断的事由由法律规定,当事人约定无效。

当事人对诉讼时效利益的预先放弃无效。

第一百九十八条 【仲裁时效】法律对仲裁时效有规定的,依照其规定;没有规定的,适用诉讼时效的规定。

第一百九十九条 【除斥期间】法律规定或者当事人约定的撤销权、解除权等权利的存续期间,除法律另有规定外,自权利人知道或者应当知道权利产生之日起计算,不适用有关诉讼时效中止、中断和延长的规定。存续期间届满,撤销权、解除权等权利消灭。

第十章 期间计算

第二百条 【期间的计算单位】民法所称的期间按照公历年、月、日、小时计算。

第二百零一条 【期间的起算】按照年、月、日计算期间的,开始的当日不计入,自下一日开始计算。

按照小时计算期间的,自法律规定或者当事人约定的时间开始计算。

第二百零二条 【期间结束】按照年、月计算期间的,到期月的对应日为期间的最后一日;没有对应日的,月末日为期间的最后一日。

第二百零三条 【期间计算的特殊规定】期间的最后一日是法定休假日的,以法定休假日结束的次日为期间的最后一日。

期间的最后一日的截止时间为二十四时;有业务时间的,停止业务活动的时间为截止时间。

第二百零四条 【期间法定或约定】期间的计算方法依照本法的规定,但是法律另有规定或者当事人另有约定的除外。

……

最高人民法院关于适用《中华人民共和国民法典》时间效力的若干规定

(2020年12月14日最高人民法院审判委员会第1821次会议通过 2020年12月29日最高人民法院公告公布 自2021年1月1日起施行 法释〔2020〕15号)

根据《中华人民共和国立法法》《中华人民共和国民法典》等法律规定,就人民法院在审理民事纠纷案件中有关适用民法典时间效力问题作出如下规定。

一、一般规定

第一条 民法典施行后的法律事实引起的民事纠纷案件,适用民法典的规定。

民法典施行前的法律事实引起的民事纠纷案件,适用当时的法律、司法解释的规定,但是法律、司法解释另有规定的除外。

民法典施行前的法律事实持续至民法典施行后,该法律事实引起的民事纠纷案件,适用民法典的规定,但是法律、司法解释另有规定的除外。

第二条 民法典施行前的法律事实引起的民事纠纷案件,当时的法律、司法解释有规定,适用当时的法律、司法解释的规定,但是适用民法典的规定更有利于保护民事主体合法权益,更有利于维护社会和经济秩序,更有利于弘扬社会主义核心价值观的除外。

第三条 民法典施行前的法律事实引起的民事纠纷案件,当时的法律、司法解释没有规定而民法典有规定的,可以适用民法典的规定,但是明显减损当事人合法权益、增加当事人法定义务或者背离当事人合理预期的除外。

第四条　民法典施行前的法律事实引起的民事纠纷案件,当时的法律、司法解释仅有原则性规定而民法典有具体规定的,适用当时的法律、司法解释的规定,但是可以依据民法典具体规定进行裁判说理。

第五条　民法典施行前已经终审的案件,当事人申请再审或者按照审判监督程序决定再审的,不适用民法典的规定。

二、溯及适用的具体规定

第六条　《中华人民共和国民法总则》施行前,侵害英雄烈士等的姓名、肖像、名誉、荣誉,损害社会公共利益引起的民事纠纷案件,适用民法典第一百八十五条的规定。

第七条　民法典施行前,当事人在债务履行期限届满前约定债务人不履行到期债务时抵押财产或者质押财产归债权人所有的,适用民法典第四百零一条和第四百二十八条的规定。

第八条　民法典施行前成立的合同,适用当时的法律、司法解释的规定合同无效而适用民法典的规定合同有效的,适用民法典的相关规定。

第九条　民法典施行前订立的合同,提供格式条款一方未履行提示或者说明义务,涉及格式条款效力认定的,适用民法典第四百九十六条的规定。

第十条　民法典施行前,当事人一方未通知对方而直接以提起诉讼方式依法主张解除合同的,适用民法典第五百六十五条第二款的规定。

第十一条　民法典施行前成立的合同,当事人一方不履行非金钱债务或者履行非金钱债务不符合约定,对方可以请求履行,但是有民法典第五百八十条第一款第一项、第二项、第三项除外情形之一,致使不能实现合同目的,当事人请求终止合同权利义务关系的,适用民法典第五百八十条第二款的规定。

第十二条　民法典施行前订立的保理合同发生争议的,适用民法典第三编第十六章的规定。

第十三条　民法典施行前,继承人有民法典第一千一百二十五条第一款第四项和第五项规定行为之一,对该继承人是否丧失继承权发生争议的,适用民法典第一千一百二十五条第一款和第二款的规定。

民法典施行前,受遗赠人有民法典第一千一百二十五条第一款规定行为之一,对受遗赠人是否丧失受遗赠权发生争议的,适用民法典第一千一百二十五条第一款和第三款的规定。

第十四条　被继承人在民法典施行前死亡,遗产无人继承又无人受遗赠,其兄弟姐妹的子女请求代位继承的,适用民法典第一千一百二十八条第二款和第三款的规定,但是遗产已经在民法典施行前处理完毕的除外。

第十五条　民法典施行前,遗嘱人以打印方式立的遗嘱,当事人对该遗嘱效力发生争议的,适用民法典第一千一百三十六条的规定,但是遗产已经在民法典施行前处理完毕的除外。

第十六条　民法典施行前,受害人自愿参加具有一定风险的文体活动受到损害引起的民事纠纷案件,适用民法典第一千一百七十六条的规定。

第十七条　民法典施行前,受害人为保护自己合法权益采取扣留侵权人的财物等措施引起的民事纠纷案件,适用民法典第一千一百七十七条的规定。

第十八条　民法典施行前,因非营运机动车发生交通事故造成无偿搭乘人损害引起的民事纠纷案件,适用民法典第一千二百一十七条的规定。

第十九条　民法典施行前,从建筑物中抛掷物品或者从建筑物上坠落的物品造成他人损害引起的民事纠纷案件,适用民法典第一千二百五十四条的规定。

三、衔接适用的具体规定

第二十条　民法典施行前成立的合同,依照法律规定或者当事人约定该合同的履行持续至民法典施行后,因民法典施行前履行合同发生争议的,适用当时的法律、司法解释的规定;因民法典施行后履行合同发生争议的,适用民法典第三编第四章和第五章的相关规定。

第二十一条　民法典施行前租赁期限届满,当事人主张适用民法典第七百三十四条第二款规定的,人民法院不予支持;租赁期限在民法典施行后届满,当事人主张适用民法典第七百三十四条第二款规定的,人民法院依法予以支持。

第二十二条　民法典施行前,经人民法院判决不准离婚后,双方又分居满一年,一方再次提起离婚诉讼的,适用民法典第一千零七十九条第五款的规定。

第二十三条　被继承人在民法典施行前立有公证遗嘱,民法典施行后又立有新遗嘱,其死亡后,因该数份遗嘱内容相抵触发生争议的,适用民法典第一千一百四十二条第三款的规定。

第二十四条　侵权行为发生在民法典施行前,但是损害后果出现在民法典施行后的民事纠纷案件,适用民法典的规定。

第二十五条　民法典施行前成立的合同,当时的法律、司法解释没有规定且当事人没有约定解除权行使期限,对方当事人也未催告的,解除权人在民法典施行前知道或者应当知道解除事由,自民法典施行之日起一年内不行使的,人民法院应当依法认定该解除权消灭;解除权人在民法典施行后知道或者应当知道解除事由的,适用民法典第五百六十四条第二款关于解除权行使期限的规定。

第二十六条　当事人以民法典施行前受胁迫结婚为由请求人民法院撤销婚姻的,撤销权的行使期限适用民法典第一千零五十二条第二款的规定。

第二十七条　民法典施行前成立的保证合同,当事人对保证期间约定不明确,主债务履行期限届满至民法典施行之日不满二年,当事人主张保证期间为主债务履行期限届满之日起二年的,人民法院依法予以支持;当事人对保证期间没有约定,主债务履行期限届满至民法典施行之日不满六个月,当事人主张保证期间为主债务履行期限届满之日起六个月的,人民法院依法予以支持。

四、附　则

第二十八条　本规定自2021年1月1日起施行。

本规定施行后,人民法院尚未审结的一审、二审案件适用本规定。

最高人民法院关于
审理民事案件适用诉讼时效制度若干问题的规定

（2008年8月11日最高人民法院审判委员会第1450次会议通过　根据2020年12月23日最高人民法院审判委员会第1823次会议通过的《最高人民法院关于修改〈最高人民法院关于在民事审判工作中适用《中华人民共和国工会法》若干问题的解释〉等二十七件民事类司法解释的决定》修正　2020年12月29日最高人民法院公告公布　该修正自2021年1月1日起施行　法释〔2020〕17号）

为正确适用法律关于诉讼时效制度的规定,保护当事人的合法权益,依照《中华人民共和国民法典》《中华人民共和国民事诉讼法》等法律的规定,结合审判实践,制定本规定。

第一条　当事人可以对债权请求权提出诉讼时效抗辩,但对下列债权请求权提出诉讼时效抗辩的,人民法院不予支持:

（一）支付存款本金及利息请求权;

（二）兑付国债、金融债券以及向不特定对象发行的企业债券本息请求权;

（三）基于投资关系产生的缴付出资请求权;

（四）其他依法不适用诉讼时效规定的债权请求权。

第二条　当事人未提出诉讼时效抗辩,人民法院不应对诉讼时效问题进行释明。

第三条　当事人在一审期间未提出诉讼时效抗辩,在二审期间提出的,人民法院不予支持,但其基于新的证据能够证明对方当事人的请求权已过诉讼时效期间的情形除外。

当事人未按照前款规定提出诉讼时效抗辩,以诉讼时效期间届满为由申请再审或者提出再审抗辩的,人民法院不予支持。

第四条　未约定履行期限的合同,依照民法典第五百一十条、第五百一十一条的规定,可以确定履行期限的,诉讼时效期间从履行期限届满之日起计算;不能确定履行期限的,诉讼时效期间从债权人要求债务人履行义务的宽限期届满之日起计算,但债务人在债权人第一次向其主张权利之时明确表示不履行义务的,诉讼时效期间从债务人明确表示不履行义务之日起计算。

第五条 享有撤销权的当事人一方请求撤销合同的,应适用民法典关于除斥期间的规定。对方当事人对撤销合同请求权提出诉讼时效抗辩的,人民法院不予支持。

合同被撤销,返还财产、赔偿损失请求权的诉讼时效期间从合同被撤销之日起计算。

第六条 返还不当得利请求权的诉讼时效期间,从当事人一方知道或者应当知道不当得利事实及对方当事人之日起计算。

第七条 管理人因无因管理行为产生的给付必要管理费用、赔偿损失请求权的诉讼时效期间,从无因管理行为结束并且管理人知道或者应当知道本人之日起计算。

本人因不当无因管理行为产生的赔偿损失请求权的诉讼时效期间,从其知道或者应当知道管理人及损害事实之日起计算。

第八条 具有下列情形之一的,应当认定为民法典第一百九十五条规定的"权利人向义务人提出履行请求",产生诉讼时效中断的效力:

(一)当事人一方直接向对方当事人送交主张权利文书,对方当事人在文书上签名、盖章、按指印或者虽未签名、盖章、按指印但能够以其他方式证明该文书到达对方当事人的;

(二)当事人一方以发送信件或者数据电文方式主张权利,信件或者数据电文到达或者应当到达对方当事人的;

(三)当事人一方为金融机构,依照法律规定或者当事人约定从对方当事人账户中扣收欠款本息的;

(四)当事人一方下落不明,对方当事人在国家级或者下落不明的当事人一方住所地的省级有影响的媒体上刊登具有主张权利内容的公告的,但法律和司法解释另有特别规定的,适用其规定。

前款第(一)项情形中,对方当事人为法人或者其他组织的,签收人可以是其法定代表人、主要负责人、负责收发信件的部门或者被授权主体;对方当事人为自然人的,签收人可以是自然人本人、同住的具有完全行为能力的亲属或者被授权主体。

第九条 权利人对同一债权中的部分债权主张权利,诉讼时效中断的效力及于剩余债权,但权利人明确表示放弃剩余债权的情形除外。

第十条 当事人一方向人民法院提交起诉状或者口头起诉的,诉讼时效从提交起诉状或者口头起诉之日中断。

第十一条 下列事项之一,人民法院应当认定与提起诉讼具有同等诉讼时效中断的效力:

(一)申请支付令;

(二)申请破产、申报破产债权;
(三)为主张权利而申请宣告义务人失踪或死亡;
(四)申请诉前财产保全、诉前临时禁令等诉前措施;
(五)申请强制执行;
(六)申请追加当事人或者被通知参加诉讼;
(七)在诉讼中主张抵销;
(八)其他与提起诉讼具有同等诉讼时效中断效力的事项。

第十二条 权利人向人民调解委员会以及其他依法有权解决相关民事纠纷的国家机关、事业单位、社会团体等社会组织提出保护相应民事权利的请求,诉讼时效从提出请求之日起中断。

第十三条 权利人向公安机关、人民检察院、人民法院报案或者控告,请求保护其民事权利的,诉讼时效从其报案或者控告之日起中断。

上述机关决定不立案、撤销案件、不起诉的,诉讼时效期间从权利人知道或者应当知道不立案、撤销案件或者不起诉之日起重新计算;刑事案件进入审理阶段,诉讼时效期间从刑事裁判文书生效之日起重新计算。

第十四条 义务人作出分期履行、部分履行、提供担保、请求延期履行、制定清偿债务计划等承诺或者行为的,应当认定为民法典第一百九十五条规定的"义务人同意履行义务"。

第十五条 对于连带债权人中的一人发生诉讼时效中断效力的事由,应当认定对其他连带债权人也发生诉讼时效中断的效力。

对于连带债务人中的一人发生诉讼时效中断效力的事由,应当认定对其他连带债务人也发生诉讼时效中断的效力。

第十六条 债权人提起代位权诉讼的,应当认定对债权人的债权和债务人的债权均发生诉讼时效中断的效力。

第十七条 债权转让的,应当认定诉讼时效从债权转让通知到达债务人之日起中断。

债务承担情形下,构成原债务人对债务承认的,应当认定诉讼时效从债务承担意思表示到达债权人之日起中断。

第十八条 主债务诉讼时效期间届满,保证人享有主债务人的诉讼时效抗辩权。

保证人未主张前述诉讼时效抗辩权,承担保证责任后向主债务人行使追偿权的,人民法院不予支持,但主债务人同意给付的情形除外。

第十九条 诉讼时效期间届满,当事人一方向对方当事人作出同意履行义务的意思表示或者自愿履行义务后,又以诉讼时效期间届满为由进行抗辩的,人民法院不予支持。

当事人双方就原债务达成新的协议,债权人主张义务人放弃诉讼时效抗辩权的,人民法院应予支持。

超过诉讼时效期间,贷款人向借款人发出催收到期贷款通知单,债务人在通知单上签字或者盖章,能够认定借款人同意履行诉讼时效期间已经届满的义务的,对于贷款人关于借款人放弃诉讼时效抗辩权的主张,人民法院应予支持。

第二十条 本规定施行后,案件尚在一审或者二审阶段的,适用本规定;本规定施行前已经终审的案件,人民法院进行再审时,不适用本规定。

第二十一条 本规定施行前本院作出的有关司法解释与本规定相抵触的,以本规定为准。

最高人民法院关于以法院专递方式邮寄送达民事诉讼文书的若干规定

(2004年9月7日最高人民法院审判委员会第1324次会议通过 2004年9月17日最高人民法院公告公布 自2005年1月1日起施行 法释〔2004〕13号)

为保障和方便双方当事人依法行使诉讼权利,根据《中华人民共和国民事诉讼法》的有关规定,结合民事审判经验和各地的实际情况,制定本规定。

第一条 人民法院直接送达诉讼文书有困难的,可以交由国家邮政机构(以下简称邮政机构)以法院专递方式邮寄送达,但有下列情形之一的除外:

(一)受送达人或者其诉讼代理人、受送达人指定的代收人同意在指定的期间内到人民法院接受送达的;

(二)受送达人下落不明的;

(三)法律规定或者我国缔结或者参加的国际条约中约定有特别送达方式的。

第二条 以法院专递方式邮寄送达民事诉讼文书的,其送达与人民法院送达具有同等法律效力。

第三条 当事人起诉或者答辩时应当向人民法院提供或者确认自己准确的送达地址,并填写送达地址确认书。当事人拒绝提供的,人民法院应当告知其拒不提供送达地址的不利后果,并记入笔录。

第四条 送达地址确认书的内容应当包括送达地址的邮政编码、详细地址以及受送达人的联系电话等内容。

当事人要求对送达地址确认书中的内容保密的,人民法院应当为其保密。

当事人在第一审、第二审和执行终结前变更送达地址的,应当及时以书面方式告知人民法院。

第五条 当事人拒绝提供自己的送达地址,经人民法院告知后仍不提供的,自然人以其户籍登记中的住所地或者经常居住地为送达地址;法人或者其他组织以其工商登记或者其他依法登记、备案中的住所地为送达地址。

第六条 邮政机构按照当事人提供或者确认的送达地址送达的,应当在规定的日期内将回执退回人民法院。

邮政机构按照当事人提供或确认的送达地址在五日内投送三次以上未能送达,通过电话或者其他联系方式又无法告知受送达人的,应当将邮件在规定的日期内退回人民法院,并说明退回的理由。

第七条 受送达人指定代收人的,指定代收人的签收视为受送达人本人签收。

邮政机构在受送达人提供或确认的送达地址未能见到受送达人的,可以将邮件交给与受送达人同住的成年家属代收,但代收人是同一案件中另一方当事人的除外。

第八条 受送达人及其代收人应当在邮件回执上签名、盖章或者捺印。

受送达人及其代收人在签收时应当出示其有效身份证件并在回执上填写该证件的号码;受送达人及其代收人拒绝签收的,由邮政机构的投递员记明情况后将邮件退回人民法院。

第九条 有下列情形之一的,即为送达:

(一)受送达人在邮件回执上签名、盖章或者捺印的;

(二)受送达人是无民事行为能力或者限制民事行为能力的自然人,其法定代理人签收的;

(三)受送达人是法人或者其他组织,其法人的法定代表人、该组织的主要负责人或者办公室、收发室、值班室的工作人员签收的;

(四)受送达人的诉讼代理人签收的;

(五)受送达人指定的代收人签收的;

(六)受送达人的同住成年家属签收的。

第十条 签收人是受送达人本人或者是受送达人的法定代表人、主要负责人、法定代理人、诉讼代理人的,签收人应当当场核对邮件内容。签收人发现邮件内容与回执上的文书名称不一致的,应当当场向邮政机构的投递员提出,由投递员在回执上记明情况后将邮件退回人民法院。

签收人是受送达人办公室、收发室和值班室的工作人员或者是与受送达人同住成年家属,受送达人发现邮件内容与回执上的文书名称不一致的,应当在收到邮件后的三日内将该邮件退回人民法院,并以书面方式说明退回的理由。

第十一条 因受送达人自己提供或者确认的送达地址不准确、拒不提供送达地址、送达地址变更未及时告知人民法院、受送达人本人或者受送达人指定的代收人拒绝签收,导致诉讼文书未能被受送达人实际接收的,文书退回之日视为送达之日。

受送达人能够证明自己在诉讼文书送达的过程中没有过错的,不适用前款规定。

第十二条 本规定自2005年1月1日起实施。

我院以前的司法解释与本规定不一致的,以本规定为准。

最高人民法院
关于进一步加强民事送达工作的若干意见

(2017年7月19日 法发〔2017〕19号)

送达是民事案件审理过程中的重要程序事项,是保障人民法院依法公正审理民事案件、及时维护当事人合法权益的基础。近年来,随着我国社会经济的发展和人民群众司法需求的提高,送达问题已经成为制约民事审判公正与效率的瓶颈之一。为此,各级人民法院要切实改进和加强送达工作,在法律和司法解释的框架内,创新工作机制和方法,全面推进当事人送达地址确认制度,统一送达地址确认书格式,规范送达地址确认书内容,提升民事送达的质量和效率,将司法为民切实落到实处。

一、送达地址确认书是当事人送达地址确认制度的基础。送达地址确认书应当包括当事人提供的送达地址、人民法院告知事项、当事人对送达地址的确认、送达地址确认书的适用范围和变更方式等内容。

二、当事人提供的送达地址应当包括邮政编码、详细地址以及受送达人的联系电话等。同意电子送达的,应当提供并确认接收民事诉讼文书的传真号、电子信箱、微信号等电子送达地址。当事人委托诉讼代理人的,诉讼代理人确认的送达地址视为当事人的送达地址。

三、为保障当事人的诉讼权利,人民法院应当告知送达地址确认书的填写要求和注意事项以及拒绝提供送达地址、提供虚假地址或者提供地址不准确的法律后果。

四、人民法院应当要求当事人对其填写的送达地址及法律后果等事项进行确认。当事人确认的内容应当包括当事人已知晓人民法院告知的事项及送达地址确认书的法律后果,保证送达地址准确、有效,同意人民法院通过其确认的地址送达诉讼文书等,并由当事人或者诉讼代理人签名、盖章或者捺印。

五、人民法院应当在登记立案时要求当事人确认送达地址。当事人拒绝确认送达地址的,依照《最高人民法院关于登记立案若干问题的规定》第七条的规定处理。

六、当事人在送达地址确认书中确认的送达地址,适用于第一审程序、第二审程序和执行程序。当事人变更送达地址,应当以书面方式告知人民法院。当事人未书面变更的,以其确认的地址为送达地址。

七、因当事人提供的送达地址不准确、拒不提供送达地址、送达地址变更未书面告知人民法院,导致民事诉讼文书未能被受送达人实际接收的,直接送达的,民事诉讼文书留在该地址之日为送达之日;邮寄送达的,文书被退回之日为送达之日。

八、当事人拒绝确认送达地址或以拒绝应诉、拒接电话、避而不见送达人员、搬离原住所等躲避、规避送达,人民法院不能或无法要求其确认送达地址的,可以分别以下列情形处理:

(一)当事人在诉讼所涉及的合同、往来函件中对送达地址有明确约定的,以约定的地址为送达地址;

(二)没有约定的,以当事人在诉讼中提交的书面材料中载明的自己的地址为送达地址;

(三)没有约定、当事人也未提交书面材料或者书面材料中未载明地址的,以一年内进行其他诉讼、仲裁案件中提供的地址为送达地址;

(四)无以上情形的,以当事人一年内进行民事活动时经常使用的地址为送达地址。

人民法院按照上述地址进行送达的,可以同时以电话、微信等方式通知受送达人。

九、依第八条规定仍不能确认送达地址的,自然人以其户籍登记的住所或者在经常居住地登记的住址为送达地址,法人或者其他组织以其工商登记或其他依法登记、备案的住所地为送达地址。

十、在严格遵守民事诉讼法和民事诉讼法司法解释关于电子送达适用条件的前提下,积极主动探索电子送达及送达凭证保全的有效方式、方法,有条件的法院可以建立专门的电子送达平台,或以诉讼服务平台为依托进行电子送达,或者采取与大型门户网站、通信运营商合作的方式,通过专门的电子邮箱、特定的通信号码、信息公众号等方式进行送达。

十一、采用传真、电子邮件方式送达的,送达人员应记录传真发送和接收号码、电子邮件发送和接收邮箱、发送时间、送达诉讼文书名称,并打印传真发送确认单、电子邮件发送成功网页,存卷备查。

十二、采用短信、微信等方式送达的,送达人员应记录收发手机号码、发送时间、送达诉讼文书名称,并将短信、微信等送达内容拍摄照片,存卷备查。

十三、可以根据实际情况,有针对性地探索提高送达质量和效率的工作机制,确定由专门的送达机构或者由各审判、执行部门进行送达。在不违反法律、司法解释规定的前提下,可以积极探索创新行之有效的工作方法。

十四、对于移动通信工具能够接通但无法直接送达、邮寄送达的,除判决书、裁定书、调解书外,可以采取电话送达的方式,由送达人员告知当事人诉讼文书内容,并记录拨打、接听电话号码、通话时间、送达诉讼文书内容,通话过程应当录音以存卷备查。

十五、要严格适用民事诉讼法关于公告送达的规定,加强对公告送达的管理,充分保障当事人的诉讼权利。只有在受送达人下落不明,或者用民事诉讼法第一编第七章第二节规定的其他方式无法送达的,才能适用公告送达。

十六、在送达工作中,可以借助基层组织的力量和社会力量,加强与基层组织和有关部门的沟通、协调,为做好送达工作创造良好的外部环境。有条件的地方可以要求基层组织协助送达,并可适当支付费用。

十七、要树立全国法院一盘棋意识,对于其他法院委托送达的诉讼文书,要认真、及时进行送达。鼓励法院之间建立委托送达协作机制,节约送达成本,提高送达效率。

五、调 解

中华人民共和国人民调解法

(2010年8月28日第十一届全国人民代表大会常务委员会第十六次会议通过 2010年8月28日中华人民共和国主席令第34号公布 自2011年1月1日起施行)

第一章 总 则

第一条 为了完善人民调解制度,规范人民调解活动,及时解决民间纠纷,维护社会和谐稳定,根据宪法,制定本法。

第二条 本法所称人民调解,是指人民调解委员会通过说服、疏导等方法,促使当事人在平等协商基础上自愿达成调解协议,解决民间纠纷的活动。

第三条 人民调解委员会调解民间纠纷,应当遵循下列原则:

(一)在当事人自愿、平等的基础上进行调解;

(二)不违背法律、法规和国家政策;

(三)尊重当事人的权利,不得因调解而阻止当事人依法通过仲裁、行政、司法等途径维护自己的权利。

第四条 人民调解委员会调解民间纠纷,不收取任何费用。

第五条 国务院司法行政部门负责指导全国的人民调解工作,县级以上地方人民政府司法行政部门负责指导本行政区域的人民调解工作。

基层人民法院对人民调解委员会调解民间纠纷进行业务指导。

第六条 国家鼓励和支持人民调解工作。县级以上地方人民政府对人民调解工作所需经费应当给予必要的支持和保障,对有突出贡献的人民调解委员会和人民调解员按照国家规定给予表彰奖励。

第二章 人民调解委员会

第七条 人民调解委员会是依法设立的调解民间纠纷的群众性组织。

第八条 村民委员会、居民委员会设立人民调解委员会。企业事业单位根据需要设立人民调解委员会。

人民调解委员会由委员三至九人组成,设主任一人,必要时,可以设副主任若干人。

人民调解委员会应当有妇女成员,多民族居住的地区应当有人数较少民族的成员。

第九条 村民委员会、居民委员会的人民调解委员会委员由村民会议或者村民代表会议、居民会议推选产生;企业事业单位设立的人民调解委员会委员由职工大会、职工代表大会或者工会组织推选产生。

人民调解委员会委员每届任期三年,可以连选连任。

第十条 县级人民政府司法行政部门应当对本行政区域内人民调解委员会的设立情况进行统计,并且将人民调解委员会以及人员组成和调整情况及时通报所在地基层人民法院。

第十一条 人民调解委员会应当建立健全各项调解工作制度,听取群众意见,接受群众监督。

第十二条 村民委员会、居民委员会和企业事业单位应当为人民调解委员会开展工作提供办公条件和必要的工作经费。

第三章 人民调解员

第十三条 人民调解员由人民调解委员会委员和人民调解委员会聘任的人员担任。

第十四条 人民调解员应当由公道正派、热心人民调解工作,并具有一定文化水平、政策水平和法律知识的成年公民担任。

县级人民政府司法行政部门应当定期对人民调解员进行业务培训。

第十五条 人民调解员在调解工作中有下列行为之一的,由其所在的人民调解委员会给予批评教育、责令改正,情节严重的,由推选或者聘任单位予以罢免或者解聘:

(一)偏袒一方当事人的;
(二)侮辱当事人的;
(三)索取、收受财物或者牟取其他不正当利益的;
(四)泄露当事人的个人隐私、商业秘密的。

第十六条 人民调解员从事调解工作,应当给予适当的误工补贴;因从事调解工作致伤致残,生活发生困难的,当地人民政府应当提供必要的医疗、生活救助;在人民调解工作岗位上牺牲的人民调解员,其配偶、子女按照国家规定享受抚恤和优待。

第四章 调解程序

第十七条 当事人可以向人民调解委员会申请调解;人民调解委员会也可以主动调解。当事人一方明确拒绝调解的,不得调解。

第十八条 基层人民法院、公安机关对适宜通过人民调解方式解决的纠纷,可以在受理前告知当事人向人民调解委员会申请调解。

第十九条 人民调解委员会根据调解纠纷的需要,可以指定一名或者数名人民调解员进行调解,也可以由当事人选择一名或者数名人民调解员进行调解。

第二十条 人民调解员根据调解纠纷的需要,在征得当事人的同意后,可以邀请当事人的亲属、邻里、同事等参与调解,也可以邀请具有专门知识、特定经验的人员或者有关社会组织的人员参与调解。

人民调解委员会支持当地公道正派、热心调解、群众认可的社会人士参与调解。

第二十一条 人民调解员调解民间纠纷,应当坚持原则,明法析理,主持公道。调解民间纠纷,应当及时、就地进行,防止矛盾激化。

第二十二条 人民调解员根据纠纷的不同情况,可以采取多种方式调解民间纠纷,充分听取当事人的陈述,讲解有关法律、法规和国家政策,耐心疏导,在当事人平等协商、互谅互让的基础上提出纠纷解决方案,帮助当事人自愿达成调解协议。

第二十三条 当事人在人民调解活动中享有下列权利:
(一)选择或者接受人民调解员;
(二)接受调解、拒绝调解或者要求终止调解;
(三)要求调解公开进行或者不公开进行;
(四)自主表达意愿、自愿达成调解协议。

第二十四条 当事人在人民调解活动中履行下列义务:
(一)如实陈述纠纷事实;
(二)遵守调解现场秩序,尊重人民调解员;
(三)尊重对方当事人行使权利。

第二十五条 人民调解员在调解纠纷过程中,发现纠纷有可能激化的,应当采取有针对性的预防措施;对有可能引起治安案件、刑事案件的纠纷,应当及时向当地公安机关或者其他有关部门报告。

第二十六条 人民调解员调解纠纷,调解不成的,应当终止调解,并依据有关法律、法规的规定,告知当事人可以依法通过仲裁、行政、司法等途径维护自己的权利。

第二十七条 人民调解员应当记录调解情况。人民调解委员会应当建立调解工作档案,将调解登记、调解工作记录、调解协议书等材料立卷归档。

第五章 调解协议

第二十八条 经人民调解委员会调解达成调解协议的,可以制作调解协议书。当事人认为无需制作调解协议书的,可以采取口头协议方式,人民调解员应当记录协议内容。

第二十九条 调解协议书可以载明下列事项:

（一）当事人的基本情况；
（二）纠纷的主要事实、争议事项以及各方当事人的责任；
（三）当事人达成调解协议的内容，履行的方式、期限。

调解协议书自各方当事人签名、盖章或者按指印，人民调解员签名并加盖人民调解委员会印章之日起生效。调解协议书由当事人各执一份，人民调解委员会留存一份。

第三十条 口头调解协议自各方当事人达成协议之日起生效。

第三十一条 经人民调解委员会调解达成的调解协议，具有法律约束力，当事人应当按照约定履行。

人民调解委员会应当对调解协议的履行情况进行监督，督促当事人履行约定的义务。

第三十二条 经人民调解委员会调解达成调解协议后，当事人之间就调解协议的履行或者调解协议的内容发生争议的，一方当事人可以向人民法院提起诉讼。

第三十三条 经人民调解委员会调解达成调解协议后，双方当事人认为有必要的，可以自调解协议生效之日起三十日内共同向人民法院申请司法确认，人民法院应当及时对调解协议进行审查，依法确认调解协议的效力。

人民法院依法确认调解协议有效，一方当事人拒绝履行或者未全部履行的，对方当事人可以向人民法院申请强制执行。

人民法院依法确认调解协议无效的，当事人可以通过人民调解方式变更原调解协议或者达成新的调解协议，也可以向人民法院提起诉讼。

第六章 附 则

第三十四条 乡镇、街道以及社会团体或者其他组织根据需要可以参照本法有关规定设立人民调解委员会，调解民间纠纷。

第三十五条 本法自 2011 年 1 月 1 日起施行。

人民法院在线调解规则

（2021 年 12 月 27 日最高人民法院审判委员会第 1859 次会议通过 2021 年 12 月 30 日最高人民法院公告公布 自 2022 年 1 月 1 日起施行 法释〔2021〕23 号）

为方便当事人及时解决纠纷，规范依托人民法院调解平台开展的在线调解活动，提高多元化解纠纷效能，根据《中华人民共和国民事诉讼法》《中华人民共和国行政诉讼法》《中华人民共和国刑事诉讼法》等法律的规定，结合人民法院工作实际，制定本规则。

第一条 在立案前或者诉讼过程中依托人民法院调解平台开展在线调解的,适用本规则。

第二条 在线调解包括人民法院、当事人、调解组织或者调解员通过人民法院调解平台开展的在线申请、委派委托、音视频调解、制作调解协议、申请司法确认调解协议、制作调解书等全部或者部分调解活动。

第三条 民事、行政、执行、刑事自诉以及被告人、罪犯未被羁押的刑事附带民事诉讼等法律规定可以调解或者和解的纠纷,可以开展在线调解。

行政、刑事自诉和刑事附带民事诉讼案件的在线调解,法律和司法解释另有规定的,从其规定。

第四条 人民法院采用在线调解方式应当征得当事人同意,并综合考虑案件具体情况、技术条件等因素。

第五条 人民法院审判人员、专职或者兼职调解员、特邀调解组织和特邀调解员以及人民法院邀请的其他单位或者个人,可以开展在线调解。

在线调解组织和调解员的基本情况、纠纷受理范围、擅长领域、是否收费、作出邀请的人民法院等信息应当在人民法院调解平台进行公布,方便当事人选择。

第六条 人民法院可以邀请符合条件的外国人入驻人民法院调解平台,参与调解当事人一方或者双方为外国人、无国籍人、外国企业或者组织的民商事纠纷。

符合条件的港澳地区居民可以入驻人民法院调解平台,参与调解当事人一方或者双方为香港特别行政区、澳门特别行政区居民、法人或者非法人组织以及大陆港资澳资企业的民商事纠纷。

符合条件的台湾地区居民可以入驻人民法院调解平台,参与调解当事人一方或者双方为台湾地区居民、法人或者非法人组织以及大陆台资企业的民商事纠纷。

第七条 人民法院立案人员、审判人员在立案前或者诉讼过程中,认为纠纷适宜在线调解的,可以通过口头、书面、在线等方式充分释明在线调解的优势,告知在线调解的主要形式、权利义务、法律后果和操作方法等,引导当事人优先选择在线调解方式解决纠纷。

第八条 当事人同意在线调解的,应当在人民法院调解平台填写身份信息、纠纷简要情况、有效联系电话以及接收诉讼文书电子送达地址等,并上传电子化起诉申请材料。当事人在电子诉讼平台已经提交过电子化起诉申请材料的,不再重复提交。

当事人填写或者提交电子化起诉申请材料确有困难的,人民法院可以辅助当事人将纸质材料作电子化处理后导入人民法院调解平台。

第九条 当事人在立案前申请在线调解,属于下列情形之一的,人民法院退回申请并分别予以处理:

(一)当事人申请调解的纠纷不属于人民法院受案范围,告知可以采用的其他纠纷解决方式;

(二)与当事人选择的在线调解组织或者调解员建立邀请关系的人民法院

对该纠纷不具有管辖权,告知选择对纠纷有管辖权的人民法院邀请的调解组织或者调解员进行调解;

(三)当事人申请调解的纠纷不适宜在线调解,告知到人民法院诉讼服务大厅现场办理调解或者立案手续。

第十条 当事人一方在立案前同意在线调解的,由人民法院征求其意见后指定调解组织或者调解员。

当事人双方同意在线调解的,可以在案件管辖法院确认的在线调解组织和调解员中共同选择调解组织或者调解员。当事人同意由人民法院指定调解组织或者调解员,或者无法在同意在线调解后两个工作日内共同选择调解组织或者调解员的,由人民法院指定调解组织或者调解员。

人民法院应当在收到当事人在线调解申请后三个工作日内指定调解组织或者调解员。

第十一条 在线调解一般由一名调解员进行,案件重大、疑难复杂或者具有较强专业性的,可以由两名以上调解员调解,并由当事人共同选定其中一人主持调解。无法共同选定的,由人民法院指定一名调解员主持。

第十二条 调解组织或者调解员应当在收到人民法院委派委托调解信息或者当事人在线调解申请后三个工作日内,确认接受人民法院委派委托或者当事人调解申请。纠纷不符合调解组织章程规定的调解范围或者行业领域,明显超出调解员擅长领域或者具有其他不适宜接受情形的,调解组织或者调解员可以写明理由后不予接受。

调解组织或者调解员不予接受或者超过规定期限未予确认的,人民法院、当事人可以重新指定或者选定。

第十三条 主持或者参与在线调解的人员有下列情形之一,应当在接受调解前或者调解过程中进行披露:

(一)是纠纷当事人或者当事人、诉讼代理人近亲属的;

(二)与纠纷有利害关系的;

(三)与当事人、诉讼代理人有其他可能影响公正调解关系的。

当事人在调解组织或者调解员披露上述情形后或者明知其具有上述情形,仍同意调解的,由该调解组织或者调解员继续调解。

第十四条 在线调解过程中,当事人可以申请更换调解组织或者调解员;更换后,当事人仍不同意且拒绝自行选择的,视为当事人拒绝调解。

第十五条 人民法院对当事人一方立案前申请在线调解的,应当征询对方当事人的调解意愿。调解员可以在接受人民法院委派调解之日起三个工作日内协助人民法院通知对方当事人,询问是否同意调解。

对方当事人拒绝调解或者无法联系对方当事人的,调解员应当写明原因,终结在线调解程序,即时将相关材料退回人民法院,并告知当事人。

第十六条 主持在线调解的人员应当在组织调解前确认当事人参与调解

的方式,并按照下列情形作出处理:

(一)各方当事人均具备使用音视频技术条件的,指定在同一时间登录人民法院调解平台;无法在同一时间登录的,征得各方当事人同意后,分别指定时间开展音视频调解;

(二)部分当事人不具备使用音视频技术条件的,在人民法院诉讼服务中心、调解组织所在地或者其他便利地点,为其参与在线调解提供场所和音视频设备。

各方当事人均不具备使用音视频技术条件或者拒绝通过音视频方式调解的,确定现场调解的时间、地点。

在线调解过程中,部分当事人提出不宜通过音视频方式调解的,调解员在征得其他当事人同意后,可以组织现场调解。

第十七条 在线调解开始前,主持调解的人员应当通过证件证照在线比对等方式核实当事人和其他参与调解人员的身份,告知虚假调解法律后果。立案前调解的,调解员还应当指导当事人填写《送达地址确认书》等相关材料。

第十八条 在线调解过程中,当事人可以通过语音、文字、视频等形式自主表达意愿,提出纠纷解决方案。除共同确认的无争议事实外,当事人为达成调解协议作出妥协而认可的事实、证据等,不得在诉讼程序中作为对其不利的依据或者证据,但法律另有规定或者当事人均同意的除外。

第十九条 调解员组织当事人就所有或者部分调解请求达成一致意见的,应当在线制作或者上传调解协议,当事人和调解员应当在调解协议上进行电子签章;由调解组织主持达成调解协议的,还应当加盖调解组织电子印章,调解组织没有电子印章的,可以将加盖印章的调解协议上传至人民法院调解平台。

调解协议自各方当事人均完成电子签章之时起发生法律效力,并通过人民法院调解平台向当事人送达。调解协议有给付内容的,当事人应当按照调解协议约定内容主动履行。

第二十条 各方当事人在立案前达成调解协议的,调解员应当记入调解笔录并诉讼外调解结案,引导当事人自动履行。依照法律和司法解释规定可以申请司法确认调解协议的,当事人可以在线提出申请,人民法院经审查符合法律规定的,裁定调解协议有效。

各方当事人在立案后达成调解协议的,可以请求人民法院制作调解书或者申请撤诉。人民法院经审查符合法律规定的,可以制作调解书或者裁定书结案。

第二十一条 经在线调解达不成调解协议,调解组织或者调解员应当记录调解基本情况、调解不成的原因、导致其他当事人诉讼成本增加的行为以及需要向人民法院提示的其他情况。人民法院按照下列情形作出处理:

(一)当事人在立案前申请在线调解的,调解组织或者调解员可以建议通过在线立案或者其他途径解决纠纷,当事人选择在线立案的,调解组织或者调解员应当将电子化调解材料在线推送给人民法院,由人民法院在法定期限内依法登记立案;

(二)立案前委派调解的,调解不成后,人民法院应当依法登记立案;
(三)立案后委托调解的,调解不成后,人民法院应当恢复审理。
审判人员在诉讼过程中组织在线调解的,调解不成后,应当及时审判。

第二十二条 调解员在线调解过程中,同步形成电子笔录,并确认无争议事实。经当事人双方明确表示同意的,可以以调解录音录像代替电子笔录,但无争议事实应当以书面形式确认。

电子笔录以在线方式核对确认后,与书面笔录具有同等法律效力。

第二十三条 人民法院在审查司法确认申请或者出具调解书过程中,发现当事人可能采取恶意串通、伪造证据、捏造事实、虚构法律关系等手段实施虚假调解行为,侵害他人合法权益的,可以要求当事人提供相关证据。当事人不提供相关证据的,人民法院不予确认调解协议效力或者出具调解书。

经审查认为构成虚假调解的,依照《中华人民共和国民事诉讼法》等相关法律规定处理。发现涉嫌刑事犯罪的,及时将线索和材料移送有管辖权的机关。

第二十四条 立案前在线调解期限为三十日。各方当事人同意延长的,不受此限。立案后在线调解,适用普通程序的调解期限为十五日,适用简易程序的调解期限为七日,各方当事人同意延长的,不受此限。立案后延长的调解期限不计入审理期限。

委派委托调解或者当事人申请调解的调解期限,自调解组织或者调解员在人民法院调解平台确认接受委派委托或者确认接受当事人申请之日起算。审判人员主持调解的,自各方当事人同意之日起算。

第二十五条 有下列情形之一的,在线调解程序终结:
(一)当事人达成调解协议;
(二)当事人自行和解,撤回调解申请;
(三)在调解期限内无法联系到当事人;
(四)当事人一方明确表示不愿意继续调解;
(五)当事人分歧较大且难以达成调解协议;
(六)调解期限届满,未达成调解协议,且各方当事人未达成延长调解期限的合意;
(七)当事人一方拒绝在调解协议上签章;
(八)其他导致调解无法进行的情形。

第二十六条 立案前调解需要鉴定评估的,人民法院工作人员、调解组织或者调解员可以告知当事人诉前委托鉴定程序,指导通过电子诉讼平台或者现场办理等方式提交诉前委托鉴定评估申请,鉴定评估期限不计入调解期限。

诉前委托鉴定评估经人民法院审查符合法律规定的,可以作为证据使用。

第二十七条 各级人民法院负责本级在线调解组织和调解员选任确认、业务培训、资质认证、指导入驻、权限设置、业绩评价等管理工作。上级人民法院选任的在线调解组织和调解员,下级人民法院在征得其同意后可以确认为本院在线调解组织和调解员。

第二十八条 人民法院可以建立婚姻家庭、劳动争议、道路交通、金融消费、证券期货、知识产权、海事海商、国际商事和涉港澳台侨纠纷等专业行业特邀调解名册,按照不同专业邀请具备相关专业能力的组织和人员加入。

最高人民法院建立全国性特邀调解名册,邀请全国人大代表、全国政协委员、知名专家学者、具有较高知名度的调解组织以及较强调解能力的人员加入,参与调解全国法院有重大影响、疑难复杂、适宜调解的案件。

高级人民法院、中级人民法院可以建立区域性特邀调解名册,参与本辖区法院案件的调解。

第二十九条 在线调解组织和调解员在调解过程中,存在下列行为之一的,当事人可以向作出邀请的人民法院投诉:

(一)强迫调解;

(二)无正当理由多次拒绝接受人民法院委派委托或者当事人调解申请;

(三)接受当事人请托或者收受财物;

(四)泄露调解过程、调解协议内容以及调解过程中获悉的国家秘密、商业秘密、个人隐私和其他不宜公开的信息,但法律和行政法规另有规定的除外;

(五)其他违反调解职业道德应当作出处理的行为。

人民法院经核查属实的,应当视情形作出解聘等相应处理,并告知有关主管部门。

第三十条 本规则自2022年1月1日起施行。最高人民法院以前发布的司法解释与本规则不一致的,以本规则为准。

最高人民法院关于
人民法院民事调解工作若干问题的规定

(2004年8月18日最高人民法院审判委员会第1321次会议通过 根据2008年12月16日公布的《最高人民法院关于调整司法解释等文件中引用〈中华人民共和国民事诉讼法〉条文序号的决定》第一次修正 根据2020年12月23日最高人民法院审判委员会第1823次会议通过的《最高人民法院关于修改〈最高人民法院关于人民法院民事调解工作若干问题的规定〉等十九件民事诉讼类司法解释的决定》第二次修正 2020年12月29日最高人民法院公告公布 该修正自2021年1月1日起施行 法释〔2020〕20号)

为了保证人民法院正确调解民事案件,及时解决纠纷,保障和方便当事人依法行使诉讼权利,节约司法资源,根据《中华人民共和国民事诉讼法》等法律的规定,结合人民法院调解工作的经验和实际情况,制定本规定。

第一条 根据民事诉讼法第九十五条的规定,人民法院可以邀请与当事人有特定关系或者与案件有一定联系的企业事业单位、社会团体或者其他组织,和具有专门知识、特定社会经验、与当事人有特定关系并有利于促成调解的个人协助调解工作。

经各方当事人同意,人民法院可以委托前款规定的单位或者个人对案件进行调解,达成调解协议后,人民法院应当依法予以确认。

第二条 当事人在诉讼过程中自行达成和解协议的,人民法院可以根据当事人的申请依法确认和解协议制作调解书。双方当事人申请庭外和解的期间,不计入审限。

当事人在和解过程中申请人民法院对和解活动进行协调的,人民法院可以委派审判辅助人员或者邀请、委托有关单位和个人从事协调活动。

第三条 人民法院应当在调解前告知当事人主持调解人员和书记员姓名以及是否申请回避等有关诉讼权利和诉讼义务。

第四条 在答辩期满前人民法院对案件进行调解,适用普通程序的案件在当事人同意调解之日起15天内,适用简易程序的案件在当事人同意调解之日起7天内未达成调解协议的,经各方当事人同意,可以继续调解。延长的调解期间不计入审限。

第五条 当事人申请不公开进行调解的,人民法院应当准许。

调解时当事人各方应当同时在场,根据需要也可以对当事人分别作调解工作。

第六条 当事人可以自行提出调解方案,主持调解的人员也可以提出调解方案供当事人协商时参考。

第七条 调解协议内容超出诉讼请求的,人民法院可以准许。

第八条 人民法院对于调解协议约定一方不履行协议应当承担民事责任的,应予准许。

调解协议约定一方不履行协议,另一方可以请求人民法院对案件作出裁判的条款,人民法院不予准许。

第九条 调解协议约定一方提供担保或者案外人同意为当事人提供担保的,人民法院应当准许。

案外人提供担保的,人民法院制作调解书应当列明担保人,并将调解书送交担保人。担保人不签收调解书的,不影响调解书生效。

当事人或者案外人提供的担保符合民法典规定的条件时生效。

第十条 调解协议具有下列情形之一的,人民法院不予确认:

(一)侵害国家利益、社会公共利益的;

(二)侵害案外人利益的;

(三)违背当事人真实意思的;

(四)违反法律、行政法规禁止性规定的。

第十一条 当事人不能对诉讼费用如何承担达成协议的,不影响调解协议的效力。人民法院可以直接决定当事人承担诉讼费用的比例,并将决定记入调解书。

第十二条 对调解书的内容既不享有权利又不承担义务的当事人不签收调解书的,不影响调解书的效力。

第十三条 当事人以民事调解书与调解协议的原意不一致为由提出异议,人民法院审查后认为异议成立的,应当根据调解协议裁定补正民事调解书的相关内容。

第十四条 当事人就部分诉讼请求达成调解协议的,人民法院可以就此先行确认并制作调解书。

当事人就主要诉讼请求达成调解协议,请求人民法院对未达成协议的诉讼请求提出处理意见并表示接受该处理结果的,人民法院的处理意见是调解协议的一部分内容,制作调解书的记入调解书。

第十五条 调解书确定的担保条款条件或者承担民事责任的条件成就时,当事人申请执行的,人民法院应当依法执行。

不履行调解协议的当事人按照前款规定承担了调解书确定的民事责任后,对方当事人又要求其承担民事诉讼法第二百五十三条规定的迟延履行责任的,人民法院不予支持。

第十六条 调解书约定给付特定标的物的,调解协议达成前该物上已经存在的第三人的物权和优先权不受影响。第三人在执行过程中对执行标的物提出异议的,应当按照民事诉讼法第二百二十七条规定处理。

第十七条 人民法院对刑事附带民事诉讼案件进行调解,依照本规定执行。

第十八条 本规定实施前人民法院已经受理的案件,在本规定施行后尚未审结的,依照本规定执行。

第十九条 本规定实施前最高人民法院的有关司法解释与本规定不一致的,适用本规定。

第二十条 本规定自 2004 年 11 月 1 日起实施。

最高人民法院关于人民法院特邀调解的规定

(2016年5月23日最高人民法院审判委员会第1684次会议通过 2016年6月28日最高人民法院公告公布 自2016年7月1日起施行 法释〔2016〕14号)

为健全多元化纠纷解决机制,加强诉讼与非诉讼纠纷解决方式的有效衔接,规范人民法院特邀调解工作,维护当事人合法权益,根据《中华人民共和国民事诉讼法》《中华人民共和国人民调解法》等法律及相关司法解释,结合人民法院工作实际,制定本规定。

第一条 特邀调解是指人民法院吸纳符合条件的人民调解、行政调解、商事调解、行业调解等调解组织或者个人成为特邀调解组织或者特邀调解员,接受人民法院立案前委派或者立案后委托依法进行调解,促使当事人在平等协商基础上达成调解协议、解决纠纷的一种调解活动。

第二条 特邀调解应当遵循以下原则:
(一)当事人平等自愿;
(二)尊重当事人诉讼权利;
(三)不违反法律、法规的禁止性规定;
(四)不损害国家利益、社会公共利益和他人合法权益;
(五)调解过程和调解协议内容不公开,但是法律另有规定的除外。

第三条 人民法院在特邀调解工作中,承担以下职责:
(一)对适宜调解的纠纷,指导当事人选择名册中的调解组织或者调解员先行调解;
(二)指导特邀调解组织和特邀调解员开展工作;
(三)管理特邀调解案件流程并统计相关数据;
(四)提供必要场所、办公设施等相关服务;
(五)组织特邀调解员进行业务培训;
(六)组织开展特邀调解业绩评估工作;
(七)承担其他与特邀调解有关的工作。

第四条 人民法院应当指定诉讼服务中心等部门具体负责指导特邀调解工作,并配备熟悉调解业务的工作人员。

人民法庭根据需要开展特邀调解工作。

第五条 人民法院开展特邀调解工作应当建立特邀调解组织和特邀调解员名册。建立名册的法院应当为入册的特邀调解组织或者特邀调解员颁发证书,并对名册进行管理。上级法院建立的名册,下级法院可以使用。

第六条 依法成立的人民调解、行政调解、商事调解、行业调解及其他具有调解职能的组织,可以申请加入特邀调解组织名册。品行良好、公道正派、热心调解工作并具有一定沟通协调能力的个人可以申请加入特邀调解员名册。

人民法院可以邀请符合条件的调解组织加入特邀调解组织名册,可以邀请人大代表、政协委员、人民陪审员、专家学者、律师、仲裁员、退休法律工作者等符合条件的个人加入特邀调解员名册。

特邀调解组织应当推荐本组织中适合从事特邀调解工作的调解员加入名册,并在名册中列明;在名册中列明的调解员,视为人民法院特邀调解员。

第七条 特邀调解员在入册前和任职期间,应当接受人民法院组织的业务培训。

第八条 人民法院应当在诉讼服务中心等场所提供特邀调解组织和特邀调解员名册,并在法院公示栏、官方网站等平台公开名册信息,方便当事人查询。

第九条 人民法院可以设立家事、交通事故、医疗纠纷等专业调解委员会,并根据特定专业领域的纠纷特点,设定专业调解委员会的入册条件,规范专业领域特邀调解程序。

第十条 人民法院应当建立特邀调解组织和特邀调解员业绩档案,定期组织开展特邀调解评估工作,并及时更新名册信息。

第十一条 对适宜调解的纠纷,登记立案前,人民法院可以经当事人同意委派给特邀调解组织或者特邀调解员进行调解;登记立案后或者在审理过程中,可以委托给特邀调解组织或者特邀调解员进行调解。

当事人申请调解的,应当以口头或者书面方式向人民法院提出;当事人口头提出的,人民法院应当记入笔录。

第十二条 双方当事人应当在名册中协商确定特邀调解员;协商不成的,由特邀调解组织或者人民法院指定。当事人不同意指定的,视为不同意调解。

第十三条 特邀调解一般由一名调解员进行。对于重大、疑难、复杂或者当事人要求由两名以上调解员共同调解的案件,可以由两名以上调解员调解,并由特邀调解组织或者人民法院指定一名调解员主持。当事人有正当理由的,可以申请更换特邀调解员。

第十四条 调解一般应当在人民法院或者调解组织所在地进行,双方当事人也可以在征得人民法院同意的情况下选择其他地点进行调解。

特邀调解组织或者特邀调解员接受委派或者委托调解后,应当将调解时间、地点等相关事项及时通知双方当事人,也可以通知与纠纷有利害关系的案外人参加调解。

调解程序开始之前,特邀调解员应当告知双方当事人权利义务、调解规则、调解程序、调解协议效力、司法确认申请等事项。

第十五条 特邀调解员有下列情形之一的,当事人有权申请回避:

（一）是一方当事人或者其代理人近亲属的；
（二）与纠纷有利害关系的；
（三）与纠纷当事人、代理人有其他关系,可能影响公正调解的。

特邀调解员有上述情形的,应当自行回避；但是双方当事人同意由该调解员调解的除外。

特邀调解员的回避由特邀调解组织或者人民法院决定。

第十六条 特邀调解员不得在后续的诉讼程序中担任该案的人民陪审员、诉讼代理人、证人、鉴定人以及翻译人员等。

第十七条 特邀调解员应当根据案件具体情况采用适当的方法进行调解,可以提出解决争议的方案建议。特邀调解员为促成当事人达成调解协议,可以邀请对达成调解协议有帮助的人员参与调解。

第十八条 特邀调解员发现双方当事人存在虚假调解可能的,应当中止调解,并向人民法院或者特邀调解组织报告。

人民法院或者特邀调解组织接到报告后,应当及时审查,并依据相关规定作出处理。

第十九条 委派调解达成调解协议,特邀调解员应当将调解协议送达双方当事人,并提交人民法院备案。

委派调解达成的调解协议,当事人可以依照民事诉讼法、人民调解法等法律申请司法确认。当事人申请司法确认的,由调解组织所在地或者委派调解的基层人民法院管辖。

第二十条 委托调解达成调解协议,特邀调解员应当向人民法院提交调解协议,由人民法院审查并制作调解书结案。达成调解协议后,当事人申请撤诉的,人民法院应当依法作出裁定。

第二十一条 委派调解未达成调解协议的,特邀调解员应当将当事人的起诉状等材料移送人民法院；当事人坚持诉讼的,人民法院应当依法登记立案。

委托调解未达成调解协议的,转入审判程序审理。

第二十二条 在调解过程中,当事人为达成调解协议作出妥协而认可的事实,不得在诉讼程序中作为对其不利的根据,但是当事人均同意的除外。

第二十三条 经特邀调解组织或者特邀调解员调解达成调解协议的,可以制作调解协议书。当事人认为无需制作调解协议书的,可以采取口头协议方式,特邀调解员应当记录协议内容。

第二十四条 调解协议书应当记载以下内容：
（一）当事人的基本情况；
（二）纠纷的主要事实、争议事项；
（三）调解结果。

双方当事人和特邀调解员应当在调解协议书或者调解笔录上签名、盖章或者捺印；由特邀调解组织主持达成调解协议的,还应当加盖调解组织印章。

委派调解达成调解协议,自双方当事人签名、盖章或者捺印后生效。委托调解达成调解协议,根据相关法律规定确定生效时间。

第二十五条 委派调解达成调解协议后,当事人就调解协议的履行或者调解协议的内容发生争议的,可以向人民法院提起诉讼,人民法院应当受理。一方当事人以原纠纷向人民法院起诉,对方当事人以调解协议提出抗辩的,应当提供调解协议书。

经司法确认的调解协议,一方当事人拒绝履行或者未全部履行的,对方当事人可以向人民法院申请执行。

第二十六条 有下列情形之一的,特邀调解员应当终止调解:
(一)当事人达成调解协议的;
(二)一方当事人撤回调解请求或者明确表示不接受调解的;
(三)特邀调解员认为双方分歧较大且难以达成调解协议的;
(四)其他导致调解难以进行的情形。

特邀调解员终止调解的,应当向委派、委托的人民法院书面报告,并移送相关材料。

第二十七条 人民法院委派调解的案件,调解期限为30日。但是双方当事人同意延长调解期限的,不受此限。

人民法院委托调解的案件,适用普通程序的调解期限为15日,适用简易程序的调解期限为7日。但是双方当事人同意延长调解期限的,不受此限。延长的调解期限不计入审理期限。

委派调解和委托调解的期限自特邀调解组织或者特邀调解员签字接收法院移交材料之日起计算。

第二十八条 特邀调解员不得有下列行为:
(一)强迫调解;
(二)违法调解;
(三)接受当事人请托或收受财物;
(四)泄露调解过程或调解协议内容;
(五)其他违反调解员职业道德的行为。

当事人发现存在上述情形的,可以向人民法院投诉。经审查属实的,人民法院应当予以纠正并作出警告、通报、除名等相应处理。

第二十九条 人民法院应当根据实际情况向特邀调解员发放误工、交通等补贴,对表现突出的特邀调解组织和特邀调解员给予物质或者荣誉奖励。补贴经费应当纳入人民法院专项预算。

人民法院可以根据有关规定向有关部门申请特邀调解专项经费。

第三十条 本规定自2016年7月1日起施行。

最高人民法院关于
民商事案件繁简分流和调解速裁操作规程(试行)

(2017年5月8日 法发〔2017〕14号)

为贯彻落实最高人民法院《关于进一步推进案件繁简分流优化司法资源配置的若干意见》《关于人民法院进一步深化多元化纠纷解决机制改革的意见》,推动和规范人民法院民商事案件繁简分流、先行调解、速裁等工作,依法高效审理民商事案件,实现简案快审、繁案精审,切实减轻当事人诉累,根据《中华人民共和国民事诉讼法》及有关司法解释,结合人民法院审判工作实际,制定本规程。

第一条 民商事简易纠纷解决方式主要有先行调解、和解、速裁、简易程序、简易程序中的小额诉讼、督促程序等。

人民法院对当事人起诉的民商事纠纷,在依法登记立案后,应当告知双方当事人可供选择的简易纠纷解决方式,释明各项程序的特点。

先行调解包括人民法院调解和委托第三方调解。

第二条 人民法院应当指派专职或兼职程序分流员。

程序分流员负责以下工作:

(一)根据案件事实、法律适用、社会影响等因素,确定案件应当适用的程序;

(二)对系列性、群体性或者关联性案件等进行集中分流;

(三)对委托调解的案件进行跟踪、提示、指导、督促;

(四)做好不同案件程序之间转换衔接工作;

(五)其他与案件分流、程序转换相关的工作。

第三条 人民法院登记立案后,程序分流员认为适宜调解的,在征求当事人意见后,转入调解程序;认为应当适用简易程序、速裁的,转入相应程序,进行快速审理;认为应当适用特别程序、普通程序的,根据业务分工确定承办部门。

登记立案前,需要制作诉前保全裁定书、司法确认裁定书、和解备案的,由程序分流员记录后转办。

第四条 案件程序分流一般应当在登记立案当日完成,最长不超过三日。

第五条 程序分流后,尚未进入调解或审理程序时,承办部门和法官认为程序分流不当的,应当及时提出,不得自行将案件退回或移送。

程序分流员认为异议成立的,可以将案件收回并重新分配。

第六条 在调解或审理中,由于出现或发现新情况,承办部门和法官决定转换程序的,向程序分流员备案。已经转换过一次程序的案件,原则上不得再次转换。

第七条 案件适宜调解的,应当出具先行调解告知书,引导当事人先行调解,当事人明确拒绝的除外。

第八条 先行调解告知书包括以下内容:
(一)先行调解特点;
(二)自愿调解原则;
(三)先行调解人员;
(四)先行调解程序;
(五)先行调解法律效力;
(六)诉讼费减免规定;
(七)其他相关事宜。

第九条 下列适宜调解的纠纷,应当引导当事人委托调解:
(一)家事纠纷;
(二)相邻关系纠纷;
(三)劳动争议纠纷;
(四)交通事故赔偿纠纷;
(五)医疗纠纷;
(六)物业纠纷;
(七)消费者权益纠纷;
(八)小额债务纠纷;
(九)申请撤销劳动争议仲裁裁决纠纷。
其他适宜调解的纠纷,也可以引导当事人委托调解。

第十条 人民法院指派法官担任专职调解员,负责以下工作:
(一)主持调解;
(二)对调解达成协议的,制作调解书;
(三)对调解不成适宜速裁的,径行裁判。

第十一条 人民法院调解或者委托调解的,应当在十五日内完成。各方当事人同意的,可以适当延长,延长期限不超过十五日。调解期间不计入审理期限。
当事人选择委托调解的,人民法院应当在三日内移交相关材料。

第十二条 委托调解达成协议的,调解人员应当在三日内将调解协议提交人民法院,由法官审查后制作调解书或者准许撤诉裁定书。
不能达成协议的,应当书面说明调解情况。

第十三条 人民法院调解或者委托调解未能达成协议,需要转换程序的,调解人员应当在三日内将案件材料移送程序分流员,由程序分流员转入其他程序。

第十四条 经委托调解达成协议后撤诉,或者人民调解达成协议未经司法确认,当事人就调解协议的内容或者履行发生争议的,可以提起诉讼。

人民法院应当就当事人的诉讼请求进行审理,当事人的权利义务不受原调解协议的约束。

第十五条 第二审人民法院在征得当事人同意后,可以在立案后移送审理前由专职调解员或者合议庭进行调解,法律规定不予调解的情形除外。

二审审理前的调解应当在十日内完成。各方当事人同意的,可以适当延长,延长期限不超过十日。调解期间不计入审理期限。

第十六条 当事人同意先行调解的,暂缓预交诉讼费。委托调解达成协议的,诉讼费减半交纳。

第十七条 人民法院先行调解可以在诉讼服务中心、调解组织所在地或者双方当事人选定的其他场所开展。

先行调解可以通过在线调解、视频调解、电话调解等远程方式开展。

第十八条 人民法院建立诉调对接管理系统,对立案前第三方调解的纠纷进行统计分析,与审判管理系统信息共享。

诉调对接管理系统按照"诉前调"字号对第三方调解的纠纷逐案登记,采集当事人情况、案件类型、简要案情、调解组织或调解员、处理时间、处理结果等基本信息,形成纠纷调解信息档案。

第十九条 基层人民法院可以设立专门速裁组织,对适宜速裁的民商事案件进行裁判。

第二十条 基层人民法院对于离婚后财产纠纷、买卖合同纠纷、商品房预售合同纠纷、金融借款合同纠纷、民间借贷纠纷、银行卡纠纷、租赁合同纠纷等事实清楚、权利义务关系明确、争议不大的金钱给付纠纷,可以采用速裁方式审理。

但下列情形除外:

(一)新类型案件;

(二)重大疑难复杂案件;

(三)上级人民法院发回重审、指令立案受理、指定审理、指定管辖,或者其他人民法院移送管辖的案件;

(四)再审案件;

(五)其他不宜速裁的案件。

第二十一条 采用速裁方式审理民商事案件,一般只开庭一次,庭审直接围绕诉讼请求进行,不受法庭调查、法庭辩论等庭审程序限制,但应当告知当事人回避、上诉等基本诉讼权利,并听取当事人对案件事实的陈述意见。

第二十二条 采用速裁方式审理的民商事案件,可以使用令状式、要素式、表格式等简式裁判文书,应当当庭宣判并送达。

当庭即时履行的,经征得各方当事人同意,可以在法庭笔录中记录后不再出具裁判文书。

第二十三条 人民法院采用速裁方式审理民商事案件,一般应当在十日内审结,最长不超过十五日。

第二十四条 采用速裁方式审理案件出现下列情形之一的,应当及时将案件转为普通程序:

(一)原告增加诉讼请求致案情复杂;

(二)被告提出反诉;

(三)被告提出管辖权异议;

(四)追加当事人;

(五)当事人申请鉴定、评估;

(六)需要公告送达。

程序转换后,审限连续计算。

第二十五条 行政案件的繁简分流、先行调解和速裁,参照本规程执行。

本规程自发布之日起施行。

最高人民法院关于建立健全诉讼与非诉讼相衔接的矛盾纠纷解决机制的若干意见

(2009年7月24日 法发〔2009〕45号)

为发挥人民法院在建立健全诉讼与非诉讼相衔接的矛盾纠纷解决机制方面的积极作用,促进各种纠纷解决机制的发展,现制定以下意见。

一、明确主要目标和任务要求

1. 建立健全诉讼与非诉讼相衔接的矛盾纠纷解决机制的主要目标是:充分发挥人民法院、行政机关、社会组织、企事业单位以及其他各方面的力量,促进各种纠纷解决方式相互配合、相互协调和全面发展,做好诉讼与非诉讼渠道的相互衔接,为人民群众提供更多可供选择的纠纷解决方式,维护社会和谐稳定,促进经济社会又好又快发展。

2. 建立健全诉讼与非诉讼相衔接的矛盾纠纷解决机制的主要任务是:充分发挥审判权的规范、引导和监督作用,完善诉讼与仲裁、行政调处、人民调解、商事调解、行业调解以及其他非诉讼纠纷解决方式之间的衔接机制,推动各种纠纷解决机制的组织和程序制度建设,促使非诉讼纠纷解决方式更加便捷、灵活、高效,为矛盾纠纷解决机制的繁荣发展提供司法保障。

3. 在建立健全诉讼与非诉讼相衔接的矛盾纠纷解决机制的过程中,必须紧紧依靠党委领导,积极争取政府支持,鼓励社会各界参与,充分发挥司法的推动作用;必须充分保障当事人依法处分自己的民事权利和诉讼权利。

二、促进非诉讼纠纷解决机制的发展

4. 认真贯彻执行《中华人民共和国仲裁法》和相关司法解释,在仲裁协议效力、证据规则、仲裁程序、裁决依据、撤销裁决审查标准、不予执行裁决审查标准等方面,尊重和体现仲裁制度的特有规律,最大程度地发挥仲裁制度在纠纷解决方面的作用。对于仲裁过程中申请证据保全、财产保全的,人民法院应当依法及时办理。

5. 认真贯彻执行《中华人民共和国劳动争议调解仲裁法》和相关司法解释的规定,加强与劳动、人事争议等仲裁机构的沟通和协调,根据劳动、人事争议案件的特点采取适当的审理方式,支持和鼓励仲裁机制发挥作用。对劳动、人事争议仲裁机构不予受理或者逾期未作出决定的劳动、人事争议事项,申请人向人民法院提起诉讼的,人民法院应当依法受理。

6. 要进一步加强与农村土地承包仲裁机构的沟通和协调,妥善处理农村土地承包纠纷,努力为农村改革发展提供强有力的司法保障和法律服务。当事人对农村土地承包仲裁机构裁决不服而提起诉讼的,人民法院应当及时审理。当事人申请法院强制执行已经发生法律效力的裁决书和调解书的,人民法院应当依法及时执行。

7. 人民法院要大力支持、依法监督人民调解组织的调解工作,在审理涉及人民调解协议的民事案件时,应当适用有关法律规定。

8. 为有效化解行政管理活动中发生的各类矛盾纠纷,人民法院鼓励和支持行政机关依当事人申请或者依职权进行调解、裁决或者依法作出其他处理。调解、裁决或者依法作出的其他处理具有法律效力。当事人不服行政机关对平等主体之间民事争议所作的调解、裁决或者其他处理,以对方当事人为被告就原争议向人民法院起诉的,由人民法院作为民事案件受理。法律或司法解释明确规定作为行政案件受理的,人民法院在对行政行为进行审查时,可对其中的民事争议一并审理,并在作出行政判决的同时,依法对当事人之间的民事争议一并作出民事判决。

行政机关依法对民事纠纷进行调处后达成的有民事权利义务内容的调解协议或者作出的其他不属于可诉具体行政行为的处理,经双方当事人签字或者盖章后,具有民事合同性质,法律另有规定的除外。

9. 没有仲裁协议的当事人申请仲裁委员会对民事纠纷进行调解的,由该仲裁委员会专门设立的调解组织按照公平中立的调解规则进行调解后达成的有民事权利义务内容的调解协议,经双方当事人签字或者盖章后,具有民事合同性质。

10. 人民法院鼓励和支持行业协会、社会组织、企事业单位等建立健全调解相关纠纷的职能和机制。经商事调解组织、行业调解组织或者其他具有调解职能的组织调解后达成的具有民事权利义务内容的调解协议,经双方当事人签字或者盖章后,具有民事合同性质。

11. 经《中华人民共和国劳动争议调解仲裁法》规定的调解组织调解达成的劳动争议调解协议,由双方当事人签名或者盖章,经调解员签名并加盖调解组织印章后生效,对双方当事人具有合同约束力,当事人应当履行。双方当事人可以不经仲裁程序,根据本意见关于司法确认的规定直接向人民法院申请确认调解协议效力。人民法院不予确认的,当事人可以向劳动争议仲裁委员会申请仲裁。

12. 经行政机关、人民调解组织、商事调解组织、行业调解组织或者其他具有调解职能的组织对民事纠纷调解后达成的具有给付内容的协议,当事人可以按照《中华人民共和国公证法》的规定申请公证机关依法赋予强制执行效力。债务人不履行或者不适当履行具有强制执行效力的公证文书的,债权人可以依法向有管辖权的人民法院申请执行。

13. 对于具有合同效力和给付内容的调解协议,债权人可以根据《中华人民共和国民事诉讼法》和相关司法解释的规定向有管辖权的基层人民法院申请支付令。申请书应当写明请求给付金钱或者有价证券的数量和所根据的事实、证据,并附调解协议原件。

因支付拖欠劳动报酬、工伤医疗费、经济补偿或者赔偿金事项达成调解协议,用人单位在协议约定期限内不履行的,劳动者可以持调解协议书依法向人民法院申请支付令。

三、完善诉讼活动中多方参与的调解机制

14. 对属于人民法院受理民事诉讼的范围和受诉人民法院管辖的案件,人民法院在收到起诉状或者口头起诉之后、正式立案之前,可以依职权或者经当事人申请后,委派行政机关、人民调解组织、商事调解组织、行业调解组织或者其他具有调解职能的组织进行调解。当事人不同意调解或者在商定、指定时间内不能达成调解协议的,人民法院应当依法及时立案。

15. 经双方当事人同意,或者人民法院认为确有必要的,人民法院可以在立案后将民事案件委托行政机关、人民调解组织、商事调解组织、行业调解组织或者其他具有调解职能的组织协助进行调解。当事人可以协商选定有关机关或者组织,也可商请人民法院确定。

调解结束后,有关机关或者组织应当将调解结果告知人民法院。达成调解协议的,当事人可以申请撤诉、申请司法确认,或者由人民法院经过审查后制作调解书。调解不成的,人民法院应当及时审判。

16. 对于已经立案的民事案件,人民法院可以按照有关规定邀请符合条件的组织或者人员与审判组织共同进行调解。调解应当在人民法院的法庭或者其他办公场所进行,经当事人同意也可以在法院以外的场所进行。达成调解协议的,可以允许当事人撤诉,或者由人民法院经审查后制作调解书。调解不成的,人民法院应当及时审判。

开庭前从事调解的法官原则上不参与同一案件的开庭审理,当事人同意的除外。

17. 有关组织调解案件时,在不违反法律、行政法规强制性规定的前提下,可以参考行业惯例、村规民约、社区公约和当地善良风俗等行为规范,引导当事人达成调解协议。

18. 在调解过程中当事人有隐瞒重要事实、提供虚假情况或者故意拖延时间等行为的,调解员可以给予警告或者终止调解,并将有关情况报告委派或委托人民法院。当事人的行为给其他当事人或者案外人造成损失的,应当承担相应的法律责任。

19. 调解过程不公开,但双方当事人要求或者同意公开调解的除外。

从事调解的机关、组织、调解员,以及负责调解事务管理的法院工作人员,不得披露调解过程的有关情况,不得在就相关案件进行的诉讼中作证,当事人不得在审判程序中将调解过程中制作的笔录、当事人为达成调解协议而作出的让步或者承诺、调解员或者当事人发表的任何意见或者建议等作为证据提出,但下列情形除外:

(一)双方当事人均同意的;

(二)法律有明确规定的;

(三)为保护国家利益、社会公共利益、案外人合法权益,人民法院认为确有必要的。

四、规范和完善司法确认程序

20. 经行政机关、人民调解组织、商事调解组织、行业调解组织或者其他具有调解职能的组织调解达成的具有民事合同性质的协议,经调解组织和调解员签字盖章后,当事人可以申请有管辖权的人民法院确认其效力。当事人请求履行调解协议、请求变更、撤销调解协议或者请求确认调解协议无效的,可以向人民法院提起诉讼。

21. 当事人可以在书面调解协议中选择当事人住所地、调解协议履行地、调解协议签订地、标的物所在地基层人民法院管辖,但不得违反法律对专属管辖的规定。当事人没有约定的,除《中华人民共和国民事诉讼法》第三十四条规定的情形外,由当事人住所地或者调解协议履行地的基层人民法院管辖。经人民法院委派或委托有关机关或者组织调解达成的调解协议的申请确认案件,由委派或委托人民法院管辖。

22. 当事人应当共同向有管辖权的人民法院以书面形式或者口头形式提出确认申请。一方当事人提出申请,另一方表示同意的,视为共同提出申请。当事人提出申请时,应当向人民法院提交调解协议书、承诺书。人民法院在收到申请后应当及时审查,材料齐备的,及时向当事人送达受理通知书。双方当事人签署的承诺书应当明确载明以下内容:

(一)双方当事人出于解决纠纷的目的自愿达成协议,没有恶意串通、规避法律的行为;

(二)如果因为该协议内容而给他人造成损害的,愿意承担相应的民事责任和其他法律责任。

23. 人民法院审理申请确认调解协议案件,参照适用《中华人民共和国民事诉讼法》有关简易程序的规定。案件由审判员一人独任审理,双方当事人应当同时到庭。人民法院应当面询问双方当事人是否理解所达成协议的内容,是否接受因此而产生的后果,是否愿意由人民法院通过司法确认程序赋予该协议强制执行的效力。

24. 有下列情形之一的,人民法院不予确认调解协议效力:
(一)违反法律、行政法规强制性规定的;
(二)侵害国家利益、社会公共利益的;
(三)侵害案外人合法权益的;
(四)涉及是否追究当事人刑事责任的;
(五)内容不明确,无法确认和执行的;
(六)调解组织、调解员强迫调解或者有其他严重违反职业道德准则的行为的;
(七)其他情形不应当确认的。

当事人在违背真实意思的情况下签订调解协议,或者调解组织、调解员与案件有利害关系、调解显失公正的,人民法院对调解协议效力不予确认,但当事人明知存在上述情形,仍坚持申请确认的除外。

25. 人民法院依法审查后,决定是否确认调解协议的效力。确认调解协议效力的决定送达双方当事人后发生法律效力,一方当事人拒绝履行的,另一方当事人可以依法申请人民法院强制执行。

五、建立健全工作机制

26. 有条件的地方人民法院可以按照一定标准建立调解组织名册和调解员名册,以便于引导当事人选择合适的调解组织或者调解员调解纠纷。人民法院可以根据具体情况及时调整调解组织名册和调解员名册。

27. 调解员应当遵守调解员职业道德准则。人民法院在办理相关案件过程中发现调解员与参与调解的案件有利害关系,可能影响其保持中立、公平调解的,或者调解员有其他违反职业道德准则的行为的,应当告知调解员回避、更换调解员、终止调解或者采取其他适当措施。除非当事人另有约定,人民法院不允许调解员在参与调解后又在就同一纠纷或者相关纠纷进行的诉讼程序中作为一方当事人的代理人。

28. 根据工作需要,人民法院指定院内有关单位或者人员负责管理协调与调解组织、调解员的沟通联络、培训指导等工作。

29. 各级人民法院应当加强与其他国家机关、社会组织、企事业单位和相关组织的联系,鼓励各种非诉讼纠纷解决机制的创新,通过适当方式参与各种非诉讼纠纷解决机制的建设,理顺诉讼与非诉讼相衔接过程中出现的各种关系,积极推动各种非诉讼纠纷解决机制的建立和完善。

30. 地方各级人民法院应当根据实际情况,制定关于调解员条件、职业道德、调解费用、诉讼费用负担、调解管理、调解指导、衔接方式等规范。高级人民法院制定的相关工作规范应当报最高人民法院备案。基层人民法院和中级人民法院制定的相关工作规范应当报高级人民法院备案。

最高人民法院关于诉前调解中委托鉴定工作规程(试行)

(2023年7月26日 法办〔2023〕275号)

为规范诉前调解中的委托鉴定工作,促使更多纠纷实质性解决在诉前,做深做实诉源治理,切实减轻当事人诉累,根据《中华人民共和国民事诉讼法》、《人民法院在线调解规则》等法律和司法解释的规定,结合人民法院工作实际,制定本规程。

第一条 在诉前调解过程中,人民法院可以根据当事人申请依托人民法院委托鉴定系统提供诉前委托鉴定服务。

第二条 诉前鉴定应当遵循当事人自愿原则。当事人可以共同申请诉前鉴定。一方当事人申请诉前鉴定的,应当征得其他当事人同意。

第三条 下列纠纷,人民法院可以根据当事人申请委托开展诉前鉴定:

(一)机动车交通事故责任纠纷;

(二)医疗损害责任纠纷;

(三)财产损害赔偿纠纷;

(四)建设工程合同纠纷;

(五)劳务合同纠纷;

(六)产品责任纠纷;

(七)买卖合同纠纷;

(八)生命权、身体权、健康权纠纷;

(九)其他适宜进行诉前鉴定的纠纷。

第四条 有下列情形之一的,人民法院不予接收当事人诉前鉴定申请:

(一)申请人与所涉纠纷没有直接利害关系;

(二)没有明确的鉴定事项、事实和理由;

(三)没有提交鉴定所需的相关材料;

(四)具有其他不适宜委托诉前鉴定情形的。

第五条 人民法院以及接受人民法院委派的调解组织在诉前调解过程中,认为纠纷适宜通过鉴定促成调解,但当事人没有申请的,可以向当事人进行释明,并指定提出诉前鉴定申请的期间。

第六条 诉前鉴定申请书以及相关鉴定材料可以通过人民法院调解平台在线提交。申请人在线提交确有困难的,人民法院以及接受人民法院委派的调解组织可以代为将鉴定申请以及相关材料录入扫描上传至人民法院调解平台。

诉前鉴定申请书应当写明申请人、被申请人的姓名、住所地等身份信息,申请鉴定事项、事实和理由以及有效联系方式。

第七条 主持调解的人员应当在收到诉前鉴定申请五个工作日内对鉴定材料是否齐全、申请事项是否明确进行审核,并组织当事人对鉴定材料进行协商确认。

审核过程中认为需要补充、补正的,应当一次性告知。申请人在指定期间内未补充、补正,或者补充、补正后仍不符合诉前鉴定条件的,予以退回并告知理由。

第八条 主持调解的人员经审核认为符合诉前鉴定条件的,应当报请人民法院同意。人民法院准许委托诉前鉴定的,由主持调解的人员通过人民法院调解平台将鉴定材料推送至人民法院委托鉴定系统。人民法院不予准许的,主持调解的人员应当向申请人进行释明并做好记录。

第九条 人民法院指派法官或者司法辅助人员指导接受委派的调解组织开展诉前鉴定工作,规范审核诉前鉴定申请、组织协商确认鉴定材料等行为。

第十条 人民法院组织当事人协商确定具备相应资格的鉴定机构。当事人协商不成的,通过人民法院委托鉴定系统随机确定。

第十一条 人民法院负责司法技术工作的部门以"诉前调"字号向鉴定机构出具委托书、移送鉴定材料、办理相关手续。

委托书上应当载明鉴定事项、鉴定范围、鉴定目的和鉴定期限。

第十二条 人民法院应当通知申请人在指定期间内向鉴定机构预交鉴定费用。逾期未交纳的,视为申请人放弃申请,由调解组织继续调解。

第十三条 人民法院负责司法技术工作的部门应当督促鉴定机构在诉前鉴定结束后及时将鉴定书上传至人民法院委托鉴定系统。人民法院以及主持调解的人员在线接收后,及时送交给当事人。

鉴定机构在线上传或者送交鉴定书确有困难的,人民法院可以通过线下方式接收。

第十四条 人民法院以及接受委派的调解组织应当督促鉴定机构及时办理诉前委托鉴定事项,并可以通过人民法院委托鉴定系统进行在线催办、督办。

鉴定机构无正当理由未按期提交鉴定书的,人民法院可以依当事人申请另行委托鉴定机构进行诉前鉴定。

第十五条 诉前鉴定过程中,有下列情形之一的,诉前鉴定终止:
(一)申请人逾期未补充鉴定所需的必要材料;
(二)申请人逾期未补交鉴定费用;
(三)申请人无正当理由拒不配合鉴定;
(四)被申请人明确表示不愿意继续进行鉴定;
(五)其他导致诉前鉴定不能进行的情形。

第十六条 当事人对鉴定书内容有异议,但同意诉前调解的,由调解组织继续调解;不同意继续调解并坚持起诉的,由人民法院依法登记立案。

第十七条 经诉前调解未达成调解协议的,调解组织应当将全部鉴定材料连同调解材料一并在线推送至人民法院,由人民法院依法登记立案。

第十八条 当事人无正当理由就同一事项重复提出诉前鉴定申请的,人民法院不予准许。

第十九条 人民法院对于当事人恶意利用诉前鉴定拖延诉前调解时间、影响正常诉讼秩序的行为,应当依法予以规制,并作为审查当事人在诉讼过程中再次提出委托鉴定申请的重要参考。

第二十条 本规程自 2023 年 8 月 1 日起施行。

其他未规定事宜,参照诉讼中鉴定相关规定执行。

六、保全与先予执行

最高人民法院关于规范和加强办理诉前保全案件工作的意见

(2024年2月7日 法〔2024〕42号)

各省、自治区、直辖市高级人民法院,解放军军事法院,新疆维吾尔自治区高级人民法院生产建设兵团分院;本院各单位:

为做深做实公正与效率,保护当事人合法权益,促进执源治理,根据相关法律和司法解释的规定,就规范和加强办理诉前保全案件工作,制定本意见。

一、一般规定

第一条 规范和加强办理诉前保全案件工作,是满足人民群众多元司法需求、推进民事案件繁简分流、建设公正高效权威的社会主义司法制度的必然要求。人民法院应当强化"如我在诉"意识,准确适用民事诉讼法规定的诉前保全制度,保护紧急情况下当事人的合法权益,服务"切实解决执行难"工作,依法保障胜诉当事人及时实现权益。

人民法院应当强化"抓前端、治未病"理念,在办理诉前保全案件中贯彻自愿调解先行调解原则,推动诉前保全、登记立案、诉调对接等工作有机衔接,力争"以保促调"、"以保促执",全面提升实质性化解纠纷能力,实现案结事了、政通人和。

第二条 本意见所称"诉前保全",包括人民法院依照利害关系人申请,根据《中华人民共和国民事诉讼法》第八十四条、第一百零四条的规定,采取的财产保全、证据保全、行为保全。

本意见所称"申请人",是指《中华人民共和国民事诉讼法》第八十四条、第一百零四条规定的"利害关系人"。

二、申请受理

第三条 对申请人提出的诉前保全申请,被保全财产(证据)所在地、被申请人住所地或者对案件有管辖权的人民法院不得以诉前保全不方便实施、起诉登记立案方可申请诉讼保全等为由拒绝受理。

第四条 申请人线下提交的诉前保全材料不符合要求的，人民法院应当当场一次性告知补正。申请人补正的，人民法院必须在收到补正材料之时起四十八小时内作出是否准许的裁定。

申请人在非工作时间通过线上提交诉前保全材料的，人民法院自收到诉前保全申请后的第一个工作日开始之时起计算期间。

第五条 申请人基于同一事实和理由同时申请诉前行为保全、人格权侵害禁令或者人身安全保护令，或者申请不明确的，人民法院应当释明三项法律制度的功能定位和适用情形，引导申请人选择更有利于维护自身合法权益的法律制度。

第六条 申请人申请诉前保全的，人民法院应当告知申请人在采取保全措施后三十日内不依法提起诉讼或者申请仲裁将解除保全的法律后果。

第七条 人民法院在受理诉前保全案件前，应当审查当事人提供的担保是否符合法律规定。申请人申请诉前财产保全的，应当提供相当于请求保全数额的担保，但情况紧急且特殊的例外。

申请诉前证据保全、行为保全的，担保的数额由人民法院根据具体情况决定。

第八条 申请人申请诉前财产保全，存在下列情形之一的，人民法院可以酌情确定担保数额：

（一）追索赡养费、抚养费、抚育费、抚恤金、医疗费用、劳动报酬、工伤赔偿；

（二）婚姻家庭纠纷中经济困难；

（三）因见义勇为遭受侵害请求损害赔偿；

（四）其他可以酌情确定担保数额的情形。

第九条 申请人申请诉前行为保全，存在下列情形之一的，人民法院可以酌情确定担保数额：

（一）婚姻家庭纠纷申请诉前行为保全；

（二）因人格权正在或者即将受到侵害申请行为保全；

（三）其他可以酌情确定担保数额的情形。

第十条 申请人申请诉前财产保全，提供被保全财产的信息符合下列情形之一的，人民法院可以认定为明确的被保全财产信息：

（一）被保全财产为不动产的，提供了房产证复印件、产权查询单等权属证明材料，或者所有权人名称、产权证号或者预售网签号、不动产所在行政区域、道路、楼盘名称、具体房号等不动产具体信息；

（二）被保全财产为银行存款的，提供了储户姓名、开户银行名称、账号等存款的具体信息；

（三）被保全财产为机动车辆的，提供了车辆保管人或者控制人信息、机动车车牌号、车辆登记管理机关等具体信息；请求扣押的，提供了该机动车具体停放位置；

（四）被保全财产为有限责任公司或者非上市股份有限公司股权的，提供了具体公司名称、统一社会信用代码及注册（或者托管）机构、出资额度和股权份额等信息；被保全财产为上市公司股票或者其他可供保全的有价证券的，提供了相应账户信息及交易场所或者证券公司名称及地址；

（五）被保全财产为到期债权的，提供了债权人名称、债务人名称及住所、债权数额、债权到期时间、债权凭证或者相关证明材料；

（六）被保全财产为国债、基金的，提供了国债、基金的名称、种类、数量、登记机关；

（七）被保全财产为专利权、商标权、著作权等知识产权的，提供了权利证书登记号码或者其他权属证明；

（八）被保全财产为其他财产的，提供了财产的名称、种类、规格、数量、价值、所有权人、具体存放位置等详细情况以及相关证据材料。

三、准许诉前保全申请

第十一条 诉前财产保全的被申请人存在下列情形之一，导致或者可能导致丧失债务履行能力的，人民法院可以认定为情况紧急：

（一）有转移、隐匿、变卖财产的行为；

（二）有抽逃资金等逃避债务履行的行为；

（三）生产经营状况严重恶化；

（四）丧失商业信誉；

（五）被列为失信被执行人；

（六）导致或者可能导致丧失债务履行能力的其他情形。

第十二条 申请诉前行为保全存在下列情形之一的，人民法院可以认定为情况紧急：

（一）申请人的人身权益正在或者即将面临被非法侵害的危险；

（二）申请人的财产权益正在或者即将面临被非法侵害的危险；

（三）被申请人的行为会导致侵权行为难以控制且可能增加申请人损害；

（四）申请人的权益正在或者即将造成难以弥补的损害的其他情形。

第十三条 人民法院审查诉前行为保全申请，应当综合考量以下因素：

（一）申请人的请求是否具有事实基础和法律依据；

（二）不采取诉前行为保全措施是否会使申请人的合法权益受到难以弥补的损害；

（三）不采取诉前行为保全措施对申请人造成的损害是否超过采取行为保全措施对被申请人造成的损害；

（四）采取诉前行为保全措施对国家利益、社会公共利益可能产生的影响；

（五）其他应当考量的因素。

第十四条 申请人同时申请财产保全、行为保全、证据保全的，人民法院应当作出一个是否准许的裁定;存在影响保全措施实施等情形的,可以分别作出裁定。

四、采取诉前保全措施

第十五条 对下列财产,人民法院不得采取诉前财产保全措施:
(一)被申请人及其所扶养和抚育家属生活所必需的生活、教育、医疗等物品和费用;
(二)农民工工资专用账户资金和工资保证金,但法律另有规定以及起诉请求支付该专用账户对应项目的农民工工资的除外;
(三)金融机构交存在人民银行的存款准备金和备付金;
(四)信托财产人民币专用存款账户;
(五)社会保险机构开设的社会保险基金账户;
(六)证券经营机构、期货经纪机构的交易保证金,信用证开证保证金、独立保函保证金,但失去保证金用途的除外;
(七)工会等社团组织专项经费;
(八)人民法院已裁定受理破产申请的债务人财产;
(九)学校、幼儿园、医疗机构、养老机构等为公益目的成立的非营利法人的教育设施、医疗卫生设施、养老服务设施和其他公益设施;
(十)用于防控、应急、救援等承担疫情防控、应急处置等任务的财产;
(十一)法律、行政法规或者司法解释规定的其他不得查封、扣押、冻结的财产。

第十六条 在能够实现保全目的的情况下,人民法院应当选择采取对被申请人生活、生产经营活动影响较小的财产进行保全。
由人民法院指定被申请人保管的生活、生产经营性财产,如果继续使用对该财产的价值无重大影响的,可以允许被申请人继续使用。

第十七条 人民法院准许诉前保全财产的价值,应当与申请人申请保全的数额相当,不得明显超标的、超范围保全。
发现明显超标的保全的,人民法院应当根据当事人的申请或者依职权及时解除明显超标的部分保全,但该被保全财产为不可分物且被保全人无其他可供保全的财产,或者提供的担保置换财产不能足额保全的除外。

第十八条 人民法院对电子证据进行诉前保全的,应当同时保全电子信息的来源地、目的地、发送与接收时间、软件运行的环境、操作系统等据以验证被保全证据可靠性的必要信息,可以扣押相关计算机主机、硬盘、服务器等存储介质。

第十九条 人民法院裁定采取保全措施的,应当向申请人、被申请人送达裁定书。向被申请人送达裁定书可能影响采取保全措施的,人民法院应当在采取保全措施之时起最迟不得超过四十八小时,向被申请人送达裁定书。

第二十条 存在下列情形之一的,人民法院应当及时解除诉前保全:
(一)人民法院发现存在保全错误;
(二)申请人申请解除保全,或者被申请人申请解除保全,申请人同意;
(三)申请人在人民法院采取保全措施后三十日内不依法提起诉讼或者申请仲裁;
(四)已被采取诉前财产保全措施的被申请人作为债务人已经进入破产程序;
(五)法律、行政法规或者司法解释规定解除诉前保全的其他情形。

五、完善配套衔接机制

第二十一条 申请人、被申请人或者其他人妨害诉前保全秩序的,人民法院可以依据民事诉讼法第一百一十四条、第一百一十五条的规定,根据情节轻重予以罚款、拘留;构成犯罪的,依法追究刑事责任。

第二十二条 人民法院应当通过发布指导案例的方式,明确申请有错误的具体情形、法律后果,引导申请人依法理性申请诉前保全。

第二十三条 人民法院在"一张网"建设过程中,应当将申请人申请诉前保全和提起诉讼信息相关联,实现互联互通、实时共享。

第二十四条 诉前保全人民法院发现申请人向对案件有管辖权人民法院起诉的,应当与对案件有管辖权的人民法院沟通、对接,移送保全手续。诉前保全手续移送后,诉前保全的裁定视为受移送人民法院作出。

第二十五条 人民法院立案部门负责裁定是否准许诉前保全和采取行为保全、证据保全措施,执行部门负责采取诉前财产保全措施。人民法院应当加强审判管理,有序衔接诉前保全的立案、执行部门工作,确保裁定采取诉前保全措施后立即开始执行。

第二十六条 采取诉前保全措施的人民法院对案件没有管辖权的,在双方当事人同意的情况下,可以组织进行诉前调解,引导通过非诉方式化解矛盾纠纷。

第二十七条 人民法院应当优化考核指标,探索建立以诉前保全实施率、保全成功率、纠纷化解率、执行到位率为主要内容的考核激励机制,引导干警依法准确适用诉前保全制度。

六、附 则

第二十八条 本意见由最高人民法院负责解释。各高级人民法院可以根据相关法律、司法解释和本意见,结合本地区审判执行工作实际,制定或者修订关于诉前保全的实施细则,报最高人民法院备案。

第二十九条 本意见自 2024 年 3 月 1 日起施行。

最高人民法院关于生态环境侵权案件适用禁止令保全措施的若干规定

(2021年11月29日最高人民法院审判委员会第1854次会议通过 2021年12月27日最高人民法院公告公布 自2022年1月1日起施行 法释〔2021〕22号)

为妥善审理生态环境侵权案件,及时有效保护生态环境,维护民事主体合法权益,落实保护优先、预防为主原则,根据《中华人民共和国民法典》《中华人民共和国环境保护法》《中华人民共和国民事诉讼法》等有关法律规定,结合审判实践,制定本规定。

第一条 申请人以被申请人正在实施或者即将实施污染环境、破坏生态行为,不及时制止将使申请人合法权益或者生态环境受到难以弥补的损害为由,依照民事诉讼法第一百条、第一百零一条规定,向人民法院申请采取禁止令保全措施,责令被申请人立即停止一定行为的,人民法院应予受理。

第二条 因污染环境、破坏生态行为受到损害的自然人、法人或者非法人组织,以及民法典第一千二百三十四条、第一千二百三十五条规定的"国家规定的机关或者法律规定的组织",可以向人民法院申请作出禁止令。

第三条 申请人提起生态环境侵权诉讼时或者诉讼过程中,向人民法院申请作出禁止令的,人民法院应当在接受申请后五日内裁定是否准予。情况紧急的,人民法院应当在接受申请后四十八小时内作出。

因情况紧急,申请人可在提起诉讼前向污染环境、破坏生态行为实施地、损害结果发生地或者被申请人住所地等对案件有管辖权的人民法院申请作出禁止令,人民法院应当在接受申请后四十八小时内裁定是否准予。

第四条 申请人向人民法院申请作出禁止令的,应当提交申请书和相应的证明材料。

申请书应当载明下列事项:

(一)申请人与被申请人的身份、送达地址、联系方式等基本情况;

(二)申请禁止的内容、范围;

(三)被申请人正在实施或者即将实施污染环境、破坏生态行为,以及如不及时制止将使申请人合法权益或者生态环境受到难以弥补损害的情形;

(四)提供担保的财产信息,或者不需要提供担保的理由。

第五条 被申请人污染环境、破坏生态行为具有现实而紧迫的重大风险,如不及时制止将对申请人合法权益或者生态环境造成难以弥补损害的,人民法院应当综合考量以下因素决定是否作出禁止令：

（一）被申请人污染环境、破坏生态行为被行政主管机关依法处理后仍继续实施；

（二）被申请人污染环境、破坏生态行为对申请人合法权益或者生态环境造成的损害超过禁止被申请人一定行为对其合法权益造成的损害；

（三）禁止被申请人一定行为对国家利益、社会公共利益或者他人合法权益产生的不利影响；

（四）其他应当考量的因素。

第六条 人民法院审查申请人禁止令申请，应当听取被申请人的意见。必要时，可进行现场勘查。

情况紧急无法询问或者现场勘查的，人民法院应当在裁定准予申请人禁止令申请后四十八小时内听取被申请人的意见。被申请人意见成立的，人民法院应当裁定解除禁止令。

第七条 申请人在提起诉讼时或者诉讼过程中申请禁止令的，人民法院可以责令申请人提供担保，不提供担保的，裁定驳回申请。

申请人提起诉讼前申请禁止令的，人民法院应当责令申请人提供担保，不提供担保的，裁定驳回申请。

第八条 人民法院裁定准予申请人禁止令申请的，应当根据申请人的请求和案件具体情况确定禁止令的效力期间。

第九条 人民法院准予或者不准予申请人禁止令申请的，应当制作民事裁定书，并送达当事人，裁定书自送达之日起生效。

人民法院裁定准予申请人禁止令申请的，可以根据裁定内容制作禁止令张贴在被申请人住所地、污染环境、破坏生态行为实施地、损害结果发生地等相关场所，并可通过新闻媒体等方式向社会公开。

第十条 当事人、利害关系人对人民法院裁定准予或者不准予申请人禁止令申请不服的，可在收到裁定书之日起五日内向作出裁定的人民法院申请复议一次。人民法院应当在收到复议申请后十日内审查并作出裁定。复议期间不停止裁定的执行。

第十一条 申请人在人民法院作出诉前禁止令后三十日内不依法提起诉讼的，人民法院应当在三十日届满后五日内裁定解除禁止令。

禁止令效力期间内，申请人、被申请人或者利害关系人以据以作出裁定的事由发生变化为由，申请解除禁止令的，人民法院应当在收到申请后五日内裁定是否解除。

第十二条 被申请人不履行禁止令的，人民法院可依照民事诉讼法第一百一十一条的规定追究其相应法律责任。

第十三条 侵权行为实施地、损害结果发生地在中华人民共和国管辖海域内的海洋生态环境侵权案件中，申请人向人民法院申请责令被申请人立即停止一定行为的,适用海洋环境保护法、海事诉讼特别程序法等法律和司法解释的相关规定。

第十四条 本规定自 2022 年 1 月 1 日起施行。

附件:1.民事裁定书(诉中禁止令用)样式
　　　2.民事裁定书(诉前禁止令用)样式
　　　3.民事裁定书(解除禁止令用)样式
　　　4.禁止令(张贴公示用)样式

附件1:民事裁定书(诉中禁止令用)样式

××××人民法院
民事裁定书

(××××)……民初……号

申请人:×××,……(写明姓名或名称、住所地等基本情况)。
……

被申请人:×××,……(写明姓名或名称、住所地等基本情况)。

申请人×××因与被申请人×××……(写明案由)纠纷一案,向本院申请作出禁止令,责令被申请人×××……(写明申请作出禁止令的具体请求事项)。

本院认为:……(写明是否符合作出禁止令的条件,以及相应的事实理由)。依照《中华人民共和国民事诉讼法》第一百条、《最高人民法院关于生态环境侵权案件适用禁止令保全措施的若干规定》第三条第一款、第八条、第九条第一款的规定,裁定如下:

一、……被申请人×××自本裁定生效之日……(写明效力期间及要求被申请人立即停止实施的具体行为的内容)。

二、……(若禁止实施的具体行为不止一项,依次写明)。

(不准予申请人禁止令申请的,写明"驳回申请人×××的禁止令申请。")

如不服本裁定,可在裁定书送达之日起五日内,向本院申请复议一次。复议期间,不停止裁定的执行。

本裁定送达后即发生法律效力。

审判长×××
审判员×××
审判员×××

××××年××月××日
(院印)

法官助理×××
书记员×××

【说明】
1. 本样式根据《中华人民共和国民事诉讼法》第一百条、《最高人民法院关于生态环境侵权案件适用禁止令保全措施的若干规定》第三条第一款、第八条、第九条第一款制定,供人民法院在受理、审理案件过程中,依当事人申请作出禁止令时用。
2. 当事人申请诉中禁止令的,案号与正在进行的民事诉讼案号相同,为(××××)……民初……号;若特殊情况下当事人在二审中申请诉中禁止令的,案号则为二审案号。
3. 禁止令的效力期间原则上自裁定生效之日起至案件终审裁判文书生效或者人民法院裁定解除之日止;人民法院若根据个案实际情况确定了具体的效力期间,亦应在裁定书中予以明确。期间届满,禁止令自动终止。

附件2:民事裁定书(诉前禁止令用)样式

××××人民法院
民事裁定书

(××××)……行保……号

申请人:×××,……(写明姓名或名称、住所地等基本情况)。
被申请人:×××,……(写明姓名或名称、住所地等基本情况)。
因被申请人×××……(写明具体的生态环境侵权行为),申请人×××向本院申请禁止令,责令被申请人×××……(写明申请作出禁止令的具体请求事项)。
本院认为:……(写明是否符合作出禁止令的条件,以及相应的事实理由)。依照《中华人民共和国民事诉讼法》第一百零一条,《最高人民法院关于生态环境侵权案件适用禁止令保全措施的若干规定》第三条第二款、第八条、第九条第一款的规定,裁定如下:
一、……被申请人×××自本裁定生效之日……(写明效力期间及要求被申请人立即停止实施的具体行为的内容)。
二、……(若禁止实施的具体行为不止一项,依次写明)。
(不准予申请人禁止令申请的,写明"驳回申请人×××的禁止令申请。")
如不服本裁定,可在裁定书送达之日起五日内,向本院申请复议一次。复议期间,不停止裁定的执行。
本裁定送达后即发生法律效力。

审判长×××
审判员×××
审判员×××

××××年××月××日
（院印）
法官助理×××
书记员×××

【说明】

1. 本样式根据《中华人民共和国民事诉讼法》第一百零一条、《最高人民法院关于生态环境侵权案件适用禁止令保全措施的若干规定》第三条第二款、第八条、第九条第一款制定，供人民法院在受理案件前，依当事人申请作出禁止令时用。

2. 当事人申请诉前禁止令时，尚未进入诉讼程序，故编立案号（××××）……行保……号。

3. 禁止令的效力期间原则上自裁定生效之日起至案件终审裁判文书生效或者人民法院裁定解除之日止；人民法院若根据个案实际情况确定了具体的效力期间，亦应在裁定书中予以明确。期间届满，禁止令自动终止。

附件3：民事裁定书（解除禁止令用）样式

××××人民法院
民事裁定书

（××××）……民初……号

申请人：×××，……（写明姓名或名称、住所地等基本情况）。

被申请人：×××，……（写明姓名或名称、住所地等基本情况）。

本院于××××年××月××日作出××（写明案号）民事裁定，准予×××的禁止令申请。××××年××月××日，申请人/被申请人/利害关系人×××基于据以作出禁止令的事由发生变化为由，请求解除禁止令。

本院经审查认为，……（写明是否符合解除禁止令的条件，以及相应的事实理由）。依照《最高人民法院关于生态环境侵权案件适用禁止令保全措施的若干规定》第十一条第二款的规定，裁定如下：

一、解除××××（被申请人的姓名或者名称）……（写明需要解除的禁止实施的具体行为）。

二、……（若需解除的禁止实施的具体行为不止一项，依次写明）。

(如不符合解除禁止令条件的,写明:"驳回申请人/被申请人/利害关系人×××的解除禁止令申请。")

如不服本裁定,可在裁定书送达之日起五日内,向本院申请复议一次。复议期间,不停止裁定的执行。

本裁定送达后即发生法律效力。

审判长×××
审判员×××
审判员×××

××××年××月××日
(院印)
法官助理×××
书记员×××

【说明】

1. 本样式根据《最高人民法院关于生态环境侵权案件适用禁止令保全措施的若干规定》第十一条第二款制定,供人民法院在禁止令效力期间内,因据以作出禁止令的事由发生变化,依申请人、被申请人或者利害关系人申请提前解除禁止令用。

2. 根据《最高人民法院关于生态环境侵权案件适用禁止令保全措施的若干规定》第六条第二款因被申请人抗辩理由成立而解除已作出的禁止令、第十一条第一款因申请人未在法定三十日内提起诉讼而解除禁止令的,可参照本样式调整相应表述后使用。

3. 若一审中裁定解除禁止令的,则采用一审案号(或之……);若二审中裁定解除禁止令的,则采用二审案号;若系针对申请人在诉前禁止令作出后三十日内未起诉而解除或者提前解除的,则采用原禁止令案号之一。

4. 解除裁定生效后,依据原裁定制作的禁止令自动终止。

附件4:禁止令(张贴公示用)样式

××××人民法院
禁止令

(××××)……民初……号/(××××)……行保……号

×××(写明被申请人姓名或名称):

申请人×××以你(你单位)……(申请理由)为由,于××××年××月××日向本

院申请作出禁止令。本院经审查,于××××年××月××日作出××号民事裁定,准予申请人×××的禁止令申请。现责令:

……(裁定书主文内容)。

此令。

×××人民法院
××××年××月××日
(院印)

【说明】

1. 本样式根据《最高人民法院关于生态环境侵权案件适用禁止令保全措施的若干规定》第九条第二款制定,供人民法院在被申请人住所地,污染环境、破坏生态行为实施地、损害结果发生地等相关场所张贴以及通过新闻媒体等方式向社会公开时用。

2. 如系诉中禁止令,案号与正在审理案件案号相同,如系诉前禁止令则案号为(××××)……行保……号。

最高人民法院关于
人民法院办理财产保全案件若干问题的规定

(2016年10月17日最高人民法院审判委员会第1696次会议通过 根据2020年12月23日最高人民法院审判委员会第1823次会议通过的《最高人民法院关于修改〈最高人民法院关于人民法院扣押铁路运输货物若干问题的规定〉等十八件执行类司法解释的决定》修正 2020年12月29日最高人民法院公告公布 该修正自2021年1月1日起施行 法释〔2020〕21号)

为依法保护当事人、利害关系人的合法权益,规范人民法院办理财产保全案件,根据《中华人民共和国民事诉讼法》等法律规定,结合审判、执行实践,制定本规定。

第一条 当事人、利害关系人申请财产保全,应当向人民法院提交申请书,并提供相关证据材料。

申请书应当载明下列事项:

(一)申请保全人与被保全人的身份、送达地址、联系方式;

(二)请求事项和所根据的事实与理由;

(三)请求保全数额或者争议标的;

（四）明确的被保全财产信息或者具体的被保全财产线索；

（五）为财产保全提供担保的财产信息或资信证明，或者不需要提供担保的理由；

（六）其他需要载明的事项。

法律文书生效后，进入执行程序前，债权人申请财产保全的，应当写明生效法律文书的制作机关、文号和主要内容，并附生效法律文书副本。

第二条 人民法院进行财产保全，由立案、审判机构作出裁定，一般应当移送执行机构实施。

第三条 仲裁过程中，当事人申请财产保全的，应当通过仲裁机构向人民法院提交申请书及仲裁案件受理通知书等相关材料。人民法院裁定采取保全措施或者裁定驳回申请的，应当将裁定书送达当事人，并通知仲裁机构。

第四条 人民法院接受财产保全申请后，应当在五日内作出裁定；需要提供担保的，应当在提供担保后五日内作出裁定；裁定采取保全措施的，应当在五日内开始执行。对情况紧急的，必须在四十八小时内作出裁定；裁定采取保全措施的，应当立即开始执行。

第五条 人民法院依照民事诉讼法第一百条规定责令申请保全人提供财产保全担保的，担保数额不超过请求保全数额的百分之三十；申请保全的财产系争议标的的，担保数额不超过争议标的价值的百分之三十。

利害关系人申请诉前财产保全的，应当提供相当于请求保全数额的担保；情况特殊的，人民法院可以酌情处理。

财产保全期间，申请保全人提供的担保不足以赔偿可能给被保全人造成的损失的，人民法院可以责令其追加相应的担保；拒不追加的，可以裁定解除或者部分解除保全。

第六条 申请保全人或第三人为财产保全提供财产担保的，应当向人民法院出具担保书。担保书应当载明担保人、担保方式、担保范围、担保财产及其价值、担保责任承担等内容，并附相关证据材料。

第三人为财产保全提供保证担保的，应当向人民法院提交保证书。保证书应当载明保证人、保证方式、保证范围、保证责任承担等内容，并附相关证据材料。

对财产保全担保，人民法院经审查，认为违反民法典、公司法等有关法律禁止性规定的，应当责令申请保全人在指定期限内提供其他担保；逾期未提供的，裁定驳回申请。

第七条 保险人以其与申请保全人签订财产保全责任险合同的方式为财产保全提供担保的，应当向人民法院出具担保书。

担保书应当载明，因申请财产保全错误，由保险人赔偿被保全人因保全所遭受的损失等内容，并附相关证据材料。

第八条 金融监管部门批准设立的金融机构以独立保函形式为财产保全

提供担保的,人民法院应当依法准许。

第九条 当事人在诉讼中申请财产保全,有下列情形之一的,人民法院可以不要求提供担保:

(一)追索赡养费、扶养费、抚育费、抚恤金、医疗费用、劳动报酬、工伤赔偿、交通事故人身损害赔偿的;

(二)婚姻家庭纠纷案件中遭遇家庭暴力且经济困难的;

(三)人民检察院提起的公益诉讼涉及损害赔偿的;

(四)因见义勇为遭受侵害请求损害赔偿的;

(五)案件事实清楚、权利义务关系明确,发生保全错误可能性较小的;

(六)申请保全人为商业银行、保险公司等由金融监管部门批准设立的具有独立偿付债务能力的金融机构及其分支机构的。

法律文书生效后,进入执行程序前,债权人申请财产保全的,人民法院可以不要求提供担保。

第十条 当事人、利害关系人申请财产保全,应当向人民法院提供明确的被保全财产信息。

当事人在诉讼中申请财产保全,确因客观原因不能提供明确的被保全财产信息,但提供了具体财产线索的,人民法院可以依法裁定采取财产保全措施。

第十一条 人民法院依照本规定第十条第二款规定作出保全裁定的,在该裁定执行过程中,申请保全人可以向已经建立网络执行查控系统的执行法院,书面申请通过该系统查询被保全人的财产。

申请保全人提出查询申请的,执行法院可以利用网络执行查控系统,对裁定保全的财产或者保全数额范围内的财产进行查询,并采取相应的查封、扣押、冻结措施。

人民法院利用网络执行查控系统未查询到可供保全财产的,应当书面告知申请保全人。

第十二条 人民法院对查询到的被保全人财产信息,应当依法保密。除依法保全的财产外,不得泄露被保全人其他财产信息,也不得在财产保全、强制执行以外使用相关信息。

第十三条 被保全人有多项财产可供保全的,在能够实现保全目的的情况下,人民法院应当选择对其生产经营活动影响较小的财产进行保全。

人民法院对厂房、机器设备等生产经营性财产进行保全时,指定被保全人保管的,应当允许其继续使用。

第十四条 被保全财产系机动车、航空器等特殊动产的,除被保全人下落不明的以外,人民法院应当责令被保全人书面报告该动产的权属和占有、使用等情况,并予以核实。

第十五条 人民法院应当依据财产保全裁定采取相应的查封、扣押、冻结措施。

可供保全的土地、房屋等不动产的整体价值明显高于保全裁定载明金额的,人民法院应当对该不动产的相应价值部分采取查封、扣押、冻结措施,但该不动产在使用上不可分或者分割会严重减损其价值的除外。

对银行账户内资金采取冻结措施的,人民法院应当明确具体的冻结数额。

第十六条 人民法院在财产保全中采取查封、扣押、冻结措施,需要有关单位协助办理登记手续的,有关单位应当在裁定书和协助执行通知书送达后立即办理。针对同一财产有多个裁定书和协助执行通知书的,应当按照送达的时间先后办理登记手续。

第十七条 利害关系人申请诉前财产保全,在人民法院采取保全措施后三十日内依法提起诉讼或者申请仲裁的,诉前财产保全措施自动转为诉讼或仲裁中的保全措施;进入执行程序后,保全措施自动转为执行中的查封、扣押、冻结措施。

依前款规定,自动转为诉讼、仲裁中的保全措施或者执行中的查封、扣押、冻结措施的,期限连续计算,人民法院无需重新制作裁定书。

第十八条 申请保全人申请续行财产保全的,应当在保全期限届满七日前向人民法院提出;逾期申请或者不申请的,自行承担不能续行保全的法律后果。

人民法院进行财产保全时,应当书面告知申请保全人明确的保全期限届满日以及前款有关申请续行保全的事项。

第十九条 再审审查期间,债务人申请保全生效法律文书确定给付的财产的,人民法院不予受理。

再审审理期间,原生效法律文书中止执行,当事人申请财产保全的,人民法院应当受理。

第二十条 财产保全期间,被保全人请求对被保全财产自行处分,人民法院经审查,认为不损害申请保全人和其他执行债权人合法权益的,可以准许,但应当监督被保全人按照合理价格在指定期限内处分,并控制相应价款。

被保全人请求对作为争议标的的被保全财产自行处分的,须经申请保全人同意。

人民法院准许被保全人自行处分被保全财产的,应当通知申请保全人;申请保全人不同意的,可以依照民事诉讼法第二百二十五条规定提出异议。

第二十一条 保全法院在首先采取查封、扣押、冻结措施后超过一年未对被保全财产进行处分的,除被保全财产系争议标的外,在先轮候查封、扣押、冻结的执行法院可以商请保全法院将被保全财产移送执行。但司法解释另有特别规定的,适用其规定。

保全法院与在先轮候查封、扣押、冻结的执行法院就移送被保全财产发生争议的,可以逐级报请共同的上级法院指定该财产的执行法院。

共同的上级法院应当根据被保全财产的种类及所在地、各债权数额与被保全财产价值之间的关系等案件具体情况指定执行法院,并督促其在指定期限内处分被保全财产。

第二十二条 财产纠纷案件,被保全人或第三人提供充分有效担保请求解除保全,人民法院应当裁定准许。被保全人请求对作为争议标的的财产解除保全的,须经申请保全人同意。

第二十三条 人民法院采取财产保全措施后,有下列情形之一的,申请保全人应当及时申请解除保全:

(一)采取诉前财产保全措施后三十日内不依法提起诉讼或者申请仲裁的;

(二)仲裁机构不予受理仲裁申请、准许撤回仲裁申请或者按撤回仲裁申请处理的;

(三)仲裁申请或者请求被仲裁裁决驳回的;

(四)其他人民法院对起诉不予受理、准许撤诉或者按撤诉处理的;

(五)起诉或者诉讼请求被其他人民法院生效裁判驳回的;

(六)申请保全人应当申请解除保全的其他情形。

人民法院收到解除保全申请后,应当在五日内裁定解除保全;对情况紧急的,必须在四十八小时内裁定解除保全。

申请保全人未及时申请人民法院解除保全,应当赔偿被保全人因财产保全所遭受的损失。

被保全人申请解除保全,人民法院经审查认为符合法律规定的,应当在本条第二款规定的期间内裁定解除保全。

第二十四条 财产保全裁定执行中,人民法院发现保全裁定的内容与被保全财产的实际情况不符的,应当予以撤销、变更或补正。

第二十五条 申请保全人、被保全人对保全裁定或者驳回申请裁定不服的,可以自裁定书送达之日起五日内向作出裁定的人民法院申请复议一次。人民法院应当自收到复议申请后十日内审查。

对保全裁定不服申请复议的,人民法院经审查,理由成立的,裁定撤销或变更;理由不成立的,裁定驳回。

对驳回申请裁定不服申请复议的,人民法院经审查,理由成立的,裁定撤销,并采取保全措施;理由不成立的,裁定驳回。

第二十六条 申请保全人、被保全人、利害关系人认为保全裁定实施过程中的执行行为违反法律规定提出书面异议的,人民法院应当依照民事诉讼法第二百二十五条规定审查处理。

第二十七条 人民法院对诉讼争议标的以外的财产进行保全,案外人对保全裁定或者保全裁定实施过程中的执行行为不服,基于实体权利对被保全财产提出书面异议的,人民法院应当依照民事诉讼法第二百二十七条规定审查处理并作出裁定。案外人、申请保全人对该裁定不服的,可以自裁定送达之日起十五日内向人民法院提起执行异议之诉。

人民法院裁定案外人异议成立后,申请保全人在法律规定的期间内未提起执行异议之诉的,人民法院应当自起诉期限届满之日起七日内对该被保全财产解除保全。

第二十八条 海事诉讼中,海事请求人申请海事请求保全,适用《中华人民共和国海事诉讼特别程序法》及相关司法解释。

第二十九条 本规定自 2016 年 12 月 1 日起施行。

本规定施行前公布的司法解释与本规定不一致的,以本规定为准。

最高人民法院关于
人民法院对注册商标权进行财产保全的解释

(2000 年 11 月 22 日最高人民法院审判委员会第 1144 次会议通过 根据 2020 年 12 月 23 日最高人民法院审判委员会第 1823 次会议通过的《最高人民法院关于修改〈最高人民法院关于审理侵犯专利权纠纷案件应用法律若干问题的解释(二)〉等十八件知识产权类司法解释的决定》修正 2020 年 12 月 29 日最高人民法院公告公布 该修正自 2021 年 1 月 1 日起施行 法释〔2020〕19 号)

为了正确实施对注册商标权的财产保全措施,避免重复保全,现就人民法院对注册商标权进行财产保全有关问题解释如下:

第一条 人民法院根据民事诉讼法有关规定采取财产保全措施时,需要对注册商标权进行保全的,应当向国家知识产权局商标局(以下简称商标局)发出协助执行通知书,载明要求商标局协助保全的注册商标的名称、注册人、注册证号码、保全期限以及协助执行保全的内容,包括禁止转让、注销注册商标、变更注册事项和办理商标权质押登记等事项。

第二条 对注册商标权保全的期限一次不得超过一年,自商标局收到协助执行通知书之日起计算。如果仍然需要对该注册商标权继续采取保全措施的,人民法院应当在保全期限届满前向商标局重新发出协助执行通知书,要求继续保全。否则,视为自动解除对该注册商标权的财产保全。

第三条 人民法院对已经进行保全的注册商标权,不得重复进行保全。

最高人民法院关于审查知识产权纠纷行为保全案件适用法律若干问题的规定

(2018年11月26日最高人民法院审判委员会第1755次会议通过 2018年12月12日最高人民法院公告公布 自2019年1月1日起施行 法释〔2018〕21号)

为正确审查知识产权纠纷行为保全案件,及时有效保护当事人的合法权益,根据《中华人民共和国民事诉讼法》《中华人民共和国专利法》《中华人民共和国商标法》《中华人民共和国著作权法》等有关法律规定,结合审判、执行工作实际,制定本规定。

第一条 本规定中的知识产权纠纷是指《民事案件案由规定》中的知识产权与竞争纠纷。

第二条 知识产权纠纷的当事人在判决、裁定或者仲裁裁决生效前,依据民事诉讼法第一百条、第一百零一条规定申请行为保全的,人民法院应当受理。

知识产权许可合同的被许可人申请诉前责令停止侵害知识产权行为的,独占许可合同的被许可人可以单独向人民法院提出申请;排他许可合同的被许可人在权利人不申请的情况下,可以单独提出申请;普通许可合同的被许可人经权利人明确授权以自己的名义起诉的,可以单独提出申请。

第三条 申请诉前行为保全,应当向被申请人住所地具有相应知识产权纠纷管辖权的人民法院或者对案件具有管辖权的人民法院提出。

当事人约定仲裁的,应当向前款规定的人民法院申请行为保全。

第四条 向人民法院申请行为保全,应当递交申请书和相应证据。申请书应当载明下列事项:

(一)申请人与被申请人的身份、送达地址、联系方式;

(二)申请采取行为保全措施的内容和期限;

(三)申请所依据的事实、理由,包括被申请人的行为将会使申请人的合法权益受到难以弥补的损害或者造成案件裁决难以执行等损害的具体说明;

(四)为行为保全提供担保的财产信息或资信证明,或者不需要提供担保的理由;

(五)其他需要载明的事项。

第五条 人民法院裁定采取行为保全措施前,应当询问申请人和被申请人,但因情况紧急或者询问可能影响保全措施执行等情形除外。

人民法院裁定采取行为保全措施或者裁定驳回申请的,应当向申请人、被申请人送达裁定书。向被申请人送达裁定书可能影响采取保全措施的,人民法院可以在采取保全措施后及时向被申请人送达裁定书,至迟不得超过五日。

当事人在仲裁过程中申请行为保全的,应当通过仲裁机构向人民法院提交申请书、仲裁案件受理通知书等相关材料。人民法院裁定采取行为保全措施或者裁定驳回申请的,应当将裁定书送达当事人,并通知仲裁机构。

第六条 有下列情况之一,不立即采取行为保全措施即足以损害申请人利益的,应当认定属于民事诉讼法第一百条、第一百零一条规定的"情况紧急":

(一)申请人的商业秘密即将被非法披露;

(二)申请人的发表权、隐私权等人身权利即将受到侵害;

(三)诉争的知识产权即将被非法处分;

(四)申请人的知识产权在展销会等时效性较强的场合正在或者即将受到侵害;

(五)时效性较强的热播节目正在或者即将受到侵害;

(六)其他需要立即采取行为保全措施的情况。

第七条 人民法院审查行为保全申请,应当综合考量下列因素:

(一)申请人的请求是否具有事实基础和法律依据,包括请求保护的知识产权效力是否稳定;

(二)不采取行为保全措施是否会使申请人的合法权益受到难以弥补的损害或者造成案件裁决难以执行等损害;

(三)不采取行为保全措施对申请人造成的损害是否超过采取行为保全措施对被申请人造成的损害;

(四)采取行为保全措施是否损害社会公共利益;

(五)其他应当考量的因素。

第八条 人民法院审查判断申请人请求保护的知识产权效力是否稳定,应当综合考量下列因素:

(一)所涉权利的类型或者属性;

(二)所涉权利是否经过实质审查;

(三)所涉权利是否处于宣告无效或者撤销程序中以及被宣告无效或者撤销的可能性;

(四)所涉权利是否存在权属争议;

(五)其他可能导致所涉权利效力不稳定的因素。

第九条 申请人以实用新型或者外观设计专利权为依据申请行为保全的,应当提交由国务院专利行政部门作出的检索报告、专利权评价报告或者专利复审委员会维持该专利权有效的决定。申请人无正当理由拒不提交的,人民法院应当裁定驳回其申请。

第十条 在知识产权与不正当竞争纠纷行为保全案件中,有下列情形之一的,应当认定属于民事诉讼法第一百零一条规定的"难以弥补的损害":

(一)被申请人的行为将会侵害申请人享有的商誉或者发表权、隐私权等人

身性质的权利且造成无法挽回的损害;

(二)被申请人的行为将会导致侵权行为难以控制且显著增加申请人损害;

(三)被申请人的侵害行为将会导致申请人的相关市场份额明显减少;

(四)对申请人造成其他难以弥补的损害。

第十一条 申请人申请行为保全的,应当依法提供担保。

申请人提供的担保数额,应当相当于被申请人可能因执行行为保全措施所遭受的损失,包括责令停止侵权行为所涉产品的销售收益、保管费用等合理损失。

在执行行为保全措施过程中,被申请人可能因此遭受的损失超过申请人担保数额的,人民法院可以责令申请人追加相应的担保。申请人拒不追加的,可以裁定解除或者部分解除保全措施。

第十二条 人民法院采取的行为保全措施,一般不因被申请人提供担保而解除,但是申请人同意的除外。

第十三条 人民法院裁定采取行为保全措施的,应当根据申请人的请求或者案件具体情况等因素合理确定保全措施的期限。

裁定停止侵害知识产权行为的效力,一般应当维持至案件裁判生效时止。

人民法院根据申请人的请求、追加担保等情况,可以裁定继续采取保全措施。申请人请求续行保全措施的,应当在期限届满前七日内提出。

第十四条 当事人不服行为保全裁定申请复议的,人民法院应当在收到复议申请后十日内审查并作出裁定。

第十五条 人民法院采取行为保全的方法和措施,依照执行程序相关规定处理。

第十六条 有下列情形之一的,应当认定属于民事诉讼法第一百零五条规定的"申请有错误":

(一)申请人在采取行为保全措施后三十日内不依法提起诉讼或者申请仲裁;

(二)行为保全措施因请求保护的知识产权被宣告无效等原因自始不当;

(三)申请责令被申请人停止侵害知识产权或者不正当竞争,但生效裁判认定不构成侵权或者不正当竞争;

(四)其他属于申请有错误的情形。

第十七条 当事人申请解除行为保全措施,人民法院收到申请后经审查符合《最高人民法院关于适用〈中华人民共和国民事诉讼法〉的解释》第一百六十六条规定的情形的,应当在五日内裁定解除。

申请人撤回行为保全申请或者申请解除行为保全措施的,不因此免除民事诉讼法第一百零五条规定的赔偿责任。

第十八条 被申请人依据民事诉讼法第一百零五条规定提起赔偿诉讼,申请人申请诉前行为保全后没有起诉或者当事人约定仲裁的,由采取保全措施的人民法院管辖;申请人已经起诉的,由受理起诉的人民法院管辖。

第十九条 申请人同时申请行为保全、财产保全或者证据保全的,人民法院应当依法分别审查不同类型保全申请是否符合条件,并作出裁定。

为避免被申请人实施转移财产、毁灭证据等行为致使保全目的无法实现,人民法院可以根据案件具体情况决定不同类型保全措施的执行顺序。

第二十条 申请人申请行为保全,应当依照《诉讼费用交纳办法》关于申请采取行为保全措施的规定交纳申请费。

第二十一条 本规定自2019年1月1日起施行。最高人民法院以前发布的相关司法解释与本规定不一致的,以本规定为准。

最高人民法院关于因申请诉中财产保全损害责任纠纷管辖问题的批复

(2017年7月17日最高人民法院审判委员会第1722次会议通过 2017年8月1日最高人民法院公告公布 自2017年8月10日起施行 法释〔2017〕14号)

浙江省高级人民法院:

你院《关于因申请诉中财产保全损害责任纠纷管辖问题的请示》((2015)浙立他字第91号)收悉。经研究,批复如下:

为便于当事人诉讼,诉讼中财产保全的被申请人、利害关系人依照《中华人民共和国民事诉讼法》第一百零五条规定提起的因申请诉中财产保全损害责任纠纷之诉,由作出诉中财产保全裁定的人民法院管辖。

此复。

最高人民法院关于诉前财产保全几个问题的批复

(1998年11月19日最高人民法院审判委员会第1030次会议通过 1998年11月27日最高人民法院公告公布 自1998年12月5日施行 法释〔1998〕29号)

湖北省高级人民法院:

你院鄂高法〔1998〕63号《关于采取诉前财产保全几个问题的请示》收悉。经研究,答复如下:

一、人民法院受理当事人诉前财产保全申请后,应当按照诉前财产保全标的金额并参照《中华人民共和国民事诉讼法》关于级别管辖和专属管辖的规定,决定采取诉前财产保全措施。

二、采取财产保全措施的人民法院受理申请人的起诉后,发现所受理的案件不属于本院管辖的,应当将案件和财产保全申请费一并移送有管辖权的人民法院。

案件移送后,诉前财产保全裁定继续有效。

因执行诉前财产保全裁定而实际支出的费用,应由受诉人民法院在申请费中返还给作出诉前财产保全的人民法院。

此复

七、诉讼费用

诉讼费用交纳办法

（2006年12月8日国务院第159次常务会议通过 2006年12月19日中华人民共和国国务院令第481号公布 自2007年4月1日起施行）

第一章 总 则

第一条 根据《中华人民共和国民事诉讼法》（以下简称民事诉讼法）和《中华人民共和国行政诉讼法》（以下简称行政诉讼法）的有关规定，制定本办法。

第二条 当事人进行民事诉讼、行政诉讼，应当依照本办法交纳诉讼费用。本办法规定可以不交纳或者免予交纳诉讼费用的除外。

第三条 在诉讼过程中不得违反本办法规定的范围和标准向当事人收取费用。

第四条 国家对交纳诉讼费用确有困难的当事人提供司法救助，保障其依法行使诉讼权利，维护其合法权益。

第五条 外国人、无国籍人、外国企业或者组织在人民法院进行诉讼，适用本办法。

外国法院对中华人民共和国公民、法人或者其他组织，与其本国公民、法人或者其他组织在诉讼费用交纳上实行差别对待的，按照对等原则处理。

第二章 诉讼费用交纳范围

第六条 当事人应当向人民法院交纳的诉讼费用包括：

（一）案件受理费；

（二）申请费；

（三）证人、鉴定人、翻译人员、理算人员在人民法院指定日期出庭发生的交通费、住宿费、生活费和误工补贴。

第七条 案件受理费包括：

（一）第一审案件受理费；

（二）第二审案件受理费；

(三)再审案件中,依照本办法规定需要交纳的案件受理费。

第八条 下列案件不交纳案件受理费:

(一)依照民事诉讼法规定的特别程序审理的案件;

(二)裁定不予受理、驳回起诉、驳回上诉的案件;

(三)对不予受理、驳回起诉和管辖权异议裁定不服,提起上诉的案件;

(四)行政赔偿案件。

第九条 根据民事诉讼法和行政诉讼法规定的审判监督程序审理的案件,当事人不交纳案件受理费。但是,下列情形除外:

(一)当事人有新的证据,足以推翻原判决、裁定,向人民法院申请再审,人民法院经审查决定再审的案件;

(二)当事人对人民法院第一审判决或者裁定未提出上诉,第一审判决、裁定或者调解书发生法律效力后又申请再审,人民法院经审查决定再审的案件。

第十条 当事人依法向人民法院申请下列事项,应当交纳申请费:

(一)申请执行人民法院发生法律效力的判决、裁定、调解书,仲裁机构依法作出的裁决和调解书,公证机构依法赋予强制执行效力的债权文书;

(二)申请保全措施;

(三)申请支付令;

(四)申请公示催告;

(五)申请撤销仲裁裁决或者认定仲裁协议效力;

(六)申请破产;

(七)申请海事强制令、共同海损理算、设立海事赔偿责任限制基金、海事债权登记、船舶优先权催告;

(八)申请承认和执行外国法院判决、裁定和国外仲裁机构裁决。

第十一条 证人、鉴定人、翻译人员、理算人员在人民法院指定日期出庭发生的交通费、住宿费、生活费和误工补贴,由人民法院按照国家规定标准代为收取。

当事人复制案件卷宗材料和法律文书应当按实际成本向人民法院交纳工本费。

第十二条 诉讼过程中因鉴定、公告、勘验、翻译、评估、拍卖、变卖、仓储、保管、运输、船舶监管等发生的依法应当由当事人负担的费用,人民法院根据谁主张、谁负担的原则,决定由当事人直接支付给有关机构或者单位,人民法院不得代收代付。

人民法院依照民事诉讼法第十一条第三款规定提供当地民族通用语言、文字翻译的,不收取费用。

第三章 诉讼费用交纳标准

第十三条 案件受理费分别按照下列标准交纳:

(一)财产案件根据诉讼请求的金额或者价额,按照下列比例分段累计交纳:

1. 不超过1万元的,每件交纳50元;
2. 超过1万元至10万元的部分,按照2.5%交纳;
3. 超过10万元至20万元的部分,按照2%交纳;
4. 超过20万元至50万元的部分,按照1.5%交纳;
5. 超过50万元至100万元的部分,按照1%交纳;
6. 超过100万元至200万元的部分,按照0.9%交纳;
7. 超过200万元至500万元的部分,按照0.8%交纳;
8. 超过500万元至1000万元的部分,按照0.7%交纳;
9. 超过1000万元至2000万元的部分,按照0.6%交纳;
10. 超过2000万元的部分,按照0.5%交纳。

(二)非财产案件按照下列标准交纳:

1. 离婚案件每件交纳50元至300元。涉及财产分割,财产总额不超过20万元的,不另行交纳;超过20万元的部分,按照0.5%交纳。
2. 侵害姓名权、名称权、肖像权、名誉权、荣誉权以及其他人格权的案件,每件交纳100元至500元。涉及损害赔偿,赔偿金额不超过5万元的,不另行交纳;超过5万元至10万元的部分,按照1%交纳;超过10万元的部分,按照0.5%交纳。
3. 其他非财产案件每件交纳50元至100元。

(三)知识产权民事案件,没有争议金额或者价额的,每件交纳500元至1000元;有争议金额或者价额的,按照财产案件的标准交纳。

(四)劳动争议案件每件交纳10元。

(五)行政案件按照下列标准交纳:

1. 商标、专利、海事行政案件每件交纳100元;
2. 其他行政案件每件交纳50元。

(六)当事人提出案件管辖权异议,异议不成立的,每件交纳50元至100元。

省、自治区、直辖市人民政府可以结合本地实际情况在本条第(二)项、第(三)项、第(六)项规定的幅度内制定具体交纳标准。

第十四条 申请费分别按照下列标准交纳:

(一)依法向人民法院申请执行人民法院发生法律效力的判决、裁定、调解书,仲裁机构依法作出的裁决和调解书,公证机关依法赋予强制执行效力的债权文书,申请承认和执行外国法院判决、裁定以及国外仲裁机构裁决的,按照下列标准交纳:

1. 没有执行金额或者价额的,每件交纳50元至500元。
2. 执行金额或者价额不超过1万元的,每件交纳50元;超过1万元至50

万元的部分,按照 1.5%交纳;超过 50 万元至 500 万元的部分,按照 1%交纳;超过 500 万元至 1000 万元的部分,按照 0.5%交纳;超过 1000 万元的部分,按照 0.1%交纳。

3. 符合民事诉讼法第五十五条第四款规定,未参加登记的权利人向人民法院提起诉讼的,按照本项规定的标准交纳申请费,不再交纳案件受理费。

(二)申请保全措施的,根据实际保全的财产数额按照下列标准交纳:

财产数额不超过 1000 元或者不涉及财产数额的,每件交纳 30 元;超过 1000 元至 10 万元的部分,按照 1%交纳;超过 10 万元的部分,按照 0.5%交纳。但是,当事人申请保全措施交纳的费用最多不超过 5000 元。

(三)依法申请支付令的,比照财产案件受理费标准的 1/3 交纳。

(四)依法申请公示催告的,每件交纳 100 元。

(五)申请撤销仲裁裁决或者认定仲裁协议效力的,每件交纳 400 元。

(六)破产案件依据破产财产总额计算,按照财产案件受理费标准减半交纳,但是,最高不超过 30 万元。

(七)海事案件的申请费按照下列标准交纳:

1. 申请设立海事赔偿责任限制基金的,每件交纳 1000 元至 1 万元;
2. 申请海事强制令的,每件交纳 1000 元至 5000 元;
3. 申请船舶优先权催告的,每件交纳 1000 元至 5000 元;
4. 申请海事债权登记的,每件交纳 1000 元;
5. 申请共同海损理算的,每件交纳 1000 元。

第十五条 以调解方式结案或者当事人申请撤诉的,减半交纳案件受理费。

第十六条 适用简易程序审理的案件减半交纳案件受理费。

第十七条 对财产案件提起上诉的,按照不服一审判决部分的上诉请求数额交纳案件受理费。

第十八条 被告提起反诉、有独立请求权的第三人提出与本案有关的诉讼请求,人民法院决定合并审理的,分别减半交纳案件受理费。

第十九条 依照本办法第九条规定需要交纳案件受理费的再审案件,按照不服原判决部分的再审请求数额交纳案件受理费。

第四章 诉讼费用的交纳和退还

第二十条 案件受理费由原告、有独立请求权的第三人、上诉人预交。被告提起反诉,依照本办法规定需要交纳案件受理费的,由被告预交。追索劳动报酬的案件可以不预交案件受理费。

申请费由申请人预交。但是,本办法第十条第(一)项、第(六)项规定的申请费不由申请人预交,执行申请费执行后交纳,破产申请费清算后交纳。

本办法第十一条规定的费用,待实际发生后交纳。

第二十一条 当事人在诉讼中变更诉讼请求数额,案件受理费依照下列规定处理:

(一)当事人增加诉讼请求数额的,按照增加后的诉讼请求数额计算补交;

(二)当事人在法庭调查终结前提出减少诉讼请求数额的,按照减少后的诉讼请求数额计算退还。

第二十二条 原告自接到人民法院交纳诉讼费用通知次日起7日内交纳案件受理费;反诉案件由提起反诉的当事人自提起反诉次日起7日内交纳案件受理费。

上诉案件的案件受理费由上诉人向人民法院提交上诉状时预交。双方当事人都提起上诉的,分别预交。上诉人在上诉期内未预交诉讼费用的,人民法院应当通知其在7日内预交。

申请费由申请人在提出申请时或者在人民法院指定的期限内预交。

当事人逾期不交纳诉讼费用又未提出司法救助申请,或者申请司法救助未获批准,在人民法院指定期限内仍未交纳诉讼费用的,由人民法院依照有关规定处理。

第二十三条 依照本办法第九条规定需要交纳案件受理费的再审案件,由申请再审的当事人预交。双方当事人都申请再审的,分别预交。

第二十四条 依照民事诉讼法第三十六条、第三十七条、第三十八条、第三十九条规定移送、移交的案件,原受理人民法院应当将当事人预交的诉讼费用随案移交接收案件的人民法院。

第二十五条 人民法院审理民事案件过程中发现涉嫌刑事犯罪并将案件移送有关部门处理的,当事人交纳的案件受理费予以退还;移送后民事案件需要继续审理的,当事人已交纳的案件受理费不予退还。

第二十六条 中止诉讼、中止执行的案件,已交纳的案件受理费、申请费不予退还。中止诉讼、中止执行的原因消除,恢复诉讼、执行的,不再交纳案件受理费、申请费。

第二十七条 第二审人民法院决定将案件发回重审的,应当退还上诉人已交纳的第二审案件受理费。

第一审人民法院裁定不予受理或者驳回起诉的,应当退还当事人已交纳的案件受理费;当事人对第一审人民法院不予受理、驳回起诉的裁定提起上诉,第二审人民法院维持第一审人民法院作出的裁定的,第一审人民法院应当退还当事人已交纳的案件受理费。

第二十八条 依照民事诉讼法第一百三十七条规定终结诉讼的案件,依照本办法规定已交纳的案件受理费不予退还。

第五章 诉讼费用的负担

第二十九条 诉讼费用由败诉方负担,胜诉方自愿承担的除外。

部分胜诉、部分败诉的,人民法院根据案件的具体情况决定当事人各自负担的诉讼费用数额。

共同诉讼当事人败诉的,人民法院根据其对诉讼标的的利害关系,决定当事人各自负担的诉讼费用数额。

第三十条 第二审人民法院改变第一审人民法院作出的判决、裁定的,应当相应变更第一审人民法院对诉讼费用负担的决定。

第三十一条 经人民法院调解达成协议的案件,诉讼费用的负担由双方当事人协商解决;协商不成的,由人民法院决定。

第三十二条 依照本办法第九条第(一)项、第(二)项的规定应当交纳案件受理费的再审案件,诉讼费用由申请再审的当事人负担;双方当事人都申请再审的,诉讼费用依照本办法第二十九条的规定负担。原审诉讼费用的负担由人民法院根据诉讼费用负担原则重新确定。

第三十三条 离婚案件诉讼费用的负担由双方当事人协商解决;协商不成的,由人民法院决定。

第三十四条 民事案件的原告或者上诉人申请撤诉,人民法院裁定准许的,案件受理费由原告或者上诉人负担。

行政案件的被告改变或者撤销具体行政行为,原告申请撤诉,人民法院裁定准许的,案件受理费由被告负担。

第三十五条 当事人在法庭调查终结后提出减少诉讼请求数额的,减少请求数额部分的案件受理费由变更诉讼请求的当事人负担。

第三十六条 债务人对督促程序未提出异议的,申请费由债务人负担。债务人对督促程序提出异议致使督促程序终结的,申请费由申请人负担;申请人另行起诉的,可以将申请费列入诉讼请求。

第三十七条 公示催告的申请费由申请人负担。

第三十八条 本办法第十条第(一)项、第(八)项规定的申请费由被执行人负担。

执行中当事人达成和解协议的,申请费的负担由双方当事人协商解决;协商不成的,由人民法院决定。

本办法第十条第(二)项规定的申请费由申请人负担,申请人提起诉讼的,可以将该申请费列入诉讼请求。

本办法第十条第(五)项规定的申请费,由人民法院依照本办法第二十九条规定决定申请费的负担。

第三十九条 海事案件中的有关诉讼费用依照下列规定负担:

(一)诉前申请海事请求保全、海事强制令的,申请费由申请人负担;申请人就有关海事请求提起诉讼的,可将上述费用列入诉讼请求;

(二)诉前申请海事证据保全的,申请费由申请人负担;

(三)诉讼中拍卖、变卖被扣押船舶、船载货物、船用燃油、船用物料发生的

合理费用,由申请人预付,从拍卖、变卖价款中先行扣除,退还申请人;

(四)申请设立海事赔偿责任限制基金、申请债权登记与受偿、申请船舶优先权催告案件的申请费,由申请人负担;

(五)设立海事赔偿责任限制基金、船舶优先权催告程序中的公告费用由申请人负担。

第四十条 当事人因自身原因未能在举证期限内举证,在二审或者再审期间提出新的证据致使诉讼费用增加的,增加的诉讼费用由该当事人负担。

第四十一条 依照特别程序审理案件的公告费,由起诉人或者申请人负担。

第四十二条 依法向人民法院申请破产的,诉讼费用依照有关法律规定从破产财产中拨付。

第四十三条 当事人不得单独对人民法院关于诉讼费用的决定提起上诉。

当事人单独对人民法院关于诉讼费用的决定有异议的,可以向作出决定的人民法院院长申请复核。复核决定应当自收到当事人申请之日起 15 日内作出。

当事人对人民法院决定诉讼费用的计算有异议的,可以向作出决定的人民法院请求复核。计算确有错误的,作出决定的人民法院应当予以更正。

第六章 司法救助

第四十四条 当事人交纳诉讼费用确有困难的,可以依照本办法向人民法院申请缓交、减交或者免交诉讼费用的司法救助。

诉讼费用的免交只适用于自然人。

第四十五条 当事人申请司法救助,符合下列情形之一的,人民法院应当准予免交诉讼费用:

(一)残疾人无固定生活来源的;

(二)追索赡养费、扶养费、抚育费、抚恤金的;

(三)最低生活保障对象、农村特困定期救济对象、农村五保供养对象或者领取失业保险金人员,无其他收入的;

(四)因见义勇为或者为保护社会公共利益致使自身合法权益受到损害,本人或者其近亲属请求赔偿或者补偿的;

(五)确实需要免交的其他情形。

第四十六条 当事人申请司法救助,符合下列情形之一的,人民法院应当准予减交诉讼费用:

(一)因自然灾害等不可抗力造成生活困难,正在接受社会救济,或者家庭生产经营难以为继的;

(二)属于国家规定的优抚、安置对象的;

(三)社会福利机构和救助管理站;

(四)确实需要减交的其他情形。

人民法院准予减交诉讼费用的,减交比例不得低于30%。

第四十七条 当事人申请司法救助,符合下列情形之一的,人民法院应当准予缓交诉讼费用:

(一)追索社会保险金、经济补偿金的;

(二)海上事故、交通事故、医疗事故、工伤事故、产品质量事故或者其他人身伤害事故的受害人请求赔偿的;

(三)正在接受有关部门法律援助的;

(四)确实需要缓交的其他情形。

第四十八条 当事人申请司法救助,应当在起诉或者上诉时提交书面申请、足以证明其确有经济困难的证明材料以及其他相关证明材料。

因生活困难或者追索基本生活费用申请免交、减交诉讼费用的,还应当提供本人及其家庭经济状况符合当地民政、劳动保障等部门规定的公民经济困难标准的证明。

人民法院对当事人的司法救助申请不予批准的,应当向当事人书面说明理由。

第四十九条 当事人申请缓交诉讼费用经审查符合本办法第四十七条规定的,人民法院应当在决定立案之前作出准予缓交的决定。

第五十条 人民法院对一方当事人提供司法救助,对方当事人败诉的,诉讼费用由对方当事人负担;对方当事人胜诉的,可以视申请司法救助的当事人的经济状况决定其减交、免交诉讼费用。

第五十一条 人民法院准予当事人减交、免交诉讼费用的,应当在法律文书中载明。

第七章 诉讼费用的管理和监督

第五十二条 诉讼费用的交纳和收取制度应当公示。人民法院收取诉讼费用按照其财务隶属关系使用国务院财政部门或者省级人民政府财政部门印制的财政票据。案件受理费、申请费全额上缴财政,纳入预算,实行收支两条线管理。

人民法院收取诉讼费用应当向当事人开具缴费凭证,当事人持缴费凭证到指定代理银行交费。依法应当向当事人退费的,人民法院应当按照国家有关规定办理。诉讼费用缴库和退费的具体办法由国务院财政部门商最高人民法院另行制定。

在边远、水上、交通不便地区,基层巡回法庭当场审理案件,当事人提出向指定代理银行交纳诉讼费用确有困难的,基层巡回法庭可以当场收取诉讼费用,并向当事人出具省级人民政府财政部门印制的财政票据;不出具省级人民政府财政部门印制的财政票据的,当事人有权拒绝交纳。

第五十三条 案件审结后,人民法院应当将诉讼费用的详细清单和当事人应当负担的数额书面通知当事人,同时在判决书、裁定书或者调解书中写明当事人各方应当负担的数额。

需要向当事人退还诉讼费用的,人民法院应当自法律文书生效之日起15日内退还有关当事人。

第五十四条 价格主管部门、财政部门按照收费管理的职责分工,对诉讼费用进行管理和监督;对违反本办法规定的乱收费行为,依照法律、法规和国务院相关规定予以查处。

第八章 附 则

第五十五条 诉讼费用以人民币为计算单位。以外币为计算单位的,依照人民法院决定受理案件之日国家公布的汇率换算成人民币计算交纳;上诉案件和申请再审案件的诉讼费用,按照第一审人民法院决定受理案件之日国家公布的汇率换算。

第五十六条 本办法自2007年4月1日起施行。

最高人民法院关于适用《诉讼费用交纳办法》的通知

(2007年4月20日 法发〔2007〕16号)

全国地方各级人民法院、各级军事法院、各铁路运输中级法院和基层法院、各海事法院,新疆生产建设兵团各级法院:

《诉讼费用交纳办法》(以下简称《办法》)自2007年4月1日起施行,最高人民法院颁布的《人民法院诉讼收费办法》和《〈人民法院诉讼收费办法〉补充规定》同时不再适用。为了贯彻落实《办法》,规范诉讼费用的交纳和管理,现就有关事项通知如下:

一、关于《办法》实施后的收费衔接

2007年4月1日以后人民法院受理的诉讼案件和执行案件,适用《办法》的规定。

2007年4月1日以前人民法院受理的诉讼案件和执行案件,不适用《办法》的规定。

对2007年4月1日以前已经作出生效裁判的案件依法再审的,适用《办法》的规定。人民法院对再审案件依法改判的,原审诉讼费用的负担按照原审时诉讼费用负担的原则和标准重新予以确定。

二、关于当事人未按照规定交纳案件受理费或者申请费的后果

当事人逾期不按照《办法》第二十条规定交纳案件受理费或者申请费并且

没有提出司法救助申请,或者申请司法救助未获批准,在人民法院指定期限内仍未交纳案件受理费或者申请费的,由人民法院依法按照当事人自动撤诉或者撤回申请处理。

三、关于诉讼费用的负担

《办法》第二十九条规定,诉讼费用由败诉方负担,胜诉方自愿承担的除外。对原告胜诉的案件,诉讼费用由被告负担,人民法院应当将预收的诉讼费用退还原告,再由人民法院直接向被告收取,但原告自愿承担或者同意被告直接向其支付的除外。

当事人拒不交纳诉讼费用的,人民法院应当依法强制执行。

四、关于执行申请费和破产申请费的收取

《办法》第二十条规定,执行申请费和破产申请费不由申请人预交,执行申请费执行后交纳,破产申请费清算后交纳。自2007年4月1日起,执行申请费由人民法院在执行生效法律文书确定的内容之外直接向被执行人收取,破产申请费由人民法院在破产清算后,从破产财产中优先拨付。

五、关于司法救助的申请和批准程序

《办法》对司法救助的原则、形式、程序等作出了规定,但对司法救助的申请和批准程序未作规定。为规范人民法院司法救助的操作程序,最高人民法院将于近期对《关于对经济确有困难的当事人提供司法救助的规定》进行修订,及时向全国法院颁布施行。

六、关于各省、自治区、直辖市案件受理费和申请费的具体交纳标准

《办法》授权各省、自治区、直辖市人民政府可以结合本地实际情况,在第十三条第(二)、(三)、(六)项和第十四条第(一)项规定的幅度范围内制定各地案件受理费和申请费的具体交纳标准。各高级人民法院要商同级人民政府,及时就上述条款制定本省、自治区、直辖市案件受理费和申请费的具体交纳标准,并尽快下发辖区法院执行。

最高人民法院关于
对经济确有困难的当事人提供司法救助的规定

(2005年4月5日 法发〔2005〕6号)

第一条 为了使经济确有困难的当事人能够依法行使诉讼权利,维护其合法权益,根据《中华人民共和国民事诉讼法》、《中华人民共和国行政诉讼法》和《人民法院诉讼收费办法》,制定本规定。

第二条 本规定所称司法救助,是指人民法院对于当事人为维护自己的合法权益,向人民法院提起民事、行政诉讼,但经济确有困难的,实行诉讼费用的缓交、减交、免交。

第三条 当事人符合本规定第二条并具有下列情形之一的,可以向人民法院申请司法救助:

(一)追索赡养费、扶养费、抚育费、抚恤金的;

(二)孤寡老人、孤儿和农村"五保户";

(三)没有固定生活来源的残疾人、患有严重疾病的人;

(四)国家规定的优抚、安置对象;

(五)追索社会保险金、劳动报酬和经济补偿金的;

(六)交通事故、医疗事故、工伤事故、产品质量事故或者其他人身伤害事故的受害人,请求赔偿的;

(七)因见义勇为或为保护社会公共利益致使自己合法权益受到损害,本人或者近亲属请求赔偿或经济补偿的;

(八)进城务工人员追索劳动报酬或其他合法权益受到侵害而请求赔偿的;

(九)正在享受城市居民最低生活保障、农村特困户救济或者领取失业保险金,无其他收入的;

(十)因自然灾害等不可抗力造成生活困难,正在接受社会救济,或者家庭生产经营难以为继的;

(十一)起诉行政机关违法要求农民履行义务的;

(十二)正在接受有关部门法律援助的;

(十三)当事人为社会福利机构、敬老院、优抚医院、精神病院、SOS儿童村、社会救助站、特殊教育机构等社会公共福利单位的;

(十四)其他情形确实需要司法救助的。

第四条 当事人请求人民法院提供司法救助,应在起诉或上诉时提交书面申请和足以证明其确有经济困难的证明材料。其中因生活困难或者追索基本生活费用申请司法救助的,应当提供本人及其家庭经济状况符合当地民政、劳动和社会保障等部门规定的公民经济困难标准的证明。

第五条 人民法院对当事人司法救助的请求,经审查符合本规定第三条所列情形的,立案时应准许当事人缓交诉讼费用。

第六条 人民法院决定对一方当事人司法救助,对方当事人败诉的,诉讼费用由对方当事人交纳;拒不交纳的强制执行。

对方当事人胜诉的,可视申请司法救助当事人的经济状况决定其减交、免交诉讼费用。决定减交诉讼费用的,减交比例不得低于30%。符合本规定第三条第二项、第九项规定情形的,应免交诉讼费用。

第七条 对当事人请求缓交诉讼费用的,由承办案件的审判人员或合议庭提出意见,报庭长审批;对当事人请求减交、免交诉讼费用的,由承办案件的审判人员或合议庭提出意见,经庭长审核同意后,报院长审批。

第八条 人民法院决定对当事人减交、免交诉讼费用的,应在法律文书中列明。

第九条 当事人骗取司法救助的,人民法院应当责令其补交诉讼费用;拒不补交的,以妨害诉讼行为论处。

第十条 本规定自公布之日起施行。

八、审判组织与简易程序

中华人民共和国人民陪审员法

(2018年4月27日第十三届全国人民代表大会常务委员会第二次会议通过 2018年4月27日中华人民共和国主席令第4号公布 自公布之日起施行)

第一条 为了保障公民依法参加审判活动,促进司法公正,提升司法公信,制定本法。

第二条 公民有依法担任人民陪审员的权利和义务。

人民陪审员依照本法产生,依法参加人民法院的审判活动,除法律另有规定外,同法官有同等权利。

第三条 人民陪审员依法享有参加审判活动、独立发表意见、获得履职保障等权利。

人民陪审员应当忠实履行审判职责,保守审判秘密,注重司法礼仪,维护司法形象。

第四条 人民陪审员依法参加审判活动,受法律保护。

人民法院应当依法保障人民陪审员履行审判职责。

人民陪审员所在单位、户籍所在地或者经常居住地的基层群众性自治组织应当依法保障人民陪审员参加审判活动。

第五条 公民担任人民陪审员,应当具备下列条件:

(一)拥护中华人民共和国宪法;

(二)年满二十八周岁;

(三)遵纪守法、品行良好、公道正派;

(四)具有正常履行职责的身体条件。

担任人民陪审员,一般应当具有高中以上文化程度。

第六条 下列人员不能担任人民陪审员:

(一)人民代表大会常务委员会的组成人员,监察委员会、人民法院、人民检察院、公安机关、国家安全机关、司法行政机关的工作人员;

(二)律师、公证员、仲裁员、基层法律服务工作者;

(三)其他因职务原因不适宜担任人民陪审员的人员。

第七条 有下列情形之一的,不得担任人民陪审员:

(一)受过刑事处罚的;
(二)被开除公职的;
(三)被吊销律师、公证员执业证书的;
(四)被纳入失信被执行人名单的;
(五)因受惩戒被免除人民陪审员职务的;
(六)其他有严重违法违纪行为,可能影响司法公信的。

第八条 人民陪审员的名额,由基层人民法院根据审判案件的需要,提请同级人民代表大会常务委员会确定。

人民陪审员的名额数不低于本院法官数的三倍。

第九条 司法行政机关会同基层人民法院、公安机关,从辖区内的常住居民名单中随机抽选拟任命人民陪审员数五倍以上的人员作为人民陪审员候选人,对人民陪审员候选人进行资格审查,征求候选人意见。

第十条 司法行政机关会同基层人民法院,从通过资格审查的人民陪审员候选人名单中随机抽选确定人民陪审员人选,由基层人民法院院长提请同级人民代表大会常务委员会任命。

第十一条 因审判活动需要,可以通过个人申请和所在单位、户籍所在地或者经常居住地的基层群众性自治组织、人民团体推荐的方式产生人民陪审员候选人,经司法行政机关会同基层人民法院、公安机关进行资格审查,确定人民陪审员人选,由基层人民法院院长提请同级人民代表大会常务委员会任命。

依照前款规定产生的人民陪审员,不得超过人民陪审员名额数的五分之一。

第十二条 人民陪审员经人民代表大会常务委员会任命后,应当公开进行就职宣誓。宣誓仪式由基层人民法院会同司法行政机关组织。

第十三条 人民陪审员的任期为五年,一般不得连任。

第十四条 人民陪审员和法官组成合议庭审判案件,由法官担任审判长,可以组成三人合议庭,也可以由法官三人与人民陪审员四人组成七人合议庭。

第十五条 人民法院审判第一审刑事、民事、行政案件,有下列情形之一的,由人民陪审员和法官组成合议庭进行:
(一)涉及群体利益、公共利益的;
(二)人民群众广泛关注或者其他社会影响较大的;
(三)案情复杂或者有其他情形,需要由人民陪审员参加审判的。

人民法院审判前款规定的案件,法律规定由法官独任审理或者由法官组成合议庭审理的,从其规定。

第十六条 人民法院审判下列第一审案件,由人民陪审员和法官组成七人合议庭进行:
(一)可能判处十年以上有期徒刑、无期徒刑、死刑,社会影响重大的刑事案件;

(二)根据民事诉讼法、行政诉讼法提起的公益诉讼案件;

(三)涉及征地拆迁、生态环境保护、食品药品安全,社会影响重大的案件;

(四)其他社会影响重大的案件。

第十七条 第一审刑事案件被告人、民事案件原告或者被告、行政案件原告申请由人民陪审员参加合议庭审判的,人民法院可以决定由人民陪审员和法官组成合议庭审判。

第十八条 人民陪审员的回避,适用审判人员回避的法律规定。

第十九条 基层人民法院审判案件需要由人民陪审员参加合议庭审判的,应当在人民陪审员名单中随机抽取确定。

中级人民法院、高级人民法院审判案件需要由人民陪审员参加合议庭审判的,在其辖区内的基层人民法院的人民陪审员名单中随机抽取确定。

第二十条 审判长应当履行与案件审判相关的指引、提示义务,但不得妨碍人民陪审员对案件的独立判断。

合议庭评议案件,审判长应当对本案中涉及的事实认定、证据规则、法律规定等事项及应当注意的问题,向人民陪审员进行必要的解释和说明。

第二十一条 人民陪审员参加三人合议庭审判案件,对事实认定、法律适用,独立发表意见,行使表决权。

第二十二条 人民陪审员参加七人合议庭审判案件,对事实认定,独立发表意见,并与法官共同表决;对法律适用,可以发表意见,但不参加表决。

第二十三条 合议庭评议案件,实行少数服从多数的原则。人民陪审员同合议庭其他组成人员意见分歧的,应当将其意见写入笔录。

合议庭组成人员意见有重大分歧的,人民陪审员或者法官可以要求合议庭将案件提请院长决定是否提交审判委员会讨论决定。

第二十四条 人民法院应当结合本辖区实际情况,合理确定每名人民陪审员年度参加审判案件的数量上限,并向社会公告。

第二十五条 人民陪审员的培训、考核和奖惩等日常管理工作,由基层人民法院会同司法行政机关负责。

对人民陪审员应当有计划地进行培训。人民陪审员应当按照要求参加培训。

第二十六条 对于在审判工作中有显著成绩或者有其他突出事迹的人民陪审员,依照有关规定给予表彰和奖励。

第二十七条 人民陪审员有下列情形之一,经所在基层人民法院会同司法行政机关查证属实的,由院长提请同级人民代表大会常务委员会免除其人民陪审员职务:

(一)本人因正当理由申请辞去人民陪审员职务的;

(二)具有本法第六条、第七条所列情形之一的;

(三)无正当理由,拒绝参加审判活动,影响审判工作正常进行的;

（四）违反与审判工作有关的法律及相关规定,徇私舞弊,造成错误裁判或者其他严重后果的。

人民陪审员有前款第三项、第四项所列行为的,可以采取通知其所在单位、户籍所在地或者经常居住地的基层群众性自治组织、人民团体,在辖区范围内公开通报等措施进行惩戒;构成犯罪的,依法追究刑事责任。

第二十八条 人民陪审员的人身和住所安全受法律保护。任何单位和个人不得对人民陪审员及其近亲属打击报复。

对报复陷害、侮辱诽谤、暴力侵害人民陪审员及其近亲属的,依法追究法律责任。

第二十九条 人民陪审员参加审判活动期间,所在单位不得克扣或者变相克扣其工资、奖金及其他福利待遇。

人民陪审员所在单位违反前款规定的,基层人民法院应当及时向人民陪审员所在单位或者所在单位的主管部门、上级部门提出纠正意见。

第三十条 人民陪审员参加审判活动期间,由人民法院依照有关规定按实际工作日给予补助。

人民陪审员因参加审判活动而支出的交通、就餐等费用,由人民法院依照有关规定给予补助。

第三十一条 人民陪审员因参加审判活动应当享受的补助,人民法院和司法行政机关为实施人民陪审员制度所必需的开支,列入人民法院和司法行政机关业务经费,由相应政府财政予以保障。具体办法由最高人民法院、国务院司法行政部门会同国务院财政部门制定。

第三十二条 本法自公布之日起施行。2004年8月28日第十届全国人民代表大会常务委员会第十一次会议通过的《全国人民代表大会常务委员会关于完善人民陪审员制度的决定》同时废止。

最高人民法院关于适用《中华人民共和国人民陪审员法》若干问题的解释

（2019年2月18日最高人民法院审判委员会第1761次会议通过 2019年4月24日最高人民法院公告公布 自2019年5月1日起施行 法释〔2019〕5号）

为依法保障和规范人民陪审员参加审判活动,根据《中华人民共和国人民陪审员法》等法律的规定,结合审判实际,制定本解释。

第一条 根据人民陪审员法第十五条、第十六条的规定,人民法院决定由人民陪审员和法官组成合议庭审判的,合议庭成员确定后,应当及时告知当事人。

第二条 对于人民陪审员法第十五条、第十六条规定之外的第一审普通程序案件,人民法院应当告知刑事案件被告人、民事案件原告和被告、行政案件原告,在收到通知五日内有权申请由人民陪审员参加合议庭审判案件。

人民法院接到当事人在规定期限内提交的申请后,经审查决定由人民陪审员和法官组成合议庭审判的,合议庭成员确定后,应当及时告知当事人。

第三条 人民法院应当在开庭七日前从人民陪审员名单中随机抽取确定人民陪审员。

人民法院可以根据案件审判需要,从人民陪审员名单中随机抽取一定数量的候补人民陪审员,并确定递补顺序,一并告知当事人。

因案件类型需要具有相应专业知识的人民陪审员参加合议庭审判的,可以根据具体案情,在符合专业需求的人民陪审员名单中随机抽取确定。

第四条 人民陪审员确定后,人民法院应当将参审案件案由、当事人姓名或名称、开庭地点、开庭时间等事项告知参审人民陪审员及候补人民陪审员。

必要时,人民法院可以将参加审判活动的时间、地点等事项书面通知人民陪审员所在单位。

第五条 人民陪审员不参加下列案件的审理:

(一)依照民事诉讼法适用特别程序、督促程序、公示催告程序审理的案件;

(二)申请承认外国法院离婚判决的案件;

(三)裁定不予受理或者不需要开庭审理的案件。

第六条 人民陪审员不得参与审理由其以人民调解员身份先行调解的案件。

第七条 当事人依法有权申请人民陪审员回避。人民陪审员的回避,适用审判人员回避的法律规定。

人民陪审员回避事由经审查成立的,人民法院应当及时确定递补人选。

第八条 人民法院应当在开庭前,将相关权利和义务告知人民陪审员,并为其阅卷提供便利条件。

第九条 七人合议庭开庭前,应当制作事实认定问题清单,根据案件具体情况,区分事实认定问题与法律适用问题,对争议事实问题逐项列举,供人民陪审员在庭审时参考。事实认定问题和法律适用问题难以区分的,视为事实认定问题。

第十条 案件审判过程中,人民陪审员依法有权参加案件调查和调解工作。

第十一条 庭审过程中,人民陪审员依法有权向诉讼参加人发问,审判长应当提示人民陪审员围绕案件争议焦点进行发问。

第十二条 合议庭评议案件时,先由承办法官介绍案件涉及的相关法律、证据规则,然后由人民陪审员和法官依次发表意见,审判长最后发表意见并总结合议庭意见。

第十三条　七人合议庭评议时,审判长应当归纳和介绍需要通过评议讨论决定的案件事实认定问题,并列出案件事实问题清单。

人民陪审员全程参加合议庭评议,对于事实认定问题,由人民陪审员和法官在共同评议的基础上进行表决。对于法律适用问题,人民陪审员不参加表决,但可以发表意见,并记录在卷。

第十四条　人民陪审员应当认真阅读评议笔录,确认无误后签名。

第十五条　人民陪审员列席审判委员会讨论其参加审理的案件时,可以发表意见。

第十六条　案件审结后,人民法院应将裁判文书副本及时送交参加该案审判的人民陪审员。

第十七条　中级、基层人民法院应当保障人民陪审员均衡参审,结合本院实际情况,一般在不超过30件的范围内合理确定每名人民陪审员年度参加审判案件的数量上限,报高级人民法院备案,并向社会公告。

第十八条　人民法院应当依法规范和保障人民陪审员参加审判活动,不得安排人民陪审员从事与履行法定审判职责无关的工作。

第十九条　本解释自2019年5月1日起施行。

本解释公布施行后,最高人民法院于2010年1月12日发布的《最高人民法院关于人民陪审员参加审判活动若干问题的规定》同时废止。最高人民法院以前发布的司法解释与本解释不一致的,不再适用。

最高人民法院关于人民法院合议庭工作的若干规定

(2002年7月30日最高人民法院审判委员会第1234次会议通过　2002年8月12日最高人民法院公告公布　自2002年8月17日起施行　法释〔2002〕25号)

为了进一步规范合议庭的工作程序,充分发挥合议庭的职能作用,根据《中华人民共和国法院组织法》、《中华人民共和国刑事诉讼法》、《中华人民共和国民事诉讼法》、《中华人民共和国行政诉讼法》等法律的有关规定,结合人民法院审判工作实际,制定本规定。

第一条　人民法院实行合议制审判第一审案件,由法官或者由法官和人民陪审员组成合议庭进行;人民法院实行合议制审判第二审案件和其他应当组成合议庭审判的案件,由法官组成合议庭进行。

人民陪审员在人民法院执行职务期间,除不能担任审判长外,同法官有同等的权利义务。

第二条　合议庭的审判长由符合审判长任职条件的法官担任。

院长或者庭长参加合议庭审判案件的时候,自己担任审判长。

第三条 合议庭组成人员确定后,除因回避或者其他特殊情况,不能继续参加案件审理的之外,不得在案件审理过程中更换。更换合议庭成员,应当报请院长或者庭长决定。合议庭成员的更换情况应当及时通知诉讼当事人。

第四条 合议庭的审判活动由审判长主持,全体成员平等参与案件的审理、评议、裁判,共同对案件认定事实和适用法律负责。

第五条 合议庭承担下列职责:

(一)根据当事人的申请或者案件的具体情况,可以作出财产保全、证据保全、先予执行等裁定;

(二)确定案件委托评估、委托鉴定等事项;

(三)依法开庭审理第一审、第二审和再审案件;

(四)评议案件;

(五)提请院长决定将案件提交审判委员会讨论决定;

(六)按照权限对案件及其有关程序性事项作出裁判或者提出裁判意见;

(七)制作裁判文书;

(八)执行审判委员会决定;

(九)办理有关审判的其他事项。

第六条 审判长履行下列职责:

(一)指导和安排审判辅助人员做好庭前调解、庭前准备及其他审判业务辅助性工作;

(二)确定案件审理方案、庭审提纲、协调合议庭成员的庭审分工以及做好其他必要的庭审准备工作;

(三)主持庭审活动;

(四)主持合议庭对案件进行评议;

(五)依照有关规定,提请院长决定将案件提交审判委员会讨论决定;

(六)制作裁判文书,审核合议庭其他成员制作的裁判文书;

(七)依照规定权限签发法律文书;

(八)根据院长或者庭长的建议主持合议庭对案件复议;

(九)对合议庭遵守案件审理期限制度的情况负责;

(十)办理有关审判的其他事项。

第七条 合议庭接受案件后,应当根据有关规定确定案件承办法官,或者由审判长指定案件承办法官。

第八条 在案件开庭审理过程中,合议庭成员必须认真履行法定职责,遵守《中华人民共和国法官职业道德基本准则》中有关司法礼仪的要求。

第九条 合议庭评议案件应当在庭审结束后五个工作日内进行。

第十条 合议庭评议案件时,先由承办法官对认定案件事实、证据是否确实、充分以及适用法律等发表意见,审判长最后发表意见;审判长作为承办法官的,由审判长最后发表意见。对案件的裁判结果进行评议时,由审判长最后发表意见。审判长应当根据评议情况总结合议庭评议的结论性意见。

合议庭成员进行评议的时候,应当认真负责,充分陈述意见,独立行使表决权,不得拒绝陈述意见或者仅作同意与否的简单表态。同意他人意见的,也应当提出事实根据和法律依据,进行分析论证。

合议庭成员对评议结果的表决,以口头表决的形式进行。

第十一条 合议庭进行评议的时候,如果意见分歧,应当按多数人的意见作出决定,但是少数人的意见应当写入笔录。

评议笔录由书记员制作,由合议庭的组成人员签名。

第十二条 合议庭应当依照规定的权限,及时对评议意见一致或者形成多数意见的案件直接作出判决或者裁定。但是对于下列案件,合议庭应当提请院长决定提交审判委员会讨论决定:

(一)拟判处死刑的;

(二)疑难、复杂、重大或者新类型的案件,合议庭认为有必要提交审判委员会讨论决定的;

(三)合议庭在适用法律方面有重大意见分歧的;

(四)合议庭认为需要提请审判委员会讨论决定的其他案件,或者本院审判委员会确定的应当由审判委员会讨论决定的案件。

第十三条 合议庭对审判委员会的决定有异议,可以提请院长决定提交审判委员会复议一次。

第十四条 合议庭一般应当在作出评议结论或者审判委员会作出决定后的五个工作日内制作出裁判文书。

第十五条 裁判文书一般由审判长或者承办法官制作。但是审判长或者承办法官的评议意见与合议庭评议结论或者审判委员会的决定有明显分歧的,也可以由其他合议庭成员制作裁判文书。

对制作的裁判文书,合议庭成员应当共同审核,确认无误后签名。

第十六条 院长、庭长可以对合议庭的评议意见和制作的裁判文书进行审核,但是不得改变合议庭的评议结论。

第十七条 院长、庭长在审核合议庭的评议意见和裁判文书过程中,对评议结论有异议的,可以建议合议庭复议,同时应当对要求复议的问题及理由提出书面意见。

合议庭复议后,庭长仍有异议的,可以将案件提请院长审核,院长可以提交审判委员会讨论决定。

第十八条 合议庭应当严格执行案件审理期限的有关规定。遇有特殊情况需要延长审理期限的,应当在审限届满前按规定的时限报请审批。

最高人民法院关于进一步加强合议庭职责的若干规定

（2009年12月14日最高人民法院审判委员会第1479次会议通过 2010年1月11日最高人民法院公告公布 自2010年2月1日起施行 法释〔2010〕1号）

为了进一步加强合议庭的审判职责，充分发挥合议庭的职能作用，根据《中华人民共和国人民法院组织法》和有关法律规定，结合人民法院工作实际，制定本规定。

第一条 合议庭是人民法院的基本审判组织。合议庭全体成员平等参与案件的审理、评议和裁判，依法履行审判职责。

第二条 合议庭由审判员、助理审判员或者人民陪审员随机组成。合议庭成员相对固定的，应当定期交流。人民陪审员参加合议庭的，应当从人民陪审员名单中随机抽取确定。

第三条 承办法官履行下列职责：

（一）主持或者指导审判辅助人员进行庭前调解、证据交换等庭前准备工作；

（二）拟定庭审提纲，制作阅卷笔录；

（三）协助审判长组织法庭审理活动；

（四）在规定期限内及时制作审理报告；

（五）案件需要提交审判委员会讨论的，受审判长指派向审判委员会汇报案件；

（六）制作裁判文书提交合议庭审核；

（七）办理有关审判的其他事项。

第四条 依法不开庭审理的案件，合议庭全体成员均应当阅卷，必要时提交书面阅卷意见。

第五条 开庭审理时，合议庭全体成员应当共同参加，不得缺席、中途退庭或者从事与该庭审无关的活动。合议庭成员未参加庭审、中途退庭或者从事与该庭审无关的活动，当事人提出异议的，应当纠正。合议庭仍不纠正的，当事人可以要求休庭，并将有关情况记入庭审笔录。

第六条 合议庭全体成员均应当参加案件评议。评议案件时，合议庭成员应当针对案件的证据采信、事实认定、法律适用、裁判结果以及诉讼程序等问题充分发表意见。必要时，合议庭成员还可提交书面评议意见。

合议庭成员评议时发表意见不受追究。

第七条 除提交审判委员会讨论的案件外，合议庭对评议意见一致或者形成多数意见的案件，依法作出判决或者裁定。下列案件可以由审判长提请院长或者庭长决定组织相关审判人员共同讨论，合议庭成员应当参加：

（一）重大、疑难、复杂或者新类型的案件；
（二）合议庭在事实认定或法律适用上有重大分歧的案件；
（三）合议庭意见与本院或上级法院以往同类型案件的裁判有可能不一致的案件；
（四）当事人反映强烈的群体性纠纷案件；
（五）经审判长提请且院长或者庭长认为确有必要讨论的其他案件。
上述案件的讨论意见供合议庭参考，不影响合议庭依法作出裁判。

第八条 各级人民法院的院长、副院长、庭长、副庭长应当参加合议庭审理案件，并逐步增加审理案件的数量。

第九条 各级人民法院应当建立合议制落实情况的考评机制，并将考评结果纳入岗位绩效考评体系。考评可采取抽查卷宗、案件评查、检查庭审情况、回访当事人等方式。考评包括以下内容：
（一）合议庭全体成员参加庭审的情况；
（二）院长、庭长参加合议庭庭审的情况；
（三）审判委员会委员参加合议庭庭审的情况；
（四）承办法官制作阅卷笔录、审理报告以及裁判文书的情况；
（五）合议庭其他成员提交阅卷意见、发表评议意见的情况；
（六）其他应当考核的事项。

第十条 合议庭组成人员存在违法审判行为的，应当按照《人民法院审判人员违法审判责任追究办法（试行）》等规定追究相应责任。合议庭审理案件有下列情形之一的，合议庭成员不承担责任：
（一）因对法律理解和认识上的偏差而导致案件被改判或者发回重审的；
（二）因对案件事实和证据认识上的偏差而导致案件被改判或者发回重审的；
（三）因新的证据而导致案件被改判或者发回重审的；
（四）因法律修订或者政策调整而导致案件被改判或者发回重审的；
（五）因裁判所依据的其他法律文书被撤销或变更而导致案件被改判或者发回重审的；
（六）其他依法履行审判职责不应当承担责任的情形。

第十一条 执行工作中依法需要组成合议庭的，参照本规定执行。

第十二条 本院以前发布的司法解释与本规定不一致的，以本规定为准。

最高人民法院关于巡回法庭审理案件若干问题的规定

(2015年1月5日最高人民法院审判委员会第1640次会议通过 根据2016年12月19日最高人民法院审判委员会《关于修改〈最高人民法院关于巡回法庭审理案件若干问题的规定〉的决定》修正 2016年12月27日最高人民法院公告公布 该修正自2016年12月28日起施行 法释〔2016〕30号)

为依法及时公正审理跨行政区域重大行政和民商事等案件,推动审判工作重心下移、就地解决纠纷、方便当事人诉讼,根据《中华人民共和国人民法院组织法》《中华人民共和国行政诉讼法》《中华人民共和国民事诉讼法》《中华人民共和国刑事诉讼法》等法律以及有关司法解释,结合最高人民法院审判工作实际,就最高人民法院巡回法庭(简称巡回法庭)审理案件等问题规定如下。

第一条 最高人民法院设立巡回法庭,受理巡回区内相关案件。第一巡回法庭设在广东省深圳市,巡回区为广东、广西、海南、湖南四省区。第二巡回法庭设在辽宁省沈阳市,巡回区为辽宁、吉林、黑龙江三省。第三巡回法庭设在江苏省南京市,巡回区为江苏、上海、浙江、福建、江西五省市。第四巡回法庭设在河南省郑州市,巡回区为河南、山西、湖北、安徽四省。第五巡回法庭设在重庆市,巡回区为重庆、四川、贵州、云南、西藏五省区。第六巡回法庭设在陕西省西安市,巡回区为陕西、甘肃、青海、宁夏、新疆五省区。最高人民法院本部直接受理北京、天津、河北、山东、内蒙古五省区市有关案件。

最高人民法院根据有关规定和审判工作需要,可以增设巡回法庭,并调整巡回法庭的巡回区和案件受理范围。

第二条 巡回法庭是最高人民法院派出的常设审判机构。巡回法庭作出的判决、裁定和决定,是最高人民法院的判决、裁定和决定。

第三条 巡回法庭审理或者办理巡回区内应当由最高人民法院受理的以下案件:

(一)全国范围内重大、复杂的第一审行政案件;

(二)在全国有重大影响的第一审民商事案件;

(三)不服高级人民法院作出的第一审行政或者民商事判决、裁定提起上诉的案件;

(四)对高级人民法院作出的已经发生法律效力的行政或者民商事判决、裁定、调解书申请再审的案件;

(五)刑事申诉案件;

(六)依法定职权提起再审的案件;

（七）不服高级人民法院作出的罚款、拘留决定申请复议的案件；

（八）高级人民法院因管辖权问题报请最高人民法院裁定或者决定的案件；

（九）高级人民法院报请批准延长审限的案件；

（十）涉港澳台民商事案件和司法协助案件；

（十一）最高人民法院认为应当由巡回法庭审理或者办理的其他案件。

巡回法庭依法办理巡回区内向最高人民法院提出的来信来访事项。

第四条 知识产权、涉外商事、海事海商、死刑复核、国家赔偿、执行案件和最高人民检察院抗诉的案件暂由最高人民法院本部审理或者办理。

第五条 巡回法庭设立诉讼服务中心，接受并登记属于巡回法庭受案范围的案件材料，为当事人提供诉讼服务。对于依照本规定应当由最高人民法院本部受理案件的材料，当事人要求巡回法庭转交的，巡回法庭应当转交。

巡回法庭对于符合立案条件的案件，应当在最高人民法院办案信息平台统一编号立案。

第六条 当事人不服巡回区内高级人民法院作出的第一审行政或者民商事判决、裁定提起上诉的，上诉状应当通过原审人民法院向巡回法庭提出。当事人直接向巡回法庭上诉的，巡回法庭应当在五日内将上诉状移交原审人民法院。原审人民法院收到上诉状、答辩状，应当在五日内连同全部案卷和证据，报送巡回法庭。

第七条 当事人对巡回区内高级人民法院作出的已经发生法律效力的判决、裁定申请再审或者申诉的，应当向巡回法庭提交再审申请书、申诉书等材料。

第八条 最高人民法院认为巡回法庭受理的案件对统一法律适用有重大指导意义的，可以决定由本部审理。

巡回法庭对于已经受理的案件，认为对统一法律适用有重大指导意义的，可以报请最高人民法院本部审理。

第九条 巡回法庭根据审判工作需要，可以在巡回区内巡回审理案件、接待来访。

第十条 巡回法庭按照让审理者裁判、由裁判者负责原则，实行主审法官、合议庭办案责任制。巡回法庭主审法官由最高人民法院从办案能力突出、审判经验丰富的审判人员中选派。巡回法庭的合议庭由主审法官组成。

第十一条 巡回法庭庭长、副庭长应当参加合议庭审理案件。合议庭审理案件时，由承办案件的主审法官担任审判长。庭长或者副庭长参加合议庭审理案件时，自己担任审判长。巡回法庭作出的判决、裁定，经合议庭成员签署后，由审判长签发。

第十二条 巡回法庭受理的案件，统一纳入最高人民法院审判信息综合管理平台进行管理，立案信息、审判流程、裁判文书面向当事人和社会依法公开。

第十三条 巡回法庭设廉政监察员，负责巡回法庭的日常廉政监督工作。

最高人民法院监察局通过受理举报投诉、查处违纪案件、开展司法巡查和审务督察等方式，对巡回法庭及其工作人员进行廉政监督。

最高人民法院关于技术调查官参与知识产权案件诉讼活动的若干规定

（2019年1月28日最高人民法院审判委员会第1760次会议通过 2019年3月18日最高人民法院公告公布 自2019年5月1日起施行 法释〔2019〕2号）

为规范技术调查官参与知识产权案件诉讼活动，根据《中华人民共和国人民法院组织法》《中华人民共和国刑事诉讼法》《中华人民共和国民事诉讼法》《中华人民共和国行政诉讼法》的规定，结合审判实际，制定本规定。

第一条 人民法院审理专利、植物新品种、集成电路布图设计、技术秘密、计算机软件、垄断等专业技术性较强的知识产权案件时，可以指派技术调查官参与诉讼活动。

第二条 技术调查官属于审判辅助人员。

人民法院可以设置技术调查室，负责技术调查官的日常管理，指派技术调查官参与知识产权案件诉讼活动、提供技术咨询。

第三条 参与知识产权案件诉讼活动的技术调查官确定或者变更后，应当在三日内告知当事人，并依法告知当事人有权申请技术调查官回避。

第四条 技术调查官的回避，参照适用刑事诉讼法、民事诉讼法、行政诉讼法等有关其他人员回避的规定。

第五条 在一个审判程序中参与过案件诉讼活动的技术调查官，不得再参与该案其他程序的诉讼活动。

发回重审的案件，在一审法院作出裁判后又进入第二审程序的，原第二审程序中参与诉讼的技术调查官不受前款规定的限制。

第六条 参与知识产权案件诉讼活动的技术调查官就案件所涉技术问题履行下列职责：

（一）对技术事实的争议焦点以及调查范围、顺序、方法等提出建议；

（二）参与调查取证、勘验、保全；

（三）参与询问、听证、庭前会议、开庭审理；

（四）提出技术调查意见；

（五）协助法官组织鉴定人、相关技术领域的专业人员提出意见；

（六）列席合议庭评议等有关会议；

（七）完成其他相关工作。

第七条 技术调查官参与调查取证、勘验、保全的，应当事先查阅相关技术资料，就调查取证、勘验、保全的方法、步骤和注意事项等提出建议。

第八条 技术调查官参与询问、听证、庭前会议、开庭审理活动时,经法官同意,可以就案件所涉技术问题向当事人及其他诉讼参与人发问。

技术调查官在法庭上的座位设在法官助理的左侧,书记员的座位设在法官助理的右侧。

第九条 技术调查官应当在案件评议前就案件所涉技术问题提出技术调查意见。

技术调查意见由技术调查官独立出具并签名,不对外公开。

第十条 技术调查官列席案件评议时,其提出的意见应当记入评议笔录,并由其签名。

技术调查官对案件裁判结果不具有表决权。

第十一条 技术调查官提出的技术调查意见可以作为合议庭认定技术事实的参考。

合议庭对技术事实认定依法承担责任。

第十二条 技术调查官参与知识产权案件诉讼活动的,应当在裁判文书上署名。技术调查官的署名位于法官助理之下、书记员之上。

第十三条 技术调查官违反与审判工作有关的法律及相关规定,贪污受贿、徇私舞弊、故意出具虚假、误导或者重大遗漏的不实技术调查意见的,应当追究法律责任;构成犯罪的,依法追究刑事责任。

第十四条 根据案件审理需要,上级人民法院可以对本辖区内各级人民法院的技术调查官进行调派。

人民法院审理本规定第一条所称案件时,可以申请上级人民法院调派技术调查官参与诉讼活动。

第十五条 本规定自 2019 年 5 月 1 日起施行。本院以前发布的相关规定与本规定不一致的,以本规定为准。

最高人民法院关于
适用简易程序审理民事案件的若干规定

(2003 年 7 月 4 日最高人民法院审判委员会第 1280 次会议通过 根据 2020 年 12 月 23 日最高人民法院审判委员会第 1823 次会议通过的《最高人民法院关于修改〈最高人民法院关于人民法院民事调解工作若干问题的规定〉等十九件民事诉讼类司法解释的决定》修正 2020 年 12 月 29 日最高人民法院公告公布 该修正自 2021 年 1 月 1 日起施行 法释〔2020〕20 号)

为保障和方便当事人依法行使诉讼权利,保证人民法院公正、及时审理民事案件,根据《中华人民共和国民事诉讼法》的有关规定,结合民事审判经验和实际情况,制定本规定。

一、适用范围

第一条 基层人民法院根据民事诉讼法第一百五十七条规定审理简单的民事案件,适用本规定,但有下列情形之一的案件除外:

(一)起诉时被告下落不明的;
(二)发回重审的;
(三)共同诉讼中一方或者双方当事人人数众多的;
(四)法律规定应当适用特别程序、审判监督程序、督促程序、公示催告程序和企业法人破产还债程序的;
(五)人民法院认为不宜适用简易程序进行审理的。

第二条 基层人民法院适用第一审普通程序审理的民事案件,当事人各方自愿选择适用简易程序,经人民法院审查同意的,可以适用简易程序进行审理。

人民法院不得违反当事人自愿原则,将普通程序转为简易程序。

第三条 当事人就适用简易程序提出异议,人民法院认为异议成立的,或者人民法院在审理过程中发现不宜适用简易程序的,应当将案件转入普通程序审理。

二、起诉与答辩

第四条 原告本人不能书写起诉状,委托他人代写起诉状确有困难的,可以口头起诉。

原告口头起诉的,人民法院应当将当事人的基本情况、联系方式、诉讼请求、事实及理由予以准确记录,将相关证据予以登记。人民法院应当将上述记录和登记的内容向原告当面宣读,原告认为无误后应当签名或者按指印。

第五条 当事人应当在起诉或者答辩时向人民法院提供自己准确的送达地址、收件人、电话号码等其他联系方式,并签名或者按指印确认。

送达地址应当写明受送达人住所地的邮政编码和详细地址;受送达人是有固定职业的自然人的,其从业的场所可以视为送达地址。

第六条 原告起诉后,人民法院可以采取捎口信、电话、传真、电子邮件等简便方式随时传唤双方当事人、证人。

第七条 双方当事人到庭后,被告同意口头答辩的,人民法院可以当即开庭审理;被告要求书面答辩的,人民法院应当将提交答辩状的期限和开庭的具体日期告知各方当事人,并向当事人说明逾期举证以及拒不到庭的法律后果,由各方当事人在笔录和开庭传票的送达回证上签名或者按指印。

第八条 人民法院按照原告提供的被告的送达地址或者其他联系方式无

法通知被告应诉的,应当按以下情况分别处理:

(一)原告提供了被告准确的送达地址,但人民法院无法向被告直接送达或者留置送达应诉通知书的,应当将案件转入普通程序审理;

(二)原告不能提供被告准确的送达地址,人民法院经查证后仍不能确定被告送达地址的,可以被告不明确为由裁定驳回原告起诉。

第九条 被告到庭后拒绝提供自己的送达地址和联系方式的,人民法院应当告知其拒不提供送达地址的后果;经人民法院告知后被告仍然拒不提供的,按下列方式处理:

(一)被告是自然人的,以其户籍登记中的住所或者经常居所为送达地址;

(二)被告是法人或者非法人组织的,应当以其在登记机关登记、备案中的住所为送达地址。

人民法院应当将上述告知的内容记入笔录。

第十条 因当事人自己提供的送达地址不准确、送达地址变更未及时告知人民法院,或者当事人拒不提供自己的送达地址而导致诉讼文书未能被当事人实际接收的,按下列方式处理:

(一)邮寄送达的,以邮件回执上注明的退回之日视为送达之日;

(二)直接送达的,送达人当场在送达回证上记明情况之日视为送达之日。

上述内容,人民法院应当在原告起诉和被告答辩时以书面或者口头方式告知当事人。

第十一条 受送达的自然人以及他的同住成年家属拒绝签收诉讼文书的,或者法人、非法人组织负责收件的人拒绝签收诉讼文书的,送达人应当依据民事诉讼法第八十六条的规定邀请有关基层组织或者所在单位的代表到场见证,被邀请的人不愿到场见证的,送达人应当在送达回证上记明拒收事由、时间和地点以及被邀请人不愿到场见证的情形,将诉讼文书留在受送达人的住所或者从业场所,即视为送达。

受送达人的同住成年家属或者法人、非法人组织负责收件的人是同一案件中另一方当事人的,不适用前款规定。

三、审理前的准备

第十二条 适用简易程序审理的民事案件,当事人及其诉讼代理人申请证人出庭作证,应当在举证期限届满前提出。

第十三条 当事人一方或者双方就适用简易程序提出异议后,人民法院应当进行审查,并按下列情形分别处理:

(一)异议成立的,应当将案件转入普通程序审理,并将合议庭的组成人员及相关事项以书面形式通知双方当事人;

(二)异议不成立的,口头告知双方当事人,并将上述内容记入笔录。

转入普通程序审理的民事案件的审理期限自人民法院立案的次日起开始

计算。

第十四条 下列民事案件,人民法院在开庭审理时应当先行调解:
(一)婚姻家庭纠纷和继承纠纷;
(二)劳务合同纠纷;
(三)交通事故和工伤事故引起的权利义务关系较为明确的损害赔偿纠纷;
(四)宅基地和相邻关系纠纷;
(五)合伙合同纠纷;
(六)诉讼标的额较小的纠纷。
但是根据案件的性质和当事人的实际情况不能调解或者显然没有调解必要的除外。

第十五条 调解达成协议并经审判人员审核后,双方当事人同意该调解协议经双方签名或者按指印生效的,该调解协议自双方签名或者按指印之日起发生法律效力。当事人要求摘录或者复制该调解协议的,应予准许。

调解协议符合前款规定,且不属于不需要制作调解书的,人民法院应当另行制作民事调解书。调解协议生效后一方拒不履行的,另一方可以持民事调解书申请强制执行。

第十六条 人民法院可以当庭告知当事人到人民法院领取民事调解书的具体日期,也可以在当事人达成调解协议的次日起十日内将民事调解书发送给当事人。

第十七条 当事人以民事调解书与调解协议的原意不一致为由提出异议,人民法院审查后认为异议成立的,应当根据调解协议裁定补正民事调解书的相关内容。

四、开庭审理

第十八条 以捎口信、电话、传真、电子邮件等形式发送的开庭通知,未经当事人确认或者没有其他证据足以证明当事人已经收到的,人民法院不得将其作为按撤诉处理和缺席判决的根据。

第十九条 开庭前已经书面或者口头告知当事人诉讼权利义务,或者当事人各方均委托律师代理诉讼的,审判人员除告知当事人申请回避的权利外,可以不再告知当事人其他的诉讼权利义务。

第二十条 对没有委托律师代理诉讼的当事人,审判人员应当对回避、自认、举证责任等相关内容向其作必要的解释或者说明,并在庭审过程中适当提示当事人正确行使诉讼权利、履行诉讼义务,指导当事人进行正常的诉讼活动。

第二十一条 开庭时,审判人员可以根据当事人的诉讼请求和答辩意见归纳出争议焦点,经当事人确认后,由当事人围绕争议焦点举证、质证和辩论。

当事人对案件事实无争议的,审判人员可以在听取当事人就适用法律方面的辩论意见后迳行判决、裁定。

第二十二条　当事人双方同时到基层人民法院请求解决简单的民事纠纷，但未协商举证期限，或者被告一方经简便方式传唤到庭的，当事人在开庭审理时要求当庭举证的，应予准许；当事人当庭举证有困难的，举证的期限由当事人协商决定，但最长不得超过十五日；协商不成的，由人民法院决定。

第二十三条　适用简易程序审理的民事案件，应当一次开庭审结，但人民法院认为确有必要再次开庭的除外。

第二十四条　书记员应当将适用简易程序审理民事案件的全部活动记入笔录。对于下列事项，应当详细记载：

（一）审判人员关于当事人诉讼权利义务的告知、争议焦点的概括、证据的认定和裁判的宣告等重大事项；

（二）当事人申请回避、自认、撤诉、和解等重大事项；

（三）当事人当庭陈述的与其诉讼权利直接相关的其他事项。

第二十五条　庭审结束时，审判人员可以根据案件的审理情况对争议焦点和当事人各方举证、质证和辩论的情况进行简要总结，并就是否同意调解征询当事人的意见。

第二十六条　审判人员在审理过程中发现案情复杂需要转为普通程序的，应当在审限届满前及时作出决定，并书面通知当事人。

五、宣判与送达

第二十七条　适用简易程序审理的民事案件，除人民法院认为不宜当庭宣判的以外，应当当庭宣判。

第二十八条　当庭宣判的案件，除当事人当庭要求邮寄送达的以外，人民法院应当告知当事人或者诉讼代理人领取裁判文书的期间和地点以及逾期不领取的法律后果。上述情况，应当记入笔录。

人民法院已经告知当事人领取裁判文书的期间和地点的，当事人在指定期间内领取裁判文书之日即为送达之日；当事人在指定期间内未领取的，指定领取裁判文书期间届满之日即为送达之日，当事人的上诉期从人民法院指定领取裁判文书期间届满之日的次日起开始计算。

第二十九条　当事人因交通不便或者其他原因要求邮寄送达裁判文书的，人民法院可以按照当事人自己提供的送达地址邮寄送达。

人民法院根据当事人自己提供的送达地址邮寄送达的，邮件回执上注明收到或者退回之日即为送达之日，当事人的上诉期从邮件回执上注明收到或者退回之日的次日起开始计算。

第三十条　原告经传票传唤，无正当理由拒不到庭或者未经法庭许可中途退庭的，可以按撤诉处理；被告经传票传唤，无正当理由拒不到庭或者未经法庭许可中途退庭的，人民法院可以根据原告的诉讼请求及双方已经提交给法庭的证据材料缺席判决。

按撤诉处理或者缺席判决的,人民法院可以按照当事人自己提供的送达地址将裁判文书送达给未到庭的当事人。

第三十一条 定期宣判的案件,定期宣判之日即为送达之日,当事人的上诉期自定期宣判的次日起开始计算。当事人在定期宣判的日期无正当理由未到庭的,不影响该裁判上诉期间的计算。

当事人确有正当理由不能到庭,并在定期宣判前已经告知人民法院的,人民法院可以按照当事人自己提供的送达地址将裁判文书送达给未到庭的当事人。

第三十二条 适用简易程序审理的民事案件,有下列情形之一的,人民法院在制作裁判文书时对认定事实或者判决理由部分可以适当简化:

(一)当事人达成调解协议并需要制作民事调解书的;

(二)一方当事人在诉讼过程中明确表示承认对方全部诉讼请求或者部分诉讼请求的;

(三)当事人对案件事实没有争议或者争议不大的;

(四)涉及自然人的隐私、个人信息,或者商业秘密的案件,当事人一方要求简化裁判文书中的相关内容,人民法院认为理由正当的;

(五)当事人双方一致同意简化裁判文书的。

六、其 他

第三十三条 本院已经公布的司法解释与本规定不一致的,以本规定为准。

第三十四条 本规定自2003年12月1日起施行。2003年12月1日以后受理的民事案件,适用本规定。

九、特别程序

最高人民法院关于
人民调解协议司法确认程序的若干规定

(2011年3月21日最高人民法院审判委员会第1515次会议通过 2011年3月23日最高人民法院公告公布 自2011年3月30日起施行 法释〔2011〕5号)

为了规范经人民调解委员会调解达成的民事调解协议的司法确认程序,进一步建立健全诉讼与非诉讼相衔接的矛盾纠纷解决机制,依照《中华人民共和国民事诉讼法》和《中华人民共和国人民调解法》的规定,结合审判实际,制定本规定。

第一条 当事人根据《中华人民共和国人民调解法》第三十三条的规定共同向人民法院申请确认调解协议的,人民法院应当依法受理。

第二条 当事人申请确认调解协议的,由主持调解的人民调解委员会所在地基层人民法院或者它派出的法庭管辖。

人民法院在立案前委派人民调解委员会调解并达成调解协议,当事人申请司法确认的,由委派的人民法院管辖。

第三条 当事人申请确认调解协议,应当向人民法院提交司法确认申请书、调解协议和身份证明、资格证明,以及与调解协议相关的财产权利证明等证明材料,并提供双方当事人的送达地址、电话号码等联系方式。委托他人代为申请的,必须向人民法院提交由委托人签名或者盖章的授权委托书。

第四条 人民法院收到当事人司法确认申请,应当在三日内决定是否受理。人民法院决定受理的,应当编立"调确字"案号,并及时向当事人送达受理通知书。双方当事人同时到法院申请司法确认的,人民法院可以当即受理并作出是否确认的决定。

有下列情形之一的,人民法院不予受理:

(一)不属于人民法院受理民事案件的范围或者不属于接受申请的人民法院管辖的;

(二)确认身份关系的;

(三)确认收养关系的;

(四)确认婚姻关系的。

第五条 人民法院应当自受理司法确认申请之日起十五日内作出是否确认的决定。因特殊情况需要延长的,经本院院长批准,可以延长十日。

在人民法院作出是否确认的决定前,一方或者双方当事人撤回司法确认申请的,人民法院应当准许。

第六条 人民法院受理司法确认申请后,应当指定一名审判人员对调解协议进行审查。人民法院在必要时可以通知双方当事人同时到场,当面询问当事人。当事人应当向人民法院如实陈述申请确认的调解协议的有关情况,保证提交的证明材料真实、合法。人民法院在审查中,认为当事人的陈述或者提供的证明材料不充分、不完备或者有疑义的,可以要求当事人补充陈述或者补充证明材料。当事人无正当理由未按时补充或者拒不接受询问的,可以按撤回司法确认申请处理。

第七条 具有下列情形之一的,人民法院不予确认调解协议效力:
(一)违反法律、行政法规强制性规定的;
(二)侵害国家利益、社会公共利益的;
(三)侵害案外人合法权益的;
(四)损害社会公序良俗的;
(五)内容不明确,无法确认的;
(六)其他不能进行司法确认的情形。

第八条 人民法院经审查认为调解协议符合确认条件的,应当作出确认决定书;决定不予确认调解协议效力的,应当作出不予确认决定书。

第九条 人民法院依法作出确认决定后,一方当事人拒绝履行或者未全部履行的,对方当事人可以向作出确认决定的人民法院申请强制执行。

第十条 案外人认为经人民法院确认的调解协议侵害其合法权益的,可以自知道或者应当知道权益被侵害之日起一年内,向作出确认决定的人民法院申请撤销确认决定。

第十一条 人民法院办理人民调解协议司法确认案件,不收取费用。

第十二条 人民法院可以将调解协议不予确认的情况定期或者不定期通报同级司法行政机关和相关人民调解委员会。

第十三条 经人民法院建立的调解员名册中的调解员调解达成协议后,当事人申请司法确认的,参照本规定办理。人民法院立案后委托他人调解达成的协议的司法确认,按照《最高人民法院关于人民法院民事调解工作若干问题的规定》(法释〔2004〕12号)的有关规定办理。

相关文书(略)。

最高人民法院关于
办理人身安全保护令案件适用法律若干问题的规定

(2022年6月7日最高人民法院审判委员会第1870次会议通过 2022年7月14日最高人民法院公告公布 自2022年8月1日起施行 法释〔2022〕17号)

为正确办理人身安全保护令案件,及时保护家庭暴力受害人的合法权益,根据《中华人民共和国民法典》《中华人民共和国反家庭暴力法》《中华人民共和国民事诉讼法》等相关法律规定,结合审判实践,制定本规定。

第一条 当事人因遭受家庭暴力或者面临家庭暴力的现实危险,依照反家庭暴力法向人民法院申请人身安全保护令的,人民法院应当受理。

向人民法院申请人身安全保护令,不以提起离婚等民事诉讼为条件。

第二条 当事人因年老、残疾、重病等原因无法申请人身安全保护令,其近亲属、公安机关、民政部门、妇女联合会、居民委员会、村民委员会、残疾人联合会、依法设立的老年人组织、救助管理机构等,根据当事人意愿,依照反家庭暴力法第二十三条规定代为申请的,人民法院应当依法受理。

第三条 家庭成员之间以冻饿或者经常性侮辱、诽谤、威胁、跟踪、骚扰等方式实施的身体或者精神侵害行为,应当认定为反家庭暴力法第二条规定的"家庭暴力"。

第四条 反家庭暴力法第三十七条规定的"家庭成员以外共同生活的人"一般包括共同生活的儿媳、女婿、公婆、岳父母以及其他有监护、扶养、寄养等关系的人。

第五条 当事人及其代理人对因客观原因不能自行收集的证据,申请人民法院调查收集,符合《最高人民法院关于适用〈中华人民共和国民事诉讼法〉的解释》第九十四条第一款规定情形的,人民法院应当调查收集。

人民法院经审查,认为办理案件需要的证据符合《最高人民法院关于适用〈中华人民共和国民事诉讼法〉的解释》第九十六条规定的,应当调查收集。

第六条 人身安全保护令案件中,人民法院根据相关证据,认为申请人遭受家庭暴力或者面临家庭暴力现实危险的事实存在较大可能性的,可以依法作出人身安全保护令。

前款所称"相关证据"包括:

(一)当事人的陈述;

(二)公安机关出具的家庭暴力告诫书、行政处罚决定书;

(三)公安机关的出警记录、讯问笔录、询问笔录、接警记录、报警回执等;

（四）被申请人曾出具的悔过书或者保证书等；
（五）记录家庭暴力发生或者解决过程等的视听资料；
（六）被申请人与申请人或者其近亲属之间的电话录音、短信、即时通讯信息、电子邮件等；
（七）医疗机构的诊疗记录；
（八）申请人或者被申请人所在单位、民政部门、居民委员会、村民委员会、妇女联合会、残疾人联合会、未成年人保护组织、依法设立的老年人组织、救助管理机构、反家暴社会公益机构等单位收到投诉、反映或者求助的记录；
（九）未成年子女提供的与其年龄、智力相适应的证言或者亲友、邻居等其他证人证言；
（十）伤情鉴定意见；
（十一）其他能够证明申请人遭受家庭暴力或者面临家庭暴力现实危险的证据。

第七条 人民法院可以通过在线诉讼平台、电话、短信、即时通讯工具、电子邮件等简便方式询问被申请人。被申请人未发表意见的，不影响人民法院依法作出人身安全保护令。

第八条 被申请人认可存在家庭暴力行为，但辩称申请人有过错的，不影响人民法院依法作出人身安全保护令。

第九条 离婚等案件中，当事人仅以人民法院曾作出人身安全保护令为由，主张存在家庭暴力事实的，人民法院应当根据《最高人民法院关于适用〈中华人民共和国民事诉讼法〉的解释》第一百零八条的规定，综合认定是否存在该事实。

第十条 反家庭暴力法第二十九条第四项规定的"保护申请人人身安全的其他措施"可以包括下列措施：
（一）禁止被申请人以电话、短信、即时通讯工具、电子邮件等方式侮辱、诽谤、威胁申请人及其相关近亲属；
（二）禁止被申请人在申请人及其相关近亲属的住所、学校、工作单位等经常出入场所的一定范围内从事可能影响申请人及其相关近亲属正常生活、学习、工作的活动。

第十一条 离婚案件中，判决不准离婚或者调解和好后，被申请人违反人身安全保护令实施家庭暴力的，可以认定为民事诉讼法第一百二十七条第七项规定的"新情况、新理由"。

第十二条 被申请人违反人身安全保护令，符合《中华人民共和国刑法》第三百一十三条规定的，以拒不执行判决、裁定罪定罪处罚；同时构成其他犯罪的，依照刑法有关规定处理。

第十三条 本规定自 2022 年 8 月 1 日起施行。

最高人民法院关于
人身安全保护令案件相关程序问题的批复

(2016年6月6日最高人民法院审判委员会第1686次会议通过 2016年7月11日最高人民法院公告公布 自2016年7月13日起施行 法释〔2016〕15号)

北京市高级人民法院:

你院《关于人身安全保护令案件相关程序问题的请示》(京高法〔2016〕45号)收悉。经研究,批复如下:

一、关于人身安全保护令案件是否收取诉讼费的问题。同意你院倾向性意见,即向人民法院申请人身安全保护令,不收取诉讼费用。

二、关于申请人身安全保护令是否需要提供担保的问题。同意你院倾向性意见,即根据《中华人民共和国反家庭暴力法》请求人民法院作出人身安全保护令的,申请人不需要提供担保。

三、关于人身安全保护令案件适用程序等问题。人身安全保护令案件适用何种程序,反家庭暴力法中没有作出直接规定。人民法院可以比照特别程序进行审理。家事纠纷案件中的当事人向人民法院申请人身安全保护令的,由审理该案的审判组织作出是否发出人身安全保护令的裁定;如果人身安全保护令的申请人在接受其申请的人民法院并无正在进行的家事案件诉讼,由法官以独任审理的方式审理。至于是否需要就发出人身安全保护令问题听取被申请人的意见,则由承办法官视案件的具体情况决定。

四、关于复议问题。对于人身安全保护令的被申请人提出的复议申请和人身安全保护令的申请人就驳回裁定提出的复议申请,可以由原审判组织进行复议;人民法院认为必要的,也可以另行指定审判组织进行复议。

此复。

十、审判监督程序

最高人民法院关于适用《中华人民共和国民事诉讼法》审判监督程序若干问题的解释

（2008年11月10日最高人民法院审判委员会第1453次会议通过　根据2020年12月23日最高人民法院审判委员会第1823次会议通过的《最高人民法院关于修改〈最高人民法院关于人民法院民事调解工作若干问题的规定〉等十九件民事诉讼类司法解释的决定》修正　2020年12月29日最高人民法院公告公布　该修正自2021年1月1日起施行　法释〔2020〕20号）

为了保障当事人申请再审权利，规范审判监督程序，维护各方当事人的合法权益，根据《中华人民共和国民事诉讼法》，结合审判实践，对审判监督程序中适用法律的若干问题作出如下解释：

第一条　当事人在民事诉讼法第二百零五条规定的期限内，以民事诉讼法第二百条所列明的再审事由，向原审人民法院的上一级人民法院申请再审的，上一级人民法院应当依法受理。

第二条　民事诉讼法第二百零五条规定的申请再审期间不适用中止、中断和延长的规定。

第三条　当事人申请再审，应当向人民法院提交再审申请书，并按照对方当事人人数提出副本。

人民法院应当审查再审申请书是否载明下列事项：

（一）申请再审人与对方当事人的姓名、住所及有效联系方式等基本情况；法人或其他组织的名称、住所和法定代表人或主要负责人的姓名、职务及有效联系方式等基本情况；

（二）原审人民法院的名称，原判决、裁定、调解文书案号；

（三）申请再审的法定情形及具体事实、理由；

（四）具体的再审请求。

第四条　当事人申请再审，应当向人民法院提交已经发生法律效力的判决书、裁定书、调解书、身份证明及相关证据材料。

第五条　申请再审人提交的再审申请书或者其他材料不符合本解释第三条、第四条的规定，或者有人身攻击等内容，可能引起矛盾激化的，人民法院应当要求申请再审人补充或改正。

第六条 人民法院应当自收到符合条件的再审申请书等材料后五日内完成向申请再审人发送受理通知书等受理登记手续,并向对方当事人发送受理通知书及再审申请书副本。

第七条 人民法院受理再审申请后,应当组成合议庭予以审查。

第八条 人民法院对再审申请的审查,应当围绕再审事由是否成立进行。

第九条 民事诉讼法第二百条第(五)项规定的"对审理案件需要的主要证据",是指人民法院认定案件基本事实所必须的证据。

第十条 原判决、裁定对基本事实和案件性质的认定系根据其他法律文书作出,而上述其他法律文书被撤销或变更的,人民法院可以认定为民事诉讼法第二百条第(十二)项规定的情形。

第十一条 人民法院经审查再审申请书等材料,认为申请再审事由成立的,应当进行裁定再审。

当事人申请再审超过民事诉讼法第二百零五条规定的期限,或者超出民事诉讼法第二百条所列明的再审事由范围的,人民法院应当裁定驳回再审申请。

第十二条 人民法院认为仅审查再审申请书等材料难以作出裁定的,应当调阅原审卷宗予以审查。

第十三条 人民法院可以根据案情需要决定是否询问当事人。

以有新的证据足以推翻原判决、裁定为由申请再审的,人民法院应当询问当事人。

第十四条 在审查再审申请过程中,对方当事人也申请再审的,人民法院应当将其列为申请再审人,对其提出的再审申请一并审查。

第十五条 申请再审人在案件审查期间申请撤回再审申请的,是否准许,由人民法院裁定。

申请再审人经传票传唤,无正当理由拒不接受询问,可以裁定按撤回再审申请处理。

第十六条 人民法院经审查认为申请再审事由不成立的,应当裁定驳回再审申请。

驳回再审申请的裁定一经送达,即发生法律效力。

第十七条 人民法院审查再审申请期间,人民检察院对该案提出抗诉的,人民法院应依照民事诉讼法第二百一十一条的规定裁定再审。申请再审人提出的具体再审请求应纳入审理范围。

第十八条 上一级人民法院经审查认为申请再审事由成立的,一般由本院提审。最高人民法院、高级人民法院也可以指定与原审人民法院同级的其他人民法院再审,或者指令原审人民法院再审。

第十九条 上一级人民法院可以根据案件的影响程度以及案件参与人等情况,决定是否指定再审。需要指定再审的,应当考虑便利当事人行使诉讼权利以及便利人民法院审理等因素。

接受指定再审的人民法院,应当按照民事诉讼法第二百零七条第一款规定的程序审理。

第二十条 有下列情形之一的,不得指令原审人民法院再审:
(一)原审人民法院对该案无管辖权的;
(二)审判人员在审理该案件时有贪污受贿,徇私舞弊,枉法裁判行为的;
(三)原判决、裁定系经原审人民法院审判委员会讨论作出的;
(四)其他不宜指令原审人民法院再审的。

第二十一条 当事人未申请再审、人民检察院未抗诉的案件,人民法院发现原判决、裁定、调解协议有损害国家利益、社会公共利益等确有错误情形的,应当依照民事诉讼法第一百九十八条的规定提起再审。

第二十二条 人民法院应当依照民事诉讼法第二百零七条的规定,按照第一审程序或者第二审程序审理再审案件。

人民法院审理再审案件应当开庭审理。但按照第二审程序审理的,双方当事人已经其他方式充分表达意见,且书面同意不开庭审理的除外。

第二十三条 申请再审人在再审期间撤回再审申请的,是否准许由人民法院裁定。裁定准许的,应终结再审程序。申请再审人经传票传唤,无正当理由拒不到庭的,或者未经法庭许可中途退庭的,可以裁定按自动撤回再审申请处理。

人民检察院抗诉再审的案件,申请抗诉的当事人有前款规定的情形,且不损害国家利益、社会公共利益或第三人利益的,人民法院应当裁定终结再审程序;人民检察院撤回抗诉的,应当准予。

终结再审程序的,恢复原判决的执行。

第二十四条 按照第一审程序审理再审案件时,一审原告申请撤回起诉的,是否准许由人民法院裁定。裁定准许的,应当同时裁定撤销原判决、裁定、调解书。

第二十五条 当事人在再审审理中经调解达成协议的,人民法院应当制作调解书。调解书经各方当事人签收后,即具有法律效力,原判决、裁定视为被撤销。

第二十六条 人民法院经再审审理认为,原判决、裁定认定事实清楚、适用法律正确的,应予维持;原判决、裁定在认定事实、适用法律、阐述理由方面虽有瑕疵,但裁判结果正确的,人民法院应在再审判决、裁定中纠正上述瑕疵后予以维持。

第二十七条 人民法院按照第二审程序审理再审案件,发现原判决认定事实错误或者认定事实不清的,应当在查清事实后改判。但原审人民法院便于查清事实,化解纠纷的,可以裁定撤销原判决,发回重审;原审程序遗漏必须参加诉讼的当事人且无法达成调解协议,以及其他违反法定程序不宜在再审程序中直接作出实体处理的,应当裁定撤销原判决,发回重审。

第二十八条 人民法院以调解方式审结的案件裁定再审后,经审理发现申请再审人提出的调解违反自愿原则的事由不成立,且调解协议的内容不违反法律强制性规定的,应当裁定驳回再审申请,并恢复原调解书的执行。

第二十九条 民事再审案件的当事人应为原审案件的当事人。原审案件当事人死亡或者终止的,其权利义务承受人可以申请再审并参加再审诉讼。

第三十条 本院以前发布的司法解释与本解释不一致的,以本解释为准。本解释未作规定的,按照以前的规定执行。

最高人民法院关于民事审判监督程序严格依法适用指令再审和发回重审若干问题的规定

(2015年2月2日最高人民法院审判委员会第1643次会议通过 2015年2月16日最高人民法院公告公布 自2015年3月15日起施行 法释〔2015〕7号)

为了及时有效维护各方当事人的合法权益,维护司法公正,进一步规范民事案件指令再审和再审发回重审,提高审判监督质量和效率,根据《中华人民共和国民事诉讼法》,结合审判实际,制定本规定。

第一条 上级人民法院应当严格依照民事诉讼法第二百条等规定审查当事人的再审申请,符合法定条件的,裁定再审。不得因指令再审而降低再审启动标准,也不得因当事人反复申诉将依法不应当再审的案件指令下级人民法院再审。

第二条 因当事人申请裁定再审的案件一般应当由裁定再审的人民法院审理。有下列情形之一的,最高人民法院、高级人民法院可以指令原审人民法院再审:

(一)依据民事诉讼法第二百条第(四)项、第(五)项或者第(九)项裁定再审的;

(二)发生法律效力的判决、裁定、调解书是由第一审法院作出的;

(三)当事人一方人数众多或者当事人双方为公民的;

(四)经审判委员会讨论决定的其他情形。

人民检察院提出抗诉的案件,由接受抗诉的人民法院审理,具有民事诉讼法第二百条第(一)至第(五)项规定情形之一的,可以指令原审人民法院再审。

人民法院依据民事诉讼法第一百九十八条第二款裁定再审的,应当提审。

第三条 虽然符合本规定第二条可以指令再审的条件,但下列情形之一的,应当提审:

(一)原判决、裁定系经原审人民法院再审审理后作出的;
(二)原判决、裁定系经原审人民法院审判委员会讨论作出的;
(三)原审审判人员在审理该案件时有贪污受贿,徇私舞弊,枉法裁判行为的;
(四)原审人民法院对该案无再审管辖权的;
(五)需要统一法律适用或裁量权行使标准的;
(六)其他不宜指令原审人民法院再审的情形。

第四条 人民法院按照第二审程序审理再审案件,发现原判决认定基本事实不清的,一般应当通过庭审认定事实后依法作出判决。但原审人民法院未对基本事实进行过审理的,可以裁定撤销原判决,发回重审。原判决认定事实错误的,上级人民法院不得以基本事实不清为由裁定发回重审。

第五条 人民法院按照第二审程序审理再审案件,发现第一审人民法院有下列严重违反法定程序情形之一的,可以依照民事诉讼法第一百七十条第一款第(四)项的规定,裁定撤销原判决,发回第一审人民法院重审:
(一)原判决遗漏必须参加诉讼的当事人的;
(二)无诉讼行为能力人未经法定代理人代为诉讼,或者应当参加诉讼的当事人,因不能归责于本人或者其诉讼代理人的事由,未参加诉讼的;
(三)未经合法传唤缺席判决,或者违反法律规定剥夺当事人辩论权利的;
(四)审判组织的组成不合法或者依法应当回避的审判人员没有回避的;
(五)原判决、裁定遗漏诉讼请求的。

第六条 上级人民法院裁定指令再审、发回重审的,应当在裁定书中阐明指令再审或者发回重审的具体理由。

第七条 再审案件应当围绕申请人的再审请求进行审理和裁判。对方当事人在再审庭审辩论终结前也提出再审请求的,应一并审理和裁判。当事人的再审请求超出原诉讼请求的不予审理,构成另案诉讼的应告知当事人可以提起新的诉讼。

第八条 再审发回重审的案件,应当围绕当事人原诉讼请求进行审理。当事人申请变更、增加诉讼请求和提出反诉的,按照最高人民法院《关于适用〈中华人民共和国民事诉讼法〉的解释》第二百五十二条的规定查决定是否准许。当事人变更其在原审中的诉讼主张、质证及辩论意见的,应说明理由并提交相应的证据,理由不成立或证据不充分的,人民法院不予支持。

第九条 各级人民法院对民事案件指令再审和再审发回重审的审判行为,应当严格遵守本规定。违反本规定的,应当依照相关规定追究有关人员的责任。

第十条 最高人民法院以前发布的司法解释与本规定不一致的,不再适用。

最高人民法院关于
受理审查民事申请再审案件的若干意见

(2009年4月27日 法发〔2009〕26号)

为依法保障当事人申请再审权利,规范人民法院受理审查民事申请再审案件工作,根据《中华人民共和国民事诉讼法》和《最高人民法院关于适用〈中华人民共和国民事诉讼法〉审判监督程序若干问题的解释》的有关规定,结合审判工作实际,现就受理审查民事申请再审案件工作提出以下意见:

一、民事申请再审案件的受理

第一条 当事人或案外人申请再审,应当提交再审申请书等材料,并按照被申请人及原审其他当事人人数提交再审申请书副本。

第二条 人民法院应当审查再审申请书是否载明下列事项:

(一)申请再审人、被申请人及原审其他当事人的基本情况。当事人是自然人的,应列明姓名、性别、年龄、民族、职业、工作单位、住所及有效联系电话、邮寄地址;当事人是法人或者其他组织的,应列明名称、住所和法定代表人或者主要负责人的姓名、职务及有效联系电话、邮寄地址;

(二)原审法院名称,原判决、裁定、调解文书案号;

(三)具体的再审请求;

(四)申请再审的法定事由及具体事实、理由;

(五)受理再审申请的法院名称;

(六)申请再审人的签名或者盖章。

第三条 申请再审人申请再审,除应提交符合前条规定的再审申请书外,还应当提交以下材料:

(一)申请再审人是自然人的,应提交身份证明复印件;申请再审人是法人或其他组织的,应提交营业执照复印件、法定代表人或主要负责人身份证明书。委托他人代为申请的,应提交授权委托书和代理人身份证明;

(二)申请再审的生效裁判文书原件,或者经核对无误的复印件;生效裁判系二审、再审裁判的,应同时提交一审、二审裁判文书原件,或者经核对无误的复印件;

(三)在原审诉讼过程中提交的主要证据复印件;

(四)支持申请再审事由和再审诉讼请求的证据材料。

第四条 申请再审人提交再审申请书等材料的同时,应提交材料清单一式两份,并可附申请再审材料的电子文本,同时填写送达地址确认书。

第五条 申请再审人提交的再审申请书等材料不符合上述要求,或者有人身攻击等内容,可能引起矛盾激化的,人民法院应将材料退回申请再审人并告知其补充或改正。

再审申请书等材料符合上述要求的,人民法院应在申请再审人提交的材料清单上注明收到日期,加盖收件章,并将其中一份清单返还申请再审人。

第六条 申请再审人提出的再审申请符合以下条件的,人民法院应当在5日内受理并向申请再审人发送受理通知书,同时向被申请人及原审其他当事人发送受理通知书、再审申请书副本及送达地址确认书:

(一)申请再审人是生效裁判文书列明的当事人,或者符合法律和司法解释规定的案外人;

(二)受理再审申请的法院是作出生效裁判法院的上一级法院;

(三)申请再审的裁判属于法律和司法解释允许申请再审的生效裁判;

(四)申请再审的事由属于民事诉讼法第一百七十九条规定的情形。

再审申请不符合上述条件的,应当及时告知申请再审人。

第七条 申请再审人向原审法院申请再审的,原审法院应针对申请再审事由并结合原裁判理由作好释明工作。申请再审人坚持申请再审的,告知其可以向上一级法院提出。

第八条 申请再审人越级申请再审的,有关上级法院应告知其向原审法院的上一级法院提出。

第九条 人民法院认为再审申请不符合民事诉讼法第一百八十四条规定的期间要求的,应告知申请再审人。申请再审人认为未超过法定期间的,人民法院可以限期要求其提交生效裁判文书的送达回证复印件或其他能够证明裁判文书实际生效日期的相应证据材料。

二、民事申请再审案件的审查

第十条 人民法院受理申请再审案件后,应当组成合议庭进行审查。

第十一条 人民法院审查申请再审案件,应当围绕申请再审事由是否成立进行,申请再审人未主张的事由不予审查。

第十二条 人民法院审查申请再审案件,应当审查当事人诉讼主体资格的变化情况。

第十三条 人民法院审查申请再审案件,采取以下方式:

(一)审查当事人提交的再审申请书、书面意见等材料;

(二)审阅原审卷宗;

(三)询问当事人;

(四)组织当事人听证。

第十四条 人民法院经审查申请再审人提交的再审申请书、对方当事人提交的书面意见、原审裁判文书和证据等材料,足以确定申请再审事由不能成立的,可以径行裁定驳回再审申请。

第十五条　对于以下列事由申请再审,且根据当事人提交的申请材料足以确定再审事由成立的案件,人民法院可以径行裁定再审:

(一)违反法律规定,管辖错误的;

(二)审判组织的组成不合法或者依法应当回避的审判人员没有回避的;

(三)无诉讼行为能力人未经法定代理人代为诉讼,或者应当参加诉讼的当事人因不能归责于本人或者其诉讼代理人的事由未参加诉讼的;

(四)据以作出原判决、裁定的法律文书被撤销或者变更的;

(五)审判人员在审理该案件时有贪污受贿、徇私舞弊、枉法裁判行为,并经相关刑事法律文书或者纪律处分决定确认的。

第十六条　人民法院决定调卷审查的,原审法院应当在收到调卷函后15日内按要求报送卷宗。

调取原审卷宗的范围可根据审查工作需要决定。必要时,在保证真实的前提下,可要求原审法院以传真件、复印件、电子文档等方式及时报送相关卷宗材料。

第十七条　人民法院可根据审查工作需要询问一方或者双方当事人。

第十八条　人民法院对以下列事由申请再审的案件,可以组织当事人进行听证:

(一)有新的证据,足以推翻原判决、裁定的;

(二)原判决、裁定认定的基本事实缺乏证据证明的;

(三)原判决、裁定认定事实的主要证据是伪造的;

(四)原判决、裁定适用法律确有错误的。

第十九条　合议庭决定听证的案件,应在听证5日前通知当事人。

第二十条　听证由审判长主持,围绕申请再审事由是否成立进行。

第二十一条　申请再审人经传票传唤,无正当理由拒不参加询问、听证或未经许可中途退出的,裁定按撤回再审申请处理。被申请人及原审其他当事人不参加询问、听证或未经许可中途退出的,视为放弃在询问、听证过程中陈述意见的权利。

第二十二条　人民法院在审查申请再审案件过程中,被申请人或者原审其他当事人提出符合条件的再审申请的,应当将其列为申请再审人,对于其申请再审事由一并审查,审查期限重新计算。经审查,其中一方申请再审人主张的再审事由成立的,人民法院即应裁定再审。各方申请再审人主张的再审事由均不成立的,一并裁定驳回。

第二十三条　申请再审人在审查过程中撤回再审申请的,是否准许,由人民法院裁定。

第二十四条　审查过程中,申请再审人、被申请人及原审其他当事人自愿达成和解协议,当事人申请人民法院出具调解书且能够确定申请再审事由成立的,人民法院应当裁定再审并制作调解书。

第二十五条 审查过程中,申请再审人或者被申请人死亡或者终止的,按下列情形分别处理:

(一)申请再审人有权利义务继受人且该权利义务继受人申请参加审查程序的,变更其为申请再审人;

(二)被申请人有权利义务继受人的,变更其权利义务继受人为被申请人;

(三)申请再审人无权利义务继受人或其权利义务继受人未申请参加审查程序的,裁定终结审查程序;

(四)被申请人无权利义务继受人且无可供执行财产的,裁定终结审查程序。

第二十六条 人民法院经审查认为再审申请超过民事诉讼法第一百八十四条规定期间的,裁定驳回申请。

第二十七条 人民法院经审查认为申请再审事由成立的,一般应由本院提审。

第二十八条 最高人民法院、高级人民法院审查的下列案件,可以指令原审法院再审:

(一)依据民事诉讼法第一百七十九条第一款第(八)至第(十三)项事由提起再审的;

(二)因违反法定程序可能影响案件正确判决、裁定提起再审的;

(三)上一级法院认为其他应当指令原审法院再审的。

第二十九条 提审和指令再审的裁定书应当包括以下内容:

(一)申请再审人、被申请人及原审其他当事人基本情况;

(二)原审法院名称、申请再审的生效裁判文书名称、案号;

(三)裁定再审的法律依据;

(四)裁定结果。

裁定书由院长署名,加盖人民法院印章。

第三十条 驳回再审申请的裁定书,应当包括以下内容:

(一)申请再审人、被申请人及原审其他当事人基本情况;

(二)原审法院名称、申请再审的生效裁判文书名称、案号;

(三)申请再审人主张的再审事由、被申请人的意见;

(四)驳回再审申请的理由、法律依据;

(五)裁定结果。

裁定书由审判人员、书记员署名,加盖人民法院印章。

第三十一条 再审申请被裁定驳回后,申请再审人以相同理由再次申请再审的,不作为申请再审案件审查处理。

申请再审人不服驳回其再审申请的裁定,向作出驳回裁定法院的上一级法院申请再审的,不作为申请再审案件审查处理。

第三十二条 人民法院应当自受理再审申请之日起3个月内审查完毕,但鉴定期间等不计入审查期限。有特殊情况需要延长的,报经本院院长批准。

第三十三条 2008年4月1日之前受理,尚未审结的案件,符合申请再审条件的,由受理再审申请的人民法院继续审查处理并作出裁定。

最高人民法院关于
规范人民法院再审立案的若干意见(试行)

(2002年9月10日 法发〔2002〕13号)

为加强审判监督,规范再审立案工作,根据《中华人民共和国刑事诉讼法》、《中华人民共和国民事诉讼法》和《中华人民共和国行政诉讼法》的有关规定,结合审判实际,制定本规定。

第一条 各级人民法院、专门人民法院对本院或者上级人民法院对下级人民法院作出的终审裁判,经复查认为符合再审立案条件的,应当决定或裁定再审。

人民检察院依照法律规定对人民法院作出的终审裁判提出抗诉的,应当再审立案。

第二条 地方各级人民法院、专门人民法院负责下列案件的再审立案:
(一)本院作出的终审裁判,符合再审立案条件的;
(二)下一级人民法院复查驳回或者再审改判,符合再审立案条件的;
(三)上级人民法院指令再审的;
(四)人民检察院依法提出抗诉的。

第三条 最高人民法院负责下列案件的再审立案:
(一)本院作出的终审裁判,符合再审立案条件的;
(二)高级人民法院复查驳回或者再审改判,符合再审立案条件的;
(三)最高人民检察院依法提出抗诉的;
(四)最高人民法院认为应由自己再审的。

第四条 上级人民法院对下级人民法院作出的终审裁判,认为确有必要的,可以直接立案复查,经复查认为符合再审立案条件的,可以决定或裁定再审。

第五条 再审申请人或申诉人向人民法院申请再审或申诉,应当提交以下材料:
(一)再审申请书或申诉状,应当载明当事人的基本情况、申请再审或申诉的事实与理由;
(二)原一、二审判决书、裁定书等法律文书,经过人民法院复查或再审的,应当附有驳回通知书、再审判决书或裁定书;
(三)以有新的证据证明原裁判认定的事实确有错误为由申请再审或申诉

的,应当同时附有证据目录、证人名单和主要证据复印件或者照片;需要人民法院调查取证的,应当附有证据线索。

申请再审或申诉不符合前款规定的,人民法院不予审查。

第六条 申请再审或申诉一般由终审人民法院审查处理。

上一级人民法院对未经终审人民法院审查处理的申请再审或申诉,一般交终审人民法院审查;对经终审人民法院审查处理后仍坚持申请再审或申诉的,应当受理。

对未经终审人民法院及其上一级人民法院审查处理,直接向上级人民法院申请再审或申诉的,上级人民法院应当交下一级人民法院处理。

第七条 对终审刑事裁判的申诉,具备下列情形之一的,人民法院应当决定再审:

(一)有审判时未收集到的或者未被采信的证据,可能推翻原定罪量刑的;
(二)主要证据不充分或者不具有证明力的;
(三)原裁判的主要事实依据被依法变更或撤销的;
(四)据以定罪量刑的主要证据自相矛盾的;
(五)引用法律条文错误或者违反刑法第十二条的规定适用失效法律的;
(六)违反法律关于溯及力规定的;
(七)量刑明显不当的;
(八)审判程序不合法,影响案件公正裁判的;
(九)审判人员在审理案件时索贿受贿、徇私舞弊并导致枉法裁判的。

第八条 对终审民事裁判、调解的再审申请,具备下列情形之一的,人民法院应当裁定再审:

(一)有再审申请人以前不知道或举证不能的证据,可能推翻原裁判的;
(二)主要证据不充分或者不具有证明力的;
(三)原裁判的主要事实依据被依法变更或撤销的;
(四)就同一法律事实或同一法律关系,存在两个相互矛盾的生效法律文书,再审申请人对后一生效法律文书提出再审申请的;
(五)引用法律条文错误或者适用失效、尚未生效法律的;
(六)违反法律关于溯及力规定的;
(七)调解协议明显违反自愿原则,内容违反法律或者损害国家利益、公共利益和他人利益的;
(八)审判程序不合法,影响案件公正裁判的;
(九)审判人员在审理案件时索贿受贿、徇私舞弊并导致枉法裁判的。

第九条 对终审行政裁判的申诉,具备下列情形之一的,人民法院应当裁定再审:

(一)依法应当受理而不予受理或驳回起诉的;
(二)有新的证据可能改变原裁判的;

（三）主要证据不充分或不具有证明力的；
（四）原裁判的主要事实依据被依法变更或撤销的；
（五）引用法律条文错误或者适用失效、尚未生效法律的；
（六）违反法律关于溯及力规定的；
（七）行政赔偿调解协议违反自愿原则，内容违反法律或损害国家利益、公共利益和他人利益的；
（八）审判程序不合法，影响案件公正裁判的；
（九）审判人员在审理案件时索贿受贿、徇私舞弊并导致枉法裁判的。

第十条 人民法院对刑事案件的申诉人在刑罚执行完毕后两年内提出的申诉，应当受理；超过两年提出申诉，具有下列情形之一的，应当受理：
（一）可能对原审被告人宣告无罪的；
（二）原审被告人在本条规定的期限内向人民法院提出申诉，人民法院未受理的；
（三）属于疑难、复杂、重大案件的。
不符合前款规定的，人民法院不予受理。

第十一条 人民法院对刑事附带民事案件中仅就民事部分提出申诉的，一般不予再审立案。但有证据证明民事部分明显失当且原审被告人有赔偿能力的除外。

第十二条 人民法院对民事、行政案件的再审申请人或申诉人超过两年提出再审申请或申诉的，不予受理。

第十三条 人民法院对不符合法定主体资格的再审申请或申诉，不予受理。

第十四条 人民法院对下列民事案件的再审申请不予受理：
（一）人民法院依照督促程序、公示催告程序和破产还债程序审理的案件；
（二）人民法院裁定撤销仲裁裁决和裁定不予执行仲裁裁决的案件；
（三）人民法院判决、调解解除婚姻关系的案件，但当事人就财产分割问题申请再审的除外。

第十五条 上级人民法院对经终审法院的上一级人民法院依照审判监督程序审理后维持原判或者经两级人民法院依照审判监督程序复查均驳回的申请再审或申诉案件，一般不予受理。

但再审申请人或申诉人提出新的理由，且符合《中华人民共和国刑事诉讼法》第二百零四条、《中华人民共和国民事诉讼法》第一百七十九条、《中华人民共和国行政诉讼法》第六十二条及本规定第七、八、九条规定条件的，以及刑事案件的原审被告人可能被宣告无罪的除外。

第十六条 最高人民法院再审裁判或者复查驳回的案件，再审申请人或申诉人仍不服提出再审申请或申诉的，不予受理。

第十七条 本意见自2002年11月1日起施行。以前有关再审立案的规定与本意见不一致的，按本意见执行。

最高人民法院关于
办理不服本院生效裁判案件的若干规定

(2001年10月29日 法发〔2001〕20号)

根据《中华人民共和国刑事诉讼法》、《中华人民共和国民事诉讼法》和《中华人民共和国行政诉讼法》及《最高人民法院机关内设机构及新设事业单位职能》的有关规定,为规范审判监督工作,制定本规定。

一、立案庭对不服本院生效裁判案件经审查认为可能有错误,决定再审立案或者登记立案并移送审判监督庭后,审判监督庭应及时审理。

二、经立案庭审查立案的不服本院生效裁判案件,立案庭应将本案全部卷宗材料调齐,一并移送审判监督庭。

经立案庭登记立案、尚未归档的不服本院生效裁判案件,审判监督庭需要调阅有关案卷材料的,应向相关业务庭发出调卷通知。有关业务庭应在收到调卷通知10日内,将有关案件卷宗按规定装订整齐,移送审判监督庭。

三、在办理不服本院生效裁判案件过程中,经庭领导同意,承办人可以就案件有关情况与原承办人或原合议庭交换意见;未经同意,承办人不得擅自与原承办人或原合议庭交换意见。

四、对立案庭登记立案的不服本院生效裁判案件,合议庭在审查过程中,认为对案件有关情况需要听取双方当事人陈述的,应报庭领导决定。

五、对本院生效裁判案件经审查认为应当再审的,或者已经进入再审程序、经审理认为应当改判的,由院长提交审判委员会讨论决定。

提交审判委员会讨论的案件审理报告应注明原承办人和原合议庭成员的姓名,并可附原合议庭对审判监督庭再审查结论的书面意见。

六、审判监督庭经审查驳回当事人申请再审的,或者经过再审程序审理结案的,应及时向本院有关部门通报案件处理结果。

七、审判监督庭在审理案件中,发现原办案人员有《人民法院审判人员违法审判责任追究办法(试行)》、《人民法院审判纪律处分办法(试行)》规定的违法违纪情况的,应移送纪检组(监察室)处理。

当事人在案件审查或审理过程中反映原办案人员有违法违纪问题或提交有关举报材料的,应告知其向本院纪检组(监察室)反映或提交;已收举报材料的,审判监督庭应及时移送纪检组(监察室)。

八、对不服本院执行工作办公室、赔偿委员会办公室办理的有关案件,按照本规定执行。

九、审判监督庭负责本院国家赔偿的确认工作,办理高级人民法院国家赔偿确认工作的请示,负责对全国法院赔偿确认工作的监督与指导。

十、地方各级人民法院、专门人民法院可根据本规定精神,制定具体规定。

最高人民法院、最高人民检察院关于对民事审判活动与行政诉讼实行法律监督的若干意见(试行)

(2011年3月10日 高检会〔2011〕1号)

第一条 为了完善检察机关对民事审判活动、行政诉讼实行法律监督的范围和程序,维护司法公正,根据宪法和法律,结合司法实践,制定本意见。

第二条 根据《中华人民共和国民事诉讼法》第十四条和《中华人民共和国行政诉讼法》第十条的规定,人民检察院对民事审判活动、行政诉讼实行法律监督。

第三条 人民检察院对于已经发生法律效力的判决、裁定、调解,有下列情形之一的,可以向当事人或者案外人调查核实:

(一)可能损害国家利益、社会公共利益的;

(二)民事诉讼的当事人或者行政诉讼的原告、第三人在原审中因客观原因不能自行收集证据,书面申请人民法院调查收集,人民法院应当调查收集而未调查收集的;

(三)民事审判、行政诉讼活动违反法定程序,可能影响案件正确判决、裁定的。

第四条 当事人在一审判决、裁定生效前向人民检察院申请抗诉的,人民检察院应当告知其依照法律规定提出上诉。当事人对可以上诉的一审判决、裁定在发生法律效力后提出申诉的,应当说明未提出上诉的理由;没有正当理由的,不予受理。

第五条 最高人民检察院对各级人民法院已经发生法律效力的民事判决、裁定,上级人民检察院对下级人民法院已经发生法律效力的民事判决、裁定,经过立案审查,发现有《中华人民共和国民事诉讼法》第一百七十九条规定情形之一,符合抗诉条件的,应当依照《中华人民共和国民事诉讼法》第一百八十七条之规定,向同级人民法院提出抗诉。

人民检察院发现人民法院已经发生法律效力的行政判决和不予受理、驳回起诉、管辖权异议等行政裁定,有《中华人民共和国行政诉讼法》第六十四条规定情形的,应当提出抗诉。

第六条 人民检察院发现人民法院已经发生法律效力的民事调解、行政赔偿调解损害国家利益、社会公共利益的,应当提出抗诉。

第七条 地方各级人民检察院对符合本意见第五条、第六条规定情形的判决、裁定、调解,经检察委员会决定,可以向同级人民法院提出再审检察建议。

人民法院收到再审检察建议后,应当在三个月内进行审查并将审查结果书面回复人民检察院。人民法院认为需要再审的,应当通知当事人。人民检察院认为人民法院不予再审的决定不当的,应当提请上级人民检察院提出抗诉。

第八条 人民法院裁定驳回再审申请后,当事人又向人民检察院申诉的,人民检察院对驳回再审申请的裁定不应当提出抗诉。人民检察院经审查认为原生效判决、裁定、调解符合抗诉条件的,应当提出抗诉。人民法院经审理查明,抗诉事由与被驳回的当事人申请再审事由实质相同的,可以判决维持原判。

第九条 人民法院的审判活动有本意见第五条、第六条以外违反法律规定情形,不适用再审程序的,人民检察院应当向人民法院提出检察建议。

当事人认为人民法院的审判活动存在前款规定情形,经提出异议人民法院未予纠正,向人民检察院申诉的,人民检察院应当受理。

第十条 人民检察院提出检察建议的,人民法院应当在一个月内作出处理并将处理情况书面回复人民检察院。

人民检察院对人民法院的回复意见有异议的,可以通过上一级人民检察院向上一级人民法院提出。上一级人民法院认为人民检察院的意见正确的,应当监督下级人民法院及时纠正。

第十一条 人民检察院办理行政申诉案件,发现行政机关有违反法律规定、可能影响人民法院公正审理的行为,应当向行政机关提出检察建议,并将相关情况告知人民法院。

第十二条 人民检察院办理民事、行政申诉案件,经审查认为人民法院的审判活动合法、裁判正确的,应当及时将审查结果告知相关当事人并说明理由,做好服判息诉工作。

人民检察院办理民事申诉、行政赔偿诉讼申诉案件,当事人双方有和解意愿、符合和解条件的,可以建议当事人自行和解。

第十三条 人民法院审理抗诉案件,应当通知人民检察院派员出席法庭。

检察人员出席再审法庭的任务是:

(一)宣读抗诉书;

(二)对人民检察院依职权调查收集的、包括有利于和不利于申诉人的证据予以出示,并对当事人提出的问题予以说明。

检察人员发现庭审活动违法的,应当待庭审结束或者休庭之后,向检察长报告,以人民检察院的名义提出检察建议。

第十四条 人民检察院办理民事、行政诉讼监督案件,应当依法履行法律监督职责,严格遵守办案规则以及相关检察纪律规范,不得谋取任何私利,不得滥用监督权力。

第十五条 人民法院发现检察监督行为违反法律或者检察纪律的,可以向人民检察院提出书面建议,人民检察院应当在一个月内将处理结果书面回复人民法院;人民法院对于人民检察院的回复意见有异议的,可以通过上一级人民法院向上一级人民检察院提出。上一级人民检察院认为人民法院建议正确的,应当要求下级人民检察院及时纠正。

第十六条 人民检察院和人民法院应当建立相应的沟通协调机制,及时解决实践中出现的相关问题。

人民检察院民事诉讼监督规则

(2021年2月9日最高人民检察院第十三届检察委员会第62次会议通过 2021年6月26日最高人民检察院公告公布 自2021年8月1日起施行 高检发释字〔2021〕1号)

第一章 总 则

第一条 为了保障和规范人民检察院依法履行民事检察职责,根据《中华人民共和国民事诉讼法》《中华人民共和国人民检察院组织法》和其他有关规定,结合人民检察院工作实际,制定本规则。

第二条 人民检察院依法独立行使检察权,通过办理民事诉讼监督案件,维护司法公正和司法权威,维护国家利益和社会公共利益,维护自然人、法人和非法人组织的合法权益,保障国家法律的统一正确实施。

第三条 人民检察院通过抗诉、检察建议等方式,对民事诉讼活动实行法律监督。

第四条 人民检察院办理民事诉讼监督案件,应当以事实为根据,以法律为准绳,坚持公开、公平、公正和诚实信用原则,尊重和保障当事人的诉讼权利,监督和支持人民法院依法行使审判权和执行权。

第五条 负责控告申诉检察、民事检察、案件管理的部门分别承担民事诉讼监督案件的受理、办理、管理工作,各部门互相配合,互相制约。

第六条 人民检察院办理民事诉讼监督案件,实行检察官办案责任制,由检察官、检察长、检察委员会在各自职权范围内对办案事项作出决定,并依照规定承担相应司法责任。

第七条 人民检察院办理民事诉讼监督案件,根据案件情况,可以由一名检察官独任办理,也可以由两名以上检察官组成办案组办理。由检察官办案组办理的,检察长应当指定一名检察官担任主办检察官,组织、指挥办案组办理案件。

检察官办理案件,可以根据需要配备检察官助理、书记员、司法警察、检察技术人员等检察辅助人员。检察辅助人员依照有关规定承担相应的检察辅助事务。

第八条 最高人民检察院领导地方各级人民检察院和专门人民检察院的民事诉讼监督工作,上级人民检察院领导下级人民检察院的民事诉讼监督工作。

上级人民检察院认为下级人民检察院的决定错误的,有权指令下级人民检察院纠正,或者依法撤销、变更。上级人民检察院的决定,应当以书面形式作出,下级人民检察院应当执行。下级人民检察院对上级人民检察院的决定有不同意见的,可以在执行的同时向上级人民检察院报告。

上级人民检察院可以依法统一调用辖区的检察人员办理民事诉讼监督案件,调用的决定应当以书面形式作出。被调用的检察官可以代表办理案件的人民检察院履行相关检察职责。

第九条 人民检察院检察长或者检察长委托的副检察长在同级人民法院审判委员会讨论民事抗诉案件或者其他与民事诉讼监督工作有关的议题时,可以依照有关规定列席会议。

第十条 人民检察院办理民事诉讼监督案件,实行回避制度。

第十一条 检察人员办理民事诉讼监督案件,应当秉持客观公正的立场,自觉接受监督。

检察人员不得接受当事人及其诉讼代理人、特定关系人、中介组织请客送礼或者其他利益,不得违反规定会见当事人及其委托的人。

检察人员有收受贿赂、徇私枉法等行为的,应当追究纪律责任和法律责任。

检察人员对过问或者干预、插手民事诉讼监督案件办理等重大事项的行为,应当按照有关规定全面、如实、及时记录、报告。

第二章 回 避

第十二条 检察人员有《中华人民共和国民事诉讼法》第四十四条规定情形之一的,应当自行回避,当事人有权申请他们回避。

前款规定,适用于书记员、翻译人员、鉴定人、勘验人等。

第十三条 检察人员自行回避的,可以口头或者书面方式提出,并说明理由。口头提出申请的,应当记录在卷。

第十四条 当事人申请回避,应当在人民检察院作出提出抗诉或者检察建议等决定前以口头或者书面方式提出,并说明理由。口头提出申请的,应当记录在卷。根据《中华人民共和国民事诉讼法》第四十四条第二款规定提出回避申请的,应当提供相关证据。

被申请回避的人员在人民检察院作出是否回避的决定前,应当暂停参与本案工作,但案件需要采取紧急措施的除外。

第十五条 检察人员有应当回避的情形,没有自行回避,当事人也没有申请其回避的,由检察长或者检察委员会决定其回避。

第十六条 检察长的回避,由检察委员会讨论决定;检察人员和其他人员的回避,由检察长决定。检察委员会讨论检察长回避问题时,由副检察长主持,检察长不得参加。

第十七条 人民检察院对当事人提出的回避申请,应当在三日内作出决定,并通知申请人。申请人对决定不服的,可以在接到决定时向原决定机关申请复议一次。人民检察院应当在三日内作出复议决定,并通知复议申请人。复议期间,被申请回避的人员不停止参与本案工作。

第三章 受 理

第十八条 民事诉讼监督案件的来源包括:
(一)当事人向人民检察院申请监督;
(二)当事人以外的自然人、法人和非法人组织向人民检察院控告;
(三)人民检察院在履行职责中发现。

第十九条 有下列情形之一的,当事人可以向人民检察院申请监督:
(一)已经发生法律效力的民事判决、裁定、调解书符合《中华人民共和国民事诉讼法》第二百零九条第一款规定的;
(二)认为民事审判程序中审判人员存在违法行为的;
(三)认为民事执行活动存在违法情形的。

第二十条 当事人依照本规则第十九条第一项规定向人民检察院申请监督,应当在人民法院作出驳回再审申请裁定或者再审判决、裁定发生法律效力之日起两年内提出。

本条规定的期间为不变期间,不适用中止、中断、延长的规定。

人民检察院依职权启动监督程序的案件,不受本条第一款规定期限的限制。

第二十一条 当事人向人民检察院申请监督,应当提交监督申请书、身份证明、相关法律文书及证据材料。提交证据材料的,应当附证据清单。

申请监督材料不齐备的,人民检察院应当要求申请人限期补齐,并一次性明确告知应补齐的全部材料。申请人逾期未补齐的,视为撤回监督申请。

第二十二条 本规则第二十一条规定的监督申请书应当记明下列事项:
(一)申请人的姓名、性别、年龄、民族、职业、工作单位、住所、有效联系方式,法人或者非法人组织的名称、住所和法定代表人或者主要负责人的姓名、职务、有效联系方式;
(二)其他当事人的姓名、性别、工作单位、住所、有效联系方式等信息,法人或者非法人组织的名称、住所、负责人、有效联系方式等信息;
(三)申请监督请求;
(四)申请监督的具体法定情形及事实、理由。

申请人应当按照其他当事人的人数提交监督申请书副本。

第二十三条 本规则第二十一条规定的身份证明包括:

（一）自然人的居民身份证、军官证、士兵证、护照等能够证明本人身份的有效证件；

（二）法人或者非法人组织的统一社会信用代码证书或者营业执照副本、组织机构代码证书和法定代表人或者主要负责人的身份证明等有效证照。

对当事人提交的身份证明，人民检察院经核对无误留存复印件。

第二十四条 本规则第二十一条规定的相关法律文书是指人民法院在该案件诉讼过程中作出的全部判决书、裁定书、决定书、调解书等法律文书。

第二十五条 当事人申请监督，可以依照《中华人民共和国民事诉讼法》的规定委托诉讼代理人。

第二十六条 当事人申请监督符合下列条件的，人民检察院应当受理：

（一）符合本规则第十九条的规定；

（二）申请人提供的材料符合本规则第二十一条至第二十四条的规定；

（三）属于本院受理案件范围；

（四）不具有本规则规定的不予受理情形。

第二十七条 当事人根据《中华人民共和国民事诉讼法》第二百零九条第一款的规定向人民检察院申请监督，有下列情形之一的，人民检察院不予受理：

（一）当事人未向人民法院申请再审的；

（二）当事人申请再审超过法律规定的期限的，但不可归责于其自身原因的除外；

（三）人民法院在法定期限内正在对民事再审申请进行审查的；

（四）人民法院已经裁定再审且尚未审结的；

（五）判决、调解解除婚姻关系的，但对财产分割部分不服的除外；

（六）人民检察院已经审查终结作出决定的；

（七）民事判决、裁定、调解书是人民法院根据人民检察院的抗诉或者再审检察建议再审后作出的；

（八）申请监督超过本规则第二十条规定的期限的；

（九）其他不应受理的情形。

第二十八条 当事人认为民事审判程序或者执行活动存在违法情形，向人民检察院申请监督，有下列情形之一的，人民检察院不予受理：

（一）法律规定可以提出异议、申请复议或者提起诉讼，当事人没有提出异议、申请复议或者提起诉讼的，但有正当理由的除外；

（二）当事人提出异议、申请复议或者提起诉讼后，人民法院已经受理并正在审查处理的，但超过法定期限未作出处理的除外；

（三）其他不应受理的情形。

当事人对审判、执行人员违法行为申请监督的，不受前款规定的限制。

第二十九条 当事人根据《中华人民共和国民事诉讼法》第二百零九条第一款的规定向人民检察院申请检察建议或者抗诉，由作出生效民事判决、裁定、调解书的人民法院所在地同级人民检察院负责控告申诉检察的部门受理。

人民法院裁定驳回再审申请或者逾期未对再审申请作出裁定,当事人向人民检察院申请监督的,由作出原生效民事判决、裁定、调解书的人民法院所在地同级人民检察院受理。

第三十条 当事人认为民事审判程序中审判人员存在违法行为或者民事执行活动存在违法情形,向人民检察院申请监督的,由审理、执行案件的人民法院所在地同级人民检察院负责控告申诉检察的部门受理。

当事人不服上级人民法院作出的复议裁定、决定等,提出监督申请的,由上级人民法院所在地同级人民检察院受理。人民检察院受理后,可以根据需要依照本规则有关规定将案件交由原审理、执行案件的人民法院所在地同级人民检察院办理。

第三十一条 当事人认为人民检察院不依法受理其监督申请的,可以向上一级人民检察院申请监督。上一级人民检察院认为当事人监督申请符合受理条件的,应当指令下一级人民检察院受理,必要时也可以直接受理。

第三十二条 人民检察院负责控告申诉检察的部门对监督申请,应当根据以下情形作出处理:

(一)符合受理条件的,应当依照本规则规定作出受理决定;

(二)不属于本院受理案件范围的,应当告知申请人向有关人民检察院申请监督;

(三)不属于人民检察院主管范围的,应当告知申请人向有关机关反映;

(四)不符合受理条件,且申请人不撤回监督申请的,可以决定不予受理。

第三十三条 负责控告申诉检察的部门应当在决定受理之日起三日内制作《受理通知书》,发送申请人,并告知其权利义务;同时将《受理通知书》和监督申请书副本发送其他当事人,并告知其权利义务。其他当事人可以在收到监督申请书副本之日起十五日内提出书面意见,不提出意见的不影响人民检察院对案件的审查。

第三十四条 负责控告申诉检察的部门应当在决定受理之日起三日内将案件材料移送本院负责民事检察的部门,同时将《受理通知书》抄送本院负责案件管理的部门。负责控告申诉检察的部门收到其他当事人提交的书面意见等材料,应当及时移送负责民事检察的部门。

第三十五条 当事人以外的自然人、法人和非法人组织认为人民法院民事审判程序中审判人员存在违法行为或者民事执行活动存在违法情形等,可以向同级人民检察院控告。控告由人民检察院负责控告申诉检察的部门受理。

负责控告申诉检察的部门对收到的控告,应当依据《人民检察院信访工作规定》等办理。

第三十六条 负责控告申诉检察的部门可以依据《人民检察院信访工作规定》,向下级人民检察院交办涉及民事诉讼监督的信访案件。

第三十七条　人民检察院在履行职责中发现民事案件有下列情形之一的,应当依职权启动监督程序:

(一)损害国家利益或者社会公共利益的;

(二)审判、执行人员有贪污受贿,徇私舞弊,枉法裁判等违法行为的;

(三)当事人存在虚假诉讼等妨害司法秩序行为的;

(四)人民法院作出的已经发生法律效力的民事公益诉讼判决、裁定、调解书确有错误,审判程序中审判人员存在违法行为,或者执行活动存在违法情形的;

(五)依照有关规定需要人民检察院跟进监督的;

(六)具有重大社会影响等确有必要进行监督的情形。

人民检察院对民事案件依职权启动监督程序,不受当事人是否申请再审的限制。

第三十八条　下级人民检察院提请抗诉、提请其他监督等案件,由上一级人民检察院负责案件管理的部门受理。

依职权启动监督程序的民事诉讼监督案件,负责民事检察的部门应当到负责案件管理的部门登记受理。

第三十九条　负责案件管理的部门接收案件材料后,应当在三日内登记并将案件材料和案件登记表移送负责民事检察的部门;案件材料不符合规定的,应当要求补齐。

负责案件管理的部门登记受理后,需要通知当事人的,负责民事检察的部门应当制作《受理通知书》,并在三日内发送当事人。

第四章　审　　查

第一节　一　般　规　定

第四十条　受理后的民事诉讼监督案件由负责民事检察的部门进行审查。

第四十一条　上级人民检察院认为确有必要的,可以办理下级人民检察院受理的民事诉讼监督案件。

下级人民检察院对受理的民事诉讼监督案件,认为需要由上级人民检察院办理的,可以报请上级人民检察院办理。

第四十二条　上级人民检察院可以将受理的民事诉讼监督案件交由下级人民检察院办理,并限定办理期限。交办的案件应当制作《交办通知书》,并将有关材料移送下级人民检察院。下级人民检察院应当依法办理,不得将案件再行交办。除本规则第一百零七条规定外,下级人民检察院应当在规定期限内提出处理意见并报送上级人民检察院,上级人民检察院应当在法定期限内作出决定。

交办案件需要通知当事人的,应当制作《通知书》,并发送当事人。

第四十三条 人民检察院审查民事诉讼监督案件,应当围绕申请人的申请监督请求、争议焦点以及本规则第三十七条规定的情形,对人民法院民事诉讼活动是否合法进行全面审查。其他当事人在人民检察院作出决定前也申请监督的,应当将其列为申请人,对其申请监督请求一并审查。

第四十四条 申请人或者其他当事人对提出的主张,应当提供证据材料。人民检察院收到当事人提交的证据材料,应当出具收据。

第四十五条 人民检察院应当告知当事人有申请回避的权利,并告知办理案件的检察人员、书记员等的姓名、法律职务。

第四十六条 人民检察院审查案件,应当通过适当方式听取当事人意见,必要时可以听证或者调查核实有关情况,也可以依照有关规定组织专家咨询论证。

第四十七条 人民检察院审查案件,可以依照有关规定调阅人民法院的诉讼卷宗。

通过拷贝电子卷、查阅、复制、摘录等方式能够满足办案需要的,可以不调阅诉讼卷宗。

人民检察院认为确有必要,可以依照有关规定调阅人民法院的诉讼卷宗副卷,并采取严格保密措施。

第四十八条 承办检察官审查终结后,应当制作审查终结报告。审查终结报告应当全面、客观、公正地叙述案件事实,依据法律提出处理建议或者意见。

承办检察官通过审查监督申请书等材料即可以认定案件事实的,可以直接制作审查终结报告,提出处理建议或者意见。

第四十九条 承办检察官办理案件过程中,可以提请部门负责人召集检察官联席会议讨论。检察长、部门负责人在审核或者决定案件时,也可以召集检察官联席会议讨论。

检察官联席会议讨论情况和意见应当如实记录,由参加会议的检察官签名后附卷保存。部门负责人或者承办检察官不同意检察官联席会议多数人意见的,部门负责人应当报请检察长决定。

检察长认为必要的,可以提请检察委员会讨论决定。检察长、检察委员会对案件作出的决定,承办检察官应当执行。

第五十条 人民检察院对审查终结的案件,应当区分情况作出下列决定:

(一)提出再审检察建议;

(二)提请抗诉或者提请其他监督;

(三)提出抗诉;

(四)提出检察建议;

(五)终结审查;

(六)不支持监督申请;

（七）复查维持。

负责控告申诉检察的部门受理的案件，负责民事检察的部门应当将案件办理结果告知负责控告申诉检察的部门。

第五十一条 人民检察院在办理民事诉讼监督案件过程中，当事人有和解意愿的，可以引导当事人自行和解。

第五十二条 人民检察院受理当事人申请对人民法院已经发生法律效力的民事判决、裁定、调解书监督的案件，应当在三个月内审查终结并作出决定，但调卷、鉴定、评估、审计、专家咨询等期间不计入审查期限。

对民事审判程序中审判人员违法行为监督案件和对民事执行活动监督案件的审查期限，参照前款规定执行。

第五十三条 人民检察院办理民事诉讼监督案件，可以依照有关规定指派司法警察协助承办检察官履行调查核实、听证等职责。

第二节 听 证

第五十四条 人民检察院审查民事诉讼监督案件，认为确有必要的，可以组织有关当事人听证。

人民检察院审查民事诉讼监督案件，可以邀请与案件没有利害关系的人大代表、政协委员、人民监督员、特约检察员、专家咨询委员、人民调解员或者当事人所在单位、居住地的居民委员会、村民委员会成员以及专家、学者等其他社会人士参加公开听证，但该民事案件涉及国家秘密、个人隐私或者法律另有规定不得公开的除外。

第五十五条 人民检察院组织听证，由承办检察官主持，书记员负责记录。

听证一般在人民检察院专门听证场所内进行。

第五十六条 人民检察院组织听证，应当在听证三日前告知听证会参加人案由、听证时间和地点。

第五十七条 参加听证的当事人和其他相关人员应当按时参加听证，当事人无正当理由缺席或者未经许可中途退席的，不影响听证程序的进行。

第五十八条 听证应当围绕民事诉讼监督案件中的事实认定和法律适用等问题进行。

对当事人提交的证据材料和人民检察院调查取得的证据，应当充分听取各方当事人的意见。

第五十九条 听证会一般按照下列步骤进行：

（一）承办案件的检察官介绍案件情况和需要听证的问题；

（二）当事人及其他参加人就需要听证的问题分别说明情况；

（三）听证员向当事人或者其他参加人提问；

（四）主持人宣布休会，听证员就听证事项进行讨论；

（五）主持人宣布复会，根据案件情况，可以由听证员或者听证员代表发表意见；

（六）当事人发表最后陈述意见；

（七）主持人对听证会进行总结。

第六十条 听证应当制作笔录，经当事人校阅后，由当事人签名或者盖章。拒绝签名盖章的，应当记明情况。

第六十一条 参加听证的人员应当服从听证主持人指挥。

对违反听证秩序的，人民检察院可以予以批评教育，责令退出听证场所；对哄闹、冲击听证场所，侮辱、诽谤、威胁、殴打检察人员等严重扰乱听证秩序的，依法追究相应法律责任。

第三节 调查核实

第六十二条 人民检察院因履行法律监督职责的需要，有下列情形之一的，可以向当事人或者案外人调查核实有关情况：

（一）民事判决、裁定、调解书可能存在法律规定需要监督的情形，仅通过阅卷及审查现有材料难以认定的；

（二）民事审判程序中审判人员可能存在违法行为的；

（三）民事执行活动可能存在违法情形的；

（四）其他需要调查核实的情形。

第六十三条 人民检察院可以采取以下调查核实措施：

（一）查询、调取、复制相关证据材料；

（二）询问当事人或者案外人；

（三）咨询专业人员、相关部门或者行业协会等对专门问题的意见；

（四）委托鉴定、评估、审计；

（五）勘验物证、现场；

（六）查明案件事实所需要采取的其他措施。

人民检察院调查核实，不得采取限制人身自由和查封、扣押、冻结财产等强制性措施。

第六十四条 有下列情形之一的，人民检察院可以向银行业金融机构查询、调取、复制相关证据材料：

（一）可能损害国家利益、社会公共利益的；

（二）审判、执行人员可能存在违法行为的；

（三）涉及《中华人民共和国民事诉讼法》第五十五条规定诉讼的；

（四）当事人有伪造证据、恶意串通损害他人合法权益可能的。

人民检察院可以依照有关规定指派具备相应资格的检察技术人员对民事诉讼监督案件中的鉴定意见等技术性证据进行专门审查，并出具审查意见。

第六十五条 人民检察院可以就专门性问题书面或者口头咨询有关专业人员、相关部门或者行业协会的意见。口头咨询的，应当制作笔录，由接受咨询的专业人员签名或者盖章。拒绝签名盖章的,应当记明情况。

第六十六条 人民检察院对专门性问题认为需要鉴定、评估、审计的,可以委托具备资格的机构进行鉴定、评估、审计。

在诉讼过程中已经进行过鉴定、评估、审计的,一般不再委托鉴定、评估、审计。

第六十七条 人民检察院认为确有必要的,可以勘验物证或者现场。勘验人应当出示人民检察院的证件,并邀请当地基层组织或者当事人所在单位派人参加。当事人或者当事人的成年家属应当到场,拒不到场的,不影响勘验的进行。

勘验人应当将勘验情况和结果制作笔录,由勘验人、当事人和被邀参加人签名或者盖章。

第六十八条 需要调查核实的,由承办检察官在职权范围内决定,或者报检察长决定。

第六十九条 人民检察院调查核实,应当由二人以上共同进行。

调查笔录经被调查人校阅后,由调查人、被调查人签名或者盖章。被调查人拒绝签名盖章的,应当记明情况。

第七十条 人民检察院可以指令下级人民检察院或者委托外地人民检察院调查核实。

人民检察院指令调查或者委托调查的,应当发送《指令调查通知书》或者《委托调查函》,载明调查核实事项、证据线索及要求。受指令或者受委托人民检察院收到《指令调查通知书》或者《委托调查函》后,应当在十五日内完成调查核实工作并书面回复。因客观原因不能完成调查的,应当在上述期限内书面回复指令或者委托的人民检察院。

人民检察院到外地调查的,当地人民检察院应当配合。

第七十一条 人民检察院调查核实,有关单位和个人应当配合。拒绝或者妨碍人民检察院调查核实的,人民检察院可以向有关单位或者其上级主管部门提出检察建议,责令纠正;涉嫌违纪违法犯罪的,依照规定移送有关机关处理。

第四节 中止审查和终结审查

第七十二条 有下列情形之一的,人民检察院可以中止审查:
(一)申请监督的自然人死亡,需要等待继承人表明是否继续申请监督的;
(二)申请监督的法人或者非法人组织终止,尚未确定权利义务承受人的;
(三)本案必须以另一案的处理结果为依据,而另一案尚未审结的;
(四)其他可以中止审查的情形。

中止审查的,应当制作《中止审查决定书》,并发送当事人。中止审查的原因消除后,应当及时恢复审查。

第七十三条 有下列情形之一的,人民检察院应当终结审查:

(一)人民法院已经裁定再审或者已经纠正违法行为的;
(二)申请人撤回监督申请,且不损害国家利益、社会公共利益或者他人合法权益的;
(三)申请人在与其他当事人达成的和解协议中声明放弃申请监督权利,且不损害国家利益、社会公共利益或者他人合法权益的;
(四)申请监督的自然人死亡,没有继承人或者继承人放弃申请,且没有发现其他应当监督的违法情形的;
(五)申请监督的法人或者非法人组织终止,没有权利义务承受人或者权利义务承受人放弃申请,且没有发现其他应当监督的违法情形的;
(六)发现已经受理的案件不符合受理条件的;
(七)人民检察院依职权启动监督程序的案件,经审查不需要采取监督措施的;
(八)其他应当终结审查的情形。
终结审查的,应当制作《终结审查决定书》,需要通知当事人的,发送当事人。

第五章 对生效判决、裁定、调解书的监督

第一节 一般规定

第七十四条 人民检察院发现人民法院已经发生法律效力的民事判决、裁定有《中华人民共和国民事诉讼法》第二百条规定情形之一的,依法向人民法院提出再审检察建议或者抗诉。

第七十五条 人民检察院发现民事调解书损害国家利益、社会公共利益的,依法向人民法院提出再审检察建议或者抗诉。

人民检察院对当事人通过虚假诉讼获得的民事调解书应当依照前款规定监督。

第七十六条 当事人因故意或者重大过失逾期提供的证据,人民检察院不予采纳。但该证据与案件基本事实有关并且能够证明原判决、裁定确有错误的,应当认定为《中华人民共和国民事诉讼法》第二百条第一项规定的情形。

人民检察院依照本规则第六十三条、第六十四条规定调查取得的证据,与案件基本事实有关并且能够证明原判决、裁定确有错误的,应当认定为《中华人民共和国民事诉讼法》第二百条第一项规定的情形。

第七十七条 有下列情形之一的,应当认定为《中华人民共和国民事诉讼法》第二百条第二项规定的"认定的基本事实缺乏证据证明":

(一)认定的基本事实没有证据支持,或者认定的基本事实所依据的证据虚假、缺乏证明力的;

(二)认定的基本事实所依据的证据不合法的;
(三)对基本事实的认定违反逻辑推理或者日常生活法则的;
(四)认定的基本事实缺乏证据证明的其他情形。

第七十八条 有下列情形之一,导致原判决、裁定结果错误的,应当认定为《中华人民共和国民事诉讼法》第二百条第六项规定的"适用法律确有错误":
(一)适用的法律与案件性质明显不符的;
(二)确定民事责任明显违背当事人约定或者法律规定的;
(三)适用已经失效或者尚未施行的法律的;
(四)违反法律溯及力规定的;
(五)违反法律适用规则的;
(六)明显违背立法原意的;
(七)适用法律错误的其他情形。

第七十九条 有下列情形之一的,应当认定为《中华人民共和国民事诉讼法》第二百条第七项规定的"审判组织的组成不合法":
(一)应当组成合议庭审理的案件独任审判的;
(二)人民陪审员参与第二审案件审理的;
(三)再审、发回重审的案件没有另行组成合议庭的;
(四)审理案件的人员不具有审判资格的;
(五)审判组织或者人员不合法的其他情形。

第八十条 有下列情形之一的,应当认定为《中华人民共和国民事诉讼法》第二百条第九项规定的"违反法律规定,剥夺当事人辩论权利":
(一)不允许或者严重限制当事人行使辩论权利的;
(二)应当开庭审理而未开庭审理的;
(三)违反法律规定送达起诉状副本或者上诉状副本,致使当事人无法行使辩论权利的;
(四)违法剥夺当事人辩论权利的其他情形。

第二节 再审检察建议和提请抗诉

第八十一条 地方各级人民检察院发现同级人民法院已经发生法律效力的民事判决、裁定有下列情形之一的,可以向同级人民法院提出再审检察建议:
(一)有新的证据,足以推翻原判决、裁定的;
(二)原判决、裁定认定的基本事实缺乏证据证明的;
(三)原判决、裁定认定事实的主要证据是伪造的;
(四)原判决、裁定认定事实的主要证据未经质证的;
(五)对审理案件需要的主要证据,当事人因客观原因不能自行收集,书面申请人民法院调查收集,人民法院未调查收集的;
(六)审判组织的组成不合法或者依法应当回避的审判人员没有回避的;

(七)无诉讼行为能力人未经法定代理人代为诉讼或者应当参加诉讼的当事人,因不能归责于本人或者其诉讼代理人的事由,未参加诉讼的;
(八)违反法律规定,剥夺当事人辩论权利的;
(九)未经传票传唤,缺席判决的;
(十)原判决、裁定遗漏或者超出诉讼请求的;
(十一)据以作出原判决、裁定的法律文书被撤销或者变更的。

第八十二条 符合本规则第八十一条规定的案件有下列情形之一的,地方各级人民检察院一般应当提请上一级人民检察院抗诉:
(一)判决、裁定是经同级人民法院再审后作出的;
(二)判决、裁定是经同级人民法院审判委员会讨论作出的。

第八十三条 地方各级人民检察院发现同级人民法院已经发生法律效力的民事判决、裁定有下列情形之一的,一般应当提请上一级人民检察院抗诉:
(一)原判决、裁定适用法律确有错误的;
(二)审判人员在审理该案件时有贪污受贿,徇私舞弊,枉法裁判行为的。

第八十四条 符合本规则第八十二条、第八十三条规定的案件,适宜由同级人民法院再审纠正的,地方各级人民检察院可以向同级人民法院提出再审检察建议。

第八十五条 地方各级人民检察院发现民事调解书损害国家利益、社会公共利益的,可以向同级人民法院提出再审检察建议,也可以提请上一级人民检察院抗诉。

第八十六条 对人民法院已经采纳再审检察建议进行再审的案件,提出再审检察建议的人民检察院一般不得再向上级人民检察院提请抗诉。

第八十七条 人民检察院提出再审检察建议,应当制作《再审检察建议书》,在决定提出再审检察建议之日起十五日内将《再审检察建议书》连同案件卷宗移送同级人民法院,并制作决定提出再审检察建议的《通知书》,发送当事人。

人民检察院提出再审检察建议,应当经本院检察委员会决定,并将《再审检察建议书》报上一级人民检察院备案。

第八十八条 人民检察院提请抗诉,应当制作《提请抗诉报告书》,在决定提请抗诉之日起十五日内将《提请抗诉报告书》连同案件卷宗报送上一级人民检察院,并制作决定提请抗诉的《通知书》,发送当事人。

第八十九条 人民检察院认为当事人的监督申请不符合提出再审检察建议或者提请抗诉条件的,应当作出不支持监督申请的决定,并在决定之日起十五日内制作《不支持监督申请决定书》,发送当事人。

第三节 抗 诉

第九十条 最高人民检察院对各级人民法院已经发生法律效力的民事判决、裁定、调解书,上级人民检察院对下级人民法院已经发生法律效力的民事判决、裁定、调解书,发现有《中华人民共和国民事诉讼法》第二百条、第二百零八条规定情形的,应当向同级人民法院提出抗诉。

第九十一条 人民检察院提出抗诉的案件,接受抗诉的人民法院将案件交下一级人民法院再审,下一级人民法院审理后作出的再审判决、裁定仍有明显错误的,原提出抗诉的人民检察院可以依职权再次提出抗诉。

第九十二条 人民检察院提出抗诉,应当制作《抗诉书》,在决定抗诉之日起十五日内将《抗诉书》连同案件卷宗移送同级人民法院,并由接受抗诉的人民法院向当事人送达再审裁定时一并送达《抗诉书》。

人民检察院应当制作决定抗诉的《通知书》,发送当事人。上级人民检察院可以委托提请抗诉的人民检察院将决定抗诉的《通知书》发送当事人。

第九十三条 人民检察院认为当事人的监督申请不符合抗诉条件的,应当作出不支持监督申请的决定,并在决定之日起十五日内制作《不支持监督申请决定书》,发送当事人。上级人民检察院可以委托提请抗诉的人民检察院将《不支持监督申请决定书》发送当事人。

第四节 出 庭

第九十四条 人民检察院提出抗诉的案件,人民法院再审时,人民检察院应当派员出席法庭。

必要时,人民检察院可以协调人民法院安排人民监督员旁听。

第九十五条 接受抗诉的人民法院将抗诉案件交下级人民法院再审的,提出抗诉的人民检察院可以指令再审人民法院的同级人民检察院派员出庭。

第九十六条 检察人员出席再审法庭的任务是:
(一)宣读抗诉书;
(二)对人民检察院调查取得的证据予以出示和说明;
(三)庭审结束时,经审判长许可,可以发表法律监督意见;
(四)对法庭审理中违反诉讼程序的情况予以记录。

检察人员发现庭审活动违法的,应当待休庭或者庭审结束之后,以人民检察院的名义提出检察建议。

出庭检察人员应当全程参加庭审。

第九十七条 当事人或者其他参加庭审人员在庭审中对检察机关或者出庭检察人员有侮辱、诽谤、威胁等不当言论或者行为的,出庭检察人员应当建议法庭即时予以制止;情节严重的,应当建议法庭依照规定予以处理,并在庭审结束后向检察长报告。

第六章 对审判程序中审判人员违法行为的监督

第九十八条 《中华人民共和国民事诉讼法》第二百零八条第三款规定的

审判程序包括:
    (一)第一审普通程序;
    (二)简易程序;
    (三)第二审程序;
    (四)特别程序;
    (五)审判监督程序;
    (六)督促程序;
    (七)公示催告程序;
    (八)海事诉讼特别程序;
    (九)破产程序。
    第九十九条 《中华人民共和国民事诉讼法》第二百零八条第三款的规定适用于法官、人民陪审员、法官助理、书记员。
    第一百条 人民检察院发现同级人民法院民事审判程序中有下列情形之一的,应当向同级人民法院提出检察建议:
    (一)判决、裁定确有错误,但不适用再审程序纠正的;
    (二)调解违反自愿原则或者调解协议的内容违反法律的;
    (三)符合法律规定的起诉和受理条件,应当立案而不立案的;
    (四)审理案件适用审判程序错误的;
    (五)保全和先予执行违反法律规定的;
    (六)支付令违反法律规定的;
    (七)诉讼中止或者诉讼终结违反法律规定的;
    (八)违反法定审理期限的;
    (九)对当事人采取罚款、拘留等妨害民事诉讼的强制措施违反法律规定的;
    (十)违反法律规定送达的;
    (十一)其他违反法律规定的情形。
    第一百零一条 人民检察院发现同级人民法院民事审判程序中审判人员有《中华人民共和国法官法》第四十六条等规定的违法行为且可能影响案件公正审判、执行的,应当向同级人民法院提出检察建议。
    第一百零二条 人民检察院依照本章规定提出检察建议的,应当制作《检察建议书》,在决定提出检察建议之日起十五日内将《检察建议书》连同案件卷宗移送同级人民法院,并制作决定提出检察建议的《通知书》,发送申请人。
    第一百零三条 人民检察院认为当事人申请监督的审判程序中审判人员违法行为认定依据不足的,应当作出不支持监督申请的决定,并在决定之日起十五日内制作《不支持监督申请决定书》,发送申请人。

第七章　对执行活动的监督

第一百零四条　人民检察院对人民法院执行生效民事判决、裁定、调解书、支付令、仲裁裁决以及公证债权文书等法律文书的活动实行法律监督。

第一百零五条　人民检察院认为人民法院在执行活动中可能存在怠于履行职责情形的，可以依照有关规定向人民法院发出《说明案件执行情况通知书》，要求说明案件的执行情况及理由。

第一百零六条　人民检察院发现人民法院在执行活动中有下列情形之一的，应当向同级人民法院提出检察建议：

（一）决定是否受理、执行管辖权的移转以及审查和处理执行异议、复议、申诉等执行审查活动存在违法、错误情形的；

（二）实施财产调查、控制、处分、交付和分配以及罚款、拘留、信用惩戒措施等执行实施活动存在违法、错误情形的；

（三）存在消极执行、拖延执行等情形的；

（四）其他执行违法、错误情形。

第一百零七条　人民检察院依照本规则第三十条第二款规定受理后交办的案件，下级人民检察院经审查认为人民法院作出的执行复议裁定、决定等存在违法、错误情形的，应当提请上级人民检察院监督；认为人民法院作出的执行复议裁定、决定等正确的，应当作出不支持监督申请的决定。

第一百零八条　人民检察院对执行活动提出检察建议的，应当经检察长或者检察委员会决定，制作《检察建议书》，在决定之日起十五日内将《检察建议书》连同案件卷宗移送同级人民法院，并制作决定提出检察建议的《通知书》，发送当事人。

第一百零九条　人民检察院认为当事人申请监督的人民法院执行活动不存在违法情形的，应当作出不支持监督申请的决定，并在决定之日起十五日内制作《不支持监督申请决定书》，发送申请人。

第一百一十条　人民检察院发现同级人民法院执行活动中执行人员存在违法行为的，参照本规则第六章有关规定执行。

第八章　案件管理

第一百一十一条　人民检察院负责案件管理的部门对民事诉讼监督案件的受理、期限、程序、质量等进行管理、监督、预警。

第一百一十二条　负责案件管理的部门发现本院办案活动有下列情形之一的，应当及时提出纠正意见：

（一）法律文书制作、使用不符合法律和有关规定的；

（二）违反办案期限有关规定的；

(三)侵害当事人、诉讼代理人诉讼权利的;
(四)未依法对民事审判活动以及执行活动中的违法行为履行法律监督职责的;
(五)其他应当提出纠正意见的情形。

情节轻微的,可以口头提示;情节较重的,应当发送《案件流程监控通知书》,提示办案部门及时查明情况并予以纠正;情节严重的,应当同时向检察长报告。

办案部门收到《案件流程监控通知书》后,应当在十日内将核查情况书面回复负责案件管理的部门。

第一百一十三条 负责案件管理的部门对以本院名义制发民事诉讼监督法律文书实施监督管理。

第一百一十四条 人民检察院办理的民事诉讼监督案件,办结后需要向其他单位移送案卷材料的,统一由负责案件管理的部门审核移送材料是否规范、齐备。负责案件管理的部门认为材料规范、齐备,符合移送条件的,应当立即由办案部门按照规定移送;认为材料不符合要求的,应当及时通知办案部门补送、更正。

第一百一十五条 人民法院向人民检察院送达的民事判决书、裁定书或者调解书等法律文书,由负责案件管理的部门负责接收,并即时登记移送负责民事检察的部门。

第一百一十六条 人民检察院在办理民事诉讼监督案件过程中,当事人及其诉讼代理人提出有关申请、要求或者提交有关书面材料的,由负责案件管理的部门负责接收,需要出具相关手续的,负责案件管理的部门应当出具。负责案件管理的部门接收材料后应当及时移送负责民事检察的部门。

第九章 其他规定

第一百一十七条 人民检察院发现人民法院在多起同一类型民事案件中有下列情形之一的,可以提出检察建议:
(一)同类问题适用法律不一致的;
(二)适用法律存在同类错误的;
(三)其他同类违法行为。

人民检察院发现有关单位的工作制度、管理方法、工作程序违法或者不当,需要改正、改进的,可以提出检察建议。

第一百一十八条 申请人向人民检察院提交的新证据是伪造的,或者对案件重要事实作虚假陈述的,人民检察院应当予以批评教育,并可以终结审查,但确有必要进行监督的除外;涉嫌违纪违法犯罪的,依照规定移送有关机关处理。

其他当事人有前款规定情形的,人民检察院应当予以批评教育;涉嫌违纪违法犯罪的,依照规定移送有关机关处理。

第一百一十九条 人民检察院发现人民法院审查和处理当事人申请执行、撤销仲裁裁决或者申请执行公证债权文书存在违法、错误情形的,参照本规则第六章、第七章有关规定执行。

第一百二十条 负责民事检察的部门在履行职责过程中,发现涉嫌违纪违法犯罪以及需要追究司法责任的行为,应当报检察长决定,及时将相关线索及材料移送有管辖权的机关或者部门。

人民检察院其他职能部门在履行职责中发现符合本规则规定的应当依职权启动监督程序的民事诉讼监督案件线索,应当及时向负责民事检察的部门通报。

第一百二十一条 人民检察院发现作出的相关决定确有错误需要纠正或者有其他情形需要撤回的,应当经本院检察长或者检察委员会决定。

第一百二十二条 人民法院对人民检察院监督行为提出建议的,人民检察院应当在一个月内将处理结果书面回复人民法院。人民法院对回复意见有异议,并通过上一级人民法院向上一级人民检察院提出的,上一级人民检察院认为人民法院建议正确,应当要求下级人民检察院及时纠正。

第一百二十三条 人民法院对民事诉讼监督案件作出再审判决、裁定或者其他处理决定后,提出监督意见的人民检察院应当对处理结果进行审查,并填写《民事诉讼监督案件处理结果审查登记表》。

第一百二十四条 有下列情形之一的,人民检察院可以按照有关规定再次监督或者提请上级人民检察院监督:

(一)人民法院审理民事抗诉案件作出的判决、裁定、调解书仍有明显错误的;

(二)人民法院对检察建议未在规定的期限内作出处理并书面回复的;

(三)人民法院对检察建议的处理结果错误的。

第一百二十五条 地方各级人民检察院对适用法律确属疑难、复杂,本院难以决断的重大民事诉讼监督案件,可以向上一级人民检察院请示。

请示案件依照最高人民检察院关于办理下级人民检察院请示件、下级人民检察院向最高人民检察院报送公文的相关规定办理。

第一百二十六条 当事人认为人民检察院对同级人民法院已经发生法律效力的民事判决、裁定、调解书作出的不支持监督申请决定存在明显错误的,可以在不支持监督申请决定作出之日起一年内向上一级人民检察院申请复查一次。负责控告申诉检察的部门经初核,发现可能有以下情形之一的,可以移送本院负责民事检察的部门审查处理:

(一)有新的证据,足以推翻原判决、裁定的;

(二)有证据证明原判决、裁定认定事实的主要证据是伪造的;

(三)据以作出原判决、裁定的法律文书被撤销或者变更的;

(四)有证据证明审判人员审理该案件时有贪污受贿,徇私舞弊,枉法裁判等行为的;

（五）有证据证明检察人员办理该案件时有贪污受贿、徇私舞弊、滥用职权等行为的；

（六）其他确有必要进行复查的。

负责民事检察的部门审查后，认为下一级人民检察院不支持监督申请决定错误，应当以人民检察院的名义予以撤销并依法提出抗诉；认为不存在错误，应当决定复查维持，并制作《复查决定书》，发送申请人。

上级人民检察院可以依职权复查下级人民检察院对同级人民法院已经发生法律效力的民事判决、裁定、调解书作出不支持监督申请决定的案件。

对复查案件的审查期限，参照本规则第五十二条第一款规定执行。

第一百二十七条 制作民事诉讼监督法律文书，应当符合规定的格式。民事诉讼监督法律文书的格式另行制定。

第一百二十八条 人民检察院可以参照《中华人民共和国民事诉讼法》有关规定发送法律文书。

第一百二十九条 人民检察院发现制作的法律文书存在笔误的，应当作出《补正决定书》予以补正。

第一百三十条 人民检察院办理民事诉讼监督案件，应当按照规定建立民事诉讼监督案卷。

第一百三十一条 人民检察院办理民事诉讼监督案件，不收取案件受理费。申请复印、鉴定、审计、勘验等产生的费用由申请人直接支付给有关机构或者单位，人民检察院不得代收代付。

第十章 附 则

第一百三十二条 检察建议案件的办理，本规则未规定的，适用《人民检察院检察建议工作规定》。

第一百三十三条 民事公益诉讼监督案件的办理，适用本规则及有关公益诉讼检察司法解释的规定。

第一百三十四条 军事检察院等专门人民检察院对民事诉讼监督案件的办理，以及人民检察院对其他专门人民法院的民事诉讼监督案件的办理，适用本规则和其他有关规定。

第一百三十五条 本规则自2021年8月1日起施行，《人民检察院民事诉讼监督规则（试行）》同时废止。本院之前公布的其他规定与本规则内容不一致的，以本规则为准。

最高人民法院关于加强和规范案件提级管辖和再审提审工作的指导意见

（2023年7月28日　法发〔2023〕13号）

为加强人民法院审级监督体系建设，做深做实新时代能动司法，推动以审判工作现代化服务保障中国式现代化，现根据相关法律和司法解释的规定，结合审判工作实际，就加强和规范人民法院案件提级管辖、再审提审工作，制定本意见。

一、一般规定

第一条 健全完善案件提级管辖、再审提审工作机制，是完善四级法院审级职能定位改革的重要内容，有利于促进诉源治理、统一法律适用、维护群众权益。各级人民法院应当通过积极、规范、合理适用提级管辖，推动将具有指导意义、涉及重大利益、可能受到干预的案件交由较高层级人民法院审理，发挥典型案件裁判的示范引领作用，实现政治效果、社会效果、法律效果的有机统一。中级以上人民法院应当加大再审提审适用力度，精准履行审级监督和再审纠错职能。最高人民法院聚焦提审具有普遍法律适用指导意义、存在重大法律适用分歧的典型案件，充分发挥最高审判机关监督指导全国审判工作、确保法律正确统一适用的职能。

第二条 本意见所称"提级管辖"，是指根据《中华人民共和国刑事诉讼法》第二十四条、《中华人民共和国民事诉讼法》第三十九条、《中华人民共和国行政诉讼法》第二十四条的规定，下级人民法院将所管辖的第一审案件转移至上级人民法院审理，包括上级人民法院依下级人民法院报请提级管辖、上级人民法院依职权提级管辖。

第三条 本意见所称"再审提审"，是指根据《中华人民共和国民事诉讼法》第二百零五条第二款、第二百一十一条第二款，《中华人民共和国行政诉讼法》第九十一条、第九十二条第二款的规定，上级人民法院对下级人民法院已经发生法律效力的民事、行政判决、裁定，认为确有错误并有必要提审的，裁定由本院再审，包括上级人民法院依职权提审、上级人民法院依当事人再审申请提审、最高人民法院依高级人民法院报请提审。

二、完善提级管辖机制

第四条 下级人民法院对已经受理的第一审刑事、民事、行政案件，认为属于下列情形之一，不宜由本院审理的，应当报请上一级人民法院审理：

（一）涉及重大国家利益、社会公共利益的；

(二)在辖区内属于新类型,且案情疑难复杂的;

(三)具有诉源治理效应,有助于形成示范性裁判,推动同类纠纷统一、高效、妥善化解的;

(四)具有法律适用指导意义的;

(五)上一级人民法院或者其辖区内人民法院之间近三年裁判生效的同类案件存在重大法律适用分歧的;

(六)由上一级人民法院一审更有利于公正审理的。

上级人民法院对辖区内人民法院已经受理的第一审刑事、民事、行政案件,认为属于上述情形之一,有必要由本院审理的,可以决定提级管辖。

第五条 "在辖区内属于新类型,且案情疑难复杂的"案件,主要指案件所涉领域、法律关系、规制范围等在辖区内具有首案效应或者相对少见,在法律适用上存在难点和争议。

"具有诉源治理效应,有助于形成示范性裁判,推动同类纠纷统一、高效、妥善化解的"案件,是指案件具有示范引领价值,通过确立典型案件的裁判规则,能够对处理类似纠纷形成规范指引,引导当事人作出理性选择,促进批量纠纷系统化解,实现纠纷源头治理。

"具有法律适用指导意义的"案件,是指法律、法规、司法解释、司法指导性文件等没有明确规定,需要通过典型案件裁判进一步明确法律适用;司法解释、司法指导性文件、指导性案例发布时所依据的客观情况发生重大变化,继续适用有关规则审理明显有违公平正义。

"由上一级人民法院一审更有利于公正审理的"案件,是指案件因所涉领域、主体、利益等因素,可能受地方因素影响或者外部干预,下级人民法院不宜行使管辖权。

第六条 下级人民法院报请上一级人民法院提级管辖的案件,应当经本院院长或者分管院领导批准,以书面形式请示。请示应当包含案件基本情况、报请提级管辖的事实和理由等内容,并附必要的案件材料。

第七条 民事、行政第一审案件报请提级管辖的,应当在当事人答辩期届满后,至迟于案件法定审理期限届满三十日前向上一级人民法院报请。

刑事第一审案件报请提级管辖的,应当至迟于案件法定审理期限届满十五日前向上一级人民法院报请。

第八条 上一级人民法院收到案件报请提级管辖的请示和材料后,由立案庭编立"辖"字号,转相关审判庭组成合议庭审查。上一级人民法院应当在编立案号之日起三十日内完成审查,但法律和司法解释对审查时限另有规定的除外。

合议庭经审查并报本院院长或者分管院领导批准后,根据本意见所附诉讼文书样式,作出同意或者不同意提级管辖的法律文书。相关法律文书一经作出即生效。

第九条 上级人民法院根据本意见第二十一条规定的渠道,发现下级人民法院受理的第一审案件可能需要提级管辖的,可以及时与相关人民法院沟通,并书面通知提供必要的案件材料。

上级人民法院认为案件应当提级管辖的,经本院院长或者分管院领导批准后,根据本意见所附诉讼文书样式,作出提级管辖的法律文书。

第十条 上级人民法院作出的提级管辖法律文书,应当载明以下内容:

(一)案件基本信息;

(二)本院决定提级管辖的理由和分析意见。

上级人民法院不同意提级管辖的,应当在相关法律文书中载明理由和分析意见。

第十一条 上级人民法院决定提级管辖的,应当在作出法律文书后五日内,将法律文书送原受诉人民法院。原受诉人民法院收到提级管辖的法律文书后,应当在五日内送达当事人,并在十日内将案卷材料移送上级人民法院。上级人民法院应当在收到案卷材料后五日内立案。对检察机关提起公诉的案件,上级人民法院决定提级管辖的,应当书面通知同级人民检察院,原受诉人民法院应当将案卷材料退回同级人民检察院,并书面通知当事人。

上级人民法院决定不予提级管辖的,应当在作出法律文书后五日内,将法律文书送原受诉人民法院并退回相关案卷材料。案件由原受诉人民法院继续审理。

第十二条 上级人民法院决定提级管辖的案件,应当依法组成合议庭适用第一审普通程序审理。

原受诉人民法院已经依法完成的送达、保全、鉴定等程序性工作,上级人民法院可以不再重复开展。

第十三条 中级人民法院、高级人民法院决定提级管辖的案件,应当报上一级人民法院立案庭备案。

第十四条 按照本意见提级管辖的案件,审理期限自上级人民法院立案之日起重新计算。

下级人民法院向上级人民法院报送提级管辖请示的期间和上级人民法院审查处理期间,均不计入案件审理期限。

对依报请不同意提级管辖的案件,自原受诉人民法院收到相关法律文书之日起恢复案件审限计算。

三、规范民事、行政再审提审机制

第十五条 上级人民法院对下级人民法院已经发生法律效力的民事、行政判决、裁定,认为符合再审条件的,一般应当提审。

对于符合再审条件的民事、行政判决、裁定,存在下列情形之一的,最高人民法院、高级人民法院可以指令原审人民法院再审,或者指定与原人民法院

同级的其他人民法院再审,但法律和司法解释另有规定的除外:
（一）原判决、裁定认定事实的主要证据未经质证的;
（二）对审理案件需要的主要证据,当事人因客观原因不能自行收集,书面申请人民法院调查收集,人民法院未调查收集的;
（三）违反法律规定,剥夺当事人辩论权利的;
（四）发生法律效力的判决、裁定是由第一审法院作出的;
（五）当事人一方人数众多或者当事人双方均为公民的民事案件;
（六）经审判委员会讨论决定的其他情形。

第十六条 最高人民法院依法受理的民事、行政申请再审审查案件,除法律和司法解释规定应当提审的情形外,符合下列情形之一的,也应当裁定提审:
（一）在全国有重大影响的;
（二）具有普遍法律适用指导意义的;
（三）所涉法律适用问题在最高人民法院内部存在重大分歧的;
（四）所涉法律适用问题在不同高级人民法院之间裁判生效的同类案件存在重大分歧的;
（五）由最高人民法院提审更有利于案件公正审理的;
（六）最高人民法院认为应当提审的其他情形。

最高人民法院依职权主动发现地方各级人民法院已经发生法律效力的民事、行政判决、裁定确有错误,并且符合前款规定的,应当提审。

第十七条 高级人民法院对于本院和辖区内人民法院作出的已经发生法律效力的民事、行政判决、裁定,认为适用法律确有错误,且属于本意见第十六条第一款第一项至第五项所列情形之一的,经本院审判委员会讨论决定后,可以报请最高人民法院提审。

第十八条 高级人民法院报请最高人民法院再审提审的案件,应当向最高人民法院提交书面请示,请示应当包括以下内容:
（一）案件基本情况;
（二）本院再审申请审查情况;
（三）报请再审提审的理由;
（四）合议庭评议意见、审判委员会讨论意见;
（五）必要的案件材料。

第十九条 最高人民法院收到高级人民法院报送的再审提审请示及材料后,由立案庭编立"监"字号,转相关审判庭组成合议庭审查,并在三个月以内作出下述处理:
（一）符合提审条件的,作出提审裁定;
（二）不符合提审条件的,作出不同意提审的批复。

最高人民法院不同意提审的,应当在批复中说明意见和理由。

第二十条 案件报请最高人民法院再审提审的期间和最高人民法院审查

处理期间,不计入申请再审审查案件办理期限。

对不同意再审提审的案件,自高级人民法院收到批复之日起,恢复申请再审审查案件的办理期限计算。

四、完善提级管辖、再审提审的保障机制

第二十一条 上级人民法院应当健全完善特殊类型案件的发现、监测、甄别机制,注重通过以下渠道,主动启动提级管辖或者再审提审程序:
(一)办理下级人民法院关于法律适用问题的请示;
(二)开展审务督察、司法巡查、案件评查;
(三)办理检察监督意见;
(四)办理人大代表、政协委员关注的事项或者问题;
(五)办理涉及具体案件的群众来信来访;
(六)处理当事人提出的提级管辖或者再审提审请求;
(七)开展案件舆情监测;
(八)办理有关国家机关、社会团体等移送的其他事项。

第二十二条 对于提级管辖、再审提审案件,相关人民法院应当加大监督管理力度,配套完善激励、考核机制,把提级管辖、再审提审案件的规则示范意义、对下指导效果、诉源治理成效、成果转化情况、社会各界反映等作为重要评价内容。

第二十三条 最高人民法院各审判庭应当强化对下监督指导,统筹做好本审判条线相关案件的提级管辖、再审提审工作,全面掌握案件情况,及时办理请示事项。各高级人民法院应当定期向最高人民法院报送提级管辖案件情况,加强辖区内人民法院各审判业务条线的沟通交流、问题反馈和业务指导,结合辖区审判工作实际,细化明确提级管辖、再审提审案件的范围、情形和程序。

第二十四条 最高人民法院、高级人民法院应当健全完善提级管辖、再审提审案件的裁判规则转化机制,将提级管辖案件的裁判统一纳入人民法院案例库,积极将具有法律适用指导意义的提级管辖、再审提审案件作为指导性案例、参考性案例培育,推动将具有规则确立意义、示范引领作用的裁判转化为司法解释、司法指导性文件、司法建议、调解指引等。加大对提级管辖、再审提审案件的宣传力度,将宣传重点聚焦到增强人民群众获得感、促进提升司法公信力、有力破除"诉讼主客场"现象上来,积极通过庭审公开、文书说理、案例发布、新闻报道、座谈交流等方式,充分展示相关审判工作成效,促进公众和社会法治意识的养成,为有序推进相关工作营造良好氛围。

五、附 则

第二十五条 本意见由最高人民法院解释。各高级人民法院可以根据相关法律、司法解释和本意见,结合审判工作实际,制定或者修订本地区关于提级

管辖、再审提审的实施细则，报最高人民法院备案。

第二十六条　本意见自2023年8月1日起施行。之前有关规定与本意见不一致的，按照本意见执行。

附件：（略）

最高人民法院、最高人民检察院关于规范办理民事再审检察建议案件若干问题的意见

（2023年11月24日　法发〔2023〕18号）

为规范人民法院、人民检察院办理民事再审检察建议案件程序，推进落实《中共中央关于加强新时代检察机关法律监督工作的意见》，提升法律监督质效和司法公信力，促进司法公正，根据《中华人民共和国民事诉讼法》等法律规定，结合司法实践，制定本意见。

第一条　民事再审检察建议是人民检察院对生效民事判决、裁定、调解书实施法律监督的重要方式。人民法院、人民检察院应当严格按照《中华人民共和国民事诉讼法》有关再审检察建议的规定，依法规范履行审判和法律监督职责。人民检察院要坚持法定性与必要性相结合的监督标准，增强监督的及时性与实效性，规范适用再审检察建议；人民法院要坚持依法接受监督，增强接受监督的主动性与自觉性，及时办理民事再审检察建议案件，共同维护司法公正。

第二条　人民检察院发现同级人民法院生效民事判决、裁定有《中华人民共和国民事诉讼法》第二百零七条规定情形之一的，或者民事调解书有损害国家利益、社会公共利益情形的，可以向同级人民法院提出再审检察建议；地方各级人民检察院提出再审检察建议的，应报上级人民检察院备案。

人民检察院发现生效民事判决、裁定、调解书系民事诉讼当事人通过虚假诉讼获得的，依照《最高人民法院、最高人民检察院、公安部、司法部关于进一步加强虚假诉讼犯罪惩治工作的意见》第十八条规定办理。

第三条　人民检察院对同级人民法院再审或者审判委员会讨论后作出的生效民事判决、裁定、调解书，一般不适用提出再审检察建议的方式进行监督。

人民法院生效民事判决、裁定、调解书存在的笔误或者表述瑕疵不属于提出再审检察建议的情形，人民检察院可以提出改进工作建议。

第四条　人民检察院提出再审检察建议，一般应当经检察委员会讨论决定。存在特殊情形的，人民检察院可与同级人民法院会商解决。

第五条　人民检察院提出再审检察建议，应当将再审检察建议书连同检察案件材料一并移送同级人民法院。

再审检察建议书应当载明案件相关情况、监督意见并列明原判决、裁定、调

解书存在《中华人民共和国民事诉讼法》第二百一十五条、第二百一十六条规定的情形。

人民检察院提出再审检察建议案件不符合前述规定的,人民法院依照《最高人民法院关于适用〈中华人民共和国民事诉讼法〉的解释》第四百一十四条规定处理。

第六条 人民法院应当自收到符合条件的再审检察建议书和相关检察案件材料之日起七日内编立案号,纳入案件流程管理,依法进行审查,并告知人民检察院。

本院或者上级人民法院已作出驳回再审申请裁定的,不影响人民法院受理同级人民检察院提出的再审检察建议。

人民检察院提出再审检察建议的案件已经同级人民法院裁定再审但尚未审结的,人民法院应当将再审检察建议并入再审案件一并审理,并函告人民检察院。案件已经上级人民法院裁定再审但尚未审结的,同级人民法院可以将再审检察建议书及检察案件材料报送上级人民法院并告知提出再审检察建议的人民检察院。

第七条 人民法院对民事再审检察建议案件,应当组成合议庭,在三个月内审查完毕。有特殊情况需要延长的,应当依照相关审批程序延长审查期限。

在原审判程序中参与过本案审判工作的审判人员,不得再参与该民事再审检察建议案件的办理。

第八条 人民法院对民事再审检察建议案件,一般采取审查人民检察院移交的案件材料、调阅原审案件卷宗等方式进行书面审查。经审查,案件可能启动再审或者存在其他确有必要情形的,应当询问当事人。

第九条 人民法院对民事再审检察建议案件经审查认为原判决、裁定、调解书确有错误,决定采纳检察建议启动再审的,再审裁定书应当载明监督机关及民事再审检察建议文号。裁定书应当送交同级人民检察院。

人民法院经审查决定不予再审的,应当书面回复人民检察院并述明理由。人民检察院可以适当方式将人民法院不予再审结果告知申请人。

第十条 人民法院采纳再审检察建议启动再审的民事案件,按照《最高人民法院关于适用〈中华人民共和国民事诉讼法〉的解释》第四百零二条第一款第三项、第四项规定的程序开庭审理。有下列情形之一的,人民检察院可以派员出席法庭:

(一)人民检察院认为原案的处理损害国家利益或者社会公共利益的;

(二)人民检察院认为原案存在虚假诉讼的;

(三)人民检察院调查核实的证据需要向法庭出示的;

(四)具有重大社会影响等其他确有出庭必要的。

人民检察院派员出席法庭的,可以参照《最高人民法院关于适用〈中华人民共和国民事诉讼法〉的解释》第四百零二条第一款第二项规定的程序开庭审理。

第十一条 人民法院采纳再审检察建议启动再审的民事案件,应当将再审后作出的判决书、裁定书送交同级人民检察院。调解结案的,书面告知同级人民检察院。

第十二条 人民法院、人民检察院应当建立民事再审检察建议案件共同调解机制,做好民事再审检察建议案件调解和矛盾化解工作。

第十三条 人民法院、人民检察院应当探索建立常态化工作联系机制。对涉及群体性纠纷或者引发社会广泛关注,可能影响社会稳定的案件,以及重大、疑难、复杂、敏感等案件,人民法院、人民检察院在办理过程中,应当加强相互沟通,依法妥善处理。

第十四条 人民法院、人民检察院应当定期开展再审检察建议工作综合分析和通报,推动审判监督和检察监督工作良性互动,提升再审检察建议案件办理质效。

地方各级人民法院、人民检察院在实践中遇到新情况、新问题可先行会商,并将相关问题及应对措施及时层报最高人民法院、最高人民检察院。

十一、公益诉讼程序

最高人民法院、最高人民检察院关于检察公益诉讼案件适用法律若干问题的解释(节录)

(2018年2月23日最高人民法院审判委员会第1734次会议、2018年2月11日最高人民检察院第十二届检察委员会第73次会议通过 根据2020年12月23日最高人民法院审判委员会第1823次会议、2020年12月28日最高人民检察院第十三届检察委员会第58次会议修正 2020年12月29日最高人民法院、最高人民检察院公告公布 该修正自2021年1月1日起施行 法释〔2020〕20号)

一、一般规定

第一条 为正确适用《中华人民共和国民法典》《中华人民共和国民事诉讼法》《中华人民共和国行政诉讼法》关于人民检察院提起公益诉讼制度的规定,结合审判、检察工作实际,制定本解释。

第二条 人民法院、人民检察院办理公益诉讼案件主要任务是充分发挥司法审判、法律监督职能作用,维护宪法法律权威,维护社会公平正义,维护国家利益和社会公共利益,督促适格主体依法行使公益诉权,促进依法行政、严格执法。

第三条 人民法院、人民检察院办理公益诉讼案件,应当遵守宪法法律规定,遵循诉讼制度的原则,遵循审判权、检察权运行规律。

第四条 人民检察院以公益诉讼起诉人身份提起公益诉讼,依照民事诉讼法、行政诉讼法享有相应的诉讼权利,履行相应的诉讼义务,但法律、司法解释另有规定的除外。

第五条 市(分、州)人民检察院提起的第一审民事公益诉讼案件,由侵权行为地或者被告住所地中级人民法院管辖。

基层人民检察院提起的第一审行政公益诉讼案件,由被诉行政机关所在地基层人民法院管辖。

第六条 人民检察院办理公益诉讼案件,可以向有关行政机关以及其他组织、公民调查收集证据材料;有关行政机关以及其他组织、公民应当配合;需要采取证据保全措施的,依照民事诉讼法、行政诉讼法相关规定办理。

第七条 人民法院审理人民检察院提起的第一审公益诉讼案件,适用人民陪审制。

第八条 人民法院开庭审理人民检察院提起的公益诉讼案件,应当在开庭三日前向人民检察院送达出庭通知书。

人民检察院应当派员出庭,并应当自收到人民法院出庭通知书之日起三日内向人民法院提交派员出庭通知书。派员出庭通知书应当写明出庭人员的姓名、法律职务以及出庭履行的具体职责。

第九条 出庭检察人员履行以下职责:

(一)宣读公益诉讼起诉书;

(二)对人民检察院调查收集的证据予以出示和说明,对相关证据进行质证;

(三)参加法庭调查,进行辩论并发表意见;

(四)依法从事其他诉讼活动。

第十条 人民检察院不服人民法院第一审判决、裁定的,可以向上一级人民法院提起上诉。

第十一条 人民法院审理第二审案件,由提起公益诉讼的人民检察院派员出庭,上一级人民检察院也可以派员参加。

第十二条 人民检察院提起公益诉讼案件判决、裁定发生法律效力,被告不履行的,人民法院应当移送执行。

二、民事公益诉讼

第十三条 人民检察院在履行职责中发现破坏生态环境和资源保护,食品药品安全领域侵害众多消费者合法权益,侵害英雄烈士等的姓名、肖像、名誉、荣誉等损害社会公共利益的行为,拟提起公益诉讼的,应当依法公告,公告期间为三十日。

公告期满,法律规定的机关和有关组织、英雄烈士等的近亲属不提起诉讼的,人民检察院可以向人民法院提起诉讼。

人民检察院办理侵害英雄烈士等的姓名、肖像、名誉、荣誉等的民事公益诉讼案件,也可以直接征询英雄烈士等的近亲属的意见。

第十四条 人民检察院提起民事公益诉讼应当提交下列材料:

(一)民事公益诉讼起诉书,并按照被告人数提出副本;

(二)被告的行为已经损害社会公共利益的初步证明材料;

(三)已经履行公告程序、征询英雄烈士等的近亲属意见的证明材料。

第十五条 人民检察院依据民事诉讼法第五十五条第二款的规定提起民事公益诉讼,符合民事诉讼法第一百一十九条第二项、第三项、第四项及本解释规定的起诉条件的,人民法院应当登记立案。

第十六条 人民检察院提起的民事公益诉讼案件中,被告以反诉方式提出诉讼请求的,人民法院不予受理。

第十七条 人民法院受理人民检察院提起的民事公益诉讼案件后,应当在立案之日起五日内将起诉书副本送达被告。

人民检察院已履行诉前公告程序的,人民法院立案后不再进行公告。

第十八条 人民法院认为人民检察院提出的诉讼请求不足以保护社会公共利益的,可以向其释明变更或者增加停止侵害、恢复原状等诉讼请求。

第十九条 民事公益诉讼案件审理过程中,人民检察院诉讼请求全部实现而撤回起诉的,人民法院应予准许。

第二十条 人民检察院对破坏生态环境和资源保护,食品药品安全领域侵害众多消费者合法权益,侵害英雄烈士等的姓名、肖像、名誉、荣誉等损害社会公共利益的犯罪行为提起刑事公诉时,可以向人民法院一并提起附带民事公益诉讼,由人民法院同一审判组织审理。

人民检察院提起的刑事附带民事公益诉讼案件由审理刑事案件的人民法院管辖。

……

最高人民法院关于审理消费民事公益诉讼案件适用法律若干问题的解释

(2016年2月1日最高人民法院审判委员会第1677次会议通过 根据2020年12月23日最高人民法院审判委员会第1823次会议通过的《最高人民法院关于修改〈最高人民法院关于人民法院民事调解工作若干问题的规定〉等十九件民事诉讼类司法解释的决定》修正 2020年12月29日最高人民法院公告公布 该修正自2021年1月1日起施行 法释〔2020〕20号)

为正确审理消费民事公益诉讼案件,根据《中华人民共和国民事诉讼法》《中华人民共和国民法典》《中华人民共和国消费者权益保护法》等法律规定,结合审判实践,制定本解释。

第一条 中国消费者协会以及在省、自治区、直辖市设立的消费者协会,对经营者侵害众多不特定消费者合法权益或者具有危及消费者人身、财产安全危险等损害社会公共利益的行为提起消费民事公益诉讼的,适用本解释。

法律规定或者全国人大及其常委会授权的机关和社会组织提起的消费民事公益诉讼,适用本解释。

第二条 经营者提供的商品或者服务具有下列情形之一的,适用消费者权益保护法第四十七条规定:

（一）提供的商品或者服务存在缺陷，侵害众多不特定消费者合法权益的；

（二）提供的商品或者服务可能危及消费者人身、财产安全，未作出真实的说明和明确的警示，未标明正确使用商品或者接受服务的方法以及防止危害发生方法的；对提供的商品或者服务质量、性能、用途、有效期限等信息作虚假或引人误解宣传的；

（三）宾馆、商场、餐馆、银行、机场、车站、港口、影剧院、景区、体育场馆、娱乐场所等经营场所存在危及消费者人身、财产安全危险的；

（四）以格式条款、通知、声明、店堂告示等方式，作出排除或者限制消费者权利、减轻或者免除经营者责任、加重消费者责任等对消费者不公平、不合理规定的；

（五）其他侵害众多不特定消费者合法权益或者具有危及消费者人身、财产安全危险等损害社会公共利益的行为。

第三条 消费民事公益诉讼案件管辖适用《最高人民法院关于适用〈中华人民共和国民事诉讼法〉的解释》第二百八十五条的有关规定。

经最高人民法院批准，高级人民法院可以根据本辖区实际情况，在辖区内确定部分中级人民法院受理第一审消费民事公益诉讼案件。

第四条 提起消费民事公益诉讼应当提交下列材料：

（一）符合民事诉讼法第一百二十一条规定的起诉状，并按照被告人数提交副本；

（二）被告的行为侵害众多不特定消费者合法权益或者具有危及消费者人身、财产安全危险等损害社会公共利益的初步证据；

（三）消费者组织就涉诉事项已按照消费者权益保护法第三十七条第四项或者第五项的规定履行公益性职责的证明材料。

第五条 人民法院认为原告提出的诉讼请求不足以保护社会公共利益的，可以向其释明变更或者增加停止侵害等诉讼请求。

第六条 人民法院受理消费民事公益诉讼案件后，应当公告案件受理情况，并在立案之日起十日内书面告知相关行政主管部门。

第七条 人民法院受理消费民事公益诉讼案件后，依法可以提起诉讼的其他机关或者社会组织，可以在一审开庭前向人民法院申请参加诉讼。

人民法院准许参加诉讼的，列为共同原告；逾期申请的，不予准许。

第八条 有权提起消费民事公益诉讼的机关或者社会组织，可以依据民事诉讼法第八十一条规定申请保全证据。

第九条 人民法院受理消费民事公益诉讼案件后，因同一侵权行为受到损害的消费者申请参加诉讼的，人民法院应当告知其根据民事诉讼法第一百一十九条规定主张权利。

第十条 消费民事公益诉讼案件受理后，因同一侵权行为受到损害的消费者请求对其根据民事诉讼法第一百一十九条规定提起的诉讼予以中止，人民法院可以准许。

第十一条 消费民事公益诉讼案件审理过程中,被告提出反诉的,人民法院不予受理。

第十二条 原告在诉讼中承认对己方不利的事实,人民法院认为损害社会公共利益的,不予确认。

第十三条 原告在消费民事公益诉讼案件中,请求被告承担停止侵害、排除妨碍、消除危险、赔礼道歉等民事责任的,人民法院可予支持。

经营者利用格式条款或者通知、声明、店堂告示等,排除或者限制消费者权利、减轻或者免除经营者责任、加重消费者责任,原告认为对消费者不公平、不合理主张无效的,人民法院应依法予以支持。

第十四条 消费民事公益诉讼案件裁判生效后,人民法院应当在十日内书面告知相关行政主管部门,并可发出司法建议。

第十五条 消费民事公益诉讼案件的裁判发生法律效力后,其他依法具有原告资格的机关或者社会组织就同一侵权行为另行提起消费民事公益诉讼的,人民法院不予受理。

第十六条 已为消费民事公益诉讼生效裁判认定的事实,因同一侵权行为受到损害的消费者根据民事诉讼法第一百一十九条规定提起的诉讼,原告、被告均无需举证证明,但当事人对该事实有异议并有相反证据足以推翻的除外。

消费民事公益诉讼生效裁判认定经营者存在不法行为,因同一侵权行为受到损害的消费者根据民事诉讼法第一百一十九条规定提起的诉讼,原告主张适用的,人民法院可予支持,但被告有相反证据足以推翻的除外。被告主张直接适用对其有利认定的,人民法院不予支持,被告仍应承担相应举证证明责任。

第十七条 原告为停止侵害、排除妨碍、消除危险采取合理预防、处置措施而发生的费用,请求被告承担的,人民法院应依法予以支持。

第十八条 原告及其诉讼代理人对侵权行为进行调查、取证的合理费用、鉴定费用、合理的律师代理费用,人民法院可根据实际情况予以相应支持。

第十九条 本解释自 2016 年 5 月 1 日起施行。

本解释施行后人民法院新受理的一审案件,适用本解释。

本解释施行前人民法院已经受理、施行后尚未审结的一审、二审案件,以及本解释施行前已经终审、施行后当事人申请再审或者按照审判监督程序决定再审的案件,不适用本解释。

最高人民法院关于审理环境民事公益诉讼案件适用法律若干问题的解释

（2014年12月8日最高人民法院审判委员会第1631次会议通过 根据2020年12月23日最高人民法院审判委员会第1823次会议通过的《最高人民法院关于修改〈最高人民法院关于人民法院民事调解工作若干问题的规定〉等十九件民事诉讼类司法解释的决定》修正 2020年12月29日最高人民法院公告公布 该修正自2021年1月1日起施行 法释〔2020〕20号）

为正确审理环境民事公益诉讼案件，根据《中华人民共和国民法典》《中华人民共和国环境保护法》《中华人民共和国民事诉讼法》等法律的规定，结合审判实践，制定本解释。

第一条 法律规定的机关和有关组织依照民事诉讼法第五十五条、环境保护法第五十八条等法律的规定，对已经损害社会公共利益或者具有损害社会公共利益重大风险的污染环境、破坏生态的行为提起诉讼，符合民事诉讼法第一百一十九条第二项、第三项、第四项规定的，人民法院应予受理。

第二条 依照法律、法规的规定，在设区的市级以上人民政府民政部门登记的社会团体、基金会以及社会服务机构等，可以认定为环境保护法第五十八条规定的社会组织。

第三条 设区的市、自治州、盟、地区，不设区的地级市，直辖市的区以上人民政府民政部门，可以认定为环境保护法第五十八条规定的"设区的市级以上人民政府民政部门"。

第四条 社会组织章程确定的宗旨和主要业务范围是维护社会公共利益，且从事环境保护公益活动的，可以认定为环境保护法第五十八条规定的"专门从事环境保护公益活动"。

社会组织提起的诉讼所涉及的社会公共利益，应与其宗旨和业务范围具有关联性。

第五条 社会组织在提起诉讼前五年内未因从事业务活动违反法律、法规的规定受过行政、刑事处罚的，可以认定为环境保护法第五十八条规定的"无违法记录"。

第六条 第一审环境民事公益诉讼案件由污染环境、破坏生态行为发生地、损害结果地或者被告住所地的中级以上人民法院管辖。

中级人民法院认为确有必要的，可以在报请高级人民法院批准后，裁定将本院管辖的第一审环境民事公益诉讼案件交由基层人民法院审理。

同一原告或者不同原告对同一污染环境、破坏生态行为分别向两个以上有管辖权的人民法院提起环境民事公益诉讼的,由最先立案的人民法院管辖,必要时由共同上级人民法院指定管辖。

第七条 经最高人民法院批准,高级人民法院可以根据本辖区环境和生态保护的实际情况,在辖区内确定部分中级人民法院受理第一审环境民事公益诉讼案件。

中级人民法院管辖环境民事公益诉讼案件的区域由高级人民法院确定。

第八条 提起环境民事公益诉讼应当提交下列材料:

(一)符合民事诉讼法第一百二十一条规定的起诉状,并按照被告人数提出副本;

(二)被告的行为已经损害社会公共利益或者具有损害社会公共利益重大风险的初步证明材料;

(三)社会组织提起诉讼的,应当提交社会组织登记证书、章程、起诉前连续五年的年度工作报告书或者年检报告书,以及由其法定代表人或者负责人签字并加盖公章的无违法记录的声明。

第九条 人民法院认为原告提出的诉讼请求不足以保护社会公共利益的,可以向其释明变更或者增加停止侵害、修复生态环境等诉讼请求。

第十条 人民法院受理环境民事公益诉讼后,应当在立案之日起五日内将起诉状副本发送被告,并公告案件受理情况。

有权提起诉讼的其他机关和社会组织在公告之日起三十日内申请参加诉讼,经审查符合法定条件的,人民法院应当将其列为共同原告;逾期申请的,不予准许。

公民、法人和其他组织以人身、财产受到损害为由申请参加诉讼的,告知其另行起诉。

第十一条 检察机关、负有环境资源保护监督管理职责的部门及其他机关、社会组织、企业事业单位依据民事诉讼法第十五条的规定,可以通过提供法律咨询、提交书面意见、协助调查取证等方式支持社会组织依法提起环境民事公益诉讼。

第十二条 人民法院受理环境民事公益诉讼后,应当在十日内告知对被告行为负有环境资源保护监督管理职责的部门。

第十三条 原告请求被告提供其排放的主要污染物名称、排放方式、排放浓度和总量、超标排放情况以及防治污染设施的建设和运行情况等环境信息,法律、法规、规章规定被告应当持有或者有证据证明被告持有而拒不提供,如果原告主张相关事实不利于被告的,人民法院可以推定该主张成立。

第十四条 对于审理环境民事公益诉讼案件需要的证据,人民法院认为必要的,应当调查收集。

对于应当由原告承担举证责任且为维护社会公共利益所必要的专门性问

题，人民法院可以委托具备资格的鉴定人进行鉴定。

第十五条 当事人申请通知有专门知识的人出庭，就鉴定人作出的鉴定意见或者就因果关系、生态环境修复方式、生态环境修复费用以及生态环境受到损害至修复完成期间服务功能丧失导致的损失等专门性问题提出意见的，人民法院可以准许。

前款规定的专家意见经质证，可以作为认定事实的根据。

第十六条 原告在诉讼过程中承认的对己方不利的事实和认可的证据，人民法院认为损害社会公共利益的，应当不予确认。

第十七条 环境民事公益诉讼案件审理过程中，被告以反诉方式提出诉讼请求的，人民法院不予受理。

第十八条 对污染环境、破坏生态，已经损害社会公共利益或者具有损害社会公共利益重大风险的行为，原告可以请求被告承担停止侵害、排除妨碍、消除危险、修复生态环境、赔偿损失、赔礼道歉等民事责任。

第十九条 原告为防止生态环境损害的发生和扩大，请求被告停止侵害、排除妨碍、消除危险的，人民法院可以依法予以支持。

原告为停止侵害、排除妨碍、消除危险采取合理预防、处置措施而发生的费用，请求被告承担的，人民法院可以依法予以支持。

第二十条 原告请求修复生态环境的，人民法院可以依法判决被告将生态环境修复到损害发生之前的状态和功能。无法完全修复的，可以准许采用替代性修复方式。

人民法院可以在判决被告修复生态环境的同时，确定被告不履行修复义务时应承担的生态环境修复费用；也可以直接判决被告承担生态环境修复费用。

生态环境修复费用包括制定、实施修复方案的费用，修复期间的监测、监管费用，以及修复完成后的验收费用、修复效果后评估费用等。

第二十一条 原告请求被告赔偿生态环境受到损害至修复完成期间服务功能丧失导致的损失、生态环境功能永久性损害造成的损失的，人民法院可以依法予以支持。

第二十二条 原告请求被告承担以下费用的，人民法院可以依法予以支持：

（一）生态环境损害调查、鉴定评估等费用；

（二）清除污染以及防止损害的发生和扩大所支出的合理费用；

（三）合理的律师费以及为诉讼支出的其他合理费用。

第二十三条 生态环境修复费用难以确定或者确定具体数额所需鉴定费用明显过高的，人民法院可以结合污染环境、破坏生态的范围和程度，生态环境的稀缺性，生态环境恢复的难易程度，防治污染设备的运行成本，被告因侵害行为所获得的利益以及过错程度等因素，并可以参考负有环境资源保护监督管理职责的部门的意见、专家意见等，予以合理确定。

第二十四条 人民法院判决被告承担的生态环境修复费用、生态环境受到损害至修复完成期间服务功能丧失导致的损失、生态环境功能永久性损害造成的损失等款项,应当用于修复被损害的生态环境。

其他环境民事公益诉讼中败诉原告所需承担的调查取证、专家咨询、检验、鉴定等必要费用,可以酌情从上述款项中支付。

第二十五条 环境民事公益诉讼当事人达成调解协议或者自行达成和解协议后,人民法院应当将协议内容公告,公告期间不少于三十日。

公告期满后,人民法院审查认为调解协议或者和解协议的内容不损害社会公共利益的,应当出具调解书。当事人以达成和解协议为由申请撤诉的,不予准许。

调解书应当写明诉讼请求、案件的基本事实和协议内容,并应当公开。

第二十六条 负有环境资源保护监督管理职责的部门依法履行监管职责而使原告诉讼请求全部实现,原告申请撤诉的,人民法院应予准许。

第二十七条 法庭辩论终结后,原告申请撤诉的,人民法院不予准许,但本解释第二十六条规定的情形除外。

第二十八条 环境民事公益诉讼案件的裁判生效后,有权提起诉讼的其他机关和社会组织就同一污染环境、破坏生态行为另行起诉,有下列情形之一的,人民法院应予受理:

(一)前案原告的起诉被裁定驳回的;

(二)前案原告申请撤诉被裁定准许的,但本解释第二十六条规定的情形除外。

环境民事公益诉讼案件的裁判生效后,有证据证明存在前案审理时未发现的损害,有权提起诉讼的机关和社会组织另行起诉的,人民法院应予受理。

第二十九条 法律规定的机关和社会组织提起环境民事公益诉讼的,不影响因同一污染环境、破坏生态行为受到人身、财产损害的公民、法人和其他组织依据民事诉讼法第一百一十九条的规定提起诉讼。

第三十条 已为环境民事公益诉讼生效裁判认定的事实,因同一污染环境、破坏生态行为依据民事诉讼法第一百一十九条规定提起诉讼的原告、被告均无需举证证明,但原告对该事实有异议并有相反证据足以推翻的除外。

对于环境民事公益诉讼生效裁判就被告是否存在法律规定的不承担责任或者减轻责任的情形、行为与损害之间是否存在因果关系、被告承担责任的大小等所作的认定,因同一污染环境、破坏生态行为依据民事诉讼法第一百一十九条规定提起诉讼的原告主张适用的,人民法院应予支持,但被告有相反证据足以推翻的除外。被告主张直接适用对其有利的认定的,人民法院不予支持,被告仍应举证证明。

第三十一条 被告因污染环境、破坏生态在环境民事公益诉讼和其他民事诉讼中均承担责任,其财产不足以履行全部义务的,应当先履行其他民事诉讼生效裁判所确定的义务,但法律另有规定的除外。

第三十二条 发生法律效力的环境民事公益诉讼案件的裁判,需要采取强制执行措施的,应当移送执行。

第三十三条 原告交纳诉讼费用确有困难,依法申请缓交的,人民法院应予准许。

败诉或者部分败诉的原告申请减交或者免交诉讼费用的,人民法院应当依照《诉讼费用交纳办法》的规定,视原告的经济状况和案件的审理情况决定是否准许。

第三十四条 社会组织有通过诉讼违法收受财物等牟取经济利益行为的,人民法院可以根据情节轻重依法收缴其非法所得、予以罚款;涉嫌犯罪的,依法移送有关机关处理。

社会组织通过诉讼牟取经济利益的,人民法院应当向登记管理机关或者有关机关发送司法建议,由其依法处理。

第三十五条 本解释施行前最高人民法院发布的司法解释和规范性文件,与本解释不一致的,以本解释为准。

最高人民法院、最高人民检察院关于办理海洋自然资源与生态环境公益诉讼案件若干问题的规定

(2021年12月27日最高人民法院审判委员会第1858次会议、2022年3月16日最高人民检察院第十三届检察委员会第九十三次会议通过 2022年5月10日最高人民法院、最高人民检察院公告公布 自2022年5月15日起施行 法释〔2022〕15号)

为依法办理海洋自然资源与生态环境公益诉讼案件,根据《中华人民共和国海洋环境保护法》《中华人民共和国民事诉讼法》《中华人民共和国刑事诉讼法》《中华人民共和国行政诉讼法》《中华人民共和国海事诉讼特别程序法》等法律规定,结合审判、检察工作实际,制定本规定。

第一条 本规定适用于损害行为发生地、损害结果地或者采取预防措施地在海洋环境保护法第二条第一款规定的海域内,因破坏海洋生态、海洋水产资源、海洋保护区而提起的民事公益诉讼、刑事附带民事公益诉讼和行政公益诉讼。

第二条 依据海洋环境保护法第八十九条第二款规定,对破坏海洋生态、海洋水产资源、海洋保护区,给国家造成重大损失的,应当由依照海洋环境保护法规定行使海洋环境监督管理权的部门,在有管辖权的海事法院对侵权人提起海洋自然资源与生态环境损害赔偿诉讼。

有关部门根据职能分工提起海洋自然资源与生态环境损害赔偿诉讼的,人

民检察院可以支持起诉。

第三条 人民检察院在履行职责中发现破坏海洋生态、海洋水产资源、海洋保护区的行为,可以告知行使海洋环境监督管理权的部门依据本规定第二条提起诉讼。在有关部门仍不提起诉讼的情况下,人民检察院就海洋自然资源与生态环境损害,向有管辖权的海事法院提起民事公益诉讼的,海事法院应予受理。

第四条 破坏海洋生态、海洋水产资源、海洋保护区,涉嫌犯罪的,在行使海洋环境监督管理权的部门没有另行提起海洋自然资源与生态环境损害赔偿诉讼的情况下,人民检察院可以在提起刑事公诉时一并提起附带民事公益诉讼,也可以单独提起民事公益诉讼。

第五条 人民检察院在履行职责中发现对破坏海洋生态、海洋水产资源、海洋保护区的行为负有监督管理职责的部门违法行使职权或者不作为,致使国家利益或者社会公共利益受到侵害的,应当向有关部门提出检察建议,督促其依法履行职责。

有关部门不依法履行职责的,人民检察院依法向被诉行政机关所在地的海事法院提起行政公益诉讼。

第六条 本规定自 2022 年 5 月 15 日起施行。

十二、执行程序

最高人民法院关于适用《中华人民共和国民事诉讼法》执行程序若干问题的解释

（2008年9月8日最高人民法院审判委员会第1452次会议通过 根据2020年12月23日最高人民法院审判委员会第1823次会议通过的《最高人民法院关于修改〈最高人民法院关于人民法院扣押铁路运输货物若干问题的规定〉等十八件执行类司法解释的决定》修正 2020年12月29日最高人民法院公告公布 该修正自2021年1月1日起施行 法释〔2020〕21号）

为了依法及时有效地执行生效法律文书，维护当事人的合法权益，根据《中华人民共和国民事诉讼法》（以下简称民事诉讼法），结合人民法院执行工作实际，对执行程序中适用法律的若干问题作出如下解释：

第一条 申请执行人向被执行的财产所在地人民法院申请执行的，应当提供该人民法院辖区有可供执行财产的证明材料。

第二条 对两个以上人民法院都有管辖权的执行案件，人民法院在立案前发现其他有管辖权的人民法院已经立案的，不得重复立案。

立案后发现其他有管辖权的人民法院已经立案的，应当撤销案件；已经采取执行措施的，应当将控制的财产交先立案的执行法院处理。

第三条 人民法院受理执行申请后，当事人对管辖权有异议的，应当自收到执行通知书之日起十日内提出。

人民法院对当事人提出的异议，应当审查。异议成立的，应当撤销执行案件，并告知当事人向有管辖权的人民法院申请执行；异议不成立的，裁定驳回。当事人对裁定不服的，可以向上一级人民法院申请复议。

管辖权异议审查和复议期间，不停止执行。

第四条 对人民法院采取财产保全措施的案件，申请执行人向采取保全措施的人民法院以外的其他有管辖权的人民法院申请执行的，采取保全措施的人民法院应当将保全的财产交执行法院处理。

第五条 执行过程中，当事人、利害关系人认为执行法院的执行行为违反法律规定的，可以依照民事诉讼法第二百二十五条的规定提出异议。

执行法院审查处理执行异议，应当自收到书面异议之日起十五日内作出裁定。

第六条 当事人、利害关系人依照民事诉讼法第二百二十五条规定申请复议的,应当采取书面形式。

第七条 当事人、利害关系人申请复议的书面材料,可以通过执行法院转交,也可以直接向执行法院的上一级人民法院提交。

执行法院收到复议申请后,应当在五日内将复议所需的案卷材料报送上一级人民法院;上一级人民法院收到复议申请后,应当通知执行法院在五日内报送复议所需的案卷材料。

第八条 当事人、利害关系人依照民事诉讼法第二百二十五条规定申请复议的,上一级人民法院应当自收到复议申请之日起三十日内审查完毕,并作出裁定。有特殊情况需要延长的,经本院院长批准,可以延长,延长的期限不得超过三十日。

第九条 执行异议审查和复议期间,不停止执行。

被执行人、利害关系人提供充分、有效的担保请求停止相应处分措施的,人民法院可以准许;申请执行人提供充分、有效的担保请求继续执行的,应当继续执行。

第十条 依照民事诉讼法第二百二十六条的规定,有下列情形之一的,上一级人民法院可以根据申请执行人的申请,责令执行法院限期执行或者变更执行法院:

(一)债权人申请执行时被执行人有可供执行的财产,执行法院自收到申请执行书之日起超过六个月对该财产未执行完结的;

(二)执行过程中发现被执行人可供执行的财产,执行法院自发现财产之日起超过六个月对该财产未执行完结的;

(三)对法律文书确定的行为义务的执行,执行法院自收到申请执行书之日起超过六个月未依法采取相应执行措施的;

(四)其他有条件执行超过六个月未执行的。

第十一条 上一级人民法院依照民事诉讼法第二百二十六条规定责令执行法院限期执行的,应当向其发出督促执行令,并将有关情况书面通知申请执行人。

上一级人民法院决定由本院执行或者指令本辖区其他人民法院执行的,应当作出裁定,送达当事人并通知有关人民法院。

第十二条 上一级人民法院责令执行法院限期执行,执行法院在指定期间内无正当理由仍未执行完结的,上一级人民法院应当裁定由本院执行或者指令本辖区其他人民法院执行。

第十三条 民事诉讼法第二百二十六条规定的六个月期间,不应当计算执行中的公告期间、鉴定评估期间、管辖争议处理期间、执行争议协调期间、暂缓执行期间以及中止执行期间。

第十四条 案外人对执行标的主张所有权或者有其他足以阻止执行标的转让、交付的实体权利的，可以依照民事诉讼法第二百二十七条的规定，向执行法院提出异议。

第十五条 案外人异议审查期间，人民法院不得对执行标的进行处分。

案外人向人民法院提供充分、有效的担保请求解除对异议标的的查封、扣押、冻结的，人民法院可以准许；申请执行人提供充分、有效的担保请求继续执行的，应当继续执行。

因案外人提供担保解除查封、扣押、冻结有错误，致使该标的无法执行的，人民法院可以直接执行担保财产；申请执行人提供担保请求继续执行有错误，给对方造成损失的，应当予以赔偿。

第十六条 案外人执行异议之诉审理期间，人民法院不得对执行标的进行处分。申请执行人请求人民法院继续执行并提供相应担保的，人民法院可以准许。

案外人请求解除查封、扣押、冻结或者申请执行人请求继续执行有错误，给对方造成损失的，应当予以赔偿。

第十七条 多个债权人对同一被执行人申请执行或者对执行财产申请参与分配的，执行法院应当制作财产分配方案，并送达各债权人和被执行人。债权人或者被执行人对分配方案有异议的，应当自收到分配方案之日起十五日内向执行法院提出书面异议。

第十八条 债权人或者被执行人对分配方案提出书面异议的，执行法院应当通知未提出异议的债权人或被执行人。

未提出异议的债权人、被执行人收到通知之日起十五日内未提出反对意见的，执行法院依异议人的意见对分配方案审查修正后进行分配；提出反对意见的，应当通知异议人。异议人可以自收到通知之日起十五日内，以提出反对意见的债权人、被执行人为被告，向执行法院提起诉讼；异议人逾期未提起诉讼的，执行法院依原分配方案进行分配。

诉讼期间进行分配的，执行法院应当将与争议债权数额相应的款项予以提存。

第十九条 在申请执行时效期间的最后六个月内，因不可抗力或者其他障碍不能行使请求权的，申请执行时效中止。从中止时效的原因消除之日起，申请执行时效期间继续计算。

第二十条 申请执行时效因申请执行、当事人双方达成和解协议、当事人一方提出履行要求或者同意履行义务而中断。从中断时起，申请执行时效期间重新计算。

第二十一条 生效法律文书规定债务人负有不作为义务的，申请执行时效期间从债务人违反不作为义务之日起计算。

第二十二条 执行员依照民事诉讼法第二百四十条规定立即采取强制执行措施的，可以同时或者自采取强制执行措施之日起三日内发送执行通知书。

第二十三条　依照民事诉讼法第二百五十五条规定对被执行人限制出境的,应当由申请执行人向执行法院提出书面申请;必要时,执行法院可以依职权决定。

第二十四条　被执行人为单位的,可以对其法定代表人、主要负责人或者影响债务履行的直接责任人员限制出境。

被执行人为无民事行为能力人或者限制民事行为能力人的,可以对其法定代理人限制出境。

第二十五条　在限制出境期间,被执行人履行法律文书确定的全部债务的,执行法院应当及时解除限制出境措施;被执行人提供充分、有效的担保或者申请执行人同意的,可以解除限制出境措施。

第二十六条　依照民事诉讼法第二百五十五条的规定,执行法院可以依职权或者依申请执行人的申请,将被执行人不履行法律文书确定义务的信息,通过报纸、广播、电视、互联网等媒体公布。

媒体公布的有关费用,由被执行人负担;申请执行人申请在媒体公布的,应当垫付有关费用。

第二十七条　本解释施行前本院公布的司法解释与本解释不一致的,以本解释为准。

最高人民法院关于人民法院执行工作若干问题的规定(试行)

(1998年6月11日最高人民法院审判委员会第992次会议通过　根据2020年12月23日最高人民法院审判委员会第1823次会议通过的《最高人民法院关于修改〈最高人民法院关于人民法院扣押铁路运输货物若干问题的规定〉等十八件执行类司法解释的决定》修正　2020年12月29日最高人民法院公告公布　该修正自2021年1月1日起施行　法释〔2020〕21号)

为了保证在执行程序中正确适用法律,及时有效地执行生效法律文书,维护当事人的合法权益,根据《中华人民共和国民事诉讼法》(以下简称民事诉讼法)等有关法律的规定,结合人民法院执行工作的实践经验,现对人民法院执行工作若干问题作如下规定。

一、执行机构及其职责

1. 人民法院根据需要,依据有关法律的规定,设立执行机构,专门负责执行工作。

2. 执行机构负责执行下列生效法律文书:
(1)人民法院民事、行政判决、裁定、调解书,民事制裁决定、支付令,以及刑事附带民事判决、裁定、调解书,刑事裁判涉财产部分;
(2)依法应由人民法院执行的行政处罚决定、行政处理决定;
(3)我国仲裁机构作出的仲裁裁决和调解书,人民法院依据《中华人民共和国仲裁法》有关规定作出的财产保全和证据保全裁定;
(4)公证机关依法赋予强制执行效力的债权文书;
(5)经人民法院裁定承认其效力的外国法院作出的判决、裁定,以及国外仲裁机构作出的仲裁裁决;
(6)法律规定由人民法院执行的其他法律文书。
3. 人民法院在审理民事、行政案件中作出的财产保全和先予执行裁定,一般应当移送执行机构实施。
4. 人民法庭审结的案件,由人民法庭负责执行。其中复杂、疑难或被执行人不在本法院辖区的案件,由执行机构负责执行。
5. 执行程序中重大事项的办理,应由三名以上执行员讨论,并报经院长批准。
6. 执行机构应配备必要的交通工具、通讯设备、音像设备和警械用具等,以保障及时有效地履行职责。
7. 执行人员执行公务时,应向有关人员出示工作证件,并按规定着装。必要时应由司法警察参加。
8. 上级人民法院执行机构负责本院对下级人民法院执行工作的监督、指导和协调。

二、执行管辖

9. 在国内仲裁过程中,当事人申请财产保全,经仲裁机构提交人民法院的,由被申请人住所地或被申请保全的财产所在地的基层人民法院裁定并执行;申请证据保全的,由证据所在地的基层人民法院裁定并执行。
10. 在涉外仲裁过程中,当事人申请财产保全,经仲裁机构提交人民法院的,由被申请人住所地或被申请保全的财产所在地的中级人民法院裁定并执行;申请证据保全的,由证据所在地的中级人民法院裁定并执行。
11. 专利管理机关依法作出的处理决定和处罚决定,由被执行人住所地或财产所在地的省、自治区、直辖市有权受理专利纠纷案件的中级人民法院执行。
12. 国务院各部门、各省、自治区、直辖市人民政府和海关依照法律、法规作出的处理决定和处罚决定,由被执行人住所地或财产所在地的中级人民法院执行。
13. 两个以上人民法院都有管辖权的,当事人可以向其中一个人民法院申请执行;当事人向两个以上人民法院申请执行的,由最先立案的人民法院管辖。

14. 人民法院之间因执行管辖权发生争议的,由双方协商解决;协商不成的,报请双方共同的上级人民法院指定管辖。

15. 基层人民法院和中级人民法院管辖的执行案件,因特殊情况需要由上级人民法院执行的,可以报请上级人民法院执行。

三、执行的申请和移送

16. 人民法院受理执行案件应当符合下列条件:
(1)申请或移送执行的法律文书已经生效;
(2)申请执行人是生效法律文书确定的权利人或其继承人、权利承受人;
(3)申请执行的法律文书有给付内容,且执行标的和被执行人明确;
(4)义务人在生效法律文书确定的期限内未履行义务;
(5)属于受申请执行的人民法院管辖。

人民法院对符合上述条件的申请,应当在七日内予以立案;不符合上述条件之一的,应当在七日内裁定不予受理。

17. 生效法律文书的执行,一般应当由当事人依法提出申请。

发生法律效力的具有给付赡养费、扶养费、抚育费内容的法律文书、民事制裁决定书,以及刑事附带民事判决、裁定、调解书,由审判庭移送执行机构执行。

18. 申请执行,应向人民法院提交下列文件和证件:
(1)申请执行书。申请执行书中应当写明申请执行的理由、事项、执行标的,以及申请执行人所了解的被执行人的财产状况。

申请执行人书写申请执行书确有困难的,可以口头提出申请。人民法院接待人员对口头申请应当制作笔录,由申请执行人签字或盖章。

外国一方当事人申请执行的,应当提交中文申请执行书。当事人所在国与我国缔结或共同参加的司法协助条约有特别规定的,按照条约规定办理。
(2)生效法律文书副本。
(3)申请执行人的身份证明。自然人申请的,应当出示居民身份证;法人申请的,应当提交法人营业执照副本和法定代表人身份证明;非法人组织申请的,应当提交营业执照副本和主要负责人身份证明。
(4)继承人或权利承受人申请执行的,应当提交继承或承受权利的证明文件。
(5)其他应当提交的文件或证件。

19. 申请执行仲裁机构的仲裁裁决,应当向人民法院提交有仲裁条款的合同书或仲裁协议书。

申请执行国外仲裁机构的仲裁裁决的,应当提交经我国驻外使领馆认证或我国公证机关公证的仲裁裁决书中文本。

20. 申请执行人可以委托代理人代为申请执行。委托代理的,应当向人民法院提交经委托人签字或盖章的授权委托书,写明代理人的姓名或者名称、代理事项、权限和期限。

委托代理人代为放弃、变更民事权利,或代为进行执行和解,或代为收取执行款项的,应当有委托人的特别授权。

21. 执行申请费的收取按照《诉讼费用交纳办法》办理。

四、执行前的准备

22. 人民法院应当在收到申请执行书或者移交执行书后十日内发出执行通知。

执行通知中除应责令被执行人履行法律文书确定的义务外,还应通知其承担民事诉讼法第二百五十三条规定的迟延履行利息或者迟延履行金。

23. 执行通知书的送达,适用民事诉讼法关于送达的规定。

24. 被执行人未按执行通知书履行生效法律文书确定的义务的,应当及时采取执行措施。

人民法院采取执行措施,应当制作相应法律文书,送达被执行人。

25. 人民法院执行非诉讼生效法律文书,必要时可向制作生效法律文书的机构调取卷宗材料。

五、金钱给付的执行

26. 金融机构擅自解冻被人民法院冻结的款项,致冻结款项被转移的,人民法院有权责令其限期追回已转移的款项。在限期内未能追回的,应当裁定该金融机构在转移的款项范围内以自己的财产向申请执行人承担责任。

27. 被执行人为金融机构的,对其交存在人民银行的存款准备金和备付金不得冻结和扣划,但对其在本机构、其他金融机构的存款,及其在人民银行的其他存款可以冻结、划拨,并可对被执行人的其他财产采取执行措施,但不得查封其营业场所。

28. 作为被执行人的自然人,其收入转为储蓄存款的,应当责令其交出存单。拒不交出的,人民法院应当作出提取其存款的裁定,向金融机构发出协助执行通知书,由金融机构提取被执行人的存款交人民法院或存入人民法院指定的账户。

29. 被执行人在有关单位的收入尚未支取的,人民法院应当作出裁定,向该单位发出协助执行通知书,由其协助扣留或提取。

30. 有关单位收到人民法院协助执行被执行人收入的通知后,擅自向被执行人或其他人支付的,人民法院有权责令其限期追回;逾期未追回的,应当裁定其在支付的数额内向申请执行人承担责任。

31. 人民法院对被执行人所有的其他人享有抵押权、质押权或留置权的财产,可以采取查封、扣押措施。财产拍卖、变卖后所得价款,应当在抵押权人、质押权人或留置权人优先受偿后,其余额部分用于清偿申请执行人的债权。

32. 被执行人或其他人擅自处分已被查封、扣押、冻结财产的,人民法院有权责令责任人限期追回财产或承担相应的赔偿责任。

33. 被执行人申请对人民法院查封的财产自行变卖的,人民法院可以准许,但应当监督其按照合理价格在指定的期限内进行,并控制变卖的价款。

34. 拍卖、变卖被执行人的财产成交后,必须即时钱物两清。

委托拍卖、组织变卖被执行人财产所发生的实际费用,从所得价款中优先扣除。所得价款超出执行标的数额和执行费用的部分,应当退还被执行人。

35. 被执行人不履行生效法律文书确定的义务,人民法院有权裁定禁止被执行人转让其专利权、注册商标专用权、著作权(财产权部分)等知识产权。上述权利有登记主管部门的,应当同时向有关部门发出协助执行通知书,要求其不得办理财产权转移手续,必要时可以责令被执行人将产权或使用权证照交人民法院保存。

对前款财产权,可以采取拍卖、变卖等执行措施。

36. 对被执行人从有关企业中应得的已到期的股息或红利等收益,人民法院有权裁定禁止被执行人提取和有关企业向被执行人支付,并要求有关企业直接向申请执行人支付。

对被执行人预期从有关企业中应得的股息或红利等收益,人民法院可以采取冻结措施,禁止到期后被执行人提取和有关企业向被执行人支付。到期后人民法院可从有关企业中提取,并出具提取收据。

37. 对被执行人在其他股份有限公司中持有的股份凭证(股票),人民法院可以扣押,并强制被执行人按照公司法的有关规定转让,也可以直接采取拍卖、变卖的方式进行处分,或直接将股票抵偿给债权人,用于清偿被执行人的债务。

38. 对被执行人在有限责任公司、其他法人企业中的投资权益或股权,人民法院可以采取冻结措施。

冻结投资权益或股权的,应当通知有关企业不得办理被冻结投资权益或股权的转移手续,不得向被执行人支付股息或红利。被冻结的投资权益或股权,被执行人不得自行转让。

39. 被执行人在其独资开办的法人企业中拥有的投资权益被冻结后,人民法院可以直接裁定予以转让,以转让所得清偿其对申请执行人的债务。

对被执行人在有限责任公司中被冻结的投资权益或股权,人民法院可以依据《中华人民共和国公司法》第七十一条、第七十二条、第七十三条的规定,征得全体股东过半数同意后,予以拍卖、变卖或以其他方式转让。不同意转让的股东,应当购买该转让的投资权益或股权,不购买的,视为同意转让,不影响执行。

人民法院也可允许并监督被执行人自行转让其投资权益或股权,将转让所得收益用于清偿对申请执行人的债务。

40. 有关企业收到人民法院发出的协助冻结通知后,擅自向被执行人支付股息或红利,或擅自为被执行人办理已冻结股权的转移手续,造成已转移的财产无法追回的,应当在所支付的股息或红利或转移的股权价值范围内向申请执行人承担责任。

六、交付财产和完成行为的执行

41. 生效法律文书确定被执行人交付特定标的物的,应当执行原物。原物被隐匿或非法转移的,人民法院有权责令其交出。原物确已毁损或灭失的,经双方当事人同意,可以折价赔偿。

双方当事人对折价赔偿不能协商一致的,人民法院应当终结执行程序。申请执行人可以另行起诉。

42. 有关组织或者个人持有法律文书指定交付的财物或票证,在接到人民法院协助执行通知书或通知书后,协同被执行人转移财物或票证的,人民法院有权责令其限期追回;逾期未追回的,应当裁定其承担赔偿责任。

43. 被执行人的财产经拍卖、变卖或裁定以物抵偿后,需从现占有人处交付给买受人或申请执行人的,适用民事诉讼法第二百四十九条、第二百五十条和本规定第41条、第42条的规定。

44. 被执行人拒不履行生效法律文书中指定的行为的,人民法院可以强制其履行。

对于可以替代履行的行为,可以委托有关单位或他人完成,因完成上述行为发生的费用由被执行人承担。

对于只能由被执行人完成的行为,经教育,被执行人仍拒不履行的,人民法院应当按照妨害执行行为的有关规定处理。

七、被执行人到期债权的执行

45. 被执行人不能清偿债务,但对本案以外的第三人享有到期债权的,人民法院可以依申请执行人或被执行人的申请,向第三人发出履行到期债务的通知(以下简称履行通知)。履行通知必须直接送达第三人。

履行通知应当包含下列内容:

(1)第三人直接向申请执行人履行其对被执行人所负的债务,不得向被执行人清偿;

(2)第三人应当在收到履行通知后的十五日内向申请执行人履行债务;

(3)第三人对履行到期债权有异议的,应当在收到履行通知后的十五日内向执行法院提出;

(4)第三人违背上述义务的法律后果。

46. 第三人对履行通知的异议一般应当以书面形式提出,口头提出的,执行人员应记入笔录,并由第三人签字或盖章。

47. 第三人在履行通知指定的期间内提出异议的,人民法院不得对第三人强制执行,对提出的异议不进行审查。

48. 第三人提出自己无履行能力或其与申请执行人无直接法律关系,不属于本规定所指的异议。

第三人对债务部分承认、部分有异议的,可以对其承认的部分强制执行。

49. 第三人在履行通知指定的期限内没有提出异议,而又不履行的,执行法院有权裁定对其强制执行。此裁定同时送达第三人和被执行人。

50. 被执行人收到人民法院履行通知后,放弃其对第三人的债权或延缓第三人履行期限的行为无效,人民法院仍可在第三人无异议又不履行的情况下予以强制执行。

51. 第三人收到人民法院要求其履行到期债务的通知后,擅自向被执行人履行,造成已向被执行人履行的财产不能追回的,除在已履行的财产范围内与被执行人承担连带清偿责任外,可以追究其妨害执行的责任。

52. 在对第三人作出强制执行裁定后,第三人确无财产可供执行的,不得就第三人对他人享有的到期债权强制执行。

53. 第三人按照人民法院履行通知向申请执行人履行了债务或已被强制执行后,人民法院应当出具有关证明。

八、执行担保

54. 人民法院在审理案件期间,保证人为被执行人提供保证,人民法院据此未对被执行人的财产采取保全措施或解除保全措施的,案件审结后如果被执行人无财产可供执行或其财产不足清偿债务时,即使生效法律文书中未确定保证人承担责任,人民法院有权裁定执行保证人在保证责任范围内的财产。

九、多个债权人对一个债务人申请执行和参与分配

55. 多份生效法律文书确定金钱给付内容的多个债权人分别对同一被执行人申请执行,各债权人对执行标的物均无担保物权的,按照执行法院采取执行措施的先后顺序受偿。

多个债权人的债权种类不同的,基于所有权和担保物权而享有的债权,优先于金钱债权受偿。有多个担保物权的,按照各担保物权成立的先后顺序清偿。

一份生效法律文书确定金钱给付内容的多个债权人对同一被执行人申请执行,执行的财产不足清偿全部债务的,各债权人对执行标的物均无担保物权的,按照各债权比例受偿。

56. 对参与被执行人财产的具体分配,应当由首先查封、扣押或冻结的法院主持进行。

首先查封、扣押、冻结的法院所采取的执行措施如系为执行财产保全裁定，具体分配应当在该院案件审理终结后进行。

十、对妨害执行行为的强制措施的适用

57. 被执行人或其他人有下列拒不履行生效法律文书或者妨害执行行为之一的，人民法院可以依照民事诉讼法第一百一十一条的规定处理：
（1）隐藏、转移、变卖、毁损向人民法院提供执行担保的财产的；
（2）案外人与被执行人恶意串通转移被执行人财产的；
（3）故意撕毁人民法院执行公告、封条的；
（4）伪造、隐藏、毁灭有关被执行人履行能力的重要证据，妨碍人民法院查明被执行人财产状况的；
（5）指使、贿买、胁迫他人对被执行人的财产状况和履行义务的能力问题作伪证的；
（6）妨碍人民法院依法搜查的；
（7）以暴力、威胁或其他方法妨碍或抗拒执行的；
（8）哄闹、冲击执行现场的；
（9）对人民法院执行人员或协助执行人员进行侮辱、诽谤、诬陷、围攻、威胁、殴打或者打击报复的；
（10）毁损、抢夺执行案件材料、执行公务车辆、其他执行器械、执行人员服装和执行公务证件的。

58. 在执行过程中遇有被执行人或其他人拒不履行生效法律文书或者妨害执行情节严重，需要追究刑事责任的，应将有关材料移交有关机关处理。

十一、执行的中止、终结、结案和执行回转

59. 按照审判监督程序提审或再审的案件，执行机构根据上级法院或本院作出的中止执行裁定书中止执行。

60. 中止执行的情形消失后，执行法院可以根据当事人的申请或依职权恢复执行。

恢复执行应当书面通知当事人。

61. 在执行中，被执行人被人民法院裁定宣告破产的，执行法院应当依照民事诉讼法第二百五十七条第六项的规定，裁定终结执行。

62. 中止执行和终结执行的裁定书应当写明中止或终结执行的理由和法律依据。

63. 人民法院执行生效法律文书，一般应当在立案之日起六个月内执行结案，但中止执行的期间应当扣除。确有特殊情况需要延长的，由本院院长批准。

64. 执行结案的方式为：

（1）执行完毕；
（2）终结本次执行程序；
（3）终结执行；
（4）销案；
（5）不予执行；
（6）驳回申请。

65. 在执行中或执行完毕后,据以执行的法律文书被人民法院或其他有关机关撤销或变更的,原执行机构应当依照民事诉讼法第二百三十三条的规定,依当事人申请或依职权,按照新的生效法律文书,作出执行回转的裁定,责令原申请执行人返还已取得的财产及其孳息。拒不返还的,强制执行。

执行回转应重新立案,适用执行程序的有关规定。

66. 执行回转时,已执行的标的物系特定物的,应当退还原物。不能退还原物的,经双方当事人同意,可以折价赔偿。

双方当事人对折价赔偿不能协商一致的,人民法院应当终结执行回转程序。申请执行人可以另行起诉。

十二、执行争议的协调

67. 两个或两个以上人民法院在执行相关案件中发生争议的,应当协商解决。协商不成的,逐级报请上级法院,直至报请共同的上级法院协调处理。

执行争议经高级人民法院协商不成的,由有关的高级人民法院书面报请最高人民法院协调处理。

68. 执行中发现两地法院或人民法院与仲裁机构就同一法律关系作出不同裁判内容的法律文书的,各有关法院应当立即停止执行,报请共同的上级法院处理。

69. 上级法院协调处理有关执行争议案件,认为必要时,可以决定将有关款项划到本院指定的账户。

70. 上级法院协调下级法院之间的执行争议所作出的处理决定,有关法院必须执行。

十三、执行监督

71. 上级人民法院依法监督下级人民法院的执行工作。最高人民法院依法监督地方各级人民法院和专门法院的执行工作。

72. 上级法院发现下级法院在执行中作出的裁定、决定、通知或具体执行行为不当或有错误的,应当及时指令下级法院纠正,并可以通知有关法院暂缓执行。

下级法院收到上级法院的指令后必须立即纠正。如果认为上级法院的指令有错误,可以在收到该指令后五日内请求上级法院复议。

上级法院认为请求复议的理由不成立,而下级法院仍不纠正的,上级法院可直接作出裁定或决定予以纠正，送达有关法院及当事人，并可直接向有关单位发出协助执行通知书。

73. 上级法院发现下级法院执行的非诉讼生效法律文书有不予执行事由，应当依法作出不予执行裁定而不制作的，可以责令下级法院在指定时限内作出裁定，必要时可直接裁定不予执行。

74. 上级法院发现下级法院的执行案件（包括受委托执行的案件）在规定的期限内未能执行结案的，应当作出裁定、决定、通知而不制作的，或应当依法实施具体执行行为而不实施的，应当督促下级法院限期执行，及时作出有关裁定等法律文书，或采取相应措施。

对下级法院长期未能执结的案件，确有必要的，上级法院可以决定由本院执行或与下级法院共同执行，也可以指定本辖区其他法院执行。

75. 上级法院在监督、指导、协调下级法院执行案件中，发现据以执行的生效法律文书确有错误的，应当书面通知下级法院暂缓执行，并按照审判监督程序处理。

76. 上级法院在申诉案件复查期间，决定对生效法律文书暂缓执行的，有关审判庭应当将暂缓执行的通知抄送执行机构。

77. 上级法院通知暂缓执行的，应同时指定暂缓执行的期限。暂缓执行的期限一般不得超过三个月。有特殊情况需要延长的，应报经院长批准，并及时通知下级法院。

暂缓执行的原因消除后，应当及时通知执行法院恢复执行。期满后上级法院未通知继续暂缓执行的，执行法院可以恢复执行。

78. 下级法院不按照上级法院的裁定、决定或通知执行，造成严重后果的，按照有关规定追究有关主管人员和直接责任人员的责任。

十四、附　则

79. 本规定自公布之日起试行。

本院以前作出的司法解释与本规定有抵触的，以本规定为准。本规定未尽事宜，按照以前的规定办理。

最高人民法院关于交叉执行工作的指导意见

（2024年6月17日　法发〔2024〕9号）

为进一步加强对人民法院执行工作的监督管理，推进交叉执行工作法治化、规范化、常态化运行，加快实现切实解决执行难目标，根据民事诉讼法及有关司法解释规定，结合人民法院执行工作实际，提出如下意见。

一、总体要求

1. 工作目标。坚持以习近平新时代中国特色社会主义思想为指导，深入贯彻习近平法治思想，严格按照民事诉讼法和有关司法解释规定，聚焦"公正与效率"审判工作主题，充分运用督促执行、指令执行、提级执行、集中执行、协同执行等交叉执行方式破解执行难题，深化审执分离改革，加强执行监督，强化对执行工作的统一管理、统一指挥、统一协调，有效破解消极执行、选择性执行等顽瘴痼疾，有效遏制逃避执行、抗拒执行，有效排除非法干预执行、阻碍执行等问题，切实提升执行案件质量、效率、效果，及时实现胜诉当事人合法权益，努力让人民群众在每一个司法案件中感受到公平正义。

2. 基本原则。人民法院在开展交叉执行工作过程中，应当坚持以下原则：

——必要性原则。民事诉讼法第二百三十五条确立了执行管辖的一般原则，人民法院一般应当按照该条规定精神确定执行案件管辖法院。但是发现因不当干预、消极执行、执行法院力量不足等因素导致执行工作长期未有效推进，或者因多案存在关联，集中办理更有利于执行，或者因执行案件疑难复杂需要上级法院协调、其他法院配合的，可依法开展交叉执行。

——便利性原则。"两便原则"是我国民事诉讼程序关于地域管辖的重要原则。人民法院开展交叉执行应当参照"两便原则"精神，统筹考虑当事人住所地、主要财产所在地、执行法院案件数量、执行力量等因素，从便于当事人参与执行、便于人民法院依法及时有效开展执行工作出发，合理确定交叉执行案件和交叉执行法院。

——规范性原则。交叉执行是人民法院加强执行监督管理的重要手段和有效抓手，必须严格按照法律规定规范有序开展。有效借助执行指挥中心信息化管理功能，结合流程监管、质效评查、申诉信访办理、督查巡查等方式，强化对辖区执行案件监管，运用交叉执行制度工具，完善执行监督管理体系，压实各层级法院监督管理责任，规范执行行为，提升人民群众获得感和满意度。

3. 方式选择。督促执行、指令执行、提级执行、集中执行、协同执行等交叉执行各种具体方式是加强执行监督管理，有效破解执行难题的有机整体，相互间既有联系，又有区别，并非简单的并列关系或者递进关系。各级人民法院要深刻认识交叉执行各种方式的内在本质和逻辑关系，结合执行法院和执行案件具体情况，因地制宜、因案施策，精准适用交叉执行方式。

在能达到同样执行效果的情况下，一般应当优先运用内部交叉、督促执行等成本更小的交叉执行方式；在直接变更案件执行法院效果更好的情况下，也可以不经内部交叉、督促执行，直接指令执行甚至提级执行；对于关联案件，可以集中至某一家法院执行；对于没有必要变更执行法院，但需要整合辖区不同法院执行力量，共同协作执行的情况，可以协同执行。

二、关于督促执行、指令执行和提级执行

4. 督促、指令和提级执行情形。督促执行、指令执行和提级执行是上级法院对下级法院执行案件进行监督管理的有效手段。案件无正当理由超过六个月未执行且具有下列情形之一，结合案件具体情况，上级法院可以责令执行法院限期执行，也可以指令辖区内其他法院执行或者直接提级由本院执行：

(1) 存在消极执行、拖延执行问题的；
(2) 案件受到非法干预的；
(3) 案件重大疑难复杂的；
(4) 需要督促、指令或者提级执行的其他情形。

"存在消极执行、拖延执行问题"主要包括下列情形：债权人申请执行时被执行人有可供执行的财产，执行法院自执行案件立案之日起超过六个月对该财产未执行完结的；执行过程中发现被执行人可供执行的财产，执行法院自发现财产之日起超过六个月对该财产未执行完结的；对法律文书确定的行为义务的执行，执行法院自执行案件立案之日起超过六个月未依法采取相应执行措施的。

"案件受到非法干预"主要包括下列情形：人民法院以外的组织、个人在诉讼程序之外干预执行，案件执行困难的。

"案件重大疑难复杂"主要包括下列情形：涉及国家利益、社会公共利益的；对执行行为存在较大争议的；新类型案件具有首案效应的；具有普遍法律适用指导意义的；涉及国家安全、外交、民族、宗教等敏感因素的。

5. 决定程序。人民法院审查督促、指令或者提级执行案件时，立"执他字"案件办理，办理过程应当充分听取申请执行人意见，申请执行人申请不进行指令或者提级执行的，一般应予准许。决定督促、指令或者提级执行的，应当经执行局负责人批准，作出决定书并分别送相关法院。原执行法院应当通知相关当事人并做好释明工作。集中执行、协同执行等其他交叉执行的决定程序，参照前述规定执行。

6. 案件移送。相关法院应当做好指令、提级执行案件交接工作。原执行法院应当在收到指令、提级执行决定之日起七日内，将案卷材料及案件执行情况说明移送受指令或者提级执行法院，原执行法院的执行案件在相关法院立案后以销案方式结案。原执行法院移送案件前有未处置款物的，应当将未处置款物一并移交受指令或者提级执行法院。

受指令或者提级执行法院应当在收到案卷材料之日起七日内立案，并作为首次执行案件执行。新立执行案件申请执行标的金额为未实际执行到位的金额，执行期限重新计算。原执行法院已经依法完成的送达、查封、评估等工作，受指令或者提级执行法院根据执行案件情况可以不再重复开展。

7. 执行措施。相关法院应当做好指令、提级执行案件执行措施衔接工作，

避免案件交接过程脱封脱保等情况发生。执行案件移送前,相关查控措施距期限届满不足三十日的,应当由原执行法院办理续行查控措施,并在办理完成后移送案件。原执行法院收到指令或者提级执行决定,应当停止执行。确需采取紧急执行措施的,应当报请上级法院批准。案件指令或者提级执行后,原执行法院已采取的查控等执行措施自动转为现执行法院执行措施,期限连续计算,无需重新制作裁定书。受指令或者提级执行法院可以根据申请执行人申请或者依职权办理续行查控等手续。

8. 配合义务。受指令或者提级执行法院在案件办理过程中,需要原执行法院予以必要协助配合的,原执行法院应当协助配合。原执行法院拒不协助配合的,上级法院应当责令其协助配合。

9. 异议审查。执行实施权转移后,执行审查权一并转移。执行案件被指令或者提级执行后,当事人对原执行法院的执行行为提出异议或者案外人对执行标的提出异议的,由提出异议时负责该案件执行的法院审查处理。

10. 再次指令。上级法院应当加强对督促执行、指令执行、提级执行案件日常监管,及时指导执行法院依法开展工作。执行法院在指定期间内未落实督促执行意见或者受指令执行法院在法定执行期限内无正当理由未执行完结的,上级法院可以将案件指令辖区其他法院执行,也可以直接提级执行。指令执行一般以两次为限,经两次指令执行后,上级法院认为仍有必要继续交叉执行的,一般应当提级执行。

11. 终结执行。执行案件经两次指令执行,穷尽财产调查措施,未发现被执行人有可供执行财产,或者财产依法处置分配后,未发现其他可供执行财产的,最后负责执行的法院报作出指令执行的法院批准,可以裁定终结执行。裁定终结执行前,可以听取申请执行人意见。终结执行的,执行法院应当依法解除执行措施。终结执行后,申请执行人发现被执行人有可供执行财产的,可以再次向最后负责执行的法院申请执行。集中执行法院按照《最高人民法院关于适用〈中华人民共和国民事诉讼法〉的解释》第五百零八条、第五百一十四条规定,对被执行人财产依法分配完毕后,未发现其他可供执行财产的,可以参照前述规定终结执行。

三、关于集中执行

12. 集中执行情形。集中执行是人民法院优化执行资源配置,提升关联案件执行质效,依法平等保障当事人合法权益的重要手段。同一被执行人涉及多起执行案件,不同法院具有管辖权,集中执行便于当事人参与执行、便于人民法院依法及时有效开展执行工作的,上级法院可以决定集中执行。

13. 集中执行法院确定。上级法院决定集中执行的,一般应当确定由最先受理的法院或者主要财产所在地法院负责执行。如有特殊情形,可以由上级法院或者辖区其他法院集中执行。

14. 案件受理和移送。各级人民法院应当做好集中执行案件的立案受理及移送工作，有关移送程序参照本意见第6条、第7条办理。集中执行决定作出后，当事人向非集中执行法院申请执行的，由相关法院告知其向负责集中执行的法院申请，当事人坚持申请的，立案后移送至负责集中执行的法院。相关法院认为其正在执行的案件不宜移送的，应当层报作出集中执行决定的法院。

15. 集中执行方式。集中执行案件一般由同一承办人或者执行团队办理。负责集中执行的法院对于关联案件可以合并为一个案件执行，原执行案件作销案处理。原执行案件已经采取的查控措施继续有效，其在先查控的顺位利益依法应予保护。集中执行法院对未并案但已经纳入集中执行的关联案件一般应当同时采取查控措施，避免因采取查控措施顺序不同，导致当事人受偿顺位不同。

16. 移送破产和参与分配。集中执行法院发现作为企业法人的被执行人资产不足以清偿全部债务或者明显缺乏清偿能力的，可以经申请执行人之一或者被执行人同意，按照《最高人民法院关于执行案件移送破产审查若干问题的指导意见》规定及时移送破产审查；当事人不同意移送破产或者被执行人住所地人民法院不受理破产案件的，可以按照《最高人民法院关于适用〈中华人民共和国民事诉讼法〉的解释》第五百一十四条规定依法分配财产。发现作为公民或者其他组织的被执行人财产不能清偿所有债务的，可以直接按照《最高人民法院关于适用〈中华人民共和国民事诉讼法〉的解释》第五百零八条规定依法分配财产。

四、关于协同执行和执行协调

17. 统一调度使用执行力量。上级法院应当根据辖区执行法院和执行案件情况，发挥协调和统筹优势，统一调度使用执行力量，协同、协调下级法院开展执行工作。

18. 个案全面协同。具体执行案件具有下列情形之一，上级法院可以决定协同执行，调度相关法院力量配合执行法院开展执行实施工作：
（1）案件有重大影响，社会高度关注的；
（2）受暴力、威胁或者其他方法妨碍、抗拒执行的；
（3）被执行人主要财产或者经常居住地在异地的；
（4）需要协同执行的其他情形。

协同执行案件办案主体是执行法院，由执行法院以本院名义对外出具法律文书。参与协同执行的其他法院执行人员可以凭协同执行决定书和工作证件，按照上级法院、执行法院要求配合开展执行行动。

19. 协同执行法院的确定。上级法院应当统筹考虑辖区法院案件数量、执行力量、财产所在地等因素，均衡开展协同执行，优先协助案多人少矛盾更加突出的、腾退房屋压力大的辖区法院。应当按照就近便利原则，统筹使用辖区法院执行力量,最大限度节约执行成本,防止因频繁、大跨度调用执行力量对辖区法院正常办案造成影响。

20. 异地执行事项协同。按照《最高人民法院关于严格规范执行事项委托工作的管理办法(试行)》规定,人民法院在案件执行过程中遇有调查财产、查控特定财产或者解除查控事项需赴异地办理的,可以委托相关异地法院代为办理。各高级、中级人民法院应当认真履行督促职责,通过执行指挥管理平台就辖区法院办理事项协同工作情况进行监督。

21. 人案调配。上级法院可以根据辖区法院案件数量、执行力量情况,合理配置执行资源,统一调配辖区法院执行人员到人案矛盾突出的法院帮助执行,或者将案件从数量较多的法院调配至数量较少的法院。

22. 执行争议协调的情形。两个或者两个以上人民法院在执行相关案件中发生争议,具有下列情形之一,应当协商解决。协商不成的,报请上级法院协调,直至报请共同的上级法院处理。

(1) 不同法院因执行管辖等发生争议的;
(2) 优先债权执行法院与首先查封保全法院之间就移送处置权产生争议的;
(3) 不同法院因事项委托发生争议的;
(4) 需要协调执行的其他情形。

上级法院协调下级法院之间的执行争议,认为有必要的,可根据协调情况作出协调处理决定。上级法院作出的协调处理决定,有关法院必须执行。

五、关于监督管理

23. 台账管理。各级人民法院应当统筹做好本辖区交叉执行工作,建立交叉执行案件台账,全面掌握案件情况,进行动态管理和监督指导。

24. 案件评查。上级法院要定期对交叉执行案件进行评查,重点评查经督促执行或者指令执行、提级执行取得实质进展的原执行法院案件。

25. 考核激励。经交叉执行,案件取得重大进展的,对接受交叉执行法院和相关执行干警,应当按照有关规定以适当方式予以鼓励,并在考评、绩效考核等方面予以体现。

26. 追责问责。经交叉执行,发现原执行法院和执行干警存在消极执行、拖延执行和执行违纪违法问题的,应当通报批评,按照规定在考评、绩效考核等方面予以体现,并依规依纪依法追究相关责任。

六、附 则

27. 备案要求。各高级人民法院可以根据相关法律、司法解释和本意见,结合执行工作实际,制定辖区关于交叉执行的实施细则,报最高人民法院审查备案。

28. 施行时间。本意见自公布之日起施行。之前发布的意见、通知与本意见不一致的，以本意见为准。

附件：交叉执行文书样式（略）

最高人民法院关于执行担保若干问题的规定

（2017年12月11日最高人民法院审判委员会第1729次会议通过　根据2020年12月23日最高人民法院审判委员会第1823次会议通过的《最高人民法院关于修改〈最高人民法院关于人民法院扣押铁路运输货物若干问题的规定〉等十八件执行类司法解释的决定》修正　2020年12月29日最高人民法院公告公布　该修正自2021年1月1日起施行　法释〔2020〕21号）

为了进一步规范执行担保，维护当事人、利害关系人的合法权益，根据《中华人民共和国民事诉讼法》等法律规定，结合执行实践，制定本规定。

第一条　本规定所称执行担保，是指担保人依照民事诉讼法第二百三十一条规定，为担保被执行人履行生效法律文书确定的全部或者部分义务，向人民法院提供的担保。

第二条　执行担保可以由被执行人提供财产担保，也可以由他人提供财产担保或者保证。

第三条　被执行人或者他人提供执行担保的，应当向人民法院提交担保书，并将担保书副本送交申请执行人。

第四条　担保书中应当载明担保人的基本信息、暂缓执行期限、担保期间、被担保的债权种类及数额、担保范围、担保方式、被执行人于暂缓执行期限届满后仍不履行时担保人自愿接受直接强制执行的承诺等内容。

提供财产担保的，担保书中还应当载明担保财产的名称、数量、质量、状况、所在地、所有权或者使用权归属等内容。

第五条　公司为被执行人提供执行担保的，应当提交符合公司法第十六条规定的公司章程、董事会或者股东会、股东大会决议。

第六条　被执行人或者他人提供执行担保，申请执行人同意的，应当向人民法院出具书面同意意见，也可以由执行人员将其同意的内容记入笔录，并由申请执行人签名或者盖章。

第七条　被执行人或者他人提供财产担保，可以依照民法典规定办理登记等担保物权公示手续；已经办理公示手续的，申请执行人可以依法主张优先受偿权。

申请执行人申请人民法院查封、扣押、冻结担保财产的，人民法院应当准许,但担保书另有约定的除外。

第八条 人民法院决定暂缓执行的,可以暂缓全部执行措施的实施,但担保书另有约定的除外。

第九条 担保书内容与事实不符,且对申请执行人合法权益产生实质影响的,人民法院可以依申请执行人的申请恢复执行。

第十条 暂缓执行的期限应当与担保书约定一致,但最长不得超过一年。

第十一条 暂缓执行期限届满后被执行人仍不履行义务,或者暂缓执行期间担保人有转移、隐藏、变卖、毁损担保财产等行为的,人民法院可以依申请执行人的申请恢复执行,并直接裁定执行担保财产或者保证人的财产,不得将担保人变更、追加为被执行人。

执行担保财产或者保证人的财产,以担保人应当履行义务部分的财产为限。被执行人有便于执行的现金、银行存款的,应当优先执行该现金、银行存款。

第十二条 担保期间自暂缓执行期限届满之日起计算。

担保书中没有记载担保期间或者记载不明的,担保期间为一年。

第十三条 担保期间届满后,申请执行人申请执行担保财产或者保证人财产的,人民法院不予支持。他人提供财产担保的,人民法院可以依其申请解除对担保财产的查封、扣押、冻结。

第十四条 担保人承担担保责任后,提起诉讼向被执行人追偿的,人民法院应予受理。

第十五条 被执行人申请变更、解除全部或者部分执行措施,并担保履行生效法律文书确定义务的,参照适用本规定。

第十六条 本规定自 2018 年 3 月 1 日起施行。

本规定施行前成立的执行担保,不适用本规定。

本规定施行前本院公布的司法解释与本规定不一致的,以本规定为准。

最高人民法院关于执行和解若干问题的规定

(2017 年 11 月 6 日最高人民法院审判委员会第 1725 次会议通过 根据 2020 年 12 月 23 日最高人民法院审判委员会第 1823 次会议通过的《最高人民法院关于修改〈最高人民法院关于人民法院扣押铁路运输货物若干问题的规定〉等十八件执行类司法解释的决定》修正 2020 年 12 月 29 日最高人民法院公告公布 该修正自 2021 年 1 月 1 日起施行 法释〔2020〕21 号)

为了进一步规范执行和解,维护当事人、利害关系人的合法权益,根据《中华人民共和国民事诉讼法》等法律规定,结合执行实践,制定本规定。

第一条 当事人可以自愿协商达成和解协议，依法变更生效法律文书确定的权利义务主体、履行标的、期限、地点和方式等内容。

和解协议一般采用书面形式。

第二条 和解协议达成后，有下列情形之一的，人民法院可以裁定中止执行：

（一）各方当事人共同向人民法院提交书面和解协议的；

（二）一方当事人向人民法院提交书面和解协议，其他当事人予以认可的；

（三）当事人达成口头和解协议，执行人员将和解协议内容记入笔录，由各方当事人签名或者盖章的。

第三条 中止执行后，申请执行人申请解除查封、扣押、冻结的，人民法院可以准许。

第四条 委托代理人代为执行和解，应当有委托人的特别授权。

第五条 当事人协商一致，可以变更执行和解协议，并向人民法院提交变更后的协议，或者由执行人员将变更后的内容记入笔录，并由各方当事人签名或者盖章。

第六条 当事人达成以物抵债执行和解协议的，人民法院不得依据该协议作出以物抵债裁定。

第七条 执行和解协议履行过程中，符合民法典第五百七十条规定情形的，债务人可以依法向有关机构申请提存；执行和解协议约定给付金钱的，债务人也可以向执行法院申请提存。

第八条 执行和解协议履行完毕的，人民法院作执行结案处理。

第九条 被执行人一方不履行执行和解协议的，申请执行人可以申请恢复执行原生效法律文书，也可以就履行执行和解协议向执行法院提起诉讼。

第十条 申请恢复执行原生效法律文书，适用民事诉讼法第二百三十九条申请执行期间的规定。

当事人不履行执行和解协议的，申请恢复执行期间自执行和解协议约定履行期间的最后一日起计算。

第十一条 申请执行人以被执行人一方不履行执行和解协议为由申请恢复执行，人民法院经审查，理由成立的，裁定恢复执行；有下列情形之一的，裁定不予恢复执行：

（一）执行和解协议履行完毕后申请恢复执行的；

（二）执行和解协议约定的履行期限尚未届至或者履行条件尚未成就的，但符合民法典第五百七十八条规定情形的除外；

（三）被执行人一方正在按照执行和解协议约定履行义务的；

（四）其他不符合恢复执行条件的情形。

第十二条 当事人、利害关系人认为恢复执行或者不予恢复执行违反法律规定的，可以依照民事诉讼法第二百二十五条规定提出异议。

第十三条 恢复执行后,对申请执行人就履行执行和解协议提起的诉讼,人民法院不予受理。

第十四条 申请执行人就履行执行和解协议提起诉讼,执行法院受理后,可以裁定终结原生效法律文书的执行。执行中的查封、扣押、冻结措施,自动转为诉讼中的保全措施。

第十五条 执行和解协议履行完毕,申请执行人因被执行人迟延履行、瑕疵履行遭受损害的,可以向执行法院另行提起诉讼。

第十六条 当事人、利害关系人认为执行和解协议无效或者应予撤销的,可以向执行法院提起诉讼。执行和解协议被确认无效或者撤销后,申请执行人可以据此申请恢复执行。

被执行人以执行和解协议无效或者应予撤销为由提起诉讼的,不影响申请执行人申请恢复执行。

第十七条 恢复执行后,执行和解协议已经履行部分应当依法扣除。当事人、利害关系人认为人民法院的扣除行为违反法律规定的,可以依照民事诉讼法第二百二十五条规定提出异议。

第十八条 执行和解协议中约定担保条款,且担保人向人民法院承诺在被执行人不履行执行和解协议时自愿接受直接强制执行的,恢复执行原生效法律文书后,人民法院可以依申请执行人申请及担保条款的约定,直接裁定执行担保财产或者保证人的财产。

第十九条 执行过程中,被执行人根据当事人自行达成但未提交人民法院的和解协议,或者一方当事人提交人民法院但其他当事人不予认可的和解协议,依照民事诉讼法第二百二十五条规定提出异议的,人民法院按照下列情形,分别处理:

(一)和解协议履行完毕的,裁定终结原生效法律文书的执行;

(二)和解协议约定的履行期限尚未届至或者履行条件尚未成就的,裁定中止执行,但符合民法典第五百七十八条规定情形的除外;

(三)被执行人一方正在按照和解协议约定履行义务的,裁定中止执行;

(四)被执行人不履行和解协议的,裁定驳回异议;

(五)和解协议不成立、未生效或者无效的,裁定驳回异议。

第二十条 本规定自2018年3月1日起施行。

本规定施行前本院公布的司法解释与本规定不一致的,以本规定为准。

最高人民法院关于
民事执行中变更、追加当事人若干问题的规定

(2016年8月29日最高人民法院审判委员会第1691次会议通过 根据2020年12月23日最高人民法院审判委员会第1823次会议通过的《最高人民法院关于修改〈最高人民法院关于人民法院扣押铁路运输货物若干问题的规定〉等十八件执行类司法解释的决定》修正 2020年12月29日最高人民法院公告公布 该修正自2021年1月1日起施行 法释〔2020〕21号)

为正确处理民事执行中变更、追加当事人问题,维护当事人、利害关系人的合法权益,根据《中华人民共和国民事诉讼法》等法律规定,结合执行实践,制定本规定。

第一条 执行过程中,申请执行人或其继承人、权利承受人可以向人民法院申请变更、追加当事人。申请符合法定条件的,人民法院应予支持。

第二条 作为申请执行人的自然人死亡或被宣告死亡,该自然人的遗产管理人、继承人、受遗赠人或其他因该自然人死亡或被宣告死亡依法承受生效法律文书确定权利的主体,申请变更、追加其为申请执行人的,人民法院应予支持。

作为申请执行人的自然人被宣告失踪,该自然人的财产代管人申请变更、追加其为申请执行人的,人民法院应予支持。

第三条 作为申请执行人的自然人离婚时,生效法律文书确定的权利全部或部分分割给其配偶,该配偶申请变更、追加其为申请执行人的,人民法院应予支持。

第四条 作为申请执行人的法人或非法人组织终止,因该法人或非法人组织终止依法承受生效法律文书确定权利的主体,申请变更、追加其为申请执行人的,人民法院应予支持。

第五条 作为申请执行人的法人或非法人组织因合并而终止,合并后存续或新设的法人、非法人组织申请变更其为申请执行人的,人民法院应予支持。

第六条 作为申请执行人的法人或非法人组织分立,依分立协议约定承受生效法律文书确定权利的新设法人或非法人组织,申请变更、追加其为申请执行人的,人民法院应予支持。

第七条 作为申请执行人的法人或非法人组织清算或破产时,生效法律文书确定的权利依法分配给第三人,该第三人申请变更、追加其为申请执行人的,人民法院应予支持。

第八条 作为申请执行人的机关法人被撤销,继续履行其职能的主体申请变更、追加其为申请执行人的,人民法院应予支持,但生效法律文书确定的权利依法应由其他主体承受的除外;没有继续履行其职能的主体,且生效法律文书确定权利的承受主体不明确,作出撤销决定的主体申请变更、追加其为申请执行人的,人民法院应予支持。

第九条 申请执行人将生效法律文书确定的债权依法转让给第三人,且书面认可第三人取得该债权,该第三人申请变更、追加其为申请执行人的,人民法院应予支持。

第十条 作为被执行人的自然人死亡或被宣告死亡,申请执行人申请变更、追加该自然人的遗产管理人、继承人、受遗赠人或其他因该自然人死亡或被宣告死亡取得遗产的主体为被执行人,在遗产范围内承担责任的,人民法院应予支持。

作为被执行人的自然人被宣告失踪,申请执行人申请变更该自然人的财产代管人为被执行人,在代管的财产范围内承担责任的,人民法院应予支持。

第十一条 作为被执行人的法人或非法人组织因合并而终止,申请执行人申请变更合并后存续或新设的法人、非法人组织为被执行人的,人民法院应予支持。

第十二条 作为被执行人的法人或非法人组织分立,申请执行人申请变更、追加分立后新设的法人或非法人组织为被执行人,对生效法律文书确定的债务承担连带责任的,人民法院应予支持。但被执行人在分立前与申请执行人就债务清偿达成的书面协议另有约定的除外。

第十三条 作为被执行人的个人独资企业,不能清偿生效法律文书确定的债务,申请执行人申请变更、追加其出资人为被执行人的,人民法院应予支持。个人独资企业出资人作为被执行人的,人民法院可以直接执行该个人独资企业的财产。

个体工商户的字号为被执行人的,人民法院可以直接执行该字号经营者的财产。

第十四条 作为被执行人的合伙企业,不能清偿生效法律文书确定的债务,申请执行人申请变更、追加普通合伙人为被执行人的,人民法院应予支持。

作为被执行人的有限合伙企业,财产不足以清偿生效法律文书确定的债务,申请执行人申请变更、追加未按期足额缴纳出资的有限合伙人为被执行人,在未足额缴纳出资的范围内承担责任的,人民法院应予支持。

第十五条 作为被执行人的法人分支机构,不能清偿生效法律文书确定的债务,申请执行人申请变更、追加该法人为被执行人的,人民法院应予支持。法人直接管理的责任财产仍不能清偿债务的,人民法院可以直接执行该法人其他分支机构的财产。

作为被执行人的法人,直接管理的责任财产不能清偿生效法律文书确定债务的,人民法院可以直接执行该法人分支机构的财产。

第十六条 个人独资企业、合伙企业、法人分支机构以外的非法人组织作为被执行人,不能清偿生效法律文书确定的债务,申请执行人申请变更、追加依法对该非法人组织的债务承担责任的主体为被执行人的,人民法院应予支持。

第十七条 作为被执行人的营利法人,财产不足以清偿生效法律文书确定的债务,申请执行人申请变更、追加未缴纳或未足额缴纳出资的股东、出资人或依公司法规定对该出资承担连带责任的发起人为被执行人,在尚未缴纳出资的范围内依法承担责任的,人民法院应予支持。

第十八条 作为被执行人的营利法人,财产不足以清偿生效法律文书确定的债务,申请执行人申请变更、追加抽逃出资的股东、出资人为被执行人,在抽逃出资的范围内承担责任的,人民法院应予支持。

第十九条 作为被执行人的公司,财产不足以清偿生效法律文书确定的债务,其股东未依法履行出资义务即转让股权,申请执行人申请变更、追加该原股东或依公司法规定对该出资承担连带责任的发起人为被执行人,在未依法出资的范围内承担责任的,人民法院应予支持。

第二十条 作为被执行人的一人有限责任公司,财产不足以清偿生效法律文书确定的债务,股东不能证明公司财产独立于自己的财产,申请执行人申请变更、追加该股东为被执行人,对公司债务承担连带责任的,人民法院应予支持。

第二十一条 作为被执行人的公司,未经清算即办理注销登记,导致公司无法进行清算,申请执行人申请变更、追加有限责任公司的股东、股份有限公司的董事和控股股东为被执行人,对公司债务承担连带清偿责任的,人民法院应予支持。

第二十二条 作为被执行人的法人或非法人组织,被注销或出现被吊销营业执照、被撤销、被责令关闭、歇业等解散事由后,其股东、出资人或主管部门无偿接受其财产,致使该被执行人无遗留财产或遗留财产不足以清偿债务,申请执行人申请变更、追加该股东、出资人或主管部门为被执行人,在接受的财产范围内承担责任的,人民法院应予支持。

第二十三条 作为被执行人的法人或非法人组织,未经依法清算即办理注销登记,在登记机关办理注销登记时,第三人书面承诺对被执行人的债务承担清偿责任,申请执行人申请变更、追加该第三人为被执行人,在承诺范围内承担清偿责任的,人民法院应予支持。

第二十四条 执行过程中,第三人向执行法院书面承诺自愿代被执行人履行生效法律文书确定的债务,申请执行人申请变更、追加该第三人为被执行人,在承诺范围内承担责任的,人民法院应予支持。

第二十五条 作为被执行人的法人或非法人组织,财产依行政命令被无偿调拨、划转给第三人,致使该被执行人财产不足以清偿生效法律文书确定的债务,申请执行人申请变更、追加该第三人为被执行人,在接受的财产范围内承担责任的,人民法院应予支持。

第二十六条 被申请人在应承担责任范围内已承担相应责任的,人民法院不得责令其重复承担责任。

第二十七条 执行当事人的姓名或名称发生变更的,人民法院可以直接将姓名或名称变更后的主体作为执行当事人,并在法律文书中注明变更前的姓名或名称。

第二十八条 申请人申请变更、追加执行当事人,应当向执行法院提交书面申请及相关证据材料。

除事实清楚、权利义务关系明确、争议不大的案件外,执行法院应当组成合议庭审查并公开听证。经审查,理由成立的,裁定变更、追加;理由不成立的,裁定驳回。

执行法院应当自收到书面申请之日起六十日内作出裁定。有特殊情况需要延长的,由本院院长批准。

第二十九条 执行法院审查变更、追加被执行人申请期间,申请人申请对被申请人的财产采取查封、扣押、冻结措施的,执行法院应当参照民事诉讼法第一百条的规定办理。

申请执行人在申请变更、追加第三人前,向执行法院申请查封、扣押、冻结该第三人财产的,执行法院应当参照民事诉讼法第一百零一条的规定办理。

第三十条 被申请人、申请人或其他执行当事人对执行法院作出的变更、追加裁定或驳回申请裁定不服的,可以自裁定书送达之日起十日内向上一级人民法院申请复议,但依据本规定第三十二条的规定应当提起诉讼的除外。

第三十一条 上一级人民法院对复议申请应当组成合议庭审查,并自收到申请之日起六十日内作出复议裁定。有特殊情况需要延长的,由本院院长批准。

被裁定变更、追加的被申请人申请复议的,复议期间,人民法院不得对其争议范围内的财产进行处分。申请人请求人民法院继续执行并提供相应担保的,人民法院可以准许。

第三十二条 被申请人或申请人对执行法院依据本规定第十四条第二款、第十七条至第二十一条规定作出的变更、追加裁定或驳回申请裁定不服的,可以自裁定书送达之日起十五日内,向执行法院提起执行异议之诉。

被申请人提起执行异议之诉的,以申请人为被告。申请人提起执行异议之诉的,以被申请人为被告。

第三十三条 被申请人提起的执行异议之诉,人民法院经审理,按照下列情形分别处理:

(一)理由成立的,判决不得变更、追加被申请人为被执行人或者判决变更

责任范围;

(二)理由不成立的,判决驳回诉讼请求。

诉讼期间,人民法院不得对被申请人争议范围内的财产进行处分。申请人请求人民法院继续执行并提供相应担保的,人民法院可以准许。

第三十四条 申请人提起的执行异议之诉,人民法院经审理,按照下列情形分别处理:

(一)理由成立的,判决变更、追加被申请人为被执行人并承担相应责任或者判决变更责任范围;

(二)理由不成立的,判决驳回诉讼请求。

第三十五条 本规定自 2016 年 12 月 1 日起施行。

本规定施行后,本院以前公布的司法解释与本规定不一致的,以本规定为准。

最高人民法院关于人民法院办理执行异议和复议案件若干问题的规定

(2014 年 12 月 29 日最高人民法院审判委员会第 1638 次会议通过 根据 2020 年 12 月 23 日最高人民法院审判委员会第 1823 次会议通过的《最高人民法院关于修改〈最高人民法院关于人民法院扣押铁路运输货物若干问题的规定〉等十八件执行类司法解释的决定》修正

2020 年 12 月 29 日最高人民法院公告公布 该修正自 2021 年 1 月 1 日起施行 法释〔2020〕21 号)

为了规范人民法院办理执行异议和复议案件,维护当事人、利害关系人和案外人的合法权益,根据民事诉讼法等法律规定,结合人民法院执行工作实际,制定本规定。

第一条 异议人提出执行异议或者复议申请人申请复议,应当向人民法院提交申请书。申请书应当载明具体的异议或者复议请求、事实、理由等内容,并附下列材料:

(一)异议人或者复议申请人的身份证明;

(二)相关证据材料;

(三)送达地址和联系方式。

第二条 执行异议符合民事诉讼法第二百二十五条或者第二百二十七条规定条件的,人民法院应当在三日内立案,并在立案后三日内通知异议人和相关当事人。不符合受理条件的,裁定不予受理;立案后发现不符合受理条件的,裁定驳回申请。

执行异议申请材料不齐备的,人民法院应当一次性告知异议人在三日内补足,逾期未补足的,不予受理。

异议人对不予受理或者驳回申请裁定不服的,可以自裁定送达之日起十日内向上一级人民法院申请复议。上一级人民法院审查后认为符合受理条件的,应当裁定撤销原裁定,指令执行法院立案或者对执行异议进行审查。

第三条 执行法院收到执行异议后三日内既不立案又不作出不予受理裁定,或者受理后无正当理由超过法定期限不作出异议裁定的,异议人可以向上一级人民法院提出异议。上一级人民法院审查后认为理由成立的,应当指令执行法院在三日内立案或者在十五日内作出异议裁定。

第四条 执行案件被指定执行、提级执行、委托执行后,当事人、利害关系人对原执行法院的执行行为提出异议的,由提出异议时负责该案件执行的人民法院审查处理;受指定或者受委托的人民法院是原执行法院的下级人民法院的,仍由原执行法院审查处理。

执行案件被指定执行、提级执行、委托执行后,案外人对原执行法院的执行标的提出异议的,参照前款规定处理。

第五条 有下列情形之一的,当事人以外的自然人、法人和非法人组织,可以作为利害关系人提出执行行为异议:

(一)认为人民法院的执行行为违法,妨碍其轮候查封、扣押、冻结的债权受偿的;

(二)认为人民法院的拍卖措施违法,妨碍其参与公平竞价的;

(三)认为人民法院的拍卖、变卖或者以物抵债措施违法,侵害其对执行标的的优先购买权的;

(四)认为人民法院要求协助执行的事项超出其协助范围或者违反法律规定的;

(五)认为其他合法权益受到人民法院违法执行行为侵害的。

第六条 当事人、利害关系人依照民事诉讼法第二百二十五条规定提出异议的,应当在执行程序终结之前提出,但对终结执行措施提出异议的除外。

案外人依照民事诉讼法第二百二十七条规定提出异议的,应当在异议指向的执行标的执行终结之前提出;执行标的由当事人受让的,应当在执行程序终结之前提出。

第七条 当事人、利害关系人认为执行过程中或者执行保全、先予执行裁定过程中的下列行为违法提出异议的,人民法院应当依照民事诉讼法第二百二十五条规定进行审查:

(一)查封、扣押、冻结、拍卖、变卖、以物抵债、暂缓执行、中止执行、终结执行等执行措施;

(二)执行的期间、顺序等应当遵守的法定程序;

(三)人民法院作出的侵害当事人、利害关系人合法权益的其他行为。

被执行人以债权消灭、丧失强制执行效力等执行依据生效之后的实体事由提出排除执行异议的,人民法院应当参照民事诉讼法第二百二十五条规定进行审查。

除本规定第十九条规定的情形外,被执行人以执行依据生效之前的实体事由提出排除执行异议的,人民法院应当告知其依法申请再审或者通过其他程序解决。

第八条 案外人基于实体权利既对执行标的提出排除执行异议又作为利害关系人提出执行行为异议的,人民法院应当依照民事诉讼法第二百二十七条规定进行审查。

案外人既基于实体权利对执行标的提出排除执行异议又作为利害关系人提出与实体权利无关的执行行为异议的,人民法院应当分别依照民事诉讼法第二百二十七条和第二百二十五条规定进行审查。

第九条 被限制出境的人认为对其限制出境错误的,可以自收到限制出境决定之日起十日内向上一级人民法院申请复议。上一级人民法院应当自收到复议申请之日起十五日内作出决定。复议期间,不停止原决定的执行。

第十条 当事人不服驳回不予执行公证债权文书申请的裁定的,可以自收到裁定之日起十日内向上一级人民法院申请复议。上一级人民法院应当自收到复议申请之日起三十日内审查,理由成立的,裁定撤销原裁定,不予执行该公证债权文书;理由不成立的,裁定驳回复议申请。复议期间,不停止执行。

第十一条 人民法院审查执行异议或者复议案件,应当依法组成合议庭。

指令重新审查的执行异议案件,应当另行组成合议庭。

办理执行实施案件的人员不得参与相关执行异议和复议案件的审查。

第十二条 人民法院对执行异议和复议案件实行书面审查。案情复杂、争议较大的,应当进行听证。

第十三条 执行异议、复议案件审查期间,异议人、复议申请人申请撤回异议、复议申请的,是否准许由人民法院裁定。

第十四条 异议人或者复议申请人经合法传唤,无正当理由拒不参加听证,或者未经法庭许可中途退出听证,致使人民法院无法查清相关事实的,由其自行承担不利后果。

第十五条 当事人、利害关系人对同一执行行为有多个异议事由,但未在异议审查过程中一并提出,撤回异议或者被裁定驳回异议后,再次就该执行行为提出异议的,人民法院不予受理。

案外人撤回异议或者被裁定驳回异议后,再次就同一执行标的提出异议的,人民法院不予受理。

第十六条 人民法院依照民事诉讼法第二百二十五条规定作出裁定时,应当告知相关权利人申请复议的权利和期限。

人民法院依照民事诉讼法第二百二十七条规定作出裁定时,应当告知相关权利人提起执行异议之诉的权利和期限。

人民法院作出其他裁定和决定时,法律、司法解释规定了相关权利人申请复议的权利和期限的,应当进行告知。

第十七条 人民法院对执行行为异议,应当按照下列情形,分别处理:

(一)异议不成立的,裁定驳回异议;

(二)异议成立的,裁定撤销相关执行行为;

(三)异议部分成立的,裁定变更相关执行行为;

(四)异议成立或者部分成立,但执行行为无撤销、变更内容的,裁定异议成立或者相应部分异议成立。

第十八条 执行过程中,第三人因书面承诺自愿代被执行人偿还债务而被追加为被执行人后,无正当理由反悔并提出异议的,人民法院不予支持。

第十九条 当事人互负到期债务,被执行人请求抵销,请求抵销的债务符合下列情形的,除依照法律规定或者按照债务性质不得抵销的以外,人民法院应予支持:

(一)已经生效法律文书确定或者经申请执行人认可;

(二)与被执行人所负债务的标的物种类、品质相同。

第二十条 金钱债权执行中,符合下列情形之一,被执行人以执行标的系本人及所扶养家属维持生活必需的居住房屋为由提出异议的,人民法院不予支持:

(一)对被执行人有扶养义务的人名下有其他能够维持生活必需的居住房屋的;

(二)执行依据生效后,被执行人为逃避债务转让其名下其他房屋的;

(三)申请执行人按照当地廉租住房保障面积标准为被执行人及所扶养家属提供居住房屋,或者同意参照当地房屋租赁市场平均租金标准从该房屋的变价款中扣除五至八年租金的。

执行依据确定被执行人交付居住的房屋,自执行通知送达之日起,已经给予三个月的宽限期,被执行人以该房屋系本人及所扶养家属维持生活的必需品为由提出异议的,人民法院不予支持。

第二十一条 当事人、利害关系人提出异议请求撤销拍卖,符合下列情形之一的,人民法院应予支持:

(一)竞买人之间、竞买人与拍卖机构之间恶意串通,损害当事人或者其他竞买人利益的;

(二)买受人不具备法律规定的竞买资格的;

(三)违法限制竞买人参加竞买或者对不同的竞买人规定不同竞买条件的;

(四)未按照法律、司法解释的规定对拍卖标的物进行公告的;

(五)其他严重违反拍卖程序且损害当事人或者竞买人利益的情形。

当事人、利害关系人请求撤销变卖的,参照前款规定处理。

第二十二条 公证债权文书对主债务和担保债务同时赋予强制执行效力的,人民法院应予执行;仅对主债务赋予强制执行效力未涉及担保债务的,对担保债务的执行申请不予受理;仅对担保债务赋予强制执行效力未涉及主债务的,对主债务的执行申请不予受理。

人民法院受理担保债务的执行申请后,被执行人仅以担保合同不属于赋予强制执行效力的公证债权文书范围为由申请不予执行的,不予支持。

第二十三条 上一级人民法院对不服异议裁定的复议申请审查后,应当按照下列情形,分别处理:

(一)异议裁定认定事实清楚,适用法律正确,结果应予维持的,裁定驳回复议申请,维持异议裁定;

(二)异议裁定认定事实错误,或者适用法律错误,结果应予纠正的,裁定撤销或者变更异议裁定;

(三)异议裁定认定基本事实不清、证据不足的,裁定撤销异议裁定,发回作出裁定的人民法院重新审查,或者查清事实后作出相应裁定;

(四)异议裁定遗漏异议请求或者存在其他严重违反法定程序的情形,裁定撤销异议裁定,发回作出裁定的人民法院重新审查;

(五)异议裁定对应当适用民事诉讼法第二百二十七条规定审查处理的异议,错误适用民事诉讼法第二百二十五条规定审查处理的,裁定撤销异议裁定,发回作出裁定的人民法院重新作出裁定。

除依照本条第一款第三、四、五项发回重新审查或者重新作出裁定的情形外,裁定撤销或者变更异议裁定且执行行为可撤销、变更的,应当同时撤销或者变更该裁定维持的执行行为。

人民法院对发回重新审查的案件作出裁定后,当事人、利害关系人申请复议的,上一级人民法院复议后不得再次发回重新审查。

第二十四条 对案外人提出的排除执行异议,人民法院应当审查下列内容:

(一)案外人是否系权利人;

(二)该权利的合法性与真实性;

(三)该权利能否排除执行。

第二十五条 对案外人的异议,人民法院应当按照下列标准判断其是否系权利人:

(一)已登记的不动产,按照不动产登记簿判断;未登记的建筑物、构筑物及其附属设施,按照土地使用权登记簿、建设工程规划许可、施工许可等相关证据判断;

(二)已登记的机动车、船舶、航空器等特定动产,按照相关管理部门的登记判断;未登记的特定动产和其他动产,按照实际占有情况判断;

(三)银行存款和存管在金融机构的有价证券,按照金融机构和登记结算机

构登记的账户名称判断;有价证券由具备合法经营资质的托管机构名义持有的,按照该机构登记的实际出资人账户名称判断;

(四)股权按照工商行政管理机关的登记和企业信用信息公示系统公示的信息判断;

(五)其他财产和权利,有登记的,按照登记机构的登记判断;无登记的,按照合同等证明财产权属或者权利人的证据判断。

案外人依据另案生效法律文书提出排除执行异议,该法律文书认定的执行标的权利人与依照前款规定得出的判断不一致的,依照本规定第二十六条规定处理。

第二十六条 金钱债权执行中,案外人依据执行标的被查封、扣押、冻结前作出的另案生效法律文书提出排除执行异议,人民法院应当按照下列情形,分别处理:

(一)该法律文书系就案外人与被执行人之间的权属纠纷以及租赁、借用、保管等不以转移财产权属为目的的合同纠纷,判决、裁决执行标的归属于案外人或者向其返还执行标的且其权利能够排除执行的,应予支持;

(二)该法律文书系就案外人与被执行人之间除前项所列合同之外的债权纠纷,判决、裁决执行标的归属于案外人或者向其交付、返还执行标的的,不予支持。

(三)该法律文书系案外人受让执行标的的拍卖、变卖成交裁定或者以物抵债裁定且其权利能够排除执行的,应予支持。

金钱债权执行中,案外人依据执行标的被查封、扣押、冻结后作出的另案生效法律文书提出排除执行异议的,人民法院不予支持。

非金钱债权执行中,案外人依据另案生效法律文书提出排除执行异议,该法律文书对执行标的的权属作出不同认定的,人民法院应当告知案外人依法申请再审或者通过其他程序解决。

申请执行人或者案外人不服人民法院依照本条第一、二款规定作出的裁定,可以依照民事诉讼法第二百二十七条规定提起执行异议之诉。

第二十七条 申请执行人对执行标的依法享有对抗案外人的担保物权等优先受偿权,人民法院对案外人提出的排除执行异议不予支持,但法律、司法解释另有规定的除外。

第二十八条 金钱债权执行中,买受人对登记在被执行人名下的不动产提出异议,符合下列情形且其权利能够排除执行的,人民法院应予支持:

(一)在人民法院查封之前已签订合法有效的书面买卖合同;

(二)在人民法院查封之前已合法占有该不动产;

(三)已支付全部价款,或者已按照合同约定支付部分价款且将剩余价款按照人民法院的要求交付执行;

(四)非因买受人自身原因未办理过户登记。

第二十九条 金钱债权执行中,买受人对登记在被执行的房地产开发企业名下的商品房提出异议,符合下列情形且其权利能够排除执行的,人民法院应予支持:

(一)在人民法院查封之前已签订合法有效的书面买卖合同;

(二)所购商品房系用于居住且买受人名下无其他用于居住的房屋;

(三)已支付的价款超过合同约定总价款的百分之五十。

第三十条 金钱债权执行中,对被查封的办理了受让物权预告登记的不动产,受让人提出停止处分异议的,人民法院应予支持;符合物权登记条件,受让人提出排除执行异议的,应予支持。

第三十一条 承租人请求在租赁期内阻止向受让人移交占有被执行的不动产,在人民法院查封之前已签订合法有效的书面租赁合同并占有使用该不动产的,人民法院应予支持。

承租人与被执行人恶意串通,以明显不合理的低价承租被执行的不动产或者伪造交付租金证据的,对其提出的阻止移交占有的请求,人民法院不予支持。

第三十二条 本规定施行后尚未审查终结的执行异议和复议案件,适用本规定。本规定施行前已经审查终结的执行异议和复议案件,人民法院依法提起执行监督程序的,不适用本规定。

最高人民法院关于委托执行若干问题的规定

(2011年4月25日最高人民法院审判委员会第1521次会议通过 根据2020年12月23日最高人民法院审判委员会第1823次会议通过的《最高人民法院关于修改〈最高人民法院关于人民法院扣押铁路运输货物若干问题的规定〉等十八件执行类司法解释的决定》修正 2020年12月29日最高人民法院公告公布 该修正自2021年1月1日起施行 法释〔2020〕21号)

为了规范委托执行工作,维护当事人的合法权益,根据《中华人民共和国民事诉讼法》的规定,结合司法实践,制定本规定。

第一条 执行法院经调查发现被执行人在本辖区内已无财产可供执行,且在其他省、自治区、直辖市内有可供执行财产的,可以将案件委托异地的同级人民法院执行。

执行法院确需赴异地执行案件的,应当经其所在辖区高级人民法院批准。

第二条 案件委托执行后,受托法院应当依法立案,委托法院应当在收到受托法院的立案通知书后作销案处理。

委托异地法院协助查询、冻结、查封、调查或者送达法律文书等有关事项的,受托法院不作为委托执行案件立案办理,但应当积极予以协助。

第三条　委托执行应当以执行标的物所在地或者执行行为实施地的同级人民法院为受托执行法院。有两处以上财产在异地的,可以委托主要财产所在地的人民法院执行。

被执行人是现役军人或者军事单位的,可以委托对其有管辖权的军事法院执行。

执行标的物是船舶的,可以委托有管辖权的海事法院执行。

第四条　委托执行案件应当由委托法院直接向受托法院办理委托手续,并层报各自所在的高级人民法院备案。

事项委托应当通过人民法院执行指挥中心综合管理平台办理委托事项的相关手续。

第五条　案件委托执行时,委托法院应当提供下列材料:

(一)委托执行函;

(二)申请执行书和委托执行案件审批表;

(三)据以执行的生效法律文书副本;

(四)有关案件情况的材料或者说明,包括本辖区无财产的调查材料、财产保全情况、被执行人财产状况、生效法律文书的履行情况等;

(五)申请执行人地址、联系电话;

(六)被执行人身份证件或者营业执照复印件、地址、联系电话;

(七)委托法院执行员和联系电话;

(八)其他必要的案件材料等。

第六条　委托执行时,委托法院应当将已经查封、扣押、冻结的被执行人的异地财产,一并移交受托法院处理,并在委托执行函中说明。

委托执行后,委托法院对被执行人财产已经采取查封、扣押、冻结等措施的,视为受托法院的查封、扣押、冻结措施。受托法院需要继续查封、扣押、冻结,持委托执行函和立案通知书办理相关手续。续封续冻时,仍为原委托法院的查封冻结顺序。

查封、扣押、冻结等措施的有效期限在移交受托法院时不足 1 个月的,委托法院应当先行续封或者续冻,再移交受托法院。

第七条　受托法院收到委托执行函后,应当在 7 日内予以立案,并及时将立案通知书通过委托法院送达申请执行人,同时将指定的承办人、联系电话等书面告知委托法院。

委托法院收到上述通知书后,应当在 7 日内书面通知申请执行人案件已经委托执行,并告知申请执行人可以直接与受托法院联系执行相关事宜。

第八条　受托法院如发现委托执行的手续、材料不全,可以要求委托法院补办。委托法院应当在 30 日内完成补办事项,在上述期限内未完成的,应当作出书面说明。委托法院既不补办又不说明原因的,视为撤回委托,受托法院可以将委托材料退回委托法院。

第九条 受托法院退回委托的,应当层报所在辖区高级人民法院审批。高级人民法院同意退回后,受托法院应当在 15 日内将有关委托手续和案卷材料退回委托法院,并作出书面说明。

委托执行案件退回后,受托法院已立案的,应当作销案处理。委托法院在案件退回原因消除之后可以再行委托。确因委托不当被退回的,委托法院应当决定撤销委托并恢复案件执行,报所在的高级人民法院备案。

第十条 委托法院在案件委托执行后又发现有可供执行财产的,应当及时告知受托法院。受托法院发现被执行人在受托法院辖区外另有可供执行财产的,可以直接异地执行,一般不再行委托执行。根据情况确需再行委托的,应当按照委托执行案件的程序办理,并通知案件当事人。

第十一条 受托法院未能在 6 个月内将受托案件执结的,申请执行人有权请求受托法院的上一级人民法院提级执行或者指定执行,上一级人民法院应当立案审查,发现受托法院无正当理由不予执行的,应当限期执行或者作出裁定提级执行或者指定执行。

第十二条 异地执行时,可以根据案件具体情况,请求当地法院协助执行,当地法院应当积极配合,保证执行人员的人身安全和执行装备、执行标的物不受侵害。

第十三条 高级人民法院应当对辖区内委托执行和异地执行工作实行统一管理和协调,履行以下职责:

(一)统一管理跨省、自治区、直辖市辖区的委托和受托执行案件;

(二)指导、检查、监督本辖区内的受托案件的执行情况;

(三)协调本辖区内跨省、自治区、直辖市辖区的委托和受托执行争议案件;

(四)承办需异地执行的有关案件的审批事项;

(五)对下级法院报送的有关委托和受托执行案件中的相关问题提出指导性处理意见;

(六)办理其他涉及委托执行工作的事项。

第十四条 本规定所称的异地是指本省、自治区、直辖市以外的区域。各省、自治区、直辖市内的委托执行,由各高级人民法院参照本规定,结合实际情况,制定具体办法。

第十五条 本规定施行之后,其他有关委托执行的司法解释不再适用。

最高人民法院关于
民事执行中财产调查若干问题的规定

(2017年1月25日最高人民法院审判委员会第1708次会议通过 根据2020年12月23日最高人民法院审判委员会第1823次会议通过的《最高人民法院关于修改〈最高人民法院关于人民法院扣押铁路运输货物若干问题的规定〉等十八件执行类司法解释的决定》修正 2020年12月29日最高人民法院公告公布 该修正自2021年1月1日起施行 法释〔2020〕21号)

为规范民事执行财产调查,维护当事人及利害关系人的合法权益,根据《中华人民共和国民事诉讼法》等法律的规定,结合执行实践,制定本规定。

第一条 执行过程中,申请执行人应当提供被执行人的财产线索;被执行人应当如实报告财产;人民法院应当通过网络执行查控系统进行调查,根据案件需要应当通过其他方式进行调查的,同时采取其他调查方式。

第二条 申请执行人提供被执行人财产线索,应当填写财产调查表。财产线索明确、具体的,人民法院应当在七日内调查核实;情况紧急的,应当在三日内调查核实。财产线索确实的,人民法院应当及时采取相应的执行措施。

申请执行人确因客观原因无法自行查明财产的,可以申请人民法院调查。

第三条 人民法院依申请执行人的申请或依职权责令被执行人报告财产情况的,应当向其发出报告财产令。金钱债权执行中,报告财产令应当与执行通知同时发出。

人民法院根据案件需要再次责令被执行人报告财产情况的,应当重新向其发出报告财产令。

第四条 报告财产令应当载明下列事项:

(一)提交财产报告的期限;

(二)报告财产的范围、期间;

(三)补充报告财产的条件及期间;

(四)违反报告财产义务应承担的法律责任;

(五)人民法院认为有必要载明的其他事项。

报告财产令应附财产调查表,被执行人必须按照要求逐项填写。

第五条 被执行人应当在报告财产令载明的期限内向人民法院书面报告下列财产情况:

(一)收入、银行存款、现金、理财产品、有价证券;

(二)土地使用权、房屋等不动产;

(三)交通运输工具、机器设备、产品、原材料等动产;
(四)债权、股权、投资权益、基金份额、信托受益权、知识产权等财产性权利;
(五)其他应当报告的财产。

被执行人的财产已出租、已设立担保物权等权利负担,或者存在共有、权属争议等情形的,应当一并报告;被执行人的动产由第三人占有,被执行人的不动产、特定动产、其他财产权等登记在第三人名下的,也应当一并报告。

被执行人在报告财产令载明的期限内提交书面报告确有困难的,可以向人民法院书面申请延长期限;申请有正当理由的,人民法院可以适当延长。

第六条 被执行人自收到执行通知之日前一年至提交书面财产报告之日,其财产情况发生下列变动的,应当将变动情况一并报告:
(一)转让、出租财产的;
(二)在财产上设立担保物权等权利负担的;
(三)放弃债权或延长债权清偿期的;
(四)支出大额资金的;
(五)其他影响生效法律文书确定债权实现的财产变动。

第七条 被执行人报告财产后,其财产情况发生变动,影响申请执行人债权实现的,应当自财产变动之日起十日内向人民法院补充报告。

第八条 对被执行人报告的财产情况,人民法院应当及时调查核实,必要时可以组织当事人进行听证。

申请执行人申请查询被执行人报告的财产情况的,人民法院应当准许。申请执行人及其代理人对查询过程中知悉的信息应当保密。

第九条 被执行人拒绝报告、虚假报告或者无正当理由逾期报告财产情况的,人民法院可以根据情节轻重对被执行人或者其法定代理人予以罚款、拘留;构成犯罪的,依法追究刑事责任。

人民法院对有前款规定行为之一的单位,可以对其主要负责人或者直接责任人员予以罚款、拘留;构成犯罪的,依法追究刑事责任。

第十条 被执行人拒绝报告、虚假报告或者无正当理由逾期报告财产情况的,人民法院应当依照相关规定将其纳入失信被执行人名单。

第十一条 有下列情形之一的,财产报告程序终结:
(一)被执行人履行完毕生效法律文书确定义务的;
(二)人民法院裁定终结执行的;
(三)人民法院裁定不予执行的;
(四)人民法院认为财产报告程序应当终结的其他情形。

发出报告财产令后,人民法院裁定终结本次执行程序的,被执行人仍应依照本规定第七条的规定履行补充报告义务。

第十二条 被执行人未按执行通知履行生效法律文书确定的义务,人民法院有权通过网络执行查控系统、现场调查等方式向被执行人、有关单位或个人调查被执行人的身份信息和财产信息,有关单位和个人应当依法协助办理。

人民法院对调查所需资料可以复制、打印、抄录、拍照或以其他方式进行提取、留存。

申请执行人申请查询人民法院调查的财产信息的,人民法院可以根据案件需要决定是否准许。申请执行人及其代理人对查询过程中知悉的信息应当保密。

第十三条 人民法院通过网络执行查控系统进行调查,与现场调查具有同等法律效力。

人民法院调查过程中作出的电子法律文书与纸质法律文书具有同等法律效力;协助执行单位反馈的电子查询结果与纸质反馈结果具有同等法律效力。

第十四条 被执行人隐匿财产、会计账簿等资料拒不交出的,人民法院可以依法采取搜查措施。

人民法院依法搜查时,对被执行人可能隐匿财产或者资料的处所、箱柜等,经责令被执行人开启而拒不配合的,可以强制开启。

第十五条 为查明被执行人的财产情况和履行义务的能力,可以传唤被执行人或被执行人的法定代表人、负责人、实际控制人、直接责任人员到人民法院接受调查询问。

对必须接受调查询问的被执行人、被执行人的法定代表人、负责人或者实际控制人,经依法传唤无正当理由拒不到场的,人民法院可以拘传其到场;上述人员下落不明的,人民法院可以依照相关规定通知有关单位协助查找。

第十六条 人民法院对已经办理查封登记手续的被执行人机动车、船舶、航空器等特定动产未能实际扣押的,可以依照相关规定通知有关单位协助查找。

第十七条 作为被执行人的法人或非法人组织不履行生效法律文书确定的义务,申请执行人认为其有拒绝报告、虚假报告财产情况,隐匿、转移财产等逃避债务情形或者其股东、出资人有出资不实、抽逃出资等情形的,可以书面申请人民法院委托审计机构对该被执行人进行审计。人民法院应当自收到书面申请之日起十日内决定是否准许。

第十八条 人民法院决定审计的,应当随机确定具备资格的审计机构,并责令被执行人提交会计凭证、会计账簿、财务会计报告等与审计事项有关的资料。

被执行人隐匿审计资料的,人民法院可以依法采取搜查措施。

第十九条 被执行人拒不提供、转移、隐匿、伪造、篡改、毁弃审计资料,阻挠审计人员查看业务现场或者有其他妨碍审计调查行为的,人民法院可以根据情节轻重对被执行人或其主要负责人、直接责任人员予以罚款、拘留;构成犯罪的,依法追究刑事责任。

第二十条 审计费用由提出审计申请的申请执行人预交。被执行人存在拒绝报告或虚假报告财产情况，隐匿、转移财产或者其他逃避债务情形的，审计费用由被执行人承担；未发现被执行人存在上述情形的，审计费用由申请执行人承担。

第二十一条 被执行人不履行生效法律文书确定的义务，申请执行人可以向人民法院书面申请发布悬赏公告查找可供执行的财产。申请书应当载明下列事项：

（一）悬赏金的数额或计算方法；

（二）有关人员提供人民法院尚未掌握的财产线索，使该申请执行人的债权得以全部或部分实现时，自愿支付悬赏金的承诺；

（三）悬赏公告的发布方式；

（四）其他需要载明的事项。

人民法院应当自收到书面申请之日起十日内决定是否准许。

第二十二条 人民法院决定悬赏查找财产的，应当制作悬赏公告。悬赏公告应当载明悬赏金的数额或计算方法、领取条件等内容。

悬赏公告应当在全国法院执行悬赏公告平台、法院微博或微信等媒体平台发布，也可以在执行法院公告栏或被执行人住所地、经常居住地等处张贴。申请执行人申请在其他媒体平台发布，并自愿承担发布费用的，人民法院应当准许。

第二十三条 悬赏公告发布后，有关人员向人民法院提供财产线索的，人民法院应当对有关人员的身份信息和财产线索进行登记；两人以上提供相同财产线索的，应当按照提供线索的先后顺序登记。

人民法院对有关人员的身份信息和财产线索应当保密，但为发放悬赏金需要告知申请执行人的除外。

第二十四条 有关人员提供人民法院尚未掌握的财产线索，使申请发布悬赏公告的申请执行人的债权得以全部或部分实现的，人民法院应当按照悬赏公告发放悬赏金。

悬赏金从前款规定的申请执行人应得的执行款中予以扣减。特定物交付执行或者存在其他无法扣减情形的，悬赏金由该申请执行人另行支付。

有关人员为申请执行人的代理人、有义务向人民法院提供财产线索的人员或者存在其他不应发放悬赏金情形的，不予发放。

第二十五条 执行人员不得调查与执行案件无关的信息，对调查过程中知悉的国家秘密、商业秘密和个人隐私应当保密。

第二十六条 本规定自 2017 年 5 月 1 日起施行。

本规定施行后，本院以前公布的司法解释与本规定不一致的，以本规定为准。

最高人民法院关于
人民法院确定财产处置参考价若干问题的规定

（2018年6月4日最高人民法院审判委员会第1741次会议通过 2018年8月28日最高人民法院公告公布 自2018年9月1日起施行 法释〔2018〕15号）

为公平、公正、高效确定财产处置参考价，维护当事人、利害关系人的合法权益，根据《中华人民共和国民事诉讼法》等法律规定，结合人民法院工作实际，制定本规定。

第一条 人民法院查封、扣押、冻结财产后，对需要拍卖、变卖的财产，应当在三十日内启动确定财产处置参考价程序。

第二条 人民法院确定财产处置参考价，可以采取当事人议价、定向询价、网络询价、委托评估等方式。

第三条 人民法院确定参考价前，应当查明财产的权属、权利负担、占有使用、欠缴税费、质量瑕疵等事项。

人民法院查明前款规定事项需要当事人、有关单位或者个人提供相关资料的，可以通知其提交；拒不提交的，可以强制提取；对妨碍强制提取的，参照民事诉讼法第一百一十一条、第一百一十四条的规定处理。

查明本条第一款规定事项需要审计、鉴定的，人民法院可以先行审计、鉴定。

第四条 采取当事人议价方式确定参考价的，除一方当事人拒绝议价或者下落不明外，人民法院应当以适当的方式通知或者组织当事人进行协商，当事人应当在指定期限内提交议价结果。

双方当事人提交的议价结果一致，且不损害他人合法权益的，议价结果为参考价。

第五条 当事人议价不能或者不成，且财产有计税基准价、政府定价或者政府指导价的，人民法院应当向确定参考价时财产所在地的有关机构进行定向询价。

双方当事人一致要求直接进行定向询价，且财产有计税基准价、政府定价或者政府指导价的，人民法院应当准许。

第六条 采取定向询价方式确定参考价的，人民法院应当向有关机构出具询价函，询价函应当载明询价要求、完成期限等内容。

接受定向询价的机构在指定期限内出具的询价结果为参考价。

第七条 定向询价不能或者不成，财产无需由专业人员现场勘验或者鉴定,且具备网络询价条件的,人民法院应当通过司法网络询价平台进行网络询价。

双方当事人一致要求或者同意直接进行网络询价,财产无需由专业人员现场勘验或者鉴定,且具备网络询价条件的,人民法院应当准许。

第八条 最高人民法院建立全国性司法网络询价平台名单库。

司法网络询价平台应当同时符合下列条件:

(一)具备能够依法开展互联网信息服务工作的资质;

(二)能够合法获取并整合全国各地区同种类财产一定时期的既往成交价、政府定价、政府指导价或者市场公开交易价等不少于三类价格数据,并保证数据真实、准确;

(三)能够根据数据化财产特征,运用一定的运算规则对市场既往交易价格、交易趋势予以分析;

(四)程序运行规范、系统安全高效、服务质优价廉;

(五)能够全程记载数据的分析过程,将形成的电子数据完整保存不少于十年,但法律、行政法规、司法解释另有规定的除外。

第九条 最高人民法院组成专门的评审委员会,负责司法网络询价平台的选定、评审和除名。每年引入权威第三方对已纳入和新申请纳入名单库的司法网络询价平台予以评审并公布结果。

司法网络询价平台具有下列情形之一的,应当将其从名单库中除名:

(一)无正当理由拒绝进行网络询价的;

(二)无正当理由一年内累计五次未按期完成网络询价的;

(三)存在恶意串通、弄虚作假、泄露保密信息等行为;

(四)经权威第三方评审认定不符合提供网络询价服务条件的;

(五)存在其他违反询价规则以及法律、行政法规、司法解释规定的情形。

司法网络询价平台被除名后,五年内不得被纳入名单库。

第十条 采取网络询价方式确定参考价的,人民法院应当同时向名单库中的全部司法网络询价平台发出网络询价委托书。网络询价委托书应当载明财产名称、物理特征、规格数量、目的要求、完成期限以及其他需要明确的内容等。

第十一条 司法网络询价平台应当在收到人民法院网络询价委托书之日起三日内出具网络询价报告。网络询价报告应当载明财产的基本情况、参照样本、计算方法、询价结果及有效期等内容。

司法网络询价平台不能在期限内完成询价的,应当在期限届满前申请延长期限。全部司法网络询价平台均未能在期限内出具询价结果的,人民法院应当根据各司法网络询价平台的延期申请延期三日;部分司法网络询价平台在期限内出具网络询价结果的,人民法院对其他司法网络询价平台的延期申请不予准许。

全部司法网络询价平台均未在期限内出具或者补正网络询价报告,且未按照规定申请延长期限的,人民法院应当委托评估机构进行评估。

人民法院未在网络询价结果有效期内发布一拍拍卖公告或者直接进入变卖程序的,应当通知司法网络询价平台在三日内重新出具网络询价报告。

第十二条 人民法院应当对网络询价报告进行审查。网络询价报告均存在财产基本信息错误、超出财产范围或者遗漏财产等情形的,应当通知司法网络询价平台在三日内予以补正;部分网络询价报告不存在上述情形的,无需通知其他司法网络询价平台补正。

第十三条 全部司法网络询价平台均在期限内出具询价结果或者补正结果的,人民法院应当以全部司法网络询价平台出具结果的平均值为参考价;部分司法网络询价平台在期限内出具询价结果或者补正结果的,人民法院应当以该部分司法网络询价平台出具结果的平均值为参考价。

当事人、利害关系人依据本规定第二十二条的规定对全部网络询价报告均提出异议,且所提异议被驳回或者司法网络询价平台已作出补正的,人民法院应当以异议被驳回或者已作出补正的各司法网络询价平台出具结果的平均值为参考价;对部分网络询价报告提出异议的,人民法院应当以网络询价报告未被提出异议的各司法网络询价平台出具结果的平均值为参考价。

第十四条 法律、行政法规规定必须委托评估、双方当事人要求委托评估或者网络询价不能或不成的,人民法院应当委托评估机构进行评估。

第十五条 最高人民法院根据全国性评估行业协会推荐的评估机构名单建立人民法院司法评估机构名单库。按评估专业领域和评估机构的执业范围建立名单分库,在分库下根据行政区划设省、市两级名单子库。

评估机构无正当理由拒绝进行司法评估或者存在弄虚作假等情形的,最高人民法院可以商全国性评估行业协会将其从名单库中除名;除名后五年内不得被纳入名单库。

第十六条 采取委托评估方式确定参考价的,人民法院应当通知双方当事人在指定期限内从名单分库中协商确定三家评估机构以及顺序;双方当事人在指定期限内协商不成或者一方当事人下落不明的,采取摇号方式在名单分库或者财产所在地的名单子库中随机确定三家评估机构以及顺序。双方当事人一致要求在同一名单子库中随机确定的,人民法院应当准许。

第十七条 人民法院应当向顺序在先的评估机构出具评估委托书,评估委托书应当载明财产名称、物理特征、规格数量、目的要求、完成期限以及其他需要明确的内容等,同时应当将查明的财产情况及相关材料一并移交给评估机构。

评估机构应当出具评估报告,评估报告应当载明评估财产的基本情况、评估方法、评估标准、评估结果及有效期等内容。

第十八条 评估需要进行现场勘验的,人民法院应当通知当事人到场;当事人不到场的,不影响勘验的进行,但应当有见证人见证。现场勘验需要当事人、协助义务人配合的,人民法院依法责令其配合;不予配合的,可以依法强制进行。

第十九条　评估机构应当在三十日内出具评估报告。人民法院决定暂缓或者裁定中止执行的期间,应当从前述期限中扣除。

评估机构不能在期限内出具评估报告的,应当在期限届满五日前书面向人民法院申请延长期限。人民法院决定延长期限的,延期次数不超过两次,每次不超过十五日。

评估机构未在期限内出具评估报告、补正说明,且未按照规定申请延长期限的,人民法院应当通知该评估机构三日内将人民法院委托评估时移交的材料退回,另行委托下一顺序的评估机构重新进行评估。

人民法院未在评估结果有效期内发布一拍拍卖公告或者直接进入变卖程序的,应当通知原评估机构在十五日内重新出具评估报告。

第二十条　人民法院应当对评估报告进行审查。具有下列情形之一的,应当责令评估机构在三日内予以书面说明或者补正:

(一)财产基本信息错误;

(二)超出财产范围或者遗漏财产;

(三)选定的评估机构与评估报告上签章的评估机构不符;

(四)评估人员执业资格证明与评估报告上署名的人员不符;

(五)具有其他应当书面说明或者补正的情形。

第二十一条　人民法院收到定向询价、网络询价、委托评估、说明补正等报告后,应当在三日内发送给当事人及利害关系人。

当事人、利害关系人已提供有效送达地址的,人民法院应当将报告以直接送达、留置送达、委托送达、邮寄送达或者电子送达的方式送达;当事人、利害关系人下落不明或者无法获取其有效送达地址,人民法院无法按照前述规定送达的,应当在中国执行信息公开网上予以公示,公示满十五日即视为收到。

第二十二条　当事人、利害关系人认为网络询价报告或者评估报告具有下列情形之一的,可以在收到报告后五日内提出书面异议:

(一)财产基本信息错误;

(二)超出财产范围或者遗漏财产;

(三)评估机构或者评估人员不具备相应评估资质;

(四)评估程序严重违法。

对当事人、利害关系人依据前款规定提出的书面异议,人民法院应当参照民事诉讼法第二百二十五条的规定处理。

第二十三条　当事人、利害关系人收到评估报告后五日内对评估报告的参照标准、计算方法或者评估结果等提出书面异议的,人民法院应当在三日内交评估机构予以书面说明。评估机构在五日内未作说明或者当事人、利害关系人对作出的说明仍有异议的,人民法院应当交由相关行业协会在指定期限内组织专业技术评审,并根据专业技术评审出具的结论认定评估结果或者责令原评估机构予以补正。

当事人、利害关系人提出前款异议,同时涉及本规定第二十二条第一款第一、二项情形的,按照前款规定处理;同时涉及本规定第二十二条第一款第三、四项情形的,按照本规定第二十二条第二款先对第三、四项情形审查,异议成立的,应当通知评估机构三日内将人民法院委托评估时移交的材料退回,另行委托下一顺序的评估机构重新进行评估;异议不成立的,按照前款规定处理。

第二十四条 当事人、利害关系人未在本规定第二十二条、第二十三条规定的期限内提出异议或者对网络询价平台、评估机构、行业协会按照本规定第二十二条、第二十三条所作的补正说明、专业技术评审结论提出异议的,人民法院不予受理。

当事人、利害关系人对议价或者定向询价提出异议的,人民法院不予受理。

第二十五条 当事人、利害关系人有证据证明具有下列情形之一,且在发布一拍拍卖公告或者直接进入变卖程序之前提出异议的,人民法院应当按照执行监督程序进行审查处理:

(一)议价中存在欺诈、胁迫情形;
(二)恶意串通损害第三人利益;
(三)有关机构出具虚假定向询价结果;
(四)依照本规定第二十二条、第二十三条作出的处理结果确有错误。

第二十六条 当事人、利害关系人对评估报告未提出异议、所提异议被驳回或者评估机构已作出补正的,人民法院应当以评估结果或者补正结果为参考价;当事人、利害关系人对评估报告提出的异议成立的,人民法院应当以评估机构作出的补正结果或者重新作出的评估结果为参考价。专业技术评审对评估报告未作出否定结论的,人民法院应当以该评估结果为参考价。

第二十七条 司法网络询价平台、评估机构应当确定网络询价或者委托评估结果的有效期,有效期最长不得超过一年。

当事人议价的,可以自行协商确定议价结果的有效期,但不得超过前款规定的期限;定向询价结果的有效期,参照前款规定确定。

人民法院在议价、询价、评估结果有效期内发布一拍拍卖公告或者直接进入变卖程序,拍卖、变卖时未超过有效期六个月的,无需重新确定参考价,但法律、行政法规、司法解释另有规定的除外。

第二十八条 具有下列情形之一的,人民法院应当决定暂缓网络询价或者委托评估:

(一)案件暂缓执行或者中止执行;
(二)评估材料与事实严重不符,可能影响评估结果,需要重新调查核实;
(三)人民法院认为应当暂缓的其他情形。

第二十九条 具有下列情形之一的,人民法院应当撤回网络询价或者委托评估：

（一）申请执行人撤回执行申请；

（二）生效法律文书确定的义务已全部执行完毕；

（三）据以执行的生效法律文书被撤销或者被裁定不予执行；

（四）人民法院认为应当撤回的其他情形。

人民法院决定网络询价或者委托评估后，双方当事人议价确定参考价或者协商不再对财产进行变价处理的，人民法院可以撤回网络询价或者委托评估。

第三十条 人民法院应当在参考价确定后十日内启动财产变价程序。拍卖的，参照参考价确定起拍价；直接变卖的，参照参考价确定变卖价。

第三十一条 人民法院委托司法网络询价平台进行网络询价的，网络询价费用应当按次计付给出具网络询价结果与财产处置成交价最接近的司法网络询价平台；多家司法网络询价平台出具的网络询价结果相同或者与财产处置成交价差距相同的，网络询价费用平均分配。

人民法院依照本规定第十一条第三款规定委托评估机构进行评估或者依照本规定第二十九条规定撤回网络询价的，对司法网络询价平台不计付费用。

第三十二条 人民法院委托评估机构进行评估，财产处置未成交的，按照评估机构合理的实际支出计付费用；财产处置成交价高于评估价的，以评估价为基准计付费用；财产处置成交价低于评估价的，以财产处置成交价为基准计付费用。

人民法院依照本规定第二十九条规定撤回委托评估的，按照评估机构合理的实际支出计付费用；人民法院依照本规定通知原评估机构重新出具评估报告的，按照前款规定的百分之三十计付费用。

人民法院依照本规定另行委托评估机构重新进行评估的，对原评估机构不计付费用。

第三十三条 网络询价费及委托评估费由申请执行人先行垫付，由被执行人负担。

申请执行人通过签订保险合同的方式垫付网络询价费或者委托评估费的，保险人应当向人民法院出具担保书。担保书应当载明因申请执行人未垫付网络询价费或者委托评估费由保险人支付等内容，并附相关证据材料。

第三十四条 最高人民法院建设全国法院询价评估系统。询价评估系统与定向询价机构、司法网络询价平台、全国性评估行业协会的系统对接，实现数据共享。

询价评估系统应当具有记载当事人议价、定向询价、网络询价、委托评估、摇号过程等功能，并形成固化数据，长期保存、随案备查。

第三十五条 本规定自2018年9月1日起施行。

最高人民法院此前公布的司法解释及规范性文件与本规定不一致的，以本规定为准。

最高人民法院关于
人民法院民事执行中拍卖、变卖财产的规定

(2004年10月26日最高人民法院审判委员会第1330次会议通过 根据2020年12月23日最高人民法院审判委员会第1823次会议通过的《最高人民法院关于修改〈最高人民法院关于人民法院扣押铁路运输货物若干问题的规定〉等十八件执行类司法解释的决定》修正 2020年12月29日最高人民法院公告公布 该修正自2021年1月1日起施行 法释〔2020〕21号)

为了进一步规范民事执行中的拍卖、变卖措施,维护当事人的合法权益,根据《中华人民共和国民事诉讼法》等法律的规定,结合人民法院民事执行工作的实践经验,制定本规定。

第一条 在执行程序中,被执行人的财产被查封、扣押、冻结后,人民法院应当及时进行拍卖、变卖或者采取其他执行措施。

第二条 人民法院对查封、扣押、冻结的财产进行变价处理时,应当首先采取拍卖的方式,但法律、司法解释另有规定的除外。

第三条 人民法院拍卖被执行人财产,应当委托具有相应资质的拍卖机构进行,并对拍卖机构的拍卖进行监督,但法律、司法解释另有规定的除外。

第四条 对拟拍卖的财产,人民法院可以委托具有相应资质的评估机构进行价格评估。对于财产价值较低或者价格依照通常方法容易确定的,可以不进行评估。

当事人双方及其他执行债权人申请不进行评估的,人民法院应当准许。

对被执行人的股权进行评估时,人民法院可以责令有关企业提供会计报表等资料;有关企业拒不提供的,可以强制提取。

第五条 拍卖应当确定保留价。

拍卖财产经过评估的,评估价即为第一次拍卖的保留价;未作评估的,保留价由人民法院参照市价确定,并应当征询有关当事人的意见。

如果出现流拍,再行拍卖时,可以酌情降低保留价,但每次降低的数额不得超过前次保留价的百分之二十。

第六条 保留价确定后,依据本次拍卖保留价计算,拍卖所得价款在清偿优先债权和强制执行费用后无剩余可能的,应当在实施拍卖前将有关情况通知申请执行人。申请执行人于收到通知后五日内申请继续拍卖的,人民法院应当准许,但应当重新确定保留价;重新确定的保留价应当大于该优先债权及强制执行费用的总额。

依照前款规定流拍的,拍卖费用由申请执行人负担。

第七条 执行人员应当对拍卖财产的权属状况、占有使用情况等进行必要的调查,制作拍卖财产现状的调查笔录或者收集其他有关资料。

第八条 拍卖应当先期公告。

拍卖动产的,应当在拍卖七日前公告;拍卖不动产或者其他财产权的,应当在拍卖十五日前公告。

第九条 拍卖公告的范围及媒体由当事人双方协商确定;协商不成的,由人民法院确定。拍卖财产具有专业属性的,应当同时在专业性报纸上进行公告。

当事人申请在其他新闻媒体上公告或者要求扩大公告范围的,应当准许,但该部分的公告费用由其自行承担。

第十条 拍卖不动产、其他财产权或者价值较高的动产的,竞买人应当于拍卖前向人民法院预交保证金。申请执行人参加竞买的,可以不预交保证金。保证金的数额由人民法院确定,但不得低于评估价或者市价的百分之五。

应当预交保证金而未交纳的,不得参加竞买。拍卖成交后,买受人预交的保证金充抵价款,其他竞买人预交的保证金应当在三日内退还;拍卖未成交的,保证金应当于三日内退还竞买人。

第十一条 人民法院应当在拍卖五日前以书面或者其他能够确认收悉的适当方式,通知当事人和已知的担保物权人、优先购买权人或者其他优先权人于拍卖日到场。

优先购买权人经通知未到场的,视为放弃优先购买权。

第十二条 法律、行政法规对买受人的资格或者条件有特殊规定的,竞买人应当具备规定的资格或者条件。

申请执行人、被执行人可以参加竞买。

第十三条 拍卖过程中,有最高应价时,优先购买权人可以表示以该最高价买受,如无更高应价,则拍归优先购买权人;如有更高应价,而优先购买权人不作表示的,则拍归该应价最高的竞买人。

顺序相同的多个优先购买权人同时表示买受的,以抽签方式决定买受人。

第十四条 拍卖多项财产时,其中部分财产卖得的价款足以清偿债务和支付被执行人应当负担的费用的,对剩余的财产应当停止拍卖,但被执行人同意全部拍卖的除外。

第十五条 拍卖的多项财产在使用上不可分,或者分别拍卖可能严重减损其价值的,应当合并拍卖。

第十六条 拍卖时无人竞买或者竞买人的最高应价低于保留价,到场的申请执行人或者其他执行债权人申请或者同意以该次拍卖所定的保留价接受拍卖财产的,应当将该财产交其抵债。

有两个以上执行债权人申请以拍卖财产抵债的,由法定受偿顺位在先的债权人优先承受;受偿顺位相同的,以抽签方式决定承受人。承受人应受清偿的债权额低于抵债财产的价额的,人民法院应当责令其在指定的期间内补交差额。

第十七条 在拍卖开始前,有下列情形之一的,人民法院应当撤回拍卖委托:

(一)据以执行的生效法律文书被撤销的;
(二)申请执行人及其他执行债权人撤回执行申请的;
(三)被执行人全部履行了法律文书确定的金钱债务的;
(四)当事人达成了执行和解协议,不需要拍卖财产的;
(五)案外人对拍卖财产提出确有理由的异议的;
(六)拍卖机构与竞买人恶意串通的;
(七)其他应当撤回拍卖委托的情形。

第十八条 人民法院委托拍卖后,遇有依法应当暂缓执行或者中止执行的情形的,应当决定暂缓执行或者裁定中止执行,并及时通知拍卖机构和当事人。拍卖机构收到通知后,应当立即停止拍卖,并通知竞买人。

暂缓执行期限届满或者中止执行的事由消失后,需要继续拍卖的,人民法院应当在十五日内通知拍卖机构恢复拍卖。

第十九条 被执行人在拍卖之日之前向人民法院提交足额金钱清偿债务,要求停止拍卖的,人民法院应当准许,但被执行人应当负担因拍卖支出的必要费用。

第二十条 拍卖成交或者以流拍的财产抵债的,人民法院应当作出裁定,并于价款或者需要补交的差价全额交付后十日内,送交买受人或者承受人。

第二十一条 拍卖成交后,买受人应当在拍卖公告确定的期限或者人民法院指定的期限内将价款交付到人民法院或者汇入人民法院指定的账户。

第二十二条 拍卖成交或者以流拍的财产抵债后,买受人逾期未支付价款或者承受人逾期未补交差价而使拍卖、抵债的目的难以实现的,人民法院可以裁定重新拍卖。重新拍卖时,原买受人不得参加竞买。

重新拍卖的价款低于原拍卖价款造成的差价、费用损失及原拍卖中的佣金,由原买受人承担。人民法院可以直接从其预交的保证金中扣除。扣除后保证金有剩余的,应当退还原买受人;保证金数额不足的,可以责令原买受人补交;拒不补交的,强制执行。

第二十三条 拍卖时无人竞买或者竞买人的最高应价低于保留价,到场的申请执行人或者其他执行债权人不申请以该次拍卖所定的保留价抵债的,应当在六十日内再行拍卖。

第二十四条 对于第二次拍卖仍流拍的动产,人民法院可以依照本规定第十六条的规定将其作价交申请执行人或者其他执行债权人抵债。申请执行人或者其他执行债权人拒绝接受或者依法不能交付其抵债的,人民法院应当解除查封、扣押，并将该动产退还被执行人。

第二十五条 对于第二次拍卖仍流拍的不动产或者其他财产权，人民法院可以依照本规定第十六条的规定将其作价交申请执行人或者其他执行债权人抵债。申请执行人或者其他执行债权人拒绝接受或者依法不能交付其抵债的，应当在六十日内进行第三次拍卖。

第三次拍卖流拍且申请执行人或者其他执行债权人拒绝接受或者依法不能接受该不动产或者其他财产权抵债的，人民法院应当于第三次拍卖终结之日起七日内发出变卖公告。自公告之日起六十日内没有买受人愿意以第三次拍卖的保留价买受该财产，且申请执行人、其他执行债权人仍不表示接受该财产抵债的，应当解除查封、冻结，将该财产退还被执行人，但对该财产可以采取其他执行措施的除外。

第二十六条 不动产、动产或者其他财产权拍卖成交或者抵债后，该不动产、动产的所有权、其他财产权自拍卖成交或者抵债裁定送达买受人或者承受人时起转移。

第二十七条 人民法院裁定拍卖成交或者以流拍的财产抵债后，除有依法不能移交的情形外，应当于裁定送达后十五日内，将拍卖的财产移交买受人或者承受人。被执行人或者第三人占有拍卖财产应当移交而拒不移交的，强制执行。

第二十八条 拍卖财产上原有的担保物权及其他优先受偿权，因拍卖而消灭，拍卖所得价款，应当优先清偿担保物权人及其他优先受偿权人的债权，但当事人另有约定的除外。

拍卖财产上原有的租赁权及其他用益物权，不因拍卖而消灭，但该权利继续存在于拍卖财产上，对在先的担保物权或者其他优先受偿权的实现有影响的，人民法院应当依法将其除去后进行拍卖。

第二十九条 拍卖成交的，拍卖机构可以按照下列比例向买受人收取佣金：

拍卖成交价200万元以下的，收取佣金的比例不得超过5%；超过200万元至1000万元的部分，不得超过3%；超过1000万元至5000万元的部分，不得超过2%；超过5000万元至1亿元的部分，不得超过1%；超过1亿元的部分，不得超过0.5%。

采取公开招标方式确定拍卖机构的，按照中标方案确定的数额收取佣金。

拍卖未成交或者非因拍卖机构的原因撤回拍卖委托的，拍卖机构为本次拍卖已经支出的合理费用，应当由被执行人负担。

第三十条 在执行程序中拍卖上市公司国有股和社会法人股的，适用最高人民法院《关于冻结、拍卖上市公司国有股和社会法人股若干问题的规定》。

第三十一条 对查封、扣押、冻结的财产，当事人双方及有关权利人同意变卖的，可以变卖。

金银及其制品、当地市场有公开交易价格的动产、易腐烂变质的物品、季节性商品、保管困难或者保管费用过高的物品,人民法院可以决定变卖。

第三十二条 当事人双方及有关权利人对变卖财产的价格有约定的,按照其约定价格变卖;无约定价格但有市价的,变卖价格不得低于市价;无市价但价值较大、价格不易确定的,应当委托评估机构进行评估,并按照评估价格进行变卖。

按照评估价格变卖不成的,可以降低价格变卖,但最低的变卖价不得低于评估价的二分之一。

变卖的财产无人应买的,适用本规定第十六条的规定将该财产交申请执行人或者其他执行债权人抵债;申请执行人或者其他执行债权人拒绝接受或者依法不能交付其抵债的,人民法院应当解除查封、扣押,并将该财产退还被执行人。

第三十三条 本规定自2005年1月1日起施行。施行前本院公布的司法解释与本规定不一致的,以本规定为准。

最高人民法院关于
人民法院委托评估、拍卖工作的若干规定

(2010年8月16日最高人民法院审判委员会第1492次会议通过 2011年9月7日最高人民法院公告公布 自2012年1月1日起施行 法释〔2011〕21号)

为进一步规范人民法院委托评估、拍卖工作,促进审判执行工作公正、廉洁、高效,维护当事人的合法权益,根据《中华人民共和国民事诉讼法》等有关法律规定,结合人民法院工作实际,制定本规定。

第一条 人民法院司法辅助部门负责统一管理和协调司法委托评估、拍卖工作。

第二条 取得政府管理部门行政许可并达到一定资质等级的评估、拍卖机构,可以自愿报名参加人民法院委托的评估、拍卖活动。

人民法院不再编制委托评估、拍卖机构名册。

第三条 人民法院采用随机方式确定评估、拍卖机构。高级人民法院或者中级人民法院可以根据本地实际情况统一实施对外委托。

第四条 人民法院委托的拍卖活动应在有关管理部门确定的统一交易场所或网络平台上进行,另有规定的除外。

第五条 受委托的拍卖机构应通过管理部门的信息平台发布拍卖信息,公示评估、拍卖结果。

第六条 涉国有资产的司法委托拍卖由省级以上国有产权交易机构实

施,拍卖机构负责拍卖环节相关工作,并依照相关监管部门制定的实施细则进行。

第七条 《中华人民共和国证券法》规定应当在证券交易所上市交易或转让的证券资产的司法委托拍卖,通过证券交易所实施,拍卖机构负责拍卖环节相关工作;其他证券类资产的司法委托拍卖由拍卖机构实施,并依照相关监管部门制定的实施细则进行。

第八条 人民法院对其委托的评估、拍卖活动实行监督。出现下列情形之一,影响评估、拍卖结果,侵害当事人合法利益的,人民法院将不再委托其从事委托评估、拍卖工作。涉及违反法律法规的,依据有关规定处理:

(1)评估结果明显失实;
(2)拍卖过程中弄虚作假、存在瑕疵;
(3)随机选定后无正当理由不能按时完成评估拍卖工作;
(4)其他有关情形。

第九条 各高级人民法院可参照本规定,结合各地实际情况,制定实施细则,报最高人民法院备案。

第十条 本规定自2012年1月1日起施行。此前的司法解释和有关规定,与本规定相抵触的,以本规定为准。

最高人民法院关于
人民法院委托评估、拍卖和变卖工作的若干规定

(2009年8月24日最高人民法院审判委员会第1472次会议通过 2009年11月12日最高人民法院公告公布 自2009年11月20日起施行 法释〔2009〕16号)

为规范人民法院委托评估、拍卖和变卖工作,保障当事人的合法权益,维护司法公正,根据《中华人民共和国民事诉讼法》等有关法律的规定,结合人民法院委托评估、拍卖和变卖工作实际,制定本规定。

第一条 人民法院司法技术管理部门负责本院的委托评估、拍卖和流拍财产的变卖工作,依法对委托评估、拍卖机构的评估、拍卖活动进行监督。

第二条 根据工作需要,下级人民法院可将评估、拍卖和变卖工作报请上级人民法院办理。

第三条 人民法院需要对异地的财产进行评估或拍卖时,可以委托财产所在地人民法院办理。

第四条 人民法院按照公开、公平、择优的原则编制人民法院委托评估、拍卖机构名册。

人民法院编制委托评估、拍卖机构名册,应当先期公告,明确入册机构的条件和评审程序等事项。

第五条 人民法院在编制委托评估、拍卖机构名册时,由司法技术管理部门、审判部门、执行部门组成评审委员会,必要时可邀请评估、拍卖行业的专家参加评审。

第六条 评审委员会对申请加入人民法院委托评估、拍卖名册的机构,应当从资质等级、职业信誉、经营业绩、执业人员情况等方面进行审查、打分,按分数高低经过初审、公示、复审后确定进入名册的机构,并对名册进行动态管理。

第七条 人民法院选择评估、拍卖机构,应当在人民法院委托评估、拍卖机构名册内采取公开随机的方式选定。

第八条 人民法院选择评估、拍卖机构,应当通知审判、执行人员到场,视情况可邀请社会有关人员到场监督。

第九条 人民法院选择评估、拍卖机构,应当提前通知各方当事人到场;当事人不到场的,人民法院可将选择机构的情况,以书面形式送达当事人。

第十条 评估、拍卖机构选定后,人民法院应当向选定的机构出具委托书,委托书中应当载明本次委托的要求和工作完成的期限等事项。

第十一条 评估、拍卖机构接受人民法院的委托后,在规定期限内无正当理由不能完成委托事项的,人民法院应当解除委托,重新选择机构,并对其暂停备选资格或从委托评估、拍卖机构名册内除名。

第十二条 评估机构在工作中需要对现场进行勘验的,人民法院应当提前通知审判、执行人员和当事人到场。当事人不到场的,不影响勘验的进行,但应当有见证人见证。评估机构勘验现场,应当制作现场勘验笔录。

勘验现场人员、当事人或见证人应当在勘验笔录上签字或盖章确认。

第十三条 拍卖财产经过评估的,评估价即为第一次拍卖的保留价;未作评估的,保留价由人民法院参照市价确定,并应当征询有关当事人的意见。

第十四条 审判、执行部门未经司法技术管理部门同意擅自委托评估、拍卖,或对流拍财产进行变卖的,按照有关纪律规定追究责任。

第十五条 人民法院司法技术管理部门,在组织评审委员会审查评估、拍卖入册机构,或选择评估、拍卖机构,或对流拍财产进行变卖时,应当通知本院纪检监察部门。纪检监察部门可视情况派员参加。

第十六条 施行前本院公布的司法解释与本规定不一致的,以本规定为准。

最高人民法院关于
人民法院网络司法拍卖若干问题的规定

(2016年5月30日最高人民法院审判委员会第1685次会议通过 2016年8月2日最高人民法院公告公布 自2017年1月1日起施行 法释〔2016〕18号)

为了规范网络司法拍卖行为,保障网络司法拍卖公开、公平、公正、安全、高效,维护当事人的合法权益,根据《中华人民共和国民事诉讼法》等法律的规定,结合人民法院执行工作的实际,制定本规定。

第一条 本规定所称的网络司法拍卖,是指人民法院依法通过互联网拍卖平台,以网络电子竞价方式公开处置财产的行为。

第二条 人民法院以拍卖方式处置财产的,应当采取网络司法拍卖方式,但法律、行政法规和司法解释规定必须通过其他途径处置,或者不宜采用网络拍卖方式处置的除外。

第三条 网络司法拍卖应当在互联网拍卖平台上向社会全程公开,接受社会监督。

第四条 最高人民法院建立全国性网络服务提供者名单库。网络服务提供者申请纳入名单库的,其提供的网络司法拍卖平台应当符合下列条件:

(一)具备全面展示司法拍卖信息的界面;
(二)具备本规定要求的信息公示、网上报名、竞价、结算等功能;
(三)具有信息共享、功能齐全、技术拓展等功能的独立系统;
(四)程序运作规范、系统安全高效、服务优质价廉;
(五)在全国具有较高的知名度和广泛的社会参与度。

最高人民法院组成专门的评审委员会,负责网络服务提供者的选定、评审和除名。最高人民法院每年引入第三方评估机构对已纳入和新申请纳入名单库的网络服务提供者予以评审并公布结果。

第五条 网络服务提供者由申请执行人从名单库中选择;未选择或者多个申请执行人的选择不一致的,由人民法院指定。

第六条 实施网络司法拍卖的,人民法院应当履行下列职责:

(一)制作、发布拍卖公告;
(二)查明拍卖财产现状、权利负担等内容,并予以说明;
(三)确定拍卖保留价、保证金的数额、税费负担等;
(四)确定保证金、拍卖款项等支付方式;
(五)通知当事人和优先购买权人;

（六）制作拍卖成交裁定；
（七）办理财产交付和出具财产权证照转移协助执行通知书；
（八）开设网络司法拍卖专用账户；
（九）其他依法由人民法院履行的职责。

第七条 实施网络司法拍卖的，人民法院可以将下列拍卖辅助工作委托社会机构或者组织承担：
（一）制作拍卖财产的文字说明及视频或者照片等资料；
（二）展示拍卖财产，接受咨询，引领查看，封存样品等；
（三）拍卖财产的鉴定、检验、评估、审计、仓储、保管、运输等；
（四）其他可以委托的拍卖辅助工作。
社会机构或者组织承担网络司法拍卖辅助工作所支出的必要费用由被执行人承担。

第八条 实施网络司法拍卖的，下列事项应当由网络服务提供者承担：
（一）提供符合法律、行政法规和司法解释规定的网络司法拍卖平台，并保障安全正常运行；
（二）提供安全便捷配套的电子支付对接系统；
（三）全面、及时展示人民法院及其委托的社会机构或者组织提供的拍卖信息；
（四）保证拍卖全程的信息数据真实、准确、完整和安全；
（五）其他应当由网络服务提供者承担的工作。
网络服务提供者不得在拍卖程序中设置阻碍适格竞买人报名、参拍、竞价以及监视竞买人信息等后台操控功能。
网络服务提供者提供的服务无正当理由不得中断。

第九条 网络司法拍卖服务提供者从事与网络司法拍卖相关的行为，应当接受人民法院的管理、监督和指导。

第十条 网络司法拍卖应当确定保留价，拍卖保留价即为起拍价。
起拍价由人民法院参照评估价确定；未作评估的，参照市价确定，并征询当事人意见。起拍价不得低于评估价或者市价的百分之七十。

第十一条 网络司法拍卖不限制竞买人数量。一人参与竞拍，出价不低于起拍价的，拍卖成交。

第十二条 网络司法拍卖应当先期公告，拍卖公告除通过法定途径发布外，还应同时在网络司法拍卖平台发布。拍卖动产的，应当在拍卖十五日前公告；拍卖不动产或者其他财产权的，应当在拍卖三十日前公告。
拍卖公告应当包括拍卖财产、价格、保证金、竞买人条件、拍卖财产已知瑕疵、相关权利义务、法律责任、拍卖时间、网络平台和拍卖法院等信息。

第十三条 实施网络司法拍卖的，人民法院应当在拍卖公告发布当日通过网络司法拍卖平台公示下列信息：

(一)拍卖公告;
(二)执行所依据的法律文书,但法律规定不得公开的除外;
(三)评估报告副本,或者未经评估的定价依据;
(四)拍卖时间、起拍价以及竞价规则;
(五)拍卖财产权属、占有使用、附随义务等现状的文字说明、视频或者照片等;
(六)优先购买权主体以及权利性质;
(七)通知或者无法通知当事人、已知优先购买权人的情况;
(八)拍卖保证金、拍卖款项支付方式和账户;
(九)拍卖财产产权转移可能产生的税费及承担方式;
(十)执行法院名称,联系、监督方式等;
(十一)其他应当公示的信息。

第十四条 实施网络司法拍卖的,人民法院应当在拍卖公告发布当日通过网络司法拍卖平台对下列事项予以特别提示:
(一)竞买人应当具备完全民事行为能力,法律、行政法规和司法解释对买受人资格或者条件有特殊规定的,竞买人应当具备规定的资格或者条件;
(二)委托他人代为竞买的,应当在竞价程序开始前经人民法院确认,并通知网络服务提供者;
(三)拍卖财产已知瑕疵和权利负担;
(四)拍卖财产以实物现状为准,竞买人可以申请实地看样;
(五)竞买人决定参与竞买的,视为对拍卖财产完全了解,并接受拍卖财产一切已知和未知瑕疵;
(六)载明买受人真实身份的拍卖成交确认书在网络司法拍卖平台上公示;
(七)买受人悔拍后保证金不予退还。

第十五条 被执行人应当提供拍卖财产品质的有关资料和说明。
人民法院已按本规定第十三条、第十四条的要求予以公示和特别提示,且在拍卖公告中声明不能保证拍卖财产真伪或者品质的,不承担瑕疵担保责任。

第十六条 网络司法拍卖的事项应当在拍卖公告发布三日前以书面或者其他能够确认收悉的合理方式,通知当事人、已知优先购买权人。权利人书面明确放弃权利的,可以不通知。无法通知的,应当在网络司法拍卖平台公示并说明无法通知的理由,公示满五日视为已经通知。
优先购买权人经通知未参与竞买的,视为放弃优先购买权。

第十七条 保证金数额由人民法院在起拍价的百分之五至百分之二十范围内确定。
竞买人应当在参加拍卖前以实名交纳保证金,未交纳的,不得参加竞买。申请执行人参加竞买的,可以不交保证金;但债权数额小于保证金数额的按差额部分交纳。

交纳保证金,竞买人可以向人民法院指定的账户交纳,也可以由网络服务提供者在其提供的支付系统中对竞买人的相应款项予以冻结。

第十八条 竞买人在拍卖竞价程序结束前交纳保证金经人民法院或者网络服务提供者确认后,取得竞买资格。网络服务提供者应当向取得资格的竞买人赋予竞买代码、参拍密码;竞买人以该代码参与竞买。

网络司法拍卖竞价程序结束前,人民法院及网络服务提供者对竞买人以及其他能够确认竞买人真实身份的信息、密码等,应当予以保密。

第十九条 优先购买权人经人民法院确认后,取得优先竞买资格以及优先竞买代码、参拍密码,并以优先竞买代码参与竞买;未经确认的,不得以优先购买权人身份参与竞买。

顺序不同的优先购买权人申请参与竞买的,人民法院应当确认其顺序,赋予不同顺序的优先竞买代码。

第二十条 网络司法拍卖从起拍价开始以递增出价方式竞价,增价幅度由人民法院确定。竞买人以低于起拍价出价的无效。

网络司法拍卖的竞价时间应当不少于二十四小时。竞价程序结束前五分钟内无人出价的,最后出价即为成交价;有出价的,竞价时间自该出价时点顺延五分钟。竞买人的出价时间以进入网络司法拍卖平台服务系统的时间为准。

竞买代码及其出价信息应当在网络竞买页面实时显示,并储存、显示竞价全程。

第二十一条 优先购买权人参与竞买的,可以与其他竞买人以相同的价格出价,没有更高出价的,拍卖财产由优先购买权人竞得。

顺序不同的优先购买权人以相同价格出价的,拍卖财产由顺序在先的优先购买权人竞得。

顺序相同的优先购买权人以相同价格出价的,拍卖财产由出价在先的优先购买权人竞得。

第二十二条 网络司法拍卖成交的,由网络司法拍卖平台以买受人的真实身份自动生成确认书并公示。

拍卖财产所有权自拍卖成交裁定送达买受人时转移。

第二十三条 拍卖成交后,买受人交纳的保证金可以充抵价款;其他竞买人交纳的保证金应当在竞价程序结束后二十四小时内退还或者解冻。拍卖未成交的,竞买人交纳的保证金应当在竞价程序结束后二十四小时内退还或者解冻。

第二十四条 拍卖成交后买受人悔拍的,交纳的保证金不予退还,依次用于支付拍卖产生的费用损失、弥补重新拍卖价款低于原拍卖价款的差价、冲抵本案被执行人的债务以及与拍卖财产相关的被执行人的债务。

悔拍后重新拍卖的,原买受人不得参加竞买。

第二十五条 拍卖成交后,买受人应当在拍卖公告确定的期限内将剩余价款交付人民法院指定账户。拍卖成交后二十四小时内，网络服务提供者应当将冻结的买受人交纳的保证金划入人民法院指定账户。

第二十六条 网络司法拍卖竞价期间无人出价的，本次拍卖流拍。流拍后应当在三十日内在同一网络司法拍卖平台再次拍卖，拍卖动产的应当在拍卖七日前公告；拍卖不动产或者其他财产权的应当在拍卖十五日前公告。再次拍卖的起拍价降价幅度不得超过前次起拍价的百分之二十。

再次拍卖流拍的，可以依法在同一网络司法拍卖平台变卖。

第二十七条 起拍价及其降价幅度、竞价增价幅度、保证金数额和优先购买权人竞买资格及其顺序等事项，应当由人民法院依法组成合议庭评议确定。

第二十八条 网络司法拍卖竞价程序中，有依法应当暂缓、中止执行等情形的，人民法院应当决定暂缓或者裁定中止拍卖；人民法院可以自行或者通知网络服务提供者停止拍卖。

网络服务提供者发现系统故障、安全隐患等紧急情况的，可以先行暂缓拍卖，并立即报告人民法院。

暂缓或者中止拍卖的，应当及时在网络司法拍卖平台公告原因或者理由。

暂缓拍卖期限届满或者中止拍卖的事由消失后，需要继续拍卖的，应当在五日内恢复拍卖。

第二十九条 网络服务提供者对拍卖形成的电子数据，应当完整保存不少于十年，但法律、行政法规另有规定的除外。

第三十条 因网络司法拍卖本身形成的税费，应当依照相关法律、行政法规的规定，由相应主体承担；没有规定或者规定不明的，人民法院可以根据法律原则和案件实际情况确定税费承担的相关主体、数额。

第三十一条 当事人、利害关系人提出异议请求撤销网络司法拍卖，符合下列情形之一的，人民法院应当支持：

（一）由于拍卖财产的文字说明、视频或者照片展示以及瑕疵说明严重失实，致使买受人产生重大误解，购买目的无法实现的，但拍卖时的技术水平不能发现或者已经就相关瑕疵以及责任承担予以公示说明的除外；

（二）由于系统故障、病毒入侵、黑客攻击、数据错误等原因致使拍卖结果错误，严重损害当事人或者其他竞买人利益的；

（三）竞买人之间，竞买人与网络司法拍卖服务提供者之间恶意串通，损害当事人或者其他竞买人利益的；

（四）买受人不具备法律、行政法规和司法解释规定的竞买资格的；

（五）违法限制竞买人参加竞买或者对享有同等权利的竞买人规定不同竞买条件的；

（六）其他严重违反网络司法拍卖程序且损害当事人或者竞买人利益的情形。

第三十二条 网络司法拍卖被人民法院撤销，当事人、利害关系人、案外人认为人民法院的拍卖行为违法致使其合法权益遭受损害的,可以依法申请国家赔偿;认为其他主体的行为违法致使其合法权益遭受损害的,可以另行提起诉讼。

第三十三条 当事人、利害关系人、案外人认为网络司法拍卖服务提供者的行为违法致使其合法权益遭受损害的,可以另行提起诉讼;理由成立的,人民法院应当支持,但具有法定免责事由的除外。

第三十四条 实施网络司法拍卖的,下列机构和人员不得竞买并不得委托他人代为竞买与其行为相关的拍卖财产:

(一)负责执行的人民法院;

(二)网络服务提供者;

(三)承担拍卖辅助工作的社会机构或者组织;

(四)第(一)至(三)项规定主体的工作人员及其近亲属。

第三十五条 网络服务提供者有下列情形之一的,应当将其从名单库中除名:

(一)存在违反本规定第八条第二款规定操控拍卖程序、修改拍卖信息等行为的;

(二)存在恶意串通、弄虚作假、泄漏保密信息等行为的;

(三)因违反法律、行政法规和司法解释等规定受到处罚,不适于继续从事网络司法拍卖的;

(四)存在违反本规定第三十四条规定行为的;

(五)其他应当除名的情形。

网络服务提供者有前款规定情形之一,人民法院可以依照《中华人民共和国民事诉讼法》的相关规定予以处理。

第三十六条 当事人、利害关系人认为网络司法拍卖行为违法侵害其合法权益的,可以提出执行异议。异议、复议期间,人民法院可以决定暂缓或者裁定中止拍卖。

案外人对网络司法拍卖的标的提出异议的,人民法院应当依据《中华人民共和国民事诉讼法》第二百二十七条及相关司法解释的规定处理,并决定暂缓或者裁定中止拍卖。

第三十七条 人民法院通过互联网平台以变卖方式处置财产的,参照本规定执行。

执行程序中委托拍卖机构通过互联网平台实施网络拍卖的,参照本规定执行。

本规定对网络司法拍卖行为没有规定的,适用其他有关司法拍卖的规定。

第三十八条 本规定自 2017 年 1 月 1 日起施行。施行前最高人民法院公布的司法解释和规范性文件与本规定不一致的,以本规定为准。

最高人民法院关于人民法院民事执行中查封、扣押、冻结财产的规定

(2004年10月26日最高人民法院审判委员会第1330次会议通过 根据2020年12月23日最高人民法院审判委员会第1823次会议通过的《最高人民法院关于修改〈最高人民法院关于人民法院扣押铁路运输货物若干问题的规定〉等十八件执行类司法解释的决定》修正 2020年12月29日最高人民法院公告公布 该修正自2021年1月1日起施行 法释〔2020〕21号)

为了进一步规范民事执行中的查封、扣押、冻结措施,维护当事人的合法权益,根据《中华人民共和国民事诉讼法》等法律的规定,结合人民法院民事执行工作的实践经验,制定本规定。

第一条 人民法院查封、扣押、冻结被执行人的动产、不动产及其他财产权,应当作出裁定,并送达被执行人和申请执行人。

采取查封、扣押、冻结措施需要有关单位或者个人协助的,人民法院应当制作协助执行通知书,连同裁定书副本一并送达协助执行人。查封、扣押、冻结裁定书和协助执行通知书送达时发生法律效力。

第二条 人民法院可以查封、扣押、冻结被执行人占有的动产、登记在被执行人名下的不动产、特定动产及其他财产权。

未登记的建筑物和土地使用权,依据土地使用权的审批文件和其他相关证据确定权属。

对于第三人占有的动产或者登记在第三人名下的不动产、特定动产及其他财产权,第三人书面确认该财产属于被执行人的,人民法院可以查封、扣押、冻结。

第三条 人民法院对被执行人下列的财产不得查封、扣押、冻结:

(一)被执行人及其所扶养家属生活所必需的衣服、家具、炊具、餐具及其他家庭生活必需的物品;

(二)被执行人及其所扶养家属所必需的生活费用。当地有最低生活保障标准的,必需的生活费用依照该标准确定;

(三)被执行人及其所扶养家属完成义务教育所必需的物品;

(四)未公开的发明或者未发表的著作;

(五)被执行人及其所扶养家属用于身体缺陷所必需的辅助工具、医疗物品;

(六)被执行人所得的勋章及其他荣誉表彰的物品;

(七)根据《中华人民共和国缔结条约程序法》,以中华人民共和国、中华人民共和国政府或者中华人民共和国政府部门名义同外国、国际组织缔结的条

约、协定和其他具有条约、协定性质的文件中规定免于查封、扣押、冻结的财产；

（八）法律或者司法解释规定的其他不得查封、扣押、冻结的财产。

第四条 对被执行人及其所扶养家属生活所必需的居住房屋,人民法院可以查封,但不得拍卖、变卖或者抵债。

第五条 对于超过被执行人及其所扶养家属生活所必需的房屋和生活用品,人民法院根据申请执行人的申请,在保障被执行人及其所扶养家属最低生活标准所必需的居住房屋和普通生活必需品后,可予以执行。

第六条 查封、扣押动产的,人民法院可以直接控制该项财产。人民法院将查封、扣押的动产交付其他人控制的,应当在该动产上加贴封条或者采取其他足以公示查封、扣押的适当方式。

第七条 查封不动产的,人民法院应当张贴封条或者公告,并可以提取保存有关财产权证照。

查封、扣押、冻结已登记的不动产、特定动产及其他财产权,应当通知有关登记机关办理登记手续。未办理登记手续的,不得对抗其他已经办理了登记手续的查封、扣押、冻结行为。

第八条 查封尚未进行权属登记的建筑物时,人民法院应当通知其管理人或者该建筑物的实际占有人,并在显著位置张贴公告。

第九条 扣押尚未进行权属登记的机动车辆时,人民法院应当在扣押清单上记载该机动车辆的发动机编号。该车辆在扣押期间权利人要求办理权属登记手续的,人民法院应当准许并及时办理相应的扣押登记手续。

第十条 查封、扣押的财产不宜由人民法院保管的,人民法院可以指定被执行人负责保管;不宜由被执行人保管的,可以委托第三人或者申请执行人保管。

由人民法院指定被执行人保管的财产,如果继续使用对该财产的价值无重大影响,可以允许被执行人继续使用;由人民法院保管或者委托第三人、申请执行人保管的,保管人不得使用。

第十一条 查封、扣押、冻结担保物权人占有的担保财产,一般应当指定该担保物权人作为保管人;该财产由人民法院保管的,质权、留置权不因转移占有而消灭。

第十二条 对被执行人与其他人共有的财产,人民法院可以查封、扣押、冻结,并及时通知共有人。

共有人协议分割共有财产,并经债权人认可的,人民法院可以认定有效。查封、扣押、冻结的效力及于协议分割后被执行人享有份额内的财产;对其他共有人享有份额内的财产的查封、扣押、冻结,人民法院应当裁定予以解除。

共有人提起析产诉讼或者申请执行人代位提起析产诉讼的,人民法院应当准许。诉讼期间中止对该财产的执行。

第十三条 对第三人为被执行人的利益占有的被执行人的财产,人民法院可以查封、扣押、冻结;该财产被指定给第三人继续保管的,第三人不得将其交付给被执行人。

对第三人为自己的利益依法占有的被执行人的财产,人民法院可以查封、扣押、冻结,第三人可以继续占有和使用该财产,但不得将其交付给被执行人。

第三人无偿借用被执行人的财产的,不受前款规定的限制。

第十四条 被执行人将其财产出卖给第三人,第三人已经支付部分价款并实际占有该财产,但根据合同约定被执行人保留所有权的,人民法院可以查封、扣押、冻结;第三人要求继续履行合同的,向人民法院交付全部余款后,裁定解除查封、扣押、冻结。

第十五条 被执行人将其所有的需要办理过户登记的财产出卖给第三人,第三人已经支付部分或者全部价款并实际占有该财产,但尚未办理产权过户登记手续的,人民法院可以查封、扣押、冻结;第三人已经支付全部价款并实际占有,但未办理过户登记手续的,如果第三人对此没有过错,人民法院不得查封、扣押、冻结。

第十六条 被执行人购买第三人的财产,已经支付部分价款并实际占有该财产,第三人依合同约定保留所有权的,人民法院可以查封、扣押、冻结。保留所有权已办理登记的,第三人的剩余价款从该财产变价款中优先支付;第三人主张取回该财产的,可以依据民事诉讼法第二百二十七条规定提出异议。

第十七条 被执行人购买需要办理过户登记的第三人的财产,已经支付部分或者全部价款并实际占有该财产,虽未办理产权过户登记手续,但申请执行人已向第三人支付剩余价款或者第三人同意剩余价款从该财产变价款中优先支付的,人民法院可以查封、扣押、冻结。

第十八条 查封、扣押、冻结被执行人的财产时,执行人员应当制作笔录,载明下列内容:

(一)执行措施开始及完成的时间;

(二)财产的所在地、种类、数量;

(三)财产的保管人;

(四)其他应当记明的事项。

执行人员及保管人应当在笔录上签名,有民事诉讼法第二百四十五条规定的人员到场的,到场人员也应当在笔录上签名。

第十九条 查封、扣押、冻结被执行人的财产,以其价额足以清偿法律文书确定的债权额及执行费用为限,不得明显超标的额查封、扣押、冻结。

发现超标的额查封、扣押、冻结的,人民法院应当根据被执行人的申请或者依职权,及时解除对超标的额部分财产的查封、扣押、冻结,但该财产为不可分物且被执行人无其他可供执行的财产或者其他财产不足以清偿债务的除外。

第二十条 查封、扣押的效力及于查封、扣押物的从物和天然孳息。

第二十一条 查封地上建筑物的效力及于该地上建筑物使用范围内的土

地使用权,查封土地使用权的效力及于地上建筑物,但土地使用权与地上建筑物的所有权分属被执行人与他人的除外。

地上建筑物和土地使用权的登记机关不是同一机关的,应当分别办理查封登记。

第二十二条 查封、扣押、冻结的财产灭失或者毁损的,查封、扣押、冻结的效力及于该财产的替代物、赔偿款。人民法院应当及时作出查封、扣押、冻结该替代物、赔偿款的裁定。

第二十三条 查封、扣押、冻结协助执行通知书在送达登记机关时,登记机关已经受理被执行人转让不动产、特定动产及其他财产的过户登记申请,尚未完成登记的,应当协助人民法院执行。人民法院不得对登记机关已经完成登记的被执行人已转让的财产实施查封、扣押、冻结措施。

查封、扣押、冻结协助执行通知书在送达登记机关时,其他人民法院已向该登记机关送达了过户登记协助执行通知书的,应当优先办理过户登记。

第二十四条 被执行人就已经查封、扣押、冻结的财产所作的移转、设定权利负担或者其他有碍执行的行为,不得对抗申请执行人。

第三人未经人民法院准许占有查封、扣押、冻结的财产或者实施其他有碍执行的行为的,人民法院可以依据申请执行人的申请或者依职权解除其占有或者排除其妨害。

人民法院的查封、扣押、冻结没有公示的,其效力不得对抗善意第三人。

第二十五条 人民法院查封、扣押被执行人设定最高额抵押权的抵押物的,应当通知抵押权人。抵押权人受抵押担保的债权数额自收到人民法院通知时起不再增加。

人民法院虽然没有通知抵押权人,但有证据证明抵押权人知道或者应当知道查封、扣押事实的,受抵押担保的债权数额从其知道或者应当知道该事实时起不再增加。

第二十六条 对已被人民法院查封、扣押、冻结的财产,其他人民法院可以进行轮候查封、扣押、冻结。查封、扣押、冻结解除的,登记在先的轮候查封、扣押、冻结即自动生效。

其他人民法院对已登记的财产进行轮候查封、扣押、冻结的,应当通知有关登记机关协助进行轮候登记,实施查封、扣押、冻结的人民法院应当允许其他人民法院查阅有关文书和记录。

其他人民法院对没有登记的财产进行轮候查封、扣押、冻结的,应当制作笔录,并经实施查封、扣押、冻结的人民法院执行人员及被执行人签字,或者书面通知实施查封、扣押、冻结的人民法院。

第二十七条 查封、扣押、冻结期限届满,人民法院未办理延期手续的,查封、扣押、冻结的效力消灭。

查封、扣押、冻结的财产已经被执行拍卖、变卖或者抵债的,查封、扣押、冻结的效力消灭。

第二十八条 有下列情形之一的,人民法院应当作出解除查封、扣押、冻结裁定,并送达申请执行人、被执行人或者案外人：

(一)查封、扣押、冻结案外人财产的；

(二)申请执行人撤回执行申请或者放弃债权的；

(三)查封、扣押、冻结的财产流拍或者变卖不成,申请执行人和其他执行债权人又不同意接受抵债,且对该财产又无法采取其他执行措施的；

(四)债务已经清偿的；

(五)被执行人提供担保且申请执行人同意解除查封、扣押、冻结的；

(六)人民法院认为应当解除查封、扣押、冻结的其他情形。

解除以登记方式实施的查封、扣押、冻结的,应当向登记机关发出协助执行通知书。

第二十九条 财产保全裁定和先予执行裁定的执行适用本规定。

第三十条 本规定自2005年1月1日起施行。施行前本院公布的司法解释与本规定不一致的,以本规定为准。

最高人民法院关于人民法院强制执行股权若干问题的规定

(2021年11月15日最高人民法院审判委员会第1850次会议通过 2021年12月20日最高人民法院公告公布 自2022年1月1日起施行 法释〔2021〕20号)

为了正确处理人民法院强制执行股权中的有关问题,维护当事人、利害关系人的合法权益,根据《中华人民共和国民事诉讼法》《中华人民共和国公司法》等法律规定,结合执行工作实际,制定本规定。

第一条 本规定所称股权,包括有限责任公司股权、股份有限公司股份,但是在依法设立的证券交易所上市交易以及在国务院批准的其他全国性证券交易场所交易的股份有限公司股份除外。

第二条 被执行人是公司股东的,人民法院可以强制执行其在公司持有的股权,不得直接执行公司的财产。

第三条 依照民事诉讼法第二百二十四条的规定以被执行股权所在地确定管辖法院的,股权所在地是指股权所在公司的住所地。

第四条 人民法院可以冻结下列资料或者信息之一载明的属于被执行人的股权：

(一)股权所在公司的章程、股东名册等资料；

(二)公司登记机关的登记、备案信息；

(三)国家企业信用信息公示系统的公示信息。

案外人基于实体权利对被冻结股权提出排除执行异议的,人民法院应当依照民事诉讼法第二百二十七条的规定进行审查。

第五条 人民法院冻结被执行人的股权,以其价额足以清偿生效法律文书确定的债权额及执行费用为限,不得明显超标的额冻结。股权价额无法确定的,可以根据申请执行人申请冻结的比例或者数量进行冻结。

被执行人认为冻结明显超标的额的,可以依照民事诉讼法第二百二十五条的规定提出书面异议,并附证明股权等查封、扣押、冻结财产价额的证据材料。人民法院审查后裁定异议成立的,应当自裁定生效之日起七日内解除对明显超标的额部分的冻结。

第六条 人民法院冻结被执行人的股权,应当向公司登记机关送达裁定书和协助执行通知书,要求其在国家企业信用信息公示系统进行公示。股权冻结自在公示系统公示时发生法律效力。多个人民法院冻结同一股权的,以在公示系统先办理公示的为在先冻结。

依照前款规定冻结被执行人股权的,应当及时向被执行人、申请执行人送达裁定书,并将股权冻结情况书面通知股权所在公司。

第七条 被执行人就被冻结股权所作的转让、出质或者其他有碍执行的行为,不得对抗申请执行人。

第八条 人民法院冻结被执行人股权的,可以向股权所在公司送达协助执行通知书,要求其在实施增资、减资、合并、分立等对被冻结股权所占比例、股权价值产生重大影响的行为前向人民法院书面报告有关情况。人民法院收到报告后,应当及时通知申请执行人,但是涉及国家秘密、商业秘密的除外。

股权所在公司未向人民法院报告即实施前款规定行为的,依照民事诉讼法第一百一十四条的规定处理。

股权所在公司或者公司董事、高级管理人员故意通过增资、减资、合并、分立、转让重大资产、对外提供担保等行为导致被冻结股权价值严重贬损,影响申请执行人债权实现的,申请执行人可以依法提起诉讼。

第九条 人民法院冻结被执行人基于股权享有的股息、红利等收益,应当向股权所在公司送达裁定书,并要求其在该收益到期时通知人民法院。人民法院对到期的股息、红利等收益,可以书面通知股权所在公司向申请执行人或者人民法院履行。

股息、红利等收益被冻结后,股权所在公司擅自向被执行人支付或者变相支付的,不影响人民法院要求股权所在公司支付该收益。

第十条 被执行人申请自行变价被冻结股权,经申请执行人及其他已知执行债权人同意或者变价款足以清偿执行债务的,人民法院可以准许,但是应当在能够控制变价款的情况下监督其在指定期限内完成,最长不超过三个月。

第十一条 拍卖被执行人的股权,人民法院应当依照《最高人民法院关于人民法院确定财产处置参考价若干问题的规定》规定的程序确定股权处置参考价,并参照参考价确定起拍价。

确定参考价需要相关材料的,人民法院可以向公司登记机关、税务机关等部门调取,也可以责令被执行人、股权所在公司以及控制相关材料的其他主体提供;拒不提供的,可以强制提取,并可以依照民事诉讼法第一百一十一条、第一百一十四条的规定处理。

为确定股权处置参考价,经当事人书面申请,人民法院可以委托审计机构对股权所在公司进行审计。

第十二条 委托评估被执行人的股权,评估机构因缺少评估所需完整材料无法进行评估或者认为影响评估结果,被执行人未能提供且人民法院无法调取补充材料的,人民法院应当通知评估机构根据现有材料进行评估,并告知当事人因缺乏材料可能产生的不利后果。

评估机构根据现有材料无法出具评估报告的,经申请执行人书面申请,人民法院可以根据具体情况以适当高于执行费用的金额确定起拍价,但是股权所在公司经营严重异常,股权明显没有价值的除外。

依照前款规定确定的起拍价拍卖的,竞买人应当预交的保证金数额由人民法院根据实际情况酌定。

第十三条 人民法院拍卖被执行人的股权,应当采取网络司法拍卖方式。

依据处置参考价并结合具体情况计算,拍卖被冻结股权所得价款可能明显高于债权额及执行费用的,人民法院应当对相应部分的股权进行拍卖。对相应部分的股权拍卖严重减损被冻结股权价值的,经被执行人书面申请,也可以对超出部分的被冻结股权一并拍卖。

第十四条 被执行人、利害关系人以具有下列情形之一为由请求不得强制拍卖股权的,人民法院不予支持:

(一)被执行人未依法履行或者未依法全面履行出资义务;

(二)被执行人认缴的出资未届履行期限;

(三)法律、行政法规、部门规章等对该股权自行转让有限制;

(四)公司章程、股东协议等对该股权自行转让有限制。

人民法院对具有前款第一、二项情形的股权进行拍卖时,应当在拍卖公告中载明被执行人认缴出资额、实缴出资额、出资期限等信息。股权处置后,相关主体依照有关规定履行出资义务。

第十五条 股权变更应当由相关部门批准的,人民法院应当在拍卖公告中载明法律、行政法规或者国务院决定规定的竞买人应当具备的资格或者条件。必要时,人民法院可以就竞买资格或者条件征询相关部门意见。

拍卖成交后,人民法院应当通知买受人持成交确认书向相关部门申请办理股权变更批准手续。买受人取得批准手续的,人民法院作出拍卖成交裁定书;买受人未在合理期限内取得批准手续的,应当重新对股权进行拍卖。重新拍卖的,原买受人不得参加竞买。

买受人明知不符合竞买资格或者条件依然参加竞买,且在成交后未能在合理期限内取得相关部门股权变更批准手续的,交纳的保证金不予退还。保证金不足以支付拍卖产生的费用损失、弥补重新拍卖价款低于原拍卖价款差价的,人民法院可以裁定原买受人补交;拒不补交的,强制执行。

第十六条 生效法律文书确定被执行人交付股权,因股权所在公司在生效法律文书作出后增资或者减资导致被执行人实际持股比例降低或者升高的,人民法院应当按照下列情形分别处理:

(一)生效法律文书已经明确交付股权的出资额的,按照该出资额交付股权;

(二)生效法律文书仅明确交付一定比例的股权的,按照生效法律文书作出时该比例所对应出资额占当前公司注册资本总额的比例交付股权。

第十七条 在审理股东资格确认纠纷案件中,当事人提出要求公司签发出资证明书、记载于股东名册并办理公司登记机关登记的诉讼请求且其主张成立的,人民法院应当予以支持;当事人未提出前述诉讼请求的,可以根据案件具体情况向其释明。

生效法律文书仅确认股权属于当事人所有,当事人可以持该生效法律文书自行向股权所在公司、公司登记机关申请办理股权变更手续;向人民法院申请强制执行的,不予受理。

第十八条 人民法院对被执行人在其他营利法人享有的投资权益强制执行的,参照适用本规定。

第十九条 本规定自2022年1月1日起施行。

施行前本院公布的司法解释与本规定不一致的,以本规定为准。

附件:主要文书参考样式

×××人民法院
协助执行通知书

(××××)……执……号

×××市场监督管理局:

根据本院(××××)……执……号执行裁定,依照《中华人民共和国民事诉讼法》第二百四十二条、《最高人民法院关于人民法院强制执行股权若干问题的规定》第六条的规定,请协助执行下列事项:

一、对下列情况进行公示:冻结被执行人×××(证件种类、号码:……)持有×××……(股权的数额),冻结期限自××××年××月××日起至××××年××月××日止;

二、冻结期间,未经本院许可,在你局职权范围内,不得为被冻结股权办理

_____等有碍执行的事项(根据不同的公司类型、冻结需求,载明具体的协助执行事项)。

×××× 年 ×× 月 ×× 日
(院印)

经办人员:×××
联系电话:……

×××人民法院
协助执行通知书
(回执)

×××人民法院:

你院(××××)……执……号执行裁定书、(××××)……执……号协助执行通知书收悉,我局处理结果如下:

已于×××× 年 ×× 月 ×× 日在国家企业信用信息公示系统将你院冻结股权的情况进行公示,并将在我局职权范围内按照你院要求履行相关协助执行义务。

×××× 年 ×× 月 ×× 日
(公章)

经办人员:×××
联系电话:……

最高人民法院关于
网络查询、冻结被执行人存款的规定

(2013年8月26日最高人民法院审判委员会第1587次会议通过 2013年8月29日最高人民法院公告公布 自2013年9月2日起施行 法释〔2013〕20号)

为规范人民法院办理执行案件过程中通过网络查询、冻结被执行人存款及其他财产的行为,进一步提高执行效率,根据《中华人民共和国民事诉讼法》的规定,结合人民法院工作实际,制定本规定。

第一条 人民法院与金融机构已建立网络执行查控机制的,可以通过网络实施查询、冻结被执行人存款等措施。

网络执行查控机制的建立和运行应当具备以下条件:

(一)已建立网络执行查控系统,具有通过网络执行查控系统发送、传输、反馈查控信息的功能;

（二）授权特定的人员办理网络执行查控业务；
（三）具有符合安全规范的电子印章系统；
（四）已采取足以保障查控系统和信息安全的措施。

第二条 人民法院实施网络执行查控措施，应当事前统一向相应金融机构报备有权通过网络采取执行查控措施的特定执行人员的相关公务证件。办理具体业务时，不再另行向相应金融机构提供执行人员的相关公务证件。

人民法院办理网络执行查控业务的特定执行人员发生变更的，应当及时向相应金融机构报备人员变更信息及相关公务证件。

第三条 人民法院通过网络查询被执行人存款时，应当向金融机构传输电子协助查询存款通知书。多案集中查询的，可以附汇总的案件查询清单。

对查询到的被执行人存款需要冻结或者续行冻结的，人民法院应当及时向金融机构传输电子冻结裁定书和协助冻结存款通知书。

对冻结的被执行人存款需要解除冻结的，人民法院应当及时向金融机构传输电子解除冻结裁定书和协助解除冻结存款通知书。

第四条 人民法院向金融机构传输的法律文书，应当加盖电子印章。

作为协助执行人的金融机构完成查询、冻结等事项后，应当及时通过网络向人民法院回复加盖电子印章的查询、冻结等结果。

人民法院出具的电子法律文书、金融机构出具的电子查询、冻结等结果，与纸质法律文书及反馈结果具有同等效力。

第五条 人民法院通过网络查询、冻结、续冻、解冻被执行人存款，与执行人员赴金融机构营业场所查询、冻结、续冻、解冻被执行人存款具有同等效力。

第六条 金融机构认为人民法院通过网络执行查控系统采取的查控措施违反相关法律、行政法规规定的，应当向人民法院书面提出异议。人民法院应当在15日内审查完毕并书面回复。

第七条 人民法院应当依据法律、行政法规规定及相应操作规范使用网络执行查控系统和查控信息，确保信息安全。

人民法院办理执行案件过程中，不得泄露通过网络执行查控系统取得的查控信息，也不得用于执行案件以外的目的。

人民法院办理执行案件过程中，不得对被执行人以外的非执行义务主体采取网络查控措施。

第八条 人民法院工作人员违反第七条规定的，应当按照《人民法院工作人员处分条例》给予纪律处分；情节严重构成犯罪的，应当依法追究刑事责任。

第九条 人民法院具备相应网络扣划技术条件，并与金融机构协商一致的，可以通过网络执行查控系统采取扣划被执行人存款措施。

第十条 人民法院与工商行政管理、证券监管、土地房地产管理等协助执行单位已建立网络执行查控机制，通过网络执行查控系统对被执行人股权、股票、证券账户资金、房地产等其他财产采取查控措施的，参照本规定执行。

最高人民法院关于公证债权文书执行若干问题的规定

(2018年6月25日最高人民法院审判委员会第1743次会议通过 2018年9月30日最高人民法院公告公布 自2018年10月1日起施行 法释〔2018〕18号)

为了进一步规范人民法院办理公证债权文书执行案件,确保公证债权文书依法执行,维护当事人、利害关系人的合法权益,根据《中华人民共和国民事诉讼法》《中华人民共和国公证法》等法律规定,结合执行实践,制定本规定。

第一条 本规定所称公证债权文书,是指根据公证法第三十七条第一款规定经公证赋予强制执行效力的债权文书。

第二条 公证债权文书执行案件,由被执行人住所地或者被执行的财产所在地人民法院管辖。

前款规定案件的级别管辖,参照人民法院受理第一审民商事案件级别管辖的规定确定。

第三条 债权人申请执行公证债权文书,除应当提交作为执行依据的公证债权文书等申请执行所需的材料外,还应当提交证明履行情况等内容的执行证书。

第四条 债权人申请执行的公证债权文书应当包括公证证词、被证明的债权文书等内容。权利义务主体、给付内容应当在公证证词中列明。

第五条 债权人申请执行公证债权文书,有下列情形之一的,人民法院应当裁定不予受理;已经受理的,裁定驳回执行申请:

(一)债权文书属于不得经公证赋予强制执行效力的文书;

(二)公证债权文书未载明债务人接受强制执行的承诺;

(三)公证证词载明的权利义务主体或者给付内容不明确;

(四)债权人未提交执行证书;

(五)其他不符合受理条件的情形。

第六条 公证债权文书赋予强制执行效力的范围同时包含主债务和担保债务的,人民法院应当依法予以执行;仅包含主债务的,对担保债务部分的执行申请不予受理;仅包含担保债务的,对主债务部分的执行申请不予受理。

第七条 债权人对不予受理、驳回执行申请裁定不服的,可以自裁定送达之日起十日内向上一级人民法院申请复议。

申请复议期满未申请复议,或者复议申请被驳回的,当事人可以就公证债权文书涉及的民事权利义务争议向人民法院提起诉讼。

第八条 公证机构决定不予出具执行证书的,当事人可以就公证债权文书涉及的民事权利义务争议直接向人民法院提起诉讼。

第九条 申请执行公证债权文书的期间自公证债权文书确定的履行期间的最后一日起计算;分期履行的,自公证债权文书确定的每次履行期间的最后一日起计算。

债权人向公证机构申请出具执行证书的,申请执行时效自债权人提出申请之日起中断。

第十条 人民法院在执行实施中,根据公证债权文书并结合申请执行人的申请依法确定给付内容。

第十一条 因民间借贷形成的公证债权文书,文书中载明的利率超过人民法院依照法律、司法解释规定应予支持的上限的,对超过的利息部分不纳入执行范围;载明的利率未超过人民法院依照法律、司法解释规定应予支持的上限,被执行人主张实际超过的,可以依照本规定第二十二条第一款规定提起诉讼。

第十二条 有下列情形之一的,被执行人可以依照民事诉讼法第二百三十八条第二款规定申请不予执行公证债权文书:

(一)被执行人未到场且未委托代理人到场办理公证的;

(二)无民事行为能力人或者限制民事行为能力人没有监护人代为办理公证的;

(三)公证员为本人、近亲属办理公证,或者办理与本人、近亲属有利害关系的公证的;

(四)公证员办理该项公证有贪污受贿、徇私舞弊行为,已经由生效刑事法律文书等确认的;

(五)其他严重违反法定公证程序的情形。

被执行人以公证债权文书的内容与事实不符或者违反法律强制性规定等实体事由申请不予执行的,人民法院应当告知其依照本规定第二十二条第一款规定提起诉讼。

第十三条 被执行人申请不予执行公证债权文书,应当在执行通知书送达之日起十五日内向执行法院提出书面申请,并提交相关证据材料;有本规定第十二条第一款第三项、第四项规定情形且执行程序尚未终结的,应当自知道或者应当知道有关事实之日起十五日内提出。

公证债权文书执行案件被指定执行、提级执行、委托执行后,被执行人申请不予执行的,由提出申请时负责该案件执行的人民法院审查。

第十四条 被执行人认为公证债权文书存在本规定第十二条第一款规定的多个不予执行事由的,应当在不予执行案件审查期间一并提出。

不予执行申请被裁定驳回后,同一被执行人再次提出申请的,人民法院不予受理。但有证据证明不予执行事由在不予执行申请被裁定驳回后知道的,可以在执行程序终结前提出。

第十五条　人民法院审查不予执行公证债权文书案件,案情复杂、争议较大的,应当进行听证。必要时可以向公证机构调阅公证案卷,要求公证机构作出书面说明,或者通知公证员到庭说明情况。

第十六条　人民法院审查不予执行公证债权文书案件,应当在受理之日起六十日内审查完毕并作出裁定;有特殊情况需要延长的,经本院院长批准,可以延长三十日。

第十七条　人民法院审查不予执行公证债权文书案件期间,不停止执行。

被执行人提供充分、有效的担保,请求停止相应处分措施的,人民法院可以准许;申请执行人提供充分、有效的担保,请求继续执行的,应当继续执行。

第十八条　被执行人依照本规定第十二条第一款规定申请不予执行,人民法院经审查认为理由成立的,裁定不予执行;理由不成立的,裁定驳回不予执行申请。

公证债权文书部分内容具有本规定第十二条第一款规定情形的,人民法院应当裁定对该部分不予执行;应当不予执行部分与其他部分不可分的,裁定对该公证债权文书不予执行。

第十九条　人民法院认定执行公证债权文书违背公序良俗的,裁定不予执行。

第二十条　公证债权文书被裁定不予执行的,当事人可以就该公证债权文书涉及的民事权利义务争议向人民法院提起诉讼;公证债权文书被裁定部分不予执行的,当事人可以就该部分争议提起诉讼。

当事人对不予执行裁定提出执行异议或者申请复议的,人民法院不予受理。

第二十一条　当事人不服驳回不予执行申请裁定的,可以自裁定送达之日起十日内向上一级人民法院申请复议。上一级人民法院应当自收到复议申请之日起三十日内审查。经审查,理由成立的,裁定撤销原裁定,不予执行该公证债权文书;理由不成立的,裁定驳回复议申请。复议期间,不停止执行。

第二十二条　有下列情形之一的,债务人可以在执行程序终结前,以债权人为被告,向执行法院提起诉讼,请求不予执行公证债权文书:

(一)公证债权文书载明的民事权利义务关系与事实不符;

(二)经公证的债权文书具有法律规定的无效、可撤销等情形;

(三)公证债权文书载明的债权因清偿、提存、抵销、免除等原因全部或者部分消灭。

债务人提起诉讼,不影响人民法院对公证债权文书的执行。债务人提供充分、有效的担保,请求停止相应处分措施的,人民法院可以准许;债权人提供充分、有效的担保,请求继续执行的,应当继续执行。

第二十三条　对债务人依照本规定第二十二条第一款规定提起的诉讼,人民法院经审理认为理由成立的,判决不予执行或者部分不予执行;理由不成立的，判决驳回诉讼请求。

当事人同时就公证债权文书涉及的民事权利义务争议提出诉讼请求的，人民法院可以在判决中一并作出裁判。

第二十四条 有下列情形之一的，债权人、利害关系人可以就公证债权文书涉及的民事权利义务争议直接向有管辖权的人民法院提起诉讼：

（一）公证债权文书载明的民事权利义务关系与事实不符；

（二）经公证的债权文书具有法律规定的无效、可撤销等情形。

债权人提起诉讼，诉讼案件受理后又申请执行公证债权文书的，人民法院不予受理。进入执行程序后债权人又提起诉讼的，诉讼案件受理后，人民法院可以裁定终结公证债权文书的执行；债权人请求继续执行其未提出争议部分的，人民法院可以准许。

利害关系人提起诉讼，不影响人民法院对公证债权文书的执行。利害关系人提供充分、有效的担保，请求停止相应处分措施的，人民法院可以准许；债权人提供充分、有效的担保，请求继续执行的，应当继续执行。

第二十五条 本规定自 2018 年 10 月 1 日起施行。

本规定施行前最高人民法院公布的司法解释与本规定不一致的，以本规定为准。

最高人民法院关于人民法院办理仲裁裁决执行案件若干问题的规定

（2018 年 1 月 5 日最高人民法院审判委员会第 1730 次会议通过 2018 年 2 月 22 日最高人民法院公告公布 自 2018 年 3 月 1 日起施行 法释〔2018〕5 号）

为了规范人民法院办理仲裁裁决执行案件，依法保护当事人、案外人的合法权益，根据《中华人民共和国民事诉讼法》《中华人民共和国仲裁法》等法律规定，结合人民法院执行工作实际，制定本规定。

第一条 本规定所称的仲裁裁决执行案件，是指当事人申请人民法院执行仲裁机构依据仲裁法作出的仲裁裁决或者仲裁调解书的案件。

第二条 当事人对仲裁机构作出的仲裁裁决或者仲裁调解书申请执行的，由被执行人住所地或者被执行的财产所在地的中级人民法院管辖。

符合下列条件的，经上级人民法院批准，中级人民法院可以参照民事诉讼法第三十八条的规定指定基层人民法院管辖：

（一）执行标的额符合基层人民法院一审商事案件级别管辖受理范围；

（二）被执行人住所地或者被执行的财产所在地在被指定的基层人民法院

辖区内。

被执行人、案外人对仲裁裁决执行案件申请不予执行的,负责执行的中级人民法院应当另行立案审查处理;执行案件已指定基层人民法院管辖的,应当于收到不予执行申请后三日内移送原执行法院另行立案审查处理。

第三条 仲裁裁决或者仲裁调解书执行内容具有下列情形之一导致无法执行的,人民法院可以裁定驳回执行申请;导致部分无法执行的,可以裁定驳回该部分的执行申请;导致部分无法执行且该部分与其他部分不可分的,可以裁定驳回执行申请。

(一)权利义务主体不明确;

(二)金钱给付具体数额不明确或者计算方法不明确导致无法计算出具体数额;

(三)交付的特定物不明确或者无法确定;

(四)行为履行的标准、对象、范围不明确。

仲裁裁决或者仲裁调解书仅确定继续履行合同,但对继续履行的权利义务,以及履行的方式、期限等具体内容不明确,导致无法执行的,依照前款规定处理。

第四条 对仲裁裁决主文或者仲裁调解书中的文字、计算错误以及仲裁庭已经认定但在裁决主文中遗漏的事项,可以补正或说明的,人民法院应当书面告知仲裁庭补正或说明,或者向仲裁机构调阅仲裁案卷查明。仲裁庭不补正也不说明,且人民法院调阅仲裁案卷后执行内容仍然不明确具体无法执行的,可以裁定驳回执行申请。

第五条 申请执行人对人民法院依照本规定第三条、第四条作出的驳回执行申请裁定不服的,可以自裁定送达之日起十日内向上一级人民法院申请复议。

第六条 仲裁裁决或者仲裁调解书确定交付的特定物确已毁损或者灭失的,依照《最高人民法院关于适用〈中华人民共和国民事诉讼法〉的解释》第四百九十四条的规定处理。

第七条 被执行人申请撤销仲裁裁决并已由人民法院受理的,或者被执行人、案外人对仲裁裁决执行案件提出不予执行申请并提供适当担保的,执行法院应当裁定中止执行。中止执行期间,人民法院应当停止处分性措施,但申请执行人提供充分、有效的担保请求继续执行的除外;执行标的查封、扣押、冻结期限届满前,人民法院可以根据当事人申请或者依职权办理续行查封、扣押、冻结手续。

申请撤销仲裁裁决、不予执行仲裁裁决案件司法审查期间,当事人、案外人申请对已查封、扣押、冻结之外的财产采取保全措施的,负责审查的人民法院参照民事诉讼法第一百条的规定处理。司法审查后仍需继续执行的,保全措施自动转为执行中的查封、扣押、冻结措施;采取保全措施的人民法院与执行法院不一致的,应当将保全手续移送执行法院,保全裁定视为执行法院作出的裁定。

第八条 被执行人向人民法院申请不予执行仲裁裁决的,应当在执行通知书送达之日起十五日内提出书面申请;有民事诉讼法第二百三十七条第二款第四、六项规定情形且执行程序尚未终结的,应当自知道或者应当知道有关事实或案件之日起十五日内提出书面申请。

本条前款规定期限届满前,被执行人已向有管辖权的人民法院申请撤销仲裁裁决且已被受理的,自人民法院驳回撤销仲裁裁决申请的裁判文书生效之日起重新计算期限。

第九条 案外人向人民法院申请不予执行仲裁裁决或者仲裁调解书的,应当提交申请书以及证明其请求成立的证据材料,并符合下列条件:

(一)有证据证明仲裁案件当事人恶意申请仲裁或者虚假仲裁,损害其合法权益;

(二)案外人主张的合法权益所涉及的执行标的尚未执行终结;

(三)自知道或者应当知道人民法院对该标的采取执行措施之日起三十日内提出。

第十条 被执行人申请不予执行仲裁裁决,对同一仲裁裁决的多个不予执行事由应当一并提出。不予执行仲裁裁决申请被裁定驳回后,再次提出申请的,人民法院不予审查,但有新证据证明存在民事诉讼法第二百三十七条第二款第四、六项规定情形的除外。

第十一条 人民法院对不予执行仲裁裁决案件应当组成合议庭围绕被执行人申请的事由、案外人的申请进行审查;对被执行人没有申请的事由不予审查,但仲裁裁决可能违背社会公共利益的除外。

被执行人、案外人对仲裁裁决执行案件申请不予执行的,人民法院应当进行询问;被执行人在询问终结前提出其他不予执行事由的,应当一并审查。人民法院审查时,认为必要的,可以要求仲裁庭作出说明,或者向仲裁机构调阅仲裁案卷。

第十二条 人民法院对不予执行仲裁裁决案件的审查,应当在立案之日起两个月内审查完毕并作出裁定;有特殊情况需要延长的,经本院院长批准,可以延长一个月。

第十三条 下列情形经人民法院审查属实的,应当认定为民事诉讼法第二百三十七条第二款第二项规定的"裁决的事项不属于仲裁协议的范围或者仲裁机构无权仲裁的"情形:

(一)裁决的事项超出仲裁协议约定的范围;

(二)裁决的事项属于依照法律规定或者当事人选择的仲裁规则规定的不可仲裁事项;

(三)裁决内容超出当事人仲裁请求的范围;

(四)作出裁决的仲裁机构非仲裁协议所约定。

第十四条 违反仲裁法规定的仲裁程序、当事人选择的仲裁规则或者当事人对仲裁程序的特别约定，可能影响案件公正裁决，经人民法院审查属实的，应当认定为民事诉讼法第二百三十七条第二款第三项规定的"仲裁庭的组成或者仲裁的程序违反法定程序的"情形。

当事人主张未按照仲裁法或仲裁规则规定的方式送达法律文书导致其未能参与仲裁，或者仲裁员根据仲裁法或仲裁规则的规定应当回避而未回避，可能影响公正裁决，经审查属实的，人民法院应当支持；仲裁庭按照仲裁法或仲裁规则以及当事人约定的方式送达仲裁法律文书，当事人主张不符合民事诉讼法有关送达规定的，人民法院不予支持。

适用的仲裁程序或仲裁规则经特别提示，当事人知道或者应当知道法定仲裁程序或选择的仲裁规则未被遵守，但仍然参加或者继续参加仲裁程序且未提出异议，在仲裁裁决作出之后以违反法定程序为由申请不予执行仲裁裁决的，人民法院不予支持。

第十五条 符合下列条件的，人民法院应当认定为民事诉讼法第二百三十七条第二款第四项规定的"裁决所根据的证据是伪造的"情形：

（一）该证据已被仲裁裁决采信；

（二）该证据属于认定案件基本事实的主要证据；

（三）该证据经查明确属通过捏造、变造、提供虚假证明等非法方式形成或者获取，违反证据的客观性、关联性、合法性要求。

第十六条 符合下列条件的，人民法院应当认定为民事诉讼法第二百三十七条第二款第五项规定的"对方当事人向仲裁机构隐瞒了足以影响公正裁决的证据的"情形：

（一）该证据属于认定案件基本事实的主要证据；

（二）该证据仅为对方当事人掌握，但未向仲裁庭提交；

（三）仲裁过程中知悉存在该证据，且要求对方当事人出示或者请求仲裁庭责令其提交，但对方当事人无正当理由未予出示或者提交。

当事人一方在仲裁过程中隐瞒己方掌握的证据，仲裁裁决作出后以己方所隐瞒的证据足以影响公正裁决为由申请不予执行仲裁裁决的，人民法院不予支持。

第十七条 被执行人申请不予执行仲裁调解书或者根据当事人之间的和解协议、调解协议作出的仲裁裁决，人民法院不予支持，但该仲裁调解书或者仲裁裁决违背社会公共利益的除外。

第十八条 案外人根据本规定第九条申请不予执行仲裁裁决或者仲裁调解书，符合下列条件的，人民法院应当支持：

（一）案外人系权利或者利益的主体；

（二）案外人主张的权利或者利益合法、真实；

（三）仲裁案件当事人之间存在虚构法律关系，捏造案件事实的情形；

（四）仲裁裁决主文或者仲裁调解书处理当事人民事权利义务的结果部分或者全部错误，损害案外人合法权益。

第十九条　被执行人、案外人对仲裁裁决执行案件逾期申请不予执行的，人民法院应当裁定不予受理；已经受理的，应当裁定驳回不予执行申请。

被执行人、案外人对仲裁裁决执行案件申请不予执行，经审查理由成立的，人民法院应当裁定不予执行；理由不成立的，应当裁定驳回不予执行申请。

第二十条　当事人向人民法院申请撤销仲裁裁决被驳回后，又在执行程序中以相同事由提出不予执行申请的，人民法院不予支持；当事人向人民法院申请不予执行被驳回后，又以相同事由申请撤销仲裁裁决的，人民法院不予支持。

在不予执行仲裁裁决案件审查期间，当事人向有管辖权的人民法院提出撤销仲裁裁决申请并被受理的，人民法院应当裁定中止对不予执行申请的审查；仲裁裁决被撤销或者决定重新仲裁的，人民法院应当裁定终结执行，并终结对不予执行申请的审查；撤销仲裁裁决申请被驳回或者申请执行人撤回撤销仲裁裁决申请的，人民法院应当恢复对不予执行申请的审查；被执行人撤回撤销仲裁裁决申请的，人民法院应当裁定终结对不予执行申请的审查，但案外人申请不予执行仲裁裁决的除外。

第二十一条　人民法院裁定驳回撤销仲裁裁决申请或者驳回不予执行仲裁裁决、仲裁调解书申请的，执行法院应当恢复执行。

人民法院裁定撤销仲裁裁决或者基于被执行人申请裁定不予执行仲裁裁决，原被执行人申请执行回转或者解除强制执行措施的，人民法院应当支持。原申请执行人对已履行或者被人民法院强制执行的款物申请保全的，人民法院应当依法准许；原申请执行人在人民法院采取保全措施之日起三十日内，未根据双方达成的书面仲裁协议重新申请仲裁或者向人民法院起诉的，人民法院应当裁定解除保全。

人民法院基于案外人申请裁定不予执行仲裁裁决或者仲裁调解书，案外人申请执行回转或者解除强制执行措施的，人民法院应当支持。

第二十二条　人民法院裁定不予执行仲裁裁决、驳回或者不予受理不予执行仲裁裁决申请后，当事人对该裁定提出执行异议或者申请复议的，人民法院不予受理。

人民法院裁定不予执行仲裁裁决的，当事人可以根据双方达成的书面仲裁协议重新申请仲裁，也可以向人民法院起诉。

人民法院基于案外人申请裁定不予执行仲裁裁决或者仲裁调解书，当事人不服的，可以自裁定送达之日起十日内向上一级人民法院申请复议；人民法院裁定驳回或者不予受理案外人提出的不予执行仲裁裁决、仲裁调解书申请，案外人不服的，可以自裁定送达之日起十日内向上一级人民法院申请复议。

第二十三条　本规定第八条、第九条关于对仲裁裁决执行案件申请不予执行的期限自本规定施行之日起重新计算。

第二十四条 本规定自 2018 年 3 月 1 日起施行,本院以前发布的司法解释与本规定不一致的,以本规定为准。

本规定施行前已经执行终结的执行案件,不适用本规定;本规定施行后尚未执行终结的执行案件,适用本规定。

最高人民法院关于首先查封法院与优先债权执行法院处分查封财产有关问题的批复

(2015 年 12 月 16 日最高人民法院审判委员会第 1672 次会议通过 2016 年 4 月 12 日最高人民法院公告公布 自 2016 年 4 月 14 日起施行 法释〔2016〕6 号)

福建省高级人民法院:

你院《关于解决法院首封处分权与债权人行使优先受偿债权冲突问题的请示》(闽高法〔2015〕261 号)收悉。经研究,批复如下:

一、执行过程中,应当由首先查封、扣押、冻结(以下简称查封)法院负责处分查封财产。但已进入其他法院执行程序的债权对查封财产有顺位在先的担保物权、优先权(该债权以下简称优先债权),自首先查封之日起已超过 60 日,且首先查封法院就该查封财产尚未发布拍卖公告或者进入变卖程序的,优先债权执行法院可以要求将该查封财产移送执行。

二、优先债权执行法院要求首先查封法院将查封财产移送执行的,应当出具商请移送执行函,并附确认优先债权的生效法律文书及案件情况说明。

首先查封法院应当在收到优先债权执行法院商请移送执行函之日起 15 日内出具移送执行函,将查封财产移送优先债权执行法院执行,并告知当事人。

移送执行函应当载明将查封财产移送执行及首先查封债权的相关情况等内容。

三、财产移送执行后,优先债权执行法院在处分或继续查封该财产时,可以持首先查封法院移送执行函办理相关手续。

优先债权执行法院对移送的财产变价后,应当按照法律规定的清偿顺序分配,并将相关情况告知首先查封法院。

首先查封债权尚未经生效法律文书确认的,应当按照首先查封债权的清偿顺位,预留相应份额。

四、首先查封法院与优先债权执行法院就移送查封财产发生争议的,可以逐级报请双方共同的上级法院指定该财产的执行法院。

共同的上级法院根据首先查封债权所处的诉讼阶段、查封财产的种类及所在地、各债权数额与查封财产价值之间的关系等案件具体情况,认为由首先查封法院执行更为妥当的,也可以决定由首先查封法院继续执行,但应当督促其在指定期限内处分查封财产。

此复。

附件:1.××××人民法院商请移送执行函
  2.××××人民法院移送执行函

附件1

××××人民法院
商请移送执行函

(××××)……号

××××人民法院:

　　……(写明当事人姓名或名称和案由)一案的……(写明生效法律文书名称)已经发生法律效力。由于……[写明本案债权人依法享有顺位在先的担保物权(优先权)和首先查封法院没有及时对查封财产进行处理的情况,以及商请移送执行的理由]。根据《最高人民法院关于首先查封法院与优先债权执行法院处分查封财产有关问题的批复》之规定,请你院在收到本函之日起15日内向我院出具移送执行函,将……(写明具体查封财产)移送我院执行。

　　附件:1.据以执行的生效法律文书
　　　　2.有关案件情况说明[内容包括本案债权依法享有顺位在先的担保物权(优先权)的具体情况、案件执行情况、执行员姓名及联系电话、申请执行人地址及联系电话等]
　　　　3.其他必要的案件材料

××××年××月××日
(院印)

本院地址:　　　　　邮　　编:
联 系 人:　　　　　联系电话:

附件2

××××人民法院
移送执行函

(××××)……号

××××人民法院:

　　你院(××××)……号商请移送执行函收悉。我院于××××年××月××日对……(写明具体查封财产,以下简称查封财产)予以查封(或者扣押、冻结),鉴于你院(××××)……号执行案件债权人对该查封财产享有顺位在先的担保物权(优先权),现根据《最高人民法院关于首先查封法院与优先债权执行法院处分查封财产有关问题的批复》之规定及你院的来函要求,将上述查封财产移送你院执行,对该财产的续封、解封和变价、分配等后续工作,交由你院办理,我院不再负责。请你院在后续执行程序中,对我院执行案件债权人××作为首先查封债权人所享有的各项权利依法予以保护,并将执行结果及时告知我院。

附件:1. 据以执行的生效法律文书
2. 有关案件情况的材料和说明(内容包括查封财产的查封、调查、异议、评估、处置和剩余债权数额等案件执行情况,执行员姓名及联系电话、申请执行人地址及联系电话等)
3. 其他必要的案件材料

××××年××月××日
(院印)

本院地址:　　　　　邮　　编:
联　系　人:　　　　　联系电话:

最高人民法院关于对人民法院终结执行行为提出执行异议期限问题的批复

(2015年11月30日最高人民法院审判委员会第1668次会议通过　2016年2月14日最高人民法院公告公布　自2016年2月15日起施行　法释〔2016〕3号)

湖北省高级人民法院:

你院《关于咸宁市广泰置业有限公司与咸宁市枫丹置业有限公司房地产开发经营合同纠纷案的请示》(鄂高法〔2015〕295号)收悉。经研究,批复如下:

当事人、利害关系人依照民事诉讼法第二百二十五条规定对终结执行行为提出异议的,应当自收到终结执行法律文书之日起六十日内提出;未收到法律文书的,应当自知道或者应当知道人民法院终结执行之日起六十日内提出。批复发布前终结执行的,自批复发布之日起六十日内提出。超出该期限提出执行异议的,人民法院不予受理。

此复。

最高人民法院关于
限制被执行人高消费及有关消费的若干规定

（2010年5月17日最高人民法院审判委员会第1487次会议通过 根据2015年7月6日最高人民法院审判委员会第1657次会议通过的《最高人民法院关于修改〈最高人民法院关于限制被执行人高消费的若干规定〉的决定》修正 2015年7月20日最高人民法院公告公布 该修正自2015年7月22日起施行 法释〔2015〕17号）

为进一步加大执行力度，推动社会信用机制建设，最大限度保护申请执行人和被执行人的合法权益，根据《中华人民共和国民事诉讼法》的有关规定，结合人民法院民事执行工作的实践经验，制定本规定。

第一条 被执行人未按执行通知书指定的期间履行生效法律文书确定的给付义务的，人民法院可以采取限制消费措施，限制其高消费及非生活或者经营必需的有关消费。

纳入失信被执行人名单的被执行人，人民法院应当对其采取限制消费措施。

第二条 人民法院决定采取限制消费措施时，应当考虑被执行人是否有消极履行、规避执行或者抗拒执行的行为以及被执行人的履行能力等因素。

第三条 被执行人为自然人的，被采取限制消费措施后，不得有以下高消费及非生活和工作必需的消费行为：

（一）乘坐交通工具时，选择飞机、列车软卧、轮船二等以上舱位；

（二）在星级以上宾馆、酒店、夜总会、高尔夫球场等场所进行高消费；

（三）购买不动产或者新建、扩建、高档装修房屋；

（四）租赁高档写字楼、宾馆、公寓等场所办公；

（五）购买非经营必需车辆；

（六）旅游、度假；

（七）子女就读高收费私立学校；

（八）支付高额保费购买保险理财产品；

（九）乘坐G字头动车组列车全部座位、其他动车组列车一等以上座位等其他非生活和工作必需的消费行为。

被执行人为单位的，被采取限制消费措施后，被执行人及其法定代表人、主要负责人、影响债务履行的直接责任人员、实际控制人不得实施前款规定的行为。因私消费以个人财产实施前款规定行为的，可以向执行法院提出申请。执行法院审查属实的，应予准许。

第四条 限制消费措施一般由申请执行人提出书面申请,经人民法院审查决定;必要时人民法院可以依职权决定。

第五条 人民法院决定采取限制消费措施的,应当向被执行人发出限制消费令。限制消费令由人民法院院长签发。限制消费令应当载明限制消费的期间、项目、法律后果等内容。

第六条 人民法院决定采取限制消费措施的,可以根据案件需要和被执行人的情况向有义务协助调查、执行的单位送达协助执行通知书,也可以在相关媒体上进行公告。

第七条 限制消费令的公告费用由被执行人负担;申请执行人申请在媒体公告的,应当垫付公告费用。

第八条 被限制消费的被执行人因生活或者经营必需而进行本规定禁止的消费活动的,应当向人民法院提出申请,获批准后方可进行。

第九条 在限制消费期间,被执行人提供确实有效的担保或者经申请执行人同意的,人民法院可以解除限制消费令;被执行人履行完毕生效法律文书确定的义务的,人民法院应当在本规定第六条通知或者公告的范围内及时以通知或者公告解除限制消费令。

第十条 人民法院应当设置举报电话或者邮箱,接受申请执行人和社会公众对被限制消费的被执行人违反本规定第三条的举报,并进行审查认定。

第十一条 被执行人违反限制消费令进行消费的行为属于拒不履行人民法院已经发生法律效力的判决、裁定的行为,经查证属实的,依照《中华人民共和国民事诉讼法》第一百一十一条的规定,予以拘留、罚款;情节严重,构成犯罪的,追究其刑事责任。

有关单位在收到人民法院协助执行通知书后,仍允许被执行人进行高消费及非生活或者经营必需的有关消费的,人民法院可以依照《中华人民共和国民事诉讼法》第一百一十四条的规定,追究其法律责任。

最高人民法院关于执行程序中计算迟延履行期间的债务利息适用法律若干问题的解释

(2014年6月9日最高人民法院审判委员会第1619次会议通过 2014年7月7日最高人民法院公告公布 自2014年8月1日起施行 法释〔2014〕8号)

为规范执行程序中迟延履行期间债务利息的计算,根据《中华人民共和国民事诉讼法》的规定,结合司法实践,制定本解释。

第一条 根据民事诉讼法第二百五十三条规定加倍计算之后的迟延履行

期间的债务利息,包括迟延履行期间的一般债务利息和加倍部分债务利息。

迟延履行期间的一般债务利息,根据生效法律文书确定的方法计算;生效法律文书未确定给付该利息的,不予计算。

加倍部分债务利息的计算方法为:加倍部分债务利息=债务人尚未清偿的生效法律文书确定的除一般债务利息之外的金钱债务×日万分之一点七五×迟延履行期间。

第二条 加倍部分债务利息自生效法律文书确定的履行期间届满之日起计算;生效法律文书确定分期履行的,自每次履行期间届满之日起计算;生效法律文书未确定履行期间的,自法律文书生效之日起计算。

第三条 加倍部分债务利息计算至被执行人履行完毕之日;被执行人分次履行的,相应部分的加倍部分债务利息计算至每次履行完毕之日。

人民法院划拨、提取被执行人的存款、收入、股息、红利等财产的,相应部分的加倍部分债务利息计算至划拨、提取之日;人民法院对被执行人财产拍卖、变卖或者以物抵债的,计算至成交裁定或者抵债裁定生效之日;人民法院对被执行人财产通过其他方式变价的,计算至财产变价完成之日。

非因被执行人的申请,对生效法律文书审查而中止或者暂缓执行的期间及再审中止执行的期间,不计算加倍部分债务利息。

第四条 被执行人的财产不足以清偿全部债务的,应当先清偿生效法律文书确定的金钱债务,再清偿加倍部分债务利息,但当事人对清偿顺序另有约定的除外。

第五条 生效法律文书确定给付外币的,执行时以该种外币按日万分之一点七五计算加倍部分债务利息,但申请执行人主张以人民币计算的,人民法院应予准许。

以人民币计算加倍部分债务利息的,应当先将生效法律文书确定的外币折算或者套算为人民币后再进行计算。

外币折算或者套算为人民币的,按照加倍部分债务利息起算之日的中国外汇交易中心或者中国人民银行授权机构公布的人民币对该外币的中间价折合成人民币计算;中国外汇交易中心或者中国人民银行授权机构未公布汇率中间价的外币,按照该日境内银行人民币对该外币的中间价折算成人民币,或者该外币在境内银行、国际外汇市场对美元汇率,与人民币对美元汇率中间价进行套算。

第六条 执行回转程序中,原申请执行人迟延履行金钱给付义务的,应当按照本解释的规定承担加倍部分债务利息。

第七条 本解释施行时尚未执行完毕部分的金钱债务,本解释施行前的迟延履行期间债务利息按照之前的规定计算;施行后的迟延履行期间债务利息按照本解释计算。

本解释施行前本院发布的司法解释与本解释不一致的,以本解释为准。

最高人民法院关于在执行工作中如何计算迟延履行期间的债务利息等问题的批复

(2009年3月30日最高人民法院审判委员会第1465次会议通过 2009年5月11日最高人民法院公告公布 自2009年5月18日起施行 法释〔2009〕6号)

四川省高级人民法院:

你院《关于执行工作几个适用法律问题的请示》(川高法〔2007〕390号)收悉。经研究,批复如下:

一、人民法院根据《中华人民共和国民事诉讼法》第二百二十九条计算"迟延履行期间的债务利息"时,应当按照中国人民银行规定的同期贷款基准利率计算。

二、执行款不足以偿付全部债务的,应当根据并还原则按比例清偿法律文书确定的金钱债务与迟延履行期间的债务利息,但当事人在执行和解中对清偿顺序另有约定的除外。

此复。

附:

具体计算方法

(1)执行款=清偿的法律文书确定的金钱债务+清偿的迟延履行期间的债务利息。

(2)清偿的迟延履行期间的债务利息=清偿的法律文书确定的金钱债务×同期贷款基准利率×2×迟延履行期间。

最高人民法院关于执行款物管理工作的规定

(2017年2月27日 法发〔2017〕6号)

为规范人民法院对执行款物的管理工作,维护当事人的合法权益,根据《中华人民共和国民事诉讼法》及有关司法解释,参照有关财务管理规定,结合执行工作实际,制定本规定。

第一条 本规定所称执行款物,是指执行程序中依法应当由人民法院经管的财物。

第二条 执行款物的管理实行执行机构与有关管理部门分工负责、相互配合、相互监督的原则。

第三条 财务部门应当对执行款的收付进行逐案登记,并建立明细账。

对于由人民法院保管的查封、扣押物品,应当指定专人或部门负责,逐案登记,妥善保管,任何人不得擅自使用。

执行机构应当指定专人对执行款物的收发情况进行管理,设立台账、逐案登记,并与执行款物管理部门对执行款物的收发情况每月进行核对。

第四条 人民法院应当开设执行款专户或在案款专户中设置执行款科目,对执行款实行专项管理、独立核算、专款专付。

人民法院应当采取一案一账号的方式,对执行款进行归集管理,案号、款项、被执行人或交款人应当一一对应。

第五条 执行人员应当在执行通知书或有关法律文书中告知人民法院执行款专户或案款专户的开户银行名称、账号、户名,以及交款时应当注明执行案件案号、被执行人姓名或名称、交款人姓名或名称、交款用途等信息。

第六条 被执行人可以将执行款直接支付给申请执行人;人民法院也可以将执行款从被执行人账户直接划至申请执行人账户。但有争议或需再分配的执行款,以及人民法院认为确有必要的,应当将执行款划至执行款专户或案款专户。

人民法院通过网络执行查控系统扣划的执行款,应当划至执行款专户或案款专户。

第七条 交款人直接到人民法院交付执行款的,执行人员可以会同交款人或由交款人直接到财务部门办理相关手续。

交付现金的,财务部门应当即时向交款人出具收款凭据;交付票据的,财务部门应当即时向交款人出具收取凭证,在款项到账后三日内通知执行人员领取收款凭据。

收到财务部门的收款凭据后,执行人员应当及时通知被执行人或交款人在指定期限内用收取凭证更换收款凭据。被执行人或交款人未在指定期限内办理更换手续或明确拒绝更换的,执行人员应当书面说明情况,连同收款凭据一并附卷。

第八条 交款人采用转账汇款方式交付和人民法院采用扣划方式收取执行款的,财务部门应当在款项到账后三日内通知执行人员领取收款凭据。

收到财务部门的收款凭据后,执行人员应当参照本规定第七条第三款规定办理。

第九条 执行人员原则上不直接收取现金和票据;确有必要直接收取的,应当不少于两名执行人员在场,即时向交款人出具收取凭证,同时制作收款笔录,由交款人和在场人员签名。

执行人员直接收取现金或者票据的,应当在回院后当日将现金或票据移交财务部门;当日移交确有困难的,应当在回院后一日内移交并说明原因。财务部门应当按照本规定第七条第二款规定办理。

收到财务部门的收款凭据后,执行人员应当按照本规定第七条第三款规定办理。

第十条 执行人员应当在收到财务部门执行款到账通知之日起三十日内,完成执行款的核算、执行费用的结算、通知申请执行人领取和执行款发放等工作。

有下列情形之一的,报经执行局局长或主管院领导批准后,可以延缓发放:

(一)需要进行案款分配的;

(二)申请执行人因另案诉讼、执行或涉嫌犯罪等原因导致执行款被保全或冻结的;

(三)申请执行人经通知未领取的;

(四)案件被依法中止或者暂缓执行的;

(五)有其他正当理由需要延缓发放执行款的。

上述情形消失后,执行人员应当在十日内完成执行款的发放。

第十一条 人民法院发放执行款,一般应当采取转账方式。

执行款应当发放给申请执行人,确需发放给申请执行人以外的单位或个人的,应当组成合议庭进行审查,但依法应当退还给交款人的除外。

第十二条 发放执行款时,执行人员应当填写执行款发放审批表。执行款发放审批表中应当注明执行案件案号、当事人姓名或名称、交款人姓名或名称、交款金额、交款时间、交款方式、收款人姓名或名称、收款人账号、发款金额和方式等情况。报经执行局局长或主管院领导批准后,交由财务部门办理支付手续。

委托他人代为办理领取执行款手续的,应当附特别授权委托书、委托代理人的身份证复印件。委托代理人是律师的,应当附所在律师事务所出具的公函及律师执照复印件。

第十三条 申请执行人要求或同意人民法院采取转账方式发放执行款的,执行人员应当持执行款发放审批表及申请执行人出具的本人或本单位接收执行款的账户信息的书面证明,交财务部门办理转账手续。

申请执行人或委托代理人直接到人民法院办理领取执行款手续的,执行人员应当在查验领款人身份证件、授权委托手续后,持执行款发放审批表,会同领款人到财务部门办理支付手续。

第十四条 财务部门在办理执行款支付手续时,除应当查验执行款发放审批表,还应当按照有关财务管理规定进行审核。

第十五条 发放执行款时,收款人应当出具合法有效的收款凭证。财务部门另有规定的,依照其规定。

第十六条 有下列情形之一,不能在规定期限内发放执行款的,人民法院可以将执行款提存:

(一)申请执行人无正当理由拒绝领取的;

(二)申请执行人下落不明的;

(三)申请执行人死亡未确定继承人或者丧失民事行为能力未确定监护人的;

(四)按照申请执行人提供的联系方式无法通知其领取的;

(五)其他不能发放的情形。

第十七条 需要提存执行款的,执行人员应当填写执行款提存审批表并附具有提存情形的证明材料。执行款提存审批表中应注明执行案件案号、当事人姓名或名称、交款人姓名或名称、交款金额、交款时间、交款方式、收款人姓名或名称、提存金额、提存原因等情况。报经执行局局长或主管院领导批准后,办理提存手续。

提存费用应当由申请执行人负担,可以从执行款中扣除。

第十八条 被执行人将执行依据确定交付、返还的物品(包括票据、证照等)直接交付给申请执行人的,被执行人应当向人民法院出具物品接收证明;没有物品接收证明的,执行人员应当将履行情况记入笔录,经双方当事人签字后附卷。

被执行人将物品交由人民法院转交给申请执行人或由人民法院主持双方当事人进行交接的,执行人员应当将交付情况记入笔录,经双方当事人签字后附卷。

第十九条 查封、扣押至人民法院或被执行人、担保人等直接向人民法院交付的物品,执行人员应当立即通知保管部门对物品进行清点、登记,有价证券、金银珠宝、古董等贵重物品应当封存,并办理交接。保管部门接收物品后,应当出具收取凭证。

对于在异地查封、扣押,且不便运输或容易毁损的物品,人民法院可以委托物品所在地人民法院代为保管,代为保管的人民法院应当按照前款规定办理。

第二十条 人民法院应当确定专门场所存放本规定第十九条规定的物品。

第二十一条 对季节性商品、鲜活、易腐烂变质以及其他不宜长期保存的物品,人民法院可以责令当事人及时处理,将价款交付人民法院;必要时,执行人员可予以变卖,并将价款依照本规定要求交财务部门。

第二十二条 人民法院查封、扣押或被执行人交付,且属于执行依据确定交付、返还的物品,执行人员应当自查封、扣押或被执行人交付之日起三十日内,完成执行费用的结算、通知申请执行人领取和发放物品等工作。不属于执行依据确定交付、返还的物品,符合处置条件的,执行人员应当依法启动财产处置程序。

第二十三条 人民法院解除对物品的查封、扣押措施的,除指定由被执行人保管的外,应当自解除查封、扣押措施之日起十日内将物品发还给所有人或交付人。

物品在人民法院查封、扣押期间,因自然损耗、折旧所造成的损失,由物品所有人或交付人自行负担,但法律另有规定的除外。

第二十四条 符合本规定第十六条规定情形之一的,人民法院可以对物品进行提存。

物品不适于提存或者提存费用过高的,人民法院可以提存拍卖或者变卖该物品所得价款。

第二十五条 物品的发放、延缓发放、提存等,除本规定有明确规定外,参照执行款的有关规定办理。

第二十六条 执行款物的收发凭证、相关证明材料,应当附卷归档。

第二十七条 案件承办人调离执行机构,在移交案件时,必须同时移交执行款物收发凭证及相关材料。执行款物收发情况复杂的,可以在交接时进行审计。执行款物交接不清的,不得办理调离手续。

第二十八条 各高级人民法院在实施本规定过程中,结合行政事业单位内部控制建设的要求,以及执行工作实际,可制定具体实施办法。

第二十九条 本规定自2017年5月1日起施行。2006年5月18日施行的《最高人民法院关于执行款物管理工作的规定(试行)》(法发〔2006〕11号)同时废止。

最高人民法院、最高人民检察院关于民事执行活动法律监督若干问题的规定

(2016年11月2日 法发〔2016〕30号)

为促进人民法院依法执行,规范人民检察院民事执行法律监督活动,根据《中华人民共和国民事诉讼法》和其他有关法律规定,结合人民法院民事执行和人民检察院民事执行法律监督工作实际,制定本规定。

第一条 人民检察院依法对民事执行活动实施法律监督。人民法院依法接受人民检察院的法律监督。

第二条 人民检察院办理民事执行监督案件,应当以事实为依据,以法律为准绳,坚持公开、公平、公正和诚实信用原则,尊重和保障当事人的诉讼权利,监督和支持人民法院依法行使执行权。

第三条 人民检察院对人民法院执行生效民事判决、裁定、调解书、支付令、仲裁裁决以及公证债权文书等法律文书的活动实施法律监督。

第四条 对民事执行活动的监督案件,由执行法院所在地同级人民检察院

管辖。

上级人民检察院认为确有必要的,可以办理下级人民检察院管辖的民事执行监督案件。下级人民检察院对有管辖权的民事执行监督案件,认为需要上级人民检察院办理的,可以报请上级人民检察院办理。

第五条 当事人、利害关系人、案外人认为人民法院的民事执行活动存在违法情形向人民检察院申请监督,应当提交监督申请书、身份证明、相关法律文书及证据材料。提交证据材料的,应当附证据清单。

申请监督材料不齐备的,人民检察院应当要求申请人限期补齐,并明确告知应补齐的全部材料。申请人逾期未补齐的,视为撤回监督申请。

第六条 当事人、利害关系人、案外人认为民事执行活动存在违法情形,向人民检察院申请监督,法律规定可以提出异议、复议或者提起诉讼,当事人、利害关系人、案外人没有提出异议、申请复议或者提起诉讼的,人民检察院不予受理,但有正当理由的除外。

当事人、利害关系人、案外人已经向人民法院提出执行异议或者申请复议,人民法院审查异议、复议期间,当事人、利害关系人、案外人又向人民检察院申请监督的,人民检察院不予受理,但申请对人民法院的异议、复议程序进行监督的除外。

第七条 具有下列情形之一的民事执行案件,人民检察院应当依职权进行监督:

(一)损害国家利益或者社会公共利益的;

(二)执行人员在执行该案时有贪污受贿、徇私舞弊、枉法执行等违法行为、司法机关已经立案的;

(三)造成重大社会影响的;

(四)需要跟进监督的。

第八条 人民检察院因办理监督案件的需要,依照有关规定可以调阅人民法院的执行卷宗,人民法院应当予以配合。

通过拷贝电子卷、查阅、复制、摘录等方式能够满足办案需要的,不调阅卷宗。

人民检察院调阅人民法院卷宗,由人民法院办公室(厅)负责办理,并在五日内提供,因特殊情况不能按时提供的,应当向人民检察院说明理由,并在情况消除后及时提供。

人民法院正在办理或者已结案尚未归档的案件,人民检察院办理民事执行监督案件时可以直接到办理部门查阅、复制、拷贝、摘录案件材料,不调阅卷宗。

第九条 人民检察院因履行法律监督职责的需要,可以向当事人或者案外人调查核实有关情况。

第十条 人民检察院认为人民法院在民事执行活动中可能存在怠于履行职责情形的,可以向人民法院书面了解相关情况,人民法院应当说明案件的执行情况及理由,并在十五日内书面回复人民检察院。

第十一条 人民检察院向人民法院提出民事执行监督检察建议,应当经检察长批准或者检察委员会决定,制作检察建议书,在决定之日起十五日内将检察建议书连同案件卷宗移送同级人民法院。

检察建议书应当载明检察机关查明的事实、监督理由、依据以及建议内容等。

第十二条 人民检察院提出的民事执行监督检察建议,统一由同级人民法院立案受理。

第十三条 人民法院收到人民检察院的检察建议书后,应当在三个月内将审查处理情况以回复意见函的形式回复人民检察院,并附裁定、决定等相关法律文书。有特殊情况需要延长的,经本院院长批准,可以延长一个月。

回复意见函应当载明人民法院查明的事实、回复意见和理由并加盖院章。不采纳检察建议的,应当说明理由。

第十四条 人民法院收到检察建议后逾期未回复或者处理结果不当的,提出检察建议的人民检察院可以依职权提请上一级人民检察院向其同级人民法院提出检察建议。上一级人民检察院认为应当跟进监督的,应当向其同级人民法院提出检察建议。人民法院应当在三个月内提出审查处理意见并以回复意见函的形式回复人民检察院,认为人民检察院的意见正确的,应当监督下级人民法院及时纠正。

第十五条 当事人在人民检察院审查案件过程中达成和解协议且不违反法律规定的,人民检察院应当告知其将和解协议送交人民法院,由人民法院依照民事诉讼法第二百三十条的规定进行处理。

第十六条 当事人、利害关系人、案外人申请监督的案件,人民检察院认为人民法院民事执行活动不存在违法情形的,应当作出不支持监督申请的决定,在决定之日起十五日内制作不支持监督申请决定书,发送申请人,并做好释法说理工作。

人民检察院办理依职权监督的案件,认为人民法院民事执行活动不存在违法情形的,应当作出终结审查决定。

第十七条 人民法院认为检察监督行为违反法律规定的,可以向人民检察院提出书面建议。人民检察院应当在收到书面建议后三个月内作出处理并将处理情况书面回复人民法院;人民法院对于人民检察院的回复有异议的,可以通过上一级人民法院向上一级人民检察院提出。上一级人民检察院认为人民法院建议正确的,应当要求下级人民检察院及时纠正。

第十八条 有关国家机关不依法履行生效法律文书确定的执行义务或者协助执行义务的,人民检察院可以向相关国家机关提出检察建议。

第十九条 人民检察院民事检察部门在办案中发现被执行人涉嫌构成拒不执行判决、裁定罪且公安机关不予立案侦查的,应当移送侦查监督部门处理。

第二十条　人民法院、人民检察院应当建立完善沟通联系机制,密切配合,互相支持,促进民事执行法律监督工作依法有序稳妥开展。

第二十一条　人民检察院对人民法院行政执行活动实施法律监督,行政诉讼法及有关司法解释没有规定的,参照本规定执行。

第二十二条　本规定自2017年1月1日起施行。

最高人民法院关于
执行案件立案、结案若干问题的意见

（2014年12月17日　法发〔2014〕26号）

为统一执行案件立案、结案标准,规范执行行为,根据《中华人民共和国民事诉讼法》等法律、司法解释的规定,结合人民法院执行工作实际,制定本意见。

第一条　本意见所称执行案件包括执行实施类案件和执行审查类案件。

执行实施类案件是指人民法院因申请执行人申请、审判机构移送、受托、提级、指定和依职权,对已发生法律效力且具有可强制执行内容的法律文书所确定的事项予以执行的案件。

执行审查类案件是指在执行过程中,人民法院审查和处理执行异议、复议、申诉、请示、协调以及决定执行管辖权的移转等事项的案件。

第二条　执行案件统一由人民法院立案机构进行审查立案,人民法庭经授权执行自审案件的,可以自行审查立案,法律、司法解释规定可以移送执行的,相关审判机构可以移送立案机构办理立案登记手续。

立案机构立案后,应当依照法律、司法解释的规定向申请人发出执行案件受理通知书。

第三条　人民法院对符合法律、司法解释规定的立案标准的执行案件,应当予以立案,并纳入审判和执行案件统一管理体系。

人民法院不得有审判和执行案件统一管理体系之外的执行案件。

任何案件不得以任何理由未经立案即进入执行程序。

第四条　立案机构在审查立案时,应当按照本意见确定执行案件的类型代字和案件编号,不得违反本意见创设案件类型代字。

第五条　执行实施类案件类型代字为"执字",按照立案时间的先后顺序确定案件编号,单独进行排序;但执行财产保全裁定的,案件类型代字为"执保字",按照立案时间的先后顺序确定案件编号,单独进行排序;恢复执行的,案件类型代字为"执恢字",按照立案时间的先后顺序确定案件编号,单独进行排序。

第六条　下列案件,人民法院应当按照恢复执行案件予以立案:

（一）申请执行人因受欺诈、胁迫与被执行人达成和解协议,申请恢复执行原生效法律文书的；

（二）一方当事人不履行或不完全履行执行和解协议，对方当事人申请恢复执行原生效法律文书的；

（三）执行实施案件以裁定终结本次执行程序方式报结后，如发现被执行人有财产可供执行，申请执行人申请或者人民法院依职权恢复执行的；

（四）执行实施案件因委托执行结案后，确因委托不当被已立案的受托法院退回委托的；

（五）依照民事诉讼法第二百五十七条的规定而终结执行的案件，申请执行的条件具备时，申请执行人申请恢复执行的。

第七条 除下列情形外，人民法院不得人为拆分执行实施案件：

（一）生效法律文书确定的给付内容为分期履行的，各期债务履行期间届满，被执行人未自动履行，申请执行人可分期申请执行，也可以对几期或全部到期债权一并申请执行；

（二）生效法律文书确定有多个债务人各自单独承担明确的债务的，申请执行人可以对每个债务人分别申请执行，也可以对几个或全部债务人一并申请执行；

（三）生效法律文书确定有多个债权人各自享有明确的债权的（包括按份共有），每个债权人可以分别申请执行；

（四）申请执行赡养费、扶养费、抚养费的案件，涉及金钱给付内容的，人民法院应当根据申请执行时已发生的债权数额进行审查立案，执行过程中新发生的债权应当另行申请执行；涉及人身权内容的，人民法院应当根据申请执行时义务人未履行义务的事实进行审查立案，执行过程中义务人延续消极行为的，应当依据申请执行人的申请一并执行。

第八条 执行审查类案件按下列规则确定类型代字和案件编号：

（一）执行异议案件类型代字为"执异字"，按照立案时间的先后顺序确定案件编号，单独进行排序；

（二）执行复议案件类型代字为"执复字"，按照立案时间的先后顺序确定案件编号，单独进行排序；

（三）执行监督案件类型代字为"执监字"，按照立案时间的先后顺序确定案件编号，单独进行排序；

（四）执行请示案件类型代字为"执请字"，按照立案时间的先后顺序确定案件编号，单独进行排序；

（五）执行协调案件类型代字为"执协字"，按照立案时间的先后顺序确定案件编号，单独进行排序。

第九条 下列案件，人民法院应当按照执行异议案件予以立案：

（一）当事人、利害关系人认为人民法院的执行行为违反法律规定，提出书面异议的；

（二）执行过程中，案外人对执行标的提出书面异议的；

（三）人民法院受理执行申请后，当事人对管辖权提出异议的；

（四）申请执行人申请追加、变更被执行人的；

（五）被执行人以债权消灭、超过申请执行期间或者其他阻止执行的实体事由提出阻止执行的；

（六）被执行人对仲裁裁决或者公证机关赋予强制执行效力的公证债权文书申请不予执行的；

（七）其他依法可以申请执行异议的。

第十条 下列案件，人民法院应当按照执行复议案件予以立案：

（一）当事人、利害关系人不服人民法院针对本意见第九条第（一）项、第（三）项、第（五）项作出的裁定，向上一级人民法院申请复议的；

（二）除因夫妻共同债务、出资人未依法出资、股权转让引起的追加和对一人公司股东的追加外，当事人、利害关系人不服人民法院针对本意见第九条第（四）项作出的裁定，向上一级人民法院申请复议的；

（三）当事人不服人民法院针对本意见第九条第（六）项作出的不予执行公证债权文书、驳回不予执行公证债权文书申请、不予执行仲裁裁决、驳回不予执行仲裁裁决申请的裁定，向上一级人民法院申请复议的；

（四）其他依法可以申请复议的。

第十一条 上级人民法院对下级人民法院，最高人民法院对地方各级人民法院依法进行监督的案件，应当按照执行监督案件予以立案。

第十二条 下列案件，人民法院应当按照执行请示案件予以立案：

（一）当事人向人民法院申请执行内地仲裁机构作出的涉港澳仲裁裁决或者香港特别行政区、澳门特别行政区仲裁机构作出的仲裁裁决或者临时仲裁庭在香港特别行政区、澳门特别行政区作出的仲裁裁决，人民法院经审查认为裁决存在依法不予执行的情形，在作出裁定前，报请所属高级人民法院进行审查的，以及高级人民法院同意不予执行，报请最高人民法院的；

（二）下级人民法院依法向上级人民法院请示的。

第十三条 下列案件，人民法院应当按照执行协调案件予以立案：

（一）不同法院因执行程序、执行与破产、强制清算、审判等程序之间对执行标的产生争议，经自行协调无法达成一致意见，向共同上级人民法院报请协调处理的；

（二）对跨高级人民法院辖区的法院与公安、检察等机关之间的执行争议案件，执行法院报请所属高级人民法院与有关公安、检察等机关所在地的高级人民法院商有关机关协调解决或者报请最高人民法院协调处理的；

（三）当事人对内地仲裁机构作出的涉港澳仲裁裁决分别向不同人民法院申请撤销及执行，受理执行申请的人民法院对受理撤销申请的人民法院作出的决定撤销或者不予撤销的裁定存在异议，亦不能直接作出与该裁定相矛盾的执

行或者不予执行的裁定,报请共同上级人民法院解决的;

(四)当事人对内地仲裁机构作出的涉港澳仲裁裁决向人民法院申请执行且人民法院已经作出应予执行的裁定后,一方当事人向人民法院申请撤销该裁决,受理撤销申请的人民法院认为裁决应予撤销且该人民法院与受理执行申请的人民法院非同一人民法院时,报请共同上级人民法院解决的;

(五)跨省、自治区、直辖市的执行争议案件报请最高人民法院协调处理的;

(六)其他依法报请协调的。

第十四条 除执行财产保全裁定、恢复执行的案件外,其他执行实施类案件的结案方式包括:

(一)执行完毕;

(二)终结本次执行程序;

(三)终结执行;

(四)销案;

(五)不予执行;

(六)驳回申请。

第十五条 生效法律文书确定的执行内容,经被执行人自动履行、人民法院强制执行,已全部执行完毕,或者是当事人达成执行和解协议,且执行和解协议履行完毕,可以以"执行完毕"方式结案。

执行完毕应当制作结案通知书并发送当事人。双方当事人书面认可执行完毕或口头认可执行完毕并记入笔录的,无需制作结案通知书。

执行和解协议应当附卷,没有签订书面执行和解协议的,应当将口头和解协议的内容作成笔录,经当事人签字后附卷。

第十六条 有下列情形之一的,可以以"终结本次执行程序"方式结案:

(一)被执行人确无财产可供执行,申请执行人书面同意人民法院终结本次执行程序的;

(二)因被执行人无财产而中止执行满两年,经查证被执行人确无财产可供执行的;

(三)申请执行人明确表示提供不出被执行人的财产或财产线索,并在人民法院穷尽财产调查措施之后,对人民法院认定被执行人无财产可供执行书面表示认可的;

(四)被执行人的财产无法拍卖变卖,或者动产经两次拍卖、不动产或其他财产权经三次拍卖仍然流拍,申请执行人拒绝接受或者依法不能交付其抵债,经人民法院穷尽财产调查措施,被执行人确无其他财产可供执行的;

(五)经人民法院穷尽财产调查措施,被执行人确无财产可供执行或虽有财产但不宜强制执行,当事人达成分期履行和解协议,且未履行完毕的;

(六)被执行人确无财产可供执行,申请执行人属于特困群体,执行法院已经给予其适当救助的。

人民法院应当依法组成合议庭,就案件是否终结本次执行程序进行合议。

终结本次执行程序应当制作裁定书,送达申请执行人。裁定应当载明案件的执行情况、申请执行人债权已受偿和未受偿的情况、终结本次执行程序的理由,以及发现被执行人有可供执行财产,可以申请恢复执行等内容。

依据本条第一款第(二)(四)(五)(六)项规定的情形裁定终结本次执行程序前,应当告知申请执行人可以在指定的期限内提出异议。申请执行人提出异议的,应当另行组成合议庭组织当事人就被执行人是否有财产可供执行进行听证;申请执行人提供被执行人财产线索的,人民法院应当就其提供的线索重新调查核实,发现被执行人有财产可供执行的,应当继续执行;经听证认定被执行人确无财产可供执行,申请执行人亦不能提供被执行人有可供执行财产的,可以裁定终结本次执行程序。

本条第一款第(三)(四)(五)项中规定的"人民法院穷尽财产调查措施",是指至少完成下列调查事项:

(一)被执行人是法人或其他组织的,应当向银行业金融机构查询银行存款,向有关房地产管理部门查询房地产登记,向法人登记机关查询股权,向有关车管部门查询车辆等情况;

(二)被执行人是自然人的,应当向被执行人所在单位及居住地周边群众调查了解被执行人的财产状况或财产线索,包括被执行人的经济收入来源、被执行人到期债权等。如果根据财产线索判断被执行人有较高收入,应当按照对法人或其他组织的调查途径进行调查;

(三)通过最高人民法院的全国法院网络执行查控系统和执行法院所属高级人民法院的"点对点"网络执行查控系统能够完成的调查事项;

(四)法律、司法解释规定必须完成的调查事项。

人民法院裁定终结本次执行程序后,发现被执行人有财产的,可以依申请执行人的申请或依职权恢复执行。申请执行人申请恢复执行的,不受申请执行期限的限制。

第十七条 有下列情形之一的,可以以"终结执行"方式结案:

(一)申请人撤销申请或者是当事人双方达成执行和解协议,申请执行人撤回执行申请的;

(二)据以执行的法律文书被撤销的;

(三)作为被执行人的公民死亡,无遗产可供执行,又无义务承担人的;

(四)追索赡养费、扶养费、抚育费案件的权利人死亡的;

(五)作为被执行人的公民因生活困难无力偿还借款,无收入来源,又丧失劳动能力的;

(六)作为被执行人的企业法人或其他组织被撤销、注销、吊销营业执照或者歇业、终止后既无财产可供执行,又无义务承受人,也没有能够依法追加变更执行主体的;

（七）依照刑法第五十三条规定免除罚金的；
（八）被执行人被人民法院裁定宣告破产的；
（九）行政执行标的灭失的；
（十）案件被上级人民法院裁定提级执行的；
（十一）案件被上级人民法院裁定指定由其他法院执行的；
（十二）按照最高人民法院《关于委托执行若干问题的规定》，办理了委托执行手续，且收到受托法院立案通知书的；
（十三）人民法院认为应当终结执行的其他情形。
前款除第（十）项、第（十一）项、第（十二）项规定的情形外，终结执行的，应当制作裁定书，送达当事人。

第十八条 执行实施案件立案后，有下列情形之一的，可以以"销案"方式结案：
（一）被执行人提出管辖异议，经审查异议成立，将案件移送有管辖权的法院或申请执行人撤回申请的；
（二）发现其他有管辖权的人民法院已经立案在先的；
（三）受托法院报经高级人民法院同意退回委托的。

第十九条 执行实施案件立案后，被执行人对仲裁裁决或公证债权文书提出不予执行申请，经人民法院审查，裁定不予执行的，以"不予执行"方式结案。

第二十条 执行实施案件立案后，经审查发现不符合最高人民法院《关于人民法院执行工作若干问题的规定（试行）》第18条规定的受理条件，裁定驳回申请的，以"驳回申请"方式结案。

第二十一条 执行财产保全裁定案件的结案方式包括：
（一）保全完毕，即保全事项全部实施完毕；
（二）部分保全，即因未查询到足额财产，致使保全事项未能全部实施完毕；
（三）无标的物可实施保全，即未查到财产可供保全。

第二十二条 恢复执行案件的结案方式包括：
（一）执行完毕；
（二）终结本次执行程序；
（三）终结执行。

第二十三条 下列案件不得作结案处理：
（一）人民法院裁定中止执行的；
（二）人民法院决定暂缓执行的；
（三）执行和解协议未全部履行完毕，且不符合本意见第十六条、第十七条规定终结本次执行程序、终结执行条件的。

第二十四条 执行异议案件的结案方式包括：
（一）准予撤回异议或申请，即异议人撤回异议或申请的；
（二）驳回异议或申请，即异议不成立或者案外人虽然对执行标的享有实体

权利但不能阻止执行的;

（三）撤销相关执行行为、中止对执行标的的执行、不予执行、追加变更当事人,即异议成立的;

（四）部分撤销并变更执行行为、部分不予执行、部分追加变更当事人,即异议部分成立的;

（五）不能撤销、变更执行行为,即异议成立或部分成立,但不能撤销、变更执行行为的;

（六）移送其他人民法院管辖,即管辖权异议成立的。

执行异议案件应当制作裁定书,并送达当事人。法律、司法解释规定对执行异议案件可以口头裁定的,应当记入笔录。

第二十五条 执行复议案件的结案方式包括:

（一）准许撤回申请,即申请复议人撤回复议申请的;

（二）驳回复议申请,维持异议裁定,即异议裁定认定事实清楚,适用法律正确,复议理由不成立的;

（三）撤销或变更异议裁定,即异议裁定认定事实错误或者适用法律错误,复议理由成立的;

（四）查清事实后作出裁定,即异议裁定认定事实不清,证据不足的;

（五）撤销异议裁定,发回重新审查,即异议裁定遗漏异议请求或者异议裁定错误对案外人异议适用执行行为异议审查程序的。

人民法院对重新审查的案件作出裁定后,当事人申请复议的,上级人民法院不得再次发回重新审查。

执行复议案件应当制作裁定书,并送达当事人。法律、司法解释规定对执行复议案件可以口头裁定的,应当记入笔录。

第二十六条 执行监督案件的结案方式包括:

（一）准许撤回申请,即当事人撤回监督申请的;

（二）驳回申请,即监督申请不成立的;

（三）限期改正,即监督申请成立,指定执行法院在一定期限内改正的;

（四）撤销并改正,即监督申请成立,撤销执行法院的裁定直接改正的;

（五）提级执行,即监督申请成立,上级人民法院决定提级自行执行的;

（六）指定执行,即监督申请成立,上级人民法院决定指定其他法院执行的;

（七）其他,即其他可以报结的情形。

第二十七条 执行请示案件的结案方式包括:

（一）答复,即符合请示条件的;

（二）销案,即不符合请示条件的。

第二十八条 执行协调案件的结案方式包括:

（一）撤回协调请求,即执行争议法院自行协商一致,撤回协调请求的;

（二）协调解决,即经过协调,执行争议法院达成一致协调意见,将协调意见记入笔录或者向执行争议法院发出协调意见函的。

第二十九条 执行案件的立案、执行和结案情况应当及时、完整、真实、准确地录入全国法院执行案件信息管理系统。

第三十条 地方各级人民法院不能制定与法律、司法解释和本意见规定相抵触的执行案件立案、结案标准和结案方式。

违反法律、司法解释和本意见的规定立案、结案,或者在全国法院执行案件信息管理系统录入立案、结案情况时弄虚作假的,通报批评;造成严重后果或恶劣影响的,根据《人民法院工作人员纪律处分条例》追究相关领导和工作人员的责任。

第三十一条 各高级人民法院应当积极推进执行信息化建设,通过建立、健全辖区三级法院统一使用、切合实际、功能完备、科学有效的案件管理系统,加强对执行案件立、结案的管理。实现立、审、执案件信息三位一体的综合管理;实现对终结本次执行程序案件的单独管理;实现对恢复执行案件的动态管理;实现辖区的案件管理系统与全国法院执行案件信息管理系统的数据对接。

第三十二条 本意见自2015年1月1日起施行。

最高人民法院关于
人民法院执行公开的若干规定

(2006年12月23日 法发〔2006〕35号)

为进一步规范人民法院执行行为,增强执行工作的透明度,保障当事人的知情权和监督权,进一步加强对执行工作的监督,确保执行公正,根据《中华人民共和国民事诉讼法》和有关司法解释等规定,结合执行工作实际,制定本规定。

第一条 本规定所称的执行公开,是指人民法院将案件执行过程和执行程序予以公开。

第二条 人民法院应当通过通知、公告或者法院网络、新闻媒体等方式,依法公开案件执行各个环节和有关信息,但涉及国家秘密、商业秘密等法律禁止公开的信息除外。

第三条 人民法院应当向社会公开执行案件的立案标准和启动程序。

人民法院对当事人的强制执行申请立案受理后,应当及时将立案的有关情况、当事人在执行程序中的权利和义务以及可能存在的执行风险书面告知当事人;不予立案的,应当制作裁定书送达申请人,裁定书应当载明不予立案的法律依据和理由。

第四条 人民法院应当向社会公开执行费用的收费标准和根据,公开执行费减、缓、免交的基本条件和程序。

第五条 人民法院受理执行案件后,应当及时将案件承办人或合议庭成员及联系方式告知双方当事人。

第六条 人民法院在执行过程中,申请执行人要求了解案件执行进展情况的,执行人员应当如实告知。

第七条 人民法院对申请执行人提供的财产线索进行调查后,应当及时将调查结果告知申请执行人;对依职权调查的被执行人财产状况和被执行人申报的财产状况,应当主动告知申请执行人。

第八条 人民法院采取查封、扣押、冻结、划拨等执行措施的,应当依法制作裁定书送达被执行人,并在实施执行措施后将有关情况及时告知双方当事人,或者以方便当事人查询的方式予以公开。

第九条 人民法院采取拘留、罚款、拘传等强制措施的,应当依法向被采取强制措施的人出示有关手续,并说明对其采取强制措施的理由和法律依据。采取强制措施后,应当将情况告知其他当事人。

采取拘留或罚款措施的,应当在决定书中告知被拘留或者被罚款的人享有向上级人民法院申请复议的权利。

第十条 人民法院拟委托评估、拍卖或者变卖被执行人财产的,应当及时告知双方当事人及其他利害关系人,并严格按照《中华人民共和国民事诉讼法》和最高人民法院《关于人民法院民事执行中拍卖、变卖财产的规定》等有关规定,采取公开的方式选定评估机构和拍卖机构,并依法公开进行拍卖、变卖。

评估结束后,人民法院应当及时向双方当事人及其他利害关系人送达评估报告;拍卖、变卖结束后,应当及时将结果告知双方当事人及其他利害关系人。

第十一条 人民法院在办理参与分配的执行案件时,应当将被执行人财产的处理方案、分配原则和分配方案以及相关法律规定告知申请参与分配的债权人。必要时,应当组织各方当事人举行听证会。

第十二条 人民法院对案外人异议、不予执行的申请以及变更、追加被执行主体等重大执行事项,一般应当公开听证进行审查;案情简单,事实清楚,没有必要听证的,人民法院可以直接审查。审查结果应当依法制作裁定书送达各方当事人。

第十三条 人民法院依职权对案件中止执行的,应当制作裁定书并送达当事人。裁定书应当说明中止执行的理由,并明确援引相应的法律依据。

对已经中止执行的案件,人民法院应当告知当事人中止执行案件的管理制度、申请恢复执行或者人民法院依职权恢复执行的条件和程序。

第十四条 人民法院依职权对据以执行的生效法律文书终结执行的,应当公开听证,但申请执行人没有异议的除外。

终结执行应当制作裁定书并送达双方当事人。裁定书应当充分说明终结执行的理由,并明确援引相应的法律依据。

第十五条 人民法院未能按照最高人民法院《关于人民法院办理执行案件

若干期限的规定》中规定的期限完成执行行为的,应当及时向申请执行人说明原因。

第十六条 人民法院对执行过程中形成的各种法律文书和相关材料,除涉及国家秘密、商业秘密等不宜公开的文书材料外,其他一般都应当予以公开。

当事人及其委托代理人申请查阅执行卷宗的,经人民法院许可,可以按照有关规定查阅、抄录、复制执行卷宗正卷中的有关材料。

第十七条 对违反本规定不公开或不及时公开案件执行信息的,视情节轻重,依有关规定追究相应的责任。

第十八条 各高级人民法院在实施本规定过程中,可以根据实际需要制定实施细则。

第十九条 本规定自2007年1月1日起施行。

最高人民法院关于
人民法院办理执行案件若干期限的规定

(2006年12月23日 法发〔2006〕35号)

为确保及时、高效、公正办理执行案件,依据《中华人民共和国民事诉讼法》和有关司法解释的规定,结合执行工作实际,制定本规定。

第一条 被执行人有财产可供执行的案件,一般应当在立案之日起6个月内执结;非诉执行案件一般应当在立案之日起3个月内执结。

有特殊情况须延长执行期限的,应当报请本院院长或副院长批准。

申请延长执行期限的,应当在期限届满前5日内提出。

第二条 人民法院应当在立案后7日内确定承办人。

第三条 承办人收到案件材料后,经审查认为情况紧急、需立即采取执行措施的,经批准后可立即采取相应的执行措施。

第四条 承办人应当在收到案件材料后3日内向被执行人发出执行通知书,通知被执行人按照有关规定申报财产,责令被执行人履行生效法律文书确定的义务。

被执行人在指定的履行期间内有转移、隐匿、变卖、毁损财产等情形的,人民法院在获悉后应当立即采取控制性执行措施。

第五条 承办人应当在收到案件材料后3日内通知申请执行人提供被执行人财产状况或财产线索。

第六条 申请执行人提供了明确、具体的财产状况或财产线索的,承办人应当在申请执行人提供财产状况或财产线索后5日内进行查证、核实。情况紧急的,应当立即予以核查。

申请执行人无法提供被执行人财产状况或财产线索,或者提供财产状况或财产线索确有困难,需人民法院进行调查的,承办人应当在申请执行人提出调查申请后10日内启动调查程序。

根据案件具体情况,承办人一般应当在1个月内完成对被执行人收入、银行存款、有价证券、不动产、车辆、机器设备、知识产权、对外投资权益及收益、到期债权等资产状况的调查。

第七条 执行中采取评估、拍卖措施的,承办人应当在10日内完成评估、拍卖机构的遴选。

第八条 执行中涉及不动产、特定动产及其他财产需办理过户登记手续的,承办人应当在5日内向有关登记机关送达协助执行通知书。

第九条 对执行异议的审查,承办人应当在收到异议材料及执行案卷后15日内提出审查处理意见。

第十条 对执行异议的审查需进行听证的,合议庭应当在决定听证后10日内组织异议人、申请执行人、被执行人及其他利害关系人进行听证。

承办人应当在听证结束后5日内提出审查处理意见。

第十一条 对执行异议的审查,人民法院一般应当在1个月内办理完毕。需延长期限的,承办人应当在期限届满前3日内提出申请。

第十二条 执行措施的实施及执行法律文书的制作需报经审批的,相关负责人应当在7日内完成审批程序。

第十三条 下列期间不计入办案期限:

1. 公告送达执行法律文书的期间;
2. 暂缓执行的期间;
3. 中止执行的期间;
4. 就法律适用问题向上级法院请示的期间;
5. 与其他法院发生执行争议报请共同的上级法院协调处理的期间。

第十四条 法律或司法解释对办理期限有明确规定的,按照法律或司法解释规定执行。

第十五条 本规定自2007年1月1日起施行。

最高人民法院关于
正确适用暂缓执行措施若干问题的规定

(2002年9月28日 法发〔2002〕16号)

为了在执行程序中正确适用暂缓执行措施,维护当事人及其他利害关系人的合法权益,根据《中华人民共和国民事诉讼法》和其他有关法律的规定,结合司法实践,制定本规定。

第一条 执行程序开始后,人民法院因法定事由,可以决定对某一项或者某几项执行措施在规定的期限内暂缓实施。

执行程序开始后,除法定事由外,人民法院不得决定暂缓执行。

第二条 暂缓执行由执行法院或者其上级人民法院作出决定,由执行机构统一办理。

人民法院决定暂缓执行的,应当制作暂缓执行决定书,并及时送达当事人。

第三条 有下列情形之一的,经当事人或者其他利害关系人申请,人民法院可以决定暂缓执行:

(一)执行措施或者执行程序违反法律规定的;

(二)执行标的物存在权属争议的;

(四)被执行人对申请执行人享有抵销权的。

第四条 人民法院根据本规定第三条决定暂缓执行的,应当同时责令申请暂缓执行的当事人或者其他利害关系人在指定的期限内提供相应的担保。

被执行人或者其他利害关系人提供担保申请暂缓执行,申请执行人提供担保要求继续执行的,执行法院可以继续执行。

第五条 当事人或者其他利害关系人提供财产担保的,应当出具评估机构对担保财产价值的评估证明。

评估机构出具虚假证明给当事人造成损失的,当事人可以对担保人、评估机构另行提起损害赔偿诉讼。

第六条 人民法院在收到暂缓执行申请后,应当在十五日内作出决定,并在作出决定后五日内将决定书发送当事人或者其他利害关系人。

第七条 有下列情形之一的,人民法院可以依职权决定暂缓执行:

(一)上级人民法院已经受理执行争议案件并正在处理的;

(二)人民法院发现据以执行的生效法律文书确有错误,并正在按照审判监督程序进行审查的。

人民法院依照前款规定决定暂缓执行的,一般应由申请执行人或者被执行人提供相应的担保。

第八条 依照本规定第七条第一款第(一)项决定暂缓执行的,由上级人民法院作出决定。依照本规定第七条第一款第(二)项决定暂缓执行的,审判机构应当向本院执行机构发出暂缓执行建议书,执行机构收到建议书后,应当办理暂缓相关执行措施的手续。

第九条 在执行过程中,执行人员发现据以执行的判决、裁定、调解书和支付令确有错误的,应当依照最高人民法院《关于适用〈中华人民共和国民事诉讼法〉若干问题的意见》第258条的规定处理。

在审查处理期间,执行机构可以报经院长决定对执行标的暂缓采取处分性措施,并通知当事人。

第十条 暂缓执行的期间不得超过三个月。因特殊事由需要延长的,可以适当延长,延长的期限不得超过三个月。

暂缓执行的期限从执行法院作出暂缓执行决定之日起计算。暂缓执行的决定由上级人民法院作出的,从执行法院收到暂缓执行决定之日起计算。

第十一条 人民法院对暂缓执行的案件,应当组成合议庭对是否暂缓执行进行审查,必要时应当听取当事人或者其他利害关系人的意见。

第十二条 上级人民法院发现执行法院对不符合暂缓执行条件的案件决定暂缓执行,或者对符合暂缓执行条件的案件未予暂缓执行的,应当作出决定予以纠正。执行法院收到该决定后,应当遵照执行。

第十三条 暂缓执行期限届满后,人民法院应当立即恢复执行。

暂缓执行期限届满前,据以决定暂缓执行的事由消灭的,如果该暂缓执行的决定是由执行法院作出的,执行法院应当立即作出恢复执行的决定;如果该暂缓执行的决定是由执行法院的上级人民法院作出的,执行法院应当将该暂缓执行事由消灭的情况及时报告上级人民法院,该上级人民法院应当在收到报告后十日内审查核实并作出恢复执行的决定。

第十四条 本规定自公布之日起施行。本规定施行后,其他司法解释与本规定不一致的,适用本规定。

最高人民法院关于
公布失信被执行人名单信息的若干规定

(2013年7月1日最高人民法院审判委员会第1582次会议通过 根据2017年1月16日最高人民法院审判委员会第1707次会议通过的《最高人民法院关于修改〈最高人民法院关于公布失信被执行人名单信息的若干规定〉的决定》修正 2017年2月28日最高人民法院公告公布 该修正自2017年5月1日起施行 法释〔2017〕7号)

为促使被执行人自觉履行生效法律文书确定的义务,推进社会信用体系建设,根据《中华人民共和国民事诉讼法》的规定,结合人民法院工作实际,制定本规定。

第一条 被执行人未履行生效法律文书确定的义务,并具有下列情形之一的,人民法院应当将其纳入失信被执行人名单,依法对其进行信用惩戒:

(一)有履行能力而拒不履行生效法律文书确定义务的;

(二)以伪造证据、暴力、威胁等方法妨碍、抗拒执行的;

(三)以虚假诉讼、虚假仲裁或者以隐匿、转移财产等方法规避执行的;

(四)违反财产报告制度的;

(五)违反限制消费令的;

(六)无正当理由拒不履行执行和解协议的。

第二条 被执行人具有本规定第一条第二项至第六项规定情形的,纳入失信被执行人名单的期限为二年。被执行人以暴力、威胁方法妨碍、抗拒执行情节严重或具有多项失信行为的,可以延长一至三年。

失信被执行人积极履行生效法律文书确定义务或主动纠正失信行为的,人民法院可以决定提前删除失信信息。

第三条 具有下列情形之一的,人民法院不得依据本规定第一条第一项的规定将被执行人纳入失信被执行人名单:

(一)提供了充分有效担保的;

(二)已被采取查封、扣押、冻结等措施的财产足以清偿生效法律文书确定债务的;

(三)被执行人履行顺序在后,对其依法不应强制执行的;

(四)其他不属于有履行能力而拒不履行生效法律文书确定义务的情形。

第四条 被执行人为未成年人的,人民法院不得将其纳入失信被执行人名单。

第五条 人民法院向被执行人发出的执行通知中,应当载明有关纳入失信被执行人名单的风险提示等内容。

申请执行人认为被执行人具有本规定第一条规定情形之一的,可以向人民法院申请将其纳入失信被执行人名单。人民法院应当自收到申请之日起十五日内审查并作出决定。人民法院认为被执行人具有本规定第一条规定情形之一的,也可以依职权决定将其纳入失信被执行人名单。

人民法院决定将被执行人纳入失信被执行人名单的,应当制作决定书,决定书应当写明纳入失信被执行人名单的理由,有纳入期限的,应当写明纳入期限。决定书由院长签发,自作出之日起生效。决定书应当按照民事诉讼法规定的法律文书送达方式送达当事人。

第六条 记载和公布的失信被执行人名单信息应当包括:

(一)作为被执行人的法人或者其他组织的名称、统一社会信用代码(或组织机构代码)、法定代表人或者负责人姓名;

(二)作为被执行人的自然人的姓名、性别、年龄、身份证号码;

(三)生效法律文书确定的义务和被执行人的履行情况;

(四)被执行人失信行为的具体情形;

(五)执行依据的制作单位和文号、执行案号、立案时间、执行法院;

(六)人民法院认为应当记载和公布的不涉及国家秘密、商业秘密、个人隐私的其他事项。

第七条 各级人民法院应当将失信被执行人名单信息录入最高人民法院失信被执行人名单库,并通过该名单库统一向社会公布。

各级人民法院可以根据各地实际情况,将失信被执行人名单通过报纸、广播、电视、网络、法院公告栏等其他方式予以公布,并可以采取新闻发布会或者其他方式对本院及辖区法院实施失信被执行人名单制度的情况定期向社会公布。

第八条 人民法院应当将失信被执行人名单信息，向政府相关部门、金融监管机构、金融机构、承担行政职能的事业单位及行业协会等通报，供相关单位依照法律、法规和有关规定，在政府采购、招标投标、行政审批、政府扶持、融资信贷、市场准入、资质认定等方面，对失信被执行人予以信用惩戒。

人民法院应当将失信被执行人名单信息向征信机构通报，并由征信机构在其征信系统中记录。

国家工作人员、人大代表、政协委员等被纳入失信被执行人名单的，人民法院应当将失信情况通报其所在单位和相关部门。

国家机关、事业单位、国有企业等被纳入失信被执行人名单的，人民法院应当将失信情况通报其上级单位、主管部门或者履行出资人职责的机构。

第九条 不应纳入失信被执行人名单的公民、法人或其他组织被纳入失信被执行人名单的，人民法院应当在三个工作日内撤销失信信息。

记载和公布的失信信息不准确的，人民法院应当在三个工作日内更正失信信息。

第十条 具有下列情形之一的，人民法院应当在三个工作日内删除失信信息：

（一）被执行人已履行生效法律文书确定的义务或人民法院已执行完毕的；

（二）当事人达成执行和解协议且已履行完毕的；

（三）申请执行人书面申请删除失信信息，人民法院审查同意的；

（四）终结本次执行程序后，通过网络执行查控系统查询被执行人财产两次以上，未发现有可供执行财产，且申请执行人或者其他人未提供有效财产线索的；

（五）因审判监督或破产程序，人民法院依法裁定对失信被执行人中止执行的；

（六）人民法院依法裁定不予执行的；

（七）人民法院依法裁定终结执行的。

有纳入期限的，不适用前款规定。纳入期限届满后三个工作日内，人民法院应当删除失信信息。

依照本条第一款规定删除失信信息后，被执行人具有本规定第一条规定情形之一的，人民法院可以重新将其纳入失信被执行人名单。

依照本条第一款第三项规定删除失信信息后六个月内，申请执行人申请将该被执行人纳入失信被执行人名单的，人民法院不予支持。

第十一条 被纳入失信被执行人名单的公民、法人或其他组织认为有下列情形之一的，可以向执行法院申请纠正：

（一）不应将其纳入失信被执行人名单的；

（二）记载和公布的失信信息不准确的；

(三)失信信息应予删除的。

第十二条 公民、法人或其他组织对被纳入失信被执行人名单申请纠正的,执行法院应当自收到书面纠正申请之日起十五日内审查,理由成立的,应当在三个工作日内纠正;理由不成立的,决定驳回。公民、法人或其他组织对驳回决定不服的,可以自决定书送达之日起十日内向上一级人民法院申请复议。上一级人民法院应当自收到复议申请之日起十五日内作出决定。

复议期间,不停止原决定的执行。

第十三条 人民法院工作人员违反本规定公布、撤销、更正、删除失信信息的,参照有关规定追究责任。

十三、涉外民事诉讼程序

中华人民共和国涉外民事关系法律适用法

（2010年10月28日第十一届全国人民代表大会常务委员会第十七次会议通过 2010年10月28日中华人民共和国主席令第36号公布 自2011年4月1日起施行）

第一章 一般规定

第一条 【立法宗旨】为了明确涉外民事关系的法律适用，合理解决涉外民事争议，维护当事人的合法权益，制定本法。

第二条 【本法的适用与最密切联系原则】涉外民事关系适用的法律，依照本法确定。其他法律对涉外民事关系法律适用另有特别规定的，依照其规定。

本法和其他法律对涉外民事关系法律适用没有规定的，适用与该涉外民事关系有最密切联系的法律。

第三条 【当事人意思自治原则】当事人依照法律规定可以明示选择涉外民事关系适用的法律。

第四条 【强制性法律直接适用】中华人民共和国法律对涉外民事关系有强制性规定的，直接适用该强制性规定。

第五条 【公共秩序保留】外国法律的适用将损害中华人民共和国社会公共利益的，适用中华人民共和国法律。

第六条 【冲突规范指向多法域国家时的处理】涉外民事关系适用外国法律，该国不同区域实施不同法律的，适用与该涉外民事关系有最密切联系区域的法律。

第七条 【诉讼时效的准据法】诉讼时效，适用相关涉外民事关系应当适用的法律。

第八条 【涉外民事关系定性的准据法】涉外民事关系的定性，适用法院地法律。

第九条 【不适用反致制度】涉外民事关系适用的外国法律，不包括该国的法律适用法。

第十条 【外国法的查明】涉外民事关系适用的外国法律，由人民法院、仲裁机构或者行政机关查明。当事人选择适用外国法律的，应当提供该国法律。

不能查明外国法律或者该国法律没有规定的，适用中华人民共和国法律。

第二章 民事主体

第十一条 【自然人民事权利能力的准据法】自然人的民事权利能力,适用经常居所地法律。

第十二条 【自然人民事行为能力的准据法】自然人的民事行为能力,适用经常居所地法律。

自然人从事民事活动,依照经常居所地法律为无民事行为能力,依照行为地法律为有民事行为能力的,适用行为地法律,但涉及婚姻家庭、继承的除外。

第十三条 【宣告失踪或死亡的准据法】宣告失踪或者宣告死亡,适用自然人经常居所地法律。

第十四条 【法人及其分支机构属人法的确定】法人及其分支机构的民事权利能力、民事行为能力、组织机构、股东权利义务等事项,适用登记地法律。法人的主营业地与登记地不一致的,可以适用主营业地法律。法人的经常居所地,为其主营业地。

第十五条 【人格权的准据法】人格权的内容,适用权利人经常居所地法律。

第十六条 【代理关系的准据法】代理适用代理行为地法律,但被代理人与代理人的民事关系,适用代理关系发生地法律。

当事人可以协议选择委托代理适用的法律。

第十七条 【信托关系的准据法】当事人可以协议选择信托适用的法律。当事人没有选择的,适用信托财产所在地法律或者信托关系发生地法律。

第十八条 【仲裁协议效力的准据法】当事人可以协议选择仲裁协议适用的法律。当事人没有选择的,适用仲裁机构所在地法律或者仲裁地法律。

第十九条 【自然人国籍冲突的处理】依照本法适用国籍国法律,自然人具有两个以上国籍的,适用有经常居所的国籍国法律;在所有国籍国均无经常居所的,适用与其有最密切联系的国籍国法律。自然人无国籍或者国籍不明的,适用其经常居所地法律。

第二十条 【自然人经常居所地不明时的处理】依照本法适用经常居所地法律,自然人经常居所地不明的,适用其现在居所地法律。

第三章 婚姻家庭

第二十一条 【结婚实质要件的准据法】结婚条件,适用当事人共同经常居所地法律;没有共同经常居所地的,适用共同国籍国法律;没有共同国籍,在一方当事人经常居所地或者国籍国缔结婚姻的,适用婚姻缔结地法律。

第二十二条 【结婚形式要件的准据法】结婚手续,符合婚姻缔结地法律、一方当事人经常居所地法律或者国籍国法律的,均为有效。

第二十三条 【夫妻人身关系的准据法】夫妻人身关系,适用共同经常居所地法律;没有共同经常居所地的,适用共同国籍国法律。

第二十四条 【夫妻财产关系的准据法】夫妻财产关系,当事人可以协议选择适用一方当事人经常居所地法律、国籍国法律或者主要财产所在地法律。当事人没有选择的,适用共同经常居所地法律;没有共同经常居所地的,适用共同国籍国法律。

第二十五条 【父母子女人身财产关系的准据法】父母子女人身、财产关系,适用共同经常居所地法律;没有共同经常居所地的,适用一方当事人经常居所地法律或者国籍国法律中有利于保护弱者权益的法律。

第二十六条 【协议离婚的准据法】协议离婚,当事人可以协议选择适用一方当事人经常居所地法律或者国籍国法律。当事人没有选择的,适用共同经常居所地法律;没有共同经常居所地的,适用共同国籍国法律;没有共同国籍的,适用办理离婚手续机构所在地法律。

第二十七条 【诉讼离婚的准据法】诉讼离婚,适用法院地法律。

第二十八条 【收养关系的准据法】收养的条件和手续,适用收养人和被收养人经常居所地法律。收养的效力,适用收养时收养人经常居所地法律。收养关系的解除,适用收养时被收养人经常居所地法律或者法院地法律。

第二十九条 【扶养关系的准据法】扶养,适用一方当事人经常居所地法律、国籍国法律或者主要财产所在地法律中有利于保护被扶养人权益的法律。

第三十条 【监护的准据法】监护,适用一方当事人经常居所地法律或者国籍国法律中有利于保护被监护人权益的法律。

第四章 继 承

第三十一条 【法定继承的准据法】法定继承,适用被继承人死亡时经常居所地法律,但不动产法定继承,适用不动产所在地法律。

第三十二条 【遗嘱方式的准据法】遗嘱方式,符合遗嘱人立遗嘱时或者死亡时经常居所地法律、国籍国法律或者遗嘱行为地法律的,遗嘱均为成立。

第三十三条 【遗嘱效力的准据法】遗嘱效力,适用遗嘱人立遗嘱时或者死亡时经常居所地法律或者国籍国法律。

第三十四条 【遗产管理等事项的准据法】遗产管理等事项,适用遗产所在地法律。

第三十五条 【无人继承遗产的准据法】无人继承遗产的归属,适用被继承人死亡时遗产所在地法律。

第五章 物 权

第三十六条 【不动产物权的准据法】不动产物权,适用不动产所在地法律。

第三十七条 【动产物权的准据法】当事人可以协议选择动产物权适用的法律。当事人没有选择的,适用法律事实发生时动产所在地法律。

第三十八条 【运输中的动产物权的准据法】当事人可以协议选择运输中动产物权发生变更适用的法律。当事人没有选择的,适用运输目的地法律。

第三十九条 【有价证券的准据法】有价证券,适用有价证券权利实现地法律或者其他与该有价证券有最密切联系的法律。

第四十条 【权利质权的准据法】权利质权,适用质权设立地法律。

第六章 债 权

第四十一条 【合同的准据法的一般规定】当事人可以协议选择合同适用的法律。当事人没有选择的,适用履行义务最能体现该合同特征的一方当事人经常居所地法律或者其他与该合同有最密切联系的法律。

第四十二条 【消费者合同的准据法】消费者合同,适用消费者经常居所地法律;消费者选择适用商品、服务提供地法律或者经营者在消费者经常居所地没有从事相关经营活动的,适用商品、服务提供地法律。

第四十三条 【劳动合同的准据法】劳动合同,适用劳动者工作地法律;难以确定劳动者工作地的,适用用人单位主营业地法律。劳务派遣,可以适用劳务派出地法律。

第四十四条 【侵权责任的准据法的一般规定】侵权责任,适用侵权行为地法律,但当事人有共同经常居所地的,适用共同经常居所地法律。侵权行为发生后,当事人协议选择适用法律的,按照其协议。

第四十五条 【产品责任的准据法】产品责任,适用被侵权人经常居所地法律;被侵权人选择适用侵权人主营业地法律、损害发生地法律的,或者侵权人在被侵权人经常居所地没有从事相关经营活动的,适用侵权人主营业地法律或者损害发生地法律。

第四十六条 【以媒体方式侵害人格权的准据法】通过网络或者采用其他方式侵害姓名权、肖像权、名誉权、隐私权等人格权的,适用被侵权人经常居所地法律。

第四十七条 【不当得利和无因管理的准据法】不当得利、无因管理,适用当事人协议选择适用的法律。当事人没有选择的,适用当事人共同经常居所地法律;没有共同经常居所地的,适用不当得利、无因管理发生地法律。

第七章 知识产权

第四十八条 【知识产权的准据法的一般规定】知识产权的归属和内容,适用被请求保护地法律。

第四十九条 【知识产权转让和许可合同的准据法】当事人可以协议选择

知识产权转让和许可使用适用的法律。当事人没有选择的,适用本法对合同的有关规定。

第五十条 【知识产权侵权责任的准据法】知识产权的侵权责任,适用被请求保护地法律,当事人也可以在侵权行为发生后协议选择适用法院地法律。

第八章 附 则

第五十一条 【新法与旧法的协调适用】《中华人民共和国民法通则》第一百四十六条、第一百四十七条,《中华人民共和国继承法》第三十六条,与本法的规定不一致的,适用本法。

第五十二条 【本法的时间效力】本法自2011年4月1日起施行。

最高人民法院关于适用《中华人民共和国涉外民事关系法律适用法》若干问题的解释(一)

(2012年12月10日最高人民法院审判委员会第1563次会议通过 根据2020年12月23日最高人民法院审判委员会第1823次会议通过的《最高人民法院关于修改〈最高人民法院关于破产企业国有划拨土地使用权应否列入破产财产等问题的批复〉等二十九件商事类司法解释的决定》修正 2020年12月29日最高人民法院公告公布 该修正自2021年1月1日起施行 法释〔2020〕18号)

为正确审理涉外民事案件,根据《中华人民共和国涉外民事关系法律适用法》的规定,对人民法院适用该法的有关问题解释如下:

第一条 民事关系具有下列情形之一的,人民法院可以认定为涉外民事关系:

(一)当事人一方或双方是外国公民、外国法人或者其他组织、无国籍人;
(二)当事人一方或双方的经常居所地在中华人民共和国领域外;
(三)标的物在中华人民共和国领域外;
(四)产生、变更或者消灭民事关系的法律事实发生在中华人民共和国领域外;
(五)可以认定为涉外民事关系的其他情形。

第二条 涉外民事关系法律适用法实施以前发生的涉外民事关系,人民法院应当根据该涉外民事关系发生时的有关法律规定确定应当适用的法律;当时法律没有规定的,可以参照涉外民事关系法律适用法的规定确定。

第三条 涉外民事关系法律适用法与其他法律对同一涉外民事关系法律

适用规定不一致的,适用涉外民事关系法律适用法的规定,但《中华人民共和国票据法》《中华人民共和国海商法》《中华人民共和国民用航空法》等商事领域法律的特别规定以及知识产权领域法律的特别规定除外。

涉外民事关系法律适用法对涉外民事关系的法律适用没有规定而其他法律有规定的,适用其他法律的规定。

第四条 中华人民共和国法律没有明确规定当事人可以选择涉外民事关系适用的法律,当事人选择适用法律的,人民法院应认定该选择无效。

第五条 一方当事人以双方协议选择的法律与系争的涉外民事关系没有实际联系为由主张选择无效的,人民法院不予支持。

第六条 当事人在一审法庭辩论终结前协议选择或者变更选择适用的法律的,人民法院应予准许。

各方当事人援引相同国家的法律且未提出法律适用异议的,人民法院可以认定当事人已经就涉外民事关系适用的法律做出了选择。

第七条 当事人在合同中援引尚未对中华人民共和国生效的国际条约的,人民法院可以根据该国际条约的内容确定当事人之间的权利义务,但违反中华人民共和国社会公共利益或中华人民共和国法律、行政法规强制性规定的除外。

第八条 有下列情形之一,涉及中华人民共和国社会公共利益、当事人不能通过约定排除适用、无需通过冲突规范指引而直接适用于涉外民事关系的法律、行政法规的规定,人民法院应当认定为涉外民事关系法律适用法第四条规定的强制性规定:

(一)涉及劳动者权益保护的;
(二)涉及食品或公共卫生安全的;
(三)涉及环境安全的;
(四)涉及外汇管制等金融安全的;
(五)涉及反垄断、反倾销的;
(六)应当认定为强制性规定的其他情形。

第九条 一方当事人故意制造涉外民事关系的连结点,规避中华人民共和国法律、行政法规的强制性规定的,人民法院应认定为不发生适用外国法律的效力。

第十条 涉外民事争议的解决须以另一涉外民事关系的确认为前提时,人民法院应当根据该先决问题自身的性质确定其应当适用的法律。

第十一条 案件涉及两个或者两个以上的涉外民事关系时,人民法院应当分别确定应当适用的法律。

第十二条 当事人没有选择涉外仲裁协议适用的法律,也没有约定仲裁机构或者仲裁地,或者约定不明的,人民法院可以适用中华人民共和国法律认定该仲裁协议的效力。

第十三条 自然人在涉外民事关系产生或者变更、终止时已经连续居住一年以上且作为其生活中心的地方,人民法院可以认定为涉外民事关系法律适用法规定的自然人的经常居所地,但就医、劳务派遣、公务等情形除外。

第十四条 人民法院应当将法人的设立登记地认定为涉外民事关系法律适用法规定的法人的登记地。

第十五条 人民法院通过由当事人提供、已对中华人民共和国生效的国际条约规定的途径、中外法律专家提供等合理途径仍不能获得外国法律的,可以认定为不能查明外国法律。

根据涉外民事关系法律适用法第十条第一款的规定,当事人应当提供外国法律,其在人民法院指定的合理期限内无正当理由未提供该外国法律的,可以认定为不能查明外国法律。

第十六条 人民法院应当听取各方当事人对应当适用的外国法律的内容及其理解与适用的意见,当事人对该外国法律的内容及其理解与适用均无异议的,人民法院可以予以确认;当事人有异议的,由人民法院审查认定。

第十七条 涉及香港特别行政区、澳门特别行政区的民事关系的法律适用问题,参照适用本规定。

第十八条 涉外民事关系法律适用法施行后发生的涉外民事纠纷案件,本解释施行后尚未终审的,适用本解释;本解释施行前已经终审,当事人申请再审或者按照审判监督程序决定再审的,不适用本解释。

第十九条 本院以前发布的司法解释与本解释不一致的,以本解释为准。

最高人民法院关于适用《中华人民共和国涉外民事关系法律适用法》若干问题的解释(二)

(2023 年 8 月 30 日最高人民法院审判委员会第 1898 次会议通过 2023 年 11 月 30 日最高人民法院公告公布 自 2024 年 1 月 1 日起施行 法释〔2023〕12 号)

为正确适用《中华人民共和国涉外民事关系法律适用法》,结合审判实践,就人民法院审理涉外民商事案件查明外国法律制定本解释。

第一条 人民法院审理涉外民商事案件适用外国法律的,应当根据涉外民事关系法律适用法第十条第一款的规定查明该国法律。

当事人选择适用外国法律的,应当提供该国法律。

当事人未选择适用外国法律的,由人民法院查明该国法律。

第二条 人民法院可以通过下列途径查明外国法律:

(一)由当事人提供;

(二)通过司法协助渠道由对方的中央机关或者主管机关提供;

（三）通过最高人民法院请求我国驻该国使领馆或者该国驻我国使领馆提供；

（四）由最高人民法院建立或者参与的法律查明合作机制参与方提供；

（五）由最高人民法院国际商事专家委员会专家提供；

（六）由法律查明服务机构或者中外法律专家提供；

（七）其他适当途径。

人民法院通过前款规定的其中一项途径无法获得外国法律或者获得的外国法律内容不明确、不充分的，应当通过该款规定的不同途径补充查明。

人民法院依据本条第一款第一项的规定要求当事人协助提供外国法律的，不得仅以当事人未予协助提供为由认定外国法律不能查明。

第三条 当事人提供外国法律的，应当提交该国法律的具体规定并说明获得途径、效力情况、与案件争议的关联性等。外国法律为判例法的，还应当提交判例全文。

第四条 法律查明服务机构、法律专家提供外国法律的，除提交本解释第三条规定的材料外，还应当提交法律查明服务机构的资质证明、法律专家的身份及资历证明，并附与案件无利害关系的书面声明。

第五条 查明的外国法律的相关材料均应当在法庭上出示。人民法院应当听取各方当事人对外国法律的内容及其理解与适用的意见。

第六条 人民法院可以召集庭前会议或者以其他适当方式，确定需要查明的外国法律的范围。

第七条 人民法院认为有必要的，可以通知提供外国法律的法律查明服务机构或者法律专家出庭接受询问。当事人申请法律查明服务机构或者法律专家出庭，人民法院认为有必要的，可以准许。

法律查明服务机构或者法律专家现场出庭确有困难的，可以在线接受询问，但法律查明服务机构或者法律专家所在国法律对跨国在线参与庭审有禁止性规定的除外。

出庭的法律查明服务机构或者法律专家只围绕外国法律及其理解发表意见，不参与其他法庭审理活动。

第八条 人民法院对外国法律的内容及其理解与适用，根据以下情形分别作出处理：

（一）当事人对外国法律的内容及其理解与适用均无异议的，人民法院应当予以确认；

（二）当事人对外国法律的内容及其理解与适用有异议的，应当说明理由。人民法院认为有必要的，可以补充查明或者要求当事人补充提供材料。经过补充查明或者补充提供材料，当事人仍有异议的，由人民法院审查认定；

（三）外国法律的内容已为人民法院生效裁判所认定的，人民法院应当予以确认，但有相反证据足以推翻的除外。

第九条 人民法院应当根据外国法律查明办理相关手续等所需时间确定当事人提供外国法律的期限。当事人有具体理由说明无法在人民法院确定的期限内提供外国法律而申请适当延长期限的,人民法院视情可予准许。

当事人选择适用外国法律,其在人民法院确定的期限内无正当理由未提供该外国法律的,人民法院可以认定为不能查明外国法律。

第十条 人民法院依法适用外国法律审理案件,应当在裁判文书中载明外国法律的查明过程及外国法律的内容;人民法院认定外国法律不能查明的,应当载明不能查明的理由。

第十一条 对查明外国法律的费用负担,当事人有约定的,从其约定;没有约定的,人民法院可以根据当事人的诉讼请求和具体案情,在作出裁判时确定上述合理费用的负担。

第十二条 人民法院查明香港特别行政区、澳门特别行政区的法律,可以参照适用本解释。有关法律和司法解释对查明香港特别行政区、澳门特别行政区的法律另有规定的,从其规定。

第十三条 本解释自 2024 年 1 月 1 日起施行。

本解释公布施行后,最高人民法院以前发布的司法解释与本解释不一致的,以本解释为准。

最高人民法院关于涉外民事或商事案件司法文书送达问题若干规定

(2006 年 7 月 17 日最高人民法院审判委员会第 1394 次会议通过 根据 2020 年 12 月 23 日最高人民法院审判委员会第 1823 次会议通过的《最高人民法院关于修改〈最高人民法院关于人民法院民事调解工作若干问题的规定〉等十九件民事诉讼类司法解释的决定》修正 2020 年 12 月 29 日最高人民法院公告公布 该修正自 2021 年 1 月 1 日起施行 法释〔2020〕20 号)

为规范涉外民事或商事案件司法文书送达,根据《中华人民共和国民事诉讼法》(以下简称民事诉讼法)的规定,结合审判实践,制定本规定。

第一条 人民法院审理涉外民事或商事案件时,向在中华人民共和国领域内没有住所的受送达人送达司法文书,适用本规定。

第二条 本规定所称司法文书,是指起诉状副本、上诉状副本、反诉状副本、答辩状副本、传票、判决书、调解书、裁定书、支付令、决定书、通知书、证明书、送达回证以及其他司法文书。

第三条 作为受送达人的自然人或者企业、其他组织的法定代表人、主要负责人在中华人民共和国领域内的,人民法院可以向该自然人或者法定代表人、主要负责人送达。

第四条 除受送达人在授权委托书中明确表明其诉讼代理人无权代为接收有关司法文书外,其委托的诉讼代理人为民事诉讼法第二百六十七条第(四)项规定的有权代其接受送达的诉讼代理人,人民法院可以向该诉讼代理人送达。

第五条 人民法院向受送达人送达司法文书,可以送达给其在中华人民共和国领域内设立的代表机构。

受送达人在中华人民共和国领域内有分支机构或者业务代办人的,经该受送达人授权,人民法院可以向其分支机构或者业务代办人送达。

第六条 人民法院向在中华人民共和国领域内没有住所的受送达人送达司法文书时,若该受送达人所在国与中华人民共和国签订有司法协助协定,可以依照司法协助协定规定的方式送达;若该受送达人所在国是《关于向国外送达民事或商事司法文书和司法外文书公约》的成员国,可以依照该公约规定的方式送达。

依照受送达人所在国与中华人民共和国缔结或者共同参加的国际条约中规定的方式送达的,根据《最高人民法院关于依据国际公约和双边司法协助条约办理民商事案件司法文书送达和调查取证司法协助请求的规定》办理。

第七条 按照司法协助协定、《关于向国外送达民事或商事司法文书和司法外文书公约》或者外交途径送达司法文书,自我国有关机关将司法文书转递受送达人所在国有关机关之日起满六个月,如果未能收到送达与否的证明文件,且根据各种情况不足以认定已经送达的,视为不能用该种方式送达。

第八条 受送达人所在国允许邮寄送达的,人民法院可以邮寄送达。

邮寄送达时应附有送达回证。受送达人未在送达回证上签收但在邮件回执上签收的,视为送达,签收日期为送达日期。

自邮寄之日起满三个月,如果未能收到送达与否的证明文件,且根据各种情况不足以认定已经送达的,视为不能用邮寄方式送达。

第九条 人民法院依照民事诉讼法第二百六十七条第(八)项规定的公告方式送达时,公告内容应在国内外公开发行的报刊上刊登。

第十条 除本规定上述送达方式外,人民法院可以通过传真、电子邮件等能够确认收悉的其他适当方式向受送达人送达。

第十一条 除公告送达方式外,人民法院可以同时采取多种方式向受送达人进行送达,但应根据最先实现送达的方式确定送达日期。

第十二条 人民法院向受送达人在中华人民共和国领域内的法定代表人、主要负责人、诉讼代理人、代表机构以及有权接受送达的分支机构、业务代办人送达司法文书,可以适用留置送达的方式。

第十三条 受送达人未对人民法院送达的司法文书履行签收手续,但存在

以下情形之一的,视为送达:
(一)受送达人书面向人民法院提及了所送达司法文书的内容;
(二)受送达人已经按照所送达司法文书的内容履行;
(三)其他可以视为已经送达的情形。

第十四条 人民法院送达司法文书,根据有关规定需要通过上级人民法院转递的,应附申请转递函。

上级人民法院收到下级人民法院申请转递的司法文书,应在七个工作日内予以转递。

上级人民法院认为下级人民法院申请转递的司法文书不符合有关规定需要补正的,应在七个工作日内退回申请转递的人民法院。

第十五条 人民法院送达司法文书,根据有关规定需要提供翻译件的,应由受理案件的人民法院委托中华人民共和国领域内的翻译机构进行翻译。

翻译件不加盖人民法院印章,但应由翻译机构或翻译人员签名或盖章证明译文与原文一致。

第十六条 本规定自公布之日起施行。

最高人民法院关于内地与香港特别行政区法院相互认可和执行民商事案件判决的安排

(2019 年 1 月 14 日最高人民法院审判委员会第 1759 次会议通过 2024 年 1 月 25 日最高人民法院公告公布 自 2024 年 1 月 29 日起施行 法释〔2024〕2 号)

根据《中华人民共和国香港特别行政区基本法》第九十五条的规定,最高人民法院与香港特别行政区政府经协商,现就民商事案件判决的相互认可和执行问题作出如下安排。

第一条 内地与香港特别行政区法院民商事案件生效判决的相互认可和执行,适用本安排。

刑事案件中有关民事赔偿的生效判决的相互认可和执行,亦适用本安排。

第二条 本安排所称"民商事案件"是指依据内地和香港特别行政区法律均属于民商事性质的案件,不包括香港特别行政区法院审理的司法复核案件以及其他因行使行政权力直接引发的案件。

第三条 本安排暂不适用于就下列民商事案件作出的判决:

(一)内地人民法院审理的赡养、兄弟姐妹之间扶养、解除收养关系、成年人监护权、离婚后损害责任、同居关系析产案件,香港特别行政区法院审理的应否裁判分居的案件;

(二)继承案件、遗产管理或者分配的案件；

(三)内地人民法院审理的有关发明专利、实用新型专利侵权的案件，香港特别行政区法院审理的有关标准专利(包括原授专利)、短期专利侵权的案件，内地与香港特别行政区法院审理的有关确认标准必要专利许可费率的案件，以及有关本安排第五条未规定的知识产权案件；

(四)海洋环境污染、海事索赔责任限制、共同海损、紧急拖航和救助、船舶优先权、海上旅客运输案件；

(五)破产(清盘)案件；

(六)确定选民资格、宣告自然人失踪或者死亡、认定自然人限制或者无民事行为能力的案件；

(七)确认仲裁协议效力、撤销仲裁裁决案件；

(八)认可和执行其他国家和地区判决、仲裁裁决的案件。

第四条 本安排所称"判决"，在内地包括判决、裁定、调解书、支付令，不包括保全裁定；在香港特别行政区包括判决、命令、判令、讼费评定证明书，不包括禁诉令、临时济助命令。

本安排所称"生效判决"：

(一)在内地，是指第二审判决，依法不准上诉或者超过法定期限没有上诉的第一审判决，以及依照审判监督程序作出的上述判决；

(二)在香港特别行政区，是指终审法院、高等法院上诉法庭及原讼法庭、区域法院以及劳资审裁处、土地审裁处、小额钱债审裁处、竞争事务审裁处作出的已经发生法律效力的判决。

第五条 本安排所称"知识产权"是指《与贸易有关的知识产权协定》第一条第二款规定的知识产权，以及《中华人民共和国民法典》第一百二十三条第二款第七项、香港《植物品种保护条例》规定的权利人就植物新品种享有的知识产权。

第六条 本安排所称"住所地"，当事人为自然人的，是指户籍所在地或者永久性居民身份所在地、经常居住地；当事人为法人或者其他组织的，是指注册地或者登记地、主要办事机构所在地、主要营业地、主要管理地。

第七条 申请认可和执行本安排规定的判决：

(一)在内地，向申请人住所地或者被申请人住所地、财产所在地的中级人民法院提出；

(二)在香港特别行政区，向高等法院提出。

申请人应当向符合前款第一项规定的其中一个人民法院提出申请。向两个以上有管辖权的人民法院提出申请的，由最先立案的人民法院管辖。

第八条 申请认可和执行本安排规定的判决，应当提交下列材料：

(一)申请书；

(二)经作出生效判决的法院盖章的判决副本；

(三)作出生效判决的法院出具的证明书,证明该判决属于生效判决,判决有执行内容的,还应当证明在原审法院地可以执行;

(四)判决为缺席判决的,应当提交已经合法传唤当事人的证明文件,但判决已经对此予以明确说明或者缺席方提出认可和执行申请的除外;

(五)身份证明材料:

1. 申请人为自然人的,应当提交身份证件复印件;

2. 申请人为法人或者其他组织的,应当提交注册登记证书的复印件以及法定代表人或者主要负责人的身份证件复印件。

上述身份证明材料,在被请求方境外形成的,应当依据被请求方法律规定办理证明手续。

向内地人民法院提交的文件没有中文文本的,应当提交准确的中文译本。

第九条 申请书应当载明下列事项:

(一)当事人的基本情况:当事人为自然人的,包括姓名、住所、身份证件信息、通讯方式等;当事人为法人或者其他组织的,包括名称、住所及其法定代表人或者主要负责人的姓名、职务、住所、身份证件信息、通讯方式等;

(二)请求事项和理由;申请执行的,还需提供被申请人的财产状况和财产所在地;

(三)判决是否已在其他法院申请执行以及执行情况。

第十条 申请认可和执行判决的期间、程序和方式,应当依据被请求方法律的规定。

第十一条 符合下列情形之一,且依据被请求方法律有关诉讼不属于被请求方法院专属管辖的,被请求方法院应当认定原审法院具有管辖权:

(一)原审法院受理案件时,被告住所地在该方境内;

(二)原审法院受理案件时,被告在该方境内设有代表机构、分支机构、办事处、营业所等不属于独立法人的机构,且诉讼请求是基于该机构的活动;

(三)因合同纠纷提起的诉讼,合同履行地在该方境内;

(四)因侵权行为提起的诉讼,侵权行为实施地在该方境内;

(五)合同纠纷或者其他财产权益纠纷的当事人以书面形式约定由原审法院地管辖,但各方当事人住所地均在被请求方境内的,原审法院地应系合同履行地、合同签订地、标的物所在地等与争议有实际联系地;

(六)当事人未对原审法院提出管辖权异议并应诉答辩,但各方当事人住所地均在被请求方境内的,原审法院地应系合同履行地、合同签订地、标的物所在地等与争议有实际联系地。

前款所称"书面形式"是指合同书、信件和数据电文(包括电报、电传、传真、电子数据交换和电子邮件)等可以有形地表现所载内容的形式。

知识产权侵权纠纷案件以及内地人民法院审理的《中华人民共和国反不正当竞争法》第六条规定的不正当竞争纠纷民事案件、香港特别行政区法院审理的假冒纠纷案件,侵权、不正当竞争、假冒行为实施地在原审法院地境内,且涉案知识产权权利、权益在该地境内依法应予保护的,才应当认定原审法院具有管辖权。

除第一款、第三款规定外,被请求方法院认为原审法院对于有关诉讼的管辖符合被请求方法律规定的,可以认定原审法院具有管辖权。

第十二条 申请认可和执行的判决,被申请人提供证据证明有下列情形之一的,被请求方法院审查核实后,应当不予认可和执行:

(一)原审法院对有关诉讼的管辖不符合本安排第十一条规定的;

(二)依据原审法院地法律,被申请人未经合法传唤,或者虽经合法传唤但未获得合理的陈述、辩论机会的;

(三)判决是以欺诈方法取得的;

(四)被请求方法院受理相关诉讼后,原审法院又受理就同一争议提起的诉讼并作出判决的;

(五)被请求方法院已经就同一争议作出判决,或者已经认可其他国家和地区就同一争议作出的判决的;

(六)被请求方已经就同一争议作出仲裁裁决,或者已经认可其他国家和地区就同一争议作出的仲裁裁决的。

内地人民法院认为认可和执行香港特别行政区法院判决明显违反内地法律的基本原则或者社会公共利益,香港特别行政区法院认为认可和执行内地人民法院判决明显违反香港特别行政区法律的基本原则或者公共政策的,应当不予认可和执行。

第十三条 申请认可和执行的判决,被申请人提供证据证明在原审法院进行的诉讼违反了当事人就同一争议订立的有效仲裁协议或者管辖协议的,被请求方法院审查核实后,可以不予认可和执行。

第十四条 被请求方法院不能仅因判决的先决问题不属于本安排适用范围,而拒绝认可和执行该判决。

第十五条 对于原审法院就知识产权有效性、是否成立或者存在作出的判项,不予认可和执行,但基于该判项作出的有关责任承担的判项符合本安排规定的,应当认可和执行。

第十六条 相互认可和执行的判决内容包括金钱判项、非金钱判项。

判决包括惩罚性赔偿的,不予认可和执行惩罚性赔偿部分,但本安排第十七条规定的除外。

第十七条 知识产权侵权纠纷案件以及内地人民法院审理的《中华人民共和国反不正当竞争法》第六条规定的不正当竞争纠纷民事案件、香港特别行政区法院审理的假冒纠纷案件,内地与香港特别行政区法院相互认可和执行判决的,限于根据原审法院地发生的侵权行为所确定的金钱判项,包括惩罚性赔偿部分。

有关商业秘密侵权纠纷案件判决的相互认可和执行,包括金钱判项(含惩罚性赔偿)、非金钱判项。

第十八条 内地与香港特别行政区法院相互认可和执行的财产给付范围,包括判决确定的给付财产和相应的利息、诉讼费、迟延履行金、迟延履行利息,不包括税收、罚款。

前款所称"诉讼费",在香港特别行政区是指讼费评定证明书核定或者命令支付的费用。

第十九条 被请求方法院不能认可和执行判决全部判项的,可以认可和执行其中的部分判项。

第二十条 对于香港特别行政区法院作出的判决,一方当事人已经提出上诉,内地人民法院审查核实后,中止认可和执行程序。经上诉,维持全部或者部分原判决的,恢复认可和执行程序;完全改变原判决的,终止认可和执行程序。

内地人民法院就已经作出的判决裁定再审的,香港特别行政区法院审查核实后,中止认可和执行程序。经再审,维持全部或者部分原判决的,恢复认可和执行程序;完全改变原判决的,终止认可和执行程序。

第二十一条 被申请人在内地和香港特别行政区均有可供执行财产的,申请人可以分别向两地法院申请执行。

应对方法院要求,两地法院应当相互提供本方执行判决的情况。

两地法院执行财产的总额不得超过判决确定的数额。

第二十二条 在审理民商事案件期间,当事人申请认可和执行另一地法院就同一争议作出的判决的,应当受理。受理后,有关诉讼应当中止,待就认可和执行的申请作出裁定或者命令后,再视情终止或者恢复诉讼。

第二十三条 审查认可和执行判决申请期间,当事人就同一争议提起诉讼的,不予受理;已经受理的,驳回起诉。

判决全部获得认可和执行后,当事人又就同一争议提起诉讼的,不予受理。

判决未获得或者未全部获得认可和执行的,申请人不得再次申请认可和执行,但可以就同一争议向被请求方法院提起诉讼。

第二十四条 申请认可和执行判决的,被请求方法院在受理申请之前或者之后,可以依据被请求方法律规定采取保全或者强制措施。

第二十五条 法院应当尽快审查认可和执行的申请,并作出裁定或者命令。

第二十六条 被请求方法院就认可和执行的申请作出裁定或者命令后,当事人不服的,在内地可以于裁定送达之日起十日内向上一级人民法院申请复议,在香港特别行政区可以依据其法律规定提出上诉。

第二十七条 申请认可和执行判决的,应当依据被请求方有关诉讼收费的法律和规定交纳费用。

第二十八条 本安排签署后,最高人民法院和香港特别行政区政府经协商,可以就第三条所列案件判决的认可和执行以及第四条所涉保全、临时济助的协助问题签署补充文件。

本安排在执行过程中遇有问题或者需要修改的,由最高人民法院和香港特别行政区政府协商解决。

第二十九条 内地与香港特别行政区法院自本安排生效之日起作出的判决,适用本安排。

第三十条 本安排生效之日,《最高人民法院关于内地与香港特别行政区法院相互认可和执行当事人协议管辖的民商事案件判决的安排》同时废止。

本安排生效前,当事人已签署《最高人民法院关于内地与香港特别行政区法院相互认可和执行当事人协议管辖的民商事案件判决的安排》所称"书面管辖协议"的,仍适用该安排。

第三十一条 本安排生效后,《最高人民法院关于内地与香港特别行政区法院相互认可和执行婚姻家庭民事案件判决的安排》继续施行。

第三十二条 本安排自2024年1月29日起施行。

最高人民法院关于认可和执行台湾地区法院民事判决的规定

(2015年6月2日最高人民法院审判委员会第1653次会议通过 根据2024年10月29日最高人民法院审判委员会第1928次会议通过的《最高人民法院关于修改〈最高人民法院关于认可和执行台湾地区法院民事判决的规定〉的决定》修正 2024年12月17日最高人民法院公告公布 该修正自2025年1月1日起施行 法释〔2024〕14号)

为正确审理认可和执行台湾地区法院民事判决案件,依法保障海峡两岸民事主体的合法权益,根据民事诉讼法等相关法律规定,结合审判实践,制定本规定。

第一条 台湾地区法院民事判决的当事人以及当事人的继承人、权利承受人可以根据本规定,作为申请人向人民法院申请认可和执行该判决,该判决中的对方当事人为被申请人。双方当事人都提出认可和执行申请的,均列为申请人。

第二条 本规定所称台湾地区法院民事判决,包括台湾地区法院作出的生效民事判决、裁定、和解笔录、调解笔录、支付命令等。

申请认可台湾地区法院在刑事案件中作出的有关民事损害赔偿的生效判决、裁定、和解笔录的,适用本规定。

申请认可由台湾地区乡镇市调解委员会等出具并经台湾地区法院核定,与台湾地区法院生效民事判决具有同等效力的调解文书的,参照适用本规定。

第三条 申请人同时提出认可和执行台湾地区法院民事判决申请的,人民法院先按照认可程序进行审查,裁定认可后,由人民法院执行机构执行。

申请人仅提出认可台湾地区法院民事判决申请,人民法院对应否认可进行审查并作出裁定;台湾地区法院民事判决具有给付内容的,人民法院在受理认可申请及作出认可裁定时,应当向申请人释明其可以向人民法院申请执行。

申请人直接申请执行的,人民法院应当告知其一并提交认可申请;坚持不申请认可的,裁定驳回其申请。

第四条 申请认可台湾地区法院民事判决的案件,由申请人住所地、经常居住地或者被申请人住所地、经常居住地、财产所在地中级人民法院或者专门人民法院受理。

申请人向两个以上有管辖权的人民法院申请认可的,由最先立案的人民法院管辖。

申请人向被申请人财产所在地人民法院申请认可的,应当提供财产存在的相关证据。

第五条 申请人委托他人代理申请认可台湾地区法院民事判决的,应当向人民法院提交由委托人签名或者盖章的授权委托书。

台湾地区当事人签名或者盖章的授权委托书应当履行相关公证或者查明手续,但授权委托书经人民法院法官线上视频或者线下见证签署,或者经中国大陆公证机关公证证明是在中国大陆签署的除外。

持有台湾居民居住证的台湾地区当事人委托中国大陆执业律师或者其他人代理的,代理人向人民法院转交的授权委托书无需公证或者履行相关查明手续。

第六条 申请认可台湾地区法院民事判决,应当提交下列材料:

(一)申请书,并按照被申请人人数提交副本;

(二)判决正本或者经证明无误的副本;

(三)判决确定证明书正本或者经证明无误的副本,依据台湾地区有关规定不需另行出具证明书的调解笔录等除外;

(四)身份证明材料(申请人为自然人的,应当提交居民身份证、台湾居民居住证、台湾居民来往大陆通行证等身份证件复印件;申请人为法人或者非法人组织的,应当提交注册登记证书的复印件以及法定代表人或者主要负责人的身份证件复印件;申请人为当事人的继承人、权利承受人的,应当提交证明其继承人、权利承受人身份的证明材料)。

身份证明材料在中国大陆以外形成的,申请人应当依据民事诉讼法及相关司法解释的规定履行证明手续。

第七条 申请书应当载明下列事项:

(一)申请人和被申请人的基本情况:申请人或者被申请人为自然人的,包括姓名、住所、身份证件信息、通讯方式等;申请人或者被申请人为法人或者非法人组织的,包括名称、住所及其法定代表人或者主要负责人的姓名、职务、住

所、身份证件信息、通讯方式等;

(二)作出判决的台湾地区法院名称、裁判文书案号、诉讼程序开始日期和判决日期;

(三)请求事项和理由;

(四)申请认可的判决的执行情况;

(五)其他需要说明的情况。

第八条 对于符合本规定第四条至第七条规定条件的申请,人民法院应当在收到申请后七日内立案,并通知申请人和被申请人。对于不符合上述规定的申请,人民法院应当在七日内裁定不予受理,同时说明不予受理的理由。已经受理的,裁定驳回申请。申请人对裁定不服的,可以提起上诉。

申请人提交的材料不符合要求的,人民法院应当一次性书面告知在指定期限内补正。在指定期限内补正的,人民法院决定是否立案的期间,自收到补正材料之日起计算。在指定期限内没有补正的,退回申请并记录在册;坚持提出申请的,裁定不予受理。经补正仍不符合要求的,裁定不予受理。

人民法院裁定不予受理或者驳回申请后,申请人再次申请并符合受理条件的,人民法院应予受理。

第九条 人民法院应当在立案之日起五日内将申请书副本送达被申请人。被申请人应当在收到申请书副本之日起十五日内提交意见;被申请人在中国大陆没有住所的,应当在收到申请书副本之日起三十日内提交意见。被申请人在上述期限内不提交意见的,不影响人民法院审查。被申请人申请延期的,是否准许,由人民法院决定。

第十条 对申请认可台湾地区法院民事判决的案件,人民法院应当组成合议庭进行审查。

第十一条 申请人申请认可台湾地区法院民事判决,应当提供相关证明文件,以证明该判决真实并且已经生效。台湾地区法院民事判决为缺席判决的,申请人应当同时提交台湾地区法院已经合法传唤当事人的证明文件,但判决已经对此予以明确说明的除外。

申请人可以申请人民法院通过海峡两岸调查取证司法互助途径查明台湾地区法院民事判决的真实性和是否生效以及当事人得到合法传唤的证明文件;人民法院认为必要时,也可以就有关事项依职权通过海峡两岸司法互助途径向台湾地区请求调查取证。

第十二条 申请人提供的台湾地区法院民事判决以及相关证明文件等证据,系通过海峡两岸公证书使用查证渠道转递的,人民法院应当确认其真实性,但有相反证据足以推翻的除外。

第十三条 人民法院受理认可台湾地区法院民事判决的申请之前或者之后,可以依据民事诉讼法及相关司法解释的规定,根据申请人的申请,裁定采取保全措施。

第十四条 人民法院受理认可台湾地区法院民事判决的申请后,作出裁定前,申请人请求撤回申请的,可以裁定准许。

第十五条 人民法院受理认可台湾地区法院民事判决的申请后,应当在立案之日起六个月内审结。有特殊情况需要延长的,报请上一级人民法院批准。

通过海峡两岸司法互助途径送达文书和调查取证的期间,不计入审查期限。

第十六条 台湾地区法院民事判决具有下列情形之一的,裁定不予认可:

(一)申请认可的民事判决,是在被申请人缺席且未经合法传唤,或者在被申请人无诉讼行为能力且未得到适当代理的情况下作出的;

(二)案件系人民法院专属管辖的;

(三)案件双方当事人订有有效仲裁协议,且无放弃仲裁管辖情形的;

(四)判决是通过欺诈方式取得的;

(五)人民法院已经就同一纠纷作出裁判,或者已经承认或认可其他国家或地区就同一纠纷作出的裁判的;

(六)仲裁庭在中国大陆已经就同一纠纷作出仲裁裁决,或者人民法院已经承认或认可仲裁庭在其他国家或地区就同一纠纷作出的仲裁裁决的。

认可该民事判决将违反一个中国原则等国家法律的基本原则或者损害国家主权、安全、社会公共利益的,人民法院应当裁定不予认可。

第十七条 人民法院经审查能够确认台湾地区法院民事判决真实并且已经生效,而且不具有本规定第十六条所列情形的,裁定认可其效力。不能认可判决全部判项的,可以认可其中的部分判项。不能确认该民事判决的真实性或者已经生效的,裁定驳回申请人的申请。

裁定驳回申请的案件,申请人再次申请并符合受理条件的,人民法院应予受理。

第十八条 经人民法院裁定认可的台湾地区法院民事判决,与人民法院作出的生效判决具有同等效力。

第十九条 人民法院依据本规定第十六条、第十七条作出的裁定,一经送达即发生法律效力。

申请人或者被申请人对裁定不服的,可以自裁定送达之日起十日内向上一级人民法院申请复议。

第二十条 申请人向人民法院申请认可台湾地区法院民事判决,该判决涉及的纠纷与人民法院正在审理的纠纷属于同一纠纷的,人民法院可以裁定中止诉讼。

经审查,裁定不予认可台湾地区法院民事判决的,恢复已经中止的诉讼;裁定认可的,对已经中止的诉讼,裁定驳回起诉。

第二十一条 审查认可台湾地区法院民事判决申请期间,申请人或者被申请人就同一纠纷向人民法院起诉的,裁定不予受理;已经受理的,裁定中止诉讼。

第二十二条 台湾地区法院民事判决已经被人民法院裁定全部或者部分

认可,申请人或者被申请人对已经获得认可的部分又向人民法院起诉的,裁定不予受理;已经受理的,裁定驳回起诉。

台湾地区法院民事判决已经被人民法院裁定不予认可或者部分不予认可的,申请人对不予认可部分再次申请认可的,裁定不予受理;已经受理的,裁定驳回申请。但申请人可以对不予认可部分向人民法院起诉。

第二十三条 台湾地区法院民事判决被人民法院裁定全部或者部分认可后,申请人对认可部分申请执行的,依据民事诉讼法关于执行程序的规定予以执行。

第二十四条 申请人申请认可和执行台湾地区法院民事判决的期间,适用民事诉讼法第二百五十条的规定,但申请认可台湾地区法院有关身份关系的判决除外。

申请人仅申请认可而未同时申请执行的,申请执行的期间自人民法院对认可申请作出的裁定生效之日起重新计算。

第二十五条 人民法院在办理申请认可和执行台湾地区法院民事判决案件中作出的法律文书,应当依法送达申请人和被申请人。

第二十六条 申请认可和执行台湾地区法院民事判决,应当参照《诉讼费用交纳办法》的规定,交纳相关费用。

第二十七条 本规定自2015年7月1日起施行。《最高人民法院关于人民法院认可台湾地区有关法院民事判决的规定》(法释〔1998〕11号)、《最高人民法院关于当事人持台湾地区有关法院民事调解书或者有关机构出具或确认的调解协议书向人民法院申请认可人民法院应否受理的批复》(法释〔1999〕10号)、《最高人民法院关于当事人持台湾地区有关法院支付命令向人民法院申请认可人民法院应否受理的批复》(法释〔2001〕13号)和《最高人民法院关于人民法院认可台湾地区有关法院民事判决的补充规定》(法释〔2009〕4号)同时废止。

最高人民法院关于内地与香港特别行政区法院就民商事案件相互委托提取证据的安排

(2016年10月31日最高人民法院审判委员会第1697次会议通过 2017年2月27日最高人民法院公告公布 自2017年3月1日起生效 法释〔2017〕4号)

根据《中华人民共和国香港特别行政区基本法》第九十五条的规定,最高人民法院与香港特别行政区经协商,就民商事案件相互委托提取证据问题作出如下安排:

第一条 内地人民法院与香港特别行政区法院就民商事案件相互委托提取证据,适用本安排。

第二条 双方相互委托提取证据,须通过各自指定的联络机关进行。其中,内地指定各高级人民法院为联络机关;香港特别行政区指定香港特别行政区政府政务司司长办公室辖下行政署为联络机关。

最高人民法院可以直接通过香港特别行政区指定的联络机关委托提取证据。

第三条 受委托方的联络机关收到对方的委托书后,应当及时将委托书及所附相关材料转送相关法院或者其他机关办理,或者自行办理。

如果受委托方认为委托材料不符合本辖区相关法律规定,影响其完成受托事项,应当及时通知委托方修改、补充。委托方应当按照受委托方的要求予以修改、补充,或者重新出具委托书。

如果受委托方认为受托事项不属于本安排规定的委托事项范围,可以予以退回并说明原因。

第四条 委托书及所附相关材料应当以中文文本提出。没有中文文本的,应当提供中文译本。

第五条 委托方获得的证据材料只能用于委托书所述的相关诉讼。

第六条 内地人民法院根据本安排委托香港特别行政区法院提取证据的,请求协助的范围包括:

(一)讯问证人;
(二)取得文件;
(三)检查、拍摄、保存、保管或扣留财产;
(四)取得财产样品或对财产进行试验;
(五)对人进行身体检验。

香港特别行政区法院根据本安排委托内地人民法院提取证据的,请求协助的范围包括:

(一)取得当事人的陈述及证人证言;
(二)提供书证、物证、视听资料及电子数据;
(三)勘验、鉴定。

第七条 受委托方应当根据本辖区法律规定安排取证。

委托方请求按照特殊方式提取证据的,如果受委托方认为不违反本辖区的法律规定,可以按照委托方请求的方式执行。

如果委托方请求其司法人员、有关当事人及其诉讼代理人(法律代表)在受委托方取证时到场,以及参与录取证言的程序,受委托方可以按照其辖区内相关法律规定予以考虑批准。批准同意的,受委托方应当将取证时间、地点通知委托方联络机关。

第八条 内地人民法院委托香港特别行政区法院提取证据,应当提供加盖最高人民法院或者高级人民法院印章的委托书。香港特别行政区法院委托内地人民法院提取证据,应当提供加盖香港特别行政区高等法院印章的委托书。

委托书或者所附相关材料应当写明:

(一)出具委托书的法院名称和审理相关案件的法院名称;

(二)与委托事项有关的当事人或者证人的姓名或者名称、地址及其他一切有助于联络及辨别其身份的信息;

(三)要求提供的协助详情,包括但不限于:与委托事项有关的案件基本情况(包括案情摘要、涉及诉讼的性质及正在进行的审理程序等);需向当事人或者证人取得的指明文件、物品及询(讯)问的事项或问题清单;需要委托提取有关证据的原因等;必要时,需陈明有关证据对诉讼的重要性及用来证实的事实及论点等;

(四)是否需要采用特殊方式提取证据以及具体要求;

(五)委托方的联络人及其联络信息;

(六)有助执行委托事项的其他一切信息。

第九条 受委托方因执行受托事项产生的一般性开支,由受委托方承担。

受委托方因执行受托事项产生的翻译费用、专家费用、鉴定费用、应委托方要求的特殊方式取证所产生的额外费用等非一般性开支,由委托方承担。

如果受委托方认为执行受托事项或会引起非一般性开支,应先与委托方协商,以决定是否继续执行受托事项。

第十条 受委托方应当尽量自收到委托书之日起六个月内完成受托事项。受委托方完成受托事项后,应当及时书面回复委托方。

如果受委托方未能按委托方的请求完成受托事项,或者只能部分完成受托事项,应当向委托方书面说明原因,并按委托方指示及时退回委托书所附全部或者部分材料。

如果证人根据受委托方的法律规定,拒绝提供证言时,受委托方应当以书面通知委托方,并按委托方指示退回委托书所附全部材料。

第十一条 本安排在执行过程中遇有问题,或者本安排需要修改,应当通过最高人民法院与香港特别行政区政府协商解决。

第十二条 本安排在内地由最高人民法院发布司法解释和香港特别行政区完成有关内部程序后,由双方公布生效日期。

本安排适用于受委托方在本安排生效后收到的委托事项,但不影响双方根据现行法律考虑及执行在本安排生效前收到的委托事项。

最高人民法院关于内地与澳门特别行政区法院就民商事案件相互委托送达司法文书和调取证据的安排

（2001年8月7日最高人民法院审判委员会第1186次会议通过 根据2019年12月30日《最高人民法院关于修改〈关于内地与澳门特别行政区法院就民商事案件相互委托送达司法文书和调取证据的安排〉的决定》修正 2020年1月14日最高人民法院公告公布 该修正自2020年3月1日起施行 法释〔2020〕1号）

根据《中华人民共和国澳门特别行政区基本法》第九十三条的规定,最高人民法院与澳门特别行政区经协商,现就内地与澳门特别行政区法院就民商事案件相互委托送达司法文书和调取证据问题规定如下：

一、一般规定

第一条 内地人民法院与澳门特别行政区法院就民商事案件(在内地包括劳动争议案件,在澳门特别行政区包括民事劳工案件)相互委托送达司法文书和调取证据,均适用本安排。

第二条 双方相互委托送达司法文书和调取证据,通过各高级人民法院和澳门特别行政区终审法院进行。最高人民法院与澳门特别行政区终审法院可以直接相互委托送达和调取证据。

经与澳门特别行政区终审法院协商,最高人民法院可以授权部分中级人民法院、基层人民法院与澳门特别行政区终审法院相互委托送达和调取证据。

第三条 双方相互委托送达司法文书和调取证据,通过内地与澳门司法协助网络平台以电子方式转递;不能通过司法协助网络平台以电子方式转递的,采用邮寄方式。

通过司法协助网络平台以电子方式转递的司法文书、证据材料等文件,应当确保其完整性、真实性和不可修改性。

通过司法协助网络平台以电子方式转递的司法文书、证据材料等文件与原件具有同等效力。

第四条 各高级人民法院和澳门特别行政区终审法院收到对方法院的委托书后,应当立即将委托书及所附司法文书和相关文件转送根据其本辖区法律规定有权完成该受托事项的法院。

受委托方法院发现委托事项存在材料不齐全、信息不完整等问题,影响其完成受托事项的,应当及时通知委托方法院补充材料或者作出说明。

经授权的中级人民法院、基层人民法院收到澳门特别行政区终审法院委托书后,认为不属于本院管辖的,应当报请高级人民法院处理。

第五条 委托书应当以中文文本提出。所附司法文书及其他相关文件没有中文文本的,应当提供中文译本。

第六条 委托方法院应当在合理的期限内提出委托请求,以保证受委托方法院收到委托书后,及时完成受托事项。

受委托方法院应当优先处理受托事项。完成受托事项的期限,送达文书最迟不得超过自收到委托书之日起两个月,调取证据最迟不得超过自收到委托书之日起三个月。

第七条 受委托方法院应当根据本辖区法律规定执行受托事项。委托方法院请求按照特殊方式执行委托事项的,受委托方法院认为不违反本辖区的法律规定的,可以按照特殊方式执行。

第八条 委托方法院无须支付受委托方法院在送达司法文书、调取证据时发生的费用、税项。但受委托方法院根据其本辖区法律规定,有权在调取证据时,要求委托方法院预付鉴定人、证人、翻译人员的费用,以及因采用委托方法院在委托书中请求以特殊方式送达司法文书、调取证据所产生的费用。

第九条 受委托方法院收到委托书后,不得以其本辖区法律规定对委托方法院审理的该民商事案件享有专属管辖权或者不承认对该请求事项提起诉讼的权利为由,不予执行受托事项。

受委托方法院在执行受托事项时,发现该事项不属于法院职权范围,或者内地人民法院认为在内地执行该受托事项将违反其基本法律原则或社会公共利益,或者澳门特别行政区法院认为在澳门特别行政区执行该受托事项将违反其基本法律原则或公共秩序的,可以不予执行,但应当及时向委托方法院书面说明不予执行的原因。

二、司法文书的送达

第十条 委托方法院请求送达司法文书,须出具盖有其印章或者法官签名的委托书,并在委托书中说明委托机关的名称、受送达人的姓名或者名称、详细地址以及案件性质。委托方法院请求按特殊方式送达或者有特别注意的事项的,应当在委托书中注明。

第十一条 采取邮寄方式委托的,委托书及所附司法文书和其他相关文件一式两份,受送达人为两人以上的,每人一式两份。

第十二条 完成司法文书送达事项后,内地人民法院应当出具送达回证;澳门特别行政区法院应当出具送达证明书。出具的送达回证和送达证明书,应当注明送达的方法、地点和日期以及司法文书接收人的身份,并加盖法院印章。

受委托方法院无法送达的,应当在送达回证或者送达证明书上注明妨碍送达的原因、拒收事由和日期,并及时书面回复委托方法院。

第十三条 不论委托方法院司法文书中确定的出庭日期或者期限是否已

过,受委托方法院均应当送达。

第十四条 受委托方法院对委托方法院委托送达的司法文书和所附相关文件的内容和后果不负法律责任。

第十五条 本安排中的司法文书在内地包括:起诉状副本、上诉状副本、反诉状副本、答辩状副本、授权委托书、传票、判决书、调解书、裁定书、支付令、决定书、通知书、证明书、送达回证以及其他司法文书和所附相关文件;在澳门特别行政区包括:起诉状复本、答辩状复本、反诉状复本、上诉状复本、陈述书、申辩书、声明异议书、反驳书、申请书、撤诉书、认诺书、和解书、财产目录、财产分割表、和解建议书、债权人协议书、传唤书、通知书、法官批示、命令状、法庭许可令状、判决书、合议庭裁判书、送达证明书以及其他司法文书和所附相关文件。

三、调取证据

第十六条 委托方法院请求调取的证据只能是用于与诉讼有关的证据。

第十七条 双方相互委托代为调取证据的委托书应当写明:

(一)委托法院的名称;

(二)当事人及其诉讼代理人的姓名、地址和其他一切有助于辨别其身份的情况;

(三)委托调取证据的原因,以及委托调取证据的具体事项;

(四)被调查人的姓名、地址和其他一切有助于辨别其身份的情况,以及需要向其提出的问题;

(五)调取证据需采用的特殊方式;

(六)有助于执行该委托的其他一切情况。

第十八条 代为调取证据的范围包括:代为询问当事人、证人和鉴定人,代为进行鉴定和司法勘验,调取其他与诉讼有关的证据。

第十九条 委托方法院提出要求的,受委托方法院应当将取证的时间、地点通知委托方法院,以便有关当事人及其诉讼代理人能够出席。

第二十条 受委托方法院在执行委托调取证据时,根据委托方法院的请求,可以允许委托方法院派司法人员出席。必要时,经受委托方允许,委托方法院的司法人员可以向证人、鉴定人等发问。

第二十一条 受委托方法院完成委托调取证据的事项后,应当向委托方法院书面说明。

未能按委托方法院的请求全部或者部分完成调取证据事项的,受委托方法院应当向委托方法院书面说明妨碍调取证据的原因,采取邮寄方式委托的,应及时退回委托书及所附文件。

当事人、证人根据受委托方的法律规定,拒绝作证或者推辞提供证言的,受委托方法院应当书面通知委托方法院,采取邮寄方式委托的,应及时退回委托书及所附文件。

第二十二条　受委托方法院可以根据委托方法院的请求,并经证人、鉴定人同意,协助安排其辖区的证人、鉴定人到对方辖区出庭作证。

证人、鉴定人在委托方地域内逗留期间,不得因在其离开受委托方地域之前,在委托方境内所实施的行为或者针对他所作的裁决而被刑事起诉、羁押,不得为履行刑罚或者其他处罚而被剥夺财产或者扣留身份证件,不得以任何方式对其人身自由加以限制。

证人、鉴定人完成所需诉讼行为,且可自由离开委托方地域后,在委托方境内逗留超过七天,或者已离开委托方地域又自行返回时,前款规定的豁免即行终止。

证人、鉴定人到委托方法院出庭而导致的费用及补偿,由委托方法院预付。

本条规定的出庭作证人员,在澳门特别行政区还包括当事人。

第二十三条　受委托方法院可以根据委托方法院的请求,并经证人、鉴定人同意,协助安排其辖区的证人、鉴定人通过视频、音频作证。

第二十四条　受委托方法院取证时,被调查的当事人、证人、鉴定人等的代理人可以出席。

四、附　则

第二十五条　受委托方法院可以根据委托方法院的请求代为查询并提供本辖区的有关法律。

第二十六条　本安排在执行过程中遇有问题的,由最高人民法院与澳门特别行政区终审法院协商解决。

本安排需要修改的,由最高人民法院与澳门特别行政区协商解决。

第二十七条　本安排自2001年9月15日起生效。本安排的修改文本自2020年3月1日起生效。

十四、最高人民法院民事诉讼指导性案例

【指导案例 2 号】吴梅诉四川省眉山西城纸业有限公司买卖合同纠纷案①
关键词:民事诉讼　执行和解　撤回上诉　不履行和解协议　申请执行一审判决
裁判要点:民事案件二审期间,双方当事人达成和解协议,人民法院准许撤回上诉的,该和解协议未经人民法院依法制作调解书,属于诉讼外达成的协议。一方当事人不履行和解协议,另一方当事人申请执行一审判决的,人民法院应予支持。
案号:(2010)眉执督字第 4 号②

【指导案例 7 号】牡丹江市宏阁建筑安装有限责任公司诉牡丹江市华隆房地产开发有限责任公司、张继增建设工程施工合同纠纷案
关键词:民事诉讼　抗诉　申请撤诉　终结审查
裁判要点:人民法院接到民事抗诉书后,经审查发现案件纠纷已经解决,当事人申请撤诉,且不损害国家利益、社会公共利益或第三人利益的,应当依法作出对抗诉案终结审查的裁定;如果已裁定再审,应当依法作出终结再审诉讼的裁定。
案号:(2011)民抗字第 29 号

【指导案例 25 号】华泰财产保险有限公司北京分公司诉李志贵、天安财产保险股份有限公司河北省分公司张家口支公司保险人代位求偿权纠纷案
关键词:民事诉讼　保险人代位求偿　管辖
裁判要点:因第三者对保险标的的损害造成保险事故,保险人向被保险人赔偿保险金后,代位行使被保险人对第三者请求赔偿的权利而提起诉讼的,应当根据保险人所代位的被保险人与第三者之间的法律关系,而不应当根据保险合同法律关系确定管辖法院。第三者侵害被保险人合法权益的,由侵权行为地或者被告住所地法院管辖。
案号:(2012)东民初字第 13663 号

【指导案例 34 号】李晓玲、李鹏裕申请执行厦门海洋实业(集团)股份有限公司、厦门海洋实业总公司执行复议案
关键词:民事诉讼　执行复议　权利承受人　申请执行

---

① 扫描"编辑说明"页二维码,可下载本书指导性案例全文电子版。
② 案号来源于指导性案例全文"裁判结果"部分。

裁判要点：生效法律文书确定的权利人在进入执行程序前合法转让债权的，债权受让人即权利承受人可以作为申请执行人直接申请执行，无需执行法院作出变更申请执行人的裁定。

案号：（2012）执复字第26号

【指导案例35号】广东龙正投资发展有限公司与广东景茂拍卖行有限公司委托拍卖执行复议案

关键词：民事诉讼　执行复议　委托拍卖　恶意串通　拍卖无效

裁判要点：拍卖行与买受人有关联关系，拍卖行为存在以下情形，损害与标的物相关权利人合法权益的，人民法院可以视为拍卖行与买受人恶意串通，依法裁定该拍卖无效：(1)拍卖过程中没有其他无关联关系的竞买人参与竞买，或者虽有其他竞买人参与竞买，但未进行充分竞价的；(2)拍卖标的物的评估价明显低于实际价格，仍以该评估价成交的。

案号：（2012）执复字第6号

【指导案例36号】中投信用担保有限公司与海通证券股份有限公司等证券权益纠纷执行复议案

关键词：民事诉讼　执行复议　到期债权　协助履行

裁判要点：被执行人在收到执行法院执行通知之前，收到另案执行法院要求其向申请执行人的债权人直接清偿已经法院生效法律文书确认的债务的通知，并清偿债务的，执行法院不能将该部分已清偿债务纳入执行范围。

案号：（2010）执复字第2号

【指导案例37号】上海金纬机械制造有限公司与瑞士瑞泰克公司仲裁裁决执行复议案

关键词：民事诉讼　执行复议　涉外仲裁裁决　执行管辖　申请执行期间起算

裁判要点：当事人向我国法院申请执行发生法律效力的涉外仲裁裁决，发现被申请执行人或者其财产在我国领域内的，我国法院即对该案具有执行管辖权。当事人申请法院强制执行的时效期间，应当自发现被申请执行人或者其财产在我国领域内之日起算。

案号：（2009）沪高执复议字第2号

【指导案例56号】韩凤彬诉内蒙古九郡药业有限责任公司等产品责任纠纷管辖权异议案

关键词：民事诉讼　管辖异议　再审期间

裁判要点：当事人在一审提交答辩状期间未提出管辖异议，在二审或者再审发回重审时提出管辖异议的，人民法院不予审查。

案号：（2013）民再申字第27号

【指导案例 68 号】上海欧宝生物科技有限公司诉辽宁特莱维置业发展有限公司企业借贷纠纷案

关键词:民事诉讼　企业借贷　虚假诉讼

裁判要点:人民法院审理民事案件中发现存在虚假诉讼可能时,应当依职权调取相关证据,详细询问当事人,全面严格审查诉讼请求与相关证据之间是否存在矛盾,以及当事人诉讼中言行是否违背常理。经综合审查判断,当事人存在虚构事实、恶意串通、规避法律或国家政策以谋取非法利益,进行虚假民事诉讼情形的,应当依法予以制裁。

案号:(2015)民二终字第 324 号

【指导案例 75 号】中国生物多样性保护与绿色发展基金会诉宁夏瑞泰科技股份有限公司环境污染公益诉讼案

关键词:民事　环境污染公益诉讼　专门从事环境保护公益活动的社会组织

裁判要点:1. 社会组织的章程虽未载明维护环境公共利益,但工作内容属于保护环境要素及生态系统的,应认定符合《最高人民法院关于审理环境民事公益诉讼案件适用法律若干问题的解释》(以下简称《解释》)第四条关于"社会组织章程确定的宗旨和主要业务范围是维护社会公共利益"的规定。

2.《解释》第四条规定的"环境保护公益活动",既包括直接改善生态环境的行为,也包括与环境保护相关的有利于完善环境治理体系、提高环境治理能力、促进全社会形成环境保护广泛共识的活动。

3. 社会组织起诉的事项与其宗旨和业务范围具有对应关系,或者与其所保护的环境要素及生态系统具有一定联系的,应认定符合《解释》第四条关于"与其宗旨和业务范围具有关联性"的规定。

案号:(2016)最高法民再 47 号

【指导案例 84 号】礼来公司诉常州华生制药有限公司侵害发明专利权纠纷案

关键词:民事　侵害发明专利权　药品制备方法发明专利　保护范围　技术调查官　被诉侵权药品制备工艺查明

裁判要点:1. 药品制备方法专利侵权纠纷中,在无其他相反证据情形下,应当推定被诉侵权药品在药监部门的备案工艺为其实际制备工艺;有证据证明被诉侵权药品备案工艺不真实的,应当充分审查被诉侵权药品的技术来源、生产规程、批生产记录、备案文件等证据,依法确定被诉侵权药品的实际制备工艺。

2. 对于被诉侵权药品制备工艺等复杂的技术事实,可以综合运用技术调查官、专家辅助人、司法鉴定以及科技专家咨询等多种途径进行查明。

案号:(2015)民三终字第 1 号

【指导案例 115 号】瓦莱奥清洗系统公司诉厦门卢卡斯汽车配件有限公司等侵害发明专利权纠纷案

关键词：民事　发明专利权　功能性特征　先行判决　行为保全

裁判要点：1. 如果专利权利要求的某个技术特征已经限定或者隐含了特定结构、组分、步骤、条件或其相互之间的关系等，即使该技术特征同时还限定了其所实现的功能或者效果，亦不属于《最高人民法院关于审理侵犯专利权纠纷案件应用法律若干问题的解释（二）》第八条所称的功能性特征。

2. 在专利侵权诉讼程序中，责令停止被诉侵权行为的行为保全具有独立价值。当事人既申请责令停止被诉侵权行为，又申请先行判决停止侵害，人民法院认为需要作出停止侵害先行判决的，应当同时对行为保全申请予以审查；符合行为保全条件的，应当及时作出裁定。

案号：(2019) 最高法知民终 2 号

【指导案例 117 号】中建三局第一建设工程有限责任公司与澳中财富（合肥）投资置业有限公司、安徽文峰置业有限公司执行复议案

关键词：执行　执行复议　商业承兑汇票　实际履行

裁判要点：根据民事调解书和调解笔录，第三人以债务承担方式加入债权债务关系的，执行法院可以在该第三人债务承担范围内对其强制执行。债务人用商业承兑汇票来履行执行依据确定的债务，虽然开具并向债权人交付了商业承兑汇票，但因汇票付款账户资金不足、被冻结等不能兑付的，不能认定实际履行了债务，债权人可以请求对债务人继续强制执行。

案号：(2017) 最高法执复 68 号

【指导案例 118 号】东北电气发展股份有限公司与国家开发银行股份有限公司、沈阳高压开关有限责任公司等执行复议案

关键词：执行　执行复议　撤销权　强制执行

裁判要点：1. 债权人撤销权诉讼的生效判决撤销了债务人与受让人的财产转让合同，并判令受让人向债务人返还财产，受让人未履行返还义务的，债权人可以债务人、受让人为被执行人申请强制执行。

2. 受让人未通知债权人，自行向债务人返还财产，债务人将返还的财产立即转移，致使债权人丧失申请法院采取查封、冻结等措施的机会，撤销权诉讼目的无法实现的，不能认定生效判决已经得到有效履行。债权人申请对受让人执行生效判决确定的财产返还义务的，人民法院应予支持。

案号：(2017) 最高法执复 27 号

【指导案例 119 号】安徽省滁州市建筑安装工程有限公司与湖北追日电气股份有限公司执行复议案

关键词：执行　执行复议　执行外和解　执行异议　审查依据

裁判要点：执行程序开始前，双方当事人自行达成和解协议并履行，一方当事人申请强制执行原生效法律文书的,人民法院应予受理。被执行人以已履行和解协议为由提出执行异议的,可以参照《最高人民法院关于执行和解若干问题的规定》第十九条的规定审查处理。

案号:(2018)最高法执复88号

【指导案例120号】青海金泰融资担保有限公司与上海金桥工程建设发展有限公司、青海三工置业有限公司执行复议案

关键词:执行　执行复议　一般保证　严重不方便执行

裁判要点:在案件审理期间保证人为被执行人提供保证,承诺在被执行人无财产可供执行或者财产不足清偿债务时承担保证责任的,执行法院对保证人应当适用一般保证的执行规则。在被执行人虽有财产但严重不方便执行时,可以执行保证人在保证责任范围内的财产。

案号:(2017)最高法执复38号

【指导案例121号】株洲海川实业有限责任公司与中国银行股份有限公司长沙市蔡锷支行、湖南省德奕鸿金属材料有限公司财产保全执行复议案

关键词:执行　执行复议　协助执行义务　保管费用承担

裁判要点:财产保全执行案件的保全标的物系非金钱动产且被他人保管,该保管人依人民法院通知应当协助执行。当保管合同或者租赁合同到期后未续签,且被保全人不支付保管、租赁费用的,协助执行人无继续无偿保管的义务。保全标的物价值足以支付保管费用的,人民法院可以维持查封直至案件作出生效法律文书,执行保全标的物所得价款应当优先支付保管人的保管费用;保全标的物价值不足以支付保管费用,申请保全人支付保管费用的,可以继续采取查封措施,不支付保管费用的,可以处置保全标的物并继续保全变价款。

案号:(2017)最高法执复2号

【指导案例122号】河南神泉之源实业发展有限公司与赵五军、汝州博易观光医疗主题园区开发有限公司等执行监督案

关键词:执行　执行监督　合并执行　受偿顺序

裁判要点:执行法院将同一被执行人的几个案件合并执行的,应当按照申请执行人的各个债权的受偿顺序进行清偿,避免侵害顺位在先的其他债权人的利益。

案号:(2018)最高法执监848、847、845号

【指导案例123号】于红岩与锡林郭勒盟隆兴矿业有限责任公司执行监督案

关键词:执行　执行监督　采矿权转让　协助执行　行政审批

裁判要点:生效判决认定采矿权转让合同依法成立但尚未生效,判令转让方按照合同约定办理采矿权转让手续,并非对采矿权归属的确定,执行法院依此向相关主管机关发出协助办理采矿权转让手续通知书,只具有启动主管机关审批采矿权转让手续的作用,采矿权能否转让应由相关主管机关依法决定。申

请执行人请求变更采矿权受让人的,也应由相关主管机关依法判断。

案号:(2017)最高法执监 136 号

【指导案例 124 号】中国防卫科技学院与联合资源教育发展(燕郊)有限公司执行监督案

关键词:执行　执行监督　和解协议　执行原生效法律文书

裁判要点:申请执行人与被执行人对执行和解协议的内容产生争议,客观上已无法继续履行的,可以执行原生效法律文书。对执行和解协议中原执行依据未涉及的内容,以及履行过程中产生的争议,当事人可以通过其他救济程序解决。

案号:(2017)最高法执监 344 号

【指导案例 125 号】陈载果与刘荣坤、广东省汕头渔业用品进出口公司等申请撤销拍卖执行监督案

关键词:执行　执行监督　司法拍卖　网络司法拍卖　强制执行措施

裁判要点:网络司法拍卖是人民法院通过互联网拍卖平台进行的司法拍卖,属于强制执行措施。人民法院对网络司法拍卖中产生的争议,应当适用民事诉讼法及相关司法解释的规定处理。

案号:(2017)最高法执监 250 号

【指导案例 126 号】江苏天宇建设集团有限公司与无锡时代盛业房地产开发有限公司执行监督案

关键词:执行　执行监督　和解协议　迟延履行　履行完毕

裁判要点:在履行和解协议的过程中,申请执行人因被执行人迟延履行申请恢复执行的同时,又继续接受并积极配合被执行人的后续履行,直至和解协议全部履行完毕的,属于民事诉讼法及相关司法解释规定的和解协议已经履行完毕不再恢复执行原生效法律文书的情形。

案号:(2018)最高法执监 34 号

【指导案例 130 号】重庆市人民政府、重庆两江志愿服务发展中心诉重庆藏金阁物业管理有限公司、重庆首旭环保科技有限公司生态环境损害赔偿、环境民事公益诉讼案

关键词:民事　生态环境损害赔偿诉讼　环境民事公益诉讼　委托排污　共同侵权　生态环境修复费用　虚拟治理成本法

裁判要点:1. 取得排污许可证的企业,负有确保其排污处理设备正常运行且排放物达到国家和地方排放标准的法定义务,委托其他单位处理的,应当对受托单位履行监管义务;明知受托单位违法排污不予制止甚或提供便利的,应当对环境污染损害承担连带责任。

2. 污染者向水域排污造成生态环境损害,生态环境修复费用难以计算的,可以根据环境保护部门关于生态环境损害鉴定评估有关规定,采用虚拟治理成本法对损害后果进行量化,根据违法排污的污染物种类、排污量及污染源排他性等因素计算生态环境损害量化数额。

案号:(2017)渝 01 民初 773 号

【指导案例 131 号】中华环保联合会诉德州晶华集团振华有限公司大气污染责任民事公益诉讼案

关键词:民事　环境民事公益诉讼　大气污染责任　损害社会公共利益重大风险

裁判要点:企业事业单位和其他生产经营者多次超过污染物排放标准或者重点污染物排放总量控制指标排放污染物,环境保护行政管理部门作出行政处罚后仍未改正,原告依据《最高人民法院关于审理环境民事公益诉讼案件适用法律若干问题的解释》第一条规定的"具有损害社会公共利益重大风险的污染环境、破坏生态的行为"对其提起环境民事公益诉讼的,人民法院应予受理。

案号:(2015)德中环公民初字第 1 号

【指导案例 132 号】中国生物多样性保护与绿色发展基金会诉秦皇岛方圆包装玻璃有限公司大气污染责任民事公益诉讼案

关键词:民事　环境民事公益诉讼　大气污染责任　降低环境风险　减轻赔偿责任

裁判要点:在环境民事公益诉讼期间,污染者主动改进环保设施,有效降低环境风险的,人民法院可以综合考虑超标排污行为的违法性、过错程度、治理污染设施的运行成本以及防污采取的有效措施等因素,适当减轻污染者的赔偿责任。

案号:(2018)冀民终 758 号

【指导案例 133 号】山东省烟台市人民检察院诉王振殿、马群凯环境民事公益诉讼案

关键词:民事　环境民事公益诉讼　水污染　生态环境修复责任　自净功能

裁判要点:污染者违反国家规定向水域排污造成生态环境损害,以被污染水域有自净功能、水质得到恢复为由主张免除或者减轻生态环境修复责任的,人民法院不予支持。

案号:(2017)鲁 06 民初 8 号

【指导案例 134 号】重庆市绿色志愿者联合会诉恩施自治州建始磺厂坪矿业有限责任公司水污染责任民事公益诉讼案

关键词:民事　环境民事公益诉讼　停止侵害　恢复生产　附条件　环境影响评价

裁判要点:环境民事公益诉讼中,人民法院判令污染者停止侵害的,可以责令其重新进行环境影响评价,在环境影响评价文件经审查批准及配套建设的环境保护设施经验收合格之前,污染者不得恢复生产。

案号:(2016)渝 02 民终 77 号

【指导案例 135 号】江苏省徐州市人民检察院诉苏州其安工艺品有限公司等环境民事公益诉讼案

关键词：民事　环境民事公益诉讼　环境信息　不利推定

裁判要点：在环境民事公益诉讼中，原告有证据证明被告产生危险废物并实施了污染物处置行为，被告拒不提供其处置污染物情况等环境信息，导致无法查明污染物去向的，人民法院可以推定原告主张的环境污染事实成立。

案号：(2018) 苏 03 民初 256 号

【指导案例 136 号】吉林省白山市人民检察院诉白山市江源区卫生和计划生育局、白山市江源区中医院环境公益诉讼案

关键词：行政　环境行政公益诉讼　环境民事公益诉讼　分别立案　一并审理

裁判要点：人民法院在审理人民检察院提起的环境行政公益诉讼案件时，对人民检察院就同一污染环境行为提起的环境民事公益诉讼，可以参照行政诉讼法及其司法解释规定，采取分别立案、一并审理、分别判决的方式处理。

案号：(2016) 吉 06 行初 4 号、(2016) 吉 06 民初 19 号

【指导案例 148 号】高光诉三亚天通国际酒店有限公司、海南博超房地产开发有限公司等第三人撤销之诉案

关键词：民事　第三人撤销之诉　公司法人　股东　原告主体资格

裁判要点：公司股东对公司法人与他人之间的民事诉讼生效裁判不具有直接的利益关系，不符合民事诉讼法第五十六条规定的第三人条件，其以股东身份提起第三人撤销之诉的，人民法院不予受理。

案号：(2017) 最高法民终 63 号

【指导案例 149 号】长沙广大建筑装饰有限公司诉中国工商银行股份有限公司广州粤秀支行、林传武、长沙广大建筑装饰有限公司广州分公司等第三人撤销之诉案

关键词：民事　第三人撤销之诉　公司法人　分支机构　原告主体资格

裁判要点：公司法人的分支机构以自己的名义从事民事活动，并独立参加民事诉讼，人民法院判决分支机构对外承担民事责任，公司法人对该生效裁判提起第三人撤销之诉的，其不符合民事诉讼法第五十六条规定的第三人条件，人民法院不予受理。

案号：(2018) 粤民终 1151 号

【指导案例 150 号】中国民生银行股份有限公司温州分行诉浙江山口建筑工程有限公司、青田依利高鞋业有限公司第三人撤销之诉案

关键词：民事　第三人撤销之诉　建设工程价款优先受偿权　抵押权　原告主体资格

裁判要点：建设工程价款优先受偿权与抵押权指向同一标的物，抵押权的

实现因建设工程价款优先受偿权的有无以及范围大小受到影响的,应当认定抵押权的实现同建设工程价款优先受偿权案件的处理结果有法律上的利害关系,抵押权人对确认建设工程价款优先受偿权的生效裁判具有提起第三人撤销之诉的原告主体资格。

案号:(2018)浙民申 3524 号

【指导案例 151 号】台州德力奥汽车部件制造有限公司诉浙江建环机械有限公司管理人浙江安天律师事务所、中国光大银行股份有限公司台州温岭支行第三人撤销之诉案

关键词:民事　第三人撤销之诉　破产程序　个别清偿行为　原告主体资格

裁判要点:在银行承兑汇票的出票人进入破产程序后,对付款银行于法院受理破产申请前六个月内从出票人还款账户划扣票款的行为,破产管理人提起请求撤销个别清偿行为之诉,法院判决予以支持的,汇票的保证人与该生效判决具有法律上的利害关系,具有提起第三人撤销之诉的原告主体资格。

案号:(2020)最高法民申 2033 号

【指导案例 152 号】鞍山市中小企业信用担保中心诉汪薇、鲁金英第三人撤销之诉案

关键词:民事　第三人撤销之诉　撤销权　原告主体资格

裁判要点:债权人申请强制执行后,被执行人与他人在另外的民事诉讼中达成调解协议,放弃其取回财产的权利,并大量减少债权,严重影响债权人债权实现,符合合同法第七十四条规定的债权人行使撤销权条件的,债权人对民事调解书具有提起第三人撤销之诉的原告主体资格。

案号:(2017)最高法民终 626 号

【指导案例 153 号】永安市燕诚房地产开发有限公司诉郑耀南、远东(厦门)房地产发展有限公司等第三人撤销之诉案

关键词:民事　第三人撤销之诉　财产处分行为

裁判要点:债权人对确认债务人处分财产行为的生效裁判提起第三人撤销之诉的,在出现债务人进入破产程序、无财产可供执行等影响债权人债权实现的情形时,应当认定债权人知道或者应当知道该生效裁判损害其民事权益,提起诉讼的六个月期间开始起算。

案号:(2017)最高法民终 885 号

【指导案例 154 号】王四光诉中天建设集团有限公司、白山和丰置业有限公司案外人执行异议之诉案

关键词:民事　案外人执行异议之诉　与原判决、裁定无关　建设工程价款优先受偿权

裁判要点:在建设工程价款强制执行过程中,房屋买受人对强制执行的房

屋提起案外人执行异议之诉,请求确认其对案涉房屋享有可以排除强制执行的民事权益,但不否定原生效判决确认的债权人所享有的建设工程价款优先受偿权的,属于民事诉讼法第二百二十七条规定的"与原判决、裁定无关"的情形,人民法院应予依法受理。

案号:(2019)最高法民再39号

【指导案例155号】中国建设银行股份有限公司怀化市分行诉中国华融资产管理股份有限公司湖南省分公司等案外人执行异议之诉案

关键词:民事　案外人执行异议之诉　与原判决、裁定无关　抵押权

裁判要点:在抵押权强制执行中,案外人以其在抵押登记之前购买了抵押房产,享有优先于抵押权的权利为由提起执行异议之诉,主张依据《最高人民法院关于人民法院办理执行异议和复议案件若干问题的规定》排除强制执行,但不否认抵押权人对抵押房产的优先受偿权的,属于民事诉讼法第二百二十七条规定的"与原判决、裁定无关"的情形,人民法院应予依法受理。

案号:(2019)最高法民终603号

【指导案例156号】王岩岩诉徐意君、北京市金陆房地产发展有限责任公司案外人执行异议之诉案

关键词:民事　案外人执行异议之诉　排除强制执行　选择适用

裁判要点:《最高人民法院关于人民法院办理执行异议和复议案件若干问题的规定》第二十八条规定了不动产买受人排除金钱债权执行的权利,第二十九条规定了消费者购房人排除金钱债权执行的权利。案外人对登记在被执行的房地产开发企业名下的商品房请求排除强制执行的,可以选择适用第二十八条或者第二十九条规定;案外人主张适用第二十八条规定的,人民法院应予审查。

案号:(2016)最高法民申254号

【指导案例167号】北京大唐燃料有限公司诉山东百富物流有限公司买卖合同纠纷案

关键词:民事　买卖合同　代位权诉讼　未获清偿　另行起诉

裁判要点:代位权诉讼执行中,因相对人无可供执行的财产而被终结本次执行程序,债权人就未实际获得清偿的债权另行向债务人主张权利的,人民法院应予支持。

案号:(2019)最高法民终6号

【指导案例172号】秦家学滥伐林木刑事附带民事公益诉讼案

关键词:刑事　滥伐林木罪　生态修复　补植复绿　专家意见　保证金

裁判要点:1.人民法院确定被告人森林生态环境修复义务时,可以参考专家意见及林业规划设计单位、自然保护区主管部门等出具的专业意见,明确履

行修复义务的树种、树龄、地点、数量、存活率及完成时间等具体要求。

2. 被告人自愿交纳保证金作为履行生态环境修复义务担保的,人民法院可以将该情形作为从轻量刑情节。

案号:(2018)湘3125刑初5号

【指导案例173号】北京市朝阳区自然之友环境研究所诉中国水电顾问集团新平开发有限公司、中国电建集团昆明勘测设计研究院有限公司生态环境保护民事公益诉讼案

关键词:民事　生态环境保护民事公益诉讼　损害社会公共利益　重大风险　濒危野生动植物

裁判要点:人民法院审理环境民事公益诉讼案件,应当贯彻保护优先、预防为主原则。原告提供证据证明项目建设将对濒危野生动植物栖息地及生态系统造成毁灭性、不可逆转的损害后果,人民法院应当从被保护对象的独有价值、损害结果发生的可能性、损害后果的严重性及不可逆性等方面,综合判断被告的行为是否具有《最高人民法院关于审理环境民事公益诉讼案件适用法律若干问题的解释》第一条规定的"损害社会公共利益重大风险"。

案号:(2020)云民终824号

【指导案例174号】中国生物多样性保护与绿色发展基金会诉雅砻江流域水电开发有限公司生态环境保护民事公益诉讼案

关键词:民事　生态环境保护民事公益诉讼　潜在风险　预防性措施　濒危野生植物

裁判要点:人民法院审理环境民事公益诉讼案件,应当贯彻绿色发展理念和风险预防原则,根据现有证据和科学技术认为项目建成后可能对案涉地濒危野生植物生存环境造成破坏,存在影响其生存的潜在风险,从而损害生态环境公共利益的,可以判决被告采取预防性措施,将对濒危野生植物生存的影响纳入建设项目的环境影响评价,促进环境保护和经济发展的协调。

案号:(2015)甘民初字第45号

【指导案例175号】江苏省泰州市人民检察院诉王小朋等59人生态破坏民事公益诉讼案

关键词:民事　生态破坏民事公益诉讼　非法捕捞　共同侵权　生态资源损害赔偿

裁判要点:1.当收购者明知其所收购的鱼苗系非法捕捞所得,仍与非法捕捞者建立固定买卖关系,形成完整利益链条,共同损害生态资源的,收购者应当与捕捞者对共同实施侵权行为造成的生态资源损失承担连带赔偿责任。

2. 侵权人使用禁用网具非法捕捞,在造成其捕捞的特定鱼类资源损失的同时,也破坏了相应区域其他水生生物资源,严重损害生物多样性的,应当承担包括特定鱼类资源损失和其他水生生物资源损失在内的生态资源损失赔偿责任。

当生态资源损失难以确定时,人民法院应当结合生态破坏的范围和程度、资源的稀缺性、恢复所需费用等因素,充分考量非法行为的方式破坏性、时间敏感性、地点特殊性等特点,并参考专家意见,综合作出判断。

案号:(2019)苏民终1734号

【指导案例176号】湖南省益阳市人民检察院诉夏顺安等15人生态破坏民事公益诉讼案

关键词:民事　生态破坏民事公益诉讼　生态环境修复　损害担责　全面赔偿　非法采砂

裁判要点:人民法院审理环境民事公益诉讼案件,应当贯彻损害担责、全面赔偿原则,对于破坏生态违法犯罪行为不仅要依法追究刑事责任,还要依法追究生态环境损害民事责任。认定非法采砂行为所导致的生态环境损害范围和损失时,应当根据水环境质量、河床结构、水源涵养、水生生物资源等方面的受损情况进行全面评估、合理认定。

案号:(2020)湘民终1862号

【指导性案例204号】重庆市人民检察院第五分院诉重庆瑜煌电力设备制造有限公司等环境污染民事公益诉讼案

关键词:民事　环境污染民事公益诉讼　环保技术改造　费用抵扣　生态环境损害赔偿金

裁判要点:1. 受损生态环境无法修复或无修复必要,侵权人在已经履行生态环境保护法律法规规定的强制性义务基础上,通过资源节约集约循环利用等方式实施环保技术改造,经评估能够实现节能减排、减污降碳、降低风险效果的,人民法院可以根据侵权人的申请,结合环保技术改造的时间节点、生态环境保护守法情况等因素,将由此产生的环保技术改造费用适当抵扣其应承担的生态环境损害赔偿金。

2. 为达到环境影响评价要求、排污许可证设定的污染物排放标准或者履行其他生态环境保护法律法规规定的强制性义务而实施环保技术改造发生的费用,侵权人申请抵扣其应承担的生态环境损害赔偿金的,人民法院不予支持。

案号:(2020)渝民终387号

【指导性案例205号】上海市人民检察院第三分院诉郎溪华远固体废物处置有限公司、宁波高新区米泰贸易有限公司、黄德庭、薛强环境污染民事公益诉讼案

关键词:民事　环境污染民事公益诉讼　固体废物　走私　处置费用

裁判要点:1. 侵权人走私固体废物,造成生态环境损害或者具有污染环境、破坏生态重大风险,国家规定的机关或者法律规定的组织请求其依法承担生态环境侵权责任的,人民法院应予支持。在因同一行为引发的刑事案件中未被判处刑事责任的侵权人主张不承担生态环境侵权责任的,人民法院不予支持。

2. 对非法入境后因客观原因无法退运的固体废物采取无害化处置是防止

生态环境损害发生和扩大的必要措施,所支出的合理费用应由侵权人承担。侵权人以固体废物已被行政执法机关查扣没收,处置费用应纳入行政执法成本作为抗辩理由的,人民法院不予支持。

案号:(2019)沪民终450号

【指导性案例206号】北京市人民检察院第四分院诉朱清良、朱清涛环境污染民事公益诉讼案

关键词:民事　环境污染民事公益诉讼　土壤污染　生态环境功能损失赔偿　生态环境修复　修复效果评估

裁判要点:1. 两个以上侵权人分别实施污染环境、破坏生态行为造成同一损害,每一个侵权人的污染环境、破坏生态行为都不足以造成全部损害,部分侵权人根据修复方案确定的整体修复要求履行全部修复义务后,请求以代其他侵权人支出的修复费用折抵其应当承担的生态环境服务功能损失赔偿金的,人民法院应予支持。

2. 对于侵权人实施的生态环境修复工程,应当进行修复效果评估。经评估,受损生态环境服务功能已经恢复的,可以认定侵权人已经履行生态环境修复责任。

案号:(2020)京04民初277号

【指导性案例207号】江苏省南京市人民检察院诉王玉林生态破坏民事公益诉讼案

关键词:民事　生态破坏民事公益诉讼　非法采矿　生态环境损害　损失整体认定　系统保护修复

裁判要点:1. 人民法院审理环境民事公益诉讼案件,应当坚持山水林田湖草沙一体化保护和系统治理。对非法采矿造成的生态环境损害,不仅要对造成山体(矿产资源)的损失进行认定,还要对开采区域的林草、水土、生物资源及其栖息地等生态环境要素的受损情况进行整体认定。

2. 人民法院审理环境民事公益诉讼案件,应当充分重视提高生态环境修复的针对性、有效性,可以在判决侵权人承担生态环境修复费用时,结合生态环境基础修复及生物多样性修复方案,确定修复费用的具体使用方向。

案号:(2020)苏01民初798号

【指导性案例208号】江西省上饶市人民检察院诉张永明、张鹭、毛伟明生态破坏民事公益诉讼案

关键词:民事　生态破坏民事公益诉讼　自然遗迹　风景名胜　生态环境损害赔偿金额

裁判要点:1. 破坏自然遗迹和风景名胜造成生态环境损害,国家规定的机关或者法律规定的组织请求侵权人依法承担修复和赔偿责任的,人民法院应予支持。

2. 对于破坏自然遗迹和风景名胜造成的损失,在没有法定鉴定机构鉴定的情况下,人民法院可以参考专家采用条件价值法作出的评估意见,综合考虑评估方法的科学性及评估结果的不确定性,以及自然遗迹的珍稀性、损害的严重性等因素,合理确定生态环境损害赔偿金额。

案号:(2020)赣民终 317 号

【指导性案例 209 号】浙江省遂昌县人民检察院诉叶继成生态破坏民事公益诉讼案

关键词:民事诉讼　生态破坏民事公益诉讼　恢复性司法　先予执行

裁判要点:生态恢复性司法的核心理念为及时修复受损生态环境,恢复生态功能。生态环境修复具有时效性、季节性、紧迫性的,不立即修复将导致生态环境损害扩大的,属于《中华人民共和国民事诉讼法》第一百零九条第三项规定的"因情况紧急需要先予执行的"情形,人民法院可以依法裁定先予执行。

案号:(2020)浙 11 民初 35 号

【指导性案例 210 号】九江市人民政府诉江西正鹏环保科技有限公司、杭州连新建材有限公司、李德等生态环境损害赔偿诉讼案

关键词:民事　生态环境损害赔偿诉讼　部分诉前磋商　司法确认　证据　继续审理

裁判要点:1. 生态环境损害赔偿案件中,国家规定的机关通过诉前磋商,与部分赔偿义务人达成生态环境损害赔偿协议的,可以依法向人民法院申请司法确认;对磋商不成的其他赔偿义务人,国家规定的机关可以依法提起生态环境损害赔偿诉讼。

2. 侵权人虽因同一污染环境、破坏生态行为涉嫌刑事犯罪,但生态环境损害赔偿诉讼案件中认定侵权事实证据充分的,不以相关刑事案件审理结果为依据,人民法院应当继续审理,依法判决侵权人承担生态环境修复和赔偿责任。

案号:(2019)赣 04 民初 201 号

【指导性案例 212 号】刘某桂非法采矿刑事附带民事公益诉讼案

关键词:刑事　刑事附带民事公益诉讼　非法采矿　非法采砂　跨行政区划集中管辖　生态环境损害赔偿

裁判要点:1. 跨行政区划的非法采砂刑事案件,可以由非法开采行为实施地、矿产品运输始发地、途经地、目的地等与犯罪行为相关的人民法院管辖。

2. 对于采售一体的非法采砂共同犯罪,应当按照有利于查明犯罪事实、便于生态环境修复的原则,确定管辖法院。该共同犯罪中一人犯罪或一环节犯罪属于管辖法院审理的,则该采售一体非法采砂刑事案件均可由该法院审理。

3. 非法采砂造成流域生态环境损害,检察机关在刑事案件中提起附带民事公益诉讼,请求被告人承担生态环境修复责任、赔偿损失和有关费用的,人民法院依法予以支持。

案号:(2022)赣 0481 刑初 304 号

【指导性案例 215 号】昆明闽某纸业有限责任公司等污染环境刑事附带民事公益诉讼案

关键词：刑事　刑事附带民事公益诉讼　环境污染　单位犯罪　环境侵权债务　公司法人人格否认　股东连带责任

裁判要点：公司股东滥用公司法人独立地位、股东有限责任，导致公司不能履行其应当承担的生态环境损害修复、赔偿义务，国家规定的机关或者法律规定的组织请求股东对此依照《中华人民共和国公司法》第二十条的规定承担连带责任的，人民法院依法应当予以支持。

案号：（2021）云 0112 刑初 752 号

【指导性案例 217 号】慈溪市博某塑料制品有限公司诉永康市联某工贸有限公司、浙江天某网络有限公司等侵害实用新型专利权纠纷案

关键词：民事诉讼　侵害实用新型专利权　反向行为保全　担保数额　固定担保金　动态担保金

裁判要点：1. 涉电子商务平台的知识产权侵权纠纷案件中，被诉侵权人向人民法院申请行为保全，请求责令电子商务平台经营者恢复链接或者服务的，人民法院应当予以审查。

2. 被诉侵权人因涉嫌侵害专利权被采取断开链接或者暂停服务等措施后，涉案专利权被宣告无效但相关专利确权行政诉讼尚未终结期间，被诉侵权人申请采取行为保全措施以恢复链接或者服务，其初步证明或者合理说明，不予恢复将导致其遭受市场竞争优势、商业机会严重丧失等无法弥补的损害，采取恢复链接或者服务的行为保全措施对权利人可能造成的损害不会超过不采取行为保全措施对被诉侵权人造成的损害，且不损害社会公共利益的，人民法院可以裁定准许。

3. 人民法院采取前述行为保全措施，可以责令被诉侵权人在本案判决生效前不得提取其通过电子商务平台销售被诉侵权产品的收款账户中一定数额款项作为担保。提供担保的数额应当综合考虑权利人的赔偿请求额、采取保全措施错误可能给权利人造成的损失、采取保全措施后被诉侵权人的可得利益等情况合理确定。担保金可以采取固定担保金加动态担保金的方式。

案号：（2020）最高法知民终 993 号

【指导性案例 222 号】广州德某水产设备科技有限公司诉广州宇某水产科技有限公司、南某水产研究所财产损害赔偿纠纷案

关键词：民事诉讼　财产损害赔偿　未缴纳专利年费　专利权终止　赔偿损失

裁判要点：登记的专利权人在专利权权属争议期间负有善意维护专利权效力的义务，因其过错致使专利权终止、无效或者丧失，损害真正权利人合法权益的，构成对真正权利人财产权的侵害，应当承担赔偿损失的民事责任。

案号：（2019）最高法知民终 424 号

【指导性案例 223 号】张某龙诉北京某蝶文化传播有限公司、程某、马某侵害作品信息网络传播权纠纷案

关键词：民事诉讼　侵害作品信息网络传播权　管辖　侵权行为地

裁判要点：侵害作品信息网络传播权的侵权结果发生地具有不确定性，不应作为确定管辖的依据。在确定侵害作品信息网络传播权民事纠纷案件的管辖时，应当适用《最高人民法院关于审理侵害信息网络传播权民事纠纷案件适用法律若干问题的规定》第十五条的规定，即由侵权行为地或者被告住所地人民法院管辖。

案号：(2022)最高法民辖 42 号

【指导性案例 224 号】某美(天津)图像技术有限公司诉河南某庐蜂业有限公司侵害作品信息网络传播权纠纷案

关键词：民事诉讼　侵害作品信息网络传播权　权属　举证责任

裁判要点：在著作权权属有争议的情况下，不能仅凭水印或权利声明认定作品著作权权属，主张著作权的当事人应进一步举证证明，否则应当承担不利的法律后果。

案号：(2021)最高法民再 355 号

【指导性案例 239 号】王某诉北京某文化传媒有限公司劳动争议案

关键词：民事　劳动争议　确认劳动关系　新业态用工　网络主播　经纪合同　不存在劳动关系

裁判要点：经纪公司对从业人员的工作时间、工作内容、工作过程控制程度不强，从业人员无需严格遵守公司劳动管理制度，且对利益分配等事项具有较强议价权的，应当认定双方之间不存在支配性劳动管理，不存在劳动关系。

案号：(2023)京 03 民终 7051 号

【指导性案例 240 号】秦某丹诉北京某汽车技术开发服务有限公司劳动争议案

关键词：民事　劳动争议　确认劳动关系　新业态用工　代驾司机　必要运营管理　不存在劳动关系

裁判要点：平台企业或者平台用工合作企业为维护平台正常运营、提供优质服务等进行必要运营管理，但未形成支配性劳动管理的，对于劳动者提出的与该企业之间存在劳动关系的主张，人民法院依法不予支持。

案号：(2023)京 01 民终 6036 号

图书在版编目（CIP）数据

民事诉讼法及司法解释汇编：含指导案例 / 中国法治出版社编. -- 3 版. -- 北京：中国法治出版社, 2025.3. --（金牌汇编）. -- ISBN 978-7-5216-4963-5

Ⅰ. D925.105

中国国家版本馆 CIP 数据核字第 20257QD191 号

责任编辑：应博群　　　　　　　　　　　　　　　　封面设计：李宁

民事诉讼法及司法解释汇编：含指导案例
MINSHI SUSONGFA JI SIFA JIESHI HUIBIAN：HAN ZHIDAO ANLI

经销/新华书店
印刷/三河市国英印务有限公司
开本/880 毫米×1230 毫米　32 开　　　　　印张/ 20.375　字数/ 621 千
版次/2025 年 3 月第 3 版　　　　　　　　　2025 年 3 月第 1 次印刷

中国法治出版社出版
书号 ISBN 978-7-5216-4963-5　　　　　　　　　　　　定价：59.00 元

北京市西城区西便门西里甲 16 号西便门办公区
邮政编码：100053　　　　　　　　　　　　　传真：010-63141600
网址：**http://www.zgfzs.com**　　　　　　　编辑部电话：**010-63141799**
市场营销部电话：**010-63141612**　　　　　　印务部电话：**010-63141606**

（如有印装质量问题，请与本社印务部联系。）